KÄSTNER
FÜR KINDER

Band 1

ATRIUM VERLAG
ZÜRICH

ERICH KÄSTNER

Emil und die Detektive
Emil und die drei Zwillinge
Das doppelte Lottchen
Der 35. Mai
Als ich ein kleiner Junge war
Das verhexte Telefon

Mix
Produktgruppe aus vorbildlich
bewirtschafteten Wäldern und
anderen kontrollierten Herkünften

Zert.-Nr. SGS-COC-001940
www.fsc.org
© 1996 Forest Stewardship Council

Sammelausgabe
© Atrium Verlag AG, Zürich 1985
Alle Rechte vorbehalten
Umschlagillustration von Walter Trier
Innenillustrationen von Walter Trier und Horst Lemke
Gesamtherstellung: GGP Media GmbH, Pößneck
Printed in Germany
ISBN 978-3-7915-3007-9 / Band 1

Inhalt

Emil und die Detektive

- 11 Die Geschichte fängt noch gar nicht an
- 17 Zehn Bilder kommen jetzt zur Sprache
- 27 Die Geschichte fängt nun endlich an
- 27 Emil hilft Köpfe waschen
- 32 Wachtmeister Jeschke bleibt stumm
- 35 Die Reise nach Berlin kann losgehen
- 40 Ein Traum, in dem viel gerannt wird
- 45 Emil steigt an der falschen Station aus
- 49 Straßenbahnlinie 177
- 53 Große Aufregung in der Schumannstraße
- 56 Der Junge mit der Hupe taucht auf
- 62 Die Detektive versammeln sich
- 67 Eine Autodroschke wird verfolgt
- 73 Ein Spion schleicht ins Hotel
- 77 Ein grüner Liftboy entpuppt sich
- 81 Herr Grundeis kriegt eine Ehrengarde
- 85 Stecknadeln haben auch ihr Gutes
- 90 Emil besucht das Polizeipräsidium
- 98 Der Kriminalkommissar läßt grüßen
- 102 Frau Tischbein ist so aufgeregt
- 108 Läßt sich daraus was lernen?

Emil und die drei Zwillinge

- 113 Das Vorwort für Laien
- 116 Das Vorwort für Fachleute
- 121 Zehn Bilder kommen jetzt zur Sprache
- 131 Oberwachtmeister Jeschke hat ein Anliegen
- 135 Post aus Berlin und Post nach Berlin
- 150 Emil setzt sich in Bewegung
- 156 Villa Seeseite
- 163 Ein Wiedersehen in der Ostsee
- 172 Gustav und die Physik
- 179 Varieté in Korlsbüttel
- 185 Der dritte Zwilling taucht auf

193 Detektive unter sich
200 Ein Abenteuer zu Wasser und zu Lande
207 Paßkontrolle
217 Die Rückkehr des Kapitäns
224 Die nächsten Schritte
232 Ein ernstes Gespräch
240 Schluß der Vorstellung

249 **Das doppelte Lottchen**

Der 35. Mai

353 Es war am 35. Mai
365 Eintritt frei! Kinder die Hälfte
383 Hannibal beniest es
395 Die Verkehrte Welt
ist noch nicht die verkehrteste
407 Vorsicht, Hochspannung!
419 Die Begegnung mit Petersilie
439 Der Onkel liest, was er erlebt hat

Als ich ein kleiner Junge war

451 Kein Buch ohne Vorwort
458 Die Kästners und die Augustins
464 Die kleine Ida und ihre Brüder
474 Meine zukünftigen Eltern
lernen sich endlich kennen
482 Koffer, Leibbinden und blonde Locken
490 Die Königsbrücker Straße und ich
498 Lehrer, Lehrer, nichts als Lehrer
506 Riesenwellen und Zuckertüten
515 Der ungefähre Tageslauf
eines ungefähr Achtjährigen
524 Vom Kleinmaleins des Lebens
532 Zwei folgenschwere Hochzeiten
539 Ein Kind hat Kummer
549 Onkel Franz wird Millionär
560 Die Villa am Albertplatz
570 Der zwiefache Herr Lehmann
577 Meine Mutter, zu Wasser und zu Lande
587 Das Jahr 1914
593 Und zum Schluß ein Nachwort

Das verhexte Telefon

- 601 Das verhexte Telefon
- 611 Der Preisboxer
- 619 Ferdinand saugt Staub
- 625 Ursula hängt in der Luft
- 633 Das zersägte Motorrad
- 639 Die Sache mit den Klößen
- 653 Übermut tut selten gut

Emil und die Detektive

Die Geschichte fängt noch gar nicht an

Euch kann ich's ja ruhig sagen: Die Sache mit Emil kam mir selber unerwartet. Eigentlich hatte ich ein ganz anderes Buch schreiben wollen. Ein Buch, in dem vor lauter Angst die Tiger mit den Zähnen und die Dattelpalmen mit den Kokosnüssen klappern sollten. Und das kleine schwarzweiß karierte Kannibalenmädchen, das quer durch den Stillen Ozean schwamm, um sich bei Drinkwater & Co. in Frisco eine Zahnbürste zu holen, sollte Petersilie heißen. Nur mit dem Vornamen natürlich.

Einen richtigen Südseeroman hatte ich vor. Weil mir mal ein Herr mit einem großen Umhängebart erzählt hatte, so was würdet ihr am liebsten lesen.

Und die ersten drei Kapitel waren sogar schon fix und fertig. Der Häuptling Rabenaas, auch »Die schnelle Post« genannt, entsicherte gerade sein mit heißen Bratäpfeln geladenes Taschenmesser, legte kalten Blutes an und zählte, so schnell er konnte, bis dreihundertsiebenundneunzig...

Plötzlich wußte ich nicht mehr, wieviel Beine ein Walfisch hat! Ich legte mich längelang auf den Fußboden, weil ich da am besten nachdenken kann, und dachte nach. Aber diesmal half es nichts. Ich blätterte im Konversationslexikon. Erst im Bande W und dann vorsichtshalber noch im Bande F, nirgends stand ein Wort davon. Und ich mußte es doch genau wissen, wenn ich weiterschreiben wollte. Ich mußte es sogar ganz genau wissen!

Denn wenn in diesem Augenblick der Walfisch mit dem verkehrten Bein aus dem Urwalde getreten wäre, hätte ihn der Häuptling Rabenaas, auch »Die schnelle Post« genannt, unmöglich treffen können.

Und wenn er den Walfisch mit den Bratäpfeln nicht getroffen hätte, wäre das kleine schwarzweiß karierte Kannibalenmädchen, das Petersilie hieß, nie im Leben der Diamantenwaschfrau Lehmann begegnet.

Und wenn Petersilie der Frau Lehmann nicht begegnet wäre, hätte sie nie den wertvollen Gutschein gekriegt, den man in San Franzisko bei Drinkwater & Co. vorzeigen mußte, wenn man gratis eine funkelnagelneue Zahnbürste wollte. Ja, und dann...

Mein Südseeroman – und ich hatte mich so darauf gefreut! –

scheiterte also sozusagen an den Beinen des Walfisches. Ich hoffe, ihr versteht das. Mir tat es schrecklich leid. Und Fräulein Fiedelbogen hätte, als ich's ihr sagte, beinahe geweint. Sie hatte aber gerade keine Zeit, weil sie den Abendbrottisch decken mußte, und verschob das Weinen auf später. Und dann hat sie es vergessen. So sind die Frauen.

Das Buch wollte ich ›Petersilie im Urwald‹ nennen. Ein piekfeiner Titel, was? Und nun liegen die ersten drei Kapitel bei mir zu Hause unter dem Tisch, damit er nicht wackelt. Aber ist das vielleicht die richtige Beschäftigung für einen Roman, der in der Südsee spielt?

Der Oberkellner Nietenführ, mit dem ich mich manchmal über meine Arbeiten unterhalte, fragte mich paar Tage später, ob ich denn überhaupt schon mal unten gewesen sei.

»Wo unten?« fragte ich ihn.

»Na, in der Südsee und in Australien und auf Sumatra und Borneo und so.«

»Nein«, sagte ich, »weshalb denn?«

»Weil man doch bloß Dinge schreiben kann, die man kennt und gesehen hat«, gibt er zur Antwort.

»Aber erlauben Sie, bester Herr Nietenführ!«

»Das ist doch klar wie dicke Tinte«, sagte er. »Neugebauers, sie verkehren hier bei uns im Lokal, haben mal ein Dienstmädchen gehabt, die hatte noch nie gesehen, wie man Geflügel brät. Und vorige Weihnachten, wie sie die Gans braten soll, und Frau Neugebauer macht unterdessen Einkäufe und kommt dann wieder, es war eine schöne Bescherung! Das Mädchen hatte die Gans, wie sie in der Markthalle gekauft worden war, in die Pfanne gesteckt. Nicht gesengt, nicht aufgeschnitten und nicht ausgenommen. Es war ein mordsmäßiger Gestank, kann ich Ihnen flüstern.«

»Na und?« antwortete ich. »Sie behaupten doch wohl nicht, daß Gänse braten und Bücher schreiben dasselbe ist? Sie nehmen's mir, bitte, nicht allzu übel, lieber Nietenführ, aber da muß ich rasch mal lachen.«

Er wartet, bis ich mit Lachen fertig bin. Sehr lange dauert es ja auch nicht. Und dann sagt er: »Ihre Südsee und die Menschenfresser und die Korallenriffe und der ganze Zauber, das ist Ihre Gans. Und der Roman, das ist Ihre Pfanne, in der Sie den Stillen Ozean und die Petersilie und die Tiger braten wollen. Und wenn Sie eben noch nicht wissen, wie man solches Viehzeug brät, kann das ein prachtvoller Gestank werden. Genau wie bei dem Dienstmädchen von Neugebauers.«

»Aber so machen es doch die meisten Schriftsteller!« rufe ich.
»Guten Appetit!« Das ist alles, was er sagt.
Ich grüble ein Weilchen. Dann fange ich die Unterhaltung wieder an: »Herr Nietenführ, kennen Sie Schiller?«
»Schiller? Meinen Sie den Schiller, der in der Waldschlößchenbrauerei Lagerverwalter ist?«
»Nicht doch!« sage ich. »Sondern den Dichter Friedrich von Schiller, der vor mehr als hundert Jahren eine Menge Theaterstücke geschrieben hat.«
»Ach so! Den Schiller! Den mit den vielen Denkmälern!«
»Richtig. Der hat ein Stück verfaßt, das spielt in der Schweiz und heißt ›Wilhelm Tell‹. Früher mußten die Schulkinder immer Aufsätze drüber schreiben.«
»Wir auch«, sagt Nietenführ, »den Tell kenn ich. Ein großartiges Drama, wirklich wahr. Das muß man dem Schiller lassen. Alles, was recht ist. Bloß die Aufsätze waren was Furchtbares. An einen erinnere ich mich sogar noch. Der hieß: ›Warum hat Tell nicht gezittert, als er nach dem Apfel zielte?‹ Ich bekam damals 'ne Fünf. Überhaupt, Aufsätze waren nie meine ...«
»Na ja, nun lassen Sie mich mal wieder aufs Rednerpult«, sage ich, »und sehen Sie, obwohl Schiller nie in seinem Leben in der Schweiz war, stimmt sein Theaterstück von Wilhelm Tell bis aufs Komma mit der Wirklichkeit überein.«
»Da hat er eben vorher Kochbücher gelesen«, meint Nietenführ.
»Kochbücher?«
»Freilich! Wo alles drinstand. Wie hoch die Berge in der Schweiz sind. Und wann der Schnee schmilzt. Und wie es ist, wenn's auf dem Vierwaldstätter See ein Gewitter gibt. Und wie es war, als die Bauern gegen den Gouverneur Geßler ihre Revolution machten.«
»Da haben Sie allerdings recht«, antwortete ich, »das hat der Schiller wirklich getan.«
»Sehen Sie!« erklärt mir Nietenführ und schlägt mit seiner Serviette nach einer Fliege. »Sehen Sie, wenn Sie das genauso machen und vorher Bücher lesen, können Sie natürlich auch Ihre Känguruhgeschichte über Australien schreiben.«
»Dazu hab ich aber gar keine Lust. Wenn ich Geld hätte, würde ich gern mal hinfahren und mir alles scharf ansehen. Auf der Stelle! Aber Bücher lesen, och ...«
»Da will ich Ihnen mal einen prima Rat geben«, sagt er, »das beste wird sein, Sie schreiben über Sachen, die Sie kennen. Also

von der Untergrundbahn und Hotels und solchem Zeug. Und von Kindern, wie sie Ihnen täglich an der Nase vorbeilaufen und wie wir früher einmal selber welche waren.«

»Aber mir hat doch wer, der einen großen Umhängebart trug und die Kinder wie seine Westentasche kannte, ausdrücklich erklärt, das gefiele ihnen nicht!«

»Quatsch!« brummt Herr Nietenführ. »Verlassen Sie sich auf das, was ich Ihnen sage. Schließlich hab ich ja auch Kinder. Zwei Jungens und ein Mädel. Und wenn ich denen, an meinem freien Tag in der Woche, erzähle, was so hier im Lokal passiert. Wenn einer die Zeche prellt, oder wie damals, als ein beschwipster Gast dem Zigarettenboy eine kleben wollte und statt dessen eine feine Dame traf, die zufällig vorbeiging, dann lauschen meine Kinder, kann ich Ihnen flüstern, als ob's im Keller donnert.«

»Na, wenn Sie meinen, Herr Nietenführ«, sage ich zögernd.

»Bestimmt! Darauf können Sie Gift nehmen, Herr Kästner«, ruft er und verschwindet; denn ein Gast klopft laut mit dem Messer ans Glas und will zahlen.

Und so habe ich eigentlich nur, weil der Oberkellner Nietenführ es so wollte, eine Geschichte über Dinge geschrieben, die wir, ihr und ich, längst kennen.

Nun ging ich erst mal nach Hause, lümmelte mich ein bißchen aufs Fensterbrett, blickte die Prager Straße lang und dachte, vielleicht käme unten gerade die Geschichte vorbei, die ich suchte. Dann hätte ich ihr nämlich gewinkt und gesagt: »Ach bitte, kommen Sie doch mal einen Sprung rauf! Ich möchte Sie gerne schreiben.«

Doch die Geschichte kam und kam nicht. Und mich fing schon an zu frieren. Da machte ich das Fenster ärgerlich wieder zu und rannte dreiundfünfzigmal rund um den Tisch. Auch das half nichts.

Und so legte ich mich endlich, genau wie vorhin, längelang auf den Fußboden und vertrieb mir die Zeit mit tiefem Nachdenken.

Wenn man so der Länge nach in der Stube liegt, kriegt die Welt ein ganz anderes Gesicht. Man sieht Stuhlbeine, Hausschuhe, Teppichblumen, Zigarettenasche, Staubflocken, Tischbeine; und sogar den linken Handschuh findet man unterm Sofa wieder, den man vor drei Tagen im Schrank suchte. Ich lag also neugierig in meiner Stube, betrachtete mir die Gegend abwechslungshalber von unten statt von oben und bemerkte zu meinem größten Erstaunen, daß die Stuhlbeine Waden hatten. Richtige stramme und dunkelfarbige Waden, als gehörten sie einem Negerstamm an oder Schulkindern mit braunen Strümpfen.

Und während ich noch dabei war, die Stuhlbeine und Tischbeine nachzuzählen, damit ich wüßte, wieviel Neger oder Schulkinder eigentlich auf meinem Teppich herumstünden, fiel mir die Sache mit Emil ein! Vielleicht, weil ich gerade an Schulkinder mit braunen Strümpfen dachte? Oder vielleicht deshalb, weil er mit seinem Familiennamen Tischbein hieß?

Jedenfalls, die Sache mit ihm fiel mir in diesem Augenblick ein. Ich blieb ganz still liegen. Denn mit den Gedanken und mit den Erinnerungen, die sich uns nähern, ist es wie mit verprügelten Hunden. Wenn man sich zu hastig bewegt oder etwas zu ihnen sagt oder wenn man sie streicheln will – schwupp, sind sie weg! Und dann kann man Grünspan ansetzen, ehe sie sich wieder heranwagen.

Ich lag also, ohne mich zu rühren, und lächelte meinem Einfall freundlich entgegen. Ich wollte ihm Mut machen. Er beruhigte sich denn auch, wurde beinahe zutraulich, kam noch einen und noch einen Schritt näher ... Da packte ich ihn im Genick. Und hatte es.

Das Genick nämlich. Und das war vorläufig alles. Denn es ist ein großer Unterschied, ob man einen Hund am Fell erwischt und festhält oder nur eine Geschichte, an die man sich erinnert. Hat man den Hund am Genick, so hat man wohl oder übel den ganzen Kerl; die Pfoten, die Schnauze, das Schwänzchen und alles übrige, was so zum Lebendgewicht gehört.

Erinnerungen fängt man anders. Erinnerungen fängt man ratenweise. Erst packt man, vielleicht, ihren Schopf. Dann fliegt das linke Vorderbein herzu, dann das rechte, dann der Podex, dann eine Hinterhaxe, Stück für Stück. Und wenn man schon glaubt, die Geschichte wäre komplett, kommt, ratsch! noch ein Ohrläppchen angebummelt. Und endlich weiß man, wenn man Glück hat, das Ganze.

Im Film habe ich einmal etwas gesehen, was mich lebhaft an das, was ich eben beschrieb, erinnert. Da stand ein Mann in einem Zimmer und hatte nichts am Leibe als sein Hemd. Plötzlich ging die Tür auf, und die Hosen flogen herein. Die zog er an. Dann sauste der linke Stiefel herein. Dann der Spazierstock. Dann der Schlips. Dann der Kragen. Dann die Weste, der eine Strumpf, der andere Stiefel, der Hut, das Jackett, der andere Strumpf, die Brille. Es war toll. Doch zum Schluß war der Mann richtig angezogen. Und es stimmte alles.

Genauso ging mir's mit meiner Geschichte, als ich in der Stube lag und Tischbeine zählte und dabei an Emil dachte. Und auch euch wird's schon manchmal ähnlich gegangen sein. Ich lag da und fing die Erinnerungen auf, die mir von allen Seiten in den Kopf fielen, wie sich das für Einfälle gehört.

Schließlich hatte ich alles hübsch beisammen, und die Geschichte war fertig! Nun brauchte ich mich nur noch hinzusetzen und sie der Reihe nach aufzuschreiben.

Das tat ich natürlich auch. Denn wenn ich's nicht getan hätte, hieltet ihr ja jetzt das fertige Buch von Emil nicht in der Hand. Vorher erledigte ich aber noch ganz schnell etwas anderes. Ich schrieb die Portionen auf, in der Reihenfolge, wie sie durch die Tür auf mich losgerannt waren, bis ich das Ganze beisammen hatte: den linken Stiefel, den Kragen, den Spazierstock, den Schlips, den rechten Strumpf und so weiter.

Eine Geschichte, ein Roman, ein Märchen – diese Dinge gleichen den Lebewesen, und vielleicht sind es sogar welche. Sie haben ihren Kopf, ihre Beine, ihren Blutkreislauf und ihren Anzug wie richtige Menschen. Und wenn ihnen die Nase im Gesicht fehlt oder wenn sie zwei verschiedene Schuhe anhaben, merkt man es bei genauem Zusehen.

Ich möchte euch nun, ehe ich die Geschichte im Zusammenhang berichte, das kleine Bombardement vorführen, das mir die einzelnen Glieder des Ganzen, die Einfälle und die Bestandteile, zuwarf.

Vielleicht seid ihr geschickt genug und könnt euch aus den verschiedenen Elementen die Geschichte zusammenstellen, ehe ich sie erzähle? Es ist eine Arbeit, als solltet ihr aus Bauklötzen, die man euch gibt, einen Bahnhof oder eine Kirche aufbauen; und ihr hättet keinen Bauplan, und kein Klötzchen dürfte übrigbleiben!

Es ist fast so etwas wie eine Prüfung.

Brrr!

Aber es gibt keine Zensuren.

Gott sei Dank!

Zehn Bilder
kommen jetzt zur Sprache

Erstens: Emil persönlich

Da ist, erstens einmal, Emil selber. In seinem dunkelblauen Sonntagsanzug. Er zieht ihn gar nicht gern an und nur, wenn er muß. Blaue Anzüge kriegen so gräßlich leicht Flecken. Und dann macht Emils Mutter die Kleiderbürste naß, klemmt den Jungen zwischen ihre Knie, putzt und bürstet und sagt stets: »Junge, Junge! Du weißt doch, daß ich dir keinen andern kaufen kann.« Und dann denkt er immer erst, wenn's zu spät ist, daran, daß sie den ganzen Tag arbeitet, damit sie zu essen haben und damit er in die Realschule gehen kann.

Zweitens: Frau Friseuse Tischbein, Emils Mutter

Als Emil fünf Jahre alt war, starb sein Vater, der Herr Klempnermeister Tischbein. Und seitdem frisiert Emils Mutter. Und onduliert. Und wäscht Ladenfräuleins und Frauen aus der Nachbarschaft die Köpfe. Außerdem muß sie kochen, die Wohnung in Ordnung halten, und auch die große Wäsche besorgt sie ganz allein. Sie hat den Emil sehr lieb und ist froh, daß sie arbeiten kann und Geld verdienen. Manchmal singt sie lustige Lieder. Manchmal ist sie krank, und Emil brät für sie und sich Spiegeleier. Das kann er nämlich. Beefsteak braten kann er auch. Mit aufgeweichter Semmel und Zwiebeln.

Drittens: Ein ziemlich wichtiges Eisenbahnabteil

Der Zug, zu dem dieses Coupé gehört, fährt nach Berlin. Und voraussichtlich werden in dem Abteil, schon in den nächsten Kapiteln, merkwürdige Dinge passieren. So ein Eisenbahnabteil ist eben doch eine seltsame Einrichtung. Wildfremde Leute sitzen hier auf einem Häufchen und werden miteinander in ein paar Stunden so vertraut, als kennten sie sich seit Jahren. Manchmal ist das ja ganz nett und angebracht. Manchmal aber auch nicht. Denn wer weiß, was es für Menschen sind?

Viertens: Der Herr im steifen Hut

Niemand kennt ihn. Nun heißt es zwar, man solle von jedem Menschen, ehe er das Gegenteil bewiesen hat, das Beste annehmen. Aber ich möchte euch doch recht herzlich bitten, in dieser Beziehung etwas vorsichtig zu sein. Denn Vorsicht ist, wie es so schön heißt, die Mutter der Porzellankiste. Der Mensch ist gut, hat man gesagt. Nun, vielleicht ist das richtig. Doch man darf es ihm nicht zu leicht machen, dem guten Menschen. Sonst kann es plötzlich passieren, daß er schlecht wird.

Fünftens: Pony Hütchen, Emils Kusine

Das kleine Kind auf dem kleinen Fahrrad ist Emils Kusine aus Berlin. Manche Leute behaupten, es heißt nicht Kusine, sondern Base. Ich weiß nicht, wie das bei euch zu Hause ist; aber ich nenne meine Kusinen nicht Basen, sondern Kusinen. Und bei Tischbeins ist es genauso. Aber natürlich, wem es nicht paßt, der kann das Fremdwort ja durchstreichen und statt dessen »Base« drüber- oder drunterschreiben. Deswegen werden wir uns nicht zanken. Im übrigen ist Pony Hütchen ein reizendes Mädchen und heißt eigentlich ganz anders. Ihre Mutter und Frau Tischbein sind Schwestern. Und Pony Hütchen ist bloß ein Spitzname.

Sechstens: Das Hotel am Nollendorfplatz

Der Nollendorfplatz liegt in Berlin. Und am Nollendorfplatz liegt, wenn ich mich nicht zufällig irre, das Hotel, in dem verschiedene Personen der Geschichte zusammentreffen, ohne sich die Hand zu geben. Das Hotel kann aber auch am Wittenbergplatz stehen. Vielleicht sogar am Fehrbelliner Platz. Das heißt: ich weiß ganz genau, wo es steht! Aber der Wirt kam zu mir, als er hörte, daß ich ein Buch über die Sache schreibe, und sagte, ich solle doch den Platz nicht nennen. Denn es sei begreiflicherweise, sagte er, für sein Hotel keine Empfehlung, wenn man erführe, daß darin »solche« Leute übernachten. Das sah ich denn ein. Und dann ging er wieder.

Siebentens: Der Junge mit der Hupe

Gustav heißt er. Und im Turnen hat er die blanke Eins. Was hat er sonst noch? Ein verhältnismäßig gutes Herz und eine Hupe. Alle Kinder im Viertel kennen ihn und behandeln ihn, als wäre er ihr Präsident. Wenn er durch die Höfe rennt und auf die Hupe drückt, daß sie laut heult, lassen die Jungens alles stehen und liegen, prasseln die Treppe herunter und fragen, was los ist. Meist stellt er dann nur zwei Fußballmannschaften zusammen, und sie ziehen auf den Spielplatz. Mitunter dient die Hupe aber auch anderen Zwecken. So zum Beispiel bei der Sache mit Emil.

Achtens: Die kleine Bankfiliale

In allen Stadtteilen haben die großen Banken ihre Zweigstellen. Dort kann man, wenn man Geld hat, Aktienkäufe in Auftrag geben, und wenn man ein Konto hat, Geld holen. Auch Schecks kann man einlösen, wenn sie nicht »Zur Verrechnung« gehen. Manchmal kommen auch Lehrlinge und Laufmädchen hin und wollen für zehn Mark hundert Zehnpfennigstücke haben, damit ihre Kassiererin Kleingeld zum Herausgeben hat. Und wer Dollars oder Schweizer Franken oder Lire in deutsches Geld umgetauscht haben will, kriegt sie hier gewechselt. Sogar nachts kommen die Leute zuweilen in die Bank. Obwohl dann niemand da ist, der sie bedienen kann. Deswegen bedienen sie sich dann selber.

Neuntens: Emils Großmutter

Sie ist die fidelste aller Großmütter, die ich kenne. Dabei hat sie ein Leben lang nichts als Sorgen gehabt. Manchen Menschen macht eben das Lustigsein nicht die geringste Mühe. Für andere ist es dagegen eine anstrengende, ernste Angelegenheit. Früher wohnte Emils Großmutter bei seinen Eltern. Erst als der Klempnermeister Tischbein gestorben war, zog sie zu ihrer anderen Tochter, nach Berlin. Denn Emils Mutter verdiente zuwenig, als daß drei Leute davon hätten leben können. Nun wohnt die alte Frau in Berlin. Und in jedem Brief, den sie schreibt, steht zum Schluß: »Mir geht's gut, was ich von Euch auch hoffe.«

Zehntens: Die Setzerei der großen Zeitung

Alles, was geschieht, kommt in die Zeitung. Es muß nur ein bißchen außergewöhnlich sein. Wenn ein Kalb vier Beine hat, so interessiert das natürlich niemanden. Wenn es aber fünf oder sechs hat – und das kommt vor! –, so wollen das die Erwachsenen zum Frühstück lesen. Wenn Herr Müller ein anständiger Kerl ist, so will das niemand wissen. Wenn Herr Müller aber Wasser in die Milch schüttet und das Gesöff für süße Sahne verkauft, dann kommt er in die Zeitung. Da kann er machen, was er will. Seid ihr schon einmal nachts an einem Zeitungsgebäude vorbeigekommen? Da klingelt's und tippt's und rattert's, da wackelt die Wand.

Die Geschichte fängt nun endlich an
Emil hilft Köpfe waschen

»So«, sagte Frau Tischbein, »und nun bringe mir mal den Krug mit dem warmen Wasser nach!« Sie selber nahm einen anderen Krug und den kleinen blauen Topf mit der flüssigen Kamillenseife und spazierte aus der Küche in die Stube. Emil packte seinen Krug an und lief hinter der Mutter her.

In der Stube saß eine Frau und hielt den Kopf über das weiße Waschbecken gebückt. Ihre Frisur war aufgelöst und hing wie drei Pfund Wolle nach unten. Emils Mutter goß die Kamillenseife in das blonde Haar und begann den fremden Kopf zu waschen, daß es schäumte.

»Ist es nicht zu heiß?« fragte sie.

»Nein, es geht«, antwortete der Kopf.

»Ach, das ist ja Frau Bäckermeister Wirth! Guten Tag!« sagte Emil und schob seinen Krug unter die Waschtoilette.

»Du hast's gut, Emil. Du fährst nach Berlin, wie ich höre«, meinte der Kopf. Und es klang, als spräche wer, der in Schlagsahne untergetaucht worden ist.

»Erst hatte er zwar keine rechte Lust«, sagte die Mutter und schrubbte die Bäckermeisterin. »Aber wozu soll der Junge die Ferien hier totschlagen? Er kennt Berlin überhaupt noch nicht. Und meine Schwester Martha hat uns schon immer mal einladen wollen. Ihr Mann verdient ganz anständig. Er ist bei der Post. Im Innendienst. Ich kann freilich nicht mitfahren. Vor den Feiertagen gibt's viel zu tun. Na, er ist ja groß genug und muß eben unterwegs gut aufpassen. Außerdem holt ihn meine Mutter am Bahnhof Friedrichstraße ab. Sie treffen sich am Blumenkiosk.«

»Berlin wird ihm sicher gefallen. Das ist was für Kinder. Wir waren vor anderthalb Jahren mit dem Kegelklub drüben. So ein Rummel! Da gibt es doch wirklich Straßen, die nachts genauso hell sind wie am Tage. Und die Autos!« berichtete Frau Wirth aus der Tiefe des Waschbeckens.

»Sehr viele ausländische Wagen?« fragte Emil.

»Woher soll ich denn das wissen?« sagte Frau Wirth und mußte niesen. Ihr war Seifenschaum in die Nase gekommen.

»Na, nun mach aber, daß du fertig wirst«, drängte die Mutter. »Deinen guten Anzug hab ich im Schlafzimmer zurechtgelegt.

Zieh ihn an, damit wir dann sofort essen können, wenn ich Frau Wirth frisiert habe.«

»Was für'n Hemd?« erkundigte sich Emil.

»Liegt alles auf dem Bett. Und zieh die Strümpfe vorsichtig an. Und wasch dich erst gründlich. Und ziehe dir neue Schnürsenkel in die Schuhe. Dalli, dalli!«

»Puh!« bemerkte Emil und trollte sich.

Als Frau Wirth, schön onduliert und mit ihrem Spiegelbild zufrieden, gegangen war, trat die Mutter ins Schlafzimmer und sah, wie Emil unglücklich herumlief.

»Kannst du mir nicht sagen, wer die guten Anzüge erfunden hat?«

»Nein, tut mir leid. Aber warum willst du's wissen?«

»Gib mir die Adresse, und ich erschieße den Kerl.«

»Ach, hast du's schwer! Andere Kinder sind traurig, weil sie keinen guten Anzug haben. So hat jeder seine Sorgen ... Ehe ich's vergesse: Heute abend läßt du dir von Tante Martha einen Kleiderbügel geben und hängst den Anzug ordentlich auf. Vorher wird er mir aber ausgebürstet. Vergiß es nicht! Und morgen kannst du schon wieder deinen Pullover, dieses Räuberjackett, anziehen. Sonst noch was? Der Koffer ist gepackt. Die Blumen für die Tante sind eingewickelt. Das Geld für Großmutter gebe ich dir nachher. Und nun wollen wir essen. Kommen Sie, junger Mann!«

Frau Tischbein legte den Arm um seine Schulter und transportierte ihn nach der Küche. Es gab Makkaroni mit Schinken und geriebenem Parmesankäse. Emil futterte wie ein Scheunendrescher. Nur manchmal setzte er ab und blickte zur Mutter hinüber, als fürchtete er, sie könne ihm, so kurz vor dem Abschied, seinen Appetit übelnehmen.

»Und schreib sofort eine Karte. Ich habe sie dir zurechtgelegt. Im Koffer, gleich obenauf.«

»Wird gemacht«, sagte Emil und schob, möglichst unauffällig, einen Makkaroni vom Knie. Die Mutter merkte glücklicherweise nichts.

»Grüße sie alle schön von mir. Und paß gut auf. In Berlin geht es anders zu als bei uns in Neustadt. Und am Sonntag gehst du mit Onkel Robert ins Kaiser-Friedrich-Museum. Und benimm dich anständig, damit es nicht heißt, wir hier wüßten nicht, was sich gehört.«

»Mein großes Ehrenwort«, sagte Emil.

Nach dem Essen zogen beide in die Stube. Die Mutter holte einen Blechkasten aus dem Schrank und zählte Geld. Dann schüttelte sie den Kopf und zählte noch einmal. Dann fragte sie: »Wer war eigentlich gestern nachmittag da, hm?«

»Fräulein Thomas«, sagte er, »und Frau Homburg.«

»Ja. Aber es stimmt noch nicht.« Sie dachte nach, suchte den Zettel, auf dem sie die Geschäftseinnahmen notierte, rechnete und meinte schließlich: »Es fehlen acht Mark.«

»Der Gasmann war heute früh hier.«

»Richtig! Nun stimmt es leider.« Die Mutter pfiff sich eins, vermutlich, um ihre Sorgen zu ärgern, und holte drei Scheine aus dem Blechkasten. »So, Emil! Hier sind hundertvierzig Mark. Ein Hundertmarkschein und zwei Zwanzigmarkscheine. Hundertzwanzig Mark gibst du der Großmutter und sagst ihr, sie solle nicht böse sein, daß ich voriges Mal nichts geschickt hätte. Da wäre ich zu knapp gewesen. Und dafür brächtest du es diesmal selber. Und mehr als sonst. Und gib ihr einen Kuß. Verstanden? Die zwanzig Mark, die übrigbleiben, behältst du. Davon kaufst du dir die Fahrkarte, wenn du wieder heimfährst. Das macht ungefähr zehn Mark. Genau weiß ich's nicht. Und von dem Rest bezahlst du, wenn ihr ausgeht, was du ißt und trinkst. Außerdem ist es immer gut, wenn man ein paar Mark in der Tasche hat, die man nicht braucht und für alle Fälle parat hält. Ja. Und hier ist das Kuvert von Tante Marthas Brief. Da stecke ich das Geld hinein. Paß mir ja gut auf, daß du es nicht verlierst! Wo willst du es hintun?«

Sie legte die drei Scheine in den seitlich aufgeschnittenen Briefumschlag, knickte ihn in der Mitte um und gab ihn Emil.

Der besann sich erst eine Weile. Dann schob er ihn in die rechte innere Tasche, tief hinunter, klopfte sich, zur Beruhigung, noch einmal von außen auf die blaue Jacke und sagte überzeugt: »So, da klettert es nicht heraus.«

»Und erzähle keinem Menschen im Coupé, daß du so viel Geld bei dir hast!«

»Aber Muttchen!« Emil war geradezu beleidigt. Ihm so eine Dummheit zuzutrauen! Frau Tischbein tat noch etwas Geld in ihr Portemonnaie. Dann trug sie den Blechkasten wieder zum Schrank und las rasch noch einmal den Brief, den sie von ihrer Schwester aus Berlin erhalten hatte und in dem die genauen Abfahrtszeiten und Ankunftszeiten des Zuges standen, mit dem Emil fahren sollte ...

Manche von euch werden sicher der Ansicht sein, man brauche sich wegen hundertvierzig Mark wahrhaftig nicht so gründlich zu unterhalten wie Frau Friseuse Tischbein mit ihrem Jungen. Und wenn jemand zweitausend oder zwanzigtausend oder gar hunderttausend Mark im Monat verdient, hat er das ja auch nicht nötig.

Aber, falls ihr es nicht wissen solltet: Die meisten Leute verdienen viel, viel weniger. Und wer pro Woche fünfunddreißig Mark verdient, der muß, ob es euch gefällt oder nicht, hundertvierzig Mark, die er gespart hat, für sehr viel Geld halten. Für zahllose Menschen sind hundert Mark fast so viel wie eine Million, und sie schreiben hundert Mark sozusagen mit sechs Nullen. Und wieviel eine Million in Wirklichkeit ist, das können sie sich nicht einmal vorstellen, wenn sie träumen.

Emil hatte keinen Vater mehr. Doch seine Mutter hatte zu tun, frisierte in ihrer Stube, wusch blonde Köpfe und braune Köpfe und arbeitete unermüdlich, damit sie zu essen hatten und die Gasrechnung, die Kohlen, die Miete, die Kleidung, die Bücher und das Schulgeld bezahlen konnten. Nur manchmal war sie krank und lag zu Bett. Der Doktor kam und verschrieb Medikamente. Und Emil machte der Mutter heiße Umschläge und kochte in der Küche für sie und sich. Und wenn sie schlief, wischte er sogar die Fußböden mit dem nassen Scheuerlappen, damit sie nicht sagen sollte: »Ich muß aufstehen. Die Wohnung verkommt ganz und gar.«

Könnt ihr es begreifen und werdet ihr nicht lachen, wenn ich euch jetzt erzähle, daß Emil ein Musterknabe war? Seht, er hatte seine Mutter sehr lieb. Und er hätte sich zu Tode geschämt, wenn er faul gewesen wäre, während sie arbeitete, rechnete und wieder arbeitete. Da hätte er seine Schularbeiten verbummeln oder von Naumanns Richard abschreiben sollen? Da hätte er, wenn es sich machen ließ, die Schule schwänzen sollen? Er sah, wie sie sich bemühte, ihn nichts von dem entbehren zu lassen, was die andern Realschüler bekamen und besaßen. Und da hätte er sie beschwindeln und ihr Kummer machen sollen?

Emil war ein Musterknabe. So ist es. Aber er war keiner von der Sorte, die nicht anders kann, weil sie feig ist und geizig und nicht richtig jung. Er war ein Musterknabe, weil er einer sein wollte! Er hatte sich dazu entschlossen, wie man sich etwa dazu entschließt, nicht mehr ins Kino zu gehen oder keine Bonbons mehr zu essen. Er hatte sich dazu entschlossen, und oft fiel es ihm recht schwer.

Wenn er aber zu Ostern nach Hause kam und sagen konnte: »Mutter, da sind die Zensuren, und ich bin wieder der Beste!«, dann war er sehr zufrieden. Er liebte das Lob, das er in der Schule und überall erhielt, nicht deshalb, weil es ihm, sondern weil es seiner Mutter Freude machte. Er war stolz darauf, daß er ihr auf seine Weise ein bißchen vergelten konnte, was sie für ihn ihr ganzes Leben lang, ohne müde zu werden, tat . . .

»Hoppla«, rief die Mutter, »wir müssen zum Bahnhof. Es ist schon Viertel nach eins. Und der Zug geht kurz vor zwei Uhr.«

»Also los, Frau Tischbein!« sagte Emil zu seiner Mutter. »Aber, daß Sie es nur wissen, den Koffer trage ich selber!«

Wachtmeister Jeschke bleibt stumm

Vor dem Hause sagte die Mutter: »Falls die Pferdebahn kommt, fahren wir bis zum Bahnhof.«

Wer von euch weiß, wie eine Pferdebahn aussieht? Aber da sie gerade um die Ecke biegt und hält, weil Emil winkt, will ich sie euch rasch beschreiben. Bevor sie weiterzuckelt.

Also, die Pferdebahn ist, zunächst mal, ein tolles Ding. Ferner, sie läuft auf Schienen wie eine richtige erwachsene Straßenbahn und hat auch ganz ähnliche Wagen, aber es ist eben doch nur ein Droschkengaul vorgespannt. Für Emil und seine Freunde war der Droschkengaul einfach ein Skandal, und sie phantasierten von elektrischen Bahnen mit Ober- und Unterleitung und fünf Scheinwerfern vorn und drei hinten, aber der Magistrat von Neustadt fand, daß die vier Kilometer Schienenstrang ganz gut von einer lebenden Pferdekraft bewältigt werden konnten. Bis jetzt konnte also von Elektrizität gar keine Rede sein, und der Wagenführer hatte nicht das geringste mit irgendwelchen Kurbeln und Hebeln zu tun, sondern er hielt in der linken Hand die Zügel und in der rechten die Peitsche. Hü hott!

Und wenn jemand in der Rathausstraße 12 wohnte, und er saß in der Pferdebahn und wollte aussteigen, so klopfte er ganz einfach an die Scheibe. Dann machte der Herr Schaffner »Brrr!«, und der Fahrgast war zu Hause. Die richtige Haltestelle war vielleicht erst vor der Hausnummer 30 oder 46. Aber das war der Neustädter Straßenbahn GmbH ganz egal. Sie hatte Zeit. Das Pferd hatte Zeit. Der Schaffner hatte Zeit. Die Neustädter Einwohner hatten Zeit. Und wenn es wirklich einmal jemand besonders eilig hatte, ging er zu Fuß...

Auf dem Bahnhofsplatz stiegen Frau Tischbein und Sohn aus. Und während Emil den Koffer von der Plattform angelte, brummte eine dicke Stimme hinter ihnen: »Na, Sie fahren wohl in die Schweiz?«

Das war der Polizeiwachtmeister Jeschke. Die Mutter antwortete: »Nein, mein Junge fährt für eine Woche nach Berlin zu Verwandten.« Und Emil wurde es dunkelblau, beinahe schwarz vor Augen. Denn er hatte ein sehr schlechtes Gewissen. Neulich hatte ein Dutzend Realschüler nach der Turnstunde auf den

Flußwiesen dem Denkmal des Großherzogs, der Karl mit der schiefen Backe hieß, heimlich einen alten Filzhut aufs kühle Haupt gedrückt. Und dann war Emil, weil er gut zeichnen konnte, von den andern hochgestemmt worden, und er hatte dem Großherzog mit Buntstiften eine rote Nase und einen pechschwarzen Schnurrbart ins Gesicht malen müssen. Und während er noch malte, war Wachtmeister Jeschke am andern Ende des Obermarkts aufgetaucht!

Sie waren blitzartig davongesaust. Doch es stand zu befürchten, daß er sie erkannt hatte.

Aber er sagte nichts, sondern wünschte dem Emil gute Reise und erkundigte sich bei der Frau Mutter nach dem werten Befinden und dem Geschäftsgang.

Emil war trotz alledem nicht wohl zumute. Und als er seinen Koffer über den freien Platz weg zum Bahnhof transportierte, war ihm flau in den Knien. Und jeden Augenblick rechnete er damit, Jeschke werde plötzlich hinter ihm her brüllen: »Emil Tischbein, du bist verhaftet! Hände hoch!« Doch es geschah gar nichts. Vielleicht wartete der Wachtmeister nur, bis Emil wiederkam?

Dann kaufte die Mutter am Schalter den Fahrschein (Holzklasse natürlich) und eine Bahnsteigkarte. Und dann gingen sie auf den Bahnsteig 1 – bitte sehr, Neustadt hat vier Bahnsteige – und warteten auf den Zug nach Berlin. Es fehlten nur noch ein paar Minuten.

»Laß nichts liegen, mein Junge! Und setz dich nicht auf den Blumenstrauß! Und den Koffer läßt du dir von jemandem ins Gepäcknetz heben. Sei aber höflich und bitte erst darum!«

»Den Koffer krieg ich selber hoch. Ich bin doch nicht aus Pappe!«

»Na schön. Und verpaß nicht auszusteigen. Du kommst 18.17 Uhr in Berlin an. Am Bahnhof Friedrichstraße. Steige ja nicht vorher aus, etwa am Bahnhof Zoo oder auf einer anderen Station.«

»Nur keine Bange, junge Frau.«

»Und sei vor allem zu den anderen Leuten nicht so frech wie zu deiner Mutter. Und wirf das Papier nicht auf den Fußboden, wenn du deine Wurststullen ißt. Und – verliere das Geld nicht!«

Emil faßte sich entsetzt an die Jacke und in die rechte Brusttasche. Dann atmete er erleichtert auf und meinte: »Alle Mann an Bord.«

Er faßte die Mutter am Arm und spazierte mit ihr auf dem Bahnsteig hin und her.

»Und überarbeite dich nicht, Muttchen! Und werde ja nicht krank! Du hättest ja niemanden, der dich pflegen könnte. Ich nähme auf der Stelle ein Flugzeug und käme nach Hause. Und schreib mir auch einmal. Und ich bleibe höchstens eine Woche, daß du's nur weißt.« Er drückte die Mutter fest an sich. Und sie gab ihm einen Kuß auf die Nase.

Dann kam der Personenzug nach Berlin, mit Heulen und Zischen, und hielt. Emil fiel der Mutter noch ein bißchen um den Hals. Dann kletterte er mit seinem Koffer in ein Abteil. Die Mutter reichte ihm die Blumen und das Stullenpaket nach und fragte, ob er Platz hätte. Er nickte.

»Also, Friedrichstraße aussteigen!«

Er nickte.

»Und die Großmutter wartet am Blumenkiosk.«

Er nickte.

»Und benimm dich, du Schurke!«

Er nickte.

»Und sei nett zu Pony Hütchen. Ihr werdet euch gar nicht mehr kennen.«

Er nickte.

»Und schreib mir.«

»Du mir auch.«

So wäre es wahrscheinlich noch stundenlang fortgegangen, wenn es nicht den Eisenbahnfahrplan gegeben hätte. Der Zugführer mit dem roten Ledertäschchen rief: »Alles einsteigen! Alles einsteigen!« Die Wagentüren klappten. Die Lokomotive ruckte an. Und fort ging's.

Die Mutter winkte noch lange mit dem Taschentuch. Dann drehte sie sich langsam um und ging nach Hause. Und weil sie das Taschentuch sowieso schon in der Hand hielt, weinte sie gleich ein bißchen.

Aber nicht lange. Denn zu Hause wartete schon Frau Fleischermeister Augustin und wollte gründlich den Kopf gewaschen haben.

Die Reise nach Berlin kann losgehen

Emil nahm seine Schülermütze ab und sagte: »Guten Tag, meine Herrschaften. Ist vielleicht noch ein Plätzchen frei?«
Natürlich war noch ein Platz frei. Und eine dicke Dame, die sich den linken Schuh ausgezogen hatte, weil er drückte, sagte zu ihrem Nachbarn, einem Mann, der beim Atmen schrecklich schnaufte: »Solche höflichen Kinder sind heutzutage selten. Wenn ich da an meine Jugend zurückdenke, Gott!, da herrschte ein andrer Geist.«
Dabei turnte sie im Takt mit den gequetschten Zehen im linken Strumpf herum. Emil schaute interessiert zu. Und der Mann konnte vor Schnaufen kaum nicken.
Daß es Leute gibt, die immer sagen: Gott, früher war alles besser, das wußte Emil längst. Und er hörte überhaupt nicht mehr hin, wenn jemand erklärte, früher sei die Luft gesünder gewesen, oder die Ochsen hätten größere Köpfe gehabt. Denn das war meistens nicht wahr, und die Leute gehörten bloß zu der Sorte, die nicht zufrieden sein wollen, weil sie sonst zufrieden wären.
Er tastete die rechte Jackentasche ab und gab erst Ruhe, als er das Kuvert knistern hörte. Die Mitreisenden sahen soweit ganz vertrauenerweckend und nicht gerade wie Räuber und Mörder aus. Neben dem schrecklich schnaufenden Mann saß eine Frau, die an einem Schal häkelte. Und am Fenster, neben Emil, las ein Herr im steifen Hut die Zeitung.
Plötzlich legte er das Blatt beiseite, holte aus seiner Tasche eine Ecke Schokolade, hielt sie dem Knaben hin und sagte: »Na, junger Mann, wie wär's?«
»Ich bin so frei«, antwortete Emil und nahm die Schokolade. Dann zog er, hinterher erst, hastig seine Mütze, verbeugte sich und meinte: »Emil Tischbein ist mein Name.«
Die Reisegefährten lächelten. Der Herr lüftete seinerseits ernst den steifen Hut und sagte: »Sehr angenehm, ich heiße Grundeis.«
Dann fragte die dicke Dame, die den linken Schuh ausgezogen hatte: »Lebt denn in Neustadt der Schnittwarenhändler Kurzhals noch?«
»Ja freilich lebt Herr Kurzhals noch«, berichtete Emil, »ken-

nen Sie ihn? Er hat jetzt das Grundstück gekauft, auf dem sein Geschäft ist.«
»So, na grüß ihn schön von Frau Jakob aus Groß-Grünau.«
»Ich fahre doch aber nach Berlin.«
»Das hat ja auch Zeit, bis zu zurückkommst«, sagte Frau Jakob, turnte wieder mit den Zehen und lachte, daß ihr der Hut ins Gesicht rutschte.
»So, so, nach Berlin fährst du?« fragte Herr Grundeis.
»Jawohl, und meine Großmutter wartet am Bahnhof Friedrichstraße am Blumenstand«, antwortete Emil und faßte sich wieder ans Jackett. Und das Kuvert knisterte, Gott sei Dank, noch immer.
»Kennst du Berlin schon?«
»Nein.«
»Na, da wirst du aber staunen! In Berlin gibt es neuerdings Häuser, die sind hundert Stockwerke hoch, und die Dächer hat man am Himmel festbinden müssen, damit sie nicht fortwehen ... Und wenn es jemand besonders eilig hat und er will in ein andres Stadtviertel, so packt man ihn auf dem Postamt rasch in eine Kiste, steckt die in eine Röhre und schießt sie, wie einen Rohrpostbrief, zu dem Postamt, das in dem Viertel liegt, wo der Betreffende hin möchte ... Und wenn man kein Geld hat, geht man auf die Bank und läßt sein Gehirn als Pfand dort, und da kriegt man tausend Mark. Der Mensch kann nämlich nur zwei Tage ohne Gehirn leben; und er kriegt es von der Bank erst wieder, wenn er zwölfhundert Mark zurückzahlt. Es sind jetzt kolossal moderne medizinische Apparate erfunden worden und ...«
»Sie haben wohl Ihr Gehirn auch gerade auf der Bank«, sagte der Mann, der so schrecklich schnaufte, zu dem Herrn im steifen Hut und fügte hinzu: »Lassen Sie doch den Blödsinn!«
Der dicken Frau Jakob standen vor Angst die Zehen still. Und die Dame, die den Schal häkelte, hielt inne.
Emil lachte gezwungen. Und zwischen den Herren kam es zu einer längeren Auseinandersetzung. Emil dachte: Ihr könnt mich gern haben! und packte seine Wurststullen aus, obwohl er eben erst Mittag gegessen hatte. Als er die dritte Stulle kaute, hielt der Zug auf einem großen Bahnhof. Emil sah kein Stationsschild, und er verstand auch nicht, was der Schaffner vor dem Fenster brüllte. Fast alle Fahrgäste stiegen aus: der schnaufende Mann, die häkelnde Dame und auch Frau Jakob. Sie wäre beinahe zu spät gekommen, weil sie ihren Schuh nicht wieder zukriegte.

»Also grüße Herrn Kurzhals schön«, sagte sie noch. Emil nickte.
Und dann waren er und der Herr mit dem steifen Hut allein. Das gefiel Emil nicht sehr. Ein Mann, der Schokolade verteilt und verrückte Geschichten erzählt, ist nichts Genaues. Emil wollte zur Abwechslung wieder einmal nach dem Kuvert fassen. Er wagte es aber nicht, sondern ging, als der Zug weiterfuhr, auf die Toilette, holte dort das Kuvert aus der Tasche, zählte das Geld – es stimmte immer noch – und war ratlos, was er machen sollte. Endlich kam ihm ein Gedanke. Er nahm eine Nadel, die er im Jackettkragen fand, steckte sie erst durch die drei Scheine, dann durch das Kuvert und schließlich durch das Anzugfutter durch. Er nagelte sozusagen sein Geld fest. So, dachte er, nun kann nichts mehr passieren. Und dann ging er wieder ins Coupé.

Herr Grundeis hatte es sich in einer Ecke gemütlich gemacht und schlief. Emil war froh, daß er sich nicht zu unterhalten brauchte, und blickte durchs Fenster. Bäume, Windmühlen, Felder, Fabriken, Kuhherden, winkende Bauern zogen draußen vorbei. Und es war sehr hübsch anzusehen, wie sich alles vorüberdrehte, fast wie auf einer Grammophonplatte. Aber schließlich kann man nicht stundenlang durchs Fenster starren.

Herr Grundeis schlief immer weiter und schnarchte ein bißchen. Emil wäre gern auf und ab marschiert, aber dann hätte er den andern geweckt, und das wollte er ganz und gar nicht. Er lehnte sich also in die entgegengesetzte Ecke des Coupés und betrachtete den Schläfer. Warum der Mann nur immer den Hut aufbehielt? Und ein längliches Gesicht hatte er, einen ganz schmalen schwarzen Schnurrbart und hundert Falten um den Mund, und die Ohren waren sehr dünn und standen weit ab.

Wupp! Emil zuckte zusammen und erschrak. Beinahe wäre er eingeschlafen! Das durfte er unter keinen Umständen. Wenn doch wenigstens noch irgend jemand zugestiegen wäre! Der Zug hielt ein paarmal, aber es kam kein Mensch. Dabei war es erst vier Uhr, und Emil hatte noch über zwei Stunden zu fahren. Er kniff sich in die Beine. In der Schule half das immer, wenn Herr Bremser Geschichte gab.

Eine Weile ging's. Und Emil überlegte sich, wie Pony Hütchen jetzt aussähe. Aber er konnte sich gar nicht mehr auf ihr Gesicht besinnen. Er wußte nur, daß sie während des letzten Besuchs – als sie und die Großmutter und Tante Martha in Neustadt gewesen waren – mit ihm hatte boxen wollen. Er hatte natürlich abgelehnt, weil sie Papiergewicht war und er mindestens

Halbschwergewicht. Das wäre unfair, hatte er damals gesagt. Und wenn er ihr einen Uppercut geben würde, müsse man sie hinterher von der Wand runterkratzen. Sie hatte aber erst Ruhe gegeben, als Tante Martha dazwischenkam.

Schwupp! Er fiel fast von der Bank. Schon wieder eingeschlafen? Er kniff und kniff sich in die Beine. Sicher hatte er schon überall blaue und grüne Flecken. Und trotzdem wollte es nichts nützen.

Er versuchte es mit Knopfzählen. Er zählte von oben nach unten und dann noch einmal von unten nach oben. Von oben nach unten waren es dreiundzwanzig Knöpfe. Und von unten nach oben vierundzwanzig. Emil lehnte sich zurück und überlegte, woran das wohl liegen könnte.

Und dabei schlief er ein.

Herr Grundeis schlief und schnarchte ein bißchen

Ein Traum, in dem viel gerannt wird

Plötzlich war es Emil, als führe der Zug immer im Kreise herum, wie die kleinen Eisenbahnen tun, mit denen die Kinder im Zimmer spielen. Er sah zum Fenster hinaus und fand das sehr seltsam. Der Kreis wurde immer enger. Die Lokomotive kam dem letzten Wagen immer näher. Und es schien, als täte sie das mit Absicht! Der Zug drehte sich um sich selber wie ein Hund, der sich in den Schwanz beißen will. Und in dem schwarzen rasenden Kreis standen Bäume und eine Mühle aus Glas und ein großes Haus mit zweihundert Stockwerken.

Emil wollte nach der Zeit sehen und zog die Uhr aus der Tasche. Er zog und zog, und schließlich war es die Standuhr aus Mutters Stube. Er sah aufs Zifferblatt, und da stand drauf: 185 Stunden-km. Es ist bei Lebensgefahr verboten, auf den Fußboden zu spucken. Er blickte wieder aus dem Fenster. Die Lokomotive kam dem letzten Wagen immer näher. Und er hatte große Angst. Denn wenn die Lokomotive gegen den letzten Wagen fuhr, gab es natürlich ein Zugunglück. Das war klar. Emil wollte das unter keinen Umständen abwarten. Er öffnete die Tür und lief auf der Trittleiste entlang. Vielleicht war der Lokomotivführer eingeschlafen? Emil blickte, während er nach vorn kletterte, in die Coupéfenster. Nirgends saß jemand. Der Zug war leer. Nur einen einzigen Mann sah Emil, der hatte einen steifen Hut aus Schokolade auf, brach ein großes Stück von der Hutkrempe ab und verschlang es. Emil pochte an die Scheibe und zeigte nach der Lokomotive. Aber der Mann lachte nur, brach sich noch ein Stück Schokolade ab und strich sich über den Magen, weil es ihm so gut schmeckte.

Endlich war Emil am Kohlentender. Dann kletterte er, mit einem tüchtigen Klimmzug, zum Lokomotivführer hinauf. Der hockte auf einem Kutschbock, schwang die Peitsche und hielt Zügel, als seien Pferde vor den Zug gespannt. Und so war es tatsächlich! Drei mal drei Pferde zogen den Zug. Sie hatten silberne Rollschuhe an den Hufen, fuhren darauf über die Schienen und sangen: Muß i denn, muß i denn zum Städtele hinaus.

Emil rüttelte den Kutscher und schrie: »Durchparieren! Sonst gibt's ein Unglück!« Da sah er, daß der Kutscher niemand anders war als Herr Wachtmeister Jeschke.

Der blickte ihn durchdringend an und rief: »Wer waren die anderen Jungens? Wer hat den Großherzog Karl angeschmiert?«

»Ich!« sagte Emil.

»Wer noch?«

»Das sage ich nicht!«

»Dann fahren wir eben weiter im Kreis!«

Und Wachtmeister Jeschke schlug auf seine Gäule los, daß sie sich aufbäumten und dann noch schneller als vorher auf den letzten Wagen losflogen. Auf dem letzten Wagen aber saß Frau Jakob und fuchtelte mit den Schuhen in der Hand und hatte gräßliche Angst, weil die Pferde schon nach ihren Zehen schnappten.

»Ich gebe Ihnen zwanzig Mark, Herr Wachtmeister«, schrie Emil.

»Laß gefälligst den Blödsinn!« rief Jeschke und hieb mit der Peitsche wie verrückt auf die Pferde ein.

Da hielt es Emil nicht länger aus und sprang aus dem Zug. Er schlug zwanzig Purzelbäume den Abhang hinunter, aber es schadete ihm nichts. Er stand auf und hielt nach dem Zug Umschau. Der stand still, und die neun Pferde drehten die Köpfe nach Emil um. Wachtmeister Jeschke war aufgesprungen, schlug die Tiere mit der Peitsche und brüllte: »Hü! Los! Hinter ihm her!« Und da sprangen die neun Pferde aus den Schienen, sprengten auf Emil zu, und die Wagen hüpften wie Gummibälle.

Emil überlegte nicht lange, sondern rannte, was er konnte, davon. Über eine Wiese, an vielen Bäumen vorbei, durch einen Bach, dem Wolkenkratzer zu. Manchmal sah er sich um; der Zug donnerte hinter ihm her, ohne abzulassen. Die Bäume wurden über den Haufen gerannt und zersplitterten. Nur eine Rieseneiche war stehengeblieben, und auf ihrem höchsten Ast saß die dicke Frau Jakob, wehte im Wind, weinte und kriegte ihren Schuh nicht zu. Emil lief weiter.

In dem Haus, das zweihundert Stockwerke hoch war, befand sich ein großes schwarzes Tor. Er rannte hinein und hindurch und am andern Ende wieder hinaus. Der Zug kam hinter ihm her. Emil hätte sich am liebsten in eine Ecke gesetzt und geschlafen, denn er war so schrecklich müde und zitterte am ganzen Leibe. Aber er durfte nicht einschlafen! Der Zug ratterte schon durchs Haus.

Emil sah eine Eisenleiter. Die ging am Hause hoch, bis zum Dach. Und er begann zu klettern. Zum Glück war er ein guter Turner. Während er kletterte, zählte er die Stockwerke. In der

*Emil überlegte nicht lange,
sondern rannte, was er konnte, davon*

50. Etage wagte er es, sich umzudrehen. Die Bäume waren ganz klein geworden, und die gläserne Mühle war kaum noch zu erkennen. Aber, o Schreck! Die Eisenbahn kam das Haus hinaufgefahren! Emil kletterte weiter und immer höher. Und der Zug stampfte und knatterte die Leitersprossen empor, als wären es Schienen.

100. Etage, 120. Etage, 140. Etage, 160. Etage, 180. Etage, 190. Etage, 200. Etage! Emil stand auf dem Dach und wußte nicht mehr, was er beginnen sollte. Schon war das Wiehern der Pferde zu hören. Da lief der Junge über das Dach hin bis zum anderen Ende, zog sein Taschentuch aus dem Anzug und breitete es aus. Und als die Pferde schwitzend über den Dachrand krochen und der Zug hinterher, hob Emil sein ausgebreitetes Taschentuch hoch über den Kopf und sprang ins Leere. Er hörte noch, wie der Zug die Schornsteine über den Haufen fuhr. Dann verging ihm für eine Weile Hören und Sehen.

Und dann plumpste er, krach! auf eine Wiese.

Erst blieb er müde liegen, mit geschlossenen Augen, und hatte eigentlich Lust, einen schönen Traum zu träumen. Doch weil er noch nicht ganz beruhigt war, blickte er an dem großen Haus hinauf und sah, wie die neun Pferde oben auf dem Dach Regenschirme aufspannten. Und der Wachtmeister Jeschke hatte auch einen Schirm und trieb damit die Pferde an. Sie setzten sich auf die Hinterbeine, gaben sich einen Ruck und sprangen in die Tiefe. Und nun segelte die Eisenbahn auf die Wiese herab und wurde immer größer und größer.

Emil sprang wieder auf und rannte quer über die Wiese auf die gläserne Mühle los. Sie war durchsichtig, und er sah seine Mutter drinnen, wie sie gerade Frau Augustin die Haare wusch. Gott sei Dank, dachte er und rannte durch die Hintertür in die Mühle.

»Muttchen!« rief er. »Was mach ich bloß?«

»Was ist denn los, mein Junge?« fragte die Mutter und wusch weiter.

»Sieh nur mal durch die Wand!«

Frau Tischbein blickte hinaus und sah gerade, wie die Pferde und der Zug auf der Wiese landeten und auf die Mühle loshetzten.

»Das ist doch Wachtmeister Jeschke«, sagte die Mutter und schüttelte erstaunt den Kopf.

»Er saust schon die ganze Zeit wie blödsinnig hinter mir her!«

»Na und?«

»Ich habe neulich dem Großherzog Karl mit der schiefen Backe auf dem Obermarkt eine rote Nase und einen Schnurrbart ins Gesicht gemalt.«

»Ja, wo solltest du denn den Schnurrbart sonst hinmalen?« fragte Frau Augustin und prustete.

»Nirgendshin, Frau Augustin. Aber das ist nicht das Schlimmste. Er wollte auch wissen, wer mit dabei war. Und das kann ich ihm nicht sagen. Das ist doch Ehrensache.«

»Da hat Emil recht«, meinte die Mutter, »aber was machen wir nun?«

»Stellen Sie mal den Motor an, liebe Frau Tischbein«, sagte Frau Augustin.

Emils Mutter drückte am Tisch einen Hebel herunter, und da begannen sich die vier Mühlenflügel zu drehen, und weil sie aus Glas waren und weil die Sonne schien, schimmerten und glänzten sie so sehr, daß man überhaupt nicht hinblicken konnte. Und als die neun Pferde mit ihrer Eisenbahn angerannt kamen, wurden sie scheu, bäumten sich hoch auf und wollten keinen Schritt weiter. Wachtmeister Jeschke fluchte, daß man es durch die gläsernen Wände hörte. Aber die Pferde wichen nicht von der Stelle.

»So, und nun waschen Sie mir meinen Schädel ruhig weiter«, sagte Frau Augustin, »Ihrem Jungen kann nichts mehr passieren.«

Frau Friseuse Tischbein ging also wieder an die Arbeit. Emil setzte sich auf einen Stuhl, der war auch aus Glas, und pfiff sich eins. Dann lachte er laut und sagte: »Das ist ja großartig. Wenn ich früher gewußt hätte, daß du hier bist, wäre ich doch gar nicht erst das verflixte Haus hochgeklettert.«

»Hoffentlich hast du dir nicht den Anzug zerrissen!« sagte die Mutter. Dann fragte sie: »Hast du auf das Geld gut Obacht gegeben?«

Da gab es Emil einen riesigen Ruck. Und mit einem Krach fiel er von dem gläsernen Stuhl herunter.

Und wachte auf.

Emil steigt an der falschen Station aus

Als er aufwachte, setzte sich die Bahn eben wieder in Bewegung. Er war, während er schlief, von der Bank gefallen, lag jetzt am Boden und war sehr erschrocken. Er wußte nur noch nicht recht, weswegen. Sein Herz pochte wie ein Dampfhammer. Da hockte er nun in der Eisenbahn und hatte fast vergessen, wo er war. Dann fiel es ihm, portionsweise, wieder ein. Richtig, er fuhr nach Berlin. Und war eingeschlafen. Genau wie der Herr im steifen Hut...

Emil setzte sich mit einem Ruck bolzengerade und flüsterte: »Er ist ja fort!« Die Knie zitterten ihm. Ganz langsam stand er auf und klopfte sich mechanisch den Anzug sauber. Jetzt war die nächste Frage: Ist das Geld noch da? Und vor dieser Frage hatte er eine unbeschreibliche Angst.

Lange Zeit stand er an die Tür gelehnt und wagte nicht, sich zu rühren. Dort drüben hatte der Mann, der Grundeis hieß, gesessen und geschlafen und geschnarcht. Und nun war er fort. Natürlich konnte alles in Ordnung sein. Denn eigentlich war es albern, gleich ans Schlimmste zu denken. Es mußten ja nun nicht gleich alle Menschen nach Berlin-Friedrichstraße fahren, nur weil er hinfuhr. Und das Geld war gewiß noch an Ort und Stelle. Erstens steckte es in der Tasche. Zweitens steckte es im Briefumschlag. Und drittens war es mit einer Nadel am Futter befestigt. Also, er griff sich langsam in die rechte innere Tasche.

Die Tasche war leer! Das Geld war fort!

Emil durchwühlte die Tasche mit der linken Hand. Er befühlte und preßte das Jackett von außen mit der rechten. Es blieb dabei: die Tasche war leer, und das Geld war weg.

»Au!« Emil zog die Hand aus der Tasche. Und nicht bloß die Hand, sondern die Nadel dazu, mit der er das Geld vorhin durchbohrt hatte. Nichts als die Stecknadel war übriggeblieben. Und sie saß im linken Zeigefinger, daß er blutete.

Er wickelte das Taschentuch um den Finger und weinte. Natürlich nicht wegen des lächerlichen bißchen Bluts. Vor vierzehn Tagen war er gegen den Laternenpfahl gerannt, daß der bald umgeknickt wäre, und Emil hatte noch jezt einen Buckel auf der Stirn. Aber geheult hatte er keine Sekunde.

Er weinte wegen des Geldes. Und er weinte wegen seiner Mutter. Wer das nicht versteht, und wäre er noch so tapfer, dem ist nicht zu helfen. Emil wußte, wie seine Mutter monatelang geschuftet hatte, um die hundertvierzig Mark für die Großmutter zu sparen und um ihn nach Berlin schicken zu können. Und kaum saß der Herr Sohn im Zug, so lehnte er sich auch schon in eine Ecke, schlief ein, träumte verrücktes Zeug und ließ sich von einem Schweinehund das Geld stehlen. Und da sollte er nicht weinen? Was sollte er nun anfangen? In Berlin aussteigen und zur Großmutter sagen: Da bin ich. Aber Geld kriegst du keins, daß du es weißt. Gib mir lieber rasch das Reisegeld, damit ich wieder nach Neustadt fahren kann. Sonst muß ich laufen.

Prachtvoll war das! Die Mutter hatte umsonst gespart. Die Großmutter bekam keinen Pfennig. In Berlin konnte er nicht bleiben. Nach Hause durfte er nicht fahren. Und alles das wegen eines Kerls, der den Kindern Schokolade schenkte und tat, als ob er schliefe. Und zu guter Letzt raubte er sie aus. Pfui Spinne, war das eine feine Welt!

Emil schluckte die Tränen, die noch ins Freie wollten, hinunter und sah sich um. Wenn er die Notleine zog, würde der Zug sofort stehenbleiben. Und dann käme ein Schaffner. Und noch einer. Und immer noch einer. Und alle würden fragen: Was ist los?

Mein Geld ist gestohlen worden, spräche er.

Ein andres Mal paßt du besser auf, würden sie antworten, steige gefälligst wieder ein! Wie heißt du? Wo wohnst du? Einmal Notleineziehen kostet hundert Mark. Die Rechnung wird geschickt.

In Schnellzügen konnte man wenigstens durch die Wagen laufen, von einem Ende des Zuges zum andern, bis ins Dienstabteil, und Diebstähle melden. Aber hier! In so einem Bummelzug! Da mußte man bis zur nächsten Station warten, und inzwischen war der Mensch im steifen Hut über alle Berge. Nicht einmal die Station, wo der Kerl ausgestiegen war, wußte Emil. Wie spät mochte es sein? Wann kam Berlin? An den Fenstern des Zuges wanderten große Häuser vorbei und Villen mit bunten Gärten und dann wieder hohe schmutzige Schornsteine. Wahrscheinlich war das schon Berlin. An der nächsten Station mußte er den Schaffner rufen und ihm alles erzählen. Und er würde es schleunigst der Polizei melden!

Auch das noch. Jetzt kriegte er es auch noch mit der Polizei zu tun. Nun konnte Wachtmeister Jeschke natürlich nicht mehr schweigen, sondern mußte dienstlich melden: Ich weiß nicht, aber der Realschüler Emil Tischbein aus Neustadt gefällt mir nicht. Erst schmiert er ehrwürdige Denkmäler voll. Und dann läßt er sich hundertvierzig Mark stehlen. Vielleicht sind sie ihm gar nicht gestohlen worden? Wer Denkmäler beschmiert, der lügt auch. Da habe ich meine Erfahrungen. Wahrscheinlich hat er das Geld im Walde vergraben oder verschluckt und will damit nach Amerika? Den Dieb zu verfolgen hat nicht den mindesten Sinn. Der Realschüler Tischbein ist selber der Dieb. Bitte, Herr Polizeipräsident, verhaften Sie ihn.

Schrecklich. Nicht einmal der Polizei konnte er sich anvertrauen!

Er holte den Koffer aus dem Gepäcknetz, setzte die Mütze auf, steckte die Nadel wieder in den Jackettaufschlag und machte sich fertig. Er hatte zwar keine Ahnung, was er beginnen sollte. Aber hier, in diesem Coupé, hielt er es keine fünf Minuten länger aus. Das stand fest.

Inzwischen verlangsamte der Zug seine Geschwindigkeit. Emil sah draußen viele Gleise glänzen. Dann fuhr man an Bahnsteigen vorbei. Ein paar Gepäckträger liefen, weil sie was verdienen wollten, neben den Wagen her.

Der Zug hielt!

Emil schaute durchs Fenster und erblickte hoch über den Schienen ein Schild. Darauf stand: ZOOLOG. GARTEN. Die Türen flogen auf. Leute kletterten aus den Abteilen. Andere warteten schon und breiteten froh die Arme aus.

Emil beugte sich weit aus dem Fenster und suchte den Zugführer. Da erblickte er, in einiger Entfernung und zwischen vielen Menschen, einen steifen schwarzen Hut. Wenn das der Dieb war? Vielleicht war er, nachdem er Emil bestohlen hatte, gar nicht ausgestiegen, sondern nur in einen anderen Wagen gegangen?

Im nächsten Augenblick stand Emil auf dem Bahnsteig, setzte den Koffer hin, stieg noch einmal ein, weil er die Blumen, die im Gepäcknetz lagen, vergessen hatte, stieg wieder aus, packte den Koffer kräftig an, hob ihn hoch und rannte, so sehr er konnte, dem Ausgang zu.

Wo war der steife Hut? Der Junge stolperte den Leuten vor den Beinen herum, stieß wen mit dem Koffer, rannte weiter. Die Menschenmenge wurde immer dichter und undurchdringlicher.

Da! Dort war der steife Hut! Himmel, da drüben war noch einer! Emil konnte den Koffer kaum noch schleppen. Am liebsten hätte er ihn einfach hingestellt und stehenlassen. Doch dann wäre ihm auch der noch gestohlen worden!

Endlich hatte er sich bis dicht an die steifen Hüte herangedrängt.

Der konnte es sein! War er's?

Nein.

Dort war der nächste.

Nein. Der Mann war zu klein.

Emil schlängelte sich wie ein Indianer durch die Menschenmassen.

Dort, dort!

Das war der Kerl. Gott sei Dank! Das war der Grundeis. Eben schob er sich durch die Sperre und schien es eilig zu haben.

»Warte nur, du Kanaille«, knurrte Emil, »dich kriegen wir!« Dann gab er seine Fahrkarte ab, nahm den Koffer in die andre Hand, klemmte den Blumenstrauß unter den rechten Arm und lief hinter dem Mann die Treppe hinunter.

Jetzt kam's drauf an.

Straßenbahnlinie 177

Am liebsten wäre er auf den Kerl losgerannt, hätte sich vor ihm aufpostiert und gerufen: Her mit dem Geld! Doch der sah nicht so aus, als würde er dann antworten: Aber gern, mein gutes Kind. Hier hast du's. Ich will es bestimmt nicht wieder tun. Ganz so einfach lag die Sache nicht. Zunächst war es das Wichtigste, den Mann nicht aus den Augen zu verlieren.

Emil versteckte sich hinter einer großen, breiten Dame, die vor ihm ging, und guckte manchmal links und manchmal rechts an ihr vorbei, ob der andere noch zu sehen war und nicht plötzlich im Dauerlauf davonrannte. Der Mann war mittlerweile am Bahnhofsportal angelangt, blieb stehen, blickte sich um und musterte die Leute, die hinter ihm her drängten, als suche er wen. Emil preßte sich ganz dicht an die große Dame und kam dem andern immer näher. Was sollte jetzt werden? Gleich würde er an ihm vorbei müssen, und dann war es aus mit den Heimlichkeiten. Ob ihm die Dame helfen würde? Aber sie würde ihm sicher nicht glauben. Und der Dieb würde sagen: Erlauben Sie mal, meine Dame, was fällt Ihnen eigentlich ein? Habe ich es etwa nötig, kleine Kinder auszurauben? Und dann würden alle den Jungen ansehen und schreien: Das ist doch der Gipfel! Verleumdet erwachsene Menschen! Nein, die Jugend von heute ist doch zu frech! Emil klapperte schon mit den Zähnen.

Da drehte der Mann seinen Kopf glücklicherweise wieder weg und trat ins Freie. Der Junge sprang blitzrasch hinter die Tür, stellte seinen Koffer nieder und blickte durch die vergitterte Scheibe. Alle Wetter, tat ihm der Arm weh!

Der Dieb ging langsam über die Straße, sah noch einmal rückwärts und spazierte ziemlich beruhigt weiter. Dann kam eine Straßenbahn, mit der Nummer 177, von links angefahren und hielt. Der Mann überlegte einen Augenblick, stieg auf den Vorderwagen und setzte sich an einen Fensterplatz.

Emil packte wieder seinen Koffer an, lief geduckt an der Tür vorbei, die Halle entlang, fand eine andere Tür, rannte auf die Straße und erreichte von hinten her den Anhängewagen gerade, als die Bahn losfuhr. Er warf den Koffer hinauf, kletterte nach, schob ihn in eine Ecke, stellte sich davor und atmete auf. So, das war überstanden!

Doch was sollte nun werden? Wenn der andere während der Fahrt absprang, war das Geld endgültig weg. Denn mit dem Koffer abspringen, das ging nicht. Das war zu gefährlich.

Diese Autos! Sie drängten sich hastig an der Straßenbahn vorbei; hupten, quiekten, streckten rote Zeiger links und rechts heraus, bogen um die Ecke; andere Autos schoben sich nach. So ein Krach! Und die vielen Menschen auf den Fußsteigen! Und von allen Seiten Straßenbahnen, Fuhrwerke, zweistöckige Autobusse! Zeitungsverkäufer an allen Ecken. Wunderbare Schaufenster mit Blumen, Früchten, Büchern, goldenen Uhren, Kleidern und seidener Wäsche. Und hohe, hohe Häuser.

Das war also Berlin.

Emil hätte sich gern alles in größter Ruhe betrachtet. Aber er hatte keine Zeit dazu. Im vorderen Wagen saß ein Mann, der hatte Emils Geld, konnte jeden Augenblick aussteigen und im Gedränge verschwinden. Dann war es aus. Denn dort hinten, zwischen den Autos und Menschen und Autobussen, da fand man niemanden wieder. Emil steckte den Kopf hinaus. Wenn nun der Kerl schon weg war? Dann fuhr er hier oben allein weiter, wußte nicht wohin, wußte nicht warum, und die Großmutter wartete unterdessen am Bahnhof Friedrichstraße, am Blumenstand, und hatte keine Ahnung, daß ihr Enkel inzwischen auf der Linie 177 quer durch Berlin gondelte und großen Kummer hatte. Es war zum Platzen!

Da hielt die Straßenbahn zum erstenmal. Emil ließ den Triebwagen nicht aus den Augen. Doch es stieg niemand aus. Es drängten nur viele neue Fahrgäste in die Bahn. Auch an Emil vorbei. Ein Herr schimpfte, weil der Junge den Kopf herausstreckte und im Wege war.

»Siehst du nicht, daß Leute rauf wollen?« brummte er ärgerlich.

Der Schaffner, der im Innern des Wagens Fahrscheine verkaufte, zog an einer Schnur. Es klingelte. Und die Straßenbahn fuhr weiter. Emil stellte sich wieder in seine Ecke, wurde gedrückt und auf die Füße getreten und dachte erschrocken: Ich habe ja kein Geld! Wenn der Schaffner herauskommt, muß ich einen Fahrschein lösen. Und wenn ich es nicht kann, schmeißt er mich raus. Und dann kann ich mich gleich begraben lassen.

Er sah sich die Leute an, die neben ihm standen. Konnte er einen von ihnen am Mantel zupfen und sagen: Borgen Sie mir doch bitte das Fahrgeld? Ach, die Menschen hatten so ernste Gesichter! Der eine las Zeitung. Zwei andere unterhielten sich über einen großen Bankeinbruch.

»Einen richtigen Schacht haben sie gegraben«, erzählte der erste, »da sind sie hinein und haben alle Tresorfächer ausgeräumt. Der Schaden beläuft sich vermutlich auf mehrere Millionen.«

»Es wird aber kolossal schwierig sein festzustellen, was in den Schränken eigentlich drin war«, sagte der zweite, »denn die Tresormieter sind doch der Bank keine Auskunft darüber schuldig gewesen, was sie in ihren Fächern verschlossen hatten.«

»Da wird mancher erklären, er hätte für hunderttausend Mark Brillanten eingeschlossen gehabt, und in Wirklichkeit war nur ein Haufen wertloses Papiergeld drin oder ein Dutzend Alpakalöffel«, meinte der erste. Und beide lachten ein bißchen.

Ganz genauso wird es mir gehen, dachte Emil traurig. Ich werde sagen, Herr Grundeis hat mir hundertvierzig Mark gestohlen. Und niemand wird es mir glauben. Und der Dieb wird sagen, das sei eine Frechheit von mir, und es wären nur drei Mark fünfzig gewesen. So eine verdammte Geschichte!

Der Schaffner kam der Tür immer näher. Jetzt stand er schon im Türrahmen und fragte laut: »Wer hat noch keinen Fahrschein?«

Er riß große weiße Zettel ab und machte mit einer Zange eine Reihe Löcher hinein. Die Leute auf dem Perron gaben ihm Geld und bekamen dafür Fahrscheine.

»Na, und du?« fragte er den Jungen.

»Ich habe mein Geld verloren, Herr Schaffner«, antwortete Emil. Denn den Diebstahl hätte ihm keiner geglaubt.

»Geld verloren? Das kenn ich. Und wo willst du hin?«

»Das... das weiß ich noch nicht«, stotterte Emil.

»So. Na, da steige mal an der nächsten Station wieder ab und überlege dir erst, wo du hin willst.«

»Nein, das geht nicht. Ich muß hier oben bleiben, Herr Schaffner. Bitte schön.«

»Wenn ich dir sage, du sollst absteigen, steigst du ab. Verstanden?«

»Geben Sie dem Jungen einen Fahrschein!« sagte der Herr, der Zeitung gelesen hatte. Er gab dem Schaffner Geld. Und der Schaffner gab Emil einen Fahrschein und erzählte dem Herrn: »Was glauben Sie, wie viele Jungen da täglich raufkommen und einem weismachen, sie hätten das Geld vergessen. Hinterher lachen sie uns aus.«

»Der hier lacht uns nicht aus«, antwortete der Herr.

Der Schaffner stieg wieder ins Wageninnere.

»Haben Sie vielen, vielen Dank, mein Herr!« sagte Emil.

»Bitte schön, nichts zu danken«, meinte der Herr und schaute wieder in seine Zeitung.

Dann hielt die Straßenbahn von neuem. Emil beugte sich hinaus, ob der Mann im steifen Hut ausstiege. Doch es war nichts zu sehen.

»Darf ich vielleicht um Ihre Adresse bitten?« fragte Emil den Herrn.

»Wozu denn?«

»Damit ich Ihnen das Geld zurückgeben kann, sobald ich welches habe. Ich bleibe vielleicht eine Woche in Berlin, und da komme ich mal bei Ihnen vorbei. Tischbein ist mein Name. Emil Tischbein aus Neustadt.«

»Nein«, sagte der Herr, »den Fahrschein habe ich dir selbstverständlich geschenkt. Soll ich dir noch etwas geben?«

»Unter keinen Umständen«, erklärte Emil fest, »das nähme ich nicht an!«

»Wie du willst«, meinte der Herr und guckte wieder in die Zeitung.

Und die Straßenbahn fuhr. Und sie hielt. Und sie fuhr weiter. Emil las den Namen der schönen breiten Straße. Kaiserallee hieß sie. Er fuhr und wußte nicht, wohin. Im andern Wagen saß ein Dieb. Und vielleicht saßen und standen noch andere Diebe in der Bahn. Niemand kümmerte sich um ihn. Ein fremder Herr hatte ihm zwar einen Fahrschein geschenkt. Doch nun las er schon wieder Zeitung.

Die Stadt war so groß. Und Emil war so klein. Und kein Mensch wollte wissen, warum er kein Geld hatte und warum er nicht wußte, wo er aussteigen sollte. Vier Millionen Menschen lebten in Berlin, und keiner interessierte sich für Emil Tischbein. Niemand will von den Sorgen des andern etwas wissen. Jeder hat mit seinen eigenen Sorgen und Freuden genug zu tun. Und wenn man sagt: Das tut mir aber wirklich leid, so meint man meistens gar nichts weiter als: Mensch, laß mich bloß in Ruhe!

Was würde werden? Emil schluckte schwer. Und er fühlte sich sehr, sehr allein.

Große Aufregung in der Schumannstraße

Während Emil auf der Straßenbahn 177 stand, die Kaiserallee langfuhr und nicht wußte, wo er landen würde, warteten die Großmutter und Pony Hütchen, seine Kusine, im Bahnhof Friedrichstraße auf ihn. Sie hatten sich am Blumenkiosk, wie es ausgemacht war, aufgestellt und blickten dauernd nach der Uhr. Viele Leute kamen vorüber. Mit Koffern und Kisten und Schachteln und Ledertaschen und Blumensträußen. Doch Emil war nicht dabei.

»Wahrscheinlich ist er mächtig gewachsen, was?« fragte Pony Hütchen und schob ihr kleines vernickeltes Fahrrad hin und her. Sie hatte es ja eigentlich nicht mitnehmen sollen. Doch sie hatte so lange gemauzt, bis die Großmutter erklärte: »Nimm's mit, alberne Liese!«

Nun war die alberne Liese guter Laune und freute sich auf Emils respektvollen Blick. »Sicher findet er es oberfein«, sagte sie und war ihrer Sache völlig gewiß.

Die Großmutter wurde unruhig. »Ich möchte bloß wissen, was das heißen soll. Jetzt ist es schon 18 Uhr 20. Der Zug müßte doch längst da sein.«

Sie lauerten noch ein paar Minuten. Dann schickte die Großmutter das kleine Mädchen fort, sich zu erkundigen.

Pony Hütchen nahm natürlich ihr Rad mit. »Können Sie mir nicht erklären, wo der Zug aus Neustadt bleibt, Herr Inspektor?« fragte sie den Beamten, der mit einer Lochzange an der Sperre stand und Obacht gab, daß jeder, der an ihm vorbei wollte, ein Billett mitbrachte.

»Neustadt? Neustadt?« überlegte er. »Ach so, 18 Uhr 17! Der Zug ist längst rein.«

»Ach, das ist aber schade. Wir warten nämlich dort drüben am Blumenstand auf meinen Vetter Emil.«

»Freut mich, freut mich«, sagte der Mann.

»Wieso freut Sie denn das, Herr Inspektor?« fragte Pony neugierig und spielte mit ihrer Radklingel.

Der Beamte antwortete nicht und drehte dem Kinde den Rücken zu.

»Na, Sie sind aber ein ulkiger Knabe«, sagte Pony beleidigt. »Auf Wiedersehen!«

Ein paar Leute lachten. Der Beamte biß sich ärgerlich auf die Lippen. Und Pony Hütchen trabte zum Blumenstand.

»Der Zug ist längst rein, Großmutter.«

»Was mag da passiert sein?« überlegte die alte Dame. »Wenn er überhaupt nicht abgefahren wäre, hätte seine Mutter doch depeschiert. Ob er verkehrt ausgestiegen ist? Aber wir haben es doch ganz genau beschrieben!«

»Ich werde daraus nicht gescheit«, behauptete Pony und tat sich wichtig. »Sicher ist er verkehrt ausgestiegen. Jungens sind manchmal furchtbar blöde. Ich möchte wetten! Du wirst noch sehen, daß ich recht habe.«

Und weil ihnen nichts andres übrigblieb, warteten sie von neuem. Fünf Minuten.

Noch mal fünf Minuten.

»Das hat nun aber wirklich keinen Zweck«, sagte Pony zur Großmutter. »Da können wir ja hier stehenbleiben, bis wir schwarz werden. Ob es noch einen anderen Blumenstand gibt?«

»Du kannst ja mal zusehen. Aber bleibe nicht so lange!«

Hütchen nahm wieder ihr Rad und inspizierte den Bahnhof. Es gab weiter keinen zweiten Blumenstand. Dann fragte sie noch rasch zwei Eisenbahnbeamten Löcher in den Bauch und kam stolz zurück.

»Also«, erzählte sie, »Blumenstände gibt's keine sonst. Wäre ja auch komisch. Was wollte ich noch sagen? Richtig, der nächste Zug aus Neustadt kommt hier 20 Uhr 33 an. Das ist kurz nach halb neun. Wir gehen jetzt hübsch nach Hause. Und Punkt acht fahre ich mit meinem Rad wieder hierher. Wenn er dann immer noch nicht da ist, kriegt er einen hundsgemeinen Brief von mir.«

»Drücke dich etwas gewählter aus, Pony!«

»Kriegt er einen Brief, der sich gewaschen hat, kann man auch sagen.«

Die Großmutter machte ein besorgtes Gesicht und schüttelte den Kopf. »Die Sache gefällt mir nicht. Die Sache gefällt mir nicht«, erklärte sie. Wenn sie aufgeregt war, sagte sie nämlich alles zweimal.

Sie gingen langsam nach Hause. Unterwegs, an der Weidendammer Brücke, fragte Pony Hütchen: »Großmutter, willst du dich auf die Lenkstange setzen?«

»Halte den Mund!«

»Wieso? Schwerer als Zicklers Arthur bist du auch nicht. Und der setzt sich oft drauf, wenn ich fahre.«

»Wenn das noch ein einziges Mal vorkommt, nimmt dir dein Vater das Rad für immer weg.«

»Ach, euch darf man aber auch gar nichts erzählen«, schimpfte Pony.

Als sie zu Hause – Schumannstraße 15 – angekommen waren, gab es bei Ponys Eltern, Heimbold hießen sie, große Aufregung. Jeder wollte wissen, wo Emil war, und keiner wußte es.

Der Vater riet, an Emils Mutter zu depeschieren.

»Um Gottes willen!« rief seine Frau, Ponys Mutter. »Sie würde sich zu Tode erschrecken. Wir gehen gegen acht noch einmal auf den Bahnhof. Vielleicht kommt er mit dem nächsten Zug.«

»Hoffentlich«, jammerte die Großmutter, »aber ich kann mir nicht helfen: die Sache gefällt mir nicht, die Sache gefällt mir nicht!«

»Die Sache gefällt mir nicht«, sagte Pony Hütchen und wiegte bedenklich ihr kleines Haupt hin und her.

Der Junge mit der Hupe taucht auf

In der Trautenaustraße, Ecke Kaiserallee, verließ der Mann im steifen Hut die Straßenbahn. Emil sah's, nahm Koffer und Blumenstrauß, sagte zu dem Herrn, der die Zeitung las: »Haben Sie nochmals verbindlichen Dank, mein Herr!« und kletterte vom Wagen.

Der Dieb ging am Vorderwagen vorbei, überquerte die Gleise und steuerte nach der anderen Seite der Straße. Dann fuhr die Bahn weiter, gab den Blick frei, und Emil bemerkte, daß der Mann zunächst unschlüssig stehenblieb und dann die Stufen zu einer Café-Terrasse hinaufschritt.

Jetzt hieß es wieder einmal vorsichtig sein. Wie ein Detektiv, der Flöhe fängt. Emil orientierte sich flink, entdeckte an der Ecke einen Zeitungskiosk und lief, so rasch er konnte, dahinter. Das Versteck war ausgezeichnet. Es lag zwischen dem Kiosk und einer Litfaßsäule. Der Junge stellte sein Gepäck hin, nahm die Mütze ab und witterte.

Der Mann hatte sich auf die Terrasse gesetzt, dicht ans Geländer, rauchte eine Zigarette und schien seelenvergnügt. Emil fand es abscheulich, daß ein Dieb überhaupt vergnügt sein kann und daß der Bestohlene betrübt sein muß, und wußte sich keinen Rat.

Was hatte es denn im Grunde für einen Sinn, daß er sich hinter einem Zeitungskiosk verbarg, als wäre er selber der Dieb und nicht der andere? Was hatte es für einen Zweck, daß er wußte, der Mann säße im Café Josty an der Kaiserallee, tränke helles Bier und rauchte Zigaretten? Wenn der Kerl jetzt aufstand, konnte die Rennerei weitergehen. Blieb er aber, dann konnte Emil hinter dem Kiosk stehen, bis er einen langen grauen Bart kriegte. Es fehlte wirklich nur noch, daß ein Schupomann angerückt kam und sagte: Mein Sohn, du machst dich verdächtig. Los, folge mir mal unauffällig. Sonst muß ich dir leider Handschellen anlegen.

Plötzlich hupte es dicht hinter Emil! Er sprang erschrocken zur Seite, fuhr herum und sah einen Jungen stehen, der ihn auslachte. »Na Mensch, fall nur nicht gleich vom Stühlchen«, sagte der Junge.

»Wer hat denn eben hinter mir gehupt?« fragte Emil.

»Na Mensch, ich natürlich. Du bist wohl nicht aus Wilmersdorf, wie? Sonst wüßtest du längst, daß ich 'ne Hupe in der Hosentasche habe. Ich bin hier nämlich bekannt wie 'ne Mißgeburt.«

»Ich bin aus Neustadt. Und komme grade vom Bahnhof.«

»So, aus Neustadt? Deswegen hast du so 'nen doofen Anzug an.«

»Nimm das zurück! Sonst kleb ich dir eine, daß du scheintot hinfällst.«

»Na Mensch«, sagte der andere gutmütig, »bist du böse? Das Wetter ist mir zum Boxen zu vornehm. Aber von mir aus, bitte!«

»Verschieben wir's auf später«, erklärte Emil, »ich hab jetzt keine Zeit für so was.« Und er blickte nach dem Café hinüber, ob Grundeis noch dort säße.

»Ich dachte sogar, du hättest viel Zeit! Stellt sich mit Koffer und Blumenkohl hinter die Zeitungsbude und spielt mit sich selber Verstecken! Da muß man doch glatt zehn bis zwanzig Meter Zeit übrig haben.«

»Nein«, sagte Emil, »ich beobachte einen Dieb.«

»Was? Ich verstehe fortwährend: Dieb«, meinte der andre Junge, »wen hat er denn beklaut?«

»Mich!« sagte Emil und war direkt stolz darauf. »In der Eisenbahn. Während ich schlief. Hundertvierzig Mark. Die sollte ich meiner Großmutter hier in Berlin geben. Dann ist er in ein andres Abteil geturnt und am Bahnhof Zoo ausgestiegen. Ich natürlich hinterher, kannst du dir denken. Dann auf die Straßenbahn. Und jetzt sitzt er drüben im Café, mit seinem steifen Hut, und ist guter Laune.«

»Na Mensch, das ist ja großartig!« rief der Junge. »Das ist ja wie im Kino! Und was willst du nun anstellen?«

»Keine Ahnung. Immer hinterher. Weiter weiß ich vorderhand nichts.«

»Sag's doch dem Schupo dort. Der nimmt ihn hopp.«

»Ich mag nicht. Ich habe bei uns in Neustadt was ausgefressen. Da sind sie nun vielleicht scharf auf mich. Und wenn ich . . .«

»Verstehe, Mensch!«

»Und am Bahnhof Friedrichstraße wartet meine Großmutter.«

Der Junge mit der Hupe dachte ein Weilchen nach. Dann sagte er: »Also, ich finde die Sache mit dem Dieb knorke. Ganz große Klasse, Ehrenwort! Und, Mensch, wenn du nicht dagegen hast, helfe ich dir.«

»Da wär ich dir kolossal dankbar!«
»Quatsch nicht, Krause! Das ist doch klar, daß ich hier mitmache. Ich heiße Gustav.«
»Und ich Emil.«
Sie gaben sich die Hand und gefielen einander ausgezeichnet.
»Nun aber los«, sagte Gustav, »wenn wir hier nichts weiter machen als rumstehen, geht uns der Schuft durch die Lappen. Hast du noch etwas Geld?«
»Keinen Sechser.«
Gustav hupte leise, um sein Denken anzuregen. Es half nichts.
»Wie wäre denn das«, fragte Emil, »wenn du noch ein paar Freunde herholtest?«
»Mensch, die Idee ist hervorragend!« rief Gustav begeistert. »Das mach ich! Ich brauch bloß mal durch die Höfe zu sausen und zu hupen, gleich ist der Laden voll.«
»Tu das mal!« riet Emil. »Aber komm bald wieder. Sonst läuft der Kerl da drüben weg. Und da muß ich selbstverständlich hinterher. Und wenn du wiederkommst, bin ich über alle Berge.«
»Klar, Mensch! Ich mache schnell! Verlaß dich drauf. Übrigens ißt der Mausehaken im Café Josty drüben Eier im Glas und solche Sachen. Der bleibt noch 'ne Weile. Also, Wiedersehen, Emil! Mensch, ich freu mich noch halb dämlich. Das wird eine tolle Kiste!« Und damit fegte er fort. Emil fühlte sich wunderbar erleichtert. Denn Pech bleibt nun zwar auf alle Fälle Pech. Aber ein paar Kameraden zu haben, die freiwillig mit von der Partie sind, das ist kein kleiner Trost.

Er behielt den Dieb scharf im Auge, der sich's – wahrscheinlich noch dazu von Mutters Erspartem – gut schmecken ließ, und hatte nur eine Angst: daß der Lump dort aufstehen und fortlaufen könne. Dann waren Gustav und die Hupe und alles umsonst.

Aber Herr Grundeis tat ihm den Gefallen und blieb. Wenn er freilich von der Verschwörung etwas geahnt hätte, die sich über ihm wie ein Sack zusammenzog, dann hätte er sich mindestens ein Flugzeug bestellt. Denn nun wurde die Sache langsam brenzlich ...

Zehn Minuten später hörte Emil die Hupe wieder. Er drehte sich um und sah, wie mindestens zwei Dutzend Jungen, Gustav allen voran, die Trautenaustraße heraufmarschiert kamen.

»Das Ganze halt! Na, was sagst du nun?« fragte Gustav und strahlte übers ganze Gesicht.

»Na, was sagst du nun?«
fragte Gustav und strahlte übers ganze Gesicht

»Ich bin gerührt«, sagte Emil und stieß Gustav vor Wonne in die Seite.

»Also, meine Herrschaften! Das hier ist Emil aus Neustadt. Das andre hab ich euch schon erzählt. Dort drüben sitzt der Schweinehund, der ihm das Geld geklaut hat. Der rechts an der Kante, mit der schwarzen Melone auf dem Dach. Wenn wir den Bruder entwischen lassen, nennen wir uns alle von morgen ab nur noch Moritz. Verstanden?«

»Aber Gustav, den kriegen wir doch!« sagte ein Junge mit einer Hornbrille.

»Das ist der Professor«, erläuterte Gustav. Und Emil gab ihm die Hand.

Dann wurde ihm, der Reihe nach, die ganze Bande vorgestellt.

»So«, sagte der Professor, »nun wollen wir mal auf den Akzelerator treten. Los! Erstens, Geld her!«

Jeder gab, was er besaß. Die Münzen fielen in Emils Mütze. Sogar ein Markstück war dabei. Es stammte von einem sehr kleinen Jungen, der Dienstag hieß. Er sprang vor Freude von einem Bein aufs andre und durfte das Geld zählen.

»Unser Kapital beträgt«, berichtete er den gespannten Zuhörern, »fünf Mark und siebzig Pfennige. Das beste wird sein, wir verteilen das Geld an drei Leute. Für den Fall, daß wir uns mal trennen müssen.«

»Sehr gut«, sagte der Professor. Er und Emil kriegten je zwei Mark. Gustav bekam eine Mark und siebzig.

»Habt vielen Dank«, sagte Emil, »wenn wir ihn haben, gebe ich euch das Geld wieder. Was machen wir nun? Am liebsten würde ich erst mal meinen Koffer und die Blumen irgendwo unterbringen. Denn wenn die Rennerei losgeht, ist mir das Zeug mächtig im Wege.«

»Mensch, gib den Kram her«, meinte Gustav. »Den bring ich gleich rüber ins Café Josty, geb ihn am Büfett ab und beschnuppere bei der Gelegenheit mal den Herrn Dieb.«

»Aber mache es geschickt«, riet der Professor. »Der Halunke braucht nicht zu merken, daß ihm Detektive auf der Spur sind. Denn das würde die Verfolgung erschweren.«

»Hältst du mich für dußlig?« knurrte Gustav und schob ab.

»Ein feines Fotografiergesicht hat der Herr«, sagte er, als er zurückkam. »Und die Sachen sind gut aufgehoben. Die können wir holen, wenn's uns paßt.«

»Jetzt wäre es gut«, schlug Emil vor, »wenn wir einen Kriegsrat abhielten. Aber nicht hier. Das fällt zu sehr auf.«

»Wir gehen nach dem Nikolsburger Platz«, riet der Professor. »Zwei von uns bleiben hier am Zeitungskiosk und passen auf, daß der Kerl nicht durchbrennt. Fünf oder sechs stellen wir als Stafetten auf, die sofort die Nachricht durchgeben, wenn's soweit ist. Dann kommen wir im Dauerlauf zurück.«

»Laß mich nur machen, Mensch!« rief Gustav und begann den Nachrichtendienst zu organisieren. »Ich bleibe mit hier bei den Vorposten«, sagte er zu Emil, »mach dir keine Sorgen! Wir lassen ihn nicht fort. Und beeilt euch ein bißchen. Es ist schon ein paar Minuten nach sieben. So, und nun haut gefälligst ab!«

Er stellte die Stafetten auf. Und die andern zogen, mit Emil und dem Professor an der Spitze, zum Nikolsburger Platz.

Die Detektive versammeln sich

Sie setzten sich auf die zwei weißen Bänke, die in den Anlagen stehen, und auf das niedrige eiserne Gitter, das den Rasen einzäunt, und zogen ernste Gesichter. Der Junge, der Professor genannt wurde, hatte anscheinend auf diesen Tag gewartet. Er griff sich, wie sein Vater, der Justizrat, an die Hornbrille, hantierte daran herum und entwickelte sein Programm. »Es besteht die Möglichkeit«, begann er, »daß wir uns nachher aus praktischen Gründen trennen müssen. Deshalb brauchen wir eine Telefonzentrale. Wer von euch hat Telefon?«

Zwölf Jungen meldeten sich.

»Und wer von denen, die ein Telefon haben, hat die vernünftigsten Eltern?«

»Vermutlich ich!« rief der kleine Dienstag.

»Eure Telefonnummer?«

»Bavaria 0579.«

»Hier sind Bleistift und Papier. Krummbiegel, mach dir zwanzig Zettel zurecht und schreibe auf jeden von ihnen Dienstags Telefonnummer. Aber gut leserlich! Und dann gibst du jedem von uns einen Zettel. Die Telefonzentrale wird immer wissen, wo sich die Detektive aufhalten und was los ist. Und wer das erfahren will, der ruft ganz einfach den kleinen Dienstag an und erhält von ihm genauen Bescheid.«

»Ich bin doch aber nicht zu Hause«, sagte der kleine Dienstag.

»Doch, du bist zu Hause«, antwortete der Professor. »Sobald wir hier mit Ratschlagen fertig sind, gehst du heim und bedienst das Telefon.«

»Ach, ich möchte aber lieber dabeisein, wenn der Verbrecher gefangen wird. Kleine Jungens kann man bei so was sehr gut verwenden.«

»Du gehst nach Hause und bleibst am Telefon. Es ist ein sehr verantwortungsvoller Posten.«

»Na schön, wenn ihr wollt.«

Krummbiegel verteilte die Telefonzettel. Und jeder Junge steckte sich den seinen vorsichtig in die Tasche. Ein paar besonders Gründliche lernten gleich die Nummer auswendig.

»Wir werden auch eine Art Bereitschaftsdienst einrichten müssen«, meinte Emil.

»Selbstredend. Wer bei der Jagd nicht unbedingt gebraucht wird, bleibt hier am Nikolsburger Platz. Ihr geht abwechselnd nach Hause und erzählt dort, ihr würdet heute vielleicht sehr spät heimkommen. Ein paar können ja auch sagen, sie blieben zur Nacht bei einem Freund. Damit wir Ersatzleute haben und Verstärkung, falls die Jagd bis morgen dauert. Gustav, Krummbiegel, Arnold Mittenzwey, sein Bruder und ich rufen von unterwegs an, daß wir wegbleiben ... Ja, und Traugott geht mit zu Dienstags, als Verbindungsmann, und rennt zum Nikolsburger Platz, wenn wir wen brauchen. Da hätten wir also die Detektive, den Bereitschaftsdienst, die Telefonzentrale und den Verbindungsmann. Das sind vorläufig die nötigsten Abteilungen.«

»Was zum Essen werden wir brauchen«, mahnte Emil. »Vielleicht rennen ein paar von euch nach Hause und holen Stullen ran.«

»Wer wohnt am nächsten?« fragte der Professor. »Los! Mittenzwey, Gerold, Friedrich der Erste, Brunot, Zerlett, schwirrt ab und bringt ein paar Freßpakete mit!«

Die fünf Jungen rannten auf und davon.

»Ihr Holzköppe, ihr quatscht dauernd vom Essen, Telefon und Auswärtsschlafen. Aber wie ihr den Kerl kriegt, das besprecht ihr nicht. Ihr ... ihr Studienräte!« grollte Traugott. Ihm fiel kein ärgeres Schimpfwort ein.

»Habt ihr denn einen Apparat für Fingerabdrücke?« fragte Petzold. »Vielleicht hat er sogar, wenn er gerissen war, Gummihandschuhe getragen. Und dann kann man ihm überhaupt nichts nachweisen.« Petzold hatte schon zweiundzwanzig Kriminalfilme gesehen. Und das war ihm, wie man merkt, nicht gut bekommen.

»Du kriegst die Motten!« sagte Traugott empört. »Wir werden ganz einfach die Gelegenheit abpassen und ihm das Geld, das er geklaut hat, wieder klauen!«

»Quatsch!« erklärte der Professor. »Wenn wir ihm das Geld klauen, sind wir ganz genau solche Diebe, wie er selber einer ist!«

»Werde bloß nicht drollig!« rief Traugott. »Wenn mir jemand was stiehlt, und ich stehl's ihm wieder, bin ich doch kein Dieb!«

»Doch, dann bist du ein Dieb«, behauptete der Professor.

»Quatsch dir keine Fransen«, murrte Traugott.

»Der Professor hat sicher recht«, griff Emil ein. »Wenn ich jemandem heimlich was wegnehme, bin ich ein Dieb. Ob es ihm gehört oder ob er es mir erst gestohlen hat, ist egal.«

»Genauso ist es«, sagte der Professor. »Tut mir den Gefallen und haltet hier keine klugen Reden, die nichts nützen. Der Laden ist eingerichtet. Wie wir uns den Halunken kaufen, können wir noch nicht wissen. Das werden wir schon deichseln. Jedenfalls steht fest, daß er es freiwillig wieder hergeben muß. Stehlen wäre idiotisch.«

»Das versteh ich nicht«, meinte der kleine Dienstag. »Was mir gehört, kann ich doch nicht stehlen können! Was mir gehört, gehört eben mir, auch wenn's in einer fremden Tasche steckt!«

»Das sind Unterschiede, die sich schwer begreifen lassen«, dozierte der Professor, »moralisch bist du meinetwegen im Recht. Aber das Gericht verurteilt dich trotzdem. Das verstehen sogar viele Erwachsene nicht. Aber es ist so.«

»Von mir aus«, sagte Traugott und zuckte die Achseln.

»Und seid ja recht geschickt! Könnt ihr gut schleichen?« fragte Petzold. »Sonst dreht er sich um, und schon sieht er euch. Dann guten Abend.«

»Ja, gut geschlichen muß werden«, bestätigte der kleine Dienstag. »Deswegen hatte ich ja gedacht, ihr könntet mich brauchen. Ich schleiche wundervoll. Und ich wäre unerhört als so eine Art Polizeihund. Bellen kann ich auch.«

»Schleiche mal in Berlin, daß dich niemand sieht!« Emil regte sich auf. »Wenn du willst, daß dich alle sehen sollen, brauchst du nur zu schleichen.«

»Aber einen Revolver müßtet ihr haben!« riet Petzold. Er war nicht totzukriegen mit seinen Vorschlägen.

»Einen Revolver braucht ihr«, riefen zwei, drei andere.

»Nein«, sagte der Professor.

»Der Dieb hat sicher einen.« Traugott hätte am liebsten gewettet.

»Gefahr ist eben dabei«, erklärte Emil, »und wer Angst hat, geht am besten schlafen.«

»Willst du etwa damit sagen, daß ich ein Feigling bin?« erkundigte sich Traugott und trat wie ein Ringkämpfer in die Mitte.

»Ordnung!« rief der Professor. »Keilt euch morgen! Was sind das für Zustände? Ihr benehmt euch ja wahrhaftig wie ... wie die Kinder!«

»Wir sind doch auch welche«, sagte der kleine Dienstag. Und da mußten alle lachen.

»Eigentlich sollte ich meiner Großmutter ein paar Zeilen schreiben. Denn meine Verwandten haben ja keine Ahnung, wo ich bin. Womöglich rennen sie noch zur Polizei. Kann mir jemand, während wir den Kerl hetzen, einen Brief besorgen? Schumannstraße 15 wohnen sie. Es wäre sehr freundlich.«

»Mach ich«, meldete sich ein Junge, der Bleuer hieß. »Schreib nur schnell! Damit ich hinkomme, ehe das Haus geschlossen wird. Ich fahre bis zum Oranienburger Tor. Mit der Untergrund. Wer gibt mir Pinke?«

Der Professor gab ihm Fahrgeld. Zwanzig Pfennige, für Hin- und Rückfahrt. Emil borgte sich Bleistift und Papier. Und schrieb:

Liebe Großmutter!
Sicher habt Ihr Sorge, wo ich bin. Ich bin in Berlin. Kann aber leider noch nicht kommen, weil ich vorher was Wichtiges erledigen muß. Fragt nicht was. Und ängstigt Euch nicht. Wenn alles geordnet ist, komm ich und freu mich schon jetzt. Der Junge mit dem Brief ist ein Freund und weiß, wo ich stecke. Darf es aber nicht erzählen. Denn es ist ein Amtsgeheimnis. Viele Grüße auch an Onkel, Tante und Pony Hütchen
               Dein treuer Enkel Emil.
NB. Mutti läßt vielmals grüßen. Blumen hab ich auch mit. Die kriegst Du, sobald ich kann.

Emil schrieb dann noch die Adresse auf die Rückseite, kniffte das Papier zusammen und sagte: »Daß du aber niemandem von meinen Leuten erzählst, wo ich stecke und daß das Geld futsch ist. Sonst geht mir's elend.«

»Schon gut, Emil!« meinte Bleuer. »Gib das Telegramm her! Wenn ich zurück bin, klingle ich den kleinen Dienstag an, um zu hören, was indessen passiert ist. Und melde mich beim Bereitschaftsdienst.« Dann rannte er fort.

Inzwischen waren die fünf Jungen wiedergekommen und brachten Stullenpakete angeschleppt. Gerold lieferte sogar eine ganze Schlackwurst ab. Er hätte sie von seiner Mutter gekriegt, erzählte er. Na ja.

Die fünf hatten zu Hause angedeutet, daß sie noch paar Stunden wegblieben. Emil verteilte die Stullen, und jeder steckte sich eine als Reserve in die Tasche. Die Wurst erhielt Emil selber zur Verwaltung.

Dann rannten fünf andere Jungen heim, um zu bitten, daß sie noch einmal für längere Zeit wegdürften. Zwei von ihnen kamen nicht wieder. Die Eltern hatten es wahrscheinlich verboten.

Der Professor gab die Parole aus. Damit man immer gleich

wüßte, wenn jemand käme oder telefonierte, ob er dazugehöre. Die Parole lautete: »Emil!« Das war leicht zu merken.

Dann schob der kleine Dienstag mit Traugott, dem mürrischen Verbindungsmann, ab und wünschte den Detektiven Hals- und Beinbruch. Der Professor rief ihm noch nach, er möge doch für ihn zu Hause anrufen und dem Vater sagen, er, der Professor, habe was Dringendes vor. »Dann ist er beruhigt und hat nichts dagegen«, fügte er hinzu.

»Donnerwetter noch mal«, sagte Emil, »gibt's in Berlin famose Eltern!«

»Bilde dir ja nicht ein, daß sie alle so gemütlich sind«, meinte Krummbiegel und kratzte sich hinter den Ohren.

»Doch, doch! Der Durchschnitt ist ganz brauchbar«, widersprach der Professor. »Es ist ja auch das Gescheiteste. Auf diese Weise werden sie nicht belogen. Ich habe meinem alten Herrn versprochen, nichts zu tun, was unanständig oder gefährlich ist. Und solange ich das Versprechen halte, kann ich machen, was ich will. Ist ein glänzender Kerl, mein Vater.«

»Wirklich famos!« wiederholte Emil. »Aber höre mal, vielleicht wird's heute doch gefährlich?«

»Na, da ist's eben aus mit der Erlaubnis«, erklärte der Professor und zuckte die Achseln. »Er hat gesagt, ich solle mir immer ausmalen, ob ich genauso handeln würde, wenn er dabei wäre. Und das täte ich heute. So, nun wollen wir aber abhauen!«

Er pflanzte sich vor den Jungen auf und rief: »Die Detektive erwarten, daß ihr funktioniert. Die Telefonzentrale ist eingerichtet. Mein Geld lasse ich euch da. Es sind noch eine Mark und fünfzig Pfennige. Hier, Gerold, nimm und zähle nach! Proviant ist da. Geld haben wir. Die Telefonnummer weiß jeder. Noch eins, wer nach Hause muß, saust ab! Aber mindestens fünf Leute müssen dableiben. Gerold, du haftest uns dafür. Zeigt, daß ihr richtige Jungens seid! Wir werden inzwischen unser möglichstes tun. Wenn wir Ersatz brauchen, schickt der kleine Dienstag den Traugott zu euch. Hat wer noch 'ne Frage? Ist alles klar? Parole Emil!«

»Parole Emil!« riefen die Jungen, daß der Nikolsburger Platz wackelte und die Passanten Stielaugen machten.

Emil war direkt glücklich, daß ihm das Geld gestohlen worden war.

Eine Autodroschke wird verfolgt

Da kamen drei Stafettenläufer aus der Trautenaustraße gestürmt und fuchtelten mit den Armen.
»Los!« sagte der Professor. Und schon rannten er, Emil, die Brüder Mittenzwey und Krummbiegel nach der Kaiserallee, als sollten sie den Weltrekord über hundert Yards brechen. Die letzten zehn Meter bis zur Zeitungsbude legten sie vorsichtig und im Schritt zurück, weil Gustav abwinkte.
»Zu spät?« fragte Emil außer Atem.
»Bist du meschugge, Mensch?« flüsterte Gustav. »Wenn ich was mache, mach ich's richtig.«
Der Dieb stand auf der anderen Seite der Straße vor dem Café Josty und betrachtete sich die Gegend, als wäre er in der Schweiz. Dann kaufte er einem Zeitungsverkäufer ein Abendblatt ab und begann zu lesen.
»Wenn er jetzt hier rüber kommt, auf uns los, wird's eklig«, meinte Krummbiegel.
Sie standen hinter dem Kiosk, drängten die Köpfe an der Wand vorbei und zitterten vor Spannung. Der Dieb nahm darauf nicht die mindeste Rücksicht, sondern blätterte mit bewundernswerter Ausdauer in seiner Zeitung.
»Der schielt sicher übern Rand weg, ob ihm jemand auflauert«, taxierte Mittenzwey der Ältere.
»Hat er oft zu euch hergeblickt?« fragte der Professor.
»Nicht die Bohne, Mensch! Gefuttert hat er, als hätte er seit drei Tagen nischt gegessen.«
»Achtung!« rief Emil.
Der Mann im steifen Hut faltete die Zeitung wieder zusammen, musterte die Vorübergehenden, winkte dann blitzartig einer leeren Autodroschke, die an ihm vorbeifuhr. Das Auto hielt, der Mann stieg ein, das Auto fuhr weiter.
Doch da saßen die Jungen schon in einem andren Auto, und Gustav sagte zu dem Chauffeur: »Sehen Sie die Droschke, die jetzt zum Prager Platz einbiegt? Ja? Fahren Sie hinterher, Herr Chauffeur. Aber vorsichtig, daß er es nicht merkt.«
Der Wagen zog an, überquerte die Kaiserallee und fuhr in gemessenem Abstand hinter der anderen Droschke her.
»Was ist denn los?« fragte der Chauffeur.

»Ach, Mensch, da hat einer was ausgefressen, und dem gehen wir nicht mehr von der Pelle«, erklärte Gustav. »Aber das bleibt unter uns, verstanden?«

»Wie die Herren wünschen«, antwortete der Chauffeur und fragte noch: »Habt ihr denn auch Geld?«

»Wofür halten Sie uns eigentlich?« rief der Professor vorwurfsvoll.

»Na, na«, knurrte der Mann.

»IA 3733 ist seine Nummer«, gab Emil bekannt.

»Sehr wichtig«, meinte der Professor und notierte sich die Ziffer.

»Nicht zu nahe ran an den Kerl!« warnte Krummbiegel.

»Schon gut«, murmelte der Chauffeur. So ging es die Motzstraße lang, über den Viktoria-Luise-Platz und die Motzstraße weiter. Ein paar Leute blieben auf den Fußsteigen stehen, blickten dem Auto nach und lachten über die komische Herrenpartie.

»Ducken!« flüsterte Gustav. Die Jungen warfen sich zu Boden und lagen wie Kraut und Rüben durcheinander.

»Was gibt's denn?« fragte der Professor.

»An der Lutherstraße ist rotes Licht, Mensch! Wir müssen gleich halten, und der andre Wagen kommt auch nicht rüber.«

Tatsächlich hielten beide Wagen und warteten hintereinander, bis das grüne Licht wieder aufleuchtete und die Durchfahrt freigab. Aber niemand konnte merken, daß die zweite Autodroschke besetzt war. Sie schien leer. Die Jungen duckten sich geradezu vorbildlich. Der Chauffeur drehte sich um, sah die Bescherung und mußte lachen. Während der Weiterfahrt krochen sie vorsichtig wieder hoch.

»Wenn die Fahrt nur nicht zu lange dauert«, sagte der Professor und musterte die Taxameteruhr. »Der Spaß kostet schon 80 Pfennige.«

Die Fahrt war sogar sehr schnell zu Ende. Am Nollendorfplatz hielt die erste Autodroschke, direkt vor dem Hotel Kreid. Der zweite Wagen hatte rechtzeitig gebremst und wartete außerhalb der Gefahrenzone, was nun werden würde.

Der Mann im steifen Hut stieg aus, zahlte und verschwand im Hotel.

»Gustav, hinterher!« rief der Professor nervös. »Wenn das Ding zwei Ausgänge hat, ist er futsch.« Gustav verschwand.

Dann stiegen die anderen Jungen aus. Emil zahlte. Es kostete eine Mark. Der Professor führte seine Leute rasch durch das eine Tor, das an einem Lichtspieltheater vorbei in einen großen Hof führt, der sich hinter dem Kino und dem Theater am Nollendorfplatz ausbreitet. Dann schickte er Krummbiegel vor, er möge Gustav abfangen.

»Wenn der Kerl in dem Hotel bleibt, haben wir Glück«, urteilte Emil. »Dieser Hof hier ist ja ein wundervolles Standquartier.«

»Mit allem Komfort der Neuzeit«, stimmte der Professor bei, »Untergrundbahnhof gegenüber, Anlagen zum Verstecken, Lokale zum Telefonieren. Besser geht's gar nicht.«

»Hoffentlich benimmt sich Gustav gerissen«, sagte Emil.

»Auf den ist Verlaß«, antwortete Mittenzwey der Ältere. »Der ist gar nicht so ungeschickt, wie er aussieht.«

»Wenn er nur bald käme«, meinte der Professor und setzte sich auf einen Stuhl, der verlassen auf dem Hof stand. Er sah aus wie Napoleon während der Schlacht bei Leipzig.

Und dann kam Gustav wieder. »Den hätten wir«, sagte er und rieb sich die Hände. »Er ist also richtig im Hotel abgestiegen. Ich sah, wie ihn der Boy im Lift hochfuhr. Einen zweiten Ausgang gibt's auch nicht. Ich hab mir die Bude von allen Seiten aus betrachtet. Wenn er nicht übers Dach davonwandert, ist er in der Falle.«

»Krummbiegel steht Wache?« fragte der Professor.

»Natürlich, Mensch!«

Dann erhielt Mittenzwey der Ältere einen Groschen, rannte in ein Café und telefonierte mit dem kleinen Dienstag.

»Hallo, Dienstag?«

»Jawohl, am Apparat«, krähte der kleine Dienstag am anderen Ende.

»Parole Emil! Hier Mittenzwey senior. Der Mann im steifen Hut wohnt im Hotel Kreid, Nollendorfplatz. Das Standquartier befindet sich im Hof der West-Lichtspiele, linkes Tor.«

Der kleine Dienstag notierte sich alles gründlich, wiederholte und fragte: »Braucht ihr Verstärkung, Mittendurch?«

»Nein!«

»War's schwer bis jetzt?«

»Na, es ging. Der Kerl nahm sich ein Auto, wir ein andres, verstehst du, und immer hinterher, bis er hier ausstieg. Er hat ein Zimmer genommen und ist jetzt oben. Guckt wahrscheinlich nach, ob wer unterm Bett liegt und mit sich Skat spielt.«

»Welche Zimmernummer?«

»Das wissen wir noch nicht. Aber wir kriegen's schon raus.«

»Ach, ich wäre so gern mit dabei! Weißt du, wenn wir nach den Ferien den ersten freien Aufsatz haben, schreib ich drüber.«

Der kleine Dienstag notierte sich alles gründlich

»Haben schon andre angerufen?«
»Nein, niemand. Es ist zum Kotzen.«
»Na servus, kleiner Dienstag.«
»Guten Erfolg, meine Herren. Was ich noch sagen wollte ... Parole Emil!«
»Parole Emil!« antwortete Mittenzwey und meldete sich dann wieder im Hof der West-Lichtspiele zur Stelle. Es war schon acht Uhr. Der Professor ging, die Wache zu kontrollieren.

»Heute kriegen wir ihn sicher nicht mehr«, sagte Gustav ärgerlich.

»Es ist trotzdem das beste für uns, wenn er gleich schlafen geht«, erläuterte Emil, »denn wenn er jetzt noch stundenlang im Auto rumsaust und in Restaurants geht oder tanzen oder ins Theater oder alles zusammen – da können wir ja vorher ruhig ein paar Auslandskredite aufnehmen.«

Der Professor kam zurück, schickte die beiden Mittenzwey als Verbindungsleute auf den Nollendorfplatz und war sehr wortkarg. »Wir müssen was überlegen, wie wir den Kerl besser beobachten können«, sagte er, »denkt mal bitte scharf nach.«

So saßen sie geraume Zeit und grübelten heftig.

Da ertönte im Hof eine Fahrradklingel, und in den Hof rollte ein kleines vernickeltes Rad. Darauf saß ein kleines Mädchen, und hinten auf dem Rad stand Kamerad Bleuer. Und beide riefen: »Hurra!«

Emil sprang auf, half beiden vom Rad, schüttelte dem kleinen Mädchen begeistert die Hand und sagte zu den andern: »Das ist meine Kusine Pony Hütchen.«

Der Professor bot Hütchen höflich seinen Stuhl an, und sie setzte sich.

»Also, Emil, du Rabe«, sagte sie, »kommt nach Berlin und dreht gleich 'nen Film! Wir wollten gerade noch mal nach dem Bahnhof Friedrichstraße zum Neustädter Zug, da kam dein Freund Bleuer mit dem Brief. Netter Kerl übrigens. Gratuliere.«

Bleuer wurde rot und drückte die Brust raus.

»Na ja«, erzählte Pony, »die Eltern und Großmutter sitzen nun zu Haus und bohren sich Löcher in den Kopf, was mit dir eigentlich los ist. Wir haben ihnen natürlich nichts erzählt. Ich habe bloß Bleuer noch vors Haus gebracht und bin ein bißchen mit ihm ausgekratzt. Aber ich muß gleich wieder nach Haus. Sonst alarmieren sie das Überfallkommando. Denn noch 'n Kind weg, an ein und demselben Tag, das hielten ihre Nerven nicht aus.«

»Hier ist der Groschen für die Rückfahrt«, sagte Bleuer stolz, »den haben wir gespart.« Und der Professor steckte das Geld ein.

»Waren sie böse?« fragte Emil.

»Nicht die Bohne«, meinte Hütchen, »Großmutter ist durchs Zimmer galoppiert und hat dauernd gerufen: Mein Enkel Emil ist erst auf 'nen Sprung beim Reichspräsidenten!, bis sich die Eltern beruhigten. Aber morgen schnappt ihr den Kunden hoffentlich? Wer ist denn euer Stuart Webbs?«

»Hier«, sagte Emil, »das ist der Professor.«

»Sehr angenehm, Herr Professor«, erklärte Hütchen, »endlich lerne ich mal 'nen richtigen Detektiv kennen.«

Der Professor lachte verlegen und stotterte ein paar unverständliche Worte.

»So, und hier«, sagte Pony, »ist mein Taschengeld, fünfundzwanzig Pfennige. Kauft euch ein paar Zigarren.«

Emil nahm das Geld. Sie saß wie eine Schönheitskönigin auf dem Stuhl, und die Jungen umstanden sie wie die Preisrichter.

»Und nun mach ich mich schwach«, sagte Pony Hütchen, »morgen früh bin ich wieder da. Wo werdet ihr schlafen? Gott, ich bliebe ja zu gern hier und würde euch Kaffee kochen. Aber was soll man machen? Ein anständiges Mädchen gehört in die Klappe. So! Wiedersehen, meine Herren! Gute Nacht, Emil!«

Sie gab Emil einen Schlag auf die Schulter, sprang auf ihr Rad, klingelte fidel und radelte davon.

Die Jungen standen eine ganze Zeit sprachlos.

Dann tat der Professor den Mund auf und sagte:

»Verflucht noch mal!«

Und die andern gaben ihm völlig recht.

Ein Spion schleicht ins Hotel

Die Zeit verging langsam.
Emil besuchte die drei Vorposten und wollte einen von ihnen ablösen. Aber Krummbiegel und die beiden Mittenzwey sagten, sie blieben. Dann wagte sich Emil, sehr vorsichtig, bis ans Hotel Kreid, informierte sich und kehrte ziemlich aufgeregt in den Hof zurück.
»Ich habe das Gefühl«, sagte er, »es müßte was geschehen. Wir können doch nicht die ganze Nacht das Hotel ohne Spion lassen! Krummbiegel steht zwar an der Ecke Kleiststraße. Aber er braucht nur den Kopf wegzudrehen, und schon kann Grundeis flötengehn.«
»Du hast gut reden, Mensch«, entgegnete Gustav. »Wir können doch nicht einfach zu dem Portier laufen und sagen: Hörnse mal, wir sind so frei und setzen uns auf die Treppe. Und du selber kannst schon gar nicht in das Haus. Wenn der Halunke aus seiner Tür guckt und dich erkennt, war der ganze Zauber bis jetzt umsonst.«
»So meine ich's auch nicht«, antwortete Emil.
»Sondern?« fragte der Professor.
»In dem Hotel gibt's doch einen Jungen, der den Fahrstuhl bedient und derartige Sachen. Wenn nun wer von uns zu ihm ginge und erzählte, was los ist, na, der kennt doch das Hotel wie seine Westentasche und weiß bestimmt einen guten Rat.«
»Gut«, sagte der Professor, »sehr gut sogar!« Er hatte eine komische Angewohnheit. Es war stets, als verteile er an die andern Zensuren. Deshalb hieß er ja auch der Professor.
»Dieser Emil! Noch so einen Tip, und wir machen dich zum Ehrendoktor. Schlau wie ein Berliner!« rief Gustav.
»Bilde dir bloß nicht ein, nur ihr seid schlau!« Emil wurde empfindlich. Er fühlte sich in seinem Neustädter Patriotismus verwundet. »Wir müssen überhaupt noch miteinander boxen.«
»Warum denn?« fragte der Professor.
»Ach, er hat meinen guten Anzug schwer beleidigt.«
»Der Boxkampf findet morgen statt«, entschied der Professor, »morgen oder überhaupt nicht.«
»Er ist gar nicht so doof, der Anzug. Ich habe mich schon dran gewöhnt, Mensch«, erklärte Gustav gutmütig. »Boxen

können wir aber trotzdem. Ich mache dich aber darauf aufmerksam, daß ich der Champion der Landhausbande bin. Sieh dich vor!«

»Und ich bin in der Schule der Meister fast aller Gewichtsklassen«, behauptete Emil.

»Schrecklich, ihr Muskelpietsche!« sagte der Professor. »Eigentlich wollte ich selber hinüber ins Hotel. Aber euch beide kann man ja keine Minute allein lassen. Sonst fangt ihr euch sofort zu hauen an.«

»Dann geh eben ich!« schlug Gustav vor.

»Richtig«, sagte der Professor, »da gehst eben du! Und sprich mit dem Boy. Sei aber vorsichtig! Vielleicht läßt sich was machen. Stelle fest, in welchem Zimmer der Kerl wohnt. In einer Stunde kommst du wieder und erstattest Bericht.«

Gustav verschwand.

Der Professor und Emil traten vors Tor und erzählten sich von ihren Lehrern. Dann erklärte der Professor dem andern die verschiedenen in- und ausländischen Automarken, die vorbeifuhren, bis Emil ein bißchen Bescheid wußte. Und dann aßen sie gemeinsam eine Stulle.

Es war schon dunkel geworden. Überall flammten Lichtreklamen auf. Die Hochbahn donnerte vorüber. Die Untergrundbahn dröhnte. Straßenbahnen und Autobusse, Autos und Fahrräder vollführten ein tolles Konzert. Im Café Woerz wurde Tanzmusik gespielt. Die Kinos, die am Nollendorfplatz liegen, begannen mit der letzten Vorstellung. Und viele Menschen drängten hinein.

»So ein großer Baum wie der da drüben am Bahnhof«, meinte Emil, »kommt einem hier ganz ulkig vor. Nicht? Er sieht aus, als hätte er sich verlaufen.« Der Junge war bezaubert und gerührt.

Und er vergaß beinahe, wozu er hier stand und daß ihm hundertvierzig Mark fehlten.

»Berlin ist natürlich großartig. Man denkt, man sitzt im Kino. Aber ich weiß nicht recht, ob ich immer hier leben möchte. In Neustadt haben wir den Obermarkt und den Niedermarkt und den Bahnhofsplatz. Und die Spielplätze am Fluß und im Amselpark. Das ist alles. Trotzdem, Professor, ich glaube, mir genügt's. Immer solcher Fastnachtsrummel, immer hunderttausend Straßen und Plätze? Da würde ich mich dauernd verlaufen. Überleg dir mal, wenn ich euch nicht hätte und stünde ganz allein hier! Da krieg ich gleich 'ne Gänsehaut.«

»Man gewöhnt sich dran«, sagte der Professor. »Ich hielte es wahrscheinlich wieder nicht in Neustadt aus, mit drei Plätzen und dem Amselpark.«

»Man gewöhnt sich dran«, sagte Emil, »aber schön ist Berlin. Keine Frage, Professor. Wunderschön.«

»Ist deine Mutter eigentlich sehr streng?« fragte der Berliner Junge.

»Meine Mutter?« fragte Emil. »Aber keine Spur. Sie erlaubt mir alles. Aber ich tu's nicht. Verstehst du?«

»Nein«, erklärte der Professor offen, »das versteh ich nicht.«

»So? Also paß mal auf. Habt ihr viel Geld?«

»Das weiß ich nicht. Wir sprechen zu Hause wenig darüber.«

»Ich glaube, wenn man zu Hause wenig über Geld spricht, hat man viel von der Sorte.«

Der Professor dachte einen Moment nach und sagte: »Das ist schon möglich.«

»Siehst du. Wir sprechen oft darüber, meine Mutter und ich. Wir haben eben wenig. Und sie muß fortwährend verdienen, und trotzdem reicht es an keiner Ecke. Aber wenn wir einen Klassenausflug machen, gibt mir meine Mutter genausoviel Geld mit, wie die anderen Jungen kriegen. Manchmal sogar noch mehr.«

»Wie kann sie das denn?«

»Das weiß ich nicht. Aber sie kann's. Und da bring ich dann eben die Hälfte wieder mit.«

»Will sie das?«

»Unsinn! Aber ich will's.«

»Aha!« sagte der Professor. »So ist das bei euch.«

»Jawohl. So ist das. Und wenn sie mir erlaubt, mit Prötzsch aus der ersten Etage bis neun Uhr abends in die Heide zu gehen, bin ich gegen sieben wieder zurück. Weil ich nicht will, daß sie allein in der Küche sitzt und Abendbrot ißt. Dabei verlangt sie unbedingt, daß ich mit den andern bleiben soll. Ich hab's ja auch versucht. Aber da macht mir das Vergnügen gar kein Vergnügen mehr. Und im Grunde freut sie sich ja doch, daß ich früh heimkomme.«

»Nee«, sagte der Professor. »Das ist bei uns allerdings anders. Wenn ich wirklich zeitig nach Hause komme, kann ich wetten, sie sind im Theater oder eingeladen. Wir haben uns ja auch ganz gerne. Muß man schon sagen. Aber wir machen wenig Gebrauch davon.«

»Es ist eben das einzige, was wir uns leisten können! Deswegen bin ich noch lange kein Muttersöhnchen. Und wer das nicht glaubt, den schmeiße ich an die Wand. Es ist eigentlich ganz einfach zu verstehen.«

»Ich versteh es schon.«

Die zwei Knaben standen eine Zeitlang im Torbogen, ohne zu sprechen. Es wurde Nacht. Sterne glitzerten. Und der Mond schielte mit einem Auge über die Hochbahn weg.

Der Professor räusperte sich und fragte, ohne den andern anzusehn: »Da habt ihr euch wohl sehr lieb?«

»Kolossal«, antwortete Emil.

Ein grüner Liftboy entpuppt sich

Gegen zehn Uhr erschien eine Abordnung des Bereitschaftsdienstes im Kinohof, brachte noch einmal Stullen angeschleppt, als gelte es, hundert hungrige Völker zu füttern, und erbat weitere Befehle. Der Professor war sehr aufgebracht und erklärte, sie hätten hier gar nichts zu suchen, sondern am Nikolsburger Platz auf Traugott, den Verbindungsmann von der Telefonzentrale, zu warten.

»Sei nicht so ekelhaft!« sagte Petzold. »Wir sind ganz einfach neugierig, wie es bei euch aussieht.«

»Und außerdem dachten wir schon, euch sei was zugestoßen, weil Traugott überhaupt nicht kam«, fügte Gerold entschuldigend hinzu.

»Wie viele sind noch am Nikolsburger Platz?« fragte Emil.

»Vier. Oder drei«, berichtete Friedrich der Erste.

»Es können auch nur zwei sein«, meinte Gerold.

»Frage sie ja nicht weiter«, rief der Professor wütend, »sonst sagen sie noch, es wäre überhaupt niemand mehr dort!«

»Schrei gefälligst nicht so«, sagte Petzold, »du hast mir einen Dreck zu befehlen.«

»Ich schlage vor, daß Petzold sofort ausgewiesen wird und daß man ihm verbietet, weiterhin an der Jagd teilzunehmen«, rief der Professor und stampfte mit dem Fuß auf.

»Es tut mir leid, daß ihr euch meinetwegen zankt«, sagte Emil. »Wir wollen wie im Reichstag abstimmen. Ich beantrage nur, Petzold streng zu verwarnen. Denn es geht natürlich nicht, daß jeder einfach tut, was er will.«

»Macht euch ja nicht mausig, ihr Saukerle! Ich gehe sowieso, daß ihr's wißt!«

Dann sagte Petzold noch etwas furchtbar Unanständiges und zog ab.

»Er hat uns überhaupt erst angestiftet. Sonst wären wir gar nicht hierhergelaufen«, erzählte Gerold. »Und Zerlett ist im Bereitschaftslager zurückgeblieben.«

»Kein Wort mehr über Petzold«, befahl der Professor und sprach schon wieder ganz ruhig. Er nahm sich mächtig zusammen. »Erledigt.«

»Und was wird nun aus uns?« fragte Friedrich der Erste.

»Das beste wird sein, ihr wartet, bis Gustav aus dem Hotel eintrifft und Bericht gibt«, schlug Emil vor.

»Gut«, sagte der Professor. »Ist das dort nicht der Hotelboy?«

»Ja, das ist er«, bestätigte Emil.

Im Torbogen stand – in einer grünen Livree und mit einem genauso grünen, schrägsitzenden Käppi auf dem Kopf – ein Junge. Er winkte den andern und kam langsam näher.

»Eine schneidige Uniform hat er an. Donnerwetter!« meinte Gerold neidisch.

»Bringst du von unserem Spion Gustav Nachricht?« rief der Professor.

Der Boy war schon ganz nahe, nickte und sagte: »Jawohl.«

»Also bitte schön, was gibt's?« fragte Emil gespannt.

Da erklang plötzlich eine Hupe! Und der grüne Boy sprang wie verrückt im Hausflur hin und her und lachte. »Emil, Mensch«, rief er, »bist du aber dämlich!«

Es war nämlich gar nicht der Boy, sondern Gustav selber.

»Du grüner Junge!« schimpfte Emil zum Spaß. Da lachten die andern auch. Bis jemand in einem der Hofhäuser ein Fenster aufriß und »Ruhe!« schrie.

»Großartig!« sagte der Professor. »Aber leiser, meine Herren. Komm her, Gustav, setz dich und erzähle.«

»Mensch, das reinste Theater. Zum Quietschen. Also, hört zu! Ich schleiche ins Hotel, sehe den Boy rumstehn und mache Winkewinke. Er kommt zu mir, na, und ich erzähle ihm die ganze Geschichte. Von A bis Z, so ungefähr. Von Emil. Und von uns. Und von dem Dieb. Und daß er in dem Hotel wohnte. Und daß wir eklig aufpassen müßten, damit wir ihm morgen das Geld wieder abjagen.

Sehr niedlich, sagt der Boy, ich hab noch eine Uniform. Die ziehst du an und und machst den zweiten Boy.

Aber was wird denn der Portier dazu sagen? Er meckert sicher, geb ich zur Antwort.

Der meckert nicht. Der erlaubt's, sagt er, denn der Portier ist mein Vater.

Was er seinem Ollen aufgeredet hat, weiß ich nicht. Jedenfalls kriegte ich die Uniform hier, darf in einer Hausdienerstube, die grade leersteht, übernachten und sogar noch jemanden mitbringen. Na, was sagt ihr nun?«

»In welchem Zimmer wohnt der Dieb?« fragte der Professor.

»Dir kann man aber auch mit gar nichts imponieren«, knurrte Gustav gekränkt. »Ich habe natürlich nichts zu arbeiten. Nur im Wege sein soll ich nicht. Der Boy vermutete, der Dieb wohne auf Zimmer 61. Ich also rauf in die dritte Etage. Und nun Spion gespielt. Gänzlich unauffällig, versteht sich. Hinterm Treppengeländer gelauert und so. Nach einer halben Stunde etwa geht auch richtig die Tür von 61 auf. Und wer kommt rausgedusselt? Unser Herr Dieb! Er mußte mal – na ja, ihr wißt schon. Ich hatte ihn mir am Nachmittag gründlich beschnarcht. Er war's! Kleiner schwarzer Schnurrbart, Ohren, durch die der Mond scheinen kann, und eine Visage, die ich nicht geschenkt haben möchte. Wie er wieder zurückkommt von – na ja, ihr wißt schon –, da trudle ich ihm vor die Beine, stehe stramm und frage: Suchen der Herr etwas? Haben der Herr Gast einen Wunsch?

Nein, sagte er, ich brauche nichts. Oder doch! Warte mal! Melde dem Portier, er soll mich morgen früh Punkt acht Uhr wecken lassen. Zimmer 61. Vergiß es aber nicht!

Nein, darauf können sich der Herr verlassen, sag ich und kneif mir vor Begeisterung in die Hose, das vergeß ich nicht! Punkt acht klingelt auf Zimmer 61 das Telefon! Die wecken nämlich telefonisch. Er nickt friedlich und trollt in die Klappe.«

»Ausgezeichnet!« Der Professor war aufs höchste befriedigt und die andern erst recht. »Ab acht Uhr wird er vor dem Hotel feierlich erwartet. Dann geht die Jagd weiter. Und dann wird er geschnappt.«

»Der ist so gut wie erledigt«, rief Gerold.

»Blumenspenden verboten«, sagte Gustav. »Und nun haue ich ab. Ich mußte nur für Zimmer 12 einen Brief in den Kasten werfen. Fünfzig Pfennig Trinkgeld. Ein lohnender Beruf. Der Boy hat an manchen Tagen zehn Mark Trinkgelder. Erzählt er. Also, gegen sieben Uhr steh ich auf, kümmere mich darum, daß unser Halunke pünktlich geweckt wird. Und dann finde ich mich hier wieder ein.«

»Lieber Gustav, ich bin dir dankbar«, meinte Emil, fast feierlich. »Nun kann nichts mehr passieren. Morgen wird er gehascht. Und jetzt können alle ruhig schlafen gehen, was, Professor?«

»Jawohl. Alles rückt ab und schläft sich aus. Und morgen früh, Punkt acht Uhr, sind alle Anwesenden wieder hier. Wer noch etwas Geld lockermachen kann, tut's. Ich rufe jetzt noch den kleinen Dienstag an. Er soll die andern, die sich morgens melden, wieder als Bereitschaftsdienst versammeln. Vielleicht müssen wir ein Kesseltreiben machen. Man kann nicht wissen.«

»Ich gehe mit Gustav ins Hotel schlafen«, sagte Emil.

»Los, Mensch! Es wird dir großartig gefallen. Eine wunderbare Flohkiste!«

»Ich telefoniere erst noch«, sagte der Professor. »Dann geh ich auch nach Hause und schicke Zerlett heim. Der sitzt sonst bis morgen früh am Nikolsburger Platz und wartet auf Kommandos. Ist alles klar?«

»Jawohl, Herr Polizeipräsident«, lachte Gustav.

»Morgen früh Punkt acht hier im Hof«, sagte Gerold.

»Bißchen Geld mitbringen«, erinnerte Friedrich der Erste.

Man verabschiedete sich. Alle schüttelten sich, wie kleine ernste Männer, die Hände. Die einen marschierten heim. Gustav und Emil zogen ins Hotel. Der Professor ging quer über den Nollendorfplatz, um vom Café Hahnen aus den kleinen Dienstag anzurufen.

Und eine Stunde später schliefen sie alle. Die meisten in ihren Betten. Zwei in einer Gesindestube, im vierten Stock des Hotel Kreid.

Und einer neben dem Telefon, in Vaters Lehnstuhl. Das war der kleine Dienstag. Er verließ seinen Posten nicht. Traugott war nach Hause gegangen. Der kleine Dienstag aber wich nicht vom Apparat. Er hockte in den Polstern und schlief und träumte von vier Millionen Telefongesprächen.

Um Mitternacht kamen seine Eltern aus dem Theater heim. Sie wunderten sich nicht wenig, als sie ihren Sohn im Lehnstuhl erblickten.

Die Mutter nahm ihn hoch und trug ihn in sein Bett. Er zuckte zusammen und murmelte noch im Schlaf: »Parole Emil!«

Herr Grundeis kriegt eine Ehrengarde

Die Fenster des Zimmers 61 gingen auf den Nollendorfplatz. Und als Herr Grundeis am nächsten Morgen, während er sich die Haare kämmte, hinuntersah, fiel ihm auf, daß sich zahllose Kinder herumtrieben. Mindestens zwei Dutzend Jungen spielten gegenüber, vor den Anlagen, Fußball. Eine andere Abteilung stand an der Kleiststraße. Am Untergrundbahnhofeingang standen Kinder.

»Wahrscheinlich Ferien«, knurrte er verärgert und band sich den Schlips um.

Inzwischen hielt der Professor im Kinohof eine Funktionärsversammlung ab und schimpfte wie ein Rohrspatz: »Da zerbricht man sich Tag und Nacht den Schädel, wie man den Mann erwischen kann, und ihr Hornochsen mobilisiert unterdessen ganz Berlin! Brauchen wir vielleicht Zuschauer? Drehen wir etwa einen Film? Wenn der Kerl uns durch die Lappen geht, seid ihr dran schuld, ihr Klatschtanten!«

Die andern standen zwar geduldig im Kreise, schienen aber keineswegs an übertrieben heftigen Gewissensbissen zu leiden. Es zwickte nur ganz wenig, und Gerold meinte: »Reg dich nicht so auf, Professor. Wir kriegen den Dieb so und so.«

»Macht, daß ihr rauskommt, ihr albernen Nußknacker! Und gebt Befehl, daß sich die Bande wenigstens nicht allzu auffällig benimmt, sondern das Hotel überhaupt nicht beachtet. Kapiert? Vorwärts, marsch!«

Die Jungen zogen ab. Und nur die Detektive blieben im Hof zurück.

»Ich habe mir von dem Portier zehn Mark geborgt«, berichtete Emil. »Wenn der Mann ausreißt, haben wir also Geld genug, ihn zu verfolgen.«

»Schicke doch einfach die Kinder draußen nach Hause«, schlug Krummbiegel vor.

»Glaubst du denn im Ernst, daß sie gehen? Und wenn der Nollendorfplatz zerspringt, die bleiben«, sagte der Professor.

»Da hilft nur eins«, meinte Emil. »Wir müssen unsern Plan ändern. Wir können den Grundeis nicht mehr mit Spionen umzingeln, sondern wir müssen ihn richtig hetzen. Daß er's merkt. Von allen Seiten und mit allen Kindern.«

»Das hab ich mir auch schon gedacht«, erklärte der Professor. »Wir ändern am besten unsere Taktik und treiben ihn in die Enge, bis er sich ergibt.«

»Wunderbar!« schrie Gerold.

»Es wird ihm lieber sein, das Geld rauszugeben, als daß stundenlang etwa hundert Kinder hinter ihm her turnen und schreien, bis die ganze Stadt zusammenläuft und die Polizei ihn hoppnimmt«, urteilte Emil.

Die andern nickten klug. Da klingelte es im Torbogen! Und Pony Hütchen radelte strahlend in den Hof. »Morgen, ihr Kanaken«, rief sie, sprang aus dem Sattel, begrüßte Vetter Emil, den Professor und die übrigen und holte dann einen kleinen Korb, den sie an der Lenkstange festgebunden hatte. »Ich bringe euch nämlich Kaffee mit«, krähte sie, »und ein paar Buttersemmeln! Sogar eine saubere Tasse hab ich. Ach, der Henkel ist ab! Pech muß der Mensch haben!«

Die Jungen hatten zwar samt und sonders gefrühstückt. Auch Emil schon, im Hotel Kreid. Aber keiner wollte dem kleinen Mädchen die gute Laune verderben. Und so tranken sie aus der Tasse ohne Henkel Milchkaffee und aßen Semmeln, als hätten sie vier Wochen nichts gekriegt.

»Nein, schmeckt das großartig!« rief Krummbiegel.

»Und wie knusprig die Semmeln sind«, brummte der Professor kauend.

»Nicht wahr?« fragte Pony. »Ja, ja, es ist eben doch was andres, wenn eine Frau im Hause ist!«

»Im Hof«, berichtigte Gerold.

»Wie steht's in der Schumannstraße?« fragte Emil.

»Es geht ihnen danke. Und einen besonderen Gruß von der Großmutter. Du sollst bald kommen, sonst kriegst du zur Strafe jeden Tag Fisch.«

»Pfui Teufel«, murmelte Emil und verzog das Gesicht.

»Warum pfui Teufel?« erkundigte sich Mittenzwey der Jüngere. »Fisch ist doch was Feines.« Alle sahen ihn erstaunt an, denn es war seine Gewohnheit, niemals zu reden. Er wurde auch sofort rot und verkrümelte sich hinter seinem großen Bruder.

»Emil kann keinen Bissen Fisch essen. Und wenn er's wirklich versucht, muß er auf der Stelle raus«, erzählte Pony Hütchen.

So plauderten sie und waren denkbar guter Laune. Die Jungen benahmen sich äußerst aufmerksam. Der Professor hielt Ponys Rad. Krummbiegel ging, die Thermosflasche und die Tasse auszuspülen. Mittenzwey senior faltete das Brötchenpapier fein säuberlich zusammen. Emil schnallte den Korb wieder an die Lenkstange. Gerold prüfte, ob noch Luft im Radreifen wäre. Und Pony Hütchen hüpfte im Hof umher, sang sich ein Lied und erzählte zwischendurch alles mögliche.

»Halt!« rief sie plötzlich und blieb auf einem Bein stehen. »Ich wollte doch noch was fragen! Was wollen denn die furchtbar vielen Kinder auf dem Nollendorfplatz draußen? Das sieht ja aus wie eine Ferienkolonie!«

»Das sind Neugierige, die von unsrer Verbrecherjagd gehört haben. Und nun wollen sie dabeisein«, erklärte der Professor.

Da kam Gustav durchs Tor gerannt, hupte laut und brüllte: »Los! Er kommt!« Alle wollten davonstürzen.

»Achtung! Zuhören!« schrie der Professor. »Wir werden ihn also einkreisen. Hinter ihm Kinder, vor ihm Kinder, links Kinder, rechts Kinder! Ist das klar? Weitere Kommandos geben wir unterwegs. Marsch und raus!«

Sie liefen, rannten und stolperten durchs Tor. Pony Hütchen blieb, etwas beleidigt, allein zurück. Dann schwang sie sich auf ihr kleines vernickeltes Rad, murmelte wie ihre eigne Großmutter: »Die Sache gefällt mir nicht. Die Sache gefällt mir nicht!« und fuhr hinter den Jungen her.

Der Mann im steifen Hut trat gerade in die Hoteltür, stieg langsam die Treppe herunter und wandte sich nach rechts, der Kleiststraße zu. Der Professor, Emil und Gustav jagten ihre Eilboten zwischen den verschiedenen Kindertrupps hin und her. Und drei Minuten später war Herr Grundeis umzingelt.

Er sah sich, höchlichst verwundert, nach allen Seiten um. Die Jungen unterhielten sich, lachten, knufften sich und hielten gleichen Schritt mit ihm. Manche starrten den Mann an, bis er verlegen wurde und wieder geradeaus guckte.

Ssssst! pfiff ein Ball dicht an seinem Kopf vorbei. Er zuckte zusammen und beschleunigte seinen Gang. Doch nun liefen die Jungen ebenfalls rascher. Er wollte geschwind in eine Seitenstraße abbiegen. Doch da kam auch schon ein Kindertrupp dahergestürmt.

»Mensch, der hat ein Gesicht, als wollte er dauernd niesen«, rief Gustav.

»Lauf ein bißchen vor mir«, riet Emil, »mich braucht er jetzt noch nicht zu erkennen. Das erlebt er noch früh genug.« Gustav machte breite Schultern und stieg vor Emil her wie ein Boxkämpfer, der vor Kraft nicht laufen kann. Pony Hütchen fuhr neben dem Umzug und klingelte vergnügt.

Der Mann im steifen Hut wurde sichtlich nervös. Er ahnte dunkel, was ihm bevorstünde, und stiefelte mit Riesenschritten. Aber es war umsonst. Er entging seinen Feinden nicht.

Plötzlich blieb er wie angenagelt stehen, drehte sich um und lief die Straße, die er gekommen war, wieder zurück. Da machten auch sämtliche Kinder kehrt; und nun ging's in umgekehrter Marschordnung weiter.

Da lief ein Junge – es war Krummbiegel – dem Mann in die Quere, daß er stolperte.

»Was fällt dir ein, du Lausejunge?« schrie er. »Ich werde gleich einen Polizisten rufen!«

»Ach ja, bitte, tun Sie das mal!« rief Krummbiegel. »Darauf lauern wir schon lange. Na, so rufen Sie ihn doch!«

Herr Grundeis dachte nicht daran, zu rufen, im Gegenteil. Ihm wurde die Geschichte immer unheimlicher. Er bekam förmlich Angst und wußte nicht mehr, wohin. Schon sahen Leute aus allen Fenstern. Schon rannten die Ladenfräuleins mit ihren Kunden vor die Geschäfte und fragten, was los wäre. Wenn jetzt ein Polizist kam, war's aus.

Da hatte der Dieb einen Einfall. Er erblickte eine Filiale der Commerz- und Privatbank. Er durchbrach die Kette der Kinder, eilte auf die Tür zu und verschwand.

Der Professor sprang vor die Tür und brüllte: »Gustav und ich gehen hinterher! Emil bleibt vorläufig noch hier, bis es soweit ist! Wenn Gustav hupt, kann's losgehen! Dann kommt Emil mit zehn Jungen hinein. Such dir inzwischen die richtigen aus, Emil. Es wird eine kitzlige Sache!«

Dann verschwanden auch Gustav und der Professor hinter der Tür.

Emil summten vor Herzklopfen die Ohren. Jetzt mußte sich's entscheiden! Er rief Krummbiegel, Gerold, die Brüder Mittenzwey und noch ein paar andre zu sich und ordnete an, daß die übrigen, der große Trupp, sich zerstreuten.

Die Kinder gingen ein paar Schritte von dem Bankgebäude fort, aber nicht weit. Was nun geschah, konnten sie sich unter keinen Umständen entgehen lassen.

Pony Hütchen bat einen Knaben, ihr Rad zu halten, und trat zu Emil.

»Da bin ich«, sagte sie. »Kopf hoch. Jetzt wird's ernst. O Gott, o Gott, ich bin gespannt. Wie ein Regenschirm.«

»Denkst du etwa, ich nicht?« fragte Emil.

Stecknadeln haben auch ihr Gutes

Als Gustav und der Professor die Bank betraten, stand der Mann im steifen Hut bereits an einem Schalter, an dem ein Schild mit der Aufschrift »Ein- und Auszahlungen« hing, und wartete ungeduldig, daß er an die Reihe käme. Der Bankbeamte telefonierte.

Der Professor stellte sich neben den Dieb und paßte wie ein Schießhund auf. Gustav blieb hinter dem Mann stehen und hielt die Hand, zum Hupen fertig, in der Hosentasche.

Dann kam der Kassierer an den Schalter und fragte den Professor, was er wolle.

»Bitte sehr«, sagte der, »der Herr war vor mir da.«

»Sie wünschen?« fragte der Kassierer nun Herrn Grundeis.

»Wollen Sie mir, bitte schön, einen Hundertmarkschein in zwei Fünfziger umtauschen und für vierzig Mark Silber geben?« fragte dieser, griff in die Tasche und legte einen Hundertmarkschein und zwei Zwanzigmarkscheine auf den Tisch.

Der Kassierer nahm die drei Scheine und ging damit zum Geldschrank.

»Einen Moment!« rief da der Professor laut. »Das Geld ist gestohlen!«

»Waaas?« fragte der Bankbeamte erschrocken, drehte sich um; seine Kollegen, die in den anderen Abteilungen saßen und kopfrechneten, hörten auf zu arbeiten und fuhren hoch, als hätte sie eine Schlange gebissen.

»Das Geld gehört gar nicht dem Herrn. Er hat es einem Freund von mir gestohlen und will es nur umtauschen, damit man ihm nichts nachweisen kann«, erklärte der Professor.

»So was von Frechheit ist mir in meinem ganzen Leben noch nicht vorgekommen«, sagte Herr Grundeis, fuhr, zum Kassierer gewandt, fort: »Entschuldigen Sie!« und gab dem Professor eine schallende Ohrfeige.

»Dadurch wird die Sache auch nicht anders«, meinte der Professor und landete bei Grundeis einen Magenstoß, daß der Mann sich am Tisch festhalten mußte. Und jetzt hupte Gustav dreimal entsetzlich laut. Die Bankbeamten sprangen auf und liefen neugierig nach dem Kassenschalter. Der Herr Depositenkassenvorsteher stürzte zornig aus seinem Zimmer.

Und – durch die Tür kamen zehn Jungen gerannt, Emil allen voran, und umringten den Mann mit dem steifen Hut.

»Was, zum Donnerkiel, ist denn mit den Bengels los?« schrie der Vorsteher.

»Die Lausejungen behaupten, ich hätte einem von ihnen das Geld gestohlen, das ich eben Ihrem Kassierer zum Wechseln einzahlte«, erzählte Herr Grundeis und zitterte vor Ärger.

»So ist es auch!« rief Emil und sprang an den Schalter. »Einen Hundertmarkschein und zwei Zwanzigmarkscheine hat er mir gestohlen. Gestern nachmittag. Im Zug, der von Neustadt nach Berlin fuhr! Während ich schlief.«

»Ja, kannst du das denn auch beweisen?« fragte der Kassierer streng.

»Ich bin seit einer Woche in Berlin und war gestern von früh bis abends in der Stadt«, sagte der Dieb und lächelte höflich.

»So ein verdammter Lügner!« schrie Emil und weinte fast vor Wut.

»Kannst du denn nachweisen, daß dieser Herr hier der Mann ist, mit dem du im Zug saßt?« fragte der Vorsteher.

»Das kann er natürlich nicht«, meinte der Dieb nachlässig.

»Denn wenn du allein mit ihm im Zug gesessen haben willst, hast du doch keinen einzigen Zeugen«, bemerkte einer der Angestellten. Und Emils Kameraden machten betroffene Gesichter.

»Doch!« rief Emil. »Doch! Ich hab doch einen Zeugen! Er heißt Frau Jakob aus Groß-Grünau. Sie saß erst mit im Abteil. Und stieg später aus. Und sie trug mir auf, Herrn Kurzhals in Neustadt herzlich von ihr zu grüßen!«

»Es scheint, Sie werden ein Alibi erbringen müssen«, sagte der Depositenkassenvorsteher zu dem Dieb. »Können Sie das?«

»Selbstverständlich«, erklärte der. »Ich wohne drüben im Hotel Kreid . . .«

»Aber erst seit gestern abend«, rief Gustav. »Ich hab mich dort als Liftboy eingeschlichen und weiß Bescheid, Mensch!«

Die Bankbeamten lächelten ein wenig und gewannen an den Jungen Interesse.

»Wir werden das Geld am besten vorläufig hierbehalten, Herr . . .« sagte der Vorsteher und riß sich von einem Block einen Zettel ab, um Namen und Adresse zu notieren.

»Grundeis heißt er!« rief Emil.

Der Mann im steifen Hut lachte laut und sagte: »Da sehen Sie, daß es sich um eine Verwechslung handeln muß. Ich heiße Müller.«

»Oh, wie gemein er lügt! Mir hat er im Zug erzählt, daß er Grundeis heißt«, schrie Emil wütend.

»Haben Sie Ausweispapiere?« fragte der Kassierer.

»Leider nicht bei mir«, sagte der Dieb. »Aber wenn Sie einen Augenblick warten wollen, so hole ich sie aus dem Hotel herüber.«

»Der Kerl lügt fortwährend! Und es ist mein Geld. Und ich muß es wiederhaben«, rief Emil.

»Ja, sogar wenn's wahr wäre, mein Junge«, erklärte der Kassierer, »so einfach geht das nicht! Wie kannst du denn beweisen, daß es dein Geld ist? Steht vielleicht dein Name drauf? Oder hast du dir etwa die Nummern gemerkt?«

»Natürlich nicht«, sagte Emil. »Denkt man denn, daß man beklaut wird? Aber es ist trotzdem mein Geld, hören Sie? Und meine Mutter hat es mir für die Großmutter, die hier in der Schumannstraße 15 wohnt, mitgegeben.«

»War an einem der Scheine eine Ecke abgerissen oder war sonst etwas nicht in Ordnung?«

»Nein, ich weiß nicht.«

»Also, meine Herren, ich erkläre Ihnen auf Ehrenwort: das Geld gehört wirklich mir. Ich werde doch nicht kleine Kinder ausrauben!« behauptete der Dieb.

»Halt!« schrie Emil plötzlich und sprang in die Luft, so leicht war ihm mit einem Male geworden. »Halt! Ich habe mir im Zug das Geld mit einer Stecknadel ins Jackett gesteckt. Und deshalb müssen Nadelstiche in den drei Scheinen zu sehen sein!«

Der Kassierer hielt das Geld gegen das Licht. Den anderen stockte der Atem.

Der Dieb trat einen Schritt zurück. Der Bankvorsteher trommelte nervös auf dem Tisch herum.

»Der Junge hat recht«, schrie der Kassierer, blaß vor Erregung. »In den Scheinen sind tatsächlich Nadelstiche!«

»Und hier ist auch die Nadel dazu«, sagte Emil und legte die Stecknadel stolz auf den Tisch. »Gestochen habe ich mich auch.«

Da drehte sich der Dieb blitzschnell um, stieß die Jungen links und rechts zur Seite, daß sie hinfielen, rannte durch den Raum, riß die Tür auf und war weg.

»Ihm nach!« schrie der Bankvorsteher.

Alles lief nach der Tür.

Als man auf die Straße kam, war der Dieb schon von mindestens zwanzig Jungen umklammert. Sie hielten ihn an den Beinen. Sie hingen an seinen Armen. Sie zerrten an seinem Jackett. Er ruderte wie verrückt. Aber die Jungen ließen nicht locker.

Und dann kam auch schon ein Schupo im Dauerlauf daher, den Pony Hütchen mit ihrem kleinen Rad geholt hatte. Und der Bankvorsteher forderte ihn ernst auf, den Mann, der sowohl Grundeis wie auch Müller hieß, festzunehmen. Denn er sei wahrscheinlich ein Eisenbahndieb.

Der Kassierer nahm sich Urlaub, holte das Geld und die Stecknadel und ging mit. Na, es war ein toller Aufzug! Der Schutzmann, der Bankbeamte, der Dieb in der Mitte, und hinterher neunzig bis hundert Kinder! So zogen sie zur Wache.

Pony Hütchen fuhr auf ihrem kleinen vernickelten Fahrrad nebenher, nickte dem glücklichen Vetter Emil zu und rief: »Emil, mein Junge. Ich fahre rasch nach Hause und erzähle dort das ganze Theater.«

Der Junge nickte zurück und sagte: »Zum Mittagessen bin ich zu Hause! Grüße schön!«

Pony Hütchen rief noch: »Wißt ihr, wie ihr ausseht? Wie ein großer Schulausflug!« Dann bog sie, heftig klingelnd, um die Ecke.

Der Schutzmann, der Bankbeamte, der Dieb in der Mitte, und hinterher neunzig bis hundert Kinder!

Emil besucht das Polizeipräsidium

Der Zug marschierte zur nächsten Polizeiwache. Der Schupo meldete einem Wachtmeister, was geschehen sei. Emil ergänzte den Bericht. Dann mußte er sagen, wann und wo er geboren wurde, wie er heiße und wo er wohne. Und der Wachtmeister schrieb alles auf. Mit Tinte.

»Und wie heißen Sie?« fragte er den Dieb.

»Herbert Kießling«, sagte der Kerl.

Da mußten die Jungen – Emil, Gustav und der Professor – laut lachen. Und der Bankbeamte, der dem Wachtmeister die hundertvierzig Mark übergeben hatte, schloß sich ihnen an.

»Mensch, so eine Rübe!« rief Gustav. »Erst hieß er Grundeis. Dann hieß er Müller. Jetzt heißt er Kießling! Nun bin ich ja bloß gespannt, wie er in Wirklichkeit heißt!«

»Ruhe!« knurrte der Wachtmeister. »Das kriegen wir auch noch raus.«

Herr Grundeis-Müller-Kießling nannte daraufhin seine augenblickliche Adresse, das Hotel Kreid. Dann den Geburtstag und seine Heimat, Ausweispapiere habe er keine.

»Und wo waren Sie bis gestern?« fragte der Wachtmeister.

»In Groß-Grünau«, erklärte der Dieb.

»Das ist bestimmt schon wieder gelogen«, rief der Professor.

»Ruhe!« knurrte der Wachtmeister. »Das kriegen wir auch noch raus.«

Der Bankbeamte erkundigte sich, ob er gehen dürfe. Dann wurden noch seine Personalien notiert. Er klopfte Emil freundlich auf die Schulter und verschwand.

»Haben Sie gestern nachmittag dem Realschüler Emil Tischbein aus Neustadt im Berliner Zug hundertvierzig Mark gestohlen, Kießling?« fragte der Wachtmeister.

»Jawohl«, sagte der Dieb düster. »Ich weiß auch nicht, das kam ganz plötzlich. Der Junge lag in der Ecke und schlief. Und da fiel ihm das Kuvert heraus. Und da hob ich es auf und wollte bloß mal nachsehen, was drin wäre. Und weil ich grade kein Geld hatte ...«

»So ein Schwindler!« rief Emil. »Ich hatte das Geld in der Jackentasche festgesteckt. Es konnte gar nicht herausfallen!«

»Und so nötig hat er's bestimmt nicht gebraucht. Sonst hätte er Emils Geld nicht noch vollzählig in der Tasche gehabt. Er hat doch unterdessen Auto und Eier im Glas und Bier bezahlen müssen«, bemerkte der Professor.

»Ruhe!« knurrte der Wachtmeister. »Das kriegen wir auch noch raus.«

Und er notierte alles, was erzählt wurde.

»Könnten Sie mich vielleicht auf freien Fuß setzen, Herr Wachtmeister?« fragte der Dieb und schielte vor lauter Höflichkeit. »Ich hab ja den Diebstahl zugegeben. Und wo ich wohne, wissen Sie auch. Ich habe geschäftlich in Berlin zu tun und möchte ein paar Gänge erledigen.«

»Daß ich nicht lache!« sagte der Wachtmeister ernst und rief das Polizeipräsidium an: es solle einen Wagen schicken; in seinem Revier sei ein Eisenbahndieb gefaßt worden.

»Wann kriege ich denn mein Geld?« fragte Emil besorgt.

»Im Polizeipräsidium«, sagte der Wachtmeister. »Ihr fahrt jetzt gleich hinüber. Und dort wird sich alles finden.«

»Emil, Mensch«, flüsterte Gustav, »nun mußt du in der Grünen Minna zum Alex!«

»Quatsch!« sagte der Wachtmeister. »Hast du Geld, Tischbein?«

»Jawohl!« erklärte Emil. »Die Jungen haben gestern gesammelt. Und der Portier aus dem Hotel Kreid hat mir zehn Mark geborgt.«

»Die reinsten Detektive! Ihr verfluchten Kerle!« knurrte der Wachtmeister. Doch das Knurren klang sehr gutmütig. »Also, Tischbein, du fährst mit der Untergrundbahn zum Alexanderplatz und meldest dich bei Kriminalwachtmeister Lurje. Das Weitere wirst du dann schon merken. Auch dein Geld kriegst du dort wieder.«

»Darf ich erst dem Portier die zehn Mark zurückbringen?« erkundigte sich Emil.

»Natürlich.«

Wenige Minuten später kam das Kriminalauto. Und Herr Grundeis-Müller-Kießling mußte einsteigen. Der Wachtmeister gab einem Schupo, der im Wagen saß, den schriftlichen Bericht und die hundertvierzig Mark. Die Stecknadel auch. Und dann gondelte die Grüne Minna fort. Die Kinder, die auf der Straße standen, schrien hinter dem Dieb her. Aber der rührte sich nicht. Wahrscheinlich war er zu stolz, weil er in einem Privatauto fahren durfte.

Emil gab dem Wachtmeister die Hand und bedankte sich. Dann teilte der Professor den Kindern, die vor der Wache gewartet hatten, mit, das Geld erhalte Emil am Alex, und die Jagd wäre erledigt. Da zogen die Kinder in großen Trupps wieder heim. Nur die engeren Bekannten brachten Emil zum Hotel und zum Bahnhof Nollendorfplatz. Und er bat sie, nachmittags den kleinen Dienstag anzurufen. Der würde dann wissen, wie alles verlaufen wäre. Und er hoffe sehr, sie noch einmal zu sehen, ehe er nach Neustadt zurückführe. Und er danke ihnen schon jetzt von ganzem Herzen für ihre Hilfe. Und das Geld bekämen sie auch wieder.

»Wenn du es wagst, uns das Geld wiederzugeben, kriegst du den Buckel voll, Mensch!« rief Gustav. »Übrigens müssen wir auch noch boxen. Wegen deines drolligen Anzugs.«

»Ach, Mensch!« sagte Emil und faßte Gustav und den Professor an den Händen. »Ich bin so guter Laune! Das Boxen lassen wir am besten sein. Ich brächte es vor lauter Rührung nicht übers Herz, dich für die Zeit zu Boden zu schicken.«

»Das würde dir auch nicht gelingen, wenn du schlechter Laune wärst, du Lümmel!« rief Gustav.

Und dann fuhren die drei zum Alexanderplatz ins Polizeipräsidium, mußten durch viele Korridore laufen und an unzähligen Zimmern vorbei. Und schließlich fanden sie den Kriminalwachtmeister Lurje. Der frühstückte gerade. Emil meldete sich.

»Aha!« sagte Herr Lurje und kaute. »Emil Stuhlbein. Jugendlicher Amateurdetektiv. Telefonisch schon gemeldet. Der Kriminalkommissar wartet. Will sich mit dir unterhalten. Komm mal mit!«

»Tischbein heiß ich«, korrigierte Emil.

»Jacke wie Hose«, sagte Herr Lurje und biß von neuem in die Stulle.

»Wir warten hier auf dich«, meinte der Professor. Und Gustav rief Emil nach: »Mach schnell, Mensch! Wenn ich wen kauen sehe, kriege ich immer gleich Hunger!«

Herr Lurje spazierte durch mehrere Gänge, links, rechts, wieder links. Dann klopfte er an eine Tür. Eine Stimme rief: »Herein!« Lurje öffnete die Tür ein wenig und sagte kauend: »Der kleine Detektiv ist da, Herr Kommissar. Emil Fischbein, Sie wissen schon.«

»Tischbein heiß ich«, erklärte Emil nachdrücklich.

»Auch 'n ganz hübscher Name«, sagte Herr Lurje und gab Emil einen Stoß, daß er in das Zimmer purzelte.

Der Kriminalkommissar war ein netter Herr. Emil mußte sich in einen bequemen Sessel setzen und die Diebsgeschichte haarklein und von Anfang an erzählen. Zum Schluß sagte der Kommissar feierlich: »So, und nun bekommst du auch dein Geld wieder.«

»Gott sei getrommelt!« Emil atmete befreit auf und steckte das Geld ein. Und zwar besonders vorsichtig.

»Laß dir's aber nicht wieder klauen!«

»Nein! Ausgeschlossen! Ich bring's gleich zur Großmutter!«

»Richtig! Bald hätte ich's vergessen. Du mußt mir deine Berliner Adresse geben. Bleibst du noch ein paar Tage hier?«

»Ich möchte schon«, sagte Emil. »Ich wohne Schumannstraße 15. Bei Heimbold. So heißt mein Onkel. Die Tante übrigens auch.«

»Wunderbar habt ihr das gemacht, ihr Jungen«, meinte der Kommissar und steckte sich eine dicke Zigarre an.

»Die Kerls haben glänzend funktioniert, wirklich wahr!« rief Emil begeistert. »Dieser Gustav mit seiner Hupe, und der Professor, und der kleine Dienstag, und Krummbiegel und die Gebrüder Mittenzwey, überhaupt alle. Es war direkt ein Vergnügen, mit ihnen zu arbeiten. Vor allem der Professor, das ist ein Aas!«

»Na ja, du bist auch nicht gerade aus Pfefferkuchen!« meinte der Herr und qualmte.

»Was ich noch fragen wollte, Herr Kommissar – was wird denn nun aus dem Grundeis oder wie mein Dieb sonst heißt?«

»Den haben wir zum Erkennungsdienst gebracht. Dort wird er fotografiert. Und seine Fingerabdrücke werden genommen. Und nachher vergleichen wir sein Bild und die Abdrücke mit den Fotos in unsrer Kartothek.«

»Was ist denn das?«

»Da haben wir alle schon einmal bestraften Verbrecher abgebildet. Und dann haben wir auch Abdrücke, Fußspuren und ähnliches von solchen Verbrechern, die man noch nicht erwischt hat und die man sucht. Denn es wäre ja möglich, daß der Mann, der dich bestohlen hat, auch noch andere Diebstähle und Einbrüche ausführte, ehe er dich um dein Geld brachte. Nicht wahr?«

»Das stimmt. Daran habe ich noch gar nicht gedacht!«

»Moment«, sagte der nette Kommissar. Denn das Telefon läutete. »Jawohl... interessante Sache für Sie... kommen Sie doch mal in mein Zimmer...« sprach er in den Apparat. Dann hängte er ab und sagte: »Jetzt werden gleich ein paar Herren von der Zeitung erscheinen und dich interviewen.«

»Was ist denn das?« fragte Emil.

»Interviewen heißt ausfragen.«

»Nicht möglich!« rief Emil. »Da komme ich sogar noch in die Zeitung?«

»Wahrscheinlich«, sagte der Kommissar. »Wenn ein Realschüler einen Dieb fängt, wird er eben berühmt.«

Dann klopfte es. Und vier Herren traten ins Zimmer. Der Kommissar gab ihnen die Hand und erzählte kurz Emils Erlebnisse. Die vier Herren schrieben fleißig nach.

»Wunderbar!« sagte zum Schluß einer der Reporter. »Der Knabe vom Lande als Detektiv.«

»Vielleicht engagieren Sie ihn für den Außendienst?« riet ein anderer und lachte.

»Warum bist du denn nicht sofort zu einem Schupo gegangen und hast ihm alles gesagt?« fragte ein dritter.

Emil bekam es mit der Angst. Er dachte an Wachtmeister Jeschke in Neustadt und an den Traum. Jetzt ging's ihm an den Kragen.

»Na?« ermunterte der Kommissar.

Emil zuckte mit den Achseln und sagte: »Also schön! Weil ich in Neustadt dem Denkmal von Großherzog Karl eine rote Nase und einen Schnurrbart angemalt habe. Bitte, verhaften Sie mich, Herr Kommissar!«

Da lachten die fünf Männer, anstatt entsetzte Gesichter zu ziehen. Und der Kommissar rief: »Aber Emil, wir werden doch nicht einen unsrer besten Detektive ins Gefängnis sperren!«

»Nein? Wirklich nicht? Na, da bin ich aber froh«, sagte der Junge erleichtert. Dann ging er auf einen der Reporter zu und fragte: »Kennen Sie mich denn nicht mehr?«

»Nein«, sagte der Herr.

»Sie haben mir doch gestern auf der Linie 177 das Straßenbahnbillett bezahlt, weil ich kein Geld hatte.«

»Richtig!« rief der Herr. »Jetzt entsinne ich mich. Du wolltest noch meine Adresse wissen, um mir den Groschen wiederzubringen.«

»Wollen Sie ihn jetzt haben?« fragte Emil und suchte zehn Pfennig aus der Hosentasche heraus.

»Aber Unsinn«, meinte der Herr. »Du stelltest dich doch sogar vor.«

»Freilich«, erklärte der Junge. »Das tue ich oft. Emil Tischbein ist mein Name.«

»Ich heiße Kästner«, sagte der Journalist, und sie gaben sich die Hand.

»Großartig!« rief der Kommissar. »Alte Bekannte!«

»Hör mal, Emil«, sagte Herr Kästner, »kommst du ein bißchen zu mir auf die Redaktion? Vorher essen wir irgendwo Kuchen mit Schlagsahne.«

»Darf ich Sie einladen?« fragte Emil.

»So ein ehrgeiziger Bengel!« Die Herren lachten vor Vergnügen.

»Nein, bezahlen mußt du mich lassen«, sagte Herr Kästner.

»Sehr gern«, meinte Emil. »Aber der Professor und Gustav warten draußen auf mich.«

»Die nehmen wir selbstverständlich mit«, erklärte Herr Kästner.

Die andern Journalisten hatten noch allerlei zu fragen. Emil gab ihnen genaue Auskunft. Und sie machten sich wieder Notizen.

»Ist der Dieb eigentlich ein Neuling?« fragte einer von ihnen.

»Ich glaube es nicht«, antwortete der Kommissar. »Vielleicht erleben wir sogar noch eine große Überraschung. Rufen Sie mich auf alle Fälle in einer Stunde noch einmal an, meine Herren.«

Dann verabschiedete man sich. Und Emil ging mit Herrn Kästner zu Kriminalwachtmeister Lurje zurück. Der kaute noch immer und sagte: »Aha, der kleine Überbein!«

»Tischbein«, sagte Emil.

Dann verfrachtete Herr Kästner Emil, Gustav und den Professor in einem Auto und fuhr mit ihnen erst mal in eine Konditorei. Unterwegs hupte Gustav. Und sie freuten sich, als Herr Kästner erschrak. In der Konditorei waren die Jungen sehr fidel. Sie aßen Kirschtorte mit viel Schlagsahne und erzählten, was ihnen gerade einfiel: von dem Kriegsrat am Nikolsburger Platz, von der Autojagd, von der Nacht im Hotel, von Gustav als Liftboy, von dem Skandal in der Bank. Und Herr Kästner sagte zum Schluß: »Ihr seid wirklich drei Prachtkerle.«

Und da wurden sie sehr stolz auf sich selber und aßen noch ein Stück Torte.

Nachher stiegen Gustav und der Professor auf einen Autobus. Emil versprach, am Nachmittag den kleinen Dienstag anzurufen, und fuhr mit Herrn Kästner in die Redaktion.

Das Zeitungsgebäude war riesengroß. Fast so groß wie das Polizeipräsidium am Alex. Und auf den Korridoren war ein Gerenne und Gesause, als sei ein Hindernislauf im Gange.

Sie kamen in ein Zimmer, in dem ein hübsches blondes Fräulein saß. Und Herr Kästner lief im Zimmer auf und ab und diktierte das, was Emil erzählt hatte, dem Fräulein in die Schreib-

Die Journalisten hatten noch allerlei zu fragen

maschine. Manchmal blieb er stehen, fragte Emil: »Stimmt's?« Und wenn Emil genickt hatte, diktierte Herr Kästner weiter.

Dann rief dieser noch einmal den Kriminalkommissar an. »Was sagen Sie?« rief Herr Kästner. »Na, das ist ja toll ... Ich soll's ihm noch nicht erzählen? ... Sooo, auch noch? ... Das freut mich ungemein ... Haben Sie vielen Dank! ... Das wird eine glänzende Sensation ...«

Er hängte ab, betrachtete den Jungen, als ob er ihn noch gar nicht gesehen hätte, und sagte: »Emil, komm mal rasch mit! Wir müssen dich fotografieren lassen!«

»Nanu«, meinte Emil erstaunt. Aber er ließ sich alles gefallen, fuhr mit Herrn Kästner drei Etagen höher, in einen hellen Saal mit vielen Fenstern, er kämmte sich erst die Haare, und dann wurde er fotografiert.

Anschließend ging Herr Kästner mit ihm in die Setzerei – das war ein Geklapper wie von tausend Schreibmaschinen! –, gab einem Mann die Seiten, die das hübsche blonde Fräulein getippt hatte, und sagte, er käme sofort wieder herauf, denn es wäre was sehr Wichtiges, und er müsse erst den Jungen zu seiner Großmutter schicken.

Dann fuhren sie mit dem Fahrstuhl ins Erdgeschoß und traten vor den Verlag. Herr Kästner winkte ein Auto heran, setzte Emil hinein, gab dem Chauffeur Geld, obwohl der Junge es nicht erlauben wollte, und sagte: »Fahren Sie meinen kleinen Freund in die Schumannstraße, Nummer 15.«

Sie schüttelten sich herzlich die Hände. Und Herr Kästner meinte: »Grüße deine Mutter, wenn du nach Hause kommst. Es muß eine sehr liebe Frau sein.«

»Und ob«, sagte Emil.

»Und noch eins«, rief Herr Kästner, als das Auto schon fuhr, »lies heute nachmittag die Zeitung! Du wirst dich wundern, mein Junge!«

Emil drehte sich um und winkte. Und Herr Kästner winkte auch.

Dann sauste das Auto um eine Ecke.

Der Kriminalkommissar läßt grüßen

Das Automobil war schon Unter den Linden. Da klopfte Emil dreimal an die Scheibe. Der Wagen hielt. Und der Junge fragte: »Wir sind wohl schon bald da, Herr Chauffeur?«

»Jawoll«, sagte der Mann.

»Es tut mir leid, daß ich Ihnen Ungelegenheiten mache«, sagte Emil. »Aber ich muß vorher erst noch nach der Kaiserallee. Ins Café Josty. Dort liegt nämlich ein Blumenstrauß für meine Großmutter. Der Koffer auch. Würden Sie so freundlich sein?«

»Was heißt da freundlich? Hast du denn Geld, wenn das, was ich schon habe, nicht reicht?«

»Ich hab Geld, Herr Chauffeur. Und ich muß die Blumen haben.«

»Na schön«, sagte der Mann, bog links ab, fuhr durchs Brandenburger Tor, den grünen, schattigen Tiergarten lang, nach dem Nollendorfplatz. Emil fand, der sähe jetzt, nun alles gut war, viel harmloser und gemütlicher aus. Aber er griff sich doch vorsichtshalber in die Brusttasche. Das Geld war noch vorhanden.

Dann fuhren sie die Motzstraße hinauf, bis zum anderen Ende, bogen rechts ein und hielten vor dem Café Josty.

Emil stieg aus, begab sich zum Büfett, bat das Fräulein, sie möge ihm bitte Koffer und Blumen aushändigen, erhielt die Sachen, bedankte sich, kletterte wieder ins Auto und sagte: »So, Herr Chauffeur, und nun zur Großmutter!«

Sie kehrten um, fuhren den weiten Weg zurück, über die Spree, durch ganz alte Straßen mit grauen Häusern. Der Junge hätte sich gern die Gegend näher betrachtet. Aber es war wie verhext. Dauernd fiel der Koffer um. Und blieb er mal ein paar Minuten stehen, so kroch bestimmt der Wind in das weiße Blumenpapier, daß es raschelte und riß. Und Emil mußte aufpassen, daß ihm der Strauß nicht einfach fortflog.

Da bremste der Chauffeur. Das Auto hielt. Es war Schumannstraße 15.

»Na, da wären wir ja«, sagte Emil und stieg aus. »Bekommen Sie noch Geld von mir?«

»Nein. Sondern du kriegst noch dreißig Pfennig raus.«

»I wo!« rief Emil. »Davon kaufen Sie sich ein paar Zigarren!«

»Ich prieme, mein Junge«, sagte der Chauffeur und fuhr weiter.

Nun stieg Emil in die dritte Etage und klingelte bei Heimbolds. Es entstand großes Geschrei hinter der Tür. Dann wurde geöffnet. Und die Großmutter stand da, kriegte Emil beim Wikkel, gab ihm gleichzeitig einen Kuß auf die linke Backe und einen Klaps auf die rechte, schleppte ihn an den Haaren in die Wohnung und rief: »O du verflixter Halunke, o du verflixter Halunke!«

»Schöne Sachen hört man ja von dir«, sagte Tante Martha freundlich und gab ihm die Hand. Und Pony Hütchen hielt ihm den Ellbogen hin, trug eine Schürze von ihrer Mutter und quiekte: »Vorsicht! Ich habe nasse Hände. Ich wasche nämlich Geschirr ab. Wir armen Frauen!«

Nun gingen sie allesamt in die Stube. Emil mußte sich aufs Sofa setzen. Großmutter und Tante Martha betrachteten ihn, als wäre er ein sehr teures Bild von Tizian.

»Hast du die Pinke?« fragte Pony Hütchen.

»Klar!« meinte Emil, holte die drei Scheine aus der Tasche, gab hundertzwanzig Mark der Großmutter und sagte: »Hier, Großmutter, das ist das Geld. Und Mutter läßt herzlich grüßen. Und du sollst nicht böse sein, daß sie in den letzten Monaten nichts geschickt hat. Aber das Geschäft ging nicht besonders. Und dafür wäre es diesmal mehr als sonst.«

»Ich danke dir schön, mein gutes Kind«, antwortete die alte Frau, gab ihm den Zwanzigmarkschein zurück und sagte: »Der ist für dich! Weil du so ein tüchtiger Detektiv bist.«

»Nein, das nehme ich nicht. Ich habe ja von Mutter noch zwanzig Mark in der Tasche.«

»Emil, man muß seiner Großmutter folgen. Marsch, steck es ein!«

»Nein, ich nehme es nicht.«

»Menschenskind!« rief Pony Hütchen. »Das ließe ich mir nicht zweimal sagen!«

»Ach nein, ich möchte nicht.«

»Entweder du nimmst es, oder ich kriege vor Wut Rheumatismus«, erklärte die Großmutter.

»Schnell, steck das Geld weg!« sagte Tante Martha und schob ihm den Schein in die Tasche.

»Ja, wenn ihr durchaus wollt«, jammerte Emil. »Ich danke auch schön, Großmutter.«

»Ich habe zu danken, ich habe zu danken«, entgegnete sie und strich Emil übers Haar.

Dann überreichte Emil den Blumenstrauß. Pony schleppte eine Vase heran. Aber als man die Blumen ausgewickelt hatte, wußte man nicht, ob man lachen oder weinen sollte.

»Das reinste Dörrgemüse«, sagte Pony.

»Sie haben seit gestern nachmittag kein Wasser mehr gehabt«, erklärte Emil traurig. »Das ist ja kein Wunder. Als Mutter und ich sie gestern bei Stamnitzens kauften, waren sie noch ganz frisch.«

»Glaube ich, glaube ich«, meinte die Großmutter und stellte die verwelkten Blumen ins Wasser.

»Vielleicht werden sie wieder«, tröstete Tante Martha. »So, und nun wollen wir zu Mittag essen. Der Onkel kommt erst zum Abend heim. Pony, deck den Tisch!«

»Jawohl«, sagte das kleine Mädchen. »Emil, was gibt's?«

»Keine Ahnung.«

»Was ißt du am liebsten?«

»Makkaroni mit Schinken.«

»Na also. Da weißt du ja, was es gibt!«

Eigentlich hatte Emil ja schon am Tage vorher Makkaroni mit Schinken gegessen. Aber erstens verträgt man sein Lieblingsessen fast alle Tage. Und zweitens kam es Emil so vor, als wäre seit dem letzten Mittag, in Neustadt bei der Mutter, mindestens eine Woche vergangen. Und er hieb auf die Makkaroni los, als wären sie Herr Grundeis-Müller-Kießling.

Nach dem Essen liefen Emil und Hütchen ein bißchen auf die Straße, weil der Junge Ponys kleines vernickeltes Rad probieren wollte. Großmutter legte sich aufs Sofa. Und Tante Martha backte einen Apfelkuchen im Ofen. Ihr Apfelkuchen war in der ganzen Familie berühmt.

Emil radelte durch die Schumannstraße. Und Hütchen rannte hinter ihm her, hielt den Sattel fest und behauptete, das sei nötig, sonst fliege der Vetter hin. Dann mußte er absteigen, und sie fuhr ihm Kreise und Dreien und Achten vor.

Da kam ein Polizist auf sie zu, der eine Mappe trug, und fragte: »Kinder, hier in Nummer 15 wohnen doch Heimbolds?«

»Jawohl«, sagte Pony, »das sind wir. Einen Moment, Herr Major.« Sie schloß ihr Rad in den Keller.

»Ist es was Schlimmes?« erkundigte sich Emil. Er mußte noch immer an den verflixten Jeschke denken.

»Ganz im Gegenteil. Bist du der Schüler Emil Tischbein?«

»Jawohl.«

»Na, da kannst du dir aber wirklich gratulieren!«

»Wer hat Geburtstag?« fragte Pony, die dazu kam.

Aber der Wachtmeister erzählte nichts, sondern stieg schon die Treppe hoch. Tante Martha führte ihn in die Stube. Die Großmutter erwachte, setzte sich auf und war neugierig. Emil und Hütchen standen am Tisch und spannten.

»Die Sache ist die«, sagte der Wachtmeister und schloß dabei die Aktentasche auf. »Der Dieb, den der Realschüler Emil Tischbein heute früh hat festnehmen lassen, ist mit einem seit vier Wochen gesuchten Bankräuber aus Hannover identisch. Dieser Räuber hat eine große Menge Geld gestohlen. Und unser Erkennungsdienst hat ihn überführt. Er hat auch schon ein Geständnis abgelegt. Das meiste Geld hat man, in seinem Anzugfutter eingenäht, wiedergefunden. Lauter Tausendmarkscheine.«

»Du kriegst die Motten«, sagte Pony Hütchen.

»Die Bank«, fuhr der Polizist fort, »hat nun vor vierzehn Tagen eine Prämie ausgesetzt, die der erhalten soll, der den Kerl erwischt. Und weil du«, wandte er sich an Emil, »den Mann eingefangen hast, kriegst du die Prämie. Der Herr Kriminalkommissar läßt dich grüßen und freut sich, daß auf diese Weise deine Tüchtigkeit belohnt wird.«

Emil machte eine Verbeugung.

Dann nahm der Beamte ein Bündel Geldscheine aus seiner Mappe, zählte sie auf den Tisch, und Tante Martha, die genau aufpaßte, flüsterte, als er fertig war: »Tausend Mark!«

»Ei Potz!« rief Pony. »Nun haut's dreizehn!«

Großmutter unterschrieb eine Quittung. Dann ging der Wachtmeister. Und Tante Martha gab ihm vorher ein großes Glas Kirschwasser aus Onkels Schrank.

Emil hatte sich neben die Großmutter gesetzt und konnte kein Wort reden. Die alte Frau legte ihren Arm um ihn und sagte kopfschüttelnd: »Es ist doch kaum zu glauben. Es ist doch kaum zu glauben.«

Pony Hütchen stieg auf einen Stuhl, taktierte, als wäre eine Kapelle im Zimmer, und sang: »Nun laden wir, nun laden wir die andern Jungens zum Kaffee ein!«

»Ja«, sagte Emil, »das auch. Aber vor allem ... eigentlich könnte doch nun ... was denkt ihr ... Mutter auch nach Berlin kommen ...«

Frau Tischbein ist so aufgeregt

Am nächsten Morgen klingelte Frau Bäckermeister Wirth in Neustadt an der Tür von Frau Friseuse Tischbein.
»Tag, Frau Tischbein«, sagte sie dann. »Wie geht's?«
»Morgen, Frau Wirth. Ich bin so sehr in Sorge! Mein Junge hat noch nicht eine Zeile geschrieben. Immer wenn es klingelt, denke ich, es ist der Briefträger. Soll ich Sie frisieren?«
»Nein. Ich wollte nur mal herkommen, und . . . weil ich Ihnen etwas ausrichten soll.«
»Bitte schön«, sagte die Friseuse.
»Viele Grüße von Emil und . . .«
»Um Himmels willen! Was ist ihm passiert? Wo ist er? Was wissen Sie?« rief Frau Tischbein. Sie war furchtbar aufgeregt und hob ängstlich beide Hände hoch.
»Aber es geht ihm doch gut, meine Liebe. Sehr gut sogar. Er hat einen Dieb erwischt. Denken Sie nur! Und die Polizei hat ihm eine Belohnung von tausend Mark geschickt. Was sagen Sie nun? Hm? Und da sollen Sie mit dem Mittagszug nach Berlin kommen.«
»Aber woher wissen Sie das denn alles?«
»Ihre Schwester, Frau Heimbold, hat eben aus Berlin bei mir im Geschäft angerufen. Emil hat auch ein paar Worte gesagt. Und Sie sollten doch ja kommen! Wo Sie jetzt soviel Geld hätten, wäre das doch zu machen.«
»So, so . . . Ja freilich«, murmelte Frau Tischbein verstört. »Tausend Mark? Weil er einen Dieb erwischt hat? Wie ist er bloß auf die Idee gekommen? Nichts als Dummheiten macht er!«
»Aber es hat sich doch gelohnt! Tausend Mark sind doch eine Menge Geld!«
»Gehen Sie mir ja mit den tausend Mark!«
»Na, na, es kann einem Schlimmeres passieren. Also, werden Sie fahren?«
»Natürlich! Ich habe keinen Augenblick Ruhe, bis ich den Jungen gesehen habe.«
»Also, gute Reise. Und viel Vergnügen!«
»Danke schön, Frau Wirth«, sagte die Friseuse und schloß kopfschüttelnd die Tür.

Als sie nachmittags im Berliner Zug saß, erlebte sie eine noch größere Überraschung. Ihr gegenüber las ein Herr Zeitung. Frau Tischbein blickte nervös aus einer Ecke in die andere, zählte die Telegrafenmasten, die vorm Fenster vorbeizogen, und wäre am liebsten hinter den Zug gerannt, um zu schieben. Es ging ihr zu langsam.

Während sie so herumrutschte und den Kopf hin und her drehte, fiel ihr Blick auf die Zeitung gegenüber.

»Allmächtiger!« rief sie und riß dem Herrn das Blatt aus der Hand. Der Herr dachte, die Frau sei plötzlich verrückt geworden, und kriegte Angst.

»Da! Da!« stammelte sie. »Das hier ... das ist mein Junge!« Und sie stieß mit dem Finger nach einer Fotografie, die auf der ersten Zeitungsseite zu sehen war. »Was Sie nicht sagen!« meinte der Mann erfreut. »Sie sind die Mutter von Emil Tischbein? Das ist ja ein Prachtkerl. Hut ab, Frau Tischbein, Hut ab!«

»So, so«, sagte die Friseuse. »Behalten Sie den Hut ruhig auf, mein Herr!« Und dann begann sie den Artikel zu lesen. Darüber stand in Riesenbuchstaben:

Ein kleiner Junge als Detektiv!
Hundert Berliner Kinder auf der Verbrecherjagd

Und dann folgte ein ausführlicher, spannender Bericht über Emils Erlebnisse vom Bahnhof in Neustadt bis ins Berliner Polizeipräsidium. Frau Tischbein wurde richtig blaß. Und die Zeitung raschelte, als wäre es windig. Und dabei waren die Fenster verschlossen. Der Herr konnte es kaum erwarten, daß sie den Artikel zu Ende las. Doch der war sehr lang und füllte fast die ganze erste Seite aus. Und mittendrin saß Emils Bild.

Endlich legte sie das Blatt beiseite, sah ihn an und sagte: »Kaum ist er allein, macht er solche Geschichten. Und ich hatte ihm so eingeschärft, auf die hundertvierzig Mark aufzupassen! Wie konnte er nur so nachlässig sein! Als ob er nicht wüßte, daß wir kein Geld zum Stehlenlassen übrig haben!«

»Er ist eben müde geworden. Vielleicht hat ihn der Dieb sogar hypnotisiert. Das soll vorkommen«, meinte der Herr. »Aber finden Sie es denn nicht einfach bewundernswert, wie sich die Jungen aus der Affäre gezogen haben? Das war doch genial! Das war doch einfach großartig! Einfach großartig war doch das!«

»Das schon«, sagte Frau Tischbein geschmeichelt. »Er ist schon ein kluger Junge, mein Junge. Immer der Beste in der Klasse. Und fleißig dazu. Aber bedenken Sie doch, wenn ihm was zugestoßen wäre! Mir stehen die Haare zu Berge, obwohl ja alles längst vorüber ist. Nein, ich kann ihn nie mehr allein fahren lassen. Ich stürbe vor Angst.«

»Sieht er genauso aus wie auf dem Bild?« fragte der Herr.

Frau Tischbein betrachtete das Foto wieder und sagte: »Ja. Genauso. Gefällt er Ihnen?«

»Großartig!« rief der Mann. »So ein richtiger Kerl, aus dem später mal was werden wird.«

»Nur ein bißchen ordentlicher hinsetzen hätte er sich sollen«, zankte die Mutter. »Das Jackett schlägt lauter Falten. Er soll es stets aufknöpfen, bevor er sich setzt. Aber er hört ja nicht!«

»Wenn er keine größeren Fehler hat!« lachte der Herr.

»Nein, Fehler hat er eigentlich keine, mein Emil«, sagte Frau Tischbein und putzte sich vor Rührung die Nase...

Dann stieg der Herr aus. Sie durfte die Zeitung behalten und las Emils Erlebnisse bis Berlin-Friedrichstraße immer wieder. Insgesamt elfmal.

Als sie in Berlin ankam, stand Emil schon auf dem Bahnsteig. Er hatte der Mutter zu Ehren den guten Anzug an, fiel ihr um den Hals und rief: »Na, was sagst du nun?«

»Sei nur nicht auch noch eingebildet, du Lümmel!«

»Ach, Frau Tischbein«, sagte er und hakte sich bei ihr unter, »ich freue mich ja enorm, daß du hier bist.«

»Besser ist dein Anzug bei der Verbrecherjagd auch nicht geworden«, meinte die Mutter. Aber es klang nicht etwa böse.

»Wenn du willst, krieg ich einen neuen Anzug.«

»Von wem denn?«

»Ein Kaufhaus will mir und dem Professor und Gustav neue Anzüge schenken und in den Zeitungen annoncieren, daß wir Detektive nur bei ihnen neue Anzüge kaufen. Das ist Reklame, verstehst du?«

»Ja, ich versteh.«

»Aber wir werden wahrscheinlich ablehnen, obwohl wir statt der langweiligen Anzüge auch jeder 'nen Fußball kriegen könnten«, erzählte Emil großspurig. »Denn weißt du, wir finden den Rummel, den man um uns macht, reichlich albern. Die Erwachsenen können so was, von uns aus, ja ruhig tun. Die sind nun mal so komisch. Aber Kinder sollten es bleibenlassen.«

»Bravo!« sagte die Mutter.

»Das Geld hat Onkel Heimbold eingeschlossen. Tausend

Mark. Ist das nicht herrlich? Vor allen Dingen kaufen wir dir eine elektrische Haartrockenanlage. Und einen Wintermantel, innen mit Pelz gefüttert. Und mir? Das muß ich mir erst überlegen. Vielleicht doch einen Fußball. Oder einen Fotografenapparat. Mal sehn.«

»Ich dachte schon, wir sollten das Geld lieber aufheben und zur Bank bringen. Später kannst du es sicher mal sehr gut brauchen.«

»Nein, du kriegst den Trockenapparat und den warmen Mantel. Was übrigbleibt, können wir ja wegbringen, wenn du willst.«

»Wir sprechen noch darüber«, sagte die Mutter und drückte seinen Arm.

»Weißt du schon, daß in allen Zeitungen Fotos von mir sind? Und lange Artikel über mich?«

»Einen hab ich schon im Zug gelesen. Ich war erst sehr unruhig, Emil! Ist dir gar nichts geschehen?«

»Keine Spur. Es war wunderbar! Na, ich erzähle dir alles noch ganz genau. Erst mußt du aber meine Freunde begrüßen.«

»Wo sind sie denn?«

»In der Schumannstraße. Bei Tante Martha. Sie hat gleich gestern Apfelkuchen gebacken. Und dann haben wir die ganze Bande eingeladen. Sie sitzen jetzt zu Hause und machen Krach.«

Bei Heimbolds war wirklich ein toller Betrieb. Alle waren sie da: Gustav, der Professor, Krummbiegel, die Gebrüder Mittenzwey, Gerold, Friedrich der Erste, Traugott, der kleine Dienstag, und wie sie hießen. Die Stühle reichten kaum.

Pony Hütchen rannte mit einer großen Kanne von einem zum andern und schenkte heiße Schokolade ein. Und Tante Marthas Apfelkuchen war ein Gedicht! Die Großmutter saß auf dem Sofa, lachte und schien zehn Jahre jünger.

Als Emil mit seiner Mutter kam, gab's eine große Begrüßung. Jeder Junge gab Frau Tischbein die Hand. Und sie bedankte sich bei allen, daß sie ihrem Emil so geholfen hatten.

»Also«, sagte der dann, »die Anzüge oder die Fußbälle, die nehmen wir nicht. Wir lassen mit uns keine Reklame machen. Einverstanden?«

»Einverstanden!« rief Gustav und hupte, daß Tante Marthas Blumentöpfe klapperten.

Dann klopfte die Großmutter mit dem Löffel an ihre goldne Tasse, stand auf und sagte: »Nun hört mal gut zu, ihr Kadetten.

*Pony Hütchen rannte mit einer großen Kanne
von einem zum andern*

Ich will nämlich eine Rede halten. Also, bildet euch bloß nichts ein! Ich lobe euch nicht. Die andern haben euch schon ganz verrückt gemacht. Da tu ich nicht mit. Nein, da tu ich nicht mit!«

Die Kinder waren ganz still geworden und wagten nicht einmal weiterzukauen.

»Hinter einem Dieb herschleichen«, fuhr die Großmutter fort, »und ihn mit hundert Jungen einfangen – na, das ist keine große Kunst. Kränkt euch das, ihr Genossen? Aber es sitzt einer unter euch, der wäre auch gerne auf den Zehenspitzen hinter Herrn Grundeis hergestiegen. Der hätte auch gerne als grüner Liftboy im Hotel rumspioniert. Aber er blieb zu Hause, weil er das einmal übernommen hatte, jawohl, weil er das einmal übernommen hatte.«

Alle blickten den kleinen Dienstag an. Der hatte einen himbeerroten Kopf und schämte sich.

»Ganz recht. Den kleinen Dienstag meine ich. Ganz recht!« sagte die Großmutter. »Er hat zwei Tage am Telefon gesessen. Er hat gewußt, was seine Pflicht war. Und er hat sie getan, obwohl sie ihm nicht gefiel. Das war großartig, verstanden? Das war großartig! Nehmt euch an ihm ein Beispiel! Und nun wollen wir alle aufstehen und rufen: Der kleine Dienstag, er lebe hoch!«

Die Jungen sprangen auf. Pony Hütchen hielt die Hände wie eine Trompete vor den Mund. Tante Martha und Emils Mutter kamen aus der Küche. Und alle riefen: »Er lebe hoch! Hoch! Hoch!«

Dann setzten sie sich wieder. Und der kleine Dienstag holte tief Atem und sagte: »Danke schön. Doch das ist übertrieben. Ihr hättet das auch getan. Klar! Ein richtiger Junge tut, was er soll. Basta!«

Pony Hütchen hielt die große Kanne hoch und rief: »Wer will noch was zu trinken, ihr Leute? Jetzt wollen wir mal auf Emil anstoßen!«

Läßt sich daraus was lernen?

Gegen Abend verabschiedeten sich die Jungen. Und Emil mußte ihnen hoch und heilig versprechen, am nächsten Nachmittag mit Pony Hütchen zum Professor zu kommen. Dann lief Onkel Heimbold ein, und es wurde gegessen. Hinterher gab er der Schwägerin, Frau Tischbein, die tausend Mark und riet ihr, das Geld auf eine Bank zu schaffen.

»Das war sowieso meine Absicht«, sagte die Friseuse.

»Nein!« rief Emil. »Da macht mir das Zeug gar keinen Spaß. Mutter soll sich einen elektrischen Trockenapparat kaufen und einen Mantel, der innen mit Pelz gefüttert ist. Ich weiß gar nicht, was ihr wollt! Das Geld gehört doch mir. Damit kann ich machen, was ich will! Oder nicht?«

»Damit kannst du gar nicht machen, was du willst«, erklärte Onkel Heimbold. »Du bist doch ein Kind. Und die Entscheidung, was mit dem Geld geschehen soll, hat deine Mutter zu treffen.« Emil stand vom Tisch auf und trat ans Fenster.

»Alle Wetter, Heimbold, bist du ein Dickschädel«, sagte Pony Hütchen zu ihrem Vater. »Siehst du denn nicht, daß Emil sich so darauf freut, seiner Mutter was zu schenken? Ihr Erwachsenen seid manchmal kolossal hart verpackt.«

»Natürlich kriegt sie den Trockenapparat und den Mantel«, meinte die Großmutter. »Aber was übrigbleibt, das wird auf die Bank geschafft, nicht wahr, mein Junge?«

»Jawohl«, antwortete Emil. »Bist du einverstanden, Muttchen?«

»Wenn du durchaus willst, du reicher Mann!«

»Wir gehen gleich morgen früh einkaufen. Pony, du kommst mit!« rief Emil zufrieden.

»Denkst du vielleicht, ich fange inzwischen Fliegen?« sagte die Kusine. »Aber du mußt dir auch was kaufen. Natürlich soll Tante Tischbein ihren Haartrockner kriegen, aber du wirst dir 'n Rad kaufen, verstanden, damit du deinen Kusinen die Räder nicht kaputtzufahren brauchst.«

»Emil«, fragte Frau Tischbein besorgt, »hast du Ponys Rad kaputtgemacht?«

»I wo, Mutter, ich hab ihr bloß den Sattel ein bißchen höher gestellt, sie fährt immer auf so 'nem ganz niedrigen, bloß aus Afferei, um wie eine Rennfahrerin auszusehen.«

»Selber Affe«, rief Hütchen, »wenn du noch mal mein Rad verstellst, ist es mit uns beiden aus, verstanden?«

»Wenn du nicht ein Mädchen wärst und dünn wie eine Strippe, würde ich dich mal Moritz lehren, mein Kind. Außerdem will ich mich heute nicht ärgern, aber was ich mir von dem Geld kaufe oder nicht kaufe, geht dich gar nichts an.« Und Emil steckte bockig beide Fäuste in die Hosentaschen.

»Zankt euch nicht, haut euch nicht, kratzt euch lieber die Augen aus«, meinte die Großmutter beruhigend. Und das Thema wurde fallengelassen.

Später brachte Onkel Heimbold den Hund hinunter. Das heißt: Heimbolds hatten gar keinen Hund, aber Pony nannte es immer so, wenn der Vater abends ein Glas Bier trinken ging.

Dann saßen die Großmutter und die beiden Frauen und Pony Hütchen und Emil in der Stube und sprachen über die vergangenen Tage, die so aufregend gewesen waren.

»Nun, vielleicht hat die Geschichte auch ihr Gutes gehabt«, sagte Tante Martha.

»Natürlich«, meinte Emil. »Eine Lehre habe ich bestimmt daraus gezogen: man soll keinem Menschen trauen.«

Und seine Mutter meinte: »Ich habe gelernt, daß man Kinder niemals allein verreisen lassen soll.«

»Quatsch!« brummte die Großmutter. »Alles verkehrt. Alles verkehrt!«

»Quatsch, Quatsch, Quatsch!« sang Pony Hütchen und ritt auf einem Stuhl durchs Zimmer.

»Du meinst also, aus der Sache ließe sich gar nichts lernen?« fragte Tante Martha.

»Doch«, behauptete die Großmutter.

»Was denn?« fragten die anderen wie aus einem Munde.

»Geld soll man immer nur per Postanweisung schicken«, brummte die Großmutter und kicherte wie eine Spieldose.

»Hurra!« rief Pony Hütchen und ritt auf ihrem Stuhl ins Schlafzimmer.

Emil
und die drei Zwillinge

Das Vorwort für Laien

Es gibt Kinder, die ›Emil und die Detektive‹ gelesen haben. Und es gibt Kinder, die das Buch noch nicht gelesen haben. Die einen will ich im weiteren Verlauf kurzerhand die ›Fachleute‹ nennen und die anderen die ›Laien‹. Eine solche Einteilung empfiehlt sich, weil ich an jede der zwei Gruppen ein besonderes Vorwort zu richten habe.

»Ordnung muß sein«, sagte Onkel Karl und schmiß auch noch den letzten Teller an die Wand.

Es sind tatsächlich zwei Vorworte nötig. Sonst könnte es womöglich geschehen, daß der alte Herr Schlaumeier den zweiten Band heimbringt und daß seine Kinder – also die kleinen Schlaumeier – ganz aufgeregt rufen: »Aber wir haben doch den ersten Teil noch nicht gelesen!« Und dann müßte Herr Schlaumeier senior das Buch sorgfältig wieder einwickeln, in den Buchladen zurückbringen und dort sagen: »Tut mir leid, Herr Buchhändler. Aus dem Geschäft kann nichts werden. Das Buch ist ja der zweite Band.«

Sehr geehrte Laien! Auch wer den ersten Band noch nicht kennt, kann den zweiten lesen und verstehen. Verlaßt euch in dieser Angelegenheit ganz auf mich. Ich gehöre, was den Emil Tischbein betrifft, zu den ältesten Fachleuten, die es links und rechts der Elbe gibt.

Da fällt mir übrigens ein, daß ich euch ja schließlich kurz erzählen könnte, worum es sich im ersten Buch handelt. Soll ich? Also gut.

Zuvor muß ich nur die Herren Fachleute bitten, weiterzublättern und gleich das zweite Vorwort aufzuschlagen. Was ich bis dahin erzählen werde, wissen sie längst.

Sehr geehrte Fachleute: Entschuldigt mich eine Weile. Auf Wiederhören im zweiten Vorwort! Parole Emil!

Der erste Band handelte von der ersten Reise des Neustädter Realschülers Emil Tischbein nach Berlin.

Emil sollte seiner Großmutter hundertvierzig Mark nach Berlin bringen. Aber das Geld wurde ihm in der Eisenbahn gestohlen, während er schlief. Emil hatte einen Mann im Verdacht, der Grundeis hieß und einen steifen Hut trug. Doch der Junge wußte erstens nicht, ob dieser Herr Grundeis tatsächlich der

Dieb war. Und zweitens war Herr Grundeis, als Emil erwachte, nicht mehr im Abteil. – Der Junge war, wie ihr euch denken könnt, sehr verzweifelt. Am Bahnhof Zoo hielt der Zug. Emil blickte zum Fenster hinaus, sah einen Mann im steifen Hut und rannte, mit seinem Koffer und einem Blumenstrauß bewaffnet, hinter der schwarzen Melone her. Dabei sollte er aber erst am Bahnhof Friedrichstraße aussteigen!

Kinder, Kinder! Die Melone war wirklich Herr Grundeis! Emil folgte ihm. Der Mann stieg in eine Straßenbahn. Emil kletterte schleunigst auf den Anhänger. Und nun fuhr der kleine Neustädter Realschüler ohne einen Pfennig Geld durch das riesengroße, fremde Berlin. Er fuhr hinter seinen hundertvierzig Mark her und wußte nicht einmal, ob Herr Grundeis der richtige Dieb war.

Inzwischen wurde Emil von seiner Großmutter und seiner Kusine Pony Hütchen auf dem Bahnhof Friedrichstraße erwartet. Der Zug aus Neustadt kam. Doch wer nicht kam, war Emil! Sie wußten nicht, was sie davon denken sollten. Schließlich wanderten sie sehr besorgt nach Hause. Das heißt, wandern tat nur die Großmutter. Pony Hütchen fuhr auf ihrem Fahrrad neben der wandernden Großmutter her.

Herr Grundeis stieg auf der Kaiserallee an der Ecke Trautenaustraße von der Straßenbahn und setzte sich auf die Sommerterrasse des Café Josty.

(Er hatte selbstverständlich keine blasse Ahnung davon, daß er verfolgt wurde.)

Emil stieg ebenfalls aus und versteckte sich hinter einem Zeitungskiosk. Dort sprach ihn ein Berliner Junge an. Und diesem erzählte er, was geschehen war. Der Junge hieß Gustav mit der Hupe. Weil er in der Hosentasche eine Autohupe hatte.

Dieser Junge fegte nun laut hupend durch die Gegend und alarmierte seine Freunde. Mit diesen kam er zu Emil zurück. Sie hielten einen Kriegsrat ab. Sie gaben ihr Taschengeld her. Sie gründeten einen Bereitschaftsdienst, eine Telefonzentrale und andere notwendige Unterabteilungen.

Und als sich der ahnungslose Herr Grundeis auf der Kaffeehausterrasse satt gegessen hatte und in einer Autotaxe davonfuhr, fuhren Emil und die ›Detektive‹ in einer anderen Autotaxe hinterher.

Herr Grundeis nahm im Hotel Kreid am Nollendorfplatz ein Zimmer. Emil und seine Freunde ernannten den Hof des gegenüberliegenden Theaters zu ihrem Standquartier. Nur Gustav folgte dem Mann im steifen Hut und wurde im Hotel Kreid für einen Tag Liftboy. So erfuhren die Detektive, daß Herr Grundeis am nächsten Morgen um acht Uhr aufstehen wollte.

Na ja. Und als Herr Grundeis am nächsten Tag früh um acht ans Fenster trat, war der ganze Nollendorfplatz voller Kinder!

Aber ich will nicht zu viel erzählen. Wie die Verfolgung weiterging, kann sich jeder richtige Junge an den eigenen Fingern abklavieren. Ich muß nur noch hinzufügen, daß Herr Grundeis tatsächlich der Dieb war und daß er nicht nur Grundeis hieß, sondern mindestens ein halbes Dutzend Familiennamen hatte. Das ist bei besseren Verbrechern bekanntlich immer so.

Jawohl. Und wenn Emil im Zuge keine Stecknadeln bei sich gehabt hätte, hätte ihm Kriminalkommissar Lurje die hundertvierzig Mark wahrscheinlich gar nicht zurückgeben können. Die Stecknadeln waren nämlich die Beweise! Aber mehr verrate ich nun wirklich nicht. Über die Prämie von tausend Mark zum Beispiel sage ich kein Sterbenswort. Auch nicht über das Denkmal vom Großherzog Karl mit der schiefen Backe oder darüber, wie er eines Tages einen Schnurrbart und eine rote Nase bekam. Oder über Wachtmeister Jeschke, der hinter Emil mit einer Eisenbahn herfuhr, die von neun Pferden gezogen wurde. – Und daß schließlich Emils Mutter nach Berlin kam, behalte ich auch für mich.

Ein Mann muß, wenn es darauf ankommt, schweigen können.

Ich will nur noch erzählen, daß Emils Großmutter ganz zum Schluß sagte: »Geld soll man nur per Postanweisung schicken.« Sie war, wie ihr seht, eine sehr gescheite alte Frau. Sie war es nicht nur. Sie ist es noch immer. Ihr werdet sie kennenlernen. Vorher muß ich nur noch das Vorwort für die Fachleute abdrukken lassen.

Ach richtig, die Fachleute!

Das Vorwort für Fachleute

Zwei Jahre nach Emils Abenteuern mit Herrn Grundeis hatte ich auf der Kaiserallee, an der bewußten Ecke Trautenaustraße, ein höchst seltsames Erlebnis.
Eigentlich wollte ich mit der Linie 177 nach Steglitz fahren. Nicht daß ich in Steglitz etwas Besonderes zu erledigen gehabt hätte. Aber ich gehe gern in Stadtvierteln spazieren, die ich nicht kenne und in denen man mich nicht kennt. Ich bilde mir dann ein, ich sei irgendwo in der Fremde. Und wenn ich mich dann so richtig einsam und verlassen fühle, fahre ich rasch wieder heim und trinke in meiner Wohnung gemütlich Kaffee.
So bin ich nun einmal.
Aber aus meiner Steglitzer Weltreise sollte an diesem Tage nichts werden. Denn als die Straßenbahn kam und bremste und ich gerade auf den Vorderwagen klettern wollte, stieg ein merkwürdiger Mann ab. Er hatte einen steifen schwarzen Hut auf und blickte sich um, als habe er ein ziemlich angeschmutztes Gewissen. Er lief rasch an dem Vorderwagen vorbei, überquerte die Straße und ging zum Café Josty hinüber.
Ich schaute gedankenvoll hinter dem Mann her.
»Wollen Sie mitfahren?« erkundigte sich der Schaffner bei mir.
»Ich bin so frei«, meinte ich.
»Na, dann beeilen Sie sich ein bißchen!« sagte der Schaffner streng.
Aber ich beeilte mich keineswegs, sondern blieb wie angewurzelt stehen und starrte entgeistert auf den Anhängerwagen.
Von diesem Anhänger kletterte nämlich ein Junge herunter. Er trug einen Koffer und einen in Seidenpapier gewickelten Blumenstrauß und blickte sich nach allen Seiten um. Dann schleppte er den Koffer hinter den Zeitungskiosk, der sich an der Ecke befindet, setzte sein Gepäck ab und musterte die Umgebung.
Der Schaffner wartete noch immer auf mich. »Nun reißt mir aber die Geduld«, sagte er dann. »Wer nicht will, der hat schon!« Er zog an der Klingelschnur, und die Straßenbahn 177 fuhr ohne meine werte Person nach Steglitz.
Der Herr im steifen Hut hatte auf der Terrasse des Cafés

Platz genommen und sprach mit einem Kellner. Der Junge guckte vorsichtig hinter dem Kiosk hervor und ließ den Mann nicht aus den Augen.

Ich stand noch immer am gleichen Fleck und sah wie ein Ölgötze aus. (Hat übrigens jemand eine Ahnung, wie Ölgötzen aussehen? Ich nicht.)

Das war ja allerhand! Vor zwei Jahren waren Herr Grundeis und Emil Tischbein an genau derselben Ecke aus der Straßenbahn gestiegen. Und jetzt passierte die ganze Sache noch einmal? Da mußte doch wohl ein Irrtum vorliegen.

Ich rieb mir die Augen und blickte wieder zum Café Josty hin. Aber der Mann im steifen Hut saß noch immer da! Und der Junge hinterm Kiosk setzte sich müde auf seinen Koffer und zog ein betrübtes Gesicht.

Ich dachte: Das beste wird sein, wenn ich zu dem Jungen hingehe und frage, was das Ganze bedeuten soll. Und wenn er mir erzählt, man hätte ihm hundertvierzig Mark gestohlen, klettre ich auf den nächsten Baum.

Ich ging also zu dem Jungen, der auf dem Koffer saß, und sagte: »Guten Tag. Wo fehlt's denn?«

Aber er schien nicht nur auf dem Koffer, sondern auch auf den Ohren zu sitzen. Er antwortete nicht und blickte unausgesetzt nach dem Café hinüber.

»Hat man dir vielleicht zufällig 140 Mark gestohlen?« fragte ich.

Da blickte er auf, nickte und sagte: »Jawohl. Der Halunke dort drüben auf der Terrasse, der war's.«

Ich wollte gerade mit dem Kopf schütteln und dann, weil ich's mir vorgenommen hatte, auf den nächsten Baum klettern, als es laut hupte. Wir fuhren erschrocken herum. Doch hinter uns stand gar kein Auto, sondern ein Junge, der uns auslachte.

»Was willst du denn hier?« fragte ich.

Er hupte noch einmal und meinte: »Mein Name ist Gustav.«

Mir blieb die Spucke weg. Das war ja ein tolles Ding! Träumte ich auch ganz bestimmt nicht?

Da kam ein fremder Mann quer über die Trautenaustraße gerannt, fuchtelte mit den Armen, blieb dicht vor mir stehen und brüllte: »Machen Sie sich gefälligst schwach! Mischen Sie sich nicht in fremde Angelegenheiten! Sie schmeißen uns ja die ganze Außenaufnahme!«

»Was denn für 'ne Außenaufnahme?« fragte ich neugierig.

»Sie sind ja reichlich begriffsstutzig«, meinte der wütende Mann.

»Das ist bei mir ein Geburtsfehler«, entgegnete ich.
Die beiden Jungen lachten. Und Gustav mit der Hupe sagte zu mir: »Mann, wir drehen doch hier einen Film!«
»Natürlich«, erwiderte der Junge mit dem Koffer. »Den Emil-Film. Und ich bin der Emil-Darsteller.«
»Sehen Sie zu, daß Sie weiterkommen«, bat mich der Filmonkel. »Zelluloid ist teuer.«
»Entschuldigen Sie die kleine Störung«, antwortete ich. Dann ging ich meiner Wege. Der Mann rannte zu einem großen Auto, auf dem eine Filmkamera montiert war und auf dem der Kameramann stand und nun wieder zu kurbeln begann.

Ich spazierte nachdenklich zum Nikolsburger Platz und setzte mich auf eine der Bänke. Dort blieb ich lange sitzen und blickte leicht verblüfft vor mich hin. Ich hatte zwar gewußt, daß die Geschichte von Emil und den Detektiven verfilmt werden sollte. Aber ich hatte es wieder vergessen. Na, und wenn man eine Geschichte wie diese nach zwei Jahren zum zweitenmal erlebt, mit Koffern, Blumensträußen und Hupen und steifen Hüten – ein Wunder ist es nicht, wenn einem die Augen vor Staunen aus dem Kopf treten . . .
Plötzlich setzte sich ein sehr großer, hagerer Herr zu mir. Er war älter als ich, trug einen Kneifer und blickte mich lächelnd an. Nachdem er ein Weilchen gelächelt hatte, sagte er: »Eine verrückte Sache, hm? Man denkt, man erlebt etwas Wirkliches. Und dabei ist es nur etwas Nachgemachtes.« Dann sagte er, glaube ich, noch, die Kunst sei eine Fiktion der Realität. Aber er meinte es nicht böse. Und so redeten wir eine Zeitlang gescheit daher. Als uns diesbezüglich nichts mehr einfiel, meinte er: »Nachher wird hier auf unsrer friedlichen Bank der Kriegsrat der Detektive abgehalten werden.«
»Woher wissen Sie denn das? Sind Sie auch vom Film?«
Er lachte. »Nein. Die Sache liegt anders. Ich warte hier auf meinen Sohn. Der will die Filmaufnahmen begutachten. Er war nämlich damals einer von den richtigen Detektiven.«
Ich wurde munter und betrachtete meinen Nachbarn genauer. »Gestatten Sie, daß ich zu raten versuche, wer Sie sind?«
»Ich gestatte«, meinte er vergnügt.
»Sie sind Justizrat Haberland, der Vater vom Professor!«
»Erraten!« rief er. »Aber woher wissen Sie denn das? Haben Sie das Buch ›Emil und die Detektive‹ gelesen?«
Ich schüttelte den Kopf. »Nein. Ich habe es geschrieben.«
Das freute den Justizrat außerordentlich. Und binnen weni-

ger Minuten unterhielten wir uns, als kennten wir uns seit der Konfirmation. Und ehe wir's uns versahen, stand ein Gymnasiast vor der Bank und zog seine Schülermütze.

»Da bist du ja, mein Junge«, sagte Justizrat Haberland.

Ich erkannte den Professor auf den ersten Blick wieder. Er war seit damals gewachsen. Nicht sehr, aber immerhin. Ich hielt ihm die Hand entgegen.

»Das ist doch Herr Kästner«, meinte er.

»Das ist er«, rief ich. »Und wie gefallen dir die Filmaufnahmen, die sie von eurer Geschichte machen?«

Der Professor rückte seine Brille zurecht. »Sie geben sich alle Mühe. Kann man nicht leugnen. Aber ein Film wie dieser müßte selbstredend von Jungens geschrieben und gedreht werden. Erwachsene haben da nichts zu suchen.«

Sein Vater, der Justizrat, lachte. »Er heißt noch immer der Professor. Aber eigentlich müßte er längst der ›Geheimrat‹ genannt werden.«

Na, und dann setzte sich der Professor zwischen uns und erzählte mir von seinen Freunden. Von Gustav mit der Hupe, der inzwischen zu seiner Hupe ein Motorrad bekommen habe. Und vom kleinen Dienstag. Dessen Eltern seien nach Dahlem hinausgezogen. Er komme aber noch oft in die Stadt, weil es ihm ohne seine alten Kameraden nicht gefalle. Und von Bleuer und Mittenzwey und Mittendrei und von Traugott und Zerlett. Ich erfuhr eine Menge Neuigkeiten. Und der böse Petzold sei immer noch derselbe tückische, ekelhafte Lümmel wie vor zwei Jahren. Dauernd hätten sie mit dem Kerl ihren Ärger. »Was sagen Sie übrigens dazu?« meinte der Professor dann. »Ich bin Hausbesitzer geworden.« Er setzte sich gerade und sah furchtbar stolz aus.

»Ich bin fast dreimal so alt wie du«, sagte ich, »und ich bin noch immer kein Hausbesitzer. Wie hast du das bloß gemacht?«

»Er hat geerbt«, erklärte der Justizrat. »Von einer verstorbenen Großtante.«

»Das Haus steht an der Ostsee«, erzählte der Professor glücklich. »Und im nächsten Sommer lade ich Emil und die Detektive zu mir ein.« Er machte eine Pause. »Das heißt, wenn's meine Eltern erlauben.«

Der Justizrat blickte seinen Sohn von der Seite an. Und es sah sehr ulkig aus, wie sie einander gegenseitig durch ihre Brillengläser musterten.

»Wie ich deine verehrten Eltern kenne«, meinte dann der Justizrat, »werden sie nicht zu widersprechen wagen. Das Haus gehört dir. Ich bin nur der Vormund.«

»Abgemacht!« sagte der Professor. »Und wenn ich später heiraten und Kinder kriegen werde, benehme ich mich zu ihnen genauso wie du zu mir.«

»Vorausgesetzt, daß du so vorbildliche Kinder kriegst wie dein Vater«, erklärte der Justizrat Haberland.

Der Junge lehnte sich dicht an den Justizrat und meinte: »Vielen Dank.«

Damit war das Gespräch erledigt. Wir standen auf und gingen alle drei nach der Kaiserallee. Auf der Terrasse vom Café Josty stand der Schauspieler, der Herrn Grundeis zu spielen hatte. Er hatte seinen steifen Hut abgenommen und trocknete sich die Stirn mit dem Taschentuch. Vor ihm standen der Regisseur, der Kameramann und jener Mann, der mich am Zeitungskiosk so angeschnauzt hatte.

»Das halte ich nicht länger aus«, rief der Schauspieler, der den Herrn Grundeis zu spielen hatte, ärgerlich. »Davon wird man ja magenkrank! Zwei Eier im Glas soll ich essen! Das steht im Film-Manuskript. Zwei Eier! Nicht mehr! Nun hab ich schon acht Eier gefressen, und ihr seid mit der Aufnahme noch immer nicht zufrieden!«

»Das hilft nun alles nichts«, sagte der Regisseur. »Die Aufnahme muß immer noch einmal gemacht werden, mein Lieber.«

Der Schauspieler setzte sich den steifen Hut auf, blickte gequält zum Himmel empor, winkte dem Kellner und erklärte traurig: »Herr Ober, bitte noch zwei Eier im Glas!« Der Kellner notierte die Bestellung, schüttelte den Kopf und sagte: »Das wird aber ein teurer Film!« Dann machte er sich aus dem Staube.

Zehn Bilder
kommen jetzt zur Sprache

Erstens: Emil persönlich

Da ist er wieder! Seit wir ihn zum letzten Male sahen, sind mehr als zwei Jahre vergangen. Er ist inzwischen größer geworden. Und einen neuen blauen Sonntagsanzug hat er auch. Mit langen Hosen natürlich! Aber wenn der Junge so schnell weiterwächst, kann er sie im nächsten Jahr als kurze Hosen auftragen. Sonst hat er sich wenig verändert. Er ist noch immer der freiwillige Musterknabe von damals. Er hat seine Mutter noch genauso lieb wie früher. Und manchmal, wenn sie beisammensitzen, sagt er ungeduldig: »Hoffentlich verdiene ich bald viel Geld. Dann darfst du aber nicht mehr arbeiten.« Und sie lacht und sagt: »Fein, dann fange ich Fliegen.«

Zweitens: Oberwachtmeister Jeschke

Die Überschrift stimmt. Aus dem Wachtmeister Jeschke in Neustadt ist ein Oberwachtmeister geworden. Die Sache mit dem bemalten Denkmal ist längst in Vergessenheit geraten. Und der Herr Oberwachtmeister kommt sogar manchmal, wenn er dienstfrei hat, zu Tischbeins zum Kaffeetrinken. Vorher kauft er dann jedesmal beim Bäcker Wirth eine große Portion Kuchen. Und Frau Wirth, die ja eine Kundin von Frau Friseuse Tischbein ist, sagte erst neulich zu ihrem Mann, dem Bäckermeister Wirth: »Du, Oskar, fällt dir nichts auf?« Und als er den Kopf schüttelte, meinte sie: »Ein Glück, daß das Pulver schon erfunden ist!«

Drittens: Das Erbe des Professors

Das also ist das Haus, das der Professor von seiner Tante geerbt hat. Es liegt in Korlsbüttel an der Ostsee. Irgendwo zwischen Travemünde und Zinnowitz. Die tote Tante war, als sie noch lebte, eine leidenschaftliche Gärtnerin. Und der Garten, in dem das einstöckige Haus liegt, ist eine Sehenswürdigkeit. Der Badestrand ist ganz in der Nähe. Man kann gleich im Schwimmtrikot hinspazieren. Drei Minuten durch einen grün dämmernden Erlenbruch – und schon steht man oben auf den Dünen. Drunten breitet sich die Ostsee. Und die hölzerne Brücke, an der die Küstendampfer anlegen, reicht fast bis an den Horizont.

Viertens: Gustav mit der Hupe

Kennt ihr die Geschichte von dem Mann, der einen Knopf fand und sich dazu einen Anzug machen ließ? So ähnlich ging's mit Gustav. Erst hatte er nur eine Hupe. Und dann piesackte er seinen Vater so lange, bis ihm der ein Motorfahrrad dazuschenkte. Es ist natürlich keine sehr schwere, sondern eine führerscheinfreie Maschine. Aber den Bewohnern der Nachbarhäuser genügt der Krach, den Gustav macht, auch so. Wenn er in seinem Trainingsanzug aufspringt oder ratternd um die Ecke biegt, denkt man mindestens: der deutsche Motorradmeister kommt. Die Schularbeiten gucken mittlerweile in den Mond. »Ach, Mensch«, sagt Gustav, »in der Penne rutsche ich so mit durch. Ich bin der Vorletzte. Das genügt mir.«

Fünftens: Fräulein Hütchen

Wenn ein Junge vierzehn Jahre alt wird, ist er noch immer ein richtiger Junge, vielleicht sogar ein Lausejunge. Wenn aber ein Mädchen in dieses Alter kommt, wird es eine junge Dame. Und wehe, wenn man dann so'n Frollein auslacht! Oder wenn man sagt: »Gib nicht so an, du Göre!« Da kann man anschließend sein himmelblaues Wunder erleben. Pony Hütchen ist natürlich in den letzten Jahren nicht gerade ein Affe geworden. Dazu ist sie ja ein viel zu patenter Kerl. Aber früher war sie ein halber Junge. Und heute ist sie ein halber Backfisch. Die Großmutter sagt oft zu ihr: »Laß dir Zeit, mein Kind. Laß dir Zeit, mein Kind; 'ne alte Schachtel wirst du früh genug.«

Sechstens: Der Eisenbahn-Dampfer

Habt ihr schon einmal ein Trajekt gesehen? In Saßnitz? Oder in Warnemünde? Oder in Stralsund? Das sind merkwürdige Dampfer! Sie legen am Bahnhof an, sperren das Maul auf, und plötzlich fährt ein Zug aufs Schiff. Und dann fahren sie mit einer ganzen Eisenbahn im Bauch über die Ostsee weg. Bis nach Dänemark oder Rügen oder Schweden. Dort landen sie, und der Zug fährt vom Dampfer herunter und auf dem Festland weiter, als sei überhaupt nichts gewesen. Das ist eine Sache, was? Mit der Eisenbahn fahren ist schön. Mit dem Dampfer fahren ist schön. Wie schön muß es erst sein, mit der Eisenbahn Dampfer zu fahren!

Siebentens: The three Byrons

The three Byrons, die drei Byrons also, spielen in unsrer Geschichte keine unwichtige Rolle. Sie sind Artisten und treten in Varietés auf. Manchmal auch im Zirkus oder im Kabarett. Der eine Byron ist der Vater, und die andren Byrons sind die Söhne. Die Söhne heißen Mackie und Jackie. Sie sind Zwillinge, aber Jackie ist größer als Mackie. Der alte Byron ist darüber böse. Aber was soll Jackie machen? Er wächst. Andre kleine Jungen freuen sich, wenn sie wachsen. Jackie Byron ist außer sich.

Achtens: Ein alter Bekannter

Das, was ihr hier seht, ist ein Pikkolo. Also ein kleiner Hotelangestellter, der später einmal Kellner werden will. Oder Oberkellner. Oder Empfangs-Chef. Vorläufig ist er noch Pikkolo und hilft im Hotel beim Tischdecken und beim Tellertragen. Pikkolo zu sein ist ein anstrengender Beruf. Manchmal hat man allerdings ein paar Stunden frei. Dann kann man rasch ins Familienbad rennen und bis zur Sandbank schwimmen. Oder sich auf die große Tube aus Gummi setzen, die fürs Zähneputzen Reklame macht. Und dann trifft man vielleicht sogar alte Bekannte aus Berlin und erinnert sich an längst vergangene Zeiten.

Neuntens: Der Herr Kapitän Schmauch

Daß es sich um eine alte Wasserratte handelt, sieht man dem obigen Herrn tausend Meter gegen den Wind an. Er ist Kapitän und besitzt einen Handelsdampfer, mit dem er auf der Ostsee herumschifft. Manchmal hat er Holz geladen. Manchmal Kohlen. Manchmal schwedisches Eisen. Und manchmal zuviel Rum. Na ja, das kann vorkommen. Seewind macht durstig. Kapitän Schmauch hat in Korlsbüttel ein Häuschen. Und im Hafen liegt ein tüchtiges Segelboot, das ihm gehört. Und ehe ich's vergesse: der Pikkolo ist sein Neffe. Es gibt überhaupt viel mehr Verwandte auf der Welt, als man glaubt.

Zehntens: Die Insel mit der Palme

Nicht weit von der Ostseeküste entfernt liegt mitten im Meer eine ganz, ganz kleine Insel. Früher einmal hat ein Fischer aus Spaß eine Topfpalme zu dem Inselchen hinübergerudert und sie dort in den Sand gepflanzt. Da steht nun die afrikanische Palme im nördlichen Sand und im Strandhafer und ist ein ziemlicher Strunk geworden. Der Anblick könnte einen Hund jammern, wenn's auf der Insel Hunde gäbe. Aber sie ist vollkommen unbewohnt. Erstens besteht sie nur aus Sand, und zweitens ist sie viel zu klein zum Draufwohnen. Wenn man beim Schlafen aus dem Bett rollte, fiele man mitten in die Ostsee. Und nun nimmt die Geschichte ihren Anfang.

Oberwachtmeister Jeschke hat ein Anliegen

Herr Oberwachtmeister Jeschke hatte einen dienstfreien Nachmittag. Er war mit einem sehenswürdigen Kuchenpaket bei Tischbeins erschienen. Emils Mutter hatte Kaffee gekocht. Mit echtem Karlsbader Zusatz! Und nun saßen die drei an dem runden Tisch in der guten Stube und entwickelten Appetit. Der große Kuchenteller wurde langsam leer. Emil bekam kaum noch Luft. Und Herr Jeschke erzählte, der Neustädter Bürgermeister wolle die alte Pferdebahn abschaffen und eine richtige elektrische Straßenbahn bauen lassen. Es sei nur noch eine Geldfrage.

Emil fragte: »Warum denn nicht gleich 'ne Untergrundbahn? Wenn unsere Pferdebahn verschwindet, ist Neustadt nur noch halb so schön. Elektrische Straßenbahnen gibt's schließlich überall.«

Aber seine Mutter sagte: »Wenn es nur noch eine Geldfrage ist, behält Neustadt seine Pferdebahn bis zum Jüngsten Tag.«

Daraufhin nahm Emil getröstet das letzte Stück Apfelkuchen vom Teller und tat seine Pflicht.

Der Oberwachtmeister erkundigte sich höflich, ob man rauchen dürfe. Frau Tischbein sagte: »Aber selbstverständlich, Herr Jeschke!« Der Gast holte eine große schwarze Zigarre aus dem Lederetui, zündete sie an und hüllte sich in dichte blaugraue Wolken.

Dann erhob sich Frau Tischbein, setzte die Tassen und Teller zusammen, trug das Geschirr in die Küche, kam zurück und erklärte, sie wolle rasch in die Drogerie laufen und Teerseife besorgen. In einer Stunde komme Frau Homburg zur Kopfwäsche.

Emil stand auf und kaute schnell hinter.

»Nein, mein Junge«, meinte die Mutter. »Ich gehe selber.«

Emil sah sie verwundert an.

Herr Jeschke blickte zu Frau Tischbein hinüber, verschluckte bei dieser Gelegenheit zu viel Zigarrenrauch und kriegte das Husten. Als er damit fertig war, sagte er: »Emil, ich möchte mit dir reden. Gewissermaßen unter Männern.«

Draußen schlug die Vorsaaltür ins Schloß. Frau Tischbein war fort.

»Bitte schön«, meinte Emil. »Ganz, wie Sie wünschen. Ich begreife bloß nicht, wieso meine Mutter plötzlich davonrennt. Besorgungen gehören nämlich in mein Fach.«

Der Oberwachtmeister legte die Zigarre auf den Aschenbecher, schlug ein Bein übers andere und schnippte mit den Fingern Asche von seiner Litewka. (Es lag aber gar keine Asche drauf.) Er sagte: »Deine Mutter ist vielleicht gegangen, damit wir zwei uns in aller Ruhe unterhalten können.« Dann blickte er verlegen an die Zimmerdecke.

Emil schaute gleichfalls nach oben. Es gab aber nichts zu sehen.

Der Oberwachtmeister holte seine Zigarre vom Tisch herüber und fragte unvermittelt: »Bin ich dir eigentlich sehr unsympathisch?«

Emil fiel fast vom Stuhl. »Wie kommen Sie denn darauf? Das ist eine komische Frage, Herr Jeschke.« Er dachte nach. »Früher hab ich allerdings große Angst vor Ihnen gehabt.«

Der Oberwachtmeister lachte. »Wegen des Denkmals, was?«

Der Junge nickte.

»Solche Dummheiten haben wir doch auch gemacht, als wir Schuljungen waren.«

Emil staunte. »Sie auch? Persönlich?«

Der Polizeibeamte meinte: »Höchstpersönlich!«

»Dann sind Sie mir sympathisch«, erklärte Emil.

Herr Jeschke schien sich darüber zu freuen. Dann sagte er: »Ich muß dich nämlich etwas Wichtiges fragen. Mit deiner Mutter habe ich schon am vorigen Sonntag darüber gesprochen. Aber sie meinte, es komme auf dich an. Wenn es dir nicht recht sei, könne nichts daraus werden.«

»So, so«, meinte Emil. Er dachte eine Weile nach. Dann erklärte er: »Seien Sie mir nicht böse. Aber ich verstehe kein Wort.«

Der andere betrachtete seine Zigarre. Und weil sie inzwischen ausgegangen war, brannte er sie umständlich wieder an. Dann meinte er: »Es ist schwer, mit einem so großen Jungen darüber zu sprechen. – Erinnerst du dich an deinen Vater?«

»Fast gar nicht. Ich war fünf Jahre alt, als er starb.«

Der Oberwachtmeister nickte. Dann sagte er schnell: »Ich möchte nämlich deine Mutter heiraten!« Und dann hustete er eine Weile. Als er wieder zu sich kam, fuhr er fort: »Ich kann in den Innendienst kommen. Und später werde ich Inspektor. Die Prüfung bestehe ich sicher. Wenn ich auch keine Realschule besucht habe – ich bin soweit kein dummer Kopf. Als Inspektor verdiene ich ganz hübsch. Und du könntest sogar studieren, wenn du Lust dazu hast.«

Emil strich ein paar Kuchenkrümel von der bunten Tischdecke. Der Oberwachtmeister sagte: »Wenn du es nicht möchtest, heiratet sie mich nicht.«

Der Junge stand auf und trat zum Fenster. Er blickte auf die Straße hinaus. Dann drehte er sich um und meinte leise: »Ich muß mich nämlich erst an den Gedanken gewöhnen, Herr Jeschke.«

»Selbstverständlich«, antwortete der Mann.

Emil schaute wieder aus dem Fenster. ›Eigentlich habe ich mir's ja anders vorgestellt‹, dachte er bei sich, während seine Augen einem Lastwagen nachblickten. ›Selber wollte ich Geld verdienen. Viel Geld. Damit sie nicht mehr zu arbeiten braucht. Und ich wollte das ganze Leben mit ihr zusammenbleiben. Wir beide allein. Niemand außerdem. Und nun kommt ein Polizist und will ihr Mann werden!‹

Da bog seine Mutter um die Ecke. Sie ging sehr rasch über die Straße und blickte angespannt geradeaus.

Emil zog die Gardine vors Gesicht. ›Jetzt muß ich mich entscheiden‹, dachte er. ›Und ich darf dabei nicht an mich denken. Das wäre gemein. Sie hat immer nur an mich gedacht. Sie hat ihn gern. Ich darf mir auf keinen Fall anmerken lassen, daß ich traurig bin. Ich muß sogar sehr fidel sein. Sonst verderbe ich ihr die Freude.‹

Er holte tief Atem, drehte sich um und sagte laut: »Es ist mir recht, Herr Jeschke.«

Der Oberwachtmeister stand auf, kam zu ihm hin und drückte ihm die Hand. Da ging auch schon die Tür auf. Die Mutter trat hastig in die Stube und blickte ihren Jungen forschend an. Der dachte noch einmal blitzschnell: ›Nun aber fidel sein!‹ Dann hakte er sich bei Jeschke unter, lachte und sagte zu seiner Mutter: »Was sagst du dazu! Der Herr Oberwachtmeister hat eben bei mir um deine Hand angehalten!«

Als Frau Homburg zur Kopfwäsche erschien, zog Jeschke, der Bräutigam, vergnügt ab. Zum Abend war er wieder da und brachte Blumen mit. Und ein halbes Pfund feinen Aufschnitt. Und eine Flasche Süßwein. »Zum Anstoßen«, meinte er. Nach dem Abendbrot stießen sie also an. Emil hielt eine feierliche Ansprache, über die Herr Jeschke sehr lachen mußte. Frau Tischbein saß zufrieden auf dem Sofa und streichelte Emils Hand.

»Mein lieber Junge«, erklärte Herr Jeschke, »ich danke dir für deine Glückwünsche. Ich bin riesig froh über alles und habe jetzt nur noch eine Bitte. Du sollst nicht Vater zu mir sagen. Das fände ich nämlich merkwürdig. Ich werde bestimmt wie ein Vater zu dir sein. Das steht auf einem anderen Blatt. Aber die Bezeichnung als solche kommt mir nicht zu.«

Insgeheim war Emil recht froh über den Vorschlag. Laut sagte er: »Zu Befehl, Herr Oberwachtmeister. Wie soll ich Sie denn nun aber anreden? Guten Tag, Herr Jeschke – das klingt auf die Dauer ein bißchen komisch. Finden Sie nicht?«

Der Bräutigam erhob sich. »Zunächst trinken wir beide Brüderschaft miteinander. Ich duze dich zwar schon. Aber nun mußt du mich auch duzen.«

Sie tranken Brüderschaft.

»Und wenn du künftig das Bedürfnis spüren solltest, mich mit einem Namen zu benennen«, meinte Herr Jeschke, »so möchte ich vorsorglich darauf hinweisen, daß ich Heinrich heiße. Ist das soweit klar?«

»Zu Befehl, Heinrich!« sagte Emil.

Und als er seine Mutter lachen hörte, war er selig.

Nachdem Heinrich Jeschke nach Hause abmarschiert war, gingen die beiden Tischbeins schlafen. Sie gaben sich, wie immer, einen Gutenachtkuß. Und dann legte sich jeder in sein Bett. Aber obwohl sie sich schlafend stellten, lagen sie noch lange wach.

Emil dachte: ›Sie hat nichts gemerkt. Sie denkt, ich bin gar nicht traurig. Nun kann sie Herrn Jeschke heiraten und so glücklich werden, wie ich's ihr wünsche. Er ist ja auch ein netter Mensch.‹

Und Emils Mutter dachte: ›Ach, bin ich froh, daß der Junge nichts gemerkt hat! Er darf nie erfahren, daß ich am liebsten mit ihm, nur mit ihm allein zusammenbliebe! Aber ich darf nicht an mich denken, sondern immer nur an meinen Jungen. Und an seine Zukunft. Wer weiß, wie lange ich noch Geld verdiene. – Und Herr Jeschke ist ja auch ein netter Mensch.‹

Post aus Berlin und Post nach Berlin

Als Emil am nächsten Mittag aus der Schule kam, gab ihm seine Mutter einen Brief und sagte: »Ein Brief an dich. Aus Berlin.«

»Von Pony Hütchen?«

»Nein. Es ist keine bekannte Handschrift.«

»Was steht denn drin?«

»Aber Junge!« rief Frau Tischbein erstaunt. »Ich werde doch deine Briefe nicht aufmachen!«

Er lachte. »Na hör mal! Seit wann haben wir denn Geheimnisse voreinander?« Dann brachte er seine Schulmappe schnell ins Nebenzimmer und dachte: ›Seit gestern! Seit Herrn Jeschke!‹ – Als er zurückkam, setzte er sich aufs Sofa, öffnete den Brief und las:

Mein lieber Emil!

Wir haben ja lange nichts voneinander gehört, was? Ich hoffe, dass es Dir trotzdem gut geht. Ich meinerseits kann nicht klagen. Mir ist zwar vor mehreren Wochen eine Grossmutter gestorben. Aber ich kannte sie nur sehr ungenau. Da wird man nicht sehr traurig, wenn wer stirbt. Und damit komm ich nun auf den eigentlichen Grund meines heutigen Schreibens. Die Grosstante hat mir nämlich ihr Haus vererbt. Es liegt direkt an der Ostsee. In k Karlsbüttel, wenn wenn du's kennst. Das ist ein Badeort. Und ausserdem liegt mein Haus in einem ziemlich grossen, sehr schönen Garten. Merkst du was? Pass einmal gut auf. Die Grossen Ferien stehen bekanntlich vor der Tür, wie man zu sagen pflegt. Und seit ich Hausbesitzer bin, habe ich eine grossartige Idee. Ich möchte Dich und deine Dedektive vielmals einladen. Die Sommerferien in meinem Eigentum an der Ostsee zu verbringen. Meine Eltern haben es erlaubt und würden sich sehr freuen. Wirklich sehr! Sie werden zwar auch in meinem Hause

wohnen. Aber das braucht uns weiter nicht zu stören. Du weisst ja von damals, wie prima ich mit meinen alten Herrschaften auskomme. Ausserdem hat das Gebäude eine erste Etage. Mehr kann man nicht verlangen.
Gustav hat schon zugesagt. Und die Erlaubniss seiner Eltern hat er auch. "Auch. Aber nicht nur er will kommen! Sondern auch, nun halte dich fest, Deine Kusine Rony Heimbold, genannt Hütchen sowie deine Grossmutter, die uns alle so fabelhaft gefallen hat. Sie wollen alle mitkommen, wenn du auch kommst. Vielleicht auch noch der kleine Dienstag. Wenn seine Mutter

nicht nach Bad Nauheim muss. Da muss
er mit. Es hängt noch vom Arzt ab.
Ob er ihr die See erlaubt. Sie hat es
mit dem Herzen.
Du siehst also, es wird eine tolle An=
gelegenheit. Nun gib Dir einen
Rippenstoss und sage ja, Du alter
Räuberhauptmann! Deine Mutter wird
sicher nichts dagegen haben. Wo a
doch doch Deine Grossmutter und
Pony dabei sind. Was hältest Du von
der Sache? Wir holen Dich in Berlin
ab, wenn Du eintriffst. Damit Du nicht
wieder am verkehrten Bahnhof aussteigst.
   Und dann fahren wir zusammen
zum Stettiner Bahnhof und von
dort an die See. In mein Haus.
   Ehe ich's vergesse: Geld braucht
Du natürlich keines. Wir nehmen

unser Dienstmädchen Klotilde mit.
Die kocht sogar prima. Das ist
etxher, sehr preiswert. Und ob ein
paar mehr mitfuttern, das spielt
gar keine Rolle. Das sagt meine
Mutter.
Und das Fahrgeld stiftet mein Vater, soll ich Dir ausrichten. Die
Tante hat nämlich nicht nur mein
Haus hinterlassen, sondern auch
ihr Geld. Und das hat mein Vater
geerbt. Nicht ich.
Du sollst nur schreiben, ob du mitkommst. Dann schickt er Dir sofort das Fahrgeld. Ich freue mich
so, Dich endlich wiederzusehen.
Und entschuldige, dass ich vom Geld
schreibe. Du sagtest damals, wenn
man Geld hätte, spräche man nicht
darüber. Ich habe es nicht vergessen.

Aber in diesem Falle muss ich doch
darüber sprechen! Weil du sonst
vielleicht nicht kommen könntest. Und dann machten mir
die ferien keinen Spass mehr. Und
die ganze Ostsee fiele ins Wasser.
Gewissermassen.
Lieber Emil! Ich sehe Deiner Antwort voller Spannung entgegen,
grüsse Dich von meinen Eltern und
von mir und bleibe immer
      Dein Theodor Haberland
      genannt der Professor.

Nota Bene: Vor ein paar Monaten,
kurz nach meiner Erbschaft, wurde hier in Berlin der Emil-Film
gedreht. Ich habe es mir angesehen.
Es ist sehr seltsam, wenn eine wirkliche Geschichte plötzlich zu einem

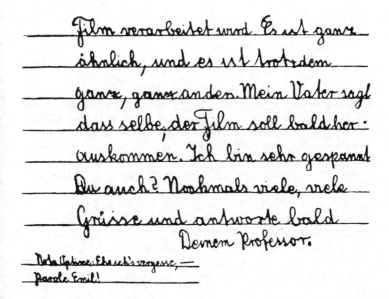

Nachdem Emil den Brief zu Ende gelesen hatte, gab er ihn seiner Mutter und verschwand im Nebenzimmer. Dort packte er die Schulmappe aus, klappte das Geometrieheft auf und tat, als ob er seine Hausaufgaben mache. Er starrte aber nur vor sich hin und dachte angestrengt nach.

Er dachte: ›Es ist bestimmt gut, wenn ich an die Ostsee fahre. Ich bliebe allerdings lieber hier. Aber vielleicht bin ich dem Oberwachtmeister Jeschke im Wege. Wenn auch nur ein kleines bißchen. Schließlich ist er seit gestern Mutters Bräutigam. Und sie hat ihn gern. Darauf muß man als Sohn Rücksicht nehmen!‹

Frau Friseuse Tischbein freute sich über den Brief des Professors. Das würden für ihren Emil wunderbare Ferien werden! Er wird mir zwar an allen Ecken und Enden fehlen. Aber das muß ich ihm ja nicht auf die Nase binden. Sie ging ins andere Zimmer hinüber.

Emil sagte: »Muttchen, ich denke, ich werde die Einladung annehmen.«

»Natürlich wirst du«, entgegnete sie. »Der Brief ist ja so reizend abgefaßt. Nicht? Du mußt mir nur versprechen, daß du nicht zu weit hinausschwimmst. Sonst kommt eine große Welle. Oder ein Strudel. Und dann hätte ich keine ruhige Minute!« Er versprach es hoch und heilig.

Sie meinte: »Nur mit dem Fahrgeld, das dir der Justizrat schicken will, bin ich ganz und gar nicht einverstanden. Das Fahrgeld holen wir von der Sparkasse. Es wird schon den Kopf nicht kosten.« Sie streichelte den Jungen, der über das Geometrieheft gebeugt saß. »Schon wieder bei den Schularbeiten? Geh doch bis zum Essen noch ein bißchen an die frische Luft!«

»Gerne«, sagte er. »Kann ich dir irgend etwas besorgen oder bei sonst was helfen?«

Sie schob ihn zur Tür. »Hinaus mit dir! Wenn das Menü fertig ist, rufe ich dich.«

Emil ging in den Hof, setzte sich auf die Treppe, die zur Waschküche hinunterführte, und zupfte nachdenklich das Gras aus den Ritzen der schiefgetretenen Stufen.

Plötzlich sprang er auf, lief im Galopp aus dem Haustor, die Straße hinunter, bog in die Sporengasse ein, rannte durch die Webergasse, stand am Obermarkt still und sah sich suchend um.

Drüben reihten sich die Zeltbuden der Obst- und Gemüsehändler, die irdenen Batterien der Töpfer, die Stände der Gärtner und Metzger. Und durch diese bunten Marktreihen spazierte, die Hände würdevoll auf dem Uniformrücken verschränkt, Herr Oberwachtmeister Jeschke und übte Aufsicht.

Bei einer Hökerfrau blieb er stehen. Sie gestikulierte. Er zog ein Notizbuch zwischen den Rockknöpfen hervor, schrieb irgendeine wichtige Bemerkung hinein und schritt sehr gemessen weiter. Die Leute, die auf dem Markt einkauften, und die Hökerfrauen rotteten sich zusammen und tuschelten.

Der Junge ging quer über das bucklige Katzenkopfpflaster des Platzes weg, bis er den Oberwachtmeister erreicht hatte.

»Hallo!« rief dieser. »Suchst du etwa mich?«

»Jawohl, Herr Jeschke, ich wollte sagen: jawohl, Heinrich«, meinte Emil. »Ich wollte dich etwas fragen. Ein Berliner Freund von mir hat nämlich an der Ostsee ein Haus geerbt. Und er hat mich für die großen Ferien eingeladen. Meine Großmutter und Pony Hütchen übrigens auch.«

Herr Jeschke klopfte Emil auf die Schulter. »Meinen herzlichsten Glückwunsch. Das ist ja fabelhaft!«

»Nicht wahr?«

Der Polizeigewaltige blickte seinen zukünftigen Stiefsohn liebevoll an.

»Erlaubst du, daß ich das Reisegeld spendiere?«
Emil schüttelte energisch mit dem Kopf. »Ich habe ja mein eignes Sparkassenbuch.«
»Schade.«
»Nein, Heinrich. Ich komme wegen etwas ganz anderem.«
»Weswegen denn?«
»Es ist wegen meiner Mutter, weißt du? Wenn du nicht gerade gestern ... Ich meine, sonst würde ich sie bestimmt nicht allein lassen. Und ich fahre überhaupt nur, wenn du mir fest versprichst, daß du jeden Tag mindestens eine Stunde bei ihr bist. Sonst wird sie nämlich – ich kenne sie doch sehr genau, und ich möchte nicht, daß sie sich in der Zeit ganz allein fühlt.« Emil machte eine Pause. Das Leben war doch manchmal recht schwer. »Du mußt mir dein Ehrenwort geben, daß du dich um sie kümmerst. Sonst fahre ich nicht fort.«
»Ich verspreche es dir. Ohne Ehrenwort. Mit Ehrenwort. Wie du's verlangst, mein Junge.«
»Dann ist ja alles in Ordnung«, erklärte Emil. »Also jeden Tag. Nicht wahr? Ich werde zwar sehr viele Briefe schreiben. Aber Geschriebenes ist eben doch nicht das Richtige. Es muß immer jemand da sein, den sie liebhat. Ich erlaube nicht, daß sie traurig wird!«
»Ich komme täglich«, versprach Herr Jeschke. »Mindestens eine Stunde. Wenn ich mehr Zeit habe, bleibe ich länger.«
»Danke schön!« sagte Emil. Dann machte er kehrt und galoppierte den Weg, den er gekommen war, zurück.

Im Hof setzte er sich wieder auf die Treppenstufen, zupfte Grashalme aus den Ritzen und tat, als sei er nie fortgewesen.

Fünf Minuten später blickte Frau Tischbein aus dem Küchenfenster. »He, junger Mann!« rief sie laut. »Platz nehmen zum Mittagessen!«

Er schaute lächelnd hoch. »Ich komme, Muttchen!«

Ihr Kopf verschwand wieder.

Da stand er langsam auf und trat ins Haus.

Am Nachmittag ließ er sich von seiner Mutter Briefpapier geben, setzte sich an den Tisch und schrieb an den Gymnasiasten Theodor Haberland, wohnhaft in Berlin-Wilmersdorf, folgenden Brief:

Mein lieber Professor!
Vielen herzlichen Dank für
dein Schreiben, über das ich mich
mächtig gefreut habe. Daß Du
Hausbesitzer geworden bist,
ist fantastisch. Noch dazu
an der Ostsee: Meine Glückwün=
sche! Ich war noch nicht dort.
Aber in Erdkunde war bei uns
neulich die Mecklenburgische
Seenplatte und die Ostseeküste
dran. Ich kann mir alles vor=
stellen. Die Dünen, die großen
Schiffe, die Backsteinkirchen,
die Häfen, die Strandkörbe
und so. Es muß sehr schön sein,
glaube ich.
Und es ist noch viel schöner, daß

Du mich eingeladen hast, Dich zu besuchen. Ich nehme die Einladung dankbar an und danke Dir und Deinen Eltern kolossal dafür. Ich freue mich auf Dich, den Gustav und den kleinen Dienstag. Denn ich habe alle die mir damals so geholfen haben, gern. Und daß Du auch Pony und die Großmutter eingeladen hast, finde ich enorm.

Wenn in Deiner Villa nicht genug Platz ist, bauen wir Jungens in Deinem Garten ein Zelt und leben wie die Beduinen in der Wüste. Die Bettücher nehmen wir als Burnusse. Und

jeder muß nachts eine Stunde
Wache halten. Damit die an=
dern ruhig schlafen können.
Aber das hat ja noch Zeit.
An meine Großmutter und an
Pony schreibe ich heute auch
noch. Und daß Ihr mich an
der Bahn abholen wollt, ist
ein schöner Zug von Euch.
Na diesmal lasse ich mir das
Geld nicht wieder klauen.
Und wenn ich mir's in einen
Schuh stecken soll!
Sage Deinem Vater daß ich ihm
für sein Angebot danke, was
das Reisegeld betrifft. Doch ich
möchte es von meinem Spar-
kassenbuch abheben. Ich habe

nämlich noch siebenhundert
Mark von damals, weisst
Du. Für die anderen drei=
hundert Mark kaufte ich
meiner Mutter wie es be=
sprochen war, einen Elek=
trischen Haartrockenapparat
und einen warmen Winterman=
tel. Er sieht immer noch sehr
anständig aus. Meine Mutter
schont ihre Sachen fabelhaft.
Dann lässt meine Mutter noch
Deine Mutter höflich fragen,
ob ich Bettwäsche mitbringen
soll. Und wieviel Handtü=
cher. Und ob ich an der Ostsee
einen Badeanzug brauche.
Ich habe nur rote Badehosen

und die sind manchmal in
feineren Bädern verboten.
Und noch eins, fahrt Ihr
auch 3. Klasse? Weil wir sonst
nicht im selben Abteil fahren
könnten. 2. Klasse ist viel
teurer. Und in der 3. Klasse
kommt man genau so schnell
an Ort und Stelle, nicht?
Du musst mir wenn wir in
Deiner Villa wohnen, aus-
führlich erzählen wie es
war, als Du beiden Aufnahmen zum Emil-Film zuge-
sehen hast. Hoffentlich können wir uns den Film bald
im Kino anschauen. Vielleicht
sogar zusammen!

Herzliche Grüsse von meiner
Mutter und mir an Dich
und unsere Empfehlungen an
Deine freundlichen Eltern und
noch einmal besten Dank!
Ich freue mich, Parole Emil!
Immer
       Dein getreuer Emil Tischbein

Emil setzt sich in Bewegung

Die schlimmen Tage und Stunden, auf die man warten muß, kommen mit Windeseile. Sie nahen wie schwarze, regenschwere Wolken, die der Sturm am Himmel vor sich hertreibt.

Die heiteren Tage jedoch, die lassen sich Zeit. Es ist, als sei das Jahr ein Labyrinth, und sie fänden den Weg nicht heraus und erst recht nicht zu uns.

Aber eines Morgens sind die Sommerferien schließlich doch da! Zeitig wie immer wacht man auf und will aus dem Bett springen. Dann besinnt man sich. Man muß ja gar nicht zur Schule! Faul dreht man sich zur Wand und schließt die Augen.

Ferien! Das klingt wie zwei Portionen gemischtes Eis mit Schlagsahne. Noch dazu große Ferien!

Dann blinzelt man vorsichtig zum Fenster hinüber und merkt: Die Sonne scheint. Der Himmel ist blau. Der Nußbaum vorm Fenster rührt kein Blatt. Es ist, als stehe er auf den Zehen und blinzle ins Schlafzimmer. Man ist stillvergnügt und selig und bisse sich, wenn man nicht zu faul dazu wäre, am liebsten in die Nase. Doch plötzlich springt man wie angestochen aus den Federn. Alle Wetter, man muß ja verreisen! Der Koffer ist noch nicht fertiggepackt!

Man rast, ohne in die Pantoffeln zu fahren, aus der Schlafstube hinaus und schreit schon im Korridor: »Muttchen, wie spät ist es eigentlich?«

Schließlich stand Emil auf dem Bahnsteig. Die Mutter hielt seine Hand gefaßt. Oberwachtmeister Jeschke, der sich außer der Reihe eine Stunde freigemacht hatte, trug den Koffer und das Stullenpaket und hielt sich, weil er nicht stören wollte, im Hintergrund.

»Und schreibe mir jeden zweiten Tag«, bat Frau Tischbein. »Daß du nicht zu weit hinausschwimmen wirst, hast du mir versprochen. Aber ich werde trotzdem in Unruhe sein. So viele Jungens auf einem Haufen! Was da alles passieren kann!«

»Na erlaube mal!« sagte Emil. »Du kennst mich doch. Wenn ich was verspreche, halte ich's. Ich sorge mich aber deinetwegen, und das ist viel schlimmer. Was wirst du denn die ganze Zeit ohne deinen Sohn anfangen?«

»Ich habe ja zu arbeiten. Und wenn ich Zeit habe, gehe ich spazieren. Sonntags werde ich mit Jeschke Ausflüge machen. In die Meierei. Oder in den Amselgrund. Wenn er dienstfrei hat, heißt das. Das Essen nehmen wir mit. Und wenn er nicht frei hat, bessere ich Wäsche aus. Ein paar Bettüberzüge sind gar nicht mehr schön. Oder ich schreibe dir einen langen Brief, gelt?«

»Recht oft, bitte«, sagte Emil und drückte ihre Hand. »Und wenn irgendwas los ist, telegrafierst du. Und dann komme ich sofort zurück.«

»Was soll denn los sein?« fragte Frau Tischbein.

»Das kann man nie vorher wissen. Wenn du mich brauchst, komme ich. Und wenn gerade kein Zug fährt, komme ich zu Fuß. Ich bin kein kleiner Junge mehr. Das darfst du nicht vergessen. Ich will nicht mehr, daß du mir deine Sorgen und alles andere verheimlichst.«

Frau Tischbein sah Emil erschrocken an. »Was verheimliche ich dir denn?«

Sie schwiegen beide und blickten auf die blanken Schienen.

»Ich meine nichts Bestimmtes«, sagte der Junge. »Und heute abend, wenn wir an der Ostsee sind, schreibe ich dir sofort eine Karte. Aber vielleicht kriegst du sie erst übermorgen. Wer weiß, wie oft da oben an der Küste die Briefkästen geleert werden.«

»Und ich schreibe dir gleich, wenn ich nach Hause komme«, erklärte die Mutter. »Damit du bald ein Lebenszeichen von mir hast. Sonst fühlst du dich so fremd.«

Na, und dann kam der Zug nach Berlin angerattert. Oberwachtmeister Jeschke stürzte, als die Eisenbahn ächzend hielt, in ein Abteil 3. Klasse, belegte einen Fensterplatz, verstaute Emils Koffer sorgsam im Gepäcknetz und wartete, bis der Junge ins Abteil geklettert kam.

»Verbindlichen Dank«, sagte Emil. »Du bist furchtbar nett zu mir.«

Jeschke winkte ab. »Nicht der Rede wert, mein Junge.« Dann holte er sein Portemonnaie aus der Tasche, griff hinein, drückte Emil zwei Fünfmarkstücke in die Hand und meinte: »Ein bißchen Taschengeld. Das kann man immer brauchen. Und viel Vergnügen. Das Wetter soll ja in den nächsten Wochen schön bleiben. Es stand wenigstens in der Zeitung. Na, und was ich dir am Obermarkt versprochen habe, halte ich selbstverständlich. Ich schaue täglich nach deiner Mutter. Und wenn's nur ein Stündchen ist.«

Emil steckte die zwei Fünfmarkstücke sorgfältig ein. Dann schüttelte er dem Oberwachtmeister die Hand. »Vielen Dank, Heinrich.«

»Schon gut, mein Junge.« Jeschke versuchte den Koffer noch tiefer nach hinten zu schieben. »Sonst fällt er dir bei der ersten Kurve auf den Kopf. Und nun will ich mal abschieben.« Er verfügte sich auf den Bahnsteig und trat hinter Frau Tischbein.

Sie kam dicht ans Abteilfenster, aus dem Emil herausblickte, und trug ihm viele Grüße an die Großmutter, Pony und an alle übrigen auf. »Und gehe nicht erhitzt ins Wasser! Sonst kriegt man den Herzschlag.«

»Und das hat keinen Zweck!« rief Jeschke und lachte verlegen.

»Vergiß nicht, die Stullen zu essen!« meinte die Mutter. »Sie werden sonst altbacken.«

Der Stationsvorsteher hob den Signalstab. Der Zug gab sich einen Ruck.

»Behalte mich lieb«, sagte der Junge. Aber er sagte es so leise, daß die Mutter es nicht verstand. Er war hinterher ganz froh darüber.

Der Zug fuhr langsam an.

»Und beschmiert keine Denkmäler!« rief Oberwachtmeister Jeschke lachend.

Dann wurde nur noch gewinkt.

Die Reise ging dieses Mal ohne Träume und Diebstähle vonstatten.

Emil hatte sein Lehrbuch der Geographie – 1. Teil, Deutschland – mitgenommen und unterrichtete sich noch einmal ganz genau über die Lübecker Bucht, über die Mecklenburgische Seenplatte, über Pommern, die Insel Rügen und die Ostseeküste. Er bereitete sich fast wie auf eine Prüfung vor.

Gründlichkeit war nun einmal eine Gewohnheit von ihm. (Es gibt schlechtere Gewohnheiten.)

Als er alles, was in dem Lehrbuch stand, zweimal gelesen hatte, klappte er den Band zu, blickte zum Fenster hinaus und betrachtete die friedliche Landschaft, die der Zug durcheilte. Die Lektüre ging ihm, während er die reifenden Felder anschaute, wie ein Dutzend Mühlräder im Kopf herum: die vergebliche Belagerung von Stralsund und die Holsteinische Schweiz, die Backsteingotik und der Geburtsort des Feldmarschalls Blücher, die Kreidefelsen von Rügen und die mecklenburgische Viehzucht, die Köhlereien, der Wacholderschnaps und das Lübecker Marzipan, die Landung Gustav Adolfs von Schweden und der Kantor Buxtehude, alles vermischte sich wie in einem Kaleidoskop, das man dreht.

Um sich zu beruhigen, aß Emil seine Stullen auf. Mit Stumpf und Stiel. Das Papier warf er aus dem Fenster. Es raschelte, knatterte und blieb schließlich drüben auf einem Kürbisbeet liegen, das zu einem Bahnwärterhäuschen gehörte. Die Bahnschranke war geschlossen. Dahinter wartete ein Fuhrwerk. Neben dem Kutscher saß ein Junge und winkte. Emil winkte wieder.

Manchmal stiegen Leute aus. Manchmal stiegen Leute ein. Manchmal kletterte der Schaffner ins Abteil und machte auf der Rückseite der Fahrkarten dicke Bleistiftstriche.

Für Abwechslung war also gesorgt.

Und viel, viel schneller als damals vor zwei Jahren näherte sich der Zug der Hauptstadt des Deutschen Reiches.

Es ist immer dasselbe. Ob es sich nun um einen kleinen Spaziergang oder um eine Eisenbahnfahrt handelt – das zweite Mal erscheint die gleiche Strecke viel kürzer als das erste Mal. (Das gilt übrigens nicht nur für Strecken, die nach Metern und Zentimetern meßbar sind.)

Emils Großmutter und Pony schoben sich am Bahnhof Friedrichstraße durch die Sperre. »Renne nicht so«, sagte die Großmutter. »Eine alte Frau ist kein Schnellzug.« Ihr schwarzes Kapotthütchen war schiefgerutscht.

»In einer Minute kommt der Junge an«, erwiderte Pony ungeduldig. »Wir hätten ruhig etwas pünktlicher sein können.«

Die Großmutter schüttelte energisch den Kopf, und ihr Hut rutschte dadurch noch schiefer. »Pünktlicher als pünktlich, das gibt's nicht. Eine halbe Stunde zu früh ist genauso unpünktlich wie eine halbe Stunde zu spät.«

Pony wollte eigentlich widersprechen. Aber der Professor hatte sie entdeckt, kam auf sie zu, zog die Mütze und sagte: »Guten Tag, meine Damen!« Er nahm Pony die Koffer ab und bahnte ihnen einen Weg.

»Guten Tag, Herr Großgrundbesitzer«, antwortete die Großmutter.

Er lachte und brachte die Feriengäste zu seinen Eltern. Justizrat Haberland begrüßte die beiden und stellte ihnen seine Gattin vor. Frau Haberland, die Mutter des Professors, war hübsch und zierlich und nicht größer als ihr Sohn. Neben ihrem langen, hageren Mann sah sie wie ein kleines Mädchen aus.

Pony machte etliche Knickse und entledigte sich der Grüße und Empfehlungen, die sie den Eltern des Professors von ihren Eltern zu überbringen hatte. Und die Großmutter erzählte, daß sie noch nie am Meer gewesen sei und sich riesig freue. Dann schwiegen sie alle und warteten auf Emil. Lange brauchten sie nicht zu warten. Der Zug näherte sich der Bahnhofshalle und lief mit Getöse ein. Er hielt. Die Fahrgäste stiegen aus.

»Sicher ist der Junge wieder am Bahnhof Zoo ausgestiegen«, jammerte Pony. Doch da stieg der ›Junge‹ auch schon aus seinem Abteil, zog den Koffer hinterdrein, schaute sich suchend um, entdeckte die andern, lächelte und kam zu ihnen gelaufen. Nachdem er den Koffer niedergesetzt hatte, gab er seiner Großmutter einen Kuß, reichte den Eltern des Professors die Hand und sagte zu Pony: »Meine Herren, bist du aber gewachsen!«

Zum Schluß begrüßte er den Professor. Die Jungen benahmen sich sehr förmlich. Aber so sind Jungen stets, wenn sie einander lange nicht gesehen haben. (Nach zehn Minuten legt sich das übrigens.)

»Gustav ist auf seinem Motorrad schon heute früh losgebraust«, erklärte der Professor.

»Aha«, sagte Emil.

»Er läßt dich vielmals grüßen.«

»Vielen Dank.«

»Und der kleine Dienstag ist schon gestern abend abgereist.«

»Nicht nach Nauheim?«

»Nein. Der Arzt hat seiner Mutter die See erlaubt.«

»Großartig«, erklärte Emil.

»Finde ich auch«, meinte der Professor.

Anschließend entstand eine Verlegenheitspause. Der Justizrat rettete die Lage. Er stieß dreimal mit dem Spazierstock auf den Boden. »Alles herhören! Wir fahren jetzt zum Stettiner Bahnhof. Ich spendiere zwei Taxen. In dem einen Auto fahren die Erwachsenen. In dem andern die Kinder.«

»Und ich?« fragte Pony Hütchen.

Da mußten alle lachen. Außer Pony natürlich. Die war leicht gekränkt und meinte: »Ein Kind ist man nicht mehr. Ein Erwachsener ist man noch nicht. Was bin ich überhaupt?«

»Ein albernes Frauenzimmer«, sagte die Großmutter. »Zur Strafe fährst du mit den Erwachsenen. Damit dir klar wird, daß du noch ein Kind bist.«

Das hatte Pony Hütchen nun davon.

Im Wartesaal des Stettiner Bahnhofs aßen sie zu Mittag. Später setzten sie sich in den Zug, der sie an die Ostsee fahren würde. Und weil sie beizeiten gekommen waren, hatten sie trotz des Ferienandranges ein Abteil für sich. Der Zug war mit Kindern, Eimern, Fähnchen, Bällen, Schaufeln, Apfelsinenschalen, zusammengeklappten Liegestühlen, Kirschentüten, Luftballons, Gelächter und Geheul bis an den Rand beladen und dampfte munter durch die Kiefernwälder der Mark Brandenburg. Es war ein kreuzfideler Zug. Der Lärm drang aus den offenen Abteilfenstern hinaus in die stille Landschaft.

Die Kiefern wiegten sich leicht im Sommerwind und flüsterten einander zu: »Die großen Ferien haben begonnen.«

»Drum«, brummte eine uralte Buche.

Villa Seeseite

Korlsbüttel ist keiner von den großen Badeorten. Noch vor zehn Jahren hatte Korlsbüttel nicht einmal einen Bahnhof. Damals mußte man auf der Straße nach Lübeck–Stralsund in einem kleinen Nest aus dem Zug steigen, das, wenn ich nicht irre, Stubbenhagen hieß. Dort stand, wenn man besonderes Glück hatte, irgendein altmodisches Fuhrwerk, das mit einem schweren mecklenburgischen Gaul bespannt war, und zockelte die Badegäste nach Korlsbüttel hinüber. Auf zerfahrenen, sandigen Waldwegen. Links und rechts dehnte sich die Heide. Die Wacholderbüsche standen wie grüne Zwerge zwischen den hundertjährigen Eichen und Buchen. Und manchmal fegte ein Rudel Rehe durch die Stille. Und von den Kohlenmeilern, die auf den Waldwiesen lagen, stieg blauer, beizender Rauch in die Sommerluft empor. Es war wie in Grimms Märchen.

Heute ist das anders. Heute fährt man, ohne umzusteigen, bis Korlsbüttel, stiefelt vornehm aus dem Bahnhof, gibt seinen Koffer einem Gepäckträger und ist in drei Minuten im Hotel und in zehn Minuten am Meer. Ich glaube, daß es früher schöner war. Damals war es mit Schwierigkeiten verbunden, ans Meer zu kommen. Und man soll Schwierigkeiten, die einem Ziel im Wege stehen, nicht unterschätzen. Sie haben ihr Gutes.

Halb Korlsbüttel war am Bahnhof, um den Ferienzug zu empfangen. Der Bahnhofsplatz stand voller Leiterwagen, Kutschen, Dreiräder, Tafelwagen und Karren. Man erwartete viele Gäste und noch mehr Gepäck.

Fräulein Klotilde Seelenbinder, Haberlands altes Dienstmädchen, lehnte an der Sperre und winkte, als sie den Justizrat erblickte, mit beiden Händen. Er überragte die aus dem Zug strömenden Menschen um Haupteslänge. »Hier bin ich!« rief sie. »Herr Justizrat! Herr Justizrat!«

»Schreien Sie nicht so, Klotilde«, sagte er und schüttelte ihr die Hand. »Lange nicht gesehen, was?«

Sie lachte. »Es waren doch nur zwei Tage.«

»Ist alles in Ordnung?«

»Das will ich meinen. Guten Tag, gnädige Frau. Wie geht's? Ein Glück, daß ich vorausgefahren bin. So ein Haus macht Arbeit. Guten Tag, Theo! Du bist blaß, mein Liebling. Fehlt dir was? Und das ist sicher dein Freund Emil. Stimmt's? Guten Tag, Emil. Ich habe schon viel von dir gehört. Die Betten sind überzogen. Heute abend gibt's Beefsteak mit Mischgemüse. Das Fleisch ist billiger als in Berlin. Ach, und das ist Pony Hütchen, Emils Kusine. Das sieht man sofort. Diese Ähnlichkeit! Hast du dein Fahrrad mitgebracht? Nein?«

Emils Großmutter hielt sich die Ohren zu. »Machen Sie 'ne Pause!« bat sie. »Machen Sie 'ne Pause, Fräulein. Sie reden einem ja Plissee in die Ohrläppchen. Ich bin Emils Großmutter. Guten Tag, meine Liebe.«

»Nein, diese Ähnlichkeit!« meinte Haberlands Dienstmädchen. Dann verneigte sie sich und sagte: »Klotilde Seelenbinder.«

»Ist das ein neuer Beruf?« fragte die Großmutter.

»Nein. Ich heiße so.«

»Sie Ärmste!« rief die Großmutter. »Gehen Sie doch mal zum Arzt. Vielleicht verschreibt Ihnen der einen anderen Namen.«

»Ist das Ihr Ernst?« fragte Klotilde.

»Nein«, erwiderte die Großmutter. »Nein, Sie kluges Geschöpf. Ich bin fast nie ernst. Es lohnt sich zu selten.«

Dann wurden die Koffer und Taschen auf einen Tafelwagen geladen. Den Wagen hatte Klotilde vom Fuhrhalter Kröger geliehen, und ein Knecht zog ihn. Emil und der Professor schoben. So ging's die Blücherstraße entlang. Die Erwachsenen und Pony spazierten hinterdrein.

Plötzlich hupte es laut. Aus einem Seitenweg bog, in voller Fahrt, ein Motorrad. Das Motorrad bremste. Krögers Knecht hielt den Wagen an und fluchte, daß die Fensterscheiben der Umgegend zitterten. Glücklicherweise fluchte er plattdeutsch.

»Nu treten Sie sich bloß nicht auf den Schlips!« rief der Motorradfahrer. »Is ja alles halb so wichtig.«

Emil und der Professor guckten erstaunt hinter den Koffern vor und brüllten begeistert: »Gustav!« Sie rannten um Krögers Wagen herum und begrüßten den alten Freund.

Der legte vor Schreck sein Motorrad auf die Straße, schob die Schutzbrille hoch und sagte: »Das hätte mir gerade noch gefehlt, Herrschaften! Daß ich meine zwei besten Freunde zerquetscht hätte! Eigentlich wollten wir euch nämlich von der Bahn abholen.«

»Gegen sein Schicksal kann keiner an«, behauptete eine Stimme aus dem Straßengraben.

Gustav blickte erschrocken auf sein Rad. »Aber wo ist denn

der kleine Dienstag?« rief er. »Er saß doch eben noch hinter mir!«

Sie blickten in den Straßengraben. Dort hockte der kleine Dienstag. Passiert war ihm nichts. Er war nur hoch im Bogen ins Gras geflogen. Er lachte den Freunden entgegen und sagte: »Die Ferien fangen ja gut an!« Dann sprang er auf und schrie: »Parole Emil!«

»Parole Emil!« riefen sie alle vier und setzten einträchtig den Weg fort.

Die Erwachsenen folgten weit hinten. Sie hatten überhaupt nichts gemerkt.

»Dort liegt Theos Haus!« sagte Klotilde Seelenbinder stolz und zeigte mit der Hand geradeaus.

Es war ein reizendes, altmodisches Haus. Mitten in einem Garten voller Blumen, Beete und Bäume. ›Villa Seeseite‹ stand am Giebel.

Klotilde fuhr fort: »Was Sie links unten sehen, ist eine große gläserne Veranda. Mit Schiebefenstern. Darüber befindet sich ein offener Balkon. Für Sonnenbäder. Das Zimmer, das anschließt, habe ich für Herrn und Frau Justizrat hergerichtet. Es ist Ihnen doch recht, gnädige Frau?«

»Alles, was Sie machen, ist mir recht«, sagte die Mutter des Professors freundlich.

Das Dienstmädchen wurde rot. »Das Nebenzimmer gehört Emils Großmutter und Pony Hütchen. Die Jungens werden wir im Erdgeschoß unterbringen. Im Zimmer neben der Veranda. Im Nebenraum steht noch ein Sofa. Falls noch wer zu Besuch kommen sollte. Und ein zusammenklappbares Feldbett können wir auch noch aufschlagen. Gegessen wird in der Veranda. Bei schönem Wetter kann man natürlich auch im Garten essen. Obwohl im Freien das Essen schneller kalt wird. Aber man kann ja etwas drüberdecken.« Sie sah sich um. »Wo sind denn eigentlich die Jungens hin? Sie müssen doch vor uns angekommen sein.«

»Sie haben sich zu Bett gelegt«, sagte Emils Großmutter. »Und wenn Sie noch eine Weile so weiterreden, werden die Knaben bald ausgeschlafen haben und wieder aufstehen.«

Das Dienstmädchen blickte unsicher zu der kleinen alten Frau hin. »Bei Ihnen weiß man nie, wie Sie's eigentlich meinen.«

»Das ist Übungssache«, erklärte Pony. »Mein Vater sagt, Großmutter habe den Schalk im Nacken.« Dann öffnete sie das Gartentor und rannte auf das Haus zu. Die Erwachsenen folgten ihr langsam und gaben Krögers Knecht Anweisung, wohin er die einzelnen Koffer und Taschen bringen solle.

Hinterm Haus lag der größere Teil des Gartens. Dort stöberten die vier Jungen herum und suchten eine Garage. Für Gustavs Motorrad. Der Professor saß auf einer Bank, baumelte mit den Beinen und erklärte: »Es gibt offensichtlich zwei Möglichkeiten. Wir stellen die Maschine entweder ins Treibhaus zu den Tomaten. Oder in den Geräteschuppen.«

»Im Treibhaus ist es zu warm«, vermutete Dienstag.

Emil dachte nach. »Im Geräteschuppen liegen sicher Messer und andre scharfe Gegenstände rum. Das kann leicht über die Gummireifen gehen.«

Gustav lief zu dem Schuppen hinüber, blickte hinein und zuckte die Achseln. »Da ist nicht einmal Platz für einen Roller, geschweige denn für meine schwere Maschine.«

Der Professor lachte. »Das nennst du eine schwere Maschine?«

Gustav war beleidigt. »Ohne Führerschein gibt's keine schwerere. Mir ist sie schwer genug. Und wenn ich vorhin nicht so doll gebremst hätte, wärt ihr jetzt Knochenmehl.«

»Wir werden im Treibhaus die Heizung abstellen«, schlug Dienstag vor.

Der Professor schüttelte den Kopf. »Da bleiben doch die Tomaten grün!«

»Was glaubst du, wie egal das den Tomaten ist, ob sie grün oder rot sind!« rief Gustav. »Is ja alles halb so wichtig!«

Da kam Pony Hütchen anspaziert.

Emil winkte ihr und fragte: »Weißt du keine Garage für Gustavs Motorrad?«

Sie blieb stehen und sah sich suchend um. Dann zeigte sie ans Ende des Gartens. »Was für ein Gebäude ist denn das dort?«

Der Professor sagte: »Das ist der sogenannte Pavillon.«

»Und wozu braucht man denselben?« fragte das Mädchen.

»Keine Ahnung«, entgegnete der Professor.

Sie gingen zu dem Pavillon. Gustav schob sein Motorrad hinterher.

Der Pavillon war ein Glashäuschen, in dem ein weißlackierter Tisch stand und eine grüne Gießkanne.

»Großartig!« rief der Professor. »Die geborene Garage!«

Pony Hütchen meinte: »Wenn ich nicht wäre!« Sie öffnete die Tür. Der Schlüssel steckte. Gustav schob das Rad in den Pavillon, schloß die Tür, zog den Schlüssel ab und steckte ihn in die Tasche.

Die andern Jungen gingen zum Haus zurück. Sie hatten Hunger.

Pony Hütchen wollte ihnen folgen.

Gustav fragte: »Wie gefällt dir eigentlich meine Maschine?«

Sie trat noch einmal zum Pavillon, blickte durch die Glaswand und musterte das Rad.

»Na«, fragte der Junge, »wie gefällt sie dir?«

»Untermittelprächtig«, erklärte sie. Hierauf schritt sie wie eine Königinmutter von dannen.

Gustav schaute ihr verdutzt nach. Dann nickte er seinem kleinen Motorrad freudestrahlend zu, sah beleidigt hinter Pony her und sagte zu sich selber: »Is ja alles halb so wichtig.«

Nach dem Abendessen saßen sie noch eine Weile in der Veranda und blickten in den bunt blühenden Garten hinaus.

»Hat's geschmeckt?« fragte Klotilde schließlich neugierig.

Es herrschte selbstredend nur eine Meinung. Und als Emils Großmutter behauptete, seit ihrer silbernen Hochzeit kein gelungeneres Beefsteak gegessen zu haben, war Fräulein Seelenbinder geradezu glücklich.

Während sie, von Pony unterstützt, abräumte, schrieb Emil eine Karte an seine Mutter. Gustav entschloß sich ebenfalls dazu, einen Gruß nach Hause zu schicken und seine glückliche Ankunft zu vermelden. Sie gaben ihre Karten dem kleinen Dienstag, der in der Pension ›Sonnenblick‹ längst von seinen Eltern erwartet wurde. Er versprach, an der Post vorbeizugehen.

»Aber nicht nur vorbeigehen«, bat Emil. »Steck die Karten lieber in den Kasten!«

Dienstag verabschiedete sich allerseits und sagte: »Morgen nicht zu spät!« Dann verschwand er eilig.

Der Justizrat trat in die Verandatür und betrachtete den Himmel. »Die Sonne ist zwar schon untergegangen«, meinte er. »Aber wir müssen dem Meer noch guten Abend sagen, ehe wir in die Klappe gehen.«

Sie wanderten also durch den dämmrigen Erlenbruch. Nur Klotilde blieb zurück. Sie wollte das Geschirr abwaschen.

Als der Erlenbruch zu Ende war und die Steigung begann, die zur Düne hinaufführt, von der aus das Meer zu sehen ist, sagte Justizrat Haberland: »Wer die See noch nicht kennt, der trete vor!«

Emil, Pony und die Großmutter meldeten sich.

»Wir kommen nach«, erklärte der Justizrat.

Da hängte sich die Großmutter bei ihren beiden Enkelkindern ein und ging mit ihnen voran. Nach kurzer Zeit standen sie auf dem höchsten Punkt der Düne. Rechts lag das Strandhotel. Vor ihnen erstreckte sich zu beiden Seiten der Strand. Mit all seinen Strandkörben und Wimpeln und Sandburgen.

Und dort, wo der Strand aufhörte, begann das Meer! Es nahm, wohin man auch blickte, kein Ende. Es lag da, als sei es aus flüssigem Quecksilber. Am Horizont, ganz hinten, fuhr ein Schiff in den Abend hinein. Ein paar Lichter blinkten. Und am Himmel, der von der Sonne, die längst untergegangen war, noch immer rosig widerstrahlte, hing die Mondsichel. Sie sah noch ganz blaß aus. Als ob sie lange krank gewesen wäre. Und über das pastellfarbene Himmelsgewölbe glitten die ersten Lichtstreifen entfernter Leuchttürme. Weit draußen heulte ein Dampfer.

Die Großmutter und die beiden Kinder standen überwältigt. Sie schwiegen und hatten das Empfinden, als ob sie nie im Leben wieder würden reden können.

Da knirschten hinter ihnen Schritte. Haberlands und Gustav näherten sich behutsam.

Gustav trat neben Emil. »Das ist ein dolles Ding, was?« meinte er.

Emil nickte nur.

Sie standen stumm nebeneinander und blickten unentwegt aufs Meer.

Da sagte die Großmutter leise: »Endlich weiß ich, wozu ich so 'ne alte Schachtel geworden bin.«

Die Großmutter und die beiden Kinder standen überwältigt

Ein Wiedersehen in der Ostsee

Als Klotilde am nächsten Morgen an die Tür klopfen wollte, hinter der die Jungen schliefen, hörte sie Gekicher. »Ihr seid schon wach?« fragte sie und legte ein Ohr an die Tür.
»Wach ist gar kein Ausdruck«, rief der Professor und lachte.
»Wer spricht?« fragte Gustav streng. »Wer redet mit uns, ohne sich vorzustellen?«
Das Dienstmädchen rief: »Ich bin's! Die Klotilde!«
»Aha«, sagte Emil, »das Fräulein Selbstbinder.«
»Seelenbinder«, verbesserte Klotilde ärgerlich.
»Nein, nein«, meinte Gustav. »Selbstbinder gefällt uns besser. Wir werden Sie von jetzt ab Selbstbinder nennen. Und wenn Ihnen das nicht paßt, nennen wir Sie Schlips! Verstanden, Fräulein Klotilde Schlips?«
»Eine hervorragende Bezeichnung«, erklärte der Professor. (Er hatte noch immer die Angewohnheit, Zensuren zu verteilen.) »Klotilde, du heißt von jetzt ab Schlips!«
»Mit mir könnt ihr's machen«, sagte das alte Dienstmädchen düster. »Ach so, ihr sollt frühstücken kommen! Die andern sind schon im Garten. Und jetzt geh ich.«
»Auf Wiedersehen, Schlips!« riefen die drei. Dann spazierten sie im Gänsemarsch durch die Verandatür in den Garten hinterm Haus. Mitten auf dem Rasen war ein großer runder Tisch gedeckt. Die Eltern des Professors, Pony Hütchen und die Großmutter hatten bereits Platz genommen. Der Justizrat las die Zeitung. Die andern aber blickten dem Aufzug der Jungen reichlich fassungslos entgegen. Frau Haberland klopfte ihrem Mann leise auf die Schulter. Der Justizrat fragte: »Was gibt's denn?« Und ließ die Zeitung sinken. Dann schloß er sich dem allgemeinen Staunen an.
Der Professor und Gustav kamen im Badeanzug, Emil in seiner roten Badehose. Doch das war nicht das Auffällige.
Sondern: Der Professor hatte den Panamahut seines Vaters auf dem Kopf und schwenkte einen dicken Spazierstock. Emil hatte Ponys Sommermäntelchen umgehängt, trug ihren gelben Strohhut mit den roten Lackkirschen und hatte einen buntgestreiften Sonnenschirm aufgespannt, den er, wie eine leicht verrückte Dame, hochnäsig über den Rasen balancierte. Gustav sah

am abnormsten aus. Er hatte das Kapotthütchen von Emils Großmutter aufgesetzt und es mit den schwarzseidenen Kreuzbändern unterm Kinn festgebunden. So fest, daß er den Mund kaum aufkriegte. Vor den Augen trug er seine Motorradbrille. In der einen Hand schwenkte er zierlich Ponys Handtäschchen. In der anderen schleppte er einen Koffer.

Die drei Jungen verzogen keine Miene und setzten sich wortlos in ihre Korbstühle. Dann schlug der Professor mit dem Kaffeelöffel an seine Tasse. Und wie aus einem Munde riefen sie plötzlich: »Guten Abend, die Herrschaften!«

»Die armen Kleinen haben den Sonnenstich«, sagte der Justizrat. »Und das am zweiten Ferientag. Welch ein Jammer!« Dann griff er wieder zu seiner Zeitung.

»Man sollte den Arzt holen«, meinte Pony. »Wehe euch, wenn ihr meine Handtasche dreckig macht!«

Gustav drehte sich um und rief: »Kellner! Bedienung! Ist das nun eine Kneipe, oder ist das nun keine Kneipe?« Dann band er rasch die Hutbänder auf. Er wäre fast erstickt. »Den nächsten Kompotthut kauf ich bei einer anderen Schneiderin«, knurrte er. »Das Biest sitzt ja an keiner Ecke und Kante!«

Klotilde kam aus der Villa und brachte frischen Kaffee.

»Da haben wir's«, sagte der Professor. »Natürlich wieder Fräulein Klotilde Schlips. Immer dieselben, immer dieselben!«

Das Dienstmädchen goß Kaffee ein, setzte die Kanne auf den Tisch und fragte weinerlich: »Muß ich mir eigentlich gefallen lassen, daß man mich Schlips nennt?«

»Wieso denn Schlips?« erkundigte sich Frau Haberland.

»Unter Seelenbinder können wir uns nichts vorstellen«, meinte Emil.

»Darum wollten wir sie Selbstbinder nennen«, erklärte der Professor. »Aber das war ihr nicht fein genug.«

Gustav kaute und brummte: »Deswegen haben wir sie Schlips getauft. Andre Leute wären froh, wenn sie Schlips hießen. Mein Sportlehrer heißt Philipp Ochse. Wenn der irgendwo eingeladen ist und seinen Namen sagt, kann er gleich wieder abhauen. Die Leute lachen ja doch bloß.«

»Wie so ein Ochse sich freute, wenn er Schlips hieße«, behauptete Emil.

Klotilde Seelenbinder sagte gar nichts mehr, sondern kehrte stumm ins Haus zurück.

Pony sah zur Großmutter hinüber. »Was fehlt denn den Jungens? Ist es was Schlimmes?«

»Bewahre«, sagte die Großmutter. »Eine ganz normale Krankheit. Man nennt sie die Flegeljahre.«
Der Justizrat nickte. »Ich kenne die Krankheit aus Erfahrung. Ich habe sie früher auch einmal gehabt.«

Nach dem Frühstück erschien Dienstag auf der Bildfläche und holte sie zum Baden ab. Der Justizrat und seine Frau blieben zu Hause. Aber alle anderen, die Großmutter inbegriffen, pilgerten zum Strand. Die Jungen beschlossen, barfuß zu gehen. Das sei gesund.

Droben auf der Düne machten sie halt. Die Ostsee sah ganz anders aus als am Abend vorher. Grünlich und blau glänzte sie. Und manchmal, wenn Wind aufkam, schillerte sie golden, daß man die Augen schließen mußte. Die Großmutter setzte eine Sonnenbrille auf, die ihr Fräulein Klotilde Seelenbinder geliehen hatte. Unten am Strand wimmelte es, so weit man sehen konnte, von Strandkörben, Sandburgen, Fähnchen, Wimpeln und Menschen.

Manchmal liefen Wellen über den Meeresspiegel. Und Pony bemerkte: »Das sieht aus, als ob ein unsichtbarer Verkäufer auf einem unendlichen Ladentisch schillernde Seide aufrollt.«

Die vier Jungens schauten einander vielsagend an und schwiegen. Nur der kleine Dienstag konnte sich nicht beherrschen und platzte laut heraus.

»Blöde Bande«, sagte Pony und schlug den Strandweg ein. Emil und die Großmutter folgten ihr lächelnd. Als sie eine Weile gegangen waren, drehte sich Emil nach den Freunden um. Die standen in einiger Entfernung still und machten keine Anstalten weiterzulaufen.

»Wo bleibt ihr denn?« rief Emil.

Sie setzten sich langsam in Bewegung. Aber schon nach ein paar Metern streikten sie von neuem. Gustav hüpfte auf einem Bein und schimpfte schrecklich.

Die Großmutter lachte. »Deine Berliner sind das Barfußlaufen nicht gewöhnt. Der Kiesweg stört sie.«

Emil lief zurück. Gustav zog ein schiefes Gesicht und knurrte: »Mensch, das soll gesund sein?«

Und der Professor erklärte: »Ich danke für Obst. Meine Fußsohlen sind doch nicht aus Rindsleder!«

»Nie wieder barfuß!« schwor Dienstag und versuchte den nächsten Schritt. Er stieg wie ein Hahn auf dem Mist.

Gustav ging vom Weg herunter und wollte im Gras weitergehen. Es war aber kein Gras, sondern Strandhafer. Und der schnitt ihm so in die Waden, daß er wütend »Aua!« schrie und auf den Kies zurückkam.

Emil erklärte: »Der Strandhafer enthält viel Kieselsäure.«

Gustav sagte: »Ich hätte nie gedacht, daß Kieselsäure so spitz ist. Da kann man genausogut zwischen Rasiermessern herumlaufen.«

Emil erzählte noch einiges vom Aufbau der Pflanzenzellen und von der Beschaffenheit der Sand- und Strandgewächse im besonderen.

Doch der Professor meinte: »Alles ganz schön und gut. Du magst zwar ein enormer Botaniker sein. Aber ich renne rasch in meine Villa zurück und hole meine Turnschuhe.«

Das tat er denn auch. Gustav und Dienstag rannten hinter ihm her.

Emil ging zu seiner Großmutter. Sie setzten sich auf eine Bank und betrachteten das Meer. An der Brücke lag gerade ein kleiner weißer Küstendampfer. Der Junge suchte Pony. Sie war schon weit voraus.

Die Großmutter schob ihre geborgte Sonnenbrille auf die faltige Stirn. »Endlich sind wir einmal eine Minute unter uns. Wie geht's dir denn eigentlich, mein Junge? Und wie geht's deiner Mutter?«

»Danke, danke. Ausgezeichnet.«

Die alte Frau legte den Kopf etwas schief. »Sehr gesprächig bist du nicht grade. Erzähl noch ein bißchen mehr. Na los, junger Mann!«

Er sah aufs Meer. »Aber Großmutter, das weißt du doch schon alles aus unsern Briefen! Muttchen hat viel zu tun. Aber ohne Arbeit würde ihr das Leben keinen Spaß machen. Na und ich, ich bin noch immer der Beste in der Klasse.«

»So, so«, erklärte die alte Frau. »So, so. Das klingt ja hocherfreulich.« Dann rüttelte sie ihn liebevoll an der Schulter. »Willst du gleich mit der Sprache herausrücken, du Halunke! Da stimmt doch was nicht. Da stimmt doch was nicht! Emil, ich kenne doch dein Gesicht wie meine Handtasche!«

»Was soll denn nicht stimmen, Großmutter? Es ist alles in schönster Ordnung. Glaub's nur!«

Sie stand auf und sagte: »Das kannst du deiner Großmutter erzählen!«

Schließlich landeten alle miteinander im Familienbad.

Die Großmutter setzte sich in den Sand, zog die Schuhe und Strümpfe aus und ließ die Füße von der Sonne bescheinen. Außerdem behütete sie die Badetücher, die man mitgebracht hatte. Die Jungens nahmen Pony in die Mitte, faßten einander bei den Händen und rannten mit Gebrüll in die Wellen hinein. Eine dicke Dame, die nicht weit vom Ufer im Meer saß und still vor sich hin döste, schluckte bei dieser Gelegenheit Wasser und schimpfte wie am Spieß.

Die Großmutter schürzte den Rock, ging ein paar Schritte ins Wasser und fragte höflich: »Waren Sie auch einmal jung, meine Dame?«

»Natürlich«, war die Antwort.

»Na also«, meinte die Großmutter. »Na also.« Und ohne ausführlicher zu werden, setzte sie sich wieder in den warmen Sand und blickte fröhlich hinter den jauchzenden Kindern her. Jetzt sah man nur noch die Köpfe. Und auch die nicht immer.

Gustav schwamm am schnellsten. Und als erster kletterte er auf das große Sonnenbrett, das draußen verankert lag und auf dem sich die Schwimmer ausruhen. Pony und Emil schwammen gleich schnell und halfen einander beim ›Landen‹. Dienstag und der Professor kamen wesentlich später.

»Wie macht ihr das bloß?« fragte Dienstag, als er neben den Freunden auf den Planken saß. »Warum schwimmt ihr denn schneller als Theo und ich?«

Der Professor lachte. »Mach dir nichts draus. Wir sind eben Geistesarbeiter.«

Gustav sagte: »Mit dem Kopf hat das nur insofern zu tun, als ihr ihn zu hoch übers Wasser haltet. Ihr müßt kraulen lernen!« Er ließ sich von der Planke herunterrollen, plumpste in die Ostsee und zeigte ihnen, wie man krault.

Pony fragte ihn: »Was verlangst du für die Stunde?«

Er holte tief Atem, tauchte lange, kam prustend wieder zum Vorschein und meinte: »Sechzig Minuten!«

Dann schwammen sie alle wieder zurück. Gustav kraulte ihnen etwas vor. Sie versuchten es nachzumachen. Dabei stieß der Professor mit einem Herrn zusammen, der sich auf den Rücken gelegt hatte und gemächlich hinausschwamm. »Paß besser auf!« rief der Herr. »Wo hast du denn deine Augen?«

»Unter Wasser«, antwortete der Junge und kraulte wie eine Schiffsschraube hinter den Freunden her.

Die waren schon im Gebiet für Nichtschwimmer angekommen und standen vor einer riesigen Zahnpastatube aus Gummi. (Es handelte sich um eine Reklame.) Alle versuchten hinaufzuklettern. Aber kaum war man oben, drehte sich die Tube, und man purzelte ins Wasser zurück. Das Geschrei war groß.

Die Freunde blickten zum Strand hinüber. Dort standen Turngeräte. Am Hochreck schwebte ein Mann, machte eine Schwungstemme, eine Welle vorwärts, schloß im Vorwärtsschwingen eine großartige Riesenfelge an, steckte plötzlich die Beine zwischen den Armen durch und kam mit Hilfe einer Kippe oben auf der Stange in den Sitz. Dann machte er eine Sitzwelle rückwärts, breitete beide Arme aus, schwang nach vorne, ließ das Reck auch mit den Knien los, schwebte durch die Luft, sprang in den Sand und beendete die Übung mit einer eleganten Kniebeuge.

»Donnerwetter!« sagte Gustav. »Das kann nicht einmal ich!«

Als der Turner beiseite gegangen war, stellten sich zwei kleine Jungen unter das Reck. Sie sprangen hoch, hingen still, holten Schwung und wiederholten beide gleichzeitig und nebeneinander dieselbe schwierige Übung, die eben der Mann vorgeführt hatte. Als sie zum Schluß aus dem Kniehang graziös in die Luft schwebten und die Übung mit eleganten Kniebeugen im Sand beendeten, klatschte das ganze Familienbad Beifall.

»Ich werde verrückt«, behauptete Gustav. »So etwas habe ich, noch dazu von solchen Knirpsen, noch nie gesehen!«

Ein Junge, der neben ihnen im Wasser stand, sagte: »Das sind die ›Three Byrons‹. Eine Artistenfamilie. Ein Vater mit Zwillingen. Abends treten sie im Strandhotel auf.«

»Das müssen wir uns mal ansehen«, erklärte Pony Hütchen.

»Das Programm beginnt abends acht Uhr«, berichtete der fremde Junge. »Die anderen Nummern sind auch Weltklasse. Ich kann das Programm dringend empfehlen.«

»Kriegt man bestimmt Platz?« fragte Dienstag.

»Ich kann euch ja auch einen Tisch reservieren«, meinte der Junge.

»Bist du auch ein Akrobat?« fragte Emil.

Der andere schüttelte den Kopf. »Nein. Ich kann zwar auch gut turnen. Aber von Beruf bin ich der Pikkolo vom Strandhotel.«

Gustav lachte. »Pikkolos sterben früh.«

»Wieso?« fragte Dienstag.

»Na, hast du schon einmal einen alten Pikkolo gesehen?«

Pony rümpfte die Nase: »Laß deine ollen Witze!«

Der fremde Junge sagte: »Seit ich Gustav zum letzten Male gesehen habe, ist er nur größer geworden. Sonst hat er sich überhaupt nicht verändert.«

Die Freunde sahen einander verdutzt an.

Der fremde Junge sagte: »Seit ich Gustav zum letzten Male gesehen habe, ist er nur größer geworden.«

»Woher kennst du mich denn?« fragte Gustav verblüfft.
»Ich kenne euch alle«, versicherte der badende Pikkolo. »Und Gustav hat sogar einmal einen Anzug von mir angehabt.«
Gustav sperrte den Mund auf. »So ein Quatsch! Ich habe noch nie im Leben fremde Anzüge angehabt!«
»Doch, doch«, sagte der Pikkolo.
Die anderen wußten nicht, was sie denken sollten.
Pony fragte: »Wie heißt du denn?«
»Hans Schmauch.«
»Keine Ahnung«, sagte Gustav. »Kenne keine Schmauchs.«
»Meinen Vater kennst du auch«, behauptete Hans Schmauch. »Und auch Emil kennt ihn.«
»Das wird ja immer schleierhafter«, erklärte Emil.
Gustav stapfte durchs Wasser, rückte dem Pikkolo auf die Pelle und sagte: »Nun aber raus mit der Sprache, Kleiner! Sonst tauche ich dich so lange, daß du niemals Kellner wirst.«
Hans Schmauch lachte. »Ich war früher Liftboy in Berlin. Im Hotel Kreid am Nollendorfplatz. Parole Emil!«
Das schlug dem Faß den Boden aus. Sie tanzten wie irrsinnig gewordene Indianer um den kleinen Schmauch herum. Das Salzwasser spritzte meterhoch. Und dann schüttelten sie dem Jungen die Hand, daß seine Knochen knackten.
»Nein, so eine Freude«, meinte Emil. »Dein Vater, der Portier, war damals so nett zu mir. Zehn Mark hat er mir geborgt. Na, und Gustav und ich haben ja sogar in einer Hotelkammer bei euch übernachtet.«
»Freilich«, sagte der Pikkolo. »Das war 'ne aufregende Geschichte, was? Daran werde ich mein Leben lang denken, und wenn ich Hotelbesitzer werden sollte. Übrigens, wenn ich frei habe, können wir einmal miteinander segeln. Mein Onkel wohnt nämlich hier in Korlsbüttel. Er hat einen großen Handelsdampfer.«
»Kann man denn mit einem Handelsdampfer segeln?« fragte Dienstag.
»Das nun gerade nicht«, sagte der Pikkolo. »Aber mein Onkel hat auch noch ein feines Segelboot. Er ist ein famoser alter Knabe.«
Darüber freuten sie sich, und dann trabten sie an Land und stellten den kleinen Schmauch der Großmutter vor. Die freute sich mit ihnen. Aber erst, nachdem sich alle gut abgetrocknet hatten.
Gustav blickte den Pikkolo vergnügt an und sagte, während er sich mächtig frottierte: »Ich verstehe nur eins nicht.«

»Was denn?« fragte Hans Schmauch und schaute zu dem großen Gustav hinauf.

Gustav blickte kopfschüttelnd zu ihm hinunter und meinte: »Ich verstehe nur nicht, daß mir früher einmal deine Anzüge gepaßt haben sollen.«

Gustav und die Physik

Es folgte eine Kette glücklicher Tage. Und die Sonne schien, als betrachte sie die Ostsee durch ein Brennglas. Der Professor und seine Sommergäste wurden rot wie die Krebse und später braun wie die Mulatten. Nur Pony Hütchen blieb dauernd rot und schälte sich wie eine Zwiebel. Die Großmutter beschmierte den Rücken der jungen Dame in einem fort mit Vaseline, Nußöl, Lanolin und Sonnenbrandcreme. Es half alles nichts.

Frühmorgens, wenn die Großmutter Pony weckte und sagte: »Aufstehen, Gräfin! Die Sonne scheint«, dann hätte Pony am liebsten geheult.

»Warum regnet es denn noch immer nicht?« fragte sie verzweifelt. Doch die Jungen, die waren von dem schönen Wetter schwer begeistert. Meistens waren sie im Wasser oder irgendwo am Strand. Oder sie gingen zum Hafen, der rechts von der Brücke lag, bewunderten das Segelboot des Kapitäns Schmauch – es hieß ›Kunigunde IV‹ – und freuten sich auf den nächsten freien Tag ihres Freundes, des Pikkolos, weil er dann mit ihnen segeln wollte.

Oder Gustav fuhr per Motorrad in die Heide hinaus. Mit einem der Freunde auf dem Gepäckrost. Er setzte den Beifahrer im Forsthaus oder am Kohlenmeiler ab. Dann fuhr er nach Korlsbüttel zurück und holte den nächsten. Und er machte die Fuhre so oft, bis sie alle beisammen waren.

Einmal ließ sich sogar die Großmutter von ihm nach dem Forsthaus fahren. Als sie draußen abstieg, sagte sie: »Es war großartig. Ich habe meinen Beruf verfehlt. Ich hätte Rennfahrer werden müssen. Und keine Großmutter.«

Manchmal schrieben sie Briefe nach Hause. Manchmal erhielten sie Post. Manchmal wurden sie von dem Justizrat fotografiert. Und im nächsten Brief schickten sie die Abzüge der Fotos heim.

Oder sie gingen in den Wald und brachten große Sträuße mit. Emil kannte fast alle Pflanzen und nannte ihnen die Besonderheiten und die Namen. Vom Wollgras bis zur Eberesche, vom Sauerampfer bis zu den Schmetterlingsblütlern, vom Moos und seiner geheimnisvollen Fortpflanzung bis zum Knabenkraut – alles erzählte er ihnen, so gut er's wußte.

Daraufhin fuhr der Justizrat nach Rostock und besorgte in der Universitätsbuchhandlung ein botanisches Lehrbuch und einen Leitfaden zur Pflanzenbestimmung.

Doch ausgerechnet seit diesem Tag interessierte sich niemand mehr für Blumen, Gräser und Sträucher. Außer Emil.

»Drucksachen machen mich nervös«, erklärte Gustav, der Motorradmeister.

Eines Tages erhielt die Großmutter einen Brief aus Neustadt. Es war ein langer Brief. Sie las ihn zweimal. Dann steckte sie ihn in ihren Pompadour und sagte zu sich: »Aha.«

Doch zu Emil sagte sie nichts. Wenigstens vorläufig nicht.

Als sie mittags in der Veranda saßen und sich's schmecken ließen, meinte der Justizrat: »Falls es den verehrten Anwesenden nicht allzu unangenehm ist, möchte ich vorschlagen, daß wir heute abend ins Strandhotel gehen und uns die dortigen Darbietungen zu Gemüte führen.«

Die Jungen hätten am liebsten den Nachtisch stehen- und liegenlassen. Obwohl es sich um Weingelee handelte. Und Weingelee war eine Spezialität von Klotilde Schlips!

Na, sie aßen den Nachtisch trotz alledem. Dann aber rannten sie im Dauerlauf zum Strandhotel. Während sie vor dem Hoteleingang herumstanden und beratschlagten, wer von ihnen hineingehen und mit dem Pikkolo reden sollte, erschien Pony Hütchen auf der Bildfläche.

»Nanu, wie kommst denn du hierher?« fragte Gustav.

»Auf zwei Beinen«, erklärte Pony. »Im übrigen will ich für heute abend einen Tisch bestellen. Oder habt ihr etwas dagegen?«

Es erhob sich kein Widerspruch.

Pony ging in das Hotel hinein.

Der Herr Geschäftsführer kam auf sie zu. »Womit kann ich Ihnen dienen, gnädiges Fräulein?«

»Ich möchte den Pikkolo sprechen.«

»Schmauch ist im Speisesaal«, sagte der Herr Geschäftsführer, drehte ihr den Rücken und verschwand im Schreibzimmer.

Pony fand den Speisesaal! Und sie fand Hans Schmauch, den Pikkolo. Er balancierte gerade einen Berg Teller übers Parkett und meinte: »Moment, Pony. Stehe sofort zu Diensten.«

Sie wartete.

Er kam eilends zurück und fragte: »Was darf's denn sein?«

»Ich möchte für heute abend einen Tisch bestellen.«

»Für wieviel Personen?«

»Moment. Ich muß mal nachrechnen. Also für den Justizrat, seine Frau, die Großmutter, mich, Klotilde Schlips und drei Jungens, das sind . . .«

»Acht Personen«, erklärte der Pikkolo. »Ist gemacht. Möglichst weit vorn. – Vielleicht kommt mein Onkel, der Kapitän, auch her. Den müßt ihr kennenlernen.«

Pony gab Hans Schmauch die Hand und sagte: »Also einen Tisch für neun Personen.«

Der Pikkolo machte eine Verbeugung. »Die Vorstellung beginnt kurz nach acht Uhr.«

»Das macht nichts«, erwiderte Pony. »Wir kommen trotzdem!«

Nach dem Abendessen zogen sich sämtliche Bewohner der Villa Seeseite so fein wie möglich an und spazierten feierlich zum Strandhotel. Der Tisch, den Hans Schmauch reserviert hatte, stand in der ersten Tischreihe, ganz vorn an der Bühne. Der Justizrat bestellte für die Erwachsenen Wein. Die Kinder bekamen Orangeade.

Die Vorstellung hatte noch nicht begonnen, obwohl es acht Uhr war. Die Kapelle spielte bekannte Konzertstücke, eins nach dem andern, und der Saal füllte sich mit vergnügten Kurgästen, bis schließlich kein Tisch mehr frei war.

Vorm Hotel hatten sich zahlreiche Einwohner aus Korlsbüttel eingefunden. Sie blickten neugierig durch die Hotelfenster und wollten gratis zuschauen. Doch da kamen ein Kellner und der Pikkolo angerückt und zogen die Vorhänge zu. Der Pikkolo war übrigens nicht sehr gründlich. Die Portieren, die er schloß, ließen breite Spalten offen.

»Das ist nett von ihm«, sagte Emil. »Nun können die Leute draußen doch noch ein bißchen was sehen.«

»Hans Schmauch, der Menschenfreund«, meinte der Professor.

Sein Vater, der Justizrat, klopfte Gustav auf die Schulter. »Seit wann bist du denn so fleißig, daß du mit Büchern ins Varieté gehst?«

Gustav wurde rot. »Es ist ein englisches Wörterbuch«, erklärte er.

»Willst du hier Vokabeln pauken?«

Gustav schüttelte den Kopf. »In den Ferien? Das fehlte noch!«

Pony lachte. »Er will sich bestimmt mit den zwei akrobatischen Zwillingen unterhalten.«

»Will ich auch«, meinte Gustav. »Die Jungens heißen Byron. Sind also Engländer. Na, und wenn sie mir etwas antworten, was ich nicht kapiere, schlage ich einfach im Wörterbuch nach.«

»Auf diese Unterhaltung bin ich gespannt«, sagte die Großmutter. Sie hatte ein schwarzes Taftkleid an und sah pompös aus.

Dann tauchte noch ein Gast auf. Ein großer, behäbiger Mann. Er trug eine blaue Schiffermütze und einen blauen Anzug, blieb auf dem Parkett stehen und schaute sich suchend um. Plötzlich kam der Pikkolo angefegt, sprach mit dem Mann, führte ihn an Haberlands Tisch und sagte: »Darf ich den Herrschaften meinen Onkel vorstellen? Herr Kapitän Schmauch.« Dann ging Hans wieder fort.

Die Kinder standen auf. Der Justizrat auch. Er begrüßte den Onkel des Pikkolos und bat ihn, am Tisch Platz zu nehmen.

Der Kapitän gab allen die Hand und meinte: »Nur nicht so förmlich. Sonst gehe ich wieder.«

Deshalb setzten sie sich alle. Der neue Gast bestellte beim Kellner einen Grog von Rum. Dann sagte er: »So'n Haufen junges Volk am Tisch – das ist ganz was Feines. Erzählt mal was aus der Schule, ihr Brüder. Seit ich vom Gymnasium flog, sind vierzig Jahre vergangen. Das war eine dolle Zeit.«

Die Jungen dachten nach. Aber es wollte ihnen nichts einfallen, was einen alten Kapitän interessieren konnte. Er blickte erwartungsvoll von einem zum andern, schlug sich aufs Knie und meinte: »Ist's die Möglichkeit! Da waren wir aber andre Kerls! Bei uns passierte jeden Tag irgendein Unfug.«

»Ach, so was wollen Sie hören?« rief Gustav.

»Dachtet ihr vielleicht, ihr sollt mir das Lied von der Glocke aufsagen?«

Gustav meinte: »Ich habe mir in der letzten Woche vor den Ferien ein Ding eingerührt, das war nicht von schlechten Eltern. Erst wollten sie mich gleich an die Luft setzen. Aber es hat sich noch einmal eingerenkt.«

Die andern hörten gespannt zu.

»Das kam so«, erzählte Gustav. »Vor der Physikstunde war große Pause. Und da war der Mehnert, das ist unser Primus, zum Direktor gelaufen und hatte einen von uns verraten. Nicht mich. Aber ich bin in der Klasse 'ne Art höhere Gewalt. Und wenn so was los ist, bin ich die Exekutive.

Nun hatte der gute Mehnert aber Angst und ließ sich in der Pause nirgends blicken. Er kam erst, als wir schon alle im Physiksaal saßen, mit Purzel, ich meine, mit Herrn Professor Kaul angerückt. Der Schuldiener war auch dabei. Der hilft dem Professor Kaul immer bei den Experimenten.

Es sollte irgendwas mit elektrischen Funken gezeigt werden. Die Funkenlänge oder etwas Ähnliches. Kaul und der Schuldiener bauten die Apparate auf. Und dann wurden die schwarzen Vorhänge zugezogen. Damit wir im Dunkeln die Funken besser sehen konnten. ›Mensch‹, sagte da Körte, mein Nachbar, leise. ›Das ist eine fulminante Gelegenheit. Du schleichst dich im Dunkeln vor bis an die erste Reihe, knallst dem Mehnert ein Ding hinter die Löffel, und ehe Purzel, nein, Professor Kaul Licht gemacht hat, bist du längst wieder auf deinem Platz.‹

Der Vorschlag gefiel mir kolossal. Denn wenn so'n Verräter wie Mehnert vor allen Leuten eine geklebt kriegt, daß es 'n Echo gibt, und bei Licht war's gar niemand, sondern die Gerechtigkeit persönlich – na, so ein überirdischer Vorgang ist natürlich ein Glücksfall.« Gustav sah sich prüfend um. Die andern lauschten angespannt.

»Na ja«, meinte er. »Es war stockdunkel. Wie im Kohlenkeller. Und Purzel, nein, Professor Kaul sagte, es ginge gleich los, und wir sollten auf die Funken Obacht geben. Und während nun alle Obacht gaben, schlich ich mich bis zur ersten Reihe vor und holte mächtig aus. Fehlgehen konnte die Ohrfeige nicht. Denn Mehnert sitzt seit Jahren in der ersten Reihe auf dem ersten Platz.

Ich holte, wie gesagt, enorm aus und knallte dem Kerl ein Ding, daß mir fast die Hand abgebrochen wäre.«

Kapitän Schmauch schlug sich aufs Knie. »Ausgezeichnet! Dann setztest du dich wieder hin. Und niemand war's gewesen.«

Gustav schüttelte melancholisch den Kopf. »Nein, ich setzte mich nicht wieder hin. Sondern ich blieb vor Schreck stehen, wo ich stand.«

»Vor Schreck?« fragte Klotilde. »Wieso vor Schreck?«

»Mehnert hatte nämlich keine Haare.«

»Keine Haare?« fragte Emil.

»Er hatte eine Glatze. Es war nämlich gar nicht Mehnert, sondern Purzel, nein, der Herr Professor Kaul.«

Sogar der Kellner, der den Grog für den Kapitän gebracht hatte, hörte zu.

»Jawohl«, meinte Gustav. »Professor Kaul hatte sich im Dunkeln neben Mehnert in die Bank gesetzt. Weil er das Experiment auch sehen wollte. Kann man ja verstehen. Physik ist für einen

Physikprofessor natürlich hochinteressant. Aber ich konnte ja schließlich nicht riechen, daß er sich im Finstern auf Mehnerts Platz gesetzt hatte.«

Kapitän Schmauch lachte derartig, daß man die Kapelle nicht mehr hörte. Obwohl sie gerade einen Marsch spielte.

Fräulein Klotilde Seelenbinder war ganz blaß geworden. »Entsetzlich!« flüsterte sie. »Da kriegt man ja Gänsehaut.«

Der Justizrat beugte sich vor. »Und wie ging die Geschichte weiter?«

Gustav kratzte sich hinterm Ohr. »Is ja alles halb so wichtig«, sagte er. »Aber immerhin. Mir ist schon manchmal wohler zumute gewesen. Na ja, plötzlich machte wer Licht. Und Purzel saß auf Mehnerts Platz und hielt sich die Glatze. Ein Wunder war's nicht, daß ihm der Kopf weh tat. Ich hatte mein möglichstes getan. Die Klasse saß da, als ob's gedonnert hätte. Und vor der Wandtafel stand unser alter Schuldiener und machte sein dämlichstes Gesicht. Und die elektrischen Funken sprühten fleißig weiter. Aber kein Aas guckte hin.

›Wer war das?‹ fragte Purzel, nein, Herr Professor Kaul nach einer langen Pause.

›Ich‹, sagte ich. ›Ich bitte um Entschuldigung, Herr Professor. Ich habe mich geirrt.‹

›Darauf kannst du dich verlassen‹, meinte er. Und dann rannte er mitten in der Physikstunde aus dem Zimmer. Dabei hielt er sich den Kopf, als hätte er Angst, er könnte ihm runterpurzeln, nein, runterfallen.«

»Fabelhaft«, meinte Pony. »Du bist ein Mordskerl!«

Gustav dachte nach. Dann sagte er: »Mir war nun schon alles egal. Während die andern noch baff dasaßen, griff ich mir Mehnert und verbleute ihn, bis er nicht mehr in seinen Anzug paßte. Er hat drei Tage gefehlt. – Na ja, und nachdem ich unsern edlen Primus vertrimmt hatte, kam der Pedell und transportierte mich zum Direktor. Purzel saß auf dem Sofa und hatte einen kalten Wickel im Genick.

›Ich erfahre soeben, daß du in der Dunkelheit einen alten verdienten Lehrer unsrer Anstalt überfallen hast‹, erzählte der Direktor. ›Wir werden dich selbstverständlich von der Schule weisen. Aber zuvor möchte ich dich ersuchen, uns die Beweggründe deines heimtückischen Unterfangens mitzuteilen.‹ Da war's aber bei mir zappenduster! Daß ich heimtückisch wäre, hat mir noch niemand gesagt. Na, und da packte ich gründlich aus. Ich sagte, wenn jemand ein heimtückischer Kerl sei, dann sei's der Vorzugsschüler Mehnert. Und der Genickschlag hätte eigentlich Mehnert gegolten, weil er in der großen Pause einen Klassenkameraden beim Direx verpfiffen hätte. Und sie könnten ja in den Physiksaal gehen und sich die Überreste ihres Lieblings gerührt betrachten. Wenn sie solche schlechten Charaktere lieber hätten als mich, könnte ich's auch nicht ändern. Und so weiter.«

Kapitän Schmauch betrachtete Gustav, der zornig dasaß, liebevoll. »Und was geschah dann?«

Gustav sagte: »Dann geschah etwas, was ich dem Herrn Professor Kaul bis an mein Lebensende nicht vergessen werde.«

»Was hat er denn getan?« fragte Emil.

»Er hat gelacht«, berichtete Gustav. »Gelacht hat er, daß ihm die Kompresse herunterfiel!«

Kapitän Schmauch schlug sich aufs Knie. Dann drehte er sich zu dem Kellner um, der noch immer dastand und zuhörte, und rief: »Ober, Grog Nummer zwei!«

Varieté in Korlsbüttel

Die Kapelle spielte einen Tusch. Auf der Bühne erschien ein schick angezogener, etwas zu geschniegelter Herr und begrüßte die so zahlreich Erschienenen im Namen der Hoteldirektion. Er versprach ihnen einen gelungenen Abend und machte anschließend ein paar Kalauer, über die er nur selber lachte. Das verdroß ihn, und er kündigte geschwind die erste Darbietung an. Und zwar Ferdinand Badstübner, den Caruso zur Laute.

Caruso Badstübner war ein dicker grauhaariger Herr mit Baßlaute und einer kleinen Studentenmütze. Die Laute hatte er in der Hand, die bunte Mütze hingegen auf dem Kopf. Er griff in die Saiten und schmetterte einige Lieder, die vorwiegend von Heidelberg, von einem Feinsliebchen, von schönen Wirtstöchtern und von ziemlich vielen Weinfässern und Bierkrügen handelten. Seine Stimme klang nicht mehr ganz neu. Als er am Ende war, schwenkte er sein Mützchen. Und dann fiel der Vorhang.

»Zum Studium blieb damals wohl gar keine Zeit übrig?« fragte der Professor seinen Vater.

»Die Lieder übertreiben«, erklärte der Justizrat. »Wenn wir gar nicht studiert hätten, dann hätten wir ja auch gar nichts gelernt.«

Klotilde wollte auch etwas wissen. »Wieso ist der alte Mann, der eben gesungen hat, eigentlich noch Student? Und wenn er Student ist, wieso singt er hier Lautenlieder vor?«

Die andern sahen einander an. Schließlich sagte die Großmutter: »Es ist wahrscheinlich ein Werkstudent.«

»Aha«, meinte Klotilde Seelenbinder. »Dann freilich.«

Und als die andern lachten, wußte sie nicht einmal weshalb.

Gustav sagte: »Ich werde überhaupt nicht studieren. Ich werde Autorennfahrer oder Kunstflieger.« Er wendete sich an Emil. »Wirst du studieren?«

Emil schloß einen Moment die Augen. Er dachte an Oberwachtmeister Jeschke und an die Unterhaltung mit ihm. – »Nein«, antwortete er. »Ich studiere nicht. Ich will so rasch wie möglich Geld verdienen und selbständig werden.«

Die Großmutter blickte ihn von der Seite an. Aber sie schwieg.

Die nächste Darbietung bestand aus einer akrobatischen Tänzerin. Sie wirbelte so schnell um ihre eigene Achse, daß man manchmal denken konnte, sie habe die Augen auf dem Rücken und den Hinterkopf im Gesicht.

Der Kapitän klatschte mit seinen Riesenfäusten so laut, daß es klang, als zerschlüge er prall mit Luft gefüllte Tüten. Er beugte sich vor und fragte Klotilde: »Können Sie auch so tanzen?«

Da kam er aber an die falsche Adresse. »Ich würde mich schämen«, erwiderte sie, »mich vor fremden Leuten derartig zu verrenken!«

»Na, aber zu Hause kannst du's ja einmal zeigen«, meinte der Professor. Und die Jungens grinsten bei dem Gedanken, daß Fräulein Seelenbinder, auch Schlips genannt, in der Veranda der Villa Seeseite den Handstand vorführen könnte, statt das Mittagessen zu kochen.

Dann spielte die Kapelle zum Tanz auf. Einige Gäste tanzten. Auch der Kapitän Schmauch. Mit Klotilde. Und der Justizrat mit seiner Frau. Die Großmutter wiegte den Kopf zur Musik und war guter Laune.

Plötzlich machte ein junger Mann vor Pony Hütchen einen Diener und fragte: »Gnädiges Fräulein, darf ich um diesen Tanz bitten?«

Emil blickte den jungen Mann an und lachte: »Das gnädige Fräulein kann noch gar nicht tanzen.«

Pony stand auf. »Hast du eine Ahnung, mein Junge«, sagte sie. »Ha!« Und dann tanzte sie mit dem jungen Mann, als hätte sie nie etwas anderes getan.

»Nun guckt euch bloß unser gnädiges Fräulein an!« rief der Professor. »Sie geht doch aber noch gar nicht in die Tanzstunde!«

Die Großmutter erklärte: »Uns jungen Mädchen ist das Tanzen angeboren.«

Gustav schüttelte den Kopf. »So 'ne Göre! Ist nicht älter als ich und spielt hier das gnädige Fräulein.«

Der nächste Tanz war ein Walzer. »Das ist was für uns junges Volk«, sagte der Kapitän zu Pony. Und dann walzte er mit der Kleinen durch den Saal, daß sich gar niemand anders zu tanzen traute. Manchmal schwenkte er Pony hoch durch die Luft. Es ging großartig. Hinterher applaudierten alle Gäste. Und sogar die Kellner. Der Kapitän ließ Pony einen Knicks machen. Und er selber machte auch einen!

Später erschien der geschniegelte Herr wieder auf der Bühne. Es sei ihm ein besonderes Vergnügen, meinte er, einen Vortragskünstler anzukündigen, der in allen berühmten Kabaretts des Reiches mit wahren Beifallsstürmen überschüttet worden sei.

»Da bin ich aber neugierig«, erklärte Kapitän Schmauch. »Wenn einer solchen Erfolg hat, kommt er hinterher ausgerechnet zu uns nach Korlsbüttel?« Sie warteten also, daß der Vorhang wieder aufginge.

Und als er das tat und der berühmte Künstler zum Vorschein kam, sagte Emil ganz laut: »Ach, du liebes Bißchen!«

Denn der große Künstler war niemand anders als der Ansager selber. Er hatte sich nur mit einem Zylinder, einem Spazierstock und einem Monokel ausgerüstet.

»Da bin ich«, behauptete er. »Als erstes bringe ich Ihnen einen seriösen Vortrag. Und zwar ein Chanson mit dem Titel ›Das Leben ist nun einmal so‹. Theobald, hau rein!« (Mit ›Theobald‹ meinte er den Klavierspieler. Und mit ›Hau rein!‹ das Klavier.)

Als er fertig war, erklärte die Großmutter: »Wenn dieser Klapsmann in großen Kabaretts aufgetreten ist, bin ich die Großherzogin von Lichterfelde-Ost.«

Der Vortragskünstler ließ zwei lustige Lieder folgen, die genauso traurig waren. Und dann kündigte er eine Pause von zehn Minuten an.

Die Jungens traten aus dem Hotel hinaus auf die Düne und betrachteten das Meer. Es lag glatt und bleifarben da. Nur der Widerschein des Mondes lief wie eine schmale silberne Straße über das dunkle Wasser.

Die Wellen klatschten in regelmäßigen Abständen ans Ufer. Die Silhouetten der vielen Strandkörbe hoben sich vom Himmel ab wie Kornpuppen auf einem nächtlichen Feld.

Es war ein klein wenig unheimlich unter dem von glitzernden Sternen übersäten Himmel.

Der Professor flüsterte: »Mir ist kalt.«

Da gingen sie in den Saal zurück und setzten sich wieder zu Pony und den Erwachsenen.

Nach der Pause trat die akrobatische Tänzerin noch einmal auf. Dann zeigte ein Zauberer phantastische Kartenkunststücke. Und dann endlich kam die Glanznummer des Abends, ›The three Byrons‹!

Was Mister Byron mit seinen beiden Zwillingen zuwege brachte, war geradezu unfaßbar. Die Zuschauer saßen steif auf ihren Stühlen und wagten kaum zu atmen. Am großartigsten wurde es, als sich Mister Byron rücklings auf ein Taburett legte und die Arme hochreckte. Jackie Byron, der größere Zwilling, machte in der rechten Handfläche seines Vaters den Kopfstand und Mackie Byron in der linken Hand. Erst hielten sie sich noch mit ihren Händen an Mister Byrons Armen fest. Aber dann ließen sie seine Arme los und legten ihre Hände stramm an die Hosennaht! So standen sie auf dem Kopf, wie kleine umgekehrte Soldaten. Hinterher sprangen sie wieder auf die Füße und lächelten, als sei gar nichts gewesen.

Mister Byron blieb auf seinem Taburett liegen, zog die Knie an den Leib und streckte die Füße hoch. Mackie legte sich bäuchlings auf die väterlichen Fußsohlen. Mister Byron bewegte jetzt die Füße, fast wie ein Radfahrer, und Mackie drehte sich auf den Sohlen seines Vaters um die eigene Längsachse wie eine rasende Spindel. Dann flog er plötzlich in die Luft, wirbelte um sich selber, fiel wieder auf Byrons Füße, wurde wieder hochgeworfen, drehte sich in der Luft um neunzig Grad und fiel – nein, er fiel nicht, sondern stand auf einmal mit seinen Füßen auf den Füßen Mister Byrons!

Klotilde meinte mit zitternder Stimme: »Ich kann gar nicht mehr hinsehen.«

Aber Emil, Gustav und der Professor waren hingerissen.

»Schade, daß der kleine Dienstag nicht mit ist«, sagte Gustav.

Dann legte sich Jackie Byron, der eine Zwilling, aufs Taburett, streckte die Arme hoch, ergriff die Hände seines Vaters, und dann machte dieser große, schwere Athlet auf Jackies hochgestreckten Armen einen Handstand!

»Daß dem Jackie nicht die Knochen brechen, ist mir rätselhaft«, flüsterte Emil.

Gustav nickte. »Daß da nichts passiert, spricht gegen sämtliche physikalischen Gesetze.«

Als die drei Byrons mit ihren Künsten zu Ende waren, brach ein unerhörter Beifall los. Die Korlsbüttler Einwohner, die vor dem Hotel standen und durch die Vorhangspalte blickten, klatschten so lange, bis die Fledermäuse aufgeregt umherflatterten. Der Bühnenvorhang mußte zwölfmal aufgezogen werden.

Gustav ergriff sein englisches Wörterbuch und stand, zum äußersten entschlossen, auf. »Los!« sagte er und lief davon. Der Professor und Emil folgten ihm eilig.

Sie erwarteten die Zwillinge im Korridor hinter der Bühne.

»Hallo, boys!« rief der Professor.

Die Zwillinge drehten sich um.

Als die drei Byrons mit ihren Künsten zu Ende waren, brach ein unerhörter Beifall los

»A moment, please«, bat Gustav.

Mackie, der Kleinere, setzte sich in Trab und verschwand in einem Hinterzimmer. Jackie blieb stehen.

»You are wonderful«, meinte Emil. »Very nice, indeed. My compliments, Byron.«

Jackie Byron kam auf sie zu. Er sah mächtig müde und verschwitzt aus.

Gustav blätterte im Wörterbuch. »Hallo, dear«, stotterte er dann. »We have seen you. It's the greatest impression in all my life, by Jove! Do you understand?«

Jackie Byron blickte die drei Jungen lange an. Dann sagte er leise: »Nu macht mal keinen Quatsch! Ich verstehe kein einziges Wort Englisch. 'n Tag, die Herren!«

Die drei Freunde machten verblüffte Gesichter.

Gustav klappte das Wörterbuch zu. »Mich trifft der Schlag. Ich denke, du bist Engländer?«

»Ach wo«, erwiderte Jackie. »Unsere Namen sind Künstlernamen. Ausländische Namen ziehen mehr. Was glaubt ihr wohl, wie ich in Wirklichkeit heiße?«

Sie zogen Stirnfalten und dachten nach. »Sag's lieber gleich«, empfahl der Professor. »Sonst könnten wir ja das ganze Adreßbuch durchraten.«

Jackie hielt einen Finger vor den Mund. »Ihr dürft es natürlich nicht weitererzählen. Ich heiße, nein, ich sag's doch lieber nicht.«

Emil meinte: »Ich heiße Tischbein. Viel schlimmer wirst du auch nicht heißen.«

»Doch«, sagte Jackie. »Also gut. Ich heiße Paul Pachulke und bin aus Berlin-Teltow.«

»Paulchen Pachulke«, flüsterte Gustav. »Aus Teltow an der Rübe!« Er staunte. »Na, is ja alles halb so wichtig. Ich heiße Gustav. Und wir wollten dir mitteilen, daß wir schwer begeistert sind. Mensch, ihr seid Sonderklasse.«

Jackie freute sich über das Lob. »Sehr angenehm«, sagte er. »Kommt ihr morgen wieder ins Bad?«

Sie nickten.

»Bis morgen also!« rief er und lief in das Zimmer, in dem sein Bruder vorhin verschwunden war.

Die drei Freunde standen im Korridor, blickten sich an und mußten schließlich lachen.

Gustav schob sein Wörterbuch verächtlich in die Tasche, hakte sich bei Emil und dem Professor ein und sagte: »Da habt ihr's. Dazu lernt der Mensch nun fremde Sprachen!«

Der dritte Zwilling taucht auf

Tags darauf regnete es Strippen. Sie blieben also zu Hause, schrieben Briefe und Ansichtskarten, spielten Schach und Halma, blickten dauernd aus dem Fenster und kamen sich wie Laubfrösche im Wetterglas vor. Glücklicherweise erschien der kleine Dienstag zu Besuch. Er hatte seines Vaters Schirm aufgespannt und stand wie ein Pilz im Garten.

Sie ließen ihn herein und schwärmten ihm von den drei Byrons und ihren Kunststücken vor. Sie berichteten ihm auch, daß Pony Hütchen ›gnädiges Fräulein‹ genannt worden war.

»Ja, ja«, sagte Dienstag. »Wir werden alt.«

Und weil Pony bei Klotilde in der Küche war und dort kochen lernte, rannten sie rasch über den Flur, rissen die Küchentür auf und riefen: »Gnädiges Fräulein, Ihr Tänzer steht draußen!«

Pony sah tatsächlich aus dem Fenster.

Da lachten die Jungen und rannten in die Veranda zurück. Dort sagte der Professor: »Habt ihr auch einen Aufsatz über Ferienerlebnisse aufgekriegt?«

»Klar«, meinte Gustav. »Es ist jedes Jahr dasselbe. Das schönste Ferienerlebnis und das spannendste Ferienerlebnis und das interessanteste Ferienerlebnis! Man verliert nach und nach die Lust, überhaupt noch etwas zu erleben!«

»Bei dem Sauwetter könnte man den Aufsatz eigentlich schon heute schreiben«, schlug der Professor vor. »Dann sind wir ihn los.«

Emil war dafür. Aber Gustav und Dienstag waren dagegen.

Der Professor suchte zu vermitteln. »Wir könnten wenigstens mit den Vorstudien anfangen.« Er holte ein Buch, das seinem Vater gehörte, vom Tisch und blätterte darin. »Vielleicht findet man etwas Passendes, und wenn's ein Zitat ist.«

»Unser Deutschlehrer haßt Zitate«, sagte Gustav. »Er ist der Ansicht, wir sollten uns gefälligst selber etwas einfallen lassen, statt aus Büchern abzuschreiben. Das sei genauso verwerflich wie das Abschreiben vom Nachbarn.« Er lachte vor sich hin. »Ich für mein Teil schreibe übrigens lieber von meinem Nachbarn ab.«

Emil fragte den Professor, was er lese.

»Das sage ich nicht«, meinte der. »Ihr müßt raten. Hört einmal zu!« Er setzte sich auf den Tisch und las: »Bei uns ist Gesang die erste Stufe zur Bildung, alles andere schließt sich daran und wird dadurch vermittelt. Der einfachste Genuß sowie die einfachste Lehre werden bei uns durch Gesang belebt und eingeprägt, ja selbst was wir überliefern von Glaubens- und Sittenbekenntnissen, wird auf dem Wege des Gesanges mitgeteilt.« Der Professor blickte auf. »Na, von wem ist das wohl?«

»Wahrscheinlich von dem Dirigenten eines Gesangvereins«, erklärte Gustav.

Der Professor lachte. »Falsch! Menschenskind, hast du dich aber blamiert! Es ist von Goethe!«

Dienstag sagte: »Wenn es von Goethe ist, Professor, ist es aber von von Goethe. Mit zwei von. Weil er adlig war.«

»Is ja alles halb so wichtig«, murmelte Gustav.

Der Professor las weiter. »Indem wir die Kinder üben, Töne, welche sie hervorbringen, mit Zeichen auf die Tafel schreiben zu lernen und nach Anlaß dieser Zeichen sodann in ihrer Kehle wiederzufinden, ferner den Text darunterzufügen, so üben sie zugleich Hand, Ohr und Auge und gelangen schneller zum Recht- und Schönschreiben, als man denkt. Und da dieses alles zuletzt nach reinen Maßen, nach genau bestimmten Zahlen ausgeübt und nachgebildet werden muß, so fassen sie den hohen Wert der Meß- und Rechenkunst viel geschwinder als auf jede andere Weise. Deshalb haben wir denn unter allem Denkbaren die Musik zum Element unserer Erziehung gewählt, denn von ihr laufen gleichgebahnte Wege nach allen Seiten.«

»War denn von Goethe Schuldirektor?« fragte Dienstag erstaunt. »Ich denke, er war Minister.«

»Alles mit Gesang!« rief Gustav außer sich. »Stellt euch einmal vor, wir müßten in der Penne Zinsrechnungen und Gleichungen mit einer Unbekannten singen! Ich kann das nicht schön finden.«

»Goethe meinte sicher nur die ersten Schuljahre«, sagte Emil. »In den Anfängen hängen doch alle Fächer viel enger miteinander zusammen.«

Da trat der Justizrat in die Veranda. »Was lest ihr denn da?«
Sein Sohn erzählte es ihm.

»Aha«, sagte der Justizrat. »Wilhelm Meisters Wanderjahre.«

»Ich bin ganz entschieden gegen gesungenen Unterricht«, erklärte Gustav. »Ich habe im Singen eine Vier. Weil ich total unmusikalisch bin. Nun stellt euch vor, ich müßte in allen Fächern und Unterrichtsstunden singen! In Latein, Mathematik, Geschichte und so – es ist gar nicht auszudenken.«

Dienstag rief: »Ohne Gesang wirst du in Latein und Mathematik auch nicht viel besser sein!«

»Stimmt«, sagte Gustav. »Also bitte schön, meinetwegen können wir von jetzt ab die unregelmäßigen Verben vierstimmig konjugieren.«

Justizrat Haberland lachte. »Die pädagogische Provinz, die Goethe in den ›Wanderjahren‹ beschreibt, ist das humanistische Wunschgebilde eines sehr alten und sehr großen Dichters. Später werdet ihr es besser verstehen.«

»So schwer verständlich ist das alles gar nicht«, erklärte der Professor. »Hört einmal zu!« Und er las: »Wohlgeborene, gesunde Kinder bringen viel mit; die Natur hat jedem alles gegeben, was er für Zeit und Dauer nötig hätte. Dieses zu entwickeln ist unsere Pflicht, öfter entwickelt sich's besser von selbst.« Er klappte das Buch zu und sah seine Freunde an. »Da habt ihr's!«

»Was haben wir?« fragte Gustav. »Wohlgeborene, gesunde Kinder sind wir alle, die wir hier sitzen. Und was weiter?«

Der Professor tippte mit dem Zeigefinger auf das Buch: »Goethe meint . . .«

»Von Goethe meint«, berichtigte Dienstag.

»Goethe meint, daß wir von Natur aus, sozusagen noch verborgen, schon alles besitzen, was wir fürs Leben brauchen. Es kann sich, meint Goethe, ganz von selber entwickeln. Es muß nicht dauernd jemand an uns herumdoktern. Mit Vorschriften und Aufsicht und Zensurverteilen.« Er blickte zu seinem Vater hinüber. »Du weißt genau, daß ich nicht dich damit meine, alter Herr. Aber viele Eltern und Lehrer packen es grundfalsch an.«

»Es ist verteufelt schwer«, sagte der Justizrat, »Kinder nicht zu sehr, aber auch nicht zu wenig zu erziehen. Und bei jedem Kind liegt der Fall anders. Das eine entwickelt seine angeborenen Fähigkeiten mühelos. Und bei dem andern muß man sie mit der Beißzange herausholen, sonst kämen sie nie ans Licht.« Er setzte sich. »Ihr werdet's schon noch erleben, wenn ihr später einmal selbst Väter sein werdet.«

»Darauf freue ich mich schon heute«, meinte Emil.

»Na«, rief der Justizrat, »manchmal kann man dabei auch graue Haare kriegen!« Er blickte zu seinem Sohn hinüber. »Du weißt genau, daß ich nicht dich damit meine, mein Junge.«

»Das mit dem ›Sich-selbst-Entwickeln‹ leuchtet mir ein«, erklärte Gustav. »Ich könnte bestimmt ohne Diktate, Nachsitzen und Zensuren ein ebenso guter Autorennfahrer werden. Nein,

ein noch viel besserer. Weil ich dann mehr Zeit zum Trainieren hätte.«

»Meine sehr geehrten Herren«, sagte der Justizrat lächelnd, »wollt ihr euch also einmal ein paar Tage von selber und ungestört entwickeln? Das könnt ihr haben. Ich ging vorhin am Reisebüro vorbei und las, daß übermorgen eine mehrtägige Reise nach Kopenhagen beginnt. Nun, ich war lange nicht mehr in Kopenhagen. Und in Klampenborg und in Marienlyst auch nicht. Ich habe Sehnsucht nach Dänemark und schlage vor, daß meine Frau und ich, Emils Großmutter, unsere Klotilde und Pony Hütchen übermorgen von Warnemünde aus mit dem Trajekt nach Norden abdampfen.«

»Und wir?« fragte der Professor.

»Ihr Jungens bleibt allein in Korlsbüttel. Mittagessen könnt ihr im Gasthof. Geld lasse ich euch da, falls ihr das nicht schon als einen zu großen Eingriff in eure Entwicklung anseht.«

»Wir sind nicht kleinlich«, meinte Gustav. »Das Geld nehmen wir.«

»Aber um alles andre müßt ihr euch selber kümmern«, meinte der Justizrat. »Da habt ihr reichlich Gelegenheit, euch nach Herzenslust zu entwickeln. Da seid ihr nur euch selber verantwortlich und könnt sehen, ob das ein Vergnügen oder eine Last ist. Einverstanden?«

Die Jungen waren begeistert.

Der Professor trat zu dem Justizrat und fragte stolz: »Gibt es einen besseren Vater als meinen?«

»Nein!« brüllten sie.

Der kleine Dienstag hob die Hand wie in der Schule und bat: »Herr Justizrat, können Sie meine Eltern nicht auch mitnehmen?«

Am Nachmittag regnete es noch immer. Als sie beim Kaffee saßen, tauchte Kapitän Schmauch auf. Klotilde mußte ihm einen steifen Grog brauen. Er setzte sich in den Lehnstuhl, stopfte seine Shagpfeife, paffte blaue Wolken gegen die Gardinen und sagte: »Hier ist's gemütlich! Seit ich gestern abend mit euch zusammen war, habe ich in meinem eignen Hause Budenangst.«

»Sie hätten, als Sie jünger waren, heiraten sollen«, entgegnete die Großmutter.

»Nee«, sagte der Kapitän. »Der Mann dauernd auf dem Ozean und die Frau Gemahlin dauernd allein zu Hause – das wäre auch nicht das Richtige gewesen. Heute abend gondle ich schon wieder auf ein paar Tage nach Südschweden. Holz frachtten. So geht das nun seit Jahrzehnten. Und immer solo! Wenn wenigstens der Hans für immer in Korlsbüttel bliebe. Aber wenn seine Lehrzeit als Pikkolo vorbei ist, geht er ja nach England und Frankreich. Ein Kellner muß in fremden Ländern herumgekommen sein und kann nicht wegen eines alten Onkels hierbleiben. Na ja, und so wird man älter und älter. Bis man eines schönen Tages nicht mehr älter wird.« Er war richtig gerührt. Deswegen bekam er noch einen Grog.

Dann aber mußte er an Bord. Er zog seinen Ölmantel an und stiefelte in den Regen hinaus. In Richtung Schweden.

Nach dem Abendessen saßen die Jungen wieder allein in der Veranda. Dienstag war noch da. Er hatte die Erlaubnis seiner Eltern, bis neun Uhr zu bleiben. Der Regen trommelte aufs Dach. Sie langweilten sich.

Plötzlich preßte sich ein Gesicht ans Verandafenster. Und es klopfte leise an die Glasscheibe.

Die vier sprangen auf. Der Professor lief zur Tür und riß sie auf: »Wer ist da?«

Hastig trat eine vermummte Gestalt ein.

Es war Hans Schmauch, der Pikkolo. »Entschuldigt die Störung«, sagte er. »Aber ich brauche euren Rat.« Er legte die nasse Pelerine ab. »Stellt euch folgendes vor: Gegen acht Uhr bestellte Mister Byron einen Tee bei mir. Auf sein Zimmer. Ich trug also den Tee hinauf. Als ich wieder gehen wollte, meinte er, er müsse mich was fragen. Es dürfe aber kein Mensch erfahren. Ich nickte. Was hätte ich andres tun sollen, nicht? Dann sagte er: ›Du bist ein ausgezeichneter Turner. Ich habe dich im Bad turnen sehen. Du hast Talent. Wenn ich dich ausbilde, kannst du ein großartiger Artist werden. Und vor allem bist du so wunderbar klein und leicht! Laß dich einmal heben!‹ Er hob mich mit einem Arm hoch und wirbelte mich derartig durch die Luft, daß mir schwarz vor Augen wurde. Dann setzte er mich wieder nieder. ›Ihr Tee wird kalt, Mister Byron‹, sagte ich und wollte aus dem Zimmer. Er aber verstellte mir die Tür und fragte, ob ich Lust hätte, Artist zu werden und mit ihm aufzutreten. ›Aber Sie haben doch schon Ihre Zwillinge‹, sagte ich. ›Wozu brauchen Sie denn einen dritten?‹ – ›Ich brauche keinen dritten‹, erklärte er. ›Sondern einen zweiten.‹ Und wißt ihr, was er dann sagte?«

Die Jungens lauschten aufgeregt.

Der Pikkolo fuhr in seinem Bericht fort: »Es klang so komisch, was er dann sagte. Und zugleich klang es so unheimlich! Er sagte nämlich: ›Jackie wird mir zu schwer!‹«

»Wenn ich dich ausbilde, kannst du ein großartiger Artist werden.«

»Zu schwer?« fragte Dienstag.

»Na ja. Jackie wächst. Und je mehr er wächst, um so mehr wiegt er. Und weil er zuviel wiegt, kann sein Vater manche Übungen mit ihm schon gar nicht mehr machen. Und andre Übungen klappen nicht mehr. Oder sie werden zu gefährlich. Wenn Jackie so weiterwächst, kann Mister Byron überhaupt nichts mehr mit ihm anfangen.«

Die Jungen standen da und schwiegen.

Der Pikkolo fuhr fort: »Aus diesem Grunde soll ich mit Mister Byron und Mackie fortfahren. Er will mit uns bei Nacht und Nebel ausreißen. Und Jackie soll keine Silbe davon erfahren. So einen Ersatz wie mich fände er so bald nicht wieder, hat Mister Byron gesagt.«

Emil griff sich an den Kopf. »Aber um alles in der Welt!« rief er. »Der Mann kann doch nicht einfach einen Sohn von sich irgendwo an der Ostsee sitzenlassen, bloß weil der Junge wächst! Das ist doch heller Wahnsinn! Was soll denn aus dem Jackie werden?«

»Das arme Paulchen!« flüsterte Gustav.

Der Professor ging auf und ab. »Das wäre ja noch schöner. Wir werden das unter gar keinen Umständen dulden. Einfach einen Zwilling versetzen! Und einen dritten engagieren! Das kommt gar nicht in Frage.«

»Ein Glück, daß unsre Erwachsenen nach Dänemark gondeln«, erklärte Gustav. »Da sind sie uns wenigstens nicht im Wege.«

Emil schlug auf den Tisch. »Dieser Muskelpietsch soll sich wundern. Das ist wieder einmal eine Sache für uns!« Er wandte sich an den Pikkolo. »Wann, glaubst du, will er durchbrennen?«

»Mister Byron richtet sich völlig nach mir«, meinte Hänschen Schmauch. »Ich sei eine nie wiederkehrende Gelegenheit.«

Der Professor erklärte: »Wir warten, bis die Erwachsenen fort sind. Dann halten wir sofort einen Kriegsrat ab. Bis dahin – Hans, höre gut zu –, bis dahin hältst du den Byron mit Redensarten hin. Verstanden?«

Der Pikkolo nickte.

Dienstag sagte: »Dieses Mal setze ich mich aber nicht wieder ans Telefon! Damit ihr's wißt!«

»Diesmal wird überhaupt nicht telefoniert«, erklärte Gustav. »Dieses Mal wird nur gehandelt.«

Hans Schmauch hängte sich seine nasse Pelerine um. »Ich höre also von euch.« Er ging zur Tür. »Parole Emil!«

Dann war er verschwunden.

»Parole Emil!« riefen die andern hinterher.

Draußen antwortete nur der heulende Wind.

Plötzlich ging die andere Tür auf. Klotilde Seelenbinder steckte den Kopf ins Zimmer. »Was war denn los?«

»Aber Schlips!« erwiderte der Professor. »Was soll denn los gewesen sein?«

Detektive unter sich

Am Morgen des übernächsten Tages fuhren die Erwachsenen mit Pony nach Warnemünde, um sich dort nach Dänemark einzuschiffen. Die Frauen, vor allem die schrecklich aufgeregte Klotilde, wollten den Jungens noch rasch tausend hauswirtschaftliche Ratschläge geben. Aber der Justizrat scheuchte sie ins Abteil, gab dem Professor zwanzig Mark und sagte: »Zu Mittag eßt ihr im Gasthof. Was ihr sonst braucht, besorgt ihr bei Kaufmann Warkentien. Außerdem habt ihr ja auch noch eiserne Reserven in Klotildens Speisekammer. Schließt abends das Haus gut ab! Macht keine Dummheiten! Und wenn ihr euch nicht zu helfen wißt, depeschiert nach Kopenhagen. Wir wohnen im Hotel d'Angleterre.«

»Telegramme werden nicht nötig sein«, behauptete der Professor.

»Um so besser«, erwiderte sein Vater. »Fröhliche Entwicklung!« Dann stieg er in den Zug. Die Frauen schauten aus dem Abteilfenster und nickten. Wenige Minuten später waren Emil, Gustav und der Professor allein. Und ihrer selbständigen Entwicklung stand nichts mehr im Wege.

Sie gingen in die Villa zurück. Es war trübes Wetter, und der Wind hatte kalte Hände. An Baden war nicht zu denken.

Der Professor holte Bleistift und Papier vom Schreibtisch und rückte seine Brille zurecht. »Zunächst«, erklärte er, »brauchen wir einen Arbeitsplan. Jeden Tag hat einer von uns Tagesdienst. Heute ich; morgen Emil; übermorgen Gustav. Der Tagesdienst muß die anderen wecken, er muß die nötigen Besorgungen erledigen, Kaffee kochen, das Abendbrot richten, den Hausschlüssel verwahren und überhaupt alles tun, was nötig ist.«

»Die Zähne putzt sich aber jeder selber?« fragte Gustav und kicherte albern. Dann wurde er ernst und sagte, er könne keinen Kaffee kochen.

»Du wirst es lernen«, meinte Emil.

Anschließend gingen sie zur Speisekammer und machten eine gründliche Bestandsaufnahme. Sie notierten genau, wieviel Eier, Büchsenkonserven, Würste, Kartoffeln, Gurken, Äpfel, Brot, Schmalz, Butter und so weiter vorrätig waren.

»Die Erwachsenen sollen staunen, wie leicht uns die Selbständigkeit fällt«, erklärte der Professor. Dann nahm er, weil er den Tagesdienst hatte, ein Marktnetz und ging zu Warkentien einkaufen. Emil und Gustav kamen mit.

Sie schauten sich in Warkentiens Laden lange um, und der Kaufmann empfahl ihnen alles mögliche.

Der Professor blickte seine Freunde verlegen an. Dann sagte er: »Entschuldigen Sie die Störung, Herr Warkentien. Aber wir haben, wie ich sehe, schon alles in der Speisekammer.« Und dann zogen sie mit dem leeren Marktnetz wieder heim.

»Das sind Erfahrungen«, erklärte der Professor zu Hause, »die man gemacht haben muß.«

»Aha«, sagte Gustav, holte sich einen Apfel und biß hinein.

Da nahm der Professor die Bestandsliste und strich einen der eingetragenen Äpfel durch. »Tadellose Ordnung ist das Nonplusultra«, sagte er.

Gustav murmelte kauend: »Alles halb so wichtig.«

Als sie mittags in den Gasthof gehen wollten, meinte Emil: »Das Geld könnten wir eigentlich sparen. Wißt ihr was? Ich koche selber!«

»Was kochst du denn?« erkundigte sich Gustav.

»Ich brate«, erklärte Emil und krempelte sich die Hemdsärmel hoch. »Eier sind da. Butter ist da. Schlackwurst ist da. Ich brate Spiegeleier auf Wurst. Damit wir satt werden, essen wir Brot dazu. Und hinterher gibt's Büchsenerdbeeren.«

Er band sich eine Schürze von Klotilde vor, legte Butter, Eier, Wurst, Messer und Salz auf den Tisch, stellte die Pfanne auf den Gasbrenner, tat Butter in die Pfanne, legte Wurstscheiben in die zischende Butter, schlug zwei Eier am Pfannenrand auf, goß den Inhalt geschickt aus den Schalen über die Wurst und streute eine Prise Salz über die ganze Geschichte.

Die Freunde verfolgten seine aufreibende Tätigkeit mit Spannung und stiller Bewunderung.

»Das Eigelb ist nicht kaputtgegangen«, stellte Emil voller Stolz fest. »Das ist das schwerste dran.«

Mit einemmal guckte der kleine Dienstag durchs offene Küchenfenster. Er kletterte mit einem Klimmzug aufs Fensterbrett und ließ sich dort häuslich nieder. Er schaute Emil zu und sagte anerkennend: »Wie 'n richtiger Koch!«

»Alles Übung«, antwortete Emil. »Wir haben doch kein Dienstmädchen. Und wenn meine Mutter über Mittag geschäftlich zu tun hat, kümmere ich mich ums Essen.«

Dann erzählte Dienstag, daß er in den nächsten Tagen bei dem Professor übernachten dürfe. Die Freunde fanden das großartig.

»Aber«, sagte er, »nach Kopenhagen wollten meine alten Herrschaften unter keinen Umständen mitfahren. Sie hätten keine Lust! Als ob das ein Grund wäre, wie?«

»Solche Dickköppe!« rief Gustav ärgerlich.

Dienstag zuckte die Achseln. »Da soll man sich nun selbständig entwickeln!«

Emil drehte die Gasflamme kleiner. »Wir können nicht gleichzeitig essen. Die Portion, die jetzt in der Pfanne ist, kriegt Gustav, weil er am verfressensten ist.« Die Jungens lachten. Nur Gustav lachte nicht, sondern sagte: »Ihr Feuertüten!« (Das Schimpfwort hatte er selber erfunden.)

Dann holte der Professor einen Teller und ein Besteck aus dem Geschirrschrank. Emil bugsierte die Spiegeleier auf den Teller und schnitt zwei Scheiben Brot ab.

Gustav setzte sich an den Küchentisch, brockte Brot über die Eier und fing an zu essen.

Der Professor holte ein Küchenhandtuch. Das banden sie Gustav um den Hals. Er sah wie ein Patient beim Zahnarzt aus.

Emil schlug die zweite Portion Wurst und Eier in die Pfanne.

Der Professor setzte sich auf die Küchenbank und sagte: »So, nun kommt die Hauptsache. Während Emil und ich essen und das Geschirr abwaschen, gehen Gustav und Dienstag ins Strandhotel und setzen sich mit Hans Schmauch in Verbindung. Vor allem müssen wir wissen, ob Mister Byron noch immer mit ihm ausreißen will. Wenn dem so ist, soll der Pikkolo mit Mister Byron alles besprechen. Wann sie fliehen wollen. Und ob mit der Bahn oder dem Dampfer.«

»Ich kann ihnen ja mein Motorrad borgen«, meinte Gustav ironisch. »Wozu sollen wir den Kerl überhaupt erst halb und halb ausreißen lassen? Das ist mir unbegreiflich! Wir können doch zu ihm hingehen und sagen: ›Hören Sie, mein Bester, machen Sie keine Wippchen! Bleiben Sie hübsch hier, sonst kriegen Sie's mit uns zu tun!‹ Das ist doch viel einfacher. Nicht?«

»Nein«, erklärte Emil. »Das ist nicht einfacher. Wenn wir ihm so kommen, bleibt er ein paar Tage hier und reißt dann doch noch aus! Wenn auch ohne Pikkolo. Aber Jackie sitzt dann genauso in der Tinte!«

»So ist es«, sagte der Professor. »Macht es, wie ich's euch vorgeschlagen habe.«

Emil fügte hinzu: »Und sagt Hans Schmauch, er solle als Zeitpunkt der Flucht möglichst den späten Abend vorschlagen!«
»Warum?« fragte Dienstag.
»Weil Jackie dann schläft und von der Flucht seines Vaters überhaupt nichts merkt. Wenn er am nächsten Morgen aufwacht, sind sein Vater und Mackie längst wieder da. Und ihm selber ist die Enttäuschung erspart geblieben.«
Gustav stand auf. »Das waren die besten Spiegeleier, die ich je gegessen habe. Hebt mir einen Teller Erdbeeren auf, ihr beiden Dienstmädchen!« Er schubste den kleinen Dienstag vom Fensterbrett in den Garten und sprang hinterher.
Man hörte sie über den Kiesweg rennen. Dann schlug die Gartentür zu.

Emil und der Professor hatten gegessen. Einen Teller mit Erdbeeren hatten sie für Gustav beiseite gestellt. Jetzt standen sie am Abwaschtisch. Emil spülte das Geschirr ab und putzte die Bestecke. Der Professor trocknete alles ab und tat es wieder in den Schrank.
Die Bratpfanne wurde am schwersten sauber. Doch endlich konnte man sich in ihr spiegeln.
Sie wuschen sich die Hände. Emil sagte, während er das Handtuch an den Nagel hängte: »Es scheint mit Vätern seine Schwierigkeiten zu haben. Dem einen Jungen will der Vater durchbrennen. Und der andre Junge soll einen neuen Vater kriegen, obwohl er eigentlich gar keinen haben will.«
»Welcher andre Junge?« fragte der Professor. Weil Emil nicht antwortete, blickte er zu ihm hin. Und plötzlich verstand er den Zusammenhang. »Ach so.«
»Ich habe noch mit keinem Menschen darüber gesprochen«, meinte Emil leise. »Auch mit meiner Mutter nicht. Mit ihr sogar am allerwenigsten.«
»Ich erzähle es nicht weiter«, sagte der Professor.
Emil hängte die Pfanne von einem Haken an den andern. Er drehte den Wasserhahn fester zu. Er schloß das Fenster. »Ich muß mit jemandem darüber sprechen. Es ist so schwer für mich, weißt du? Auf meinen Vater kann ich mich kaum besinnen. Seitdem sind meine Mutter und ich allein. Und ich bin nie auf den Gedanken gekommen, daß das anders werden könnte. Und ich dachte immer: Wenn ich erst einmal Geld verdiene, wird's schöner werden. Dann machen wir in den Ferien große Reisen. Oder auch kleine. Und wir nehmen uns eine größere Wohnung. Mit echten Möbeln und vielen guten Büchern. Und zweimal in der

Woche kommt eine Aufwartefrau. Und die Wäsche geben wir weg. Na ja, wie man sich das so ausmalt. Statt dessen kommt da plötzlich ein Mann und will meine Mutter heiraten. Und wer wird nun die größere Wohnung mieten? Er! Und wer wird mit meiner Mutter verreisen? Er! Und wer bestellt nun die Aufwartefrau? Er! Er verdient das Geld. Und ob ich welches verdiene, ist ganz unwichtig. Ich darf sogar studieren, sagt er. Immer ist er da! Und mit einemmal kann man seiner Mutter nicht mehr alles erzählen. Vielleicht interessiert sie's gar nicht mehr, denkt man. Und dann kann man abends nicht einschlafen. Und wenn sie hereinkommt, atmet man tief, als schliefe man doch! Dabei möchte man viel lieber laut heulen! Wie'n ganz kleiner Sextaner.« Emil schluckte schwer. Dann nahm er sich mächtig zusammen. »Na, es wird schon gehen. Wenn sie ihn liebhat, muß sie ihn natürlich heiraten. Es ist vielleicht gar nicht so wichtig, daß das Leben für mich nun nicht mehr so schön ist.«

»Schon möglich«, meinte der andere. »Aber hat sie ihn denn lieb?«

»Erlaube mal. Warum sollte sie ihn denn sonst heiraten? Bestimmt hat sie ihn lieb. Er ist ja auch ein netter Mann. Er und ich, wir verstehen uns soweit ganz gut.« Er blickte seinen Freund an. »Was hältst du von der Sache?«

Der Professor sagte: »Ich glaube, du bist zu egoistisch. Findest du nicht? Deine Mutter ist doch nicht nur deine Mutter. Sondern auch eine Frau. Seit dein Vater tot ist, hat sie das deinetwegen vergessen. Weil du klein warst. Aber nun bist du groß genug. Und da denkt sie seit langem wieder einmal an sich selber. Das ist ihr gutes Recht.«

»Das sage ich mir ja jeden Tag hundertmal. Aber es macht mich traurig, weißt du? Und es ist furchtbar schade.«

»Es ist vieles furchtbar schade im Leben«, meinte der Professor. »Das werden wir beide nicht ändern. Aber es ist immer noch besser, es ist für dich schade als für deine Mutter.«

»Selbstverständlich«, sagte Emil. »Aber ich glaube, ich habe zwei Menschen in mir drin. Der eine sieht alles ein und nickt mit dem Kopf. Und der andre hält sich die Augen zu und weint ganz leise. Kennst du das?«

»Ich habe davon gelesen«, erklärte der Professor. »Aber selber bin ich nicht so. Was ich eingesehen habe, tut mir nicht mehr leid.«

»Dann bist du zu beneiden!« meinte Emil nachdenklich. »Ich war jedenfalls sehr froh, als deine Einladung kam! Denn ich kann mich so schwer verstellen. Und vielleicht hätte sie etwas gemerkt. Stell dir das vor! Sie hätte sofort erklärt, daß sie ihn nicht nimmt. Denn das hat sie ihm ja gleich gesagt: ›Ich heirate nur, wenn mein Junge damit einverstanden ist!‹ Und da mußte er mich erst fragen.«

»Kolossal anständig von der Frau!« meinte der Professor anerkennend.

»Na Mensch«, sagte Emil. »Meine Mutter!«

Später zogen sie ihre Mäntel an und gingen den beiden Freunden entgegen. Sie trafen einander im Erlenbruch.

»Die Sache kommt morgen abend zum Klappen«, berichtete Gustav. »Morgen hat nämlich der Pikkolo seinen freien Tag. Und abends will der feine Herr mit seinem Zwilling junior und unserem Hans Schmauch türmen. Schmauch will von uns wissen, was er tun soll. Mister Byron, diese Feuertüte, will jedenfalls mit dem letzten Dampfer abhauen. Weil Jackie dann schon schläft. Von Warnemünde will er mit dem Zug nach Polen weiter. Dort hat er Verwandte, und dort will er, bevor er ein neues Engagement annimmt, mit dem neuen Zwilling trainieren.«

Dienstag sagte: »Ich habe einen ganz einfachen Plan. Wir bauen uns an der Dampferhaltestelle auf. Und wenn er anrückt, schicken wir ihn wieder ins Bett.«

Der Professor schüttelte den Kopf. »Der Plan ist zu einfach. So etwas kann vorkommen. Wir müssen den Burschen unterwegs abfangen. Wenn er sich nicht mehr herausreden kann. Er muß schon ein Stück gefahren sein. Sonst lacht er uns aus. Er muß Angst haben, wir könnten die Hafenpolizei alarmieren.«

Sie setzten sich auf eine vom Verschönerungsverein gestiftete Bank und berieten eine halbe Stunde lang. Dann war der Plan fix und fertig.

Und zwar war der Plan so: Der Pikkolo sollte Mister Byron klarmachen, daß er nicht gut mit ihm und einem Zwilling in Korlsbüttel an Bord gehen könne. Er, Hans Schmauch, wolle erst an der nächsten Station auf den Dampfer kommen. Also in Heidekrug.

»Und wie kommt der Pikkolo nach Heidekrug?« fragte Gustav.

»Fragen stellst du!« rief Emil. »Natürlich mit dir und deinem Motorrad!«

»Aha«, sagte Gustav.

»Die Detektive hingegen«, erklärte der Professor, »besteigen den Dampfer nicht in Heidekrug, wie Hans Schmauch, und nicht in Korlsbüttel, wie Mister Byron und Mackie, sondern noch früher. In Graal. Wir gehen in die Kajüte und können in Korlsbüttel beobachten, ob der alte Byron auch bestimmt an Bord kommt. In Heidekrug steigt der Pikkolo hinzu. Und kurz vor Warnemünde klettern wir an Deck und sagen: ›Sehr verehrter Herr Pachulke, wo haben Sie denn Ihren Sohn Paul? Und wieso reist denn statt seiner ein Pikkolo mit Ihnen? Wenn Sie nicht wollen, daß wir Sie in Warnemünde der Polizei übergeben, und zwar wegen Sohnesaussetzung und Kindesraub, dann seien Sie doch so liebenswürdig und kommen Sie schnell wieder mit uns nach Korlsbüttel zurück. Mit dem Zug oder mit dem Taxi auf Ihre werte Rechnung. Uns liegt außerordentlich daran, daß Jackie von alledem nichts erfährt.‹ Na, glaubt ihr etwa, er wird sich sträuben?«

»Er muß nach Korlsbüttel zurück«, rief Dienstag vergnügt. »Ihm bleibt gar keine andre Wahl.«

»Alles ganz schön und gut«, gab Gustav zu. »Aber wie kommen die Detektive nach Graal?«

Sie blickten ihn vorwurfsvoll an.

»Aha«, sagte Gustav. »Mit mir und meinem Motorrad.«

»Jawohl«, meinte Emil. »Du mußt die Strecke so lange hin- und hergondeln, bis alle Detektive in Graal sind. Und dann fährst du von Graal aus ganz allein über Korlsbüttel und Heidekrug bis nach Warnemünde und kundschaftest die nächste Hafenpolizei aus. Falls Mister Byron doch Schwierigkeiten machen sollte. Wenn wir mit dem Dampfer ankommen, bist du schon da und erwartest uns mit unserm Gefangenen. Ist dir das klar?«

»Mir schon«, erwiderte Gustav. »Aber meinem Motorrad noch nicht.«

Ein Abenteuer zu Wasser und zu Lande

Der nächste Tag war ein Dienstag. Als Emil, der den Tagesdienst hatte, frühzeitig die Haustür öffnete, um Milch und Brötchen hereinzuholen, blieb er wie angewurzelt stehen. Draußen, mitten im Gras, saß Hans Schmauch, der Pikkolo, und wünschte lachend guten Morgen.

»Ich habe doch heute meinen freien Tag. Den muß man ausnutzen.«

»Warum hast du denn nicht geklingelt?«

»Bloß nicht! Als Hotelangestellter weiß man, wie ekelhaft es ist, aus dem Bett geklingelt zu werden. Und hier im Gras war es sehr schön und friedlich. Das Barometer steigt.«

Sie gingen in die Küche und kochten Kaffee. Währenddem setzte Emil dem andern den Plan auseinander, den die Detektive am Abend vorher geschmiedet hatten, und sagte, als er damit fertig war:

»Ich wiederhole noch einmal die Hauptpunkte. Wir Detektive steigen schon in Graal auf den Dampfer. Byron und Mackie hier in Korlsbüttel. Du erst in Heidekrug. Und Gustav steht mit dem Motorrad in Warnemünde an der Anlegestelle. Wenn sich Byron sträubt, holt Gustav die Polizei. Wir andern halten den Artisten solange fest.«

Hans Schmauch fand den Plan ausgezeichnet. Sie deckten den Frühstückstisch und weckten die Freunde. Den kleinen Dienstag nannten sie, weil er in Ponys Bett geschlafen hatte, in einem fort ›gnädiges Fräulein‹.

Der Pikkolo klemmte sich eine Serviette unter den Arm und bediente sie mustergültig.

»Schon wie'n richtiger Ober«, bemerkte Gustav anerkennend. »Bitte, noch ein Glas Milch, Kellner.«

»Sofort, mein Herr«, sagte Hans Schmauch. Er sauste in die Küche, brachte ein Glas Milch, das er auf einem Tablett kunstvoll balancierte, setzte es vor Gustav hin und fragte: »Werden der Herr längere Zeit hierbleiben? Das Wetter verspricht schön zu werden. Und unser Hotel ist ein erstklassig geführtes Haus. Sie werden sich bei uns bestimmt wohl fühlen.«

»Tut mir leid«, meinte Gustav. »Ich muß sofort wieder nach Berlin zurück. Ich habe nämlich meine Frau und meine Kinder gestern in den Kleiderschrank gesperrt und versehentlich den Schlüssel mitgenommen.«

»Schade«, sagte Hans Schmauch. »Sonst hätten Sie am Freitag in unserm Kino den Film ›Emil und die Detektive‹ sehen können.«

»Was?« schrien die Jungens und sprangen auf.

Der Pikkolo holte ein Zeitungsblatt aus der Tasche und klemmte es an einem Bilderrahmen fest. Auf der Inseratenseite war eine große Anzeige, und diese hatte folgenden Wortlaut:

Emil und die Detektive

Ein Film mit zweihundert Kindern
Ein Film nach einer wahren Begebenheit
Ein spannender Film aus dem Alltag
Ein Film, der im Berlin von Heute spielt
Ein Film für Kinder zwischen 8 und 80 Jahren

Ab Freitag in den Leuchtturm-Lichtspielen

Sie lasen die Anzeige immer und immer wieder. Gustav stolzierte auf und ab und rief: »Hereinspaziert, meine Herrschaften! Hier sehen Sie die bedeutendsten Knaben der Gegenwart! Treten Sie hinein! Sie werden sich in der ersten Hälfte krank und in der zweiten Hälfte wieder gesund lachen!«

Der Professor meinte: »Ich habe Lampenfieber. Obwohl es nur ein Film ist. Und obwohl wir selber gar nicht mitgefilmt haben.«

»Es wird ja kein Mensch wissen, daß wir unter den Zuschauern sitzen«, tröstete Emil. »Oder, Hans, hast du etwa geklatscht?«

»Keine Silbe!« versicherte der Pikkolo. »Ihr seid völlig inkognito.«

»Dein Glück!« sagte Gustav. »Wir haben nämlich keine Lust, wie die Pfingstochsen angegafft zu werden.«

»Bloß nicht!« rief Dienstag. »Wir sind Jungens und keine Filmfatzken!«

Plötzlich schlug sich Hans Schmauch mit der Hand vor die Stirn. »So etwas von Vergeßlichkeit! Ich wollte euch doch zum Segeln abholen! Deswegen bin ich ja so früh aufgestanden.

Wißt ihr was? Wir machen eine richtige große Segelpartie mit Picknick und allen Schikanen. Nachmittags sind wir wieder zurück.«

»Ich bleibe hier«, erklärte Emil. »Ich habe Tagesdienst.«

»So was Blödes«, meinte Gustav. »Die Villa trägt keiner fort. Komm mit, du Feuertüte!«

»Wir haben reichlich Platz im Boot«, sagte der Pikkolo. »Eine Kajüte ist auch da.«

Emil blieb bei seinem Entschluß.

»Ich kann übrigens auch nicht mitkommen«, erklärte Dienstag. »Ich muß mit meinen Eltern zu Mittag essen. Sonst qualmt's. Wenn ich nicht zum Essen komme, verbieten sie mir todsicher, nachts hier zu schlafen. Und dann könnte ich die Jagd auf Mister Byron nicht mitmachen. Ich war schon einmal nicht dabei. Damals, als ich am Telefon bleiben mußte. Diesmal muß ich dabeisein. Sonst geht die Welt unter.«

Gustav sagte: »Na schön, dann segeln eben nur drei der Herren. Ich bediene den Motor, wenn wir ihn brauchen. Vom Segeln habe ich allerdings keinen Schimmer.«

»Aber ich!« erwiderte Hans Schmauch. »Ihr braucht nur zu tun, was ich anordne.«

Dann rannten sie in die Küche. Und der Professor gab Fourage aus. Fürs Picknick. Sie packten alles in einen alten Marktkorb: Äpfel, Konserven, Wurst, Brot, Butter, Messer, Gabeln, Teller und Servietten.

Emil, der Tagesdienst, notierte alles genau auf der Bestandsliste.

Gustav übernahm den gefüllten Marktkorb. »Das Zeug trage ich. Mit Eßwaren muß man sorgfältig umgehen.«

»Is ja alles halb so wichtig«, sagte Emil und lachte.

»Für Eßwaren gilt diese Redensart nicht«, meinte Gustav ernst. »Ehre, wem Ehre gebührt.«

Dann gingen sie zum Hafen.

»Seid pünktlich zurück!« rief Emil, als der Motor zu tacken begann. »Wir haben heute noch viel vor.«

»Ahoi!« brüllte Gustav. Er setzte sich neben die Ruderpinne.

»Er frißt schon wieder einen Apfel«, sagte Dienstag zu Emil. Dann rief auch er: »Ahoi!«

Die Jolle schob sich aus dem Hafen hinaus. Hans Schmauch stand am Mast und heißte das Großsegel vor.

Der Professor setzte seine Baskenmütze auf und winkte zurück. Das Boot glitt am Brückenkopf vorüber. Ins offene Meer hinaus. Es wehte ein leichter Wind.

»Jetzt haben sie den Motor abgestellt«, sagte Dienstag.
Emil nickte, hielt die Hand über die Augen und blickte hinter den Freunden her.
Hans Schmauch setzte das Focksegel. Das Boot glitt nach Nordwesten.

Um die gleiche Zeit saßen unsere Dänemark-Touristen in Kopenhagen auf der Terrasse eines Restaurants, das ›Frascati‹ hieß. Sie frühstückten und freuten sich über das wunderschöne Glockenspiel des Rathausturms. Außerdem bestaunten sie den Appetit ihrer Nachbarn.
»Je kleiner das Land, um so größer der Appetit seiner Bewohner«, erklärte Justizrat Haberland.
Emils Großmutter betrachtete das dänische Ehepaar, das am Nebentisch saß, und sagte: »Es ist ein Wunder. Wenn man bedenkt, was die beiden Leute gefuttert haben, seit wir hier sitzen, so müßten sie eigentlich längst zerplatzt sein.«
Das dänische Ehepaar ließ sich nicht stören. Der Kellner servierte gerade den nächsten Gang.
»Hier müssen ja die Köchinnen zu tun haben«, vermutete Fräulein Klotilde Seelenbinder. »Da hab ich's bei Ihnen besser, gnädige Frau.«
Frau Haberland lächelte dem alten Mädchen zu. »Fein, daß wir beide so zufrieden miteinander sind.«
Klotilde wurde rot und schwieg. Denn sie betete Frau Haberland an.
Pony Hütchen hockte über einem Notizbuch, das sie vorsorglich mitgenommen hatte, und trug ein, was sie auf der Reise seit ihrer Ankunft in Kopenhagen erlebt hatte. Es waren natürlich nur Stichwörter. ›Gedser‹ stand da. Und ›Feuerschiff‹. Vivel, prima Abendbrot. Tivoli, ein riesiger Rummelplatz. Amalienborg. Christiansborg. Alte Börse, prachtvolle Giebelreihe. Ausländische Kriegsschiffe, sogar japanische. Lange Linie, Strandbummel am Hafen. Thorwaldsenmuseum.
»Wie mag es jetzt den Jungen gehen?« fragte Klotilde.
Der Justizrat sagte: »Die sind froh, daß sie uns los sind.«
Klotilde Schlips wollte es nicht glauben.
Aber der Justizrat erklärte: »Das weiß ich nun besser, meine Liebe. Ich war ja selber einmal so'n Flegel.«
Pony blickte ihn ungläubig an.
Er lachte. »Doch, doch, Pony!« meinte er. »Es ist zwar schon lange her. Aber manchmal ist mir zumute, als sei's gestern gewesen.« Dann rief er den Kellner, zahlte und trieb zum Aufbruch.

Auf der Westerbroegade stiegen sie in einen Überland-Autobus und fuhren gemeinsam mit reisenden Engländern, Dänen und Franzosen durch die Insel Seeland. Die Straße führte nordwärts. Immer an sauberen Häusern und Gärten vorbei. Und überall blühten rote Kletterrosen. Ein Ort, der besonders hübsch war, hieß Klampenborg. Pony schrieb den Namen rasch in ihr Notizbuch.

Manchmal sahen sie zur Rechten das Meer. Es war aber kein Meer, sondern eine Meerenge, die der Sund heißt. Überseedampfer fuhren auf dem Sund. Mit Musikkapellen.

Und mit einemmal entdeckte Pony auf der anderen Seite des Sundes Land. Sie kam sich vor wie Kolumbus, zupfte den Justizrat aufgeregt am Ärmel und fragte: »Was ist das dort drüben?«

»Das ist Schweden«, sagte Justizrat Haberland.

»Aha«, meinte Pony. Und dann zückte sie ihr Notizbuch und trug ein: Schwedische Küste gesehen. Justizrat H. ein furchtbar netter Mann.

Das Segelboot ›Kunigunde IV‹ war seit vielen Stunden auf dem Wasser. Noch immer wehte eine leichte Brise. Der Pikkolo hatte dem Professor und Gustav gezeigt, wie man die Segel fiert. Sie hockten auf der Luvseite und gondelten vergnügt durch die Ostsee. Das Picknick hatten sie schon intus. Es war alles in schönster Ordnung. Die Sonne schien freigebig. Der Wind streichelte die braungebrannten Gesichter, als meine er's gut mit der Jugend.

Gustav legte sich in der kleinen Kajüte auf eins der Ruhebetten und träumte, er rase mit seinem Motorrad übers Wasser.

Der Professor saß neben dem Pikkolo, der die Ruderpinne bediente, und schaute ins Meer. Manchmal sah er eine bunt schillernde Qualle vorbeischwimmen. Manchmal einen Fisch.

Plötzlich rief Hans Schmauch: »Was ist denn das?« und zeigte geradeaus.

Vor ihnen lag eine Insel. Sie hielten auf sie zu.

Der Pikkolo meinte: »Das müssen wir uns aus der Nähe betrachten.«

Der Professor sagte: »Es scheint sich um einen Sandhaufen zu handeln. Mit etwas Gras drauf.«

Sie waren schon ganz nahe.

»Eine Palme!« rief Hans Schmauch. »Mitten in der Ostsee eine Palme! Man sollte es nicht für möglich halten.«

»Sie sieht aus, als hätte sie die Grippe«, stellte der Professor sachlich fest.

»Es ist eine Fächerpalme.«

Und dann gab es plötzlich einen Ruck!

Hans Schmauch und der Professor fielen von ihren Sitzen. Gustav richtete sich jäh auf und stieß mit dem Kopf an die Kajütendecke. Er fluchte. Dann kroch er aus der Kajüte heraus und fragte: »Gehen wir vielleicht zufällig unter?«

»Nein«, sagte Schmauch. »Wir sind gestrandet.«

Gustav betrachtete sich die Gegend. »Ihr seid ja Feuertüten! An diesem Sandhaufen konntet ihr wohl nicht vorbeisteuern, was? Wenn's wenigstens noch die Insel Rügen wäre!« Er kletterte aus dem Boot. »Aber mitten in der Ostsee, ausgerechnet auf dieser Wochenend-Parzelle aufzulaufen, das ist ja ein tolles Ding!«

»Ich wollte mir bloß die Palme ansehen«, sagte Schmauch ziemlich niedergeschlagen.

»Sieh sie dir nur gründlich an!« rief Gustav. Er trat an die seltsame Pflanze heran. »Eine Rarität, Herr Naturforscher! Eine Palme mit Topf. Das wäre etwas für Emil, unsern Botaniker!«

Der Professor sah auf die Uhr. »Trödelt euch aus! Wir müssen nach Korlsbüttel zurück.«

Sie stemmten sich also mit vereinten Kräften gegen das Boot und wollten es ins Meer zurückschieben. Sie arbeiteten, bis sie blaurote Köpfe bekamen. Aber das Boot wollte nicht. Es rührte sich nicht von der Stelle. Nicht einen Zentimeter!

Gustav zog Schuhe und Strümpfe aus und stieg ins Wasser. »Los!« kommandierte er. »Alle Mann, hau ruck! Hau ruck!« Plötzlich rutschte er auf dem schmierigen Gras und Moos, das unter Wasser wuchs, aus und verschwand für längere Zeit unter dem Meeresspiegel.

Als er wieder auftauchte, spuckte er zunächst einmal einen Liter Salzwasser aus. Dann rief er wütend: »So eine Schweinerei!« Dann zog er den pitschnassen Trainingsanzug aus und hängte ihn ärgerlich zum Trocknen auf den Palmenstrunk.

»Siehst du«, sagte der Professor. »Nun ist die Topfpflanze doch noch zu etwas nütze.«

Sie machten sich wieder über das Boot her und arbeiteten eine halbe Stunde wie die Möbelmänner, wenn sie Klaviere aufheben.

Aber das Segelboot war kein Klavier. Es blieb unveränderlich liegen, wo es lag.

»So ein Biest«, murmelte der kleine Schmauch. »Los, Leute! Hau ruck! Hau ruck!«

Umsonst! Alle Liebesmühe war vergeblich. Sie setzten sich

müde in den Sand und verschnauften. »Das kann ja heiter werden«, sagte Gustav. »Was machen wir bloß, wenn wir unsern Dampfer nicht flottkriegen?«

Schmauch legte sich hintenüber und schloß die Augen. »Wir holen die Segel ein und werden ein kleines Inselvolk. Ein Glück, daß wir Konserven mitgenommen haben.«

Gustav erhob sich und prüfte, ob sein Anzug schon trockner geworden war. Er wrang ihn aus und sagte: »Nun steht ja unsrer selbständigen Entwicklung überhaupt nichts mehr im Wege. Nicht mal 'n Telefon oder 'n Briefkasten ist hier. Die reinsten Robinsöne!«

Der Professor schlug mit der Faust in den Sand. »Wir müssen zurück!« rief er. »Wir müssen! Sonst rückt uns Mister Byron aus!«

Gustav blickte sich um. Es gab nichts als Meer und Wolken. Er lachte böse: »Wir können ja zu Fuß gehen, Professor!«

Paßkontrolle

Es war gegen Abend. Die Dämmerung war nicht mehr weit. Die Sonne ging hinter einer Wolke unter und überschwemmte die anderen Wolken und die See mit unendlich viel Rosa.
Emil und der kleine Dienstag standen seit über einer Stunde auf der Korlsbüttler Brücke und warteten geduldig auf ihre Freunde. Emil hatte für sie Stullen zurechtgemacht. Dienstag trug das Paket. Er war kolossal munter und freute sich wie ein Schneekönig auf die kommenden Ereignisse.
Segelboote in allen Größen bogen in den Hafen ein. Doch das Boot, auf das sie warteten, kam und kam nicht.
»Das sind sie!« rief Dienstag und zeigte auf ein Boot, das sich der Brücke näherte.
Aber sie waren es nicht.
Emil sagte: »Verstehst du das? Hoffentlich ist ihnen nichts passiert.«
»Was soll ihnen denn passiert sein? Es war doch kein Sturm und überhaupt nichts. Sie werden zu weit hinausgesegelt sein. Und die Heimfahrt dauert länger, als sie gedacht haben.«
Emil brüllte einem heimkehrenden Boot entgegen: »Haben Sie draußen ›Kunigunde IV‹ gesehen?«
Der Mann am Steuer rief: »Nee, wir sind unterwegs überhaupt keinem Mädchen begegnet!« Die andern im Boot lachten laut.
»So ein Dussel«, meinte Dienstag.
Und Emil sagte: »Wir warten noch eine halbe Stunde. Wenn sie dann noch nicht hier sind, müssen wir zu Fuß nach Graal pilgern, statt auf Gustavs Motorrad.«
Sie warteten.
Dann holte Emil einen Zettel aus der Tasche und schrieb: »Wir sind ohne Euch nach Graal. Beeilt Euch gefälligst und seid rechtzeitig in Heidekrug und Warnemünde!«
»Moment, Kleiner«, sagte er anschließend und rannte zum Hafen hinunter. An der Anlegestelle von ›Kunigunde IV‹ befestigte er den Zettel so, daß man ihn beim Landen sofort sehen mußte. Er pickte ihn mit einer Stecknadel an einen Pfahl. (Stecknadeln hatte er seit seinem Erlebnis mit Herrn Grundeis immer bei sich.)

Er rannte zum kleinen Dienstag zurück. »Immer noch nichts?«

»Immer noch nichts.«

»Solche Vagabunden«, sagte Emil. »Na, das kann nun alles nichts helfen. Da wollen wir mal die Beine unter die Arme nehmen!«

Und so trabten sie nach Graal hinüber. Manchmal im Dauerlauf. Manchmal im Marschtritt. Dienstag trug das Stullenpaket.

Im Walde war es dumpf und diesig. Sümpfe lagen nahebei. Und die Stechmücken fraßen die zwei eiligen Wanderburschen beinahe auf. Kröten hüpften über den Weg. Und in der Ferne rief ein Kuckuck.

Nach etwa einer Stunde kamen sie auf eine Wiese, auf der schwarz und weiß gefleckte Kühe weideten. Eine der Kühe, es konnte aber auch ein Ochse sein, galoppierte gesenkten Kopfes auf sie los. Sie rannten, was sie konnten. Endlich erreichten sie einen Zaun, kletterten hinüber und standen auf einem Strandweg. Die Kuh, oder der Ochse, blickte sie ernst an, drehte sich um und trollte sich zu der Herde zurück.

»So ein Rindvieh«, sagte der kleine Dienstag. »Einen so abzuhetzen! Und die Stullen hätte ich auch beinahe verloren.«

Um dieselbe Zeit blickte, auf einer Insel draußen im Meer, der Professor auf die Uhr. »Jetzt fährt der Dampfer in Graal ab«, sagte er. »Es ist zum Verrücktwerden.«

Hans Schmauch, der neben der Palme hockte, hatte Tränen in den Augen. »Ich bin an allem schuld. Könnt ihr mir verzeihen?«

»Quatsch keine Opern«, meinte Gustav. »Meine Herren, im Leid zeigt sich erst die wahre Größe! Außerdem wird Emil diesen Mister Pachulke auch ohne unsere gütige Mitwirkung zur Strecke bringen. Emil und Dienstag sind ja nicht auf den Kopf gefallen.«

Der Professor sagte: »Sie können die Jagd ohne uns nicht durchführen. Emil und Dienstag, das sind viel zu wenig Detektive! Dazu kommt, daß sie natürlich noch immer in Korlsbüttel am Hafen stehen und auf uns warten. Vielleicht alarmieren sie gerade jetzt die Hafenpolizei, weil unser Boot noch nicht zurück ist.«

Gustav war anderer Meinung. »Wozu soll Emil die Polizei alarmieren? Was kann uns hier schon geschehen? Wir schlafen in der Kajüte. Zu essen haben wir auch genug. Na, und morgen wird schon irgendwann ein Fischerboot oder ein Dampfer an dieser blödsinnigen Insel vorbeikommen.«

»Du redest, wie du's verstehst«, entgegnete der Professor. »Woher soll denn Emil wissen, daß wir auf dieser Insel sitzen? Das kann er doch nicht riechen!«

Gustav war völlig verblüfft. »Richtig! Natürlich weiß er das nicht. Entschuldigt bitte. Ich bin manchmal entsetzlich dämlich.«

Der Pikkolo sagte traurig: »Emil denkt sicher, daß wir gekentert sind. Und daß wir uns nur noch mühsam am Bootskiel anklammern. Und daß wir am Ersaufen sind.« Er putzte sich gerührt die Nase. »Und morgen früh kommt mein Onkel aus Schweden zurück.«

»Mensch, gibt das Ohrfeigen!« meinte Gustav nachdenklich. »Vielleicht sollten wir lieber für den Rest unseres Lebens auf der Insel bleiben? Wie? Vom Fischfang könnten wir uns leidlich ernähren. Glaubt ihr nicht? Aus den Segeln könnten wir ein Nomadenzelt bauen. Und vielleicht gibt's auf diesem idiotischen Archipel Feuersteine. Dann angeln wir Treibholz, trocknen es, zünden es an und braten Fische. Früh, mittags und abends. Was haltet ihr von meinem Vorschlag?«

»Er ist deiner würdig«, sagte der Professor ironisch. »Vielleicht wachsen eines Tages auf der Palme Kokosnüsse. In den Nußschalen braten wir Möweneier. Und die Kokosmilch gießen wir in den Frühstückskaffee.«

»Haben wir denn Kaffee?« fragte Gustav erstaunt.

»Nein, aber du hast einen Klaps!« rief der Professor. »Hans, wie lange reicht das Trinkwasser?«

»Wenn wir sparsam sind, ungefähr einen Tag«, antwortete der Pikkolo.

»Wir werden noch sparsamer sein!« erklärte der Professor streng. »Es muß zwei Tage reichen. Hoffentlich regnet's morgen. Dann stellen wir leere Konservenbüchsen auf und sammeln Regenwasser.«

»Großartig!« rief Gustav. »Professor, du bist immer noch der alte Stratege.«

»Und die Eßvorräte schließ ich ein«, sagte der Professor. »Ich übernehme die Verteilung.«

Gustav hielt sich die Ohren zu. »Bitte, redet nicht immer vom Essen«, bat er. »Sonst kriege ich sofort Hunger.«

Der Professor trat ans Ufer und blickte übers Meer.

Gustav stieß den Pikkolo in die Rippen und fragte leise: »Weißt du, wie er dasteht?«

*Woher sollte Emil wissen,
daß sie auf dieser Insel saßen?*

»Nein.«

»Wie Napoleon auf Sankt Helena«, flüsterte Gustav und kicherte.

Als der Dampfer in Korlsbüttel anlegte, blickten Emil und Dienstag angespannt durch das Kajütenfenster. Dienstag preßte die Nase gegen die Scheibe. »Und wenn der Byron nun nicht einsteigt?«

»Dann sausen wir, bevor sie die Seile loswinden, hinauf und springen an Land«, erklärte Emil. »Aber dort kommt er schon!«

Mister Byron und Mackie, der kleinere Zwilling, betraten das Schiff. Sie hatten mehrere große Koffer bei sich. Endlich war alles verstaut. Der Mann trat an die Reling. Mackie setzte sich auf eine Bank. Der Brückenwärter schlang die Seile los und warf sie einem der Matrosen zu. Der Motor stampfte. Das Schiff setzte sich wieder in Bewegung.

Die beiden Jungen blickten nach dem Strand hinüber. Die erleuchteten Fenster der Korlsbüttler Häuser wurden kleiner und kleiner. Das Wasser klatschte an die Bullaugen.

»Es riecht so nach Öl«, flüsterte Dienstag. »Mir wird mulmig.«

Emil öffnete das Fenster. Kalte Nachtluft strömte herein. Salzwasser spritzte ihnen ins Gesicht. Dienstag steckte den Kopf aus dem Fenster und holte tief Atem. Dann setzte er sich auf die Bank, lächelte Emil zu und sagte: »Wenn das meine Eltern wüßten!«

Emil dachte einen Augenblick lang an seine Mutter in Neustadt und an seine Großmutter in Kopenhagen. Dann nahm er sich zusammen. Er klopfte Dienstag aufs Knie. »Es wird schon alles gutgehen. Paß auf, Kleiner, in Heidekrug kommt der Pikkolo an Bord. Dann wissen wir, daß auch die andern auf dem Posten sind. Und alles übrige ist eine Kleinigkeit.«

Emil hatte sich geirrt. Hans Schmauch kam in Heidekrug nicht an Bord!

Darüber wunderten sich nicht nur Emil und Dienstag. Noch mehr wunderte sich Mister Byron. Er setzte sich neben Mackie, den einen Zwilling, und kratzte sich am Kopf. Drüben am Ufer glitt die dunkle Rostocker Heide vorüber.

Emil stand auf. Dienstag rutschte erschrocken von der Bank. »Was ist das?« flüsterte er.

»Es ist soweit«, sagte Emil. »Die andern sind nicht gekommen. Wir müssen die Angelegenheit allein regeln. Komm!« Sie kletterten die Treppe hinauf und wanderten suchend über Deck.

Hinter dem qualmenden Schornstein saßen, von Koffern umgeben, ein Mann und ein Junge.

Emil trat hinzu. Dienstag hielt sich dicht hinter ihm. Er schleppte noch immer das Stullenpaket, das sie den Freunden hatten mitbringen wollen.

Emil sagte: »Mister Byron, ich muß Sie sprechen!«

Der Mann blickte erstaunt auf. »Was gibt's?«

»Ich komme im Auftrag meiner Freunde«, sagte Emil. »Wir wissen, daß Sie den Pikkolo Hans Schmauch in Heidekrug erwartet haben und mit ihm fliehen wollten.«

Mister Byron bekam böse Augen. »Deswegen ist der Kerl nicht gekommen? Ihr Lausejungen habt es ihm ausgeredet?«

»Mäßigen Sie Ihre Ausdrücke. Ich nenne Sie ja auch nicht, wie ich gern möchte.«

»Tu's doch«, bat Dienstag.

»Da ist ja noch einer«, meinte Byron.

»Guten Abend, Herr Pachulke«, sagte der kleine Dienstag.

Der Mann lachte ärgerlich.

Emil erklärte: »Wir kommen vor allem Jackies wegen. Schämen Sie sich denn nicht, den armen Jungen bei Nacht und Nebel zu verlassen?«

»Ich kann ihn nicht mehr brauchen!«

Dienstag trat energisch vor. »Und warum? Weil er Ihnen zu schwer ist. Wir wissen alles, mein Herr. Aber ist das ein Grund?«

»Natürlich ist das ein Grund«, behauptete der Mann. »Ich konnte mit ihm nicht länger arbeiten. Mein Repertoire hat darunter gelitten. Ich bin ein Künstler. Versteht ihr das? Ich könnte im ›Colosseum‹ in London auftreten! Wenn ich doch bloß schon vor zwei Jahren geahnt hätte, daß der Bengel so schnell wachsen würde! Ich könnte mich backpfeifen!«

Emil geriet in Wut. »Tun Sie das nur! Wir werden Sie nicht daran hindern. Ich kann es nicht fassen, daß ein Mensch so roh sein kann. Was soll denn aus Jackie werden, wie?«

»Soll er vielleicht betteln gehen?« erkundigte sich Dienstag. »Oder soll er in die Ostsee springen? Oder Fürsorgezögling werden? Wir erlauben es nicht!«

»Meine Freunde und ich«, sagte Emil, »haben einstimmig beschlossen, daß Sie mit uns nach Korlsbüttel zurückkehren.«

»So, so!« Mister Byron rollte die Augäpfel. »Steckt eure Nasen lieber in eure Schulbücher, ihr Grünschnäbel!«

Dienstag erwiderte: »Wir haben doch Ferien, Herr Pachulke!«

»Wir dulden unter gar keinen Umständen«, bemerkte Emil, »daß Sie einen Ihrer Zwillinge ins Unglück stürzen, nur weil er nicht klein bleibt, sondern wächst. Ich ersuche Sie, mit uns zurückzukehren. Wir sind in wenigen Minuten in Warnemünde. Dort erwarten uns unsere Freunde. Und wenn Sie weiterreisen wollen, übergeben wir Sie der Polizei.«

Der Hinweis auf die Polizei schien Mister Byron nicht zu gefallen.

»Also?« fragte Emil nach einer Weile. »Wollen Sie Ihren väterlichen Pflichten nachkommen? Oder sollen wir Sie festnehmen lassen?«

Der Mann sah plötzlich sehr erleichtert aus. »Väterliche Pflichten?« fragte er.

»Jawohl, Herr Pachulke!« rief Dienstag entrüstet. »Das ist wohl ein Fremdwort für Sie?«

Mister Byron lächelte finster. »Deswegen nennt mich der alberne Knirps dauernd Pachulke? Ich heiße ja gar nicht Pachulke!«

Die zwei Jungen staunten. »Wie heißen Sie denn?«

»Anders«, antwortete er.

»Na ja. Aber wie denn sonst?«

»Anders«, erklärte der Mann. »Ich heiße Anders.«

»Nennen Sie doch schon Ihren richtigen Namen!« rief Emil. »Daß sie anders heißen, haben Sie uns schon ein paarmal mitgeteilt.«

Mackie, der bis jetzt geschwiegen hatte, sagte: »Er heißt nicht anders, sondern Anders. Er heißt Anders, wie andre Müller oder Lehmann heißen. Er heißt Herr Anders.«

»Ach so!« rief Emil.

»Haben Sie einen Personalausweis bei sich?« fragte Dienstag.

»Meinen Paß«, bemerkte Mister Anders.

Dienstag fragte höflich: »Darf ich den Paß einmal sehen?« Und weil der Artist sich sträubte, fügte Dienstag hinzu: »Sie können ihn ja auch bei der Polizei zeigen, wenn Ihnen das lieber ist.« Der Mann zog seinen Paß aus der Tasche. Dienstag nahm ihn und studierte ihn sachlich wie ein Zollbeamter bei der Grenzkontrolle.

»Stimmt die Personalbeschreibung?« fragte Emil.

Dienstag sagte: »Der Name stimmt. Mister Byron heißt tatsächlich Anders.« Dann las er vor: »Beruf – Artist. Gestalt – auffallend groß und kräftig. Gesicht – gewöhnlich. Haarfarbe – schwarz. Besondere Kennzeichen – Tätowierung am rechten Oberarm.« Er gab den Paß zurück. »In Ordnung. Danke schön.«

Emil waren sämtliche Felle weggeschwommen. »Sie sind also gar nicht Jackies Vater?«

»Nein«, brummte Mister Anders. »Ich bin weder sein Vater noch seine Mutter. Jackie und Mackie sind auch keine Zwillinge. Sie sind nicht einmal Geschwister. Und Mackies Vater bin ich auch nicht. Sondern Mackie heißt in Wirklichkeit –«

»Josef Kortejohann«, vollendete Mackie. »Der Name Byron und das familiäre Drum und Dran sind Geschäftsrücksichten. Jackie tut mir natürlich auch leid. Das läßt sich ja denken. Aber wir können ihn tatsächlich nicht mehr brauchen. Der Junge hat Pech, daß er wächst.«

Schon zuckte der Scheinwerfer vom Warnemünder Leuchtturm über Wellen und Himmel. Und die hellen Fenster des Hotels zwinkerten freundlich.

Emil war noch immer wie vor den Kopf geschlagen. Endlich riß er sich zusammen und sagte: »Ich finde es trotzdem unrecht, den armen Jungen sitzenzulassen. Ich fühle mich, auch im Namen meiner Freunde, für Jackies Zukunft verantwortlich. Deshalb muß ich Sie bitten, mir Geld für ihn mitzugeben. Wenigstens für die ersten Wochen.«

»Ich denke ja gar nicht daran«, rief Mister Anders aufgebracht, »wildfremden Jungen Geld zu geben.«

Emil holte einen Zettel aus der Tasche. »Sie erhalten selbstverständlich eine Quittung mit unsern Unterschriften.«

»Und wenn ich nichts gebe?« fragte der Mann spöttisch.

»Das können Sie sich ja noch überlegen«, sagte Emil. »Wenn Sie sich weigern, lassen wir Sie verhaften.«

»Aber ich bin doch nicht Jackies Vater!« rief Mister Anders. »Was soll ich denn bei der Polizei?«

»Das erklärt Ihnen dann schon die Polizei«, meinte Dienstag sanft. »Die kennt sich in solchen Geschichten besser aus als wir.«

Emil setzte sich unter eine Bordlampe. »Ich schreibe schon immer eine Quittung über hundert Mark aus.«

»Ihr seid wohl wahnsinnig geworden?« fragte der Mann. »Hundert Mark? Man sollte euch den Kragen umdrehen!«

»Nicht doch!« sagte Dienstag.

Mackie mischte sich ein. »Das ist zuviel. Soviel Geld haben wir nicht übrig.«

»Lügst du?« fragte Dienstag.

»Nein«, meinte Mackie. »Mein Ehrenwort.«

»Dann also fünfzig Mark«, erklärte Emil. Er schrieb die Quittung aus und unterschrieb sie. »Komm, Kleiner, unterschreibe auch!«

Dienstag setzte seinen Namen unter die Quittung. Und Emil hielt dem Mann den Zettel hin. Doch Mister Anders tat nichts dergleichen.

Der Dampfer näherte sich der Anlegestelle.

»Wie Sie wollen«, sagte Emil ernst.

Der Dampfer hielt und wurde vertäut.

Emil sagte: »Gut, mein Herr. Jetzt hole ich den Kapitän.« Er ging auf die Kommandobrücke zu und wollte gerade die Treppe emporklettern.

»Hier!« rief Mister Byron. Er zerrte die Brieftasche wütend aus dem Jackett und hielt Emil einen Geldschein hin.

Emil nahm den Schein. Es waren fünfzig Mark. Er sagte: »Bitte schön, hier ist die Quittung.«

Der Mann nahm den Koffer auf. »Behaltet euren Wisch! Und schert euch zum Teufel!« Dann ging er an Land. Mackie folgte ihm. Er drehte sich noch einmal um. »Schönen Gruß an Jackie!« Er tippelte hinter dem Riesen her, der Anders hieß, und verschwand. Emil steckte die Quittung in die Hosentasche.

Kurz darauf standen er und Dienstag im Bahnhofsgebäude. Sie studierten den Fahrplan. Emil zuckte die Achseln. »Es geht kein Zug mehr, Kleiner. Und es geht auch kein Dampfer mehr. Wir müssen trotzdem sofort nach Korlsbüttel zurück. Wir müssen endlich wissen, was aus den anderen geworden ist. Hoffentlich sind sie inzwischen eingetroffen.«

Der kleine Dienstag sagte: »Wir wollen also zu Fuß hinüber?«

Emil nickte. »Ich denke, in drei Stunden schaffen wir's.«

»Dann also hoppla!« meinte Dienstag müde. »Der Marsch durch die nächtliche Wüste kann beginnen. Ich komme mir schon wie 'n Fremdenlegionär vor.«

»Ich komme mir überhaupt nicht mehr vor«, erklärte Emil.

Während Gustav, der Professor und ein Pikkolo in einem gestrandeten Segelboot schliefen, während sich Kapitän Schmauch in der Kajüte seines Handelsschiffes, das auf der Ostsee schwamm, einen Glühwein genehmigte, und während Emil und Dienstag auf der finsteren Chaussee nach Markgrafenheide pilgerten, saßen unsre Dänemark-Touristen in ihrem Kopenhagener Hotel, gegenüber der Oper, und aßen vergnügt zu Abend. Die Autobusfahrt durch Seeland, die Besichtigung von Hamlets Grab und von der Festung Helsingör hatten sie hungrig gemacht. Sie aßen, unterhielten sich und lachten.

Nur Frau Haberland, die Mutter des Professors, war noch stiller als gewöhnlich. Sie lächelte auch nicht, wie sie's sonst tat.

»Was hast du denn?« fragte der Justizrat. »Kopfschmerzen.« »Ich weiß nicht, was es ist. Aber ich habe Angst. Ich habe das Gefühl, als ob in Korlsbüttel nicht alles so wäre, wie es sein sollte.«

Der Justizrat legte den Arm um ihre Schultern. »Aber, aber! Du hast fixe Ideen, meine Liebe. Immer, wenn wir unterwegs sind, glaubst du, dem Jungen fällt in jedem Moment ein Ziegelstein auf den Kopf.« Er lachte. »Die Jungens schwärmen für selbständige Entwicklung. Da darf man sie nicht stören. Sonst werden sie bockig. Na, Muttchen, nun sei mal wieder fröhlich!«

Sie lächelte. Aber nur, um ihm einen Gefallen zu tun.

Es war eine Stunde später. Auf der dunklen Chaussee nach Heidekrug überholte ein Molkerei-Fuhrwerk zwei langsam dahinwandernde Knaben.

Der Kutscher bremste. »Wo wollt ihr denn noch hin?«

»Nach Korlsbüttel«, rief der größere von beiden. »Könnten Sie uns ein Stück mitnehmen?«

»Setzt euch hinten drauf!« sagte der Kutscher barsch. »Aber schlaft nicht ein. Sonst fallt ihr vom Wagen.«

Emil half Dienstag hoch und kletterte neben ihn. Das Fuhrwerk fuhr weiter. Eine Minute später schlief der kleine Dienstag. Emil hielt den Freund fest und blickte, während der andere schlief, in den dunklen Wald hinüber und zu dem Sternenhimmel empor. Er überdachte den Tag. Habe ich etwas falsch gemacht? Was soll jetzt aus Jackie werden? Und wo mögen Gustav und der Professor sein?

Dienstag schlang im Schlaf beide Hände, samt dem Stullenpaket, um Emils Hals. Eine Eule flog lautlos über die Wipfel. Das Pferd scheute. Der Kutscher beruhigte es brummend. Dann drehte er sich um und wollte die Jungen etwas fragen. Als er aber Dienstag in Emils Armen fest schlafen sah, schwieg er und wandte sich wieder seinem Gaul zu.

Emil fühlte sich sehr einsam.

Die Rückkehr des Kapitäns

Am Mittwoch, zeitig in der Frühe, landete Kapitän Schmauch wieder in Korlsbüttel. Die Hafenarbeiter, welche die Ladung löschen sollten, standen schon am Kai. Der Kapitän erledigte die üblichen Formalitäten mit dem Zollbeamten. Dann ging er an Land. Ihm war kühl, und er spazierte zum Strandhotel hinauf, um einen heißen Kaffee zu trinken.

Kaum war der Kellner verschwunden, erschien der Wirt hastig, begrüßte den Kapitän und fragte: »Haben Sie eine Ahnung, wo Ihr Neffe steckt?«

Der Kapitän lachte sehr: »Immer gut aufgelegt, was? Schicken Sie mir den Bengel einmal her. Ich möchte ihm guten Morgen wünschen.«

»Aber er ist doch nicht hier! Er hatte gestern seinen freien Tag und ist seitdem nicht wiedergekommen. Seit gestern abend sind übrigens auch Mister Byron und einer seiner Zwillinge spurlos verschwunden. Nichts wie Scherereien hat man!«

Der Kapitän sprang auf. »Bestellen Sie den Kaffee ab!« rief er. Dann rannte er, so schnell ihn seine alten Seemannsbeine trugen, zum Jachthafen. Sein Segelboot lag nicht da! Ihm wurden die Knie schwach. Er blickte sich hilfesuchend um. Da sah er an einem der Anlegepflöcke einen Zettel hängen.

Er kniete hin, riß den Zettel ab und las ihn durch. Es war Emils Notiz vom vorigen Abend.

Der Kapitän erhob sich mühsam und lief schwer atmend in den Ort hinein. Endlich stand er vor der Villa Seeseite. Er riß das Gartentor auf und klinkte an der Haustür. Sie war verschlossen. Er rannte um das Haus herum und blickte durch das Verandafenster.

In einem Stuhl am Tisch saß Emil Tischbein. Er hatte die Arme und den Kopf auf die Tischplatte gelegt und schlief.

Auf dem Sofa an der Wand lag der kleine Dienstag und schlief auch. Er war in eine Kamelhaardecke eingewickelt, und aus dem Sofakissen schaute nur der Schopf heraus.

Die Verandatür war auch verschlossen. Der Kapitän trommelte mit den Fingern gegen die Scheibe. Erst leise. Aber die Jungen wachten nicht auf. Er klopfte stärker und immer stärker.

Schließlich blickte Emil hoch. Erst ganz verschlafen. Doch plötzlich kam Leben in seine Augen. Er sah sich erstaunt in der Veranda um, schien sich an vieles zu erinnern, fuhr sich durch das verstrubbelte Haar, sprang hoch und schloß die Tür auf.
»Wo ist Hans?« rief der Kapitän.
Emil erzählte schnell alles, was er wußte. Zum Schluß sagte er: »Wir kamen erst mitten in der Nacht aus Warnemünde zurück. Dienstag wachte überhaupt nicht auf. Ich hob ihn von dem Fuhrwerk herunter, schleppte ihn hierher auf das Sofa und deckte ihn zu. Ich setzte mich in den Stuhl und wollte warten, bis der Morgen käme. Dann wollte ich die Hafenpolizei alarmieren. Und dann wollte ich Jackie auf das, was geschehen ist, vorbereiten und ihm als ersten Trost die fünfzig Mark geben. Und wenn das Segelboot nicht gefunden würde, wollte ich nach Kopenhagen telegrafieren. Ins Hotel d'Angleterre.« Er zuckte die Achseln. »Aber ich muß dann plötzlich eingeschlafen sein. Entschuldigen Sie vielmals, Herr Kapitän. Was werden Sie jetzt tun?«
Der alte Kapitän Schmauch ging zur Tür. »Ich werde alle Motorboote auftreiben, die verfügbar sind! Wir müssen die See absuchen. Wecke deinen Freund! Und kommt zum Hafen hinunter!« Er lief eilig davon.
Emil trat ans Sofa und rüttelte Dienstag wach. Sie putzten sich rasch die Zähne, wuschen sich flüchtig, schnürten das Stullenpaket auf, das Dienstag den ganzen vorigen Tag mit sich herumgeschleppt hatte, und rannten kauend aus dem Haus.
An der Wegkreuzung blieb Emil stehen. »Kleiner, laufe zum Hafen hinunter! Vielleicht kannst du dem Kapitän nützlich sein. Ich wecke Jackie und bringe ihn mit.« Er trabte zur Düne.

Eine halbe Stunde später verließen zweiundzwanzig Fischkutter, fünf Segeljachten und sieben Motorboote den Korlsbüttler Hafen. Hinter dem Brückenkopf fuhren sie in Fächerform auseinander. Es war vereinbart worden, daß die benachbarten Fahrzeuge einander nicht aus den Augen verlieren sollten. Dadurch hoffte man, nichts, was irgendwie auffällig wäre, zu übersehen.
Kapitän Schmauch stand am Ruder des Motorbootes ›Argus‹. Der Besitzer, ein Fabrikant, hatte es ihm zur Verfügung gestellt. Emil, Dienstag und Jackie knieten auf den Bänken und blickten aufmerksam über die Wellen. Manchmal lag das Boot so schief, daß den Jungen das Salzwasser ins Gesicht klatschte.
Jackie sagte: »Ich glaube fast, ich habe mich noch gar nicht bei euch bedankt. Das lag am Schreck. Der erste Schreck ist immer

*Eine halbe Stunde später verließen zweiundzwanzig Fischkutter,
fünf Segeljachten und sieben Motorboote den Hafen*

der beste. Also, habt heißen Dank. Auch für das Geld.«
Er drückte ihnen die Hand. »So, und nun will ich mich mal um den alten Onkel kümmern. Dem ist viel mulmiger zumute als mir.«

Er trat neben den Kapitän und nickte ihm munter zu. »Machen Sie sich keine Sorgen, Käptn«, meinte er. »Es ist bestimmt nichts Schlimmes passiert. So etwas fühle ich. Ich habe nämlich die vierte Dimension.«

Der Kapitän blickte steif geradeaus.

Jackie sah sich um. Links draußen stampfte ein dunkler Fischkutter durch die Wellen und ganz rechts eine schlohweiße Jacht. »Eine Frage, Käptn. Gibt's hier irgendwo Sandbänke? Oder kleine Inseln oder so was Ähnliches?«

Der alte Seemann ließ für eine Sekunde das Ruder los. Sie trudelten wie ein Kreisel durch die Wellen. Dann griff der Kapitän wieder fester zu. Noch fester als früher. »Junge!« rief er außer sich. »Das ist eine Idee! Wenn du recht hättest!« Mehr sagte er nicht.

Aber er änderte den Kurs.

Die drei Robinsöne waren sehr, sehr zeitig aufgewacht. Sie hatten wie die Schneider gefroren, waren aus der Kajüte geklettert und hatten Freiübungen gemacht, bis die Sonne höher stieg.

Dann hatten sie ein paar Schluck Wasser getrunken und Konserven gefrühstückt. Nun standen die geleerten Konservenbüchsen mit offenen Mäulern im Sand und warteten auf Regenwasser. Doch es regnete nicht. Im Gegenteil. Der Himmel war blau wie seit Tagen nicht.

»Ich hätte nie für möglich gehalten«, erklärte Gustav, »daß mich schönes Wetter so maßlos ärgern könnte. Man lernt nie aus.«

Der Professor war böse. »Wenn wir keine Konservenbüchsen hätten, regnete es jetzt in Strömen. Das ist immer so.«

»Trotzdem hat alles sein Gutes«, entgegnete Gustav. »Stell dir vor, du hättest deinen Aufsatz über das interessanteste Ferienerlebnis neulich schon geschrieben! Nicht auszudenken! Du könntest das Heft glatt ins Feuer schmeißen.«

»Es erscheint mir fraglich, ob wir in unserm Leben überhaupt noch einmal Aufsätze schreiben werden«, sagte der Professor melancholisch.

Gustav rief: »Wenn's weiter nichts wäre! Das könnte ich notfalls verschmerzen. Aber der Gedanke, daß ich mein Motorrad nicht wiedersehen soll, könnte mich weich stimmen.« Er pfiff vor sich hin.

Hans Schmauch zog sein weißes Hemd aus und hißte es an der Flaggleine hoch. »Vielleicht findet man uns dann leichter«, meinte er.

Später versuchten sie es noch einmal, die ›Kunigunde‹ flottzukriegen. Sie wankte und wich nicht.

»Das Luder hat über Nacht Wurzeln geschlagen«, sagte der Pikkolo. »Es hat keinen Zweck.« Als sie wieder im Sand hockten, erklärte er: »Jetzt hört mich einmal an! Ich bin an dem Malheur schuld. Das Trinkwasser reicht bis morgen früh. Wenn wir bis heute nachmittag nicht aufgestöbert werden, schnalle ich mir eine der Schwimmwesten um, die im Bootskasten liegen, und versuche hinüberzuschwimmen. Vielleicht erwische ich schon unterwegs ein Fischerboot oder einen Dampfer.«

»Ausgeschlossen!« rief Gustav. »Wenn einer von uns losschwimmt, dann selbstverständlich nur ich!«

»Ich habe die Sache eingerührt«, erklärte der Pikkolo. »Ich löffle sie aus.«

»Darauf kommt's überhaupt nicht an«, sagte Gustav. »Schwimmen wird der, der am besten schwimmt. Verstanden?«

»Also ich!« meinte der Pikkolo.
»Nein, ich!« entgegnete Gustav.
»Ich schwimme!«
»Nein, ich.«

Sie sprangen auf. Sie wollten aufeinander losgehen.

Da warf der Professor jedem eine Handvoll Sand ins Gesicht. Sie spuckten fürchterlich und wischten sich die Augen sauber.

»Ihr seid wohl vollkommen übergeschnappt?« fragte der Professor ruhig. »Legt euch lieber hin und schlaft ein paar Stunden. Dann vergeßt ihr Essen und Trinken. Und dann reichen die Vorräte länger.«

Sie legten sich folgsam in den Sand und schlossen die Augen.

Der Professor setzte sich ins Boot, lehnte sich gegen den Mast und überwachte den Horizont.

Das Motorboot ›Argus‹ stampfte unbeirrbar durch die Wellen. Manchmal, wenn die Jungen sich festzuhalten vergaßen, purzelten sie von ihrer Bank quer durchs Boot auf die andere Seite. Dienstag hatte bereits eine Beule auf der Stirn. Kapitän Schmauch stand wie ein Denkmal am Steuer. Sie folgten seinem

Blick über die Wasserwüste. »Dort!« rief er plötzlich und zeigte in die Ferne. Aber sie sahen nichts.

»Eine weiße Flagge!« rief er begeistert. »Das sind sie!« Er nickte Jackie zu. »Deine Frage vorhin war Gold wert, mein Junge.«

»Was denn für eine Frage, Käptn?«

»Ob es hier Inseln gäbe«, erwiderte er. »Die Kerls sind auf der Insel mit der Palme festgefahren. Na, die können ja was von mir erleben!«

Die Jungen drängten sich um ihn. Jackie meinte: »Ich hab's ja gleich gewußt, daß nichts Schlimmes passiert ist.«

Der Kapitän lachte erleichtert. »Richtig. Du hast ja die vierte Dimension!«

Emil rief: »Jetzt sehe ich auch etwas Weißes! Und einen Mast!« Jackie schrie: »Ich auch!«

Dienstag sah immer noch nichts. Als ihm Emil beim Suchen helfen wollte, bemerkte er, daß sein Freund weinte. Die Tränen liefen ihm über die braungebrannten Backen.

»Was hast du denn, Kleiner?«

»Ich bin so scheußlich froh«, flüsterte Dienstag. »Du brauchst es Gustav und dem Professor aber nicht zu erzählen, daß ich ihretwegen geheult habe. Sonst bilden sie sich auch noch was drauf ein, diese blöden Feuertüten!« Er lachte unter Tränen.

Emil versprach zu schweigen.

»Drei Gestalten sind's!« rief der Kapitän. »Und meine ›Kunigunde‹ ist's auch. Na, wartet nur, ihr Brüder! Wenn ich euch erwische!«

Gustav und der Pikkolo sprangen wie die Buschneger auf der kleinen Insel hin und her. Sie winkten und johlten.

Der Professor rührte sich nicht vom Fleck und zeichnete mit dem Finger Figuren in den Sand. Später erhob er sich, las die leeren Konservenbüchsen auf und warf eine nach der andern nachdenklich ins Wasser.

Der Pikkolo kletterte auf das Segelboot, holte sein Hemd, die weiße Flagge, wieder ein und zog es rasch an.

Da schoß auch schon das Motorboot durch den Gischt. Der Motor setzte aus. Der Kapitän warf ein Tau durch die Luft. Hans Schmauch fing es geschickt auf und knotete es am Heck des Segelbootes fest. Nun lagen die zwei Fahrzeuge dicht nebeneinander.

»Hurra, ihr Feuertüten!« rief Gustav.

Kapitän Schmauch sprang als erster vom ›Argus‹ auf die ›Kunigunde IV‹.

Sein Neffe trat vor ihn hin und sagte: »Onkel, ich bin an allem schuld.«

Der Kapitän gab ihm eine Ohrfeige, daß es nur so knallte, und rief: »Gott sei Dank, daß ihr gesund seid!«

Die nächsten Schritte

Die Heimkehr der umfangreichen Rettungsflottille und die Ankunft der Schiffbrüchigen gestaltete sich zu einem kleinen Volksfest. Auf der Seebrücke, an den Hafenkais und sogar in den Zugangsstraßen standen die Einheimischen und die Kurgäste dicht gedrängt und winkten. Es war um die Mittagszeit. Und in etwa zwanzig Küchen brannte mittlerweile das Essen an.

Kapitän Schmauch schickte die Jungen auf einem Umweg ins Strandhotel. Er selber ging mit den Fischern und Schiffern, die bei der Suche geholfen hatten, in den Dorfkrug. Dort spendierte er zwei Faß Bier und zwei Lagen Köm. Nachdem er seinen Freibiergästen Bescheid getan und sich bei ihnen bedankt hatte, stiefelte er stracks ins Strandhotel und bestellte für sich und die Jungen ein herzhaftes Mittagessen.

Sie setzten sich, um unter sich zu sein, ins ›Zimmer für kleine Vereine‹ und futterten wie die Scheunendrescher. Währenddem berichteten sie einander ausführlich, was sie erlebt hatten. Hans Schmauch saß, obwohl er doch eigentlich im Hotel Pikkolo war, an der Mittagstafel neben den andern und wurde vom Kellner Schmidt, seinem unmittelbaren Vorgesetzten, aufs zuvorkommendste bedient.

Als Nachtisch gab es Schokoladenpudding mit Vanillesauce.

»Ich möchte vorschlagen«, sagte der Kapitän, »daß wir über die Robinsonade, die einigen unter euch zugestoßen ist, den Schnabel halten. Morgen kommen eure Erwachsenen aus Dänemark zurück. Sie brauchen von dem kleinen Zwischenfall kein Wort zu erfahren. Sollte sich die Sache nicht verheimlichen lassen, so möchte ich die Anwesenden bitten, alles auf mich zu schieben. Ich bringe es dann schon in Ordnung.«

Emil und der Professor sprangen auf.

Der Kapitän winkte ab. »Ich weiß schon, was ihr sagen wollt. Ihr seid natürlich stolz und wollt eure Schulden selber bezahlen.« Er schüttelte den Kopf. »Es genügt, daß ich Bauchschmerzen gekriegt habe! Schont die Erwachsenen! Wir Großen haben schwache Nerven!«

Emil und der Professor setzten sich wieder auf ihre Stühle.

»Na also«, sagte der Kapitän freundlich. »So, und jetzt geht Onkel Schmauch Holz verkaufen.« Er drehte sich um. »Herr Ober, zahlen!«

Nach dem Essen rannten die Jungen zum Hafen hinunter. Nur Hans Schmauch blieb im Hotel. Er zog seine Kluft an und war wieder Pikkolo, als sei nichts gewesen. Die anderen holten aus dem Segelboot ›Kunigunde IV‹ den Marktkorb mit den übriggebliebenen Eßwaren heraus und überführten ihn feierlich in die Speisekammer der Villa. Gustav tat sich wichtig. »Heute hab endlich einmal ich Tagesdienst!« rief er. Er legte die Bestandsliste auf den Küchentisch und führte darin, so gut er's verstand, Buch. (Sehr gut verstand er's nicht.)

Dann schickten sie Jackie Pachulke ins Hotel, damit er seinen Koffer und seine sieben Zwetschgen hole. Sie stellten mittlerweile das unbenutzte Feldbett, von dem Klotilde seinerzeit erzählt hatte, in ihrem Zimmer auf. Denn im Hotel konnte Jackie ja nun nicht länger bleiben.

Als das erledigt war, sagte der Professor: »Eigentlich müßten wir jetzt erst einmal ausführlich schlafen.« Er hatte sich auf der Insel, trotz der südlichen Palme, erkältet und sprach gewaltig durch die Nase. »Doch wir müssen das Schlafen bis auf weiteres verschieben und zunächst einmal überlegen, was wir für Jackie tun können. Daß Mister Anders fünfzig Mark ausgespuckt hat, ist zwar ganz schön. Aber sehr alt kann der Junge damit nicht werden. Eltern hat er nicht. Geschwister hat er nicht. Wann er ein neues Engagement kriegt, wissen die Götter. Was schlagt ihr vor?«

Der kleine Dienstag hob die Hand. »Wir gehen jetzt in den Garten. Wir sind vier Detektive, und der Garten hat vier Ecken. Jeder Detektiv setzt sich in eine Ecke und denkt angestrengt nach. Nach fünf Minuten treffen wir uns am Gartentisch wieder. Und dann berichtet jeder, was ihm in seiner Ecke eingefallen ist.«

Der Vorschlag wurde angenommen. Sie rannten in den Garten hinaus. Jeder in eine andere Ecke. Dort dachten sie nach.

Das Wetter war beängstigend schön. Die Grillen spielten Mandoline. Die Heuschrecken sprangen von Grashalm zu Grashalm. Vom Erlenbruch her hörte man einen Pirol pfeifen.

Fünf Minuten später trafen sie sich verabredetermaßen an dem großen runden Gartentisch und nahmen, ernst wie Schöffen, Platz. Emil sah sich um und sagte: »Ich habe das dumpfe Gefühl, daß einer fehlt.«

»Gustav«, stellte Dienstag fest.

Sie rannten in Gustavs Ecke. Der Motorradmeister lag längelang im Gras und schlief.
Der Professor rüttelte ihn kräftig. »He, junger Mann!«
Gustav öffnete mühselig die Augen. »Was'n los?«
»Du solltest doch nachdenken«, sagte der kleine Dienstag streng.
Gustav setzte sich auf. »Wie soll man denn nachdenken können, wenn ihr einen stört?«
»Ach so!« rief Emil. »Du hast nachgedacht! Und was ist dir eingefallen?«
»Nichts, ihr Feuertüten!«
Sie lachten. Dann zogen sie ihn hoch und trabten zu dem Tisch zurück.
»Die Sitzung ist eröffnet«, erklärte der Professor. »Emil hat das Wort.«
Emil stand auf. »Werte Zuhörer! Am Freitag, das ist übermorgen, wird hier in Korlsbüttel, in den Leuchtturmlichtspielen, der Film ›Emil und die Detektive‹ aufgeführt. Wir hatten uns vorgenommen, uns nicht zu erkennen zu geben und uns den Film als ganz harmlose Zuschauer anzusehen. Wir können nun aber, glaube ich, Jackie helfen, wenn wir das Geheimnis lüften und dem Kinobesitzer mitteilen, wer wir sind. Es widerspricht zwar unseren Prinzipien und geht uns gegen den Strich. Aber in der Not frißt der Teufel Fliegen. Der Kinobesitzer kann dann zum Beispiel eine Anzeige in der Zeitung erscheinen lassen. Oder er kann über das Plakat, das an den Anschlagsäulen hängt, einen Zettel kleben lassen, auf dem steht, daß die Detektive bei einigen Aufführungen persönlich anwesend sein werden. Dann kommen vielleicht mehr Kinder in sein Kino als sonst. Und dafür, daß er durch uns mehr verdient, kann er dem Jackie die Einnahmen der ersten Vorstellung schenken.« Emil setzte sich.
Die andern nickten nachdenklich.
»Erhebt sich kein Widerspruch?« fragte der Professor. »Der Vorschlag ist ungewöhnlich ausgezeichnet. Wir werden uns, um Jackie helfen zu können, zu erkennen geben müssen.« Er machte eine Pause. »Emils Vorschlag ist einstimmig angenommen. Es bleibt uns nichts andres übrig. So. Und nun erteile ich mir das Wort. Ich schlage vor, daß einer von uns zu der Redaktion der ›Bäder-Zeitung‹ geht und mit dem Redakteur redet. Dieser Mann muß sofort einen Artikel abdrucken, den einer von uns schreibt und in dem anschaulich erzählt wird, wie Jackie von seinem Mister Anders verlassen worden ist und daß es für alle Kinder in Korlsbüttel und den benachbarten Bädern Pflicht ist,

für Jackie geradezustehen und Geld zu sammeln. Und in ein paar Tagen wird dann mitgeteilt werden, wieviel Geld zusammengekommen ist.« Er setzte sich.

»Prima!« rief Gustav. »Erhebt sich kein Widerspruch? Nein. Der Vorschlag des Professors ist angenommen! Ich erteile Dienstag das Wort.«

Der kleine Dienstag stand auf. »Ich wollte vorschlagen, daß Gustav und vielleicht noch einer von uns heute nachmittag auf dem Motorrad durch alle Badeorte sausen und überall den Kindern am Strand berichten, was passiert ist und daß man Jackie dringend helfen muß. Vielleicht kann man in jedem Ort am Strand ein Schild anbringen, auf dem alles draufsteht. Dann können es alle lesen und weitererzählen.« Er setzte sich.

»Sehr gut!« riefen die andern.

Und Gustav sagte: »Ein Glück, daß mir nichts eingefallen ist! Wir wüßten gar nicht, wohin mit den Einfällen.«

Sie redeten noch eine Weile hin und her. Dann rannten sie in die Veranda und malten mit Buntstiften acht Schilder. Eins für Korlsbüttel. Eins für Graal. Eins für Müritz. Eins für Heidekrug. Eins für Warnemünde. Eins für Heiligendamm. Eins für Ahrenshoop. Und eins für Brunshaupten.

Dann holte Gustav seine Maschine aus dem Pavillon und schob sie auf die Straße. Dienstag setzte sich mit den acht Schildern auf den Gepäckrost. Und los ging's! Emil und der Professor winkten hinter den beiden Freunden her.

Als Jackie mit seinem Gepäck eingetroffen war, übertrugen sie ihm die Hausbewachung. Dann ließen sie ihn als ›Aufsichtsrat‹ allein und rannten in den Ort. Warum sie's so eilig hatten, erzählten sie ihm allerdings nicht.

Als Emil in das Büro der Leuchtturm-Lichtspiele trat, sagte der Kinobesitzer, Herr Bartelmann: »Keine Zeit! Andermal!« Fünf Minuten später blickte er, weil der Junge nicht gegangen war, vom Schreibtisch hoch. »Noch immer da? Worum handelt sich's?«

»Ich bin Emil Tischbein.«

Herr Bartelmann lehnte sich im Sessel zurück. »Wieso?«

»Ich bin Emil Tischbein, nach dessen Erlebnis der Film gedreht worden ist, den Sie übermorgen aufführen.«

»Sehr erfreut«, sagte der Kinobesitzer. »Freue mich wirklich. Und?«

Emil setzte ihm den Plan der Detektive auseinander.

Herr Bartelmann kniff die Augen ein. Anders konnte er nicht

nachdenken. Dann schnalzte er mit der Zunge. Wie ein Pferdehändler, wenn ein neues Pferd auf dem Hof vorgeführt wird. Herr Bartelmann witterte ein gutes Geschäft. »Ihr kriegt die Einnahmen der ersten Vorstellung für euren Schützling unter einer Bedingung! Ihr müßt euch verpflichten, eine Woche lang nach jeder Vorstellung auf der Bühne zu erscheinen!«

»Eine ganze Woche lang?« rief Emil. »Nach jeder Vorstellung? Es ist uns schon unangenehm, ein einziges Mal bei Ihnen aufzutreten! Wir sind doch keine Clowns!«

»Umsonst ist der Tod!« behauptete der Kinobesitzer.

Der Junge überlegte. »Gut«, sagte er dann. »Es bleibt uns nichts anderes übrig. Aber wenn wir uns dazu verpflichten, verlangen wir die Einnahmen des ganzen ersten Tages. Also der ersten drei Vorstellungen.«

Herr Bartelmann kniff die Augen ein. »Tüchtiger Geschäftsmann, wie?« Er nickte. »Einverstanden!« Dann tippte er einen Vertrag in die Schreibmaschine. Mit einem Durchschlag. Sie unterzeichneten die zwei Exemplare, und jeder bekam eins davon.

»Perfekt«, sagte Bartelmann. »Freitag nicht zu spät.«

Emil ging. Der Vertrag knisterte in seiner Tasche.

Der Kinobesitzer hängte sich sofort ans Telefon und setzte sich mit dem Anzeigenchef der ›Bäder-Zeitung‹ in Verbindung. Er gab eine neue große Anzeige auf. Dann telefonierte Herr Bartelmann mit der ›Plakat GmbH‹. Er bestellte für jedes der in Korlsbüttel und in den anderen Bädern hängenden Plakate einen roten Querstreifen. Darauf solle groß zu lesen sein: »Emil und die Detektive sind eine Woche lang in jeder Vorstellung persönlich anwesend!«

Währenddem saß der Professor in einem Zimmer der ›Bäder-Zeitung‹ und schrieb, wie er's mit dem Schriftleiter besprochen hatte, einen ›Aufruf an sämtliche Bäderkinder‹. Er beschrieb Jackies Unglück und Notlage und forderte alle auf, die nächste Zukunft des kleinen Artisten durch Geldspenden einigermaßen sicherzustellen. Er unterschrieb: ›Für Emil und die Detektive, im besonderen Auftrage, Theodor Haberland, genannt der Professor.‹

Er brachte den Text dem Redakteur ins Nebenzimmer. Der las ihn langsam durch, rief einen Boten herein und sagte: »Gehen Sie in die Druckerei. Dieser Artikel soll sofort in Satz gegeben und auf der ersten Seite nachgeschoben werden. Ich komme dann selbst hinüber.« Der Bote verschwand.

Das Telefon klingelte. Der Redakteur nahm den Hörer ab. »Gespräch aus Graal?« meinte er. »Wer ist dort? Dienstag? Ach so! Ja, er ist gerade bei mir.«

Er gab den Hörer seinem Besuch. »Was Neues?« fragte der Professor ins Sprachrohr hinein. »So, so. Sehr gut. Ja, der Text auf den Schildern kann so bleiben. Unser Aufruf erscheint morgen in der Zeitung. Müde bist du? Ich auch. Macht's gut! Parole Emil!« Er hängte ein.

»Was sind das für Schilder?« fragte der Schriftleiter.

Der Professor erzählte es ihm.

»Das ist ja ein Musterbeispiel für durchorganisierte Nächstenliebe!« rief der Herr anerkennend. »Der Text, den du geschrieben hast, ist übrigens ausgezeichnet. Was willst du denn einmal werden?«

»Ich weiß es nicht«, erwiderte der Professor. »Als kleiner Junge wollte ich Baumeister werden. Jetzt aber nicht mehr. Jetzt interessiere ich mich am meisten für die Zerspaltung der Elemente, für die Atomtheorie und für die positiven und negativen Elektronen. Alles verstehe ich noch nicht. Aber es ist sicher ein enormer Beruf. So, und jetzt muß ich wieder zu meinen Freunden.« Er stand auf und bedankte sich.

»Gerne geschehen«, sagte der Redakteur und brachte seinen Besucher bis zur Tür.

Zur gleichen Zeit standen Gustav und Dienstag am Strand in Graal. Das Motorrad und sieben Schilder lehnten an der Seebrücke. Das achte Schild befestigte Gustav gerade mit Reißzwecken am Schwarzen Brett, an dem die Bekanntmachungen der Kurverwaltung hingen.

Ein paar Kinder blieben neugierig stehen.

Gustav drückte auf seine Hupe.

Die Zahl der Kinder wuchs. Nun blieben auch schon Erwachsene stehen. Alle wollten das Schild sehen.

Dienstag sagte zu Gustav: »Wir müssen ein paar passende Worte sprechen, nicht? Nimm mich mal huckepack!« Gustav ging in die Kniebeuge. Dienstag kletterte auf die Schultern des Freundes. Dann hob er die Hand.

Es wurde still.

»Sehr geehrte Anwesenden!« rief Dienstag. »Wir sind gekommen, um euch um Hilfe zu bitten. Natürlich nicht für uns selber. Sondern für einen Jungen, dem es dreckig geht. Ein paar Einzelheiten haben wir auf das Schild geschrieben, das hier am Brett hängt. Näheres findet ihr morgen in der ›Bäder-Zeitung‹. Wer noch nicht lesen kann, läßt sich's vorlesen. Wir fahren heute

»Sehr geehrte Anwesenden!«
rief Dienstag

nachmittag durch acht Seebäder und hoffen, daß uns die Kinder nicht im Stich lassen werden. Meine Freunde und ich sind Emil und die Detektive. Ich erzähle das nur, damit ihr nicht denkt, wir wollen euch bemogeln. Vielleicht habt ihr schon von uns gehört. Der Junge, auf dem ich sitze, ist Gustav mit der Hupe.«

Gustav verbeugte sich, und Dienstag wäre dabei fast vornüber in den Sand gefallen.

»Und du bist sicher der kleine Dienstag!« rief ein Mädchen. »Stimmt's?«

»Jawohl. Aber das ist ja alles nicht so wichtig! Hauptsache, daß die Sammlung klappt! Und nun wollen wir rasch weiter. Gustav, laß mich herunter!«

»Moment!« knurrte Gustav. »Ich habe eine Idee. Ganz gegen meine Gewohnheit. Hört mal zu!« rief er. »Ihr könntet das Geld, das ihr sammelt, eigentlich in einem Sparkassenbuch anlegen!« Dann hob er Dienstag herunter. Die beiden Detektive setzten sich mit ihren sieben Schildern auf das Motorrad.

»Auf Wiedersehen am Freitag!« rief Dienstag. »In den Leuchtturm-Lichtspielen! Parole Emil!«

»Parole Emil!« schrien die Kinder von Graal.

Das Motorrad stuckerte über den Waldweg, der in den Ort hineinführt. Gustav hupte. Die Propagandafahrt für Jackie Byron alias Paulchen Pachulke nahm ihren Fortgang.

Ein ernstes Gespräch

Am Donnerstag trafen die Kopenhagener wieder in Korlsbüttel ein. Sie kamen von der dänischen Insel Bornholm, und Fräulein Klotilde Seelenbinder war noch ziemlich grün im Gesicht. Sie war auf dem Dampfer seekrank geworden und behauptete, der Boden schaukle ihr noch jetzt unter den Füßen.

Der Justizrat holte aus der Hausapotheke Baldriantropfen. Die mußte sie schlucken. Dann sagte sie: »Es ist ein Skandal, sich so unterkriegen zu lassen!« und marschierte in die Küche. Dort kontrollierte sie die Bestandsliste der Jungen und die Speisekammer. Es war alles in tadelloser Ordnung. Sie wollte es erst gar nicht glauben. Später ging sie, leise schwankend, in den Ort, um fürs Mittagessen einzukaufen.

Den anderen Reisenden war nicht übel geworden. Sie erzählten viel von Kopenhagen, Seeland und Bornholm, und Pony Hütchen las einiges aus ihrem Stichwort-Katalog vor. Im Grunde waren sie aber doch alle froh, wieder zu Hause zu sein. Emils Großmutter meinte: »Hotelbetten bleiben Hotelbetten. Ich werde mich mal probehalber bis zum Essen in meine Klappe legen.« Sie stieg mit Pony nach oben. Der Justizrat fragte, ob in der Zwischenzeit irgend etwas Ernstes oder Bedenkliches vorgefallen sei.

Die Jungen dachten an die Insel mit der Palme, aber auch an den Kapitän und dessen Rat, und schüttelten verlegen die Köpfe.

»Das habe ich nicht anders erwartet«, meinte der Justizrat. Und er erzählte ihnen von der Angst, die seine Frau am Dienstagabend befallen habe. Er lachte überlegen. »Daß Frauen immer gleich so ängstlich sind. Deine Mutter hatte richtiges Alpdrücken, mein Junge, und glaubte euch in einer großen Gefahr. Da sieht man wieder einmal ganz deutlich, wie falsch es ist, auf die innere Stimme zu hören, an der empfindsame Frauen leiden. Es handelt sich um depressive Phantasie, um weiter nichts!«

Die Detektive blickten einander an und schwiegen wohlweislich. Dienstag benutzte die Gelegenheit, aus der Villa Seeseite auszuziehen. Er holte seinen Schlafanzug und die Zahnbürste von nebenan, bedankte sich für die ihm erwiesene Gastfreundschaft und kehrte in die Pension zurück, in der seine Eltern wohnten.

Dann berichtete der Professor seinem Vater in großen Zügen von der mißglückten Razzia auf Mister Byron und von ihren Plänen und Versuchen, Jackie auf die Beine zu helfen. »Außerdem«, erzählte er, »hat Jackie heute nacht bei uns im Feldbett geschlafen. Jetzt ist er bei Hans Schmauch zu Besuch. Wenn es euch recht ist, bleibt er vorläufig hier wohnen.«

Herr Haberland war einverstanden. »Ihr habt eure Selbständigkeit gut angewendet«, meinte er. »Da können wir Großen ja gleich wieder abreisen!«

Sie dachten an die Robinsonade auf der kleinen Insel und fühlten sich nicht allzu wohl in ihrer Haut.

Gustav war natürlich vorlaut und sagte: »Manchmal ist es trotzdem praktisch, daß es Erwachsene gibt.«

Die Jungen erschraken. Emil trat Gustav energisch auf den Fuß.

Gustav schnitt eine Grimasse.

»Was hast du denn?« fragte Justizrat Haberland.

»Magenschmerzen«, erklärte Gustav notgedrungen.

Der Justizrat stand sofort auf und holte die Baldriantropfen herbei. Und obwohl Gustav kerngesund war, mußte er Baldrian schlucken.

Die Freunde grinsten vor Schadenfreude wie die Vollmonde.

»Wenn dir nicht besser wird«, meinte der Justizrat, »kriegst du in zehn Minuten noch einen Löffel voll.«

»Bloß nicht!« rief Gustav außer sich. »Ich bin schon wieder völlig mobil!«

Der Justizrat freute sich. »Ja, ja«, sagte er zufrieden. »Auf Baldriantropfen lasse ich nichts kommen.«

Nach dem Mittagessen erschien der Kapitän. Sie saßen noch zu Tisch. Er begrüßte die Dänemarkfahrer. Dann holte er die ›Bäder-Zeitung‹, die soeben erschienen war, hervor und sagte: »Jungs, ihr geht ja aufs Ganze! Mobilisiert die halbe Ostseeküste für diesen Jackie! Übrigens, wo ist denn der Knabe?«

»Bei dem Pikkolo«, antwortete Emil. »Bei Ihrem Neffen.«

Der Kapitän gab die Zeitung den Erwachsenen. Die Jungen stellten sich dahinter. Und dann lasen sie alle miteinander den Aufruf des Professors. Nur der Verfasser selber, der blieb sitzen. Obwohl er für sein Leben gern gesehen hätte, wie sich sein Werk gedruckt ausnahm.

Anschließend zeigte der Kapitän das große Inserat der Leuchtturm-Lichtspiele, in dem mitgeteilt wurde, daß Emil und die Detektive eine Woche lang allen Vorstellungen beiwohnen würden und daß die Einnahmen des ersten Tages für Jackie Byron bestimmt seien.

Pony war begeistert. »Welches Kleid soll ich denn zum Verbeugen anziehen?« fragte sie aufgeregt. »Ob ich mir mein neues aus Berlin schicken lasse?«

»Wie einem so etwas Spaß machen kann!« rief Gustav fassungslos.

»Schrecklich«, meinte der Professor. »Sooft ich dran denke, komme ich mir wie'n Hanswurst vor.«

»Es gibt keinen andern Ausweg«, sagte Emil. »Der Zweck heiligt die Mittel.« Pony stand auf.

»Wo willst du denn hin?« fragte die Großmutter.

»Nach Hause schreiben. Wegen des neuen Kleides.«

»Setz dich sofort wieder hin!« befahl die Großmutter. »Schnappe nicht über!« Sie schüttelte mißbilligend den Kopf. »Frauen sind doch manchmal zu albern!«

»Das stimmt«, sagte Gustav. »Sie denkt schon, sie ist die Garbo.«

Pony murmelte: »Trottel!«

Er tat, als habe er's nicht gehört, und erklärte: »Wenn ich 'n Mädchen wäre, ginge ich vor Kummer ins Kloster.«

»Und wenn ich ein Junge wäre«, antwortete Pony, »dann haute ich dir jetzt ein paar runter.«

Der Kapitän machte sich auf den Weg, um mit Jackie zu reden. Jackie war nicht im Hotel, sondern auf dem Tennisplatz. Der Kapitän pilgerte also vom Hotel zum Tennisplatz. Dort traf er den kleinen Artisten. Er las für die Spieler Bälle auf. Als er den Kapitän sah, rief er vergnügt: »Ahoi, Käptn!«

»Ahoi!« erwiderte der alte Herr Schmauch. »Kann ich dich mal einen Moment sprechen?«

Jackie warf einem der Tennisspieler zwei Bälle zu, las drei, die am Gitter lagen, auf und meinte: »Im Moment leider ganz ausgeschlossen, Käptn. Ich arbeite hier, wie Sie sehen. Pro Stunde kriege ich fünfzig Pfennig. Man muß doch leben, nicht? Ich kann das Herumfaulenzen außerdem nicht leiden.«

»Aha«, sagte der Kapitän. »Wann bist du denn mit Arbeiten fertig?«

»In einer knappen Stunde. Falls man mich dann nicht mehr braucht.«

»Dann komm doch in einer knappen Stunde zu mir. Falls man dich dann nicht mehr braucht.«

»Mach ich, Käptn!« rief Jackie. »Ahoi!« Dann warf er einem der Spieler wieder zwei Bälle zu.

»Ahoi, mein Junge«, erwiderte der Kapitän und trottete heimwärts.

Währenddem ging die Großmutter mit Emil und Pony im Walde spazieren. Es war ein herrlicher Wald. Zwischen den Bäumen wuchsen Farnkräuter, Ginsterbüsche, Walderdbeeren, Blaubeeren, Hundsveilchen und wilde Stiefmütterchen. Und Jelängerjelieber rankte sich bis in die höchsten Baumwipfel.

Pony war weit zurück und pflückte Blumen.

»Hast du deiner Mutter regelmäßig geschrieben?« fragte die Großmutter.

»Aber selbstverständlich! Sie schreibt mir doch auch einen Tag um den andern.«

Sie setzten sich ins Gras. Auf einem Birkenzweig schaukelte sich eine Goldammer. Und auf dem Weg spazierten Bachstelzen geschäftig hin und her. »Ich habe deiner Mutter übrigens auch geschrieben«, sagte die Großmutter. »Aus Kopenhagen.« Sie schaute einem Maikäfer zu, der auf einem Grashalm die Flügel ausbreitete und fortflog. »Wie gefällt dir eigentlich Oberwachtmeister Jeschke, mein Junge?«

Emil blickte erschrocken hoch. »Was weißt du denn davon?«

»Hast du etwas dagegen, daß mich meine Tochter fragt, ob sie wieder heiraten soll?«

»Es steht doch längst fest, daß sie sich heiraten.«

»Gar nichts steht fest«, erklärte die Großmutter. »Gar nichts steht fest.«

Da kam Pony Hütchen angefegt. Sie zeigte ihren Blumenstrauß und rief: »Ich glaube, ich möchte Gärtnerin werden.«

»Meinetwegen!« sagte die Großmutter. »Meinetwegen werde du Gärtnerin! In der vorigen Woche wolltest du Krankenpflegerin werden. Vor vierzehn Tagen Drogistin. Mach nur so weiter, mein Fräulein! Mach nur so weiter. Nur daß du Feuerwehrmann wirst, erlaube ich nicht.«

»Es ist auch schwer, einen passenden Beruf zu finden«, meinte Pony. »Wenn ich reich wäre, würde ich Pilotin.«

»Wenn deine Großmutter Räder hätte, wäre sie ein Omnibus«, erklärte die alte Frau. »Und nun bringst du deinen Strauß in die Villa und stellst ihn in eine Vase! Hoppla, schöne Gärtnersfrau!«

Pony wollte im Wald bleiben.

»Geh los!« rief die Großmutter. »Emil und ich haben ein ernstes Gespräch miteinander.«

»Ich schwärme für ernste Gespräche«, meinte Pony.

Die Großmutter blickte ihre Enkelin streng an.

Pony zuckte die Achseln. »Johanna geht«, zitierte sie. »Und niemals kehrt sie wieder.« So zog sie ab.

Emil saß eine ganze Weile still. Sie hörten Pony von ferne singen. Er fragte: »Wieso steht es noch nicht fest?«

»Das weiß ich nicht genau. Also, wie gefällt dir der Gendarm?«

»Ich kann nicht klagen«, meinte Emil. »Wir duzen uns schon. Heinrich heißt er mit Vornamen. Und die Hauptsache ist, daß Mutter ihn mag.«

»Stimmt«, gab die Großmutter zu. »Ich glaube aber, daß du ihr gerade das übelnimmst. Widersprich nicht! Wenn man so einen prächtigen, anhänglichen Sohn wie dich hat, braucht man keinen Mann. So denkst du.«

»Etwas Wahres ist dran«, sagte Emil. »Du drückst es nur sehr grob aus.«

»Das muß man, mein Junge. Das muß man! Wenn der eine nicht mit der Sprache heraus will, muß der andere übertreiben.«

»Mutter wird es nie erfahren«, sagte er. »Aber ich hatte mir's anders gedacht. Ich dachte, wir blieben unser Leben lang zusammen. Nur wir zwei. Aber sie hat ihn gern. Das entscheidet. Ich lasse mir bestimmt nichts anmerken.«

»Wirklich nicht?« fragte die Großmutter. »Du solltest eigentlich in den Spiegel gucken. Wer ein Opfer bringt, darf nicht wie ein Opferlamm aussehen. Ich bin zwar eine kurzsichtige alte Person. Aber bei deinem Gesicht braucht man nicht mal eine Brille. Eines Tages wird deine Mutter dahinterkommen. Dann wird es zu spät sein.«

Sie kramte in ihrem Pompadour und holte einen Brief und ihre Lesebrille heraus. »Das ist ihr Brief an mich. Ich werde dir eine Stelle daraus vorlesen. Obwohl ich es nicht tun dürfte. Doch ich muß dir zeigen, wie wenig du deine Mutter kennst.« Sie setzte umständlich die Brille auf und las: »Jeschke ist ein wirklich netter, solider und guter Mann. Ich wüßte keinen außer ihm, den ich, wenn ich schon heirate, heiraten möchte. Liebe Mutter, Dir ganz allein will ich verraten, daß ich viel lieber mit Emil allein zusammenbliebe. Er hat natürlich keine Ahnung davon und wird es auch nie erfahren. Was soll ich tun? Mir kann

»Wer ein Opfer bringt,
darf nicht wie ein Opferlamm aussehen«,
sagte die Großmutter

eines Tages etwas Menschliches zustoßen. Und was würde dann aus Emil? Oder meine Einnahmen könnten kleiner werden. Im Grunde tun sie's schon. Am Markt hat ein Friseur einen neuen Laden eröffnet. Und die Geschäftsfrauen müssen zu ihm gehen, weil seine Frau bei ihnen kauft. Ich muß an die Zukunft meines Jungen denken. Es gibt nichts Wichtigeres für mich. Und ich werde Jeschke eine gute Frau sein. Das habe ich mir versprochen. Er verdient's. Aber wirklich lieb habe ich ja doch nur meinen einzigen, guten Jungen, meinen Emil.«

Die Großmutter ließ den Brief sinken. Sie blickte ernst vor sich hin und setzte langsam die Brille wieder ab.

Emil hatte die Arme um die Knie geschlungen. Er sah blaß aus. Er biß die Zähne zusammen. Aber plötzlich legte er den Kopf auf die Knie und weinte.

»Ja, ja, mein Junge«, meinte die alte Frau. »Ja, ja, mein Junge.« Dann schwieg sie und ließ seinen Tränen Zeit. Nach einer Weile sagte sie: »Du hast nur sie lieb und sie nur dich. Und jeder hat den anderen aus Liebe getäuscht, und jeder hat sich trotz soviel Liebe im andern geirrt. Das kommt vor im Leben. Jawohl, das kommt vor.«

Ein Eichelhäher flog knarrend über die Wipfel.

Emil trocknete sich die Augen und sah die alte Frau an. »Ich weiß nicht mehr weiter, Großmutter! Kann ich denn zulassen, daß sie, um mir zu helfen, heiratet? Wo wir doch beide am liebsten allein blieben? Was soll ich tun?«

»Eins von beidem, mein Junge. Entweder bittest du sie, wenn du heimkommst, daß sie nicht heiraten soll. Dann werdet ihr euch um den Hals fallen. Und die Sache ist fürs erste erledigt.«

»Oder?«

»Oder du sagst es ihr nicht! Sondern verschweigst es ihr bis übers Grab. Dann aber mußt du fröhlich schweigen! Nicht mit einer Leichenbittermiene! Wozu du dich entschließt, kannst nur du selber entscheiden. Ich will dir nur noch sagen: Du wirst älter, und auch deine Mutter wird älter. Das klingt einfacher, als es dann ist. Wirst du schon in ein paar Jahren Geld für euch beide verdienen können? Und wenn du es kannst – wo wirst du's verdienen? In Neustadt? Nein, mein Junge. Eines Tages muß man fort von zu Hause. Und wer's nicht muß, der soll's trotzdem tun! Dann bleibt sie zurück. Ohne Sohn. Ohne Mann. Ganz allein. Und noch eins! Was wird, wenn du in zehn, zwölf Jahren heiratest? Eine Mutter und eine junge Frau gehören nicht unters gleiche Dach. Ich weiß das. Ich hab's erlebt. Einmal als Frau. Und einmal als Mutter.« Die Großmutter hatte Augen, als sähe sie, statt in den Wald, mitten in die Vergangenheit hinein. »Wenn sie heiratet, bringt jeder von euch beiden dem andern ein Opfer. Doch sie wird nie erfahren, daß du durch mich von ihrem Opfer weißt. Und sie wird nie erfahren, daß auch du ihr ein Opfer bringst! So wird die Last, die sie deinetwegen auf sich nimmt, leichter sein als jene, die du ihretwegen trägst. Verstehst du mich, mein Junge?«

Er nickte.

»Es ist nicht leicht«, fuhr sie fort, »ein Opfer dankbar anzunehmen, während man selber fröhlich und dem andern verborgen das größere Opfer bringt. Es ist eine Tat, die niemand sieht und keiner lobt. Aber eines Tages bringt sie dem andern Glück. Das ist ihr einziger Lohn.« Die alte Frau erhob sich. »Tu, was du willst! Das eine oder das andre. Und überleg es dir genau! Ich lasse dich jetzt allein.«

Emil sprang auf. »Ich komme mit, Großmutter! Ich weiß, was ich tue. Ich werde schweigen. Bis übers Grab.«

Die Großmutter sah ihm in die Augen. »Meinen Respekt!« sagte sie. »Meinen Respekt! Heute bist du ein Mann geworden! Nun, wer früher als andre ein Mann wird, der bleibt's länger als die andern. – So, und nun hilf mir gefälligst über den Straßengraben!«

Schluß der Vorstellung

Am Freitagmorgen führten die Detektive in Korlsbüttel die angekündigte Sammlung für Jackie durch. Dienstag und der Professor übernahmen den Strand und den Hafen, Gustav das Familienbad, Emil die Straßen im Ort und Pony den Bahnhof.

»Es ist so aufregend«, erklärte sie, »wenn man sich vorstellt, daß jetzt überall an der ganzen Küste, viel weiter, als man blikken kann, Kinder mit Listen und Bleistiften unterwegs sind und für Jackie Geld kassieren. Gebt mir rasch eine Liste und einen Bleistift. Da kann ich nicht ruhig zusehen!«

Als sie mittags zurückkehrten und sich in der Veranda zusammensetzten, um das Geld zu zählen, lief ihnen Klotilde über den Weg. Sie war total aus dem Häuschen. »Da soll der Mensch kochen können!« rief sie. »Wißt ihr, wie oft es heute geklingelt hat? Dreiundzwanzigmal! Und jedesmal standen Kinder draußen, fragten nach euch und brachten Geld!«

»Aber Schlips«, sagte der Professor, »das ist doch wunderbar.«

»Vielleicht für euch«, entgegnete sie gereizt. »Fürs Mittagessen bestimmt nicht! Erst ist die Milch übergelaufen. Dann ist das Gemüse zerkocht. Und zum Schluß ist der Hammelbraten angebrannt. Ich bin eine Köchin und keine Bankfiliale!«

»Für so 'nen Zweck«, meinte Gustav, »schmeckt mir sogar angebrannter Braten, Fräulein Selbstbinder.«

Sie brummte etwas vor sich hin, holte aus der Schürzentasche einen Haufen Geldstücke und packte sie auf den Tisch. »Hier! Drei Mark und neunzig Pfennige. Zur doppelten Buchführung hatte ich keine Zeit.« Sie hob die Nase hoch und schnupperte. »Entsetzlich! Da brennt ja schon wieder was an!« Sie raste in die Küche. (Daß fünfzig Pfennige von ihrem eigenen Geld dabei waren, hatte sie absichtlich verschwiegen. Sie war eine Köchin mit vornehmem Charakter.)

Die Kinder holten aus allen möglichen Taschen Geldstücke hervor, schütteten sie auf den Tisch und sortierten den Berg aus Kupfer, Nickel und Silber. Sie häuften die gleichartigen Münzen übereinander. Dann zählten sie. Es waren dreiundvierzig Mark. Sie addierten die Listenbeträge. Die Rechnung stimmte.

Der kleine Dienstag legte schmunzelnd einen Zwanzigmarkschein dazu und sagte: »Von meinem Vater. Vom großen Dienstag.«

Der Professor rannte in den Garten, stöberte seinen Vater im Treibhaus bei den Tomaten auf und kam mit einem Zehnmarkschein zurück.

Dann kramten sie in ihrem Taschengeld, machten Kassensturz und gaben nicht eher Ruhe, als bis insgesamt fünfundsiebzig Mark auf dem Tisch des Hauses lagen.

Sie strahlten vor Begeisterung.

Dienstag holte ein sauberes Taschentuch hervor und schippte das Geld auf das Tuch. Dann knotete er das Tuch fest zu.

»Willst du Zauberkunststücke machen?« fragte Emil. »Willst du bis drei zählen und die fünfundsiebzig Mark verschwinden lassen?«

»Ich nehme das Geld mit«, erklärte Dienstag.

»Wieso denn?« fragte der Professor.

»Das kann doch hierbleiben!« rief Pony.

Gustav sagte: »Laßt den Kleinen nur machen. Wir haben mit dem Geld etwas vor. Es ist ein Einfall von mir.«

»Oje«, rief Pony. »Jetzt hast du auch schon Einfälle! Du bist doch nicht etwa krank?«

»Ich nicht«, sagte er und krempelte die Ärmel hoch. »Komm mal näher ran. Wir besuchen dich morgen im Krankenhaus.« Er rückte ihr zuleibe. Sie rannte zu Klotilde in die Küche.

»So eine Feuertüte«, meinte Gustav. »Da hat man nun schon einmal eine gute Idee, da kommt so'n Frauenzimmer und gibt an.«

»Was sich liebt, das neckt sich«, erklärte Dienstag. Dann nahm er seinen Geldsack und ging nach Hause.

Zum Mittagessen tauchte Jackie auf. Der Braten schmeckte, trotz Klotildes ehrlicher Trauer, recht gut. Sie aßen andächtig. Die Großmutter brachte das Gespräch auf die Geldsammlung und fragte Jackie, wie er darüber dächte.

»Ich freue mich kolossal darüber, Frau Großmutter«, meinte er. »Vor allem, weil es so freundlich von den Jungen ist. Aber auch sonst. Geld kann man immer brauchen. Der Käptn ist ganz meiner Meinung. – Sehen Sie, heute vormittag hab ich drei Stunden lang Tennisbälle gesammelt. Das ist auch 'ne Art Geldsammlung. Mit dem Trinkgeld machte es eine Mark achtzig. Heute nachmittag arbeite ich noch einmal zwei Stunden. Das ist wieder eine Mark. Wenn Sie sich die Mühe machen und das auf 'nen Monat umrechnen, werden Sie merken, daß ich mir glatt ein möbliertes Zimmer mit voller Pension leisten könnte. Vielleicht sogar mit Balkon.«

Sie lachten alle.

»Na ja«, sagte er. »Hab ich nicht recht? Gestern hab ich auf dem Tennisplatz nur so aus Drall ein paar Saltos aus dem Stand gemacht. Da waren die Spieler so platt, daß mir der eine vor Schreck einen alten Tennisschläger geschenkt hat. Falls mir dieser Sport liegt, kann ich ja später einmal Tennislehrer werden. Dann pachte ich ein paar Plätze, gebe Unterricht und gewinne eines Tages die deutsche Meisterschaft. Dann fahre ich nach Paris und Amerika und werde vielleicht Weltmeister. Oder wenigstens Zweitbester. Na, und dann borge ich mir Geld und eröffne eine Fabrik für Tennisschläger und für Tennissachen überhaupt. Und weil mein Name bekannt ist, kaufen viele Leute das Zeug. Pachulke werde ich mich natürlich nicht nennen. Mit so einem Namen kann man nicht Weltmeister werden. Aber ich habe auch schon einmal Byron geheißen. Auf einen Namen mehr oder weniger kommt's nicht mehr an.« Er beugte sich über den Teller und aß tüchtig.

»Um den ist mir nicht bange«, erklärte die Großmutter.

»Mir auch nicht«, sagte Jackie. »Es gibt eine Menge Berufe für einen Artisten, der zu schnell gewachsen ist!«

Nachmittags legten an der Brücke nacheinander zwei Dampfer an. Der eine kam aus den westlich gelegenen Seebädern herüber. Der andre kam von Osten. Aus diesen beiden Dampfern drängten Hunderte von Kindern und überschwemmten Korlsbüttel mit Wogen von Geschrei und Gelächter. Am wildesten war das Gewimmel und Getümmel vor den ›Leuchtturm-Lichtspielen‹. (Die Kassiererin war noch zwei Tage danach krank davon.)

Punkt vier Uhr begann die erste Vorstellung, in welcher der Film ›Emil und die Detektive‹ gezeigt werden sollte. Herr Bartelmann, der Besitzer des Kinos, blickte in den überfüllten Raum. Vorm Haus standen Scharen von Kindern, die auf die zweite Vorstellung warteten. Herrn Bartelmann tat es in der Seele weh, daß die Tageseinnahmen nicht ihm gehörten. Na, das ließ sich nun nicht ändern! Er ging zu den Detektiven, die sich in seinem Büro versammelt hatten, und gab ihnen genaue Anweisungen.

»Brrr!« sagte Emil. »Jetzt wird's Ernst.«

Und Gustav meinte: »Lache, Bajazzo! Wenn's Herz auch bricht.«

Als das Beiprogramm vorüber war, schloß sich der Vorhang vor der Leinwand. Es wurde Licht. Der Vorhang öffnete sich wieder.

Und nun standen vier Jungen und ein Mädchen auf der Bühne! Die Kinder im Zuschauerraum stellten sich auf die Sitze. Dann wurde es langsam stiller und endlich ganz still.

Emil trat an die Rampe und sagte mit lauter Stimme: »Meine Freunde, meine Kusine und ich danken euch, daß ihr hierher gekommen seid. Und wir danken euch, daß ihr für Jackie Geld gesammelt habt. Er ist ein patenter Kerl. Sonst hätten wir euch ja auch nicht um euren Beistand gebeten. Nach der Vorstellung wird er sich persönlich bei euch bedanken. Und jetzt wollen wir uns miteinander den Film ansehen. Hoffentlich ist er schön.«

Ein ganz kleiner Junge, der seiner Mutter auf dem Schoße saß, rief aus dem Zuschauerraum mit piepsiger Stimme: »Bist du der Emil?«

Die Kinder lachten.

»Jawohl«, sagte Emil. »Ich bin Emil Tischbein.«

Pony trat stolz neben ihn und knickste. »Ich bin Pony Hütchen, Emils Kusine.«

Dann trat der Professor vor. »Ich bin der Professor.« Seine Stimme klang etwas zittrig.

Dienstag machte einen tiefen Bückling. »Ich bin der kleine Dienstag.«

Zum Schluß kam Gustav an die Reihe. »Ich bin Gustav mit der Hupe. Aber jetzt hab ich ein Motorrad.« Er machte eine kleine Pause. »Na, ihr Feuertüten!« rief er dann. »Seid ihr alle da?«

»Ja!« brüllten die Kinder.

Gustav lachte. »Und wie heißt die Parole?«

Da schrien alle, daß man's bis an den Bahnhof hören konnte: »Parole Emil!«

Vorm Kino ging ein Pferd durch. So laut brüllten die Kinder! Dann wurde es dunkel, und der Vorführungsapparat begann zu surren.

Als der Film zu Ende war, klatschten die Zuschauer minutenlang Beifall. Dann wurde es hell. Ein Mädchen, das neben Pony saß, sagte: »Du hast dich aber seitdem enorm verändert!«

Pony meinte: »Das Mädchen im Film bin ja gar nicht ich! Die spielt mich doch nur!«

»Ach so. Und der Film-Emil und der richtige Emil, der neben dir sitzt, sind auch nicht dieselben?«

»Nein«, erwiderte Pony. »Der richtige Emil ist mein Vetter. Und den Film-Emil kenne ich überhaupt nicht persönlich. Nun sei aber still. Es geht weiter!«

Jackie kam auf die Bühne. Er trat an die Rampe und sagte: »Ihr habt für einen Jungen Geld gesammelt. Der Junge bin ich. Herzlichen Dank allerseits! Ich finde das großartig von euch. Wenn ich später mal ein reicher Mann bin und es geht dann einem von euch dreckig, soll er sich bei mir melden. Aber nicht vergessen!«

Dann kam Gustav auf die Bühne. Er sagte zu Jackie: »Im Auftrage meiner Freunde und der anderen Korlsbüttler Kinder überreiche ich dir das Resultat der hiesigen Sammlung. Es ist ein Sparkassenbuch mit fünfundsiebzig Mark.«

Jackie schüttelte seinem Freunde die Hand.

Unten im Zuschauerraum meinte der Professor zu Dienstag: »Das also war Gustavs Idee!«

Dienstag fragte: »Findest du sie schlecht?«

»Ausgezeichnet ist sie!« erklärte der Professor. »Ganz ausgezeichnet!«

Gustav rief von der Bühne herunter: »Und nun bitte ich die Vertreter der anderen Bäder heraufzukommen.«

Unten entstand ein wildes Gedränge.

Endlich standen sieben weitere Jungen auf der Bühne. Einer aus Ahrenshoop, einer aus Brunshaupten, einer aus Heiligendamm, einer aus Warnemünde, einer aus Heidekrug, einer aus Graal und einer aus Müritz. Und jeder überreichte ein Sparkassenbuch! Jackie hatte Tränen in den Augen, obwohl er eigentlich gar nicht rührselig veranlagt war.

Gustav blätterte eifrig in den Sparkassenbüchern. Und als die sieben Delegierten wieder von der Bühne geklettert waren, rief er: »Die Gesamtsumme beläuft sich auf sechshundertfünfzehn Mark. Außerdem kriegt Jackie die heutigen Kino-Einnahmen. Jackie, ich gratuliere dir zu deinem Vermögen. Möge es dir zum Schmerbauch gedeihen!«

Gustav verschwand hinter der Bühne.

»Das habe ich nicht erwartet!« sagte Jackie. »Da brauche ich ja einen Bankier!« Er zog die Jacke aus. »Mein alter Freund, der Käptn Schmauch, hat mir geraten, euch etwas vorzuturnen. Gewissermaßen als Erkenntlichkeit. Nun bin ich zwar gewöhnt, mit einem Untermann zu arbeiten. Aber ein bißchen was kann ich auch alleine.« Er warf die Jacke hinter die Bühne und ging in den Handstand. Dann beugte er die Arme, bis er im Ellbogenstütz war. Dann drückte er die Arme durch und spazierte von der einen Seite der Bühne auf die andere. Immer auf den Händen. Die Zuschauer applaudierten.

Jackie sprang wieder auf die Füße. Dann schlug er Rad. Dann machte er Spagat. Und dann die Brücke. Dann machte er unter Zuhilfenahme beider Hände einen Überschlag vorwärts. Noch einen. Noch einen. Dann nur mit einer Hand. Immer wieder. Quer über die ganze Bühne.

Und als Abschluß zeigte er einen Salto. Dann noch einen. Noch einen. Und noch einen. Schneller. Immer schneller. Bald waren die Beine oben. Bald der Kopf. Er wirbelte wie ein kleines Glücksrad durch die Luft!

Die Kinder johlten, jubelten und klatschten sich die Hände rot. Auch die Erwachsenen waren hingerissen.

Dann rauschte der Vorhang zu. Schon drängten die Kinder, die zur zweiten Vorstellung wollten, in den Saal. Es war ein Gewurstel und ein Krach wie in einem Hexenkessel.

»Der Salto hat mir gut gefallen«, sagte die Großmutter zu Emil. »Den muß ich morgen mal üben.«

Am Abend legten die zwei Küstendampfer wieder an der Brücke an. Die Kinder aus den sieben Nachbarbädern stürmten an Bord. Die Eltern und Kinderfräulein wurden wie von Strudeln mitgerissen.

Die Dampfer läuteten zur Abfahrt. Ein paar Nachzügler kamen schreiend und winkend dahergestolpert und polterten an Deck. Dann seilte der Brückenwärter die Dampfer los. Sie schaukelten. Die Schrauben schaufelten Wasser. Die Motoren arbeiteten. Hunderte von Taschentüchern wurden geschwenkt. (Manche Tücher waren nicht mehr ganz sauber. Aber es war ja schon ziemlich dunkel.)

»Parole Emil!« brüllten die Kinder auf dem Schiff, das nach Westen fuhr. »Parole Emil!« schrien die Kinder auf dem Dampfer, der nach Osten fuhr.

Und »Parole Emil!« brüllten die Korlsbüttler Kinder, die auf der Brücke standen.

»Das war der schönste Tag meines Lebens!« sagte Fräulein Klotilde Seelenbinder.

Drüben auf den Dampfern wurden bunte Lampions angezündet. Der eine fuhr nach links. Der andre nach rechts. Emil und die Detektive standen am Brückenkopf und blickten schweigend hinter den Schiffen her.

Gustav räusperte sich. Dann legte er seine Arme um die drei Jungen, die vor ihm standen, und sagte: »Wir wollen Freunde

bleiben. Bis uns die Vollbärte durch den Tisch wachsen.« Die andern sagten nichts. Aber sie waren derselben Meinung.
Da kam Jackie angaloppiert.
»Hier seid ihr!« meinte er befriedigt. »Ich habe euch schon überall gesucht.« Er trat zu ihnen. »An den Tag werde ich denken«, sagte er selbstvergessen. »Soviel Geld auf einen Haufen gibt's ja gar nicht.«
»Wo hast du denn deine acht Sparkassenbücher?« fragte Dienstag.
»Ich habe sie dem Bartelmann zum Wegschließen gegeben. Er hat in seinem Kinobüro einen feuersicheren Geldschrank. Was sagt ihr dazu? Er hat mir einen Antrag gemacht! Ich soll in seinem Kino als artistische Bühnenschau auftreten. Zunächst mal eine Woche lang.«
»Was will er zahlen?« fragte der Professor sachlich.
»Fünf Mark täglich. Ohne Abzüge.«
Die Detektive freuten sich.
»Und die heutigen Einnahmen, die ihr mir herausgeholt habt, betragen ungefähr zweihundertfünfzig Mark. Genau weiß er's noch nicht. Aber so zirka!« Jackie lachte leise. »Ich glaub's noch gar nicht. Wenn das so weitergeht, kauf ich mir nächste Woche eine Villa mit Warmwasserbeleuchtung.«
Draußen in der Ostsee schwammen zwei kleine illuminierte Dampfer. Das Meer rauschte. Am Strand überschlugen sich die Wellen. Der weiße Schaum glänzte in der Dunkelheit.
»Herrschaften«, sagte Kapitän Schmauch. »Ich habe unserm Pikkolo fest versprechen müssen, daß wir noch ins Hotel kommen. Er hat den ganzen Tag strammen Dienst gehabt. Nicht einmal den Film hat er gesehen.«
Man beschloß also, auf einen Sprung ins Strandhotel zu gehen. »Es sind ja Ferien«, meinte Frau Haberland und hakte sich beim Justizrat unter.
Sie gingen alle über die Brücke. Der Kapitän und Jackie marschierten vorneweg. »Ich möchte dir einen Vorschlag machen«, sagte Kapitän Schmauch.
»Worum handelt sich's denn, Käptn?«
»Mein Haus ist zwar klein«, erklärte der Mann. »Aber für mich allein ist es ein bißchen zu groß.«
»Vermieten Sie doch ein Zimmer!« rief Jackie.
»Das möchte ich ja«, sagte der Kapitän. »Wie lange willst du denn in Korlsbüttel bleiben?«
»Bis die Tennisplätze geschlossen werden. So lange bleibe ich hier als Balljunge. Und wenn die Hauptsaison vorbei ist, gibt

mir der Trainer täglich eine Stunde Unterricht. Ganz billig. Vielleicht umsonst.«

»Wenn du Lust hast, kannst du zu mir ziehen«, sagte der Kapitän.

»Mach ich, Käptn! Wieviel verlangen Sie Miete?«

Herr Schmauch knuffte Jackie. »Mach keine faulen Witze! Du tust mir ja nur einen Gefallen.«

»Fein«, sagte der Junge. »Danke schön, Käptn. Und abends spielen wir in der Veranda Schwarzen Peter oder Schafskopf.«

Der Kapitän freute sich mächtig.

Dann fragte Jackie: »Brauchen Sie übrigens Geld? Ich bin jetzt vermögend. Ich könnte, wenn ich noch ein paar Wochen spare, tausend Mark in Ihr Geschäft stecken. Was sollen die Moneten auf der Sparkasse, nicht?«

»Gut«, sagte der Kapitän. »Können wir machen. Du wirst mein stiller Teilhaber. Unter einer Bedingung! Du mußt jeden Sommer bei mir in Korlsbüttel wohnen.«

»Topp!« rief Jackie. »Und wenn ich fürs Tennis kein Talent haben sollte, trete ich in unserm Geschäft als Schiffsjunge ein!«

»Das soll ein Wort sein!« meinte Kapitän Schmauch. »Hoffentlich hast du kein Talent zum Tennis.«

Sie lachten und traten ins Hotel.

Die Großmutter und Emil gingen als letzte hinterdrein. Sie blieben vorm Hotel stehn und blickten aufs Meer. Der eine Dampfer war schon verschwunden. Der andre schwamm noch am Horizont. Wie eine leuchtende Nußschale.

Emil sagte: »Der Jackie hätte unsre Hilfe gar nicht gebraucht, glaub ich!«

Die Großmutter antwortete: »Jede gute Tat hat ihren Sinn, mein Junge.« Sie trat auf die Stufen: »Und jetzt schreiben wir deiner Mutter eine Ansichtskarte!«

»Könnten wir nicht zwei Karten schreiben?«

»Wem denn noch?«

»Dem Oberwachtmeister Jeschke«, sagte er.

Da gab ihm die alte Frau einen Kuß.

Das doppelte Lottchen

Erstes Kapitel

Seebühl am Bühlsee
Kinderheime sind wie Bienenstöcke
Ein Autobus mit zwanzig Neuen
Locken und Zöpfe
Darf ein Kind dem andern die Nase abbeißen?
Der englische König und sein astrologischer Zwilling
Über die Schwierigkeit, Lachfältchen zu kriegen

Kennt ihr eigentlich Seebühl? Das Gebirgsdorf Seebühl? Seebühl am Bühlsee? Nein? Nicht? Merkwürdig – keiner, den man fragt, kennt Seebühl! Womöglich gehört Seebühl am Bühlsee zu den Ortschaften, die ausgerechnet nur jene Leute kennen, die man *nicht* fragt? Wundern würde mich's nicht. So etwas gibt's.

Nun, wenn ihr Seebühl am Bühlsee nicht kennt, könnt ihr natürlich auch das Kinderheim in Seebühl am Bühlsee nicht kennen, das bekannte Ferienheim für kleine Mädchen. Schade. Aber es macht nichts. Kinderheime ähneln einander wie Vierpfundbrote oder Hundsveilchen; wer eines kennt, kennt sie alle. Und wer an ihnen vorüberspaziert, könnte denken, es seien riesengroße Bienenstöcke. Es summt von Gelächter, Geschrei, Getuschel und Gekicher. Solche Ferienheime sind Bienenstöcke des Kinderglücks und Frohsinns. Und so viele es geben mag, wird es doch nie genug davon geben können.

Freilich abends, da setzt sich zuweilen der graue Zwerg Heimweh an die Betten im Schlafsaal, zieht sein graues Rechenheft und den grauen Bleistift aus der Tasche und zählt ernsten

Gesichts die Kindertränen ringsum zusammen, die geweinten und die ungeweinten.

Aber am Morgen ist er, hast du nicht gesehen, verschwunden! Dann klappern die Milchtassen, dann plappern die kleinen Mäuler wieder um die Wette. Dann rennen wieder die Bademätze rudelweise in den kühlen, flaschengrünen See hinein, planschen, kreischen, jauchzen, krähen, schwimmen oder tun doch wenigstens, als schwömmen sie.

So ist's auch in Seebühl am Bühlsee, wo die Geschichte anfängt, die ich euch erzählen will. Eine etwas verzwickte Geschichte. Und ihr werdet manchmal höllisch aufpassen müssen, damit ihr alles haargenau und gründlich versteht. Zu Beginn geht es allerdings noch ganz gemütlich zu. Verwickelt wird's erst in den späteren Kapiteln. Verwickelt und ziemlich spannend. Vorläufig baden sie alle im See, und am wildesten treibt es, wie immer, ein kleines neunjähriges Mädchen, das den Kopf voller Locken und Einfälle hat und Luise heißt, Luise Palfy. Aus Wien.

Da ertönt vom Hause her ein Gongschlag. Noch einer und ein dritter. Die Kinder und die Helferinnen, die noch baden, klettern ans Ufer.

»Der Gong gilt für alle!« ruft Fräulein Ulrike. »Sogar für Luise!«

»Ich komme ja schon!« schreit Luise. »Ein alter Mann ist doch kein Schnellzug!« Und dann kommt sie tatsächlich.

Fräulein Ulrike treibt ihre schnatternde Herde vollzählig in den Stall, ach nein, ins Haus. Zwölf Uhr, auf den Punkt, wird zu Mittag gegessen. Und dann wird neugierig auf den Nachmittag gelauert. Warum?

Am Nachmittag werden zwanzig ›Neue‹ erwartet. Zwanzig kleine Mädchen aus Süddeutschland. Werden ein paar Zieraffen dabeisein? Ein paar Klatschbasen? Womöglich uralte Damen von dreizehn oder gar vierzehn Jahren? Werden sie interessante Spielsachen mitbringen? Hoffentlich ist ein großer Gummiball drunter! Trudes Ball hat keine Luft mehr. Und Brigitte rückt ihren nicht heraus. Sie hat ihn im Schrank eingeschlossen. Ganz fest. Damit ihm nichts passiert. Das gibt's auch.

Nun, am Nachmittag stehen also Luise, Trude, Brigitte und die anderen Kinder an dem großen, weitgeöffneten eisernen Tor und warten gespannt auf den Autobus, der die Neuen von der nächsten Bahnstation abholen soll. Wenn der Zug pünktlich eingetroffen ist, müßten sie eigentlich ...

Da hupt es! »Sie kommen!« Der Omnibus rollt die Straße entlang, biegt vorsichtig in die Einfahrt und hält. Der Chauffeur steigt aus und hebt fleißig ein kleines Mädchen nach dem anderen aus dem Wagen. Doch nicht nur Mädchen, sondern auch Koffer und Taschen und Puppen und Körbe und Tüten und Stoffhunde und Roller und Schirmchen und Thermosflaschen und Regenmäntel und Rucksäcke und gerollte Wolldecken und Bilderbücher und Botanisiertrommeln und Schmetterlingsnetze, eine kunterbunte Fracht.

Zum Schluß taucht, mit seinen Habseligkeiten, im Rahmen der Wagentür das zwanzigste kleine Mädchen auf. Ein ernst dreinschauendes Ding. Der Chauffeur streckt bereitwillig die Arme hoch. Die Kleine schüttelt den Kopf, daß beide Zöpfe schlenkern. »Danke nein!« sagt sie höflich und bestimmt und klettert, ruhig und sicher, das Trittbrett herab. Unten blickt sie verlegen lächelnd in die Runde. Plötzlich macht sie große, erstaunte Augen. Sie starrt Luise an! Nun reißt auch Luise die Augen auf. Erschrocken blickt sie der Neuen ins Gesicht!

Die anderen Kinder und Fräulein Ulrike schauen perplex von einer zur anderen. Der Chauffeur schiebt die Mütze nach hinten, kratzt sich am Kopf und kriegt den Mund nicht wieder zu. Weswegen denn?

Luise und die Neue sehen einander zum Verwechseln ähnlich! Zwar, eine hat lange Locken und die andere streng geflochtene Zöpfe – aber das ist auch wirklich der einzige Unterschied!

Da dreht sich Luise um und rennt, als werde sie von Löwen und Tigern verfolgt, in den Garten.

»Luise!« ruft Fräulein Ulrike. »Luise!« Dann zuckt sie die Achseln und bringt erst einmal die zwanzig Neulinge ins Haus. Als letzte, zögernd und unendlich verwundert, spaziert das kleine Zopfmädchen.

Frau Muthesius, die Leiterin des Kinderheims, sitzt im Büro und berät mit der alten, resoluten Köchin den Speisezettel für die nächsten Tage.

Da klopft es. Fräulein Ulrike tritt ein und meldet, daß die Neuen gesund, munter und vollzählig eingetroffen seien.

»Freut mich. Danke schön!«

»Dann wäre noch eins...«

»Ja?« Die vielbeschäftigte Heimleiterin blickt kurz hoch.

»Es handelt sich um Luise Palfy«, beginnt Fräulein Ulrike nicht ohne Zögern. »Sie wartet draußen vor der Tür...«

»Herein mit dem Fratz!« Frau Muthesius muß lächeln. »Was hat sie denn wieder ausgefressen?«

»Diesmal nichts«, sagt die Helferin. »Es ist bloß...«

Sie öffnet behutsam die Tür und ruft: »Kommt herein, ihr beiden! Nur keine Angst!«

Nun treten die zwei kleinen Mädchen ins Zimmer. Weit voneinander entfernt bleiben sie stehen.

»Da brat mir einer einen Storch!« murmelt die Köchin.

Während Frau Muthesius erstaunt auf die Kinder schaut, sagt Fräulein Ulrike: »Die Neue heißt Lotte Körner und kommt aus München.«

»Seid ihr miteinander verwandt?« Die zwei Mädchen schütteln unmerklich, aber überzeugt die Köpfe.

»Sie haben einander bis zum heutigen Tage noch nie gesehen!« meint Fräulein Ulrike. »Seltsam, nicht?«

»Wieso seltsam?« fragt die Köchin. »Wie können 's einander denn g'sehn ham? Wo doch die eine aus München stammt und die andere aus Wien?«

Frau Muthesius sagt freundlich: »Zwei Mädchen, die einander so ähnlich schauen, werden sicher gute Freundinnen wer-

den. Steht nicht so fremd beieinand', Kinder! Kommt, gebt euch die Hand!«

»Nein!« ruft Luise und verschränkt die Arme hinter dem Rücken.

Frau Muthesius zuckt die Achseln, denkt nach und sagt abschließend: »Ihr könnt gehen.«

Luise rennt zur Tür, reißt sie auf und stürmt hinaus. Lotte macht einen Knicks und will langsam das Zimmer verlassen.

»Noch einen Augenblick, Lottchen«, meint die Leiterin. Sie schlägt ein großes Buch auf. »Ich kann gleich deinen Namen eintragen. Und wann und wo du geboren bist. Und wie deine Eltern heißen.«

»Ich hab nur noch eine Mutti«, flüstert Lotte.

Frau Muthesius taucht den Federhalter ins Tintenfaß. »Zuerst also dein Geburtstag!«

Lotte geht den Korridor entlang, steigt die Treppen hinauf, öffnet eine Tür und steht im Schrankzimmer. Ihr Koffer ist noch nicht ausgepackt. Sie fängt an, ihre Kleider, Hemden, Schürzen und Strümpfe in den ihr zugewiesenen Schrank zu tun. Durchs offene Fenster dringt fernes Kinderlachen.

Lotte hält die Fotografie einer jungen Frau in der Hand. Sie schaut das Bild zärtlich an und versteckt es dann sorgfältig unter den Schürzen. Als sie den Schrank schließen will, fällt ihr Blick auf einen Spiegel an der Innenwand der Tür. Ernst und

forschend mustert sie sich, als sähe sie sich zum erstenmal. Dann wirft sie, mit plötzlichem Entschluß, die Zöpfe weit nach hinten und streicht das Haar so, daß ihr Schopf dem Luise Palfys ähnlich wird.

Irgendwo schlägt eine Tür. Schnell, wie ertappt, läßt Lotte die Hände sinken.

Luise hockt mit ihren Freundinnen auf der Gartenmauer und hat eine strenge Falte über der Nasenwurzel.

»*Ich* ließe mir das nicht gefallen«, sagt Trude, ihre Wiener Klassenkameradin. »Kommt da frech mit deinem Gesicht daher!«

»Was soll ich denn machen?« fragt Luise böse.

»Zerkratz es ihr!« schlägt Monika vor.

»Das beste wird sein, du beißt ihr die Nase ab!« rät Christine. »Dann bist du den ganzen Ärger mit einem Schlag los!« Dabei baumelt sie gemütlich mit den Beinen.

»Einem so die Ferien zu verhunzen!« murmelt Luise, aufrichtig verbittert.

»Sie kann doch nichts dafür«, erklärt die pausbäckige Steffie. »Wenn nun jemand käme und sähe wie ich aus...«

Trude lacht. »Du glaubst doch selber nicht, daß jemand anders so blöd wär, mit deinem Kopf herumzulaufen.«

Steffie schmollt. Die anderen lachen. Sogar Luise verzieht das Gesicht. Da ertönt der Gong.

»Die Fütterung der Raubtiere!« ruft Christine. Und die Mädchen springen von der Mauer herunter.

Frau Muthesius sagt im Speisesaal zu Fräulein Ulrike: »Wir wollen unsere kleinen Doppelgängerinnen nebeneinander setzen. Vielleicht hilft eine Radikalkur!«

Die Kinder strömen lärmend in den Saal. Schemel werden gerückt. Die Mädchen, die Dienst haben, schleppen dampfende Terrinen zu den Tischen. Andere füllen die Teller, die ihnen entgegengestreckt werden.

Fräulein Ulrike tritt hinter Luise und Trude, tippt Trude leicht auf die Schulter und sagt: »Du setzt dich neben Hilde Sturm.«

Trude dreht sich um und will etwas antworten. »Aber...«

»Keine Widerrede, ja?«

Trude zuckt die Achseln und zieht maulend um.

Die Löffel klappern. Der Platz neben Luise ist leer. Es ist erstaunlich, wie viele Blicke ein leerer Platz auf sich lenken kann.

Dann schwenken, wie auf Kommando, alle Blicke zur Tür. Lotte ist eingetreten.

»Da bist du ja endlich«, sagt Fräulein Ulrike. »Komm, ich will dir deinen Platz zeigen.« Sie bringt das stille, ernste Zopfmädchen zum Tisch. Luise blickt nicht hoch, sondern ißt wütend ihre Suppe in sich hinein. Lotte setzt sich folgsam neben Luise und greift zum Löffel, obwohl ihr der Hals wie zugeschnürt ist.

Die anderen kleinen Mädchen schielen hingerissen zu dem merkwürdigen Paar hinüber. Ein Kalb mit zwei bis drei Köpfen könnte nicht interessanter sein. Der dicken, pausbäckigen Steffie steht vor lauter Spannung der Mund offen.

Luise kann sich nicht länger bezähmen. Und sie will's auch gar nicht. Mit aller Kraft tritt sie unterm Tisch gegen Lottes Schienbein!

Lotte zuckt vor Schmerz zusammen und preßt die Lippen fest aufeinander.

Am Tisch der Erwachsenen sagt die Helferin Gerda kopfschüttelnd: »Es ist nicht zu fassen! Zwei wildfremde Mädchen und eine solche Ähnlichkeit!«

Fräulein Ulrike meint nachdenklich: »Vielleicht sind es astrologische Zwillinge?«

»Was ist denn das nun wieder?« fragt Fräulein Gerda. »Astrologische Zwillinge?«

»Es soll Menschen geben, die einander völlig gleichen, ohne im entferntesten verwandt zu sein. Sie sind aber im selben Bruchteil der gleichen Sekunde zur Welt gekommen!«

Fräulein Gerda murmelt: »Ah!«

Frau Muthesius nickt. »Ich hab einmal von einem Londoner Herrenschneider gelesen, der genau wie Eduard VII., der englische König, aussah. Zum Verwechseln ähnlich. Um so mehr, als der Schneider denselben Spitzbart trug. Der König ließ den Mann in den Buckingham-Palast kommen und unterhielt sich lange mit ihm.«

»Und die beiden waren tatsächlich in der gleichen Sekunde geboren worden?«

»Ja. Es ließ sich zufälligerweise exakt feststellen.«

»Und wie ging die Geschichte weiter?« fragt Gerda gespannt.

»Der Herrenschneider mußte sich auf Wunsch des Königs den Spitzbart abrasieren lassen!«

Während die anderen lachen, schaut Frau Muthesius nachdenklich zu dem Tisch hinüber, an dem die zwei kleinen Mädchen sitzen. Dann sagt sie: »Lotte Körner bekommt das Bett neben Luise Palfy! Sie werden sich aneinander gewöhnen müssen.«

Es ist Nacht. Und alle Kinder schlafen. Bis auf zwei.

Diese zwei haben einander den Rücken zugekehrt, tun, als schliefen sie fest, liegen aber mit offenen Augen da und starren vor sich hin.

Luise blickt böse auf die silbernen Kringel, die der Mond auf ihr Bett malt. Plötzlich spitzt sie die Ohren. Sie hört leises, krampfhaft unterdrücktes Weinen.

Lotte preßt die Hände auf den Mund. Was hatte ihr die Mutter beim Abschied gesagt: »Ich freu mich so, daß du ein paar Wochen mit vielen fröhlichen Kindern zusammensein wirst! Du bist zu ernst für dein Alter, Lottchen! Viel zu ernst! Ich weiß, es liegt nicht an dir. Es liegt an mir. An meinem Beruf. Ich bin zuwenig zu Hause. Wenn ich heimkomme, bin ich müde. Und du hast inzwischen nicht gespielt wie andere Kinder, sondern aufgewaschen, gekocht, den Tisch gedeckt. Komm bitte mit tausend Lachfalten zurück, mein Hausmütterchen!« Und nun liegt sie hier in der Fremde, neben einem bösen Mädchen, das sie haßt, weil sie ihm ähnlich sieht. Sie seufzt leise. Da soll man nun Lachfältchen kriegen! Lotte schluchzt vor sich hin.

Plötzlich streicht eine kleine fremde Hand unbeholfen über ihr Haar! Lottchen wird stockstejf vor Schreck. Vor Schreck? Luises Hand streichelt schüchtern weiter.

Der Mond schaut durchs große Schlafsaalfenster und staunt nicht schlecht. Da liegen zwei kleine Mädchen nebeneinander, die sich nicht anzusehen wagen, und die eine, die eben noch weinte, tastet jetzt mit ihrer Hand ganz langsam nach der streichelnden Hand der anderen.

»Na gut«, denkt der alte silberne Mond. »Da kann ich ja beruhigt untergehen!« Und das tut er denn auch.

Zweites Kapitel

*Vom Unterschied zwischen Waffenstillstand und Frieden
Der Waschsaal als Frisiersalon
Das doppelte Lottchen
Trude kriegt eine Ohrfeige
Der Fotograf Eipeldauer und die Förstersfrau
Meine Mutti, unsere Mutti
Sogar Fräulein Ulrike hat etwas geahnt*

Besaß der Waffenstillstand zwischen den zweien Wert und Dauer? Obwohl er ohne Verhandlungen und Worte geschlossen worden war? Ich möcht's schon glauben. Aber vom Waffenstillstand zum Frieden ist ein weiter Weg. Auch bei Kindern. Oder?

Sie wagten einander nicht anzusehen, als sie am nächsten Morgen aufwachten, als sie dann in ihren weißen langen Nachthemden in den Waschsaal liefen, als sie sich, Schrank an Schrank, anzogen, als sie Stuhl an Stuhl beim Milchfrühstück saßen, und auch nicht, als sie nebeneinander, Lieder singend, am See entlangliefen und später mit den Helferinnen Reigen tanzten und Blumenkränze flochten. Ein einziges Mal kreuzten sich ihre raschen, huschenden Blicke, doch dann waren sie auch schon wieder erschrocken voneinander weggeglitten.

Jetzt sitzt Fräulein Ulrike in der Wiese und liest einen wunderbaren Roman, in dem auf jeder Seite von Liebe die Rede ist. Manchmal läßt sie das Buch sinken und denkt versonnen an Herrn Rademacher, den Diplomingenieur, der bei ihrer Tante zur Untermiete wohnt: Rudolf heißt er. Ach Rudolf!

Luise spielt indessen mit ihren Freundinnen Völkerball. Aber sie ist nicht recht bei der Sache. Oft schaut sie sich um, als suche sie jemanden und könne ihn nicht finden.

Trude fragt: »Wann beißt du denn nun endlich der Neuen die Nase ab, hm?«

»Sei nicht so blöd!« sagt Luise.

Christine blickt sie überrascht an. »Nanu! Ich denk, du hast eine Wut auf sie?«

»Ich kann doch nicht jedem, auf den ich eine Wut habe, die Nase abbeißen«, erklärt Luise kühl. Und sie setzt hinzu: »Außerdem *hab* ich gar keine Wut auf sie.«

»Aber gestern hattest du doch welche!« beharrt Steffie.

»Und was für 'ne Wut!« ergänzt Monika. »Beim Abendbrot hast du sie unterm Tisch so gegen's Schienbein getreten, daß sie beinahe gebrüllt hätte!«

»Na also«, stellt Trude mit sichtlicher Genugtuung fest.

Luises Gefieder sträubt sich. »Wenn ihr nicht gleich aufhört«, ruft sie zornig, »kriegt *ihr* eins vors Schienbein!« Damit wendet sie sich um und rauscht davon.

»Die weiß nicht, was sie will«, meint Christine und zuckt die Achseln.

Lotte sitzt, ein Blumenkränzchen auf den Zöpfen, allein in der Wiese und ist damit beschäftigt, einen zweiten Kranz zu winden. Da fällt ein Schatten über ihre Schürze. Sie blickt auf.

Luise steht vor ihr und tritt, verlegen und unschlüssig, von einem Bein aufs andere.

Lotte wagt ein schmales Lächeln. Kaum, daß man's sehen kann. Eigentlich nur mit der Lupe.

Luise lächelt erleichtert zurück.

Lotte hält den Kranz, den sie eben gewunden hat, hoch und fragt schüchtern: »Willst du ihn?«

Luise läßt sich auf die Knie nieder und sagt leidenschaftlich: »Ja, aber nur, wenn du ihn mir aufsetzt!«

Lotte drückt ihr den Kranz in die Locken. Dann nickt sie und fügt hinzu: »Schön!«

Nun sitzen also die beiden ähnlichen Mädchen nebeneinander auf der Wiese, sind mutterseelenallein, schweigen und lächeln sich vorsichtig an.

Dann atmet Luise schwer und fragt: »Bist du mir noch böse?«

Lotte schüttelt den Kopf.

Luise blickt zu Boden und stößt hervor: »Es kam so plötzlich! Der Autobus! Und dann du! So ein Schreck!«

Lotte nickt. »So ein Schreck«, wiederholt sie.

Luise beugt sich vor. »Eigentlich ist es furchtbar lustig, nein?«

Lotte blickt ihr erstaunt in die übermütig blitzenden Augen. »Lustig?« Dann fragt sie leise: »Hast du Geschwister?«

»Nein!«

»Ich auch nicht«, sagt Lotte.

Beide haben sich in den Waschsaal geschlichen und stehen vor einem großen Spiegel. Lotte ist voll Feuereifer dabei, Luises Locken mit Kamm und Bürste zu striegeln.
 Luise schreit. »Au!« und »Oh!«
 »Willst du wohl ruhig sein?« schimpft Lotte, gespielt streng. »Wenn dir deine Mutti Zöpfe flicht, wird nicht geschrien!«
 »Ich hab doch gar keine Mutti!« murrt Luise. »Deswegen, au! deswegen bin ich ja auch so ein lautes Kind, sagt mein Vater!«
 »Zieht er dir denn nie die Hosen straff?« erkundigt sich Lotte angelegentlich, während sie mit dem Zopfflechten beginnt.
 »Ach wo! Dazu hat er mich viel zu lieb!«
 »Das hat doch damit nichts zu tun!« bemerkt Lotte sehr weise.
 »Und außerdem hat er den Kopf voll.«
 »Es genügt doch, daß er eine Hand frei hat!« Sie lachen.
 Dann sind Luises Zöpfe fertig, und nun schauen die Kinder mit brennenden Augen in den Spiegel. Die Gesichter strahlen wie Christbäume. Zwei völlig gleiche Mädchen blicken aus dem Spiegel heraus!
 »Wie zwei Schwestern!« flüstert Lotte begeistert.
 Der Mittagsgong ertönt.
 »Das wird ein Spaß!« ruft Luise. »Komm!« Sie rennen aus dem Waschsaal. Und halten sich an den Händen.

Die anderen Kinder sitzen längst. Nur Luises und Lottes Schemel sind noch leer.
 Da öffnet sich die Tür, und Lotte erscheint. Sie setzt sich, ohne zu zaudern, auf Luises Schemel.
 »Du!« warnt Monika. »Das ist Luises Platz! Denk an dein Schienbein!«
 Das Mädchen zuckt nur die Achseln und beginnt zu essen. Die Tür öffnet sich wieder, und – ja, zum Donnerwetter! – Lotte kommt leibhaftig noch einmal herein! Sie geht, ohne eine Miene zu verziehen, auf den letzten leeren Platz zu und setzt sich.
 Die anderen Mädchen am Tisch sperren Mund und Nase auf. Jetzt schauen auch die Kinder von den Nebentischen herüber. Sie stehen auf und umdrängen die beiden Lotten. Die Spannung löst sich erst, als die zwei zu lachen anfangen. Es dauert keine Minute, da hallt der Saal von vielstimmigem Kindergelächter wider.
 Frau Muthesius runzelt die Stirn. »Was ist denn das für ein Radau?« Sie steht auf und schreitet, mit königlich strafenden

Blicken, in den tollen Jubel hinein. Als sie aber die zwei Zopfmädchen entdeckt, schmilzt ihr Zorn wie Schnee in der Sonne dahin. Belustigt fragt sie: »Also, welche von euch ist nun Luise Palfy und welche Lotte Körner?«

»Das verraten wir nicht!« sagt die eine Lotte zwinkernd, und wieder erklingt helles Gelächter.
»Ja, um alles in der Welt!« ruft Frau Muthesius in komischer Verzweiflung. »Was sollen wir denn nun machen?«
»Vielleicht«, schlägt die zweite Lotte vergnügt vor, »vielleicht kriegt es doch jemand heraus?«
Steffie fuchtelt mit der Hand durch die Luft. Wie ein Mädchen, das dringend ein Gedicht aufsagen möchte. »Ich weiß etwas!« ruft sie. »Trude geht doch mit Luise in dieselbe Klasse! Trude muß raten!«
Trude schiebt sich zögernd in den Vordergrund des Geschehens, blickt musternd von der einen Lotte zur anderen und schüttelt ratlos den Kopf. Dann aber huscht ein spitzbübisches Lächeln über ihr Gesicht. Sie zieht die ihr näher stehende Lotte tüchtig am Zopf – und im nächsten Augenblick klatscht eine Ohrfeige!
Sich die Backe haltend, ruft Trude begeistert: »Das war Luise!« (Womit die allgemeine vorläufige Heiterkeit ihren Höhepunkt erreicht hat.)

Luise und Lotte haben die Erlaubnis erhalten, in den Ort zu gehen. Die »doppelte Lotte« soll unbedingt im Bild festgehalten werden. Um Fotos nach Hause zu schicken! Da wird man sich wundern.
Der Fotograf, ein gewisser Herr Eipeldauer, hat, nach der ersten Verblüffung, ganze Arbeit geleistet. Sechs verschiedene Aufnahmen hat er gemacht. In zehn Tagen sollen die Postkarten fertig sein.

Zu seiner Frau meint er, als die Mädchen fort sind: »Weißt was, am Ende schick ich ein paar Glanzabzüge an eine Illustrierte! Die interessieren sich manchmal für so was!«

Draußen vor seinem Geschäft dröselt Luise ihre ›dummen‹ Zöpfe wieder auf, denn die brave Haartracht beeinträchtigt ihr Wohlbefinden. Und als sie ihre Locken wieder schütteln kann, kehrt auch ihr Temperament zurück. Sie lädt Lotte zu einem Glas Limonade ein. Lotte sträubt sich. Luise sagt energisch: »Du hast zu folgen! Mein Vater hat vorgestern frisches Taschengeld geschickt. Auf geht's!«

Sie spazieren also zur Försterei hinaus, setzen sich in den Garten, trinken Limonade und plaudern. Es gibt ja so viel zu erzählen, zu fragen und zu beantworten, wenn zwei kleine Mädchen erst einmal Freundinnen geworden sind!

Die Hühner laufen pickend und gackernd zwischen den Gasthaustischen hin und her. Ein alter Jagdhund beschnuppert die beiden Gäste und ist mit ihrer Anwesenheit einverstanden.

»Ist dein Vater schon lange tot?« fragt Luise.

»Ich weiß es nicht«, sagt Lotte. »Mutti spricht niemals von ihm – und fragen möcht ich nicht gern.«

Luise nickt. »Ich kann mich an meine Mutti gar nicht mehr erinnern. Früher stand auf Vaters Flügel ein großes Bild von ihr. Einmal kam er dazu, wie ich es mir ansah. Und am nächsten Tag war es fort. Er hat es wahrscheinlich im Schreibtisch eingeschlossen.«

Die Hühner gackern. Der Jagdhund döst. Ein kleines Mädchen, das keinen Vater hat, und ein kleines Mädchen, das keine Mutter mehr hat, trinken Limonade.

»Du bist doch auch neun Jahre alt?« fragt Luise.

»Ja.« Lotte nickt. »Am 14. Oktober werde ich zehn.«

Luise setzt sich kerzengerade. »Am 14. Oktober?«

»Am 14. Oktober.«

Luise beugt sich vor und flüstert: »Ich *auch*!«

Lotte wird steif wie eine Puppe.

Hinterm Haus kräht ein Hahn. Der Jagdhund schnappt nach einer Biene, die in seiner Nähe summt. Aus dem offenen Küchenfenster hört man die Förstersfrau singen.

Die beiden Kinder schauen sich wie hypnotisiert in die Augen. Lotte schluckt schwer und fragt heiser vor Aufregung: »Und – *wo* bist du geboren?«

Luise erwidert leise und zögernd, als fürchte sie sich: »In Linz an der Donau!«

Lotte fährt sich mit der Zunge über die trockenen Lippen. »Ich *auch*!«

Es ist ganz still im Garten. Nur die Baumwipfel bewegen sich. Vielleicht hat das Schicksal, das eben über den Garten hinwegschwebte, sie mit seinen Flügeln gestreift?

Lotte sagt langsam: »Ich hab ein Foto von ... von meiner Mutti im Schrank.«

Luise springt auf. »Zeig mir's!« Sie zerrt die andere vom Stuhl herunter und aus dem Garten.

»Nanu!« ruft da jemand empört. »Was sind denn das für neue Moden?« Es ist die Förstersfrau. »Limonade trinken und nicht zahlen?«

Luise erschrickt. Sie kramt mit zitternden Fingern in ihrem kleinen Portemonnaie, drückt der Frau einen mehrfach geknifften Schein in die Hand und läuft zu Lotte zurück.

»Ihr kriegt etwas heraus!« schreit die Frau. Aber die Kinder hören sie nicht. Sie rennen, als gälte es das Leben.

»Was mögen die kleinen Gänse bloß auf dem Kerbholz haben?« brummt die Frau. Dann geht sie ins Haus. Der alte Jagdhund trottet hinterdrein.

Lotte kramt, im Kinderheim, hastig in ihrem Schrank. Unter dem Wäschestapel holt sie eine Fotografie hervor und hält sie der am ganzen Körper fliegenden Luise hin.

Luise schaut scheu und ängstlich auf das Bild. Dann verklärt sich ihr Blick. Ihre Augen saugen sich förmlich an dem Frauenantlitz fest.

Lottes Gesicht ist erwartungsvoll auf die andere gerichtet. Luise läßt, vor lauter Glück erschöpft, das Bild sinken und nickt selig. Dann preßt sie es wild an sich und flüstert: »Meine Mutti!«

Lotte legt den Arm um Luises Hals. »*Unsere* Mutti!« Zwei kleine Mädchen drängen sich eng aneinander. Hinter dem Geheimnis, das sich ihnen eben entschleiert hat, warten neue Rätsel, andere Geheimnisse.

Der Gong dröhnt durchs Haus. Kinder rennen lachend und lärmend treppab. Luise will das Bild in den Schrank zurücklegen.

Lotte sagt: »Ich schenke dir's!«

Fräulein Ulrike steht im Büro vor dem Schreibtisch der Lehrerin und hat vor Aufregung krebsrote, kreisrunde Flecken auf beiden Backen.

»Ich *kann* es nicht für mich behalten!« stößt sie hervor. »Ich *muß* mich Ihnen anvertrauen! Wenn ich nur wüßte, was wir tun sollen!«

»Na, na«, sagt Frau Muthesius, »was drückt Ihnen denn das Herz ab, meine Liebe?«

»Es *sind* keine astrologischen Zwillinge!«

»Wer denn?« fragt Frau Muthesius lächelnd. »Der englische König und der Schneider?«

»Nein! Luise Palfy und Lotte Körner! Ich habe im Aufnahmebuch nachgeschlagen! Sie sind beide am selben Tag in Linz geboren! Das *kann* kein Zufall sein!«

»Wahrscheinlich ist es kein Zufall, meine Liebe. Ich habe mir auch schon bestimmte Gedanken gemacht.«

»Sie wissen es also?« fragt Fräulein Ulrike und schnappt nach Luft.

»Natürlich! Als ich die kleine Lotte, nachdem sie angekommen war, nach ihren Daten gefragt und diese eingetragen hatte, verglich ich sie mit Luises Geburtstag und Geburtsort. Das lag doch einigermaßen nahe. Nicht wahr?«

»Ja, ja. Und was geschieht nun?«

»Nichts.«

»Nichts?«

»Nichts! Falls Sie den Mund nicht halten sollten, schneide ich Ihnen die Ohren ab, meine Liebe.«

»Aber...«

»Kein Aber! Die Kinder ahnen nichts. Sie haben sich vorhin fotografieren lassen und werden die Bildchen heimschicken. Wenn sich die Fäden hierdurch entwirren, gut! Doch Sie und ich, wir wollen uns hüten, Schicksal zu spielen. Ich danke Ihnen für Ihre Einsicht, meine Liebe. Und jetzt schicken Sie mir, bitte, die Köchin.«

Fräulein Ulrike macht kein sonderlich geistreiches Gesicht, als sie das Büro verläßt. Übrigens wäre das bei ihr auch etwas völlig Neues.

Drittes Kapitel

*Neue Kontinente werden entdeckt
Rätsel über Rätsel
Der entzweigeteilte Vorname
Eine ernste Fotografie und ein lustiger Brief
Steffies Eltern lassen sich scheiden
Darf man Kinder halbieren?*

Die Zeit vergeht. Sie weiß es nicht besser.

Haben die zwei kleinen Mädchen ihre Fotos beim Herrn Eipeldauer im Dorf abgeholt? Längst! Hat sich Fräulein Ulrike neugierig erkundigt, ob sie die Fotos nach Haus geschickt hätten? Längst! Haben Luise und Lotte mit den Köpfchen genickt und ja gesagt? Längst!

Und ebensolange liegen dieselben Fotos, in lauter kleine Fetzen zerpflückt, auf dem Grunde des flaschengrünen Bühlsees bei Seebühl. Die Kinder haben Fräulein Ulrike angelogen! Sie wollen ihr Geheimnis für sich behalten! Wollen es zu zweit verbergen und, vielleicht, zu zweit enthüllen! Und wer ihren Heimlichkeiten zu nahe kommt, wird rücksichtslos beschwindelt. Es geht nicht anders. Nicht einmal Lottchen hat Gewissensbisse. Das will viel heißen.

Die beiden hängen neuerdings wie die Kletten zusammen. Trude, Steffie, Monika, Christine und die anderen sind manchmal böse auf Luise, eifersüchtig auf Lotte. Was hilft's? Gar nichts hilft es! Wo mögen sie jetzt wieder stecken?

Sie stecken im Schrankzimmer. Lotte holt zwei gleiche Schürzen aus ihrem Schrank, gibt der Schwester eine davon und sagt, während sie sich die andere umbindet: »Die Schürzen hat Mutti beim Oberpollinger gekauft.«

»Aha«, meint Luise, »das ist das Kaufhaus auf der Neuhauser Straße, beim ... wie heißt das Tor?«

»Karlstor.«

»Richtig, beim Karlstor!«

Sie wissen wechselweise schon recht gut Bescheid über die Lebensgewohnheiten, über die Schulkameradinnen, die Nachbarn, die Lehrerinnen und Wohnungen der anderen! Für Luise ist ja alles, was mit der Mutter zusammenhängt, so ungeheuer wichtig! Und Lotte verzehrt sich, alles, aber auch alles über den Vater zu erfahren, was die Schwester weiß! Tag für Tag sprechen sie von nichts anderem. Und noch abends flüstern sie stundenlang in ihren Betten. Jede entdeckt einen anderen, einen neuen Kontinent. Das, was bis jetzt von ihrem Kinderhimmel umspannt wurde, war ja, wie sich plötzlich herausgestellt hat, nur die eine Hälfte ihrer Welt!

Und wenn sie wirklich einmal nicht damit beschäftigt sind, voller Eifer diese beiden Hälften aneinanderzufügen, um das Ganze zu überschauen, erregt sie ein anderes Thema, plagt sie ein anderes Geheimnis: Warum sind die Eltern nicht mehr zusammen?

»Erst haben sie natürlich geheiratet«, erklärt Luise zum hundertsten Male. »Dann haben sie zwei kleine Mädchen gekriegt. Und weil Mutti Luiselotte heißt, haben sie das eine Kind Luise und das andere Lotte getauft. Das ist doch sehr hübsch! Da müssen sie sich doch noch gemocht haben, nicht?«

»Bestimmt!« sagt Lotte. »Aber dann haben sie sich sicher gezankt. Und sind voneinander fort. Und haben uns selber genauso entzweigeteilt wie vorher Muttis Vornamen!«

»Eigentlich hätten s' uns erst fragen müssen, ob sie uns halbieren dürfen!«

»Damals konnten wir ja noch gar nicht reden!«

Die beiden Schwestern lächeln hilflos. Dann haken sie sich unter und gehen in den Garten.

Es ist Post gekommen. Überall, im Gras und auf der Mauer und auf den Gartenbänken, hocken kleine Mädchen und studieren Briefe.

Lotte hält die Fotografie eines Mannes von etwa fünfunddreißig Jahren in den Händen und blickt mit zärtlichen Augen auf ihren Vater. So sieht er also aus! Und so wird es einem ums Herz, wenn man einen wirklichen, lebendigen Vater hat!

Luise liest vor, was er ihr schreibt: »Mein liebes, einziges Kind!« – »So ein Schwindler!« sagt sie hochblickend. »Wo er doch genau weiß, daß er Zwillinge hat!« Dann liest sie weiter: »Hast Du denn ganz vergessen, wie Dein Haushaltungsvorstand aussieht, daß Du unbedingt, noch dazu zum Ferienschluß, eine Fotografie von ihm haben willst? Erst wollte ich Dir ja ein Kinderbild von mir schicken. Eines, wo ich als nackiges Baby auf einem Eisbärenfell liege! Aber Du schreibst, daß es unbedingt ein funkelnagelneues Bild sein muß! Na, da bin ich gleich zum Fotografen gerannt, obwohl ich eigentlich gar keine Zeit hatte, und hab ihm genau erklärt, weswegen ich das Bild so eilig brauche. Sonst, habe ich ihm gesagt, erkennt mich meine Luise nicht wieder, wenn ich sie von der Bahn abhole! Das hat er zum Glück eingesehen. Und so kriegst Du das Bild noch rechtzeitig. Hoffentlich tanzt Du den Fräuleins im Heim nicht so auf der Nase herum wie Deinem Vater, der Dich tausendmal grüßt und große Sehnsucht nach Dir hat!«

»Schön!« sagt Lotte. »Und lustig! Dabei sieht er auf dem Bild so ernst aus!«

»Wahrscheinlich hat er sich vor dem Fotografen geniert zu lachen«, vermutet Luise. »Vor anderen Leuten macht er immer ein strenges Gesicht. Aber wenn wir allein sind, kann er sehr komisch sein.«

Lotte hält das Bild ganz fest. »Und ich darf es wirklich behalten?«

»Natürlich«, sagt Luise, »deswegen hab ich's mir doch schicken lassen.«

Die pausbäckige Steffie sitzt auf einer Bank, hält einen Brief in der Hand und weint. Sie gibt dabei keinen Laut von sich. Die Tränen rollen unaufhörlich über das runde, unbewegliche Kindergesicht. Trude schlendert vorbei, bleibt neugierig stehen, setzt sich daneben und schaut Steffie abwartend an. Christine kommt hinzu und setzt sich auf die andere Seite. Luise und Lotte nähern sich und bleiben stehen. »Fehlt dir etwas?« fragt Luise.

Steffie weint lautlos weiter. Plötzlich senkt sie die Augen und sagt monoton:

»Meine Eltern lassen sich scheiden!«

»So eine Gemeinheit!« ruft Trude. »Da schicken sie dich erst in die Ferien, und dann tun sie so was! Hinter deinem Rücken!«

»Der Papa liebt, glaube ich, eine andere Frau«, schluchzt Steffie.

Luise und Lotte gehen rasch weiter.

Was sie eben gehört haben, bewegt ihre Gemüter aufs heftigste.

»*Unser* Vater«, fragt Lotte, »hat doch aber keine neue Frau?«

»Nein«, erwidert Lotte. »Das wüßte ich.«

»Vielleicht eine, mit der er nicht verheiratet ist?« fragt Lotte zögernd.

Luise schüttelt den Lockenkopf. »Bekannte hat er natürlich. Auch Frauen. Aber *du* sagt er zu keiner! Aber wie ist das mit Mutti? Hat Mutti einen – einen guten Freund?«

»Nein«, meint Lotte zuversichtlich. »Mutti hat mich und ihre Arbeit, und sonst will sie nichts vom Leben, sagt sie.«

Luise blickt die Schwester ziemlich ratlos an. »Ja, aber warum sind sie denn dann geschieden?«

Lotte denkt nach. »Vielleicht waren sie gar nicht auf dem Gericht? So wie Steffies Eltern das wollen?«

»Warum ist Vater in Wien und Mutti in München?« fragt Luise. »Warum haben sie uns halbiert?«

»Warum«, fährt Lotte grübelnd fort, »haben sie uns nie erzählt, daß wir gar nicht einzeln, sondern eigentlich Zwillinge sind? Und warum hat Vater dir nichts davon erzählt, daß Mutti lebt?«

»Und Mutti hat dir verschwiegen, daß Vati lebt!« Luise stemmt die Arme in die Seiten. »Schöne Eltern haben wir, was? Na warte, wenn wir den beiden einmal die Meinung geigen! Die werden staunen!«

»Das dürfen wir doch gar nicht«, meint Lotte schüchtern. »Wir sind ja nur Kinder!«

»*Nur?*« fragt Luise und wirft den Kopf zurück.

Viertes Kapitel

Gefüllte Eierkuchen, wie entsetzlich!
Die geheimnisvollen Oktavhefte
Schulwege und Gutenachtküsse
Es ist eine Verschwörung im Gange
Das Gartenfest als Generalprobe
Abschied von Seebühl am Bühlsee

Die Ferien gehen dem Ende zu. In den Schränken sind die Stapel frischer Wäsche zusammengeschmolzen. Die Betrübnis, das Kinderheim bald verlassen zu müssen, und die Freude aufs Zuhause wachsen gleichmäßig. Frau Muthesius plant ein kleines Abschiedsfest. Der Vater eines der Mädchen, dem ein Kaufhaus gehört, hat eine große Kiste Lampions, Girlanden und viele andere Dinge geschickt. Nun sind die Helferinnen und die Kinder eifrig dabei, die Veranda und den Garten gehörig herauszuputzen. Sie schleppen Küchenleitern von Baum zu Baum, hängen bunte Laternen ins Laub, schlingen Girlanden von Zweig zu Zweig und bereiten auf einem langen Tisch eine Tombola vor. Andere schreiben auf kleine Zettel Losnummern. Der erste Hauptgewinn: ein Paar Rollschuhe mit Kugellager!

»Wo sind eigentlich die Locken und die Zöpfe?« fragt Fräulein Ulrike. (So nennt man Luise und Lotte neuerdings!)

»Och *die!*« meint Monika abfällig. »Die werden wieder irgendwo im Gras sitzen und sich an den Händen halten, damit der Wind sie nicht auseinanderweht!«

Die Zwillinge sitzen nicht irgendwo im Gras, sondern im Garten der Försterei. Sie halten sich auch nicht an den Händen – dazu haben sie nicht die mindeste Zeit –, sondern sie haben Oktavheftchen vor sich liegen, halten Bleistifte in der Hand, und im Augenblick diktiert Lotte gerade der emsig kritzelnden Luise: »Am liebsten mag Mutti Nudelsuppe mit Rindfleisch. Das Rindfleisch holst du beim Metzger Huber. Ein halbes Pfund Querrippe, schön durchwachsen.«

Luise hebt den Kopf. »Metzger Huber, Max-Emanuel-Straße, Ecke Prinz-Eugen-Straße«, schnurrt sie herunter.

Lotte nickt befriedigt. »Das Kochbuch steht im Küchenschrank, im untersten Fach ganz links. Und in dem Buch liegen alle Rezepte, die ich kann.«

Luise notiert: »Kochbuch ... Küchenschrank ... unteres Fach ... ganz links ...« Dann stützt sie die Arme auf und meint: »Vor dem Kochen hab ich eine Heidenangst! Aber wenn's in den ersten Tagen schiefgeht, kann ich vielleicht sagen, ich hätt's in den Ferien verlernt, wie?«

Lotte nickt zögernd. »Außerdem kannst du mir ja gleich schreiben, wenn etwas nicht klappt. Ich gehe jeden Tag aufs Postamt und frage, ob etwas angekommen ist!«

»Ich auch«, meint Luise. »Schreib nur recht oft! Und iß tüchtig im ›Imperial‹! Vati freut sich immer so, wenn mir's schmeckt!«

»Zu dumm, daß ausgerechnet gefüllter Eierkuchen dein Lieblingsgericht ist!« murrt Lottchen. »Na, da kann eben nichts helfen! Aber Kalbsschnitzel und Gulasch wären mir lieber!«

»Wenn du gleich den ersten Tag drei Eierkuchen ißt oder vier oder fünf, kannst du hinterher sagen, du hast dich fürs ganze weitere Leben daran überfressen!«

»Das geht!« antwortet die Schwester, obwohl sich ihr bereits bei dem bloßen Gedanken an fünf Eierkuchen der Magen umdreht. Sie macht sich nun einmal nichts daraus!

Dann beugen sich beide wieder über ihre Heftchen und hören einander wechselseitig die Namen der Mitschülerinnen, die Sitzordnung in der Klasse, die Gewohnheiten der Lehrerin und den genauen Schulweg ab.

»Mit dem Schulweg hast du's leichter als ich«, meint Luise. »Du sagst Trude ganz einfach, sie soll dich am ersten Tag abholen! Das macht sie manchmal. Na, und da läufst du dann ganz gemütlich neben ihr her und merkst dir die Straßenecken und den übrigen Palawatsch!«

Lotte nickt. Plötzlich erschrickt sie. »Das hab ich dir noch gar nicht gesagt – vergiß ja nicht, Mutti, wenn sie dich zu Bett bringt, einen Gutenachtkuß zu geben!«

Luise blickt vor sich hin. »Das brauch ich mir nicht aufzuschreiben. *Das* vergesse ich bestimmt nicht!«

Merkt ihr, was sich anspinnt? Die Zwillinge wollen den Eltern noch immer nicht erzählen, daß sie Bescheid wissen. Sie wollen Vater und Mutter nicht vor Entscheidungen stellen. Sie ahnen, daß sie kein Recht dazu haben. Und sie fürchten, die Entschlüsse der Eltern könnten das junge Geschwisterglück sofort und endgültig wieder zerstören. Aber das andere brächten sie erst recht nicht übers Herz: als wäre nichts geschehen, zurückzufahren, woher sie gekommen sind! Weiterzuleben in der ihnen von den Eltern ungefragt zugewiesenen Hälfte! Nein! Kurz und gut, es ist eine Verschwörung im Gange! Der von Sehnsucht und Abenteuerlust geweckte, phantastische Plan sieht so aus: Die beiden wollen die Kleider, Frisuren und Existenzen tauschen! Luise will, mit braven Zöpfen (und auch sonst ums Bravsein bemüht), als sei sie Lotte, zur Mutter, von der sie nichts als eine Fotografie kennt, ›heimkehren‹! Und Lotte wird, mit offenem Haar und so lustig und lebhaft, wie sie's vermag, zum Vater nach Wien fahren!

Die Vorbereitungen auf die zukünftigen Abenteuer waren gründlich. Die Oktavhefte sind randvoll von Notizen. Man wird einander postlagernd schreiben, wenn Not am Mann ist oder wenn wichtige unvorhergesehene Ereignisse eintreten sollten.

Vielleicht wird es ihrer gemeinsamen Aufmerksamkeit am Ende sogar gelingen zu enträtseln, warum die Eltern getrennt leben? Und vielleicht werden sie dann eines schönen, eines wunderschönen Tages miteinander und mit beiden Eltern – doch so weit wagen sie kaum zu denken, geschweige denn, darüber zu sprechen.

Das Gartenfest am Vorabend der Abreise ist als Generalprobe vorgesehen. Lotte kommt als lockige, quirlige Luise. Luise erscheint als brave, bezopfte Lotte. Und beide spielen ihre Rollen ausgezeichnet. Niemand merkt etwas! Nicht einmal Trude, Luises Schulkameradin aus Wien! Es macht beiden einen Mordsspaß, einander laut beim eigenen verschenkten Vornamen zu rufen.

Lotte schlägt vor Übermut Purzelbäume. Und Luise tut so sanft und still, als könne sie kein Härchen trüben und kein Wässerchen krümmen.

Die Lampions schimmern in den Sommerbäumen. Die Girlanden schaukeln im Abendwind. Das Fest und die Ferien gehen zu Ende. An der Tombola werden die Gewinne verteilt. Steffie, das arme Hascherl, gewinnt den ersten Preis, die Rollschuhe mit Kugellager. (Besser ein schwacher Trost als gar keiner!)

Die Schwestern schlafen schließlich, ihren Rollen getreu, in den vertauschten Betten und träumen vor Aufregung wilde Dinge. Lotte beispielsweise wird in Wien am Bahnsteig von einer überlebensgroßen Fotografie ihres Vaters abgeholt, und daneben steht ein weißbemützter Hotelkoch mit einem Schubkarren voll gefüllter dampfender Eierkuchen – brrr!

Am nächsten Morgen, in aller Herrgottsfrühe, fahren in der Bahnstation Egern, bei Seebühl am Bühlsee, zwei aus entgegengesetzten Richtungen kommende Züge ein. Dutzende kleine Mädchen klettern schnatternd in die Abteile. Lotte beugt sich weit aus dem Fenster. Aus einem Fenster des anderen Zuges winkt Luise. Sie lächeln einander Mut zu. Die Herzen klopfen. Das Lampenfieber wächst. Wenn jetzt nicht die Lokomotiven zischten und spuckten – die kleinen Mädchen würden vielleicht im letzten Moment doch noch –

Aber nein, der Fahrplan hat das Wort. Der Stationsvorsteher hebt sein Zepter. Die Züge setzen sich gleichzeitig in Bewegung. Kinderhände winken.

      Lotte fährt als Luise nach Wien.
      Und Luise als Lotte nach München.

Fünftes Kapitel

*Ein Kind auf einem Koffer
Die einsamen Onkels im ›Imperial‹
Von Peperl und dem untrüglichen Instinkt der Tiere
›Luise‹ fragt, ob sie in der Oper winken darf
Rechenfehler im Haushaltsbuch
Shirley Temple durfte sich ihre eigenen Filme nicht ansehen
Herrn Kapellmeister Palfys kompliziertes Innenleben*

München. Hauptbahnhof, Bahnsteig 16. Die Lokomotive steht still und ringt nach Luft. In dem Strom der Reisenden haben sich Inseln des Wiedersehens gebildet. Kleine Mädchen umhalsen ihre strahlenden Eltern. Man vergißt vor lauter selig gerührtem Schwadronieren, daß man ja erst auf dem Bahnhof und noch gar nicht daheim ist!

Allmählich wird der Bahnsteig aber doch leer.

Und zum Schluß steht nur noch ein einziges Kind da, ein Kind mit Zöpfen und Zopfschleifen. Bis gestern trug es Locken. Bis gestern hieß es Luise Palfy.

Das kleine Mädchen hockt sich schließlich auf den Koffer und beißt die Zähne fest zusammen. Im Bahnhof einer fremden Stadt auf seine Mutter zu warten, die man nur als Fotografie kennt und die nicht kommt – das ist kein Kinderspiel!

Frau Luiselotte Palfy, geborene Körner, die sich seit sechseinhalb Jahren (seit ihrer Scheidung) wieder Luiselotte Körner nennt, ist im Verlag der ›Münchner Illustrierte‹, wo sie als Bildredakteurin angestellt ist, durch neu eingetroffenes Material für die aktuellen Seiten aufgehalten worden.

Endlich hat sie ein Taxi ergattert. Endlich hat sie eine Bahnsteigkarte erkämpft. Endlich hat sie im Dauerlauf Bahnsteig 16 erreicht.

Der Bahnsteig ist leer.

Nein! Ganz, ganz hinten sitzt ein Kind auf einem Koffer! Die junge Frau rast wie die Feuerwehr den Bahnsteig entlang!

Einem kleinen Mädchen, das auf einem Koffer hockt, zittern die Knie. Ein ungeahntes Gefühl ergreift das Kinderherz. Diese junge, glückstrahlende, diese wirkliche, wirbelnde, lebendige Frau ist ja die Mutter!

»Mutti!«

Luise stürzt der Frau entgegen und springt ihr, die Arme hochwerfend, an den Hals.

»Mein Hausmütterchen«, flüstert die junge Frau unter Tränen. »Endlich, endlich hab ich dich wieder!«
Der kleine Kindermund küßt leidenschaftlich ihr weiches Gesicht, ihre zärtlichen Augen, ihre Lippen, ihr Haar, ihr schickes Hütchen. Ja, das Hütchen auch!

Sowohl im Restaurant als auch in der Küche des Hotels ›Imperial‹ in Wien herrscht wohlwollende Aufregung. Der Liebling der Stammgäste und der Angestellten, die Tochter des Opernkapellmeisters Palfy, ist wieder da!
Lotte, pardon, Luise sitzt, wie es alle gewohnt sind, auf dem angestammten Stuhl mit den zwei hohen Kissen und ißt mit Todesverachtung gefüllte Eierkuchen.
Die Stammgäste kommen, einer nach dem andern, zum Tisch, streichen dem kleinen Mädchen über die Locken, klopfen ihm zärtlich die Schultern, fragen, wie es ihm im Ferienheim gefallen hat, meinen, in Wien beim Papa sei's aber doch wohl am schönsten, legen allerlei Geschenke auf den Tisch: Zuckerln, Schokolade, Pralinen, Buntstifte, ja, einer holt sogar ein kleines altmodisches Nähzeug aus der Tasche und sagt verlegen, es sei noch von seiner Großmutter selig – dann nicken sie dem Kapellmeister zu und wandern an ihre Tische zurück. Heute wird ihnen das Essen endlich wieder richtig schmecken, den einsamen Onkels! Am besten schmeckt's freilich dem Herrn Kapellmeister selber. Ihm, der sich immer aufs Einsamseinmüssen aller ›wah-

ren Künstlernaturen‹ soviel zugute getan und der seine verflossene Ehe stets für einen Fehltritt ins Bürgerliche gehalten hat, ihm ist heute höchst ›unkünstlerisch‹ warm und familiär ums Herz. Und als die Tochter schüchtern lächelnd seine Hand ergreift, als habe sie Angst, der Vater könne ihr sonst womöglich davonlaufen, da hat er wahrhaftig, obgleich er Beinfleisch und keineswegs Knödel verspeist, einen Kloß im Hals!

Ach, und da kommt der Kellner Franz schon wieder mit einem neuen Eierkuchen angewedelt!

Lotte schüttelt die Locken. »Ich kann nimmer, Herr Franz!«

»Aber Luiserl!« meint der Kellner vorwurfsvoll. »Es ist doch erst der fünfte!«

Nachdem der Herr Franz leicht bekümmert mitsamt dem fünften Eierkuchen in die Küche zurückgesegelt ist, nimmt sich Lotte ein Herz und sagt: »Weißt du was, Vati – ab morgen eß ich immer das, was *du* ißt!«

»Nanu!« ruft der Herr Kapellmeister. »Und wenn ich nun Geselchtes eß? Das kannst du doch nicht ausstehen! Da wird dir doch übel!«

»Wenn du Geselchtes ißt«, meint sie zerknirscht, »kann ich ja wieder Eierkuchen essen.« (Es ist halt doch nicht ganz so einfach, seine eigene Schwester zu sein!) Und nun?
Und nun erscheint der Hofrat Strobl mit Peperl. Peperl ist ein Hund. »Schau, Peperl«, sagt Herr Hofrat lächelnd, »wer wieder da ist! Geh hin und sag dem Luiserl grüß Gott!«
Peperl wedelt mit dem Schwanz und trabt eifrig an Palfys Tisch, um dem Luiserl, seiner alten Freundin, grüß Gott zu sagen.
Ja, Kuchen, nein, Hundekuchen! Als Peperl am Tisch angekommen ist, beschnuppert er das kleine Mädchen und zieht sich, ohne grüß Gott, eiligst zum Herrn Hofrat zurück. »So ein blödes Viech!« bemerkt dieser ungnädig. »Erkennt seine beste Freundin nicht wieder! Bloß weil sie ein paar Wochen am Land war! Und da reden die Leut immer, ganz g'schwolln, vom untrüglichen Instinkt der Tiere!« Lottchen aber denkt bei sich: ›Ein Glück, daß die Hofräte nicht so gescheit wie der Peperl sind!‹

Der Herr Kapellmeister und seine Tochter sind, mit den Geschenken der Stammgäste, dem Koffer, der Puppe und der Badetasche beladen, zu Haus in der Rotenturmstraße eingetroffen. Und Resi, Palfys Haushälterin, hat sich vor Wiedersehensfreude gar nicht zu fassen gewußt.
Aber Lotte weiß von Luise, daß Resi eine falsche Blunzen und ihr Getue Theater ist. Vater merkt natürlich nichts. Männer merken nie etwas! Er fischt ein Billett aus der Brieftasche, gibt es der Tochter und sagt: »Heute abend dirigier ich Humperdincks ›Hänsel und Gretel‹! Resi bringt dich ins Theater und holt dich nach Schluß wieder ab.«
»Oh!« Lotte strahlt. »Kann ich dich von meinem Platz aus sehen?«
»Freilich.«
»Und guckst du manchmal zu mir hin?«
»Na selbstverständlich!«
»Und darf ich ein bißchen winken, wenn du guckst?«
»Ich werd sogar zurückwinken, Luiserl!«
Dann klingelt das Telefon. Am anderen Ende redet eine weibliche Stimme. Der Vater antwortet ziemlich einsilbig. Aber wie er den Hörer aufgelegt hat, hat er es dann doch ziemlich eilig. Er muß noch ein paar Stunden allein sein, ja, und komponieren. Denn schließlich ist er nicht nur Kapellmeister, sondern auch Komponist. Und komponieren kann er nun einmal nicht zu Hause. Nein, dafür hat er sein Atelier in der Ringstraße. Also...

»Morgen mittag auf Wiedersehen im Imperial!«
»Und ich darf dir in der Oper zuwinken, Vati?«
»Natürlich, Kind. Warum denn nicht?«
Kuß auf die ernste Kinderstirn! Hut auf den kantigen Künstlerkopf! Die Tür schlägt zu.

Das kleine Mädchen geht langsam zum Fenster und denkt bekümmert über das Leben nach. Die Mutter *darf* nicht zu Hause arbeiten. Der Vater *kann* nicht zu Hause arbeiten.

Man hat's schwer mit den Eltern!

Aber da sie, nicht zuletzt dank der mütterlichen Erziehung, ein resolutes und praktisches Persönchen ist, steckt sie sehr bald das Nachdenken auf, bewaffnet sich mit ihrem Oktavheft und beginnt anhand von Luises Angaben systematisch, Zimmer für Zimmer, die schöne Altwiener Wohnung für sich zu entdecken.

Nachdem sie die Forschungsreise hinter sich hat, setzt sie sich aus alter Gewohnheit an den Küchentisch und rechnet in dem herumliegenden Haushaltsbuch der Reihe nach die Ausgabenspalten durch.

Dabei fällt ihr zweierlei auf. Erstens hat sich Resi, die Haushälterin, auf fast jeder Seite verrechnet. Und zweitens hat sie das jedesmal zu ihren Gunsten getan!
»Ja, was soll denn das heißen?« Resi steht in der Küchentür.
»Ich hab in deinem Buch nachgerechnet«, sagt Lotte leise, aber bestimmt.
»Was sind denn das für neue Moden?« fragt Resi böse. »Rechne du in der Schule, wo's hingehört!«
»Ich werd jetzt immer bei dir nachrechnen«, erklärt das Kind sanft und hüpft vom Küchenstuhl. »Wir lernen *in* der Schule, aber nicht *für* die Schule, hat die Lehrerin gesagt.« Damit stolziert sie aus der Tür.
Resi starrt verblüfft hinterdrein.

Wertgeschätzte kleinere und größere Leserinnen und Leser! Jetzt wird es, glaube und fürchte ich, allmählich Zeit, daß ich auch ein wenig von Luises und Lottes Eltern berichte, vor allem darüber, wie es seinerzeit zu der Scheidung zwischen ihnen kam. Sollte euch an dieser Stelle des Buches ein Erwachsener über die Schulter blicken und rufen: »Dieser Mensch! Wie kann er nur, um alles in der Welt, solche Sachen den *Kindern* erzählen!«, dann lest ihm, bitte, das Folgende vor:
Als Shirley Temple ein kleines Mädchen von sieben, acht Jahren war, war sie doch schon ein auf der ganzen Erde berühmter Filmstar, und die Firmen verdienten viele Millionen Dollar mit ihr. Wenn Shirley aber mit ihrer Mutter in ein Kino gehen wollte, um sich einen Shirley-Temple-Film anzuschauen, ließ

man sie nicht hinein. Sie war noch zu jung. Es war verboten. Sie durfte nur Filme drehen. Das war erlaubt. Dafür war sie alt genug.

Wenn der Erwachsene, der euch über die Schulter guckt, das Beispiel von Shirley Temple und den Zusammenhang mit Luises und Lottes Eltern und ihrer Scheidung nicht verstanden hat, dann richtet ihm einen schönen Gruß von mir aus, und ich ließe ihm sagen, es gäbe auf der Welt sehr viele geschiedene Eltern, und es gäbe sehr viele Kinder, die darunter litten! Und es gäbe sehr viele andere Kinder, die darunter litten, daß die Eltern sich *nicht* scheiden ließen! Wenn man aber den Kindern zumutete, unter diesen Umständen zu leiden, dann sei es doch wohl allzu zartfühlend und außerdem verkehrt, nicht mit ihnen darüber in verständiger und verständlicher Form zu sprechen!

Also, der Herr Kapellmeister Ludwig Palfy ist ein Künstler, und Künstler sind bekanntlich seltsame Lebewesen. Er trägt zwar keine Kalabreser und keine flatternden Krawatten, im Gegenteil, er ist ganz manierlich gekleidet, sauber und beinahe elegant.

Aber sein Innenleben! Das ist kompliziert! Oh! Sein Innenleben, das hat es in sich! Wenn er einen musikalischen Einfall hat, muß er, um ihn zu notieren und kompositorisch auszugestalten, auf der Stelle allein sein. Und so einen Einfall hat er womöglich auf einer großen Gesellschaft! »Wo ist denn Palfy hin?« fragt dann der Hausherr. Und irgend jemand antwortet: »Es wird ihm wohl wieder etwas eingefallen sein!« Der Hausherr lächelt sauersüß, bei sich aber denkt er: ›Flegel! Man kann doch nicht bei jedem Einfall weglaufen!‹ Doch der Kapellmeister Palfy, der kann!

Der lief auch aus der eigenen Wohnung fort, als er noch verheiratet war, damals, blutjung, verliebt, ehrgeizig, selig und verrückt in einem!

Und als dann gar die kleinen Zwillinge in der Wohnung Tag und Nacht krähten und die Wiener Philharmoniker sein erstes Klavierkonzert uraufführten, da ließ er einfach den Flügel abholen und in ein Atelier am Ring bringen, das er in seiner künstlerischen Verzweiflung gemietet hatte!

Und da er damals sehr viele Einfälle hatte, kam er nur noch sehr selten zu seiner jungen Frau und den brüllenden Zwillingen.

Luiselotte Palfy, geb. Körner, kaum zwanzig Jahre alt, fand das nicht sehr fidel. Und als ihr zu den kaum zwanzigjährigen Ohren kam, daß der Herr Gemahl in seinem Atelier nicht nur

Noten malte, sondern auch mit Opernsängerinnen, die ihn sehr nett fanden, Gesangsrollen studierte, da reichte sie empört die Scheidung ein!

Nun war der um seine schöpferische Einsamkeit so besorgte Kapellmeister fein heraus. Nun konnte er soviel allein sein, wie er wollte. Den ihm nach der Scheidung verbliebenen Zwilling versorgte in der Rotenturmstraße ein tüchtiges Kindermädchen. Um ihn selber, im Atelier am Ring, kümmerte sich, wie er sich's so sehnlich gewünscht hatte, kein Aas!

Das war ihm nun mit einem Male auch nicht recht. O diese Künstler! Sie wissen wirklich nicht, was sie wollen! Immerhin, er komponierte und dirigierte fleißig und wurde von Jahr zu Jahr berühmter. Außerdem konnte er ja, wenn ihn der Katzenjammer packte, in die andere Behausung gehen und mit Luise, dem Töchterchen, spielen.

Sooft in München ein Konzert war, bei dem neue Werke von Ludwig Palfy aufgeführt wurden, kaufte sich Luiselotte Körner ein Billett, saß dann, mit gesenktem Kopf, in einer der letzten, billigen Reihen und entnahm der Musik ihres geschiedenen Mannes, daß er kein glücklicher Mensch geworden war. Trotz seiner Erfolge. Und trotz seiner Einsamkeit.

Sechstes Kapitel

Wo ist das Geschäft der Frau Wagenthaler?
Aber! Kochen verlernt man doch nicht!
Lotte winkt in der Oper
Es regnet Pralinen
Die erste Nacht in München und die erste Nacht in Wien
Der merkwürdige Traum, worin Fräulein Gerlach als Hexe auftritt
Eltern dürfen alles
Vergißmeinnicht München 18

Frau Luiselotte Körner hat ihre Tochter gerade noch in die winzige Wohnung in der Max-Emanuel-Straße bringen können. Dann mußte sie, sehr ungern und sehr schnell, wieder in den Verlag fahren. Arbeit wartete auf sie. Und Arbeit darf nicht warten.

Luise, ach nein! Lotte hat sich studienhalber kurz in der Wohnung umgesehen. Dann hat sie die Schlüssel, das Portemonnaie und ein Netz genommen. Und nun macht sie Einkäufe. Beim Metzgermeister Huber an der Ecke Prinz-Eugen-Straße ersteht sie ein halbes Pfund Rindfleisch, Querrippe, schön durchwachsen, mit etwas Niere und ein paar Knochen. Und jetzt sucht sie krampfhaft das Viktualiengeschäft der Frau Wagenthaler, um Suppengrün, Nudeln und Salz zu besorgen.

Und Anni Habersetzer wundert sich nicht wenig, daß ihre Mitschülerin Lotte Körner mitten auf der Straße steht und angestrengt in einem Oktavheft blättert.

»Machst du auf der Straße Schularbeiten?« fragt sie neugierig. »Heut sind doch noch Ferien!«

Luise starrt das andere Mädchen verdutzt an. Es ist ja auch zu blöd, wenn einen jemand anspricht, den man, obwohl man ihn noch nie im Leben sah, genau zu kennen hat! Schließlich reißt sie sich zusammen und sagt vergnügt: »Grüß Gott! Kommst mit? Ich muß zur Frau Wagenthaler, Suppengrün kaufen.« Dann hängt sie sich bei der anderen ein – wenn sie wenigstens wüßte, wie das sommersprossige Ding mit dem Vornamen heißt! – und läßt sich von ihr, ohne daß sie es merkt, zum Laden der Frau Wagenthaler lotsen.

Die Frau Wagenthaler freut sich natürlich, daß Lottchen Körner aus den Ferien zurück ist und so rote Backen gekriegt hat! Als der Einkauf erledigt ist, erhalten die Mädchen je einen Bon-

bon und außerdem den Auftrag, der Frau Körner und der Frau Habersetzer einen schönen Gruß auszurichten.

Da fällt der Luise ein Stein vom Herzen. Endlich weiß sie, daß die andere die Anni Habersetzer sein muß! (Im Oktavheft steht: Anni Habersetzer, ich war dreimal mit ihr böse, sie haut kleinere Kinder, besonders die Ilse Merck, die Kleinste in der Klasse.) Nun, damit kann man schon etwas anfangen!

Beim Abschied vor der Haustür sagt also Luise: »Ehe ich es vergesse – Anni –, dreimal war ich mit dir böse, wegen der Ilse Merck und so, du weißt schon. Das nächste Mal bin ich dir nicht bloß böse, sondern . . .« Dabei macht sie eine eindeutige Handbewegung und rauscht davon.

›Das werden wir ja sehen‹, denkt Anni wütend. ›Gleich morgen werden wir das sehen! Die ist wohl in den Ferien übergeschnappt?‹

Luise kocht. Sie hat eine Schürze von Mutti umgebunden und rennt zwischen dem Gasherd, wo Töpfe über den Flammen stehen, und dem Tisch, auf dem das Kochbuch aufgeschlagen liegt, wie ein Kreisel hin und her. Dauernd hebt sie die Topfdeckel hoch. Wenn kochendes Wasser zischend überläuft, zuckt sie zusammen. Wieviel Salz sollte ins Nudelwasser? »Ein halber Eßlöffel!« Wieviel Selleriesalz? »Eine Prise!« Wieviel, um alles in der Welt, ist eine Prise?

Und dann: »Muskatnuß reiben!« Wo steckt die Muskatnuß? Wo das Reibeisen?

Das kleine Mädchen wühlt in Schubfächern, klettert auf Stühle, schaut in alle Behältnisse, starrt auf die Uhr an der Wand, springt vom Stuhl herunter, ergreift eine Gabel, hebt einen Deckel auf, verbrennt sich die Finger, quiekt, sticht mit der Gabel in dem Rindfleisch herum – nein, es ist noch nicht weich!

Mit der Gabel in der Hand bleibt sie wie angewurzelt stehen. Was wollte sie eben noch suchen? Ach richtig! Die Muskatnuß und das Reibeisen! Nanu, was liegt denn da friedlich neben dem Kochbuch? Das Suppengrün! Herrje, das muß doch geputzt und in die Bouillon getan werden! Also, Gabel weg, Messer her! Ob das Fleisch jetzt gar ist? Und wo sind die Reibnuß und das Muskateisen? Quatsch, das Reibeisen und die Muskatnuß? Suppengrün muß man erst unter der Wasserleitung waschen. Und die Möhre muß geschabt werden. Au, man darf sich dabei natürlich nicht in den Finger schneiden! Und wenn das Fleisch weich ist, muß man es aus dem Topf herausnehmen. Und um später die Knochen abzuschöpfen, braucht man ein Sieb! Und in einer halben Stunde kommt Mutti! Und zwanzig Minuten vorher muß man die Nudeln in kochendes Wasser werfen! Und wie es in der Küche aussieht! Und die Muskatnuß! Und das Sieb! Und das Reibeisen! Und... Und... Und...

Luise sinkt auf dem Küchenstuhl zusammen. Ach Lottchen! Es ist nicht leicht, deine Schwester zu sein! Hotel Imperial... Hofrat Strobl... Peperl... Herr Franz... Und Vati... Vati... Vati...

Und die Uhr tickt.

In neunundzwanzig Minuten kommt Mutti! – In achtundzwanzig und einer halben Minute! – In achtundzwanzig! Luise ballt vor Entschlossenheit die Fäuste und erhebt sich zu neuen Taten. Dabei knurrt sie: »Das wär doch gelacht!«

Doch mit dem Kochen ist das eine eigene Sache. Entschlossenheit genügt vielleicht, um von einem hohen Turm zu springen. Aber um Nudeln mit Rindfleisch zu kochen, dazu braucht's mehr als Willenskraft.

Und als Frau Körner, müde von des Tages Unrast, heimkehrt, findet sie kein lächelndes Hausmütterchen vor, bewahre, sondern ein völlig erschöpftes Häufchen Unglück, ein leicht beschädigtes, verwirrtes, zerknittertes Etwas, aus dessen zum Weinen verzogenem Mund es ihr entgegenklingt: »Schimpf nicht, Mutti! Ich glaub, ich kann nicht mehr kochen!«

»Aber Lottchen, Kochen verlernt man doch nicht!« ruft die Mutter verwundert. Doch zum Wundern ist wenig Zeit. Es gilt, Kindertränen zu trocknen, Bouillon abzuschmecken, zerkochtes Fleisch hineinzuwerfen, Teller und Bestecke aus dem Schrank zu holen und vieles mehr.

Als sie endlich im Wohnzimmer unter der Lampe sitzen und Nudelsuppe löffeln, meint die Mutter tröstend:

»Es schmeckt doch eigentlich sehr gut, nicht?«

»Ja?« Ein schüchternes Lächeln stiehlt sich in das Kindergesicht. »Wirklich?«
Die Mutter nickt und lächelt still zurück.
Luise atmet auf, und nun schmeckt es ihr selber mit einem Male so gut wie noch nie im Leben! Trotz Hotel Imperial und Eierkuchen.
»Die nächsten Tage werde ich selber kochen«, sagt die Mutter. »Du wirst dabei schön aufpassen. Dann kannst du's bald wieder wie vor den Ferien.«
Die Kleine nickt eifrig. »Vielleicht sogar noch besser!« meint sie etwas vorlaut.
Nach dem Essen waschen sie gemeinsam das Geschirr ab. Und Luise erzählt, wie schön es im Ferienheim war. (Allerdings, von dem Mädchen, das ihr zum Verwechseln ähnlich war, erzählt sie kein Sterbenswort!)

Lottchen sitzt währenddessen, in Luises schönstem Kleid, an die samtene Brüstung einer Rangloge der Wiener Staatsoper gepreßt und schaut mit brennenden Augen zum Orchester hinunter, wo Kapellmeister Palfy die Ouvertüre von ›Hänsel und Gretel‹ dirigiert.
Wie wundervoll Vati im Frack aussieht! Und wie die Musiker parieren, obwohl ganz alte Herren darunter sind! Wenn er mächtig mit dem Stock droht, spielen sie, so laut sie können. Und wenn er will, daß sie leiser sein sollen, dann säuseln sie wie der Abendwind. Müssen die vor ihm eine Angst haben! Dabei hat er vorhin so vergnügt zur Loge heraufgewinkt!
Die Logentür geht.
Eine elegante junge Dame rauscht herein, setzt sich an die Brüstung und lächelt dem aufblickenden Kind zu.
Lotte wendet sich schüchtern ab und schaut wieder zu, wie Vati die Musiker dressiert.
Die junge Dame holt ein Opernglas hervor. Und eine Konfektschachtel. Und ein Programm. Und eine Puderdose. Sie hört nicht auf, bis die Samtbrüstung wie ein Schaufenster aussieht. Als die Ouvertüre zu Ende ist, klatscht das Publikum laut Beifall. Der Herr Kapellmeister Palfy verbeugt sich einige Male. Und dann sieht er, während er erneut den Dirigentenstab hebt, zur Loge empor.
Lotte winkt schüchtern mit der Hand. Vati lächelt noch zärtlicher als vorhin.
Da merkt Lotte, daß nicht nur sie mit der Hand winkt – sondern auch die Dame neben ihr!

Die Dame winkt Vati zu? Vati hat vielleicht ihretwegen so zärtlich gelächelt? Und gar nicht wegen seiner Tochter? Ja, und wieso hat Luise nichts von der fremden Frau erzählt? Kennt Vati sie noch nicht lange? Aber wie darf sie ihm dann so vertraulich zuwinken? Das Kind notiert im Gedächtnis: ›Heute noch an Luise schreiben. Ob sie etwas weiß. Morgen vor der Schule zum Postamt. Postlagernd aufgeben: Vergißmeinnicht München 18.‹

Dann hebt sich der Vorhang, und das Schicksal Hänsels und Gretels fordert die gebührende Anteilnahme. Lottchens Atem geht stockend. Da unten schicken die Eltern ihre zwei Kinder in den Wald, um sie loszuwerden. Dabei haben sie die Kinder doch lieb! Wie können sie dann so böse sein? Oder sind sie gar nicht böse? Ist nur das, was sie *tun*, böse? Sie sind traurig darüber. Warum machen sie es dann?

Lottchen, der halbierte und vertauschte Zwilling, gerät in wachsende Erregung. Ohne sich dessen völlig bewußt zu werden, gilt der Widerstreit ihrer Gefühle immer weniger den beiden Kindern und Eltern dort unten auf der Bühne, immer mehr ihr selber, der Zwillingsschwester und den eigenen Eltern. Durften diese tun, was sie getan haben? Ganz gewiß ist Mutti keine böse Frau, und auch der Vater ist bestimmt nicht bös. Doch was sie *taten*, das *war* böse! Der Holzhauer und seine Frau waren so arm, daß sie kein Brot für die Kinder kaufen konnten. Aber Vati? War der so arm gewesen?

Als später Hänsel und Gretel vor dem knusprigen Pfefferkuchenhaus ankommen, daran herumknabbern und vor der Hexenstimme erschrecken, beugt sich Fräulein Irene Gerlach, so heißt die elegante Dame, zu dem Kind hinüber, schiebt ihm die Konfektschale zu und flüstert: »Willst du auch ein bißchen knuspern?«

Lottchen zuckt zusammen, blickt auf, sieht das Frauengesicht vor sich und macht eine wild abwehrende Geste. Dabei fegt sie leider die Konfektschachtel von der Brüstung, und unten im Parkett regnet's vorübergehend, wie aufs Stichwort, Pralinen! Köpfe wenden sich nach oben. Gedämpftes Lachen mischt sich in die Musik. Fräulein Gerlach lächelt halb verlegen, halb ärgerlich.

Das Kind wird ganz steif vor Schreck. Es ist mit einem Schlag aus dem gefährlichen Zauber der Kunst herausgerissen worden. Es befindet sich, mit einem Schlag, im gefährlichen Bereich der Wirklichkeit.

»Entschuldigen Sie vielmals«, wispert Lottchen.
Die Dame lächelt verzeihend. »Oh, das macht nix, Luiserl«, sagt sie.
Ob das auch eine Hexe ist? Eine schönere als die auf der Bühne?

Luise liegt zum erstenmal in München im Bett. Die Mutter sitzt auf der Bettkante und sagt: »So, mein Lottchen, nun schlaf gut! Und träum was Schönes!«
»Wenn ich nicht zu müd dazu bin«, murmelt das Kind. »Kommst du auch bald?«
An der Gegenwand steht ein größeres Bett. Auf der zurückgeschlagenen Decke liegt Muttis Nachthemd, parat zum Hineinschlüpfen.
»Gleich«, sagt die Mutter. »Sobald du eingeschlafen bist.«
Das Kind schlingt die Arme um ihren Hals und gibt ihr einen Kuß. Dann noch einen. Und einen dritten. »Gute Nacht!«
Die junge Frau drückt das kleine Wesen an sich. »Ich bin so froh, daß du wieder daheim bist«, flüstert sie. »Ich hab ja nur noch dich!«
Der Kopf des Kindes sinkt schlaftrunken zurück. Luiselotte Palfy, geb. Körner, stopft das Deckbett zurecht und lauscht eine Weile auf die Atemzüge ihrer Tochter. Dann steht sie behutsam auf. Und auf Zehenspitzen geht sie ins Wohnzimmer zurück.
Unter der Stehlampe liegt die Aktenmappe. Es gibt noch so viel zu tun.

Lotte ist zum erstenmal von der mürrischen Resi ins Bett gebracht worden. Anschließend ist sie heimlich wieder aufgestanden und hat den Brief geschrieben, den sie morgen früh zum Postamt bringen will. Dann hat sie sich leise in Luisens Bett zurückgeschlichen und, bevor sie das Licht ausknipste, das Kinderzimmer noch einmal in Ruhe betrachtet.
Es ist ein geräumiger, hübscher Raum mit Märchenfriesen an den Wänden, mit einem Spielzeugschrank, mit einem Bücherbord, einem Schreibpult für die Schularbeiten, einem großen Kaufmannsladen, einer zierlichen, altmodischen Frisiertoilette, einem Puppenwagen, einem Puppenbett, nichts fehlt, bis auf die Hauptsache!
Hat sie sich nicht manchmal – ganz im stillen, damit Mutti es nur ja nicht merke – so ein schönes Zimmer gewünscht? Nun sie es hat, bohrt sich ihr ein spitzer, von Sehnsucht und Neid scharfgeschliffener Schmerz ins Gemüt. Sie sehnt sich nach dem

kleinen, bescheidenen Schlafzimmer, wo jetzt die Schwester liegt, nach Muttis Gutenachtkuß, nach dem Lichtschein, der aus dem Wohnzimmer herüberzwinkert, wo Mutti noch arbeitet, danach, daß dann leise die Tür geht, daß sie hört, wie Mutti am Kinderbett stehenbleibt, auf Zehenspitzen zum eigenen Bett hinüberhuscht, ins Nachthemd schlüpft und sich in ihre Decke kuschelt.

Wenn hier, wenigstens im *Neben*zimmer, Vatis Bett stünde! Vielleicht würde er schnarchen. Das wäre schön! Da wüßte man, daß er ganz in der Nähe ist! Aber er schläft nicht in der Nähe, sondern in einem anderen Haus, am Kärntner Ring. Vielleicht schläft er überhaupt noch nicht, sondern sitzt mit dem eleganten Pralinenfräulein in einem großen, glitzernden Saal, trinkt Wein, lacht, tanzt mit ihr, nickt ihr zärtlich zu, wie vorhin in der Oper, *ihr,* nicht dem kleinen Mädchen, das glücklich und verstohlen aus der Loge winkte.

Lotte schläft ein. Sie träumt. Das Märchen von den armen Eltern, die, weil sie kein Brot hatten, Hänsel und Gretel in den Wald schickten, mischt sich mit eignen Ängsten und eignem Jammer.

Lotte und Luise sitzen in diesem Traum mit erschrockenen Augen in einem gemeinsamen Bett und starren auf eine Tür, durch die viele weißbemützte Bäcker kommen und Brote hereinschleppen. Sie schichten die Brote an den Wänden auf. Immer mehr Bäcker kommen und gehen. Die Brotberge wachsen. Das Zimmer wird immer enger.

Dann steht der Vater da, im Frack, und dirigiert die Bäckerparade mit lebhaften Gesten. Mutti kommt hereingestürzt und fragt bekümmert: »Aber Mann, was soll denn nun werden?«

»Die Kinder müssen fort!« schreit er böse. »Wir haben keinen Platz mehr! Wir haben zuviel Brot im Hause!«

Mutti ringt die Hände. Die Kinder schluchzen erbärmlich.

»Hinaus!« ruft er und hebt drohend den Dirigentenstab. Da rollt das Bett gehorsam zum Fenster. Die Fensterflügel springen auf. Das Bett schwebt zum Fenster hinaus.

Es fliegt über eine große Stadt dahin, über einen Fluß, über Hügel, Felder, Berge und Wälder. Dann senkt es sich wieder zur Erde herab und landet in einem mächtigen, urwaldähnlichen Baumgewirr, in dem es von unheimlichem Vogelgekrächz und vom Gebrüll wilder Tiere schauerlich widerhallt. Die beiden kleinen Mädchen sitzen, von Furcht gelähmt, im Bett.

Da knackt und prasselt es im Dickicht!

Die Kinder werfen sich zurück und ziehen die Decke über die

Köpfe. Aus dem Gestrüpp kommt jetzt die Hexe hervor. Es ist aber nicht die Hexe von der Opernbühne, sondern sie ähnelt viel eher der Pralinendame aus der Loge. Sie blickt durch ihr Opernglas zu dem Bettchen hinüber, nickt mit dem Kopf, lächelt sehr hochmütig und klatscht dreimal in die Hände.

Wie auf Kommando verwandelt sich der dunkle Wald in eine sonnige Wiese. Und auf der Wiese steht ein aus Konfektschachteln gebautes Haus, mit einem Zaun aus Schokoladentafeln. Vögel zwitschern lustig, im Gras hüpfen Hasen aus Marzipan, und überall schimmert es von goldenen Nestern, in denen Ostereier liegen. Ein kleiner Vogel setzt sich aufs Bett und singt so hübsch Koloratur, daß sich Lotte und Luise, wenn auch zunächst nur bis zu den Nasenspitzen, unter ihrer Decke hervortrauen. Als sie nun die Wiese mit den Osterhasen, die Schokoladeneier und das Pralinenhaus sehen, klettern sie schnell aus dem Bett und laufen zum Zaun. Dort stehen sie nun in ihren langen Nachthemden und staunen. »Spezialmischung!« liest Luise laut vor. »Und Krokant! Und Nougatfüllung!«

»Und bittere Sonderklasse!« ruft Lotte erfreut. (Denn sie ißt auch im Traum nicht gerne Süßes.)

Luise bricht ein großes Stück Schokolade vom Zaun. »Mit Nuß!« meint sie begehrlich und will hineinbeißen.

Da ertönt Hexenlachen aus dem Haus! Die Kinder erschrecken! Luise wirft die Schokolade weit weg!

Und schon kommt Mutti mit einem großen Handwagen voller Brote über die Wiese gekeucht. »Halt, Kinder!« ruft sie angstvoll. »Es ist alles vergiftet!«

»Wir hatten Hunger, Mutti.«

»Hier habt ihr Brot! Ich konnte nicht früher aus dem Verlag weg!« Sie umarmt ihre Kinder und will sie fortziehen. Doch da öffnet sich die Pralinentür. Der Vater erscheint mit einer großen Säge, wie Holzhauer sie haben, und ruft: »Lassen Sie die Kinder in Ruhe, Frau Körner!«

»Es sind *meine* Kinder, Herr Palfy!«

»Meine *auch*«, schreit er zurück. Und während er sich nähert, erklärt er trocken: »Ich werde die Kinder halbieren! Mit der Säge! Ich kriege eine halbe Lotte und von Luise eine Hälfte, und Sie auch, Frau Körner!«

Die Zwillinge sind zitternd ins Bett gesprungen.

Mutti stellt sich, mit ausgebreiteten Armen, schützend vor das Bett. »Niemals, Herr Palfy!«

Aber der Vater schiebt sie beiseite und beginnt, vom Kopfende her, das Bett durchzusägen. Die Säge kreischt so, daß man friert, und sägt das Bett Zentimeter auf Zentimeter der Länge nach durch.

»Laßt euch los!« befiehlt der Vater.

Die Säge kommt den ineinandergefalteten Geschwisterhänden immer näher, immer näher! Gleich ritzt sie die Haut! – Mutti weint herzzerbrechend.

Man hört die Hexe kichern.

Da endlich geben die Kinderhände nach.

Die Säge schneidet zwischen ihnen das Bett endgültig auseinander, bis zwei Betten, jedes auf vier Füßen, daraus geworden sind.

»Welchen Zwilling wollen Sie haben, Frau Körner?«

»Beide, beide!«

»Bedaure«, sagt der Mann. »Gerechtigkeit muß sein. Na, wenn Sie sich nicht entschließen können – ich nehm die da! Mir ist es eh gleich. Ich kenn sie ja doch nicht auseinander.« Er greift nach dem einen Bett. »Welche bist du denn?«

»Das Luiserl!« ruft diese. »Aber du darfst das nicht tun!«

»Nein«, schreit nun Lotte. »Ihr dürft uns nicht halbieren!«

»Haltet den Mund!« erklärt der Mann streng. »Eltern dürfen alles!«

Damit geht er, das eine Bett an einer Schnur hinter sich herziehend, auf das Pralinenhaus zu. Der Schokoladenzaun springt von selber auf. Luise und Lotte winken einander verzweifelt zu.

»Wir schreiben uns!« brüllt Luise.

»Postlagernd!« schreit Lotte. »Vergißmeinnicht München 18!«

Der Vater und Luise verschwinden im Haus. Dann verschwindet auch das Haus, als würde es weggewischt.

Mutti umarmt Lotte und sagt traurig: »Nun sind wir beide vaterseelenallein.« Plötzlich starrt sie das Kind unsicher an. »Welches meiner Kinder bist du denn? Du siehst aus wie Lotte!«

»Ich *bin* ja Lotte!«

»Nein, du siehst aus wie Luise!«

»Ich bin doch Luise!«

Die Mutter blickt dem Kind erschrocken ins Gesicht und sagt, seltsamerweise mit Vaters Stimme: »Einmal Locken! Einmal Zöpfe! Dieselben Nasen! Dieselben Köpfe!«

Lotte hat jetzt links einen Zopf, rechts Locken wie Luise. Tränen rollen ihr aus den Augen. Und sie murmelt trostlos: »Nun weiß ich selber nicht mehr, wer von uns beiden ich bin! Ach, die arme Hälfte!«

Siebentes Kapitel

Wochen sind vergangen
Peperl hat sich abgefunden
Eierkuchen haben keine Knochen
Alles hat sich verändert, besonders die Resi
Kapellmeister Palfy gibt Klavierstunden
Frau Körner macht sich Vorwürfe
Anni Habersetzer kriegt Watschen
Ein Wochenende, schön wie nichts auf der Welt!

Wochen sind seit jenem ersten Tag und jener ersten Nacht in der fremden Welt und unter fremden Menschen ins Land gegangen. Wochen, in denen jeder Augenblick, jeder Zufall und jede Begegnung Gefahr und Entdeckung mit sich bringen konnten. Wochen mit sehr viel Herzklopfen und manchem postlagernden Brief, der neue dringende Auskünfte heischte.

Es ist alles gut abgelaufen. Ein bißchen Glück war wohl auch dabei. Luise hat das Kochen ›wieder‹ gelernt. Die Lehrerinnen in München haben sich einigermaßen damit abgefunden, daß die kleine Körner aus den Ferien weniger fleißig, ordentlich und aufmerksam, dafür aber um so lebhafter und ›schlagfertiger‹ zurückgekehrt ist.

Und ihre Wiener Kolleginnen haben rein gar nichts dagegen, daß die Tochter des Kapellmeisters Palfy neuerdings besser aufpaßt und besser multiplizieren kann. Erst gestern hat Fräulein Gstettner im Lehrerzimmer zu Fräulein Bruckbaur ziemlich geschwollen gesagt:

»Die Entwicklung Luises zu beobachten, liebe Kollegin, ist für jedes pädagogische Auge ein lehrreiches Erlebnis. Wie sich hier aus Überschwang des Temperaments still wirkende, beherrschte Kraft herausgebildet hat, aus Übermut, Heiterkeit und aus naschhaftem Wissensdurst ein stetiger, ins kleinste gehender Bildungswille – also, liebe Kollegin, das ist einzigartig! Und vergessen Sie eines nicht, diese Verwandlung, diese Metamorphose eines Charakters in eine höhere, gebändigte Form geschah völlig aus sich heraus, ohne jeden erzieherischen Druck von außen!«

Fräulein Bruckbaur hat gewaltig genickt und erwidert: »Diese Selbstentfaltung des Charakters, dieser Eigenwille zur Form zeigt sich auch im Wandel von Luises Schrift! Ich sag ja immer, daß Schrift und Charakter . . .« Aber wir wollen es uns schenken anzuhören, was Fräulein Bruckbaur immer sagt!

Vernehmen wir lieber, in rückhaltloser Anerkennung, daß Peperl, der Hund des Hofrats Strobl, seit einiger Zeit den alten Brauch wieder aufgenommen hat, dem kleinen Mädchen am Tisch des Herrn Kapellmeisters grüß Gott zu sagen. Er hat sich, obwohl es über seinen Hundeverstand geht, damit abgefunden, daß das Luiserl nicht mehr wie das Luiserl riecht. Bei den Menschen ist so vieles möglich, warum nicht auch das? Außerdem, neuerdings ißt die liebe Kleine nicht mehr so oft Eierkuchen, statt dessen mit großem Vergnügen Fleischernes. Wenn man nun bedenkt, daß Eierkuchen keine Knochen haben, Koteletts hingegen in erfreulicher Häufigkeit, so kann man doppelt verstehen, daß das Tier seine Zurückhaltung überwunden hat.

Wenn Luises Lehrerinnen schon finden, daß sich Luise in erstaunlicher Weise gewandelt hat – was sollten sie erst zu Resi sagen, wenn sie Resi, die Haushälterin, näher kennten? Denn Resi, das steht außer Frage, ist tatsächlich ein völlig anderer Mensch geworden. Sie war vielleicht gar nicht von Grund auf betrügerisch, schlampert und faul? Sondern nur, weil das scharfe Auge fehlte, das alles überwacht und sieht?

Seit Lotte im Haus ist und sanft, doch unabwendbar alles prüft, alles entdeckt, alles weiß, was man über Küche und Keller wissen kann, hat sich Resi zu einer ›ersten‹ Kraft entwickelt. Lotte hat den Vater überredet, das Wirtschaftsgeld nicht länger der Resi, sondern ihr auszuhändigen. Und es ist einigermaßen komisch, wenn Resi anklopft und ins Kinderzimmer tritt, um sich von dem neunjährigen Kinde, das ernst am Pult sitzt und seine Schulaufgaben macht, Geld geben zu lassen. Sie berichtet gehorsam, was sie einkaufen muß, was sie zum Abendbrot auftischen will und was sonst im Haushalt nötig ist.

Lotte überschlägt rasch die Kosten, nimmt Geld aus dem Pult, zählt es Resi hin, schreibt den Betrag in ein Heft, und abends wird dann am Küchentisch gewissenhaft abgerechnet.

Sogar dem Vater ist es aufgefallen, daß der Haushalt früher mehr gekostet hat, daß jetzt, obwohl er weniger Geld gibt, regelmäßig Blumen auf dem Tisch stehen, auch drüben im Atelier am Ring, und daß es in der Rotenturmstraße richtig heimelig geworden ist. (›So, als wäre eine Frau im Haus‹, hat er neulich gedacht! Und über diesen Gedanken war er nicht schlecht erschrocken!) Daß er jetzt öfter und länger in der Rotenturmstraße sitzt, ist nun wieder Fräulein Irene Gerlach, der Pralinendame, aufgefallen. Und sie hat den Herrn Kapellmeister deswegen gewissermaßen zur Rede gestellt. Sehr vorsichtig natürlich, denn Künstler sind empfindlich!

»Ja weißt«, hat er gesagt, »neulich komm ich doch dazu, wie das Luiserl am Klavier sitzt und stillvergnügt auf den Tasten klimpert. Und dazu singt sie ein kleines Liedchen, einfach herzig! Wo sie doch früher nicht ans Klavier gegangen wäre, und wenn man sie hingeprügelt hätt!«

»Und?« hat Fräulein Gerlach gefragt und die Brauen bis an den Haaransatz hinaufgezogen.

»Und?« Der Herr Palfy hat verlegen gelacht. »Seitdem geb ich ihr Klavierunterricht! Es macht ihr höllischen Spaß. Mir übrigens auch.« Fräulein Gerlach hat sehr verächtlich geblickt. Denn sie ist eine geistig hochstehende Persönlichkeit. Dann hat sie spitz erklärt: »Ich dachte, du wärst Komponist und nicht Klavierlehrer für kleine Mädchen.«

Früher hätte das dem Künstler Ludwig Palfy niemand mitten ins Gesicht sagen dürfen! Heute hat er wie ein Schulbub gelacht und gerufen: »Aber ich hab ja noch nie im Leben soviel komponiert wie gerade jetzt! Und noch nie so was Gutes!«

»Was wird's denn werden?«

»Eine Kinderoper«, hat er geantwortet.

In den Augen der Lehrerinnen hat sich also Luise verändert. In den Augen des Kindes haben sich Resi und Peperl verändert. In den Augen des Vaters hat sich die Rotenturmstraße verändert. So etwas von Veränderei!

Und in München hat sich natürlich auch allerhand verändert. – Als die Mutter gemerkt hat, daß Lottchen nicht mehr so häuslich und in der Schule nicht mehr so fleißig ist, dafür aber quirliger und lustiger als früher, da ist sie in sich gegangen und hat zu sich selber also gesprochen: »Luiselotte, du hast aus einem fügsamen kleinen Wesen eine Haushälterin gemacht, aber kein Kind! Kaum war sie ein paar Wochen mit Gleichaltrigen zusammen, im Gebirge, an einem See – schon ist sie geworden, was sie immer hätte sein sollen: ein lustiges, von deinen Sorgen wenig beschwertes kleines Mädchen! Du bist viel zu egoistisch gewesen, pfui! Freu dich, daß Lottchen heiter und glücklich ist! Mag sie getrost beim Abwaschen einen Teller zerschmettern! Mag sie sogar von der Lehrerin einen Brief heimbringen: ›Lottes Aufmerksamkeit, Ordnungsliebe und Fleiß lassen neuerdings leider bedenklich zu wünschen übrig. Die Mitschülerin Anni Habersetzer hat von ihr gestern schon wieder vier heftige Watschen erhalten.‹ Eine Mutter hat – und hätte sie noch so viele Sorgen –

vor allem die Pflicht, ihr Kind davor zu bewahren, daß es zu früh aus dem Paradies der Kindheit vertrieben wird!«

So und ähnlich hat Frau Körner ernst zu sich selber gesprochen und eines Tages schließlich auch zu Fräulein Linnekogel, Lottes Klassenlehrerin. »Mein Kind«, hat sie gesagt, »soll ein Kind sein, kein zu klein geratener Erwachsener! Es ist mir lieber, sie wird ein fröhlicher, leidenschaftlicher Racker, als daß sie um jeden Preis Ihre beste Schülerin bleibt!«

»Aber früher hat Lotte doch beides recht gut zu vereinbaren gewußt«, hat Fräulein Linnekogel, leicht pikiert, erklärt.

»Warum sie das jetzt nicht mehr kann, weiß ich nicht. Als berufstätige Frau weiß man überhaupt zuwenig von seinem Kind. Irgendwie muß es mit den Sommerferien zusammenhängen. Aber eines weiß und sehe ich: *Daß* sie's nicht mehr kann! Und das ist entscheidend!«

Fräulein Linnekogel hat energisch an ihrer Brille gerückt. »Mir, als der Erzieherin und Lehrerin Ihrer Tochter, sind leider andere Ziele gesteckt. Ich muß und werde versuchen, die innere Harmonie des Kindes wiederherzustellen!«

»Finden Sie wirklich, daß ein bißchen Unaufmerksamkeit in der Rechenstunde und ein paar Tintenkleckse im Schreibheft –«

»Ein gutes Beispiel, Frau Körner! Das Schreibheft! Gerade Lottes Schrift zeigt, wie sehr das Kind die, ich möchte sagen, seelische Balance verloren hat. Aber lassen wir die Schrift beiseite! Finden Sie es in Ordnung, daß Lotte neuerdings Mitschülerinnen prügelt?«

»Mitschüler*innen*?« Frau Körner hat die Endung absichtlich betont. »Meines Wissens hat sie nur die Anni Habersetzer geschlagen?«

»Nur?«

»Und diese Anni Habersetzer hat die Ohrfeigen redlich verdient! Von irgendwem muß sie sie ja schließlich kriegen!«

»Aber Frau Körner!«

»Ein großes, gefräßiges Ding, das seine Gehässigkeit heimlich an den Kleinsten der Klasse auszulassen pflegt, sollte von der Lehrerin nicht noch in Schutz genommen werden.«

»Wie bitte? Wirklich? Davon weiß ich ja gar nichts!«

»Dann fragen Sie nur die arme kleine Ilse Merck! Vielleicht erzählt die Ihnen einiges!«

»Und warum hat mir Lotte nichts gesagt, als ich sie bestraft habe?«

Da hat sich Frau Körner ein wenig in die Brust geworfen und geantwortet: »Dazu fehlt es ihr wohl an der, um mit Ihnen zu sprechen, seelischen Balance!«

Und dann ist sie in den Verlag gesaust. Um zurechtzukommen, hat sie ein Taxi nehmen müssen. Zwei Mark dreißig. Ach, das liebe Geld!

Am Samstagmittag hat Mutti plötzlich den Rucksack gepackt und gesagt: »Zieh die festen Schuhe an! Wir fahren nach Garmisch und kommen erst morgen abend zurück!«

Luise hat ein bißchen ängstlich gefragt: »Mutti – wird das nicht zu teuer?«

Der Frau Körner hat es einen kleinen Stich gegeben. Dann hat sie gelacht. »Wenn das Geld nicht reicht, verkauf ich dich unterwegs!«

Das Kind hat vor Wonne getanzt. »Fein! Wenn du dann das Geld hast, lauf ich den Leuten wieder weg! Und wenn du mich drei- bis viermal verkauft hast, haben wir so viel, daß du einen Monat nicht zu arbeiten brauchst!«

»So teuer bist du?«

»Dreitausend Mark und elf Pfennige! Und die Mundharmonika nehm ich auch mit!«

Das wurde ein Wochenende – wie lauter Himbeeren mit

Schlagsahne! Von Garmisch wanderten sie über Grainau an den Baadersee. Dann an den Eibsee. Mit Mundharmonika und lautem Gesang. Dann ging's durch hohe Wälder bergab. Über Stock und Stein. Walderdbeeren fanden sie. Und schöne, geheimnisvolle Blumen. Lilienhaften Türkenbund und vielblütigen lilafarbenen Enzian. Und Moos mit kleinen spitzen Helmen auf dem Kopf. Und winzige Alpenveilchen, die so süß dufteten, daß man's gar nicht fassen konnte!

Abends gerieten sie in ein Dorf namens Gries. Dort nahmen sie ein Zimmer mit *einem* Bett. Und als sie, in der Gaststube aus dem Rucksack futternd, mächtig geabendbrotet hatten, schliefen sie zusammen in dem Bett! Draußen auf den Wiesen geigten die Grillen eine kleine Nachtmusik ...

Am Sonntagmorgen zogen sie weiter. Nach Ehrwald. Und Lermoos. Die Zugspitze glänzte silberweiß. Die Bauern kamen in ihren Trachten aus der Kirche. Kühe standen auf der Dorfstraße, als hielten sie einen Kaffeeklatsch.

Übers Törl ging's dann. Das war ein Gekraxel, sakra, sakra! Neben einer Pferdeweide, inmitten Millionen von Wiesenblumen, gab's gekochte Eier und Käsebrote. Und als Nachtisch einen kleinen Mittagsschlaf im Grase.

Später stiegen sie zwischen Himbeersträuchern und gaukelnden Schmetterlingen zum Eibsee hinunter. Kuhglocken läuteten den Nachmittag ein. Die Zugspitzbahn sahen sie in den Himmel kriechen. Der See lag winzig im Talkessel.

»Als ob der liebe Gott bloß mal so hingespuckt hätte«, sagte Luise versonnen.

Im Eibsee wurde natürlich gebadet. Auf der Hotelterrasse spendierte Mutti Kaffee und Kuchen. Und dann wurde es höchste Zeit, nach Garmisch zurückzumarschieren.

Vergnügt und braungebrannt saßen sie im Zug. Und der nette Herr gegenüber wollte unter gar keinen Umständen glauben, daß das junge Mädchen neben Luise die Mutti und noch dazu eine berufstätige Frau sei.

Zu Hause fielen sie wie die Plumpsäcke in ihre Betten. Das letzte, was das Kind sagte, war: »Mutti, heute war es so schön – so schön wie nichts auf der Welt!«

Die Mutti lag noch eine Weile wach. Soviel leicht erreichbares Glück hatte sie bis jetzt ihrem kleinen Mädchen vorenthalten! Nun, es war noch nicht zu spät. Noch ließ sich alles nachholen!

Dann schlief auch Frau Körner ein. Auf ihrem Gesicht träumte ein Lächeln. Es huschte über ihre Wangen wie der Wind über den Eibsee.

Das Kind hatte sich verändert. Und nun begann sich also auch die junge Frau zu verändern.

Achtes Kapitel

Herr Gabele hat zu kleine Fenster
Kaffeebesuch am Kärntner Ring
Diplomatische Gespräche
Väter müssen streng sein können – Ein Lied in c-Moll
Heiratspläne – Kobenzlallee 43
Fräulein Gerlach ist ganz Ohr – Hofrat Strobl ist recht besorgt
Der Kapellmeister streichelt eine Puppe

Lottchens Klavierkünste liegen brach. Ihre Schuld ist es nicht. Aber der Vater hat neuerdings nicht mehr viel Zeit fürs Stundengeben übrig. Vielleicht hängt es mit der Arbeit an der Kinderoper zusammen? Das ist schon möglich. Oder? Nun, kleine Mädchen spüren, wenn etwas nicht stimmt. Wenn Väter von Kinderopern reden und über Fräulein Gerlach schweigen – sie wittern wie kleine Tiere, woher Gefahr droht.

Lotte tritt, in der Rotenturmstraße, aus der Wohnung und klingelt an der gegenüberliegenden Tür. Dahinter haust ein Maler namens Gabele, ein netter, freundlicher Herr, der Lotte gern einmal zeichnen möchte, wenn sie Zeit hat.

Herr Gabele öffnet. »Oh, die Luise!«
»Heute hab ich Zeit«, sagt sie.
»Einen Augenblick«, ruft er, rast in sein Arbeitszimmer, nimmt ein großes Tuch vom Sofa und hängt damit ein auf der Staffelei stehendes Bild zu. Er malt gerade an einer klassischen Szene aus der Antike. Dergleichen eignet sich nicht immer für Kinder.

Dann führt er die Kleine herein, setzt sie in einen Sessel, nimmt einen Block zur Hand und beginnt zu skizzieren. »Du spielst ja gar nicht mehr so oft Klavier!« meint er dabei.
»Hat es Sie sehr gestört?«
»Kein Gedanke! Im Gegenteil! Es fehlt mir geradezu!«
»Vati hat nicht mehr so viel Zeit«, sagt sie ernst. »Er komponiert an einer Oper. Es wird eine Kinderoper.«
Das freut Herrn Gabele zu hören. Dann wird er ärgerlich. »Diese Fenster!« schimpft er. »Rein gar nix kann man sehen. Ein Atelier müßte man haben!«
»Warum mieten Sie sich denn dann keines, Herr Gabele?«
»Weil's keine zu mieten gibt! Ateliers sind selten!«

Nach einer Pause sagt das Kind: »Vati hat ein Atelier. Mit großen Fenstern. Und Licht von oben.«
Herr Gabele brummt.
»Am Kärntner Ring«, ergänzt Lotte. Und nach einer neuen Pause: »Zum Komponieren braucht man doch gar nicht so viel Licht wie zum Malen, nicht?«
»Nein«, antwortet Herr Gabele.
Lotte tastet sich nun noch einen Schritt weiter vor. Sie sagt nachdenklich: »Eigentlich könnte doch Vati mit Ihnen tauschen! Dann hätten Sie größere Fenster und mehr Licht zum Malen. Und Vati hätte seine Wohnung zum Komponieren hier, gleich neben der anderen Wohnung!« Der Gedanke scheint sie enorm zu freuen. »Wäre das nicht sehr praktisch?«
Herr Gabele könnte allerlei gegen Lottes Gedankengänge einwenden. Weil das aber nicht angeht, erklärt er lächelnd: »Das wär in der Tat sehr praktisch. Es fragt sich nur, ob der Papa der gleichen Meinung ist.«
Lotte nickt. »Ich werd ihn fragen! Gleich nachher!«

Herr Palfy sitzt in seinem Atelier und hat Besuch. Damenbesuch. Fräulein Irene Gerlach hat ›zufällig‹ ganz in der Nähe Besorgungen machen müssen, und da hat sie sich gedacht: ›Springst mal g'schwind zum Ludwig hinauf, gelt?‹
Der Ludwig hat die Partiturseiten, an denen er kritzelt, beiseite geschoben und plauscht mit der Irene. Erst ärgert er sich ein Weilchen, denn er kann es für den Tod nicht leiden, wenn man ihn unangemeldet überfällt und bei der Arbeit stört. Aber allmählich siegt doch das Wohlbehagen, mit dieser so schönen Dame zusammenzusitzen und halb aus Versehen ihre Hand zu streicheln.
Irene Gerlach weiß, was sie will. Sie will Herrn Palfy heiraten. Er ist berühmt. Er gefällt ihr. Sie gefällt ihm. Allzugroße Schwierigkeiten stehen also nicht im Wege. Zwar weiß er noch nichts von seinem künftigen Glück. Aber sie wird es ihm mit der Zeit und schonend beibringen. Schließlich wird er sich einbilden, daß er selber auf die Idee mit der Heirat verfallen sei.
Ein Hindernis ist allerdings noch da: das narrische Kind! Aber wenn Irene dem Ludwig erst ein, zwei Babys geschenkt hat, dann wird sich alles wunschgemäß einrenken. Irene Gerlach wird doch wohl noch mit diesem ernsten, scheuen Fratz fertig werden!
Es klingelt. Ludwig öffnet.
Und wer steht in der Tür? Der ernste, scheue Fratz! Hat einen

Strauß in der Hand, knickst und sagt: »Grüß Gott, Vati! Ich bring dir frische Blumen!« Dann spaziert sie ins Atelier, knickst kurz vor dem Besuch, nimmt eine Vase und verschwindet in der Küche.

Irene lächelt maliziös. »Wenn man dich und deine Tochter sieht, hat man den Eindruck, daß du unter ihrem Pantoffel stehst.«

Der Herr Kapellmeister lacht verlegen. »Sie hat neuerdings eine so dezidierte Art zu handeln, und außerdem ist das, was sie tut, so goldrichtig – da kannst nix machen!«

Während Fräulein Gerlach mit den schönen Schultern zuckt, erscheint Lotte wieder auf der Bildfläche. Erst stellt sie die frischen Blumen auf den Tisch. Dann bringt sie Geschirr herbei und sagt, indessen sie die Tassen verteilt, zu Vati: »Ich koch nur rasch einen Kaffee. Wir müssen doch deinem Besuch etwas anbieten.«

Vati und sein Besuch schauen perplex hinter ihr drein. »Und ich hab dieses Kind für scheu gehalten!« denkt Fräulein Gerlach. ›Oje, war ich blöd!‹

Nach kurzer Zeit taucht Lotte mit Kaffee, Zucker und Sahne auf, schenkt – ganz Hausfrau – ein, fragt, ob Zucker gefällig sei, schiebt dem Besuch die Sahne hin, setzt sich dann neben ihren Vati und meint freundlich lächelnd: »Ich trinke zur Gesellschaft einen Schluck mit.«

Der Papa schenkt ihr Kaffee ein und fragt chevaleresk: »Wieviel Sahne, meine Dame?«

Das Kind kichert. »Halb und halb, mein Herr.«

»Bitte sehr, meine Dame!«

»Vielen Dank, mein Herr!«

Man trinkt. Man schweigt. Schließlich eröffnet Lotte die Unterhaltung. »Ich war eben bei Herrn Gabele.«

»Hat er dich gezeichnet?« fragt der Vater.

»Nur ein bißchen«, meint das Kind. Noch einen Schluck Kaffee – dann fügt es harmlos hinzu: »Er hat zu wenig Licht. Vor allem brauchte er welches von oben. So wie hier ...«

»Dann soll er sich halt ein Atelier mit Oberlicht mieten«, bemerkt der Herr Kapellmeister sehr treffend und ahnt nicht, daß er genau dahin steuert, wohin Lotte ihn haben will.

»Das hab ich ihm auch schon gesagt«, erklärt sie ruhig. »Aber sie sind alle vermietet, die Ateliers.«

›So ein kleines Biest!‹ denkt Fräulein Gerlach. Denn sie, auch eine Tochter Evas, weiß nun schon, was das Kind im Schilde führt. Und richtig ...

»Zum Komponieren braucht man eigentlich kein Oberlicht, Vati. Nicht?«

»Nein, eigentlich nicht.«

Das Kind holt tief Atem, blickt angestrengt auf seine Schürze und fragt, als fiele ihm diese Frage eben erst ein: »Wenn du nun mit Herrn Gabele tauschtest, Vati?« Gott sei Dank, jetzt ist es heraus! Lotte blickt den Papa von schräg unten an. Ihre Augen bitten furchtsam.

Der Vater schaut halb ärgerlich, halb belustigt von dem kleinen Mädchen zu der eleganten Dame, die gerade noch Zeit hat, ein sanft ironisches Lächeln in ihr Gesicht zu zaubern.

»Dann hätte der Herr Gabele ein Atelier«, sagt das Kind, und die Stimme zittert ein wenig. »Mit soviel Licht, wie er braucht. Und du wohntest direkt neben uns. Neben Resi und mir.« Lottes Augen liegen, wenn man sich so ausdrücken darf, vor des Vaters Blick auf den Knien. »Dann bist du allein, genau wie hier. Und wenn du nicht allein sein willst, kommst du bloß über den Flur und bist da. Du brauchst nicht einmal einen Hut aufzusetzen. – Und mittags können wir daheim essen. – Wenn das Essen fertig ist, klingeln wir dreimal an deiner Tür. – Wir kochen immer, was du willst. – Auch Geselchtes. – Und wenn du Klavier spielst, hören wir's durch die Wand . . .« Die Kinderstimme klingt immer zögernder. Sie erstirbt.

Fräulein Gerlach steht abrupt auf. Sie muß schnellstens heim. Wie die Zeit vergeht! Es waren ja aber auch sooo interessante Gespräche!

Herr Kapellmeister Palfy bringt seinen Gast hinaus. Er küßt die duftende Frauenhand. »Auf heut abend also«, sagt er.

»Vielleicht hast du keine Zeit?«

»Wieso, Liebling?«

Sie lächelt. »Vielleicht ziehst du gerade um!« Er lacht.

»Lache nicht zu früh! Wie ich deine Tochter kenne, hat sie bereits die Möbelpacker bestellt!« Wütend rauscht die Dame treppab.

Als der Kapellmeister ins Atelier zurückkommt, ist Lotte schon dabei, das Kaffeegeschirr abzuwaschen. Er schlägt ein paar Takte auf dem Flügel an. Er geht mit großen Schritten in dem Raum auf und ab. Er starrt auf die bekritzelten Partiturseiten.

Lotte gibt sich große Mühe, nicht mit den Tellern und Tassen zu klappern. – Als sie alles abgetrocknet und in den Schrank zurückgestellt hat, setzt sie ihr Hütchen auf und geht leise ins Atelier hinüber.

»Grüß Gott, Vati...«
»Grüß Gott.«
»Kommst du zum Abendessen?«
»Nein, heute nicht.«
Das Kind nickt langsam und hält ihm zum Abschied schüchtern die Hand hin.

»Hör, Luise – ich hab's nicht gern, wenn sich andere Leute für mich den Kopf zerbrechen, auch meine Tochter nicht! Ich weiß selber, was für mich am besten ist.«

»Natürlich, Vati«, sagt sie ruhig und leise. Noch immer hält sie die Hand zum Abschied ausgestreckt.

Er drückt sie schließlich doch und sieht dabei, daß dem Kind Tränen in den Wimpern hängen. Ein Vater muß streng sein können. Also tut er, als sähe er nichts Auffälliges, sondern nickt kurz und setzt sich an den Flügel. Lotte geht schnell zur Tür, öffnet sie behutsam – und ist verschwunden.

Der Herr Kapellmeister fährt sich durchs Haar. Kindertränen, auch das noch! Dabei soll man nun eine Kinderoper komponieren! Es ist zum Teufelhaschen! Es ist nicht zum Ansehen, wenn so einem kleinen Geschöpf Tränen in den Augen stehen! Sie hingen in den langen Wimpern wie Tautropfen an dünnen Grashalmen...

Seine Hände schlagen einige Töne an. Er neigt lauschend den Kopf. Er spielt die Tonfolge noch einmal. Er wiederholt sie in der Sequenz. Es ist die Mollvariation eines fröhlichen Kinderliedes aus seiner Oper. Er ändert den Rhythmus. Er arbeitet.

Wozu doch Kindertränen gut sind! Ja, so ein Künstler ist fein heraus! Gleich wird er Notenpapier nehmen und Noten malen. Und zum Schluß wird er sich hochbefriedigt zurücklehnen und die Hände reiben, weil ihm ein so wunderbar trauriges Lied in c-Moll gelungen ist. (Ist denn weit und breit kein Riese oder sonst jemand da, der ihm ab und zu die Hosen straffzieht?)

Wieder sind Wochen vergangen. Fräulein Irene Gerlach hat den Auftritt im Atelier nicht vergessen. Sie hat den Vorschlag des Kindes, der Vater möge die Wohnung am Ring mit der des Malers Gabele tauschen, als das aufgefaßt, was es war: als Kampfansage! Eine richtige Frau – und Irene Gerlach ist, auch wenn Lotte sie nicht leiden mag, eine richtige Frau –, die läßt sich nicht lange bitten. Sie kennt ihre Waffen. Sie weiß sie zu gebrauchen. Sie ist sich ihrer Wirkung bewußt. Alle ihre Pfeile hat sie auf die zuckende Zielscheibe, das Künstlerherz des Kapellmeisters, abgeschossen. Alle Pfeile haben ins Schwarze getroffen.

Allesamt sitzen sie nun mit ihren Widerhaken im Herzen des Mannes, des geliebten Feindes, fest. Er weiß sich keinen Rat mehr.

»Ich will, daß du meine Frau wirst«, sagt er. Es klingt wie ein zorniger Befehl.

Sie streichelt sein Haar, lächelt und meint spöttisch: »Dann werde ich morgen mein bestes Kleid anziehen, Liebling, und bei deiner Tochter um deine Hand anhalten.«

Wieder sitzt ein Pfeil in seinem Herzen. Und diesmal ist der Pfeil vergiftet.

Herr Gabele zeichnet Lotte. Plötzlich läßt er Block und Bleistift sinken und sagt: »Was hast denn heut, Luiserl? Du schaust ja aus wie sechs Tag' Regenwetter!«

Das Kind atmet schwer, als läge ihm ein Fuder Steine auf der Brust. »Ach, es ist nichts weiter.«

»Hängt's mit der Schule zusammen?«

Sie schüttelt den Kopf. »Das wär nicht so schlimm.«

Herr Gabele legt den Block weg. »Weißt was, du kleine Trauerweide? Wir wollen für heute Schluß machen!« Er steht auf. »Geh ein Stück spazieren. Das bringt einen auf andere Gedanken!«

»Oder vielleicht spiel ich ein bißchen auf dem Klavier?«

»Noch besser!« sagt er. »Das hör ich durch die Wand. Da hab ich auch was davon.«

Sie gibt ihm die Hand, knickst und geht.

Er schaut gedankenvoll hinter der kleinen Person her. Er weiß, wie schwer Kummer auf ein Kinderherz drücken kann. Er war selber einmal ein Kind und hat es, im Gegensatz zu den meisten Erwachsenen, nicht vergessen.

Als Klaviergeklimper aus der Nachbarwohnung herüberklingt, nickt er zustimmend und beginnt, die Melodie mitzupfeifen. Dann zieht er mit einem Ruck die Decke von der Staffelei, nimmt Palette und Pinsel zur Hand, betrachtet seine Arbeit mit zusammengekniffenen Augen und geht ans Werk.

Herr Ludwig Palfy kommt in die Rotenturmstraße. Die Stufen tun, als wären sie doppelt so hoch wie sonst. Er hängt den Mantel und den Hut an einen Garderobenhaken. Das Luiserl spielt Klavier? Nun, sie wird abbrechen und ihm eine Weile zuhören müssen. Er zieht das Jackett straff, als ob er beim Intendanten einen Besuch machte. Dann öffnet er die Zimmertür.

Das Kind schaut von den Tasten hoch und lächelt ihn an.

»Vati? Wie schön!« Sie springt vom Klavierschemel. »Soll ich dir einen Kaffee machen?« Sie will geschäftig in die Küche. Er hält sie fest. »Danke, nein!« sagt er. »Ich muß mit dir sprechen. Setz dich!«

Sie setzt sich in den großen Ohrensessel, in dem sie klein wie eine Puppe aussieht, streicht sich den karierten Rock glatt und blickt erwartungsvoll zu ihm hoch.

Er räuspert sich nervös, geht ein paar Schritte auf und ab und bleibt schließlich vor dem Ohrensessel stehen.

»Also, Luiserl«, fängt er an, »es handelt sich um eine wichtige und ernste Angelegenheit. Seit deine Mutter nicht mehr – nicht mehr da ist, bin ich allein gewesen. Sieben Jahre lang. Natürlich

nicht völlig allein, ich hab ja dich gehabt. Und ich hab dich ja noch!« Das Kind schaut ihn mit großen Augen an.

›Wie blöd ich red!‹ denkt der Mann. Er hat eine ausgewachsene Wut auf sich. »Kurz und gut«, sagt er. »Ich will nicht länger allein sein. Es wird sich etwas ändern. In meinem und dadurch auch in deinem Leben.«

Ganz still ist's im Zimmer.

Eine Fliege versucht mit Gesumm, durch die geschlossene Fensterscheibe ins Freie zu fliegen. (Jeder Mensch könnte ihr erzählen, daß das völlig aussichtslos ist und daß sie sich bloß ihren Insektenschädel einrennen wird! Die Fliegen sind eben dumm, aber die Menschen, die sind gescheit, was?)

»Ich habe mich entschlossen, wieder zu heiraten!«

»Nein!« sagt das Kind laut. Es klingt wie ein Schrei. Dann wiederholt es leise: »Bitte, nein, Vati, bitte nein, bitte, bitte nein!«

»Du kennst Fräulein Gerlach bereits. Sie hat dich sehr gern. Und sie wird dir eine gute Mutter sein. Auf die Dauer wäre es sowieso schwierig und verfehlt, dich in einem frauenlosen Haushalt aufwachsen zu lassen.« (Ist er nicht rührend? Es fehlte nur noch, daß er behauptet, er wolle lediglich heiraten, damit das Kind endlich wieder eine Mutter hat!)

Lotte schüttelt in einem fort den Kopf und bewegt dazu lautlos die Lippen. Wie ein Automat, der keine Ruhe findet. Es sieht beängstigend aus.

Deshalb blickt der Vater rasch wieder weg und sagt: »Du wirst dich schneller, als du glaubst, in den neuen, ungewohnten Zustand finden. Böse Stiefmütter kommen nur noch in Märchen vor. Also, Luiserl, ich weiß, daß ich mich auf dich verlassen kann. Du bist der vernünftigste kleine Kerl, den es gibt!« Er schaut auf die Uhr. »So. Jetzt muß ich gehen. Mit dem Luser den Rigoletto korrepetieren.« Und schon ist er aus der Tür.

Das Kind sitzt wie betäubt.

Herr Palfy drückt sich an der Garderobe den Hut aufs Künstlerhaupt. Da schreit es drin im Zimmer: »Vati!« Es klingt, als ob jemand ertränke.

›In einem Wohnzimmer ertrinkt man nicht‹, denkt Herr Palfy und entweicht. Er hat es sehr eilig. Denn er muß ja mit dem Kammersänger Luser arbeiten!

Lotte ist aus ihrer Betäubung erwacht. Auch in der Verzweiflung bewahrt und bewährt sich ihr praktischer Sinn. Was ist zu tun? Denn daß etwas getan werden muß, steht fest. Niemals darf Vati eine andere Frau heiraten, niemals. Er *hat* ja eine Frau! Auch wenn sie nicht mehr bei ihm ist. Niemals wird das Kind eine neue Mutter dulden, niemals! Sie *hat* ja ihre Mutter, ihre über alles geliebte Mutti!

Mutti könnte vielleicht helfen. Aber sie darf es nicht wissen. Sie darf das ganz große Geheimnis der beiden Kinder nicht wissen, und erst recht nicht, daß der Vater dieses Fräulein Gerlach zur Frau nehmen will!

So bleibt nur noch ein Weg. Und diesen Weg muß Lottchen selber gehen.

Sie holt das Telefonbuch. Sie blättert mit zittrigen Fingern. »Gerlach.« Es gibt nicht sehr viele Gerlachs. »Gerlach, Stefan. Gen.-Dir. der Wiener Gaststätten G.m.b.H., Kobenzlallee 43.« Vati hat neulich erzählt, daß Fräulein Gerlachs Vater Restaurants und Hotels gehören, auch das Imperial, wo sie täglich Mittag essen. »Kobenzlallee 43.«

Nachdem Resi erklärt hat, wie man zur Kobenzlallee fahren muß, setzt sich das Kind den Hut auf, zieht den Mantel an und sagt: »Ich gehe jetzt weg.«

»Was willst du denn in der Kobenzlallee?« fragt Resi neugierig.

»Ich muß wen sprechen.«

»Komm aber bald wieder!«

Das Kind nickt und macht sich auf den Weg.

Ein Stubenmädchen tritt in Irene Gerlachs elegantes Zimmer und lächelt. »Ein Kind möcht Sie sprechen, gnädiges Fräulein. Ein kleines Mäderl.«

Das gnädige Fräulein hat sich gerade die Fingernägel frisch gelackt und schwenkt die Hände, damit der Lack rasch trockne, durch die Luft. »Ein kleines Mädchen?«

»Luise Palfy heißt's.«

»Ah!« sagt das gnädige Fräulein gedehnt. »Führ sie herauf!«

Das Stubenmädchen verschwindet. Die junge Dame erhebt sich, wirft einen Blick in den Spiegel und muß über ihr angespannt ernstes Gesicht lächeln. ›Luise Millerin kommt zu Lady Milford‹, denkt sie amüsiert, denn sie ist ziemlich gebildet.

Als das Kind ins Zimmer tritt, befiehlt Fräulein Gerlach dem Stubenmädchen: »Mach uns eine Schokolade! Und bring von den gefüllten Waffeln!« Dann wendet sie sich liebreich ihrem Gast zu. »Wie nett, daß du mich besuchen kommst! Da sieht man's, wie unaufmerksam ich bin. Ich hätte dich längst schon einmal einladen sollen! Willst du nicht ablegen?«

»Danke«, sagt das Kind. »Ich will nicht lange bleiben.«
»So?« Irene Gerlach verliert ihre freundlich gönnerhafte Miene keineswegs. »Aber zum Hinsetzen wirst du hoffentlich Zeit haben?«

Das Kind schiebt sich auf eine Stuhlkante und wendet kein Auge von der Dame.

Diese fängt an, die Situation unhaltbar albern zu finden. Doch sie beherrscht sich. Es steht immerhin einiges auf dem Spiele. Auf dem Spiele, das sie gewinnen will und gewinnen wird. »Bist du hier zufällig vorbeigekommen?«

»Nein, ich muß Ihnen etwas sagen!«

Irene Gerlach lächelt bezaubernd. »Ich bin ganz Ohr. Worum handelt sich's denn?«

Das Kind rutscht vom Stuhl, steht nun mitten im Zimmer und erklärt: »Vati hat gesagt, daß Sie ihn heiraten wollen.«

»Hat er das wirklich gesagt?« Fräulein Gerlach lacht glockenhell. »Hat er nicht eher gesagt, daß er mich heiraten will? Aber das ist wohl Nebensache. Also: Ja, Luiserl, dein Papa und ich, wir wollen uns heiraten. Und du und ich werden gewiß sehr gut miteinander zurechtkommen. Davon bin ich fest überzeugt. Du nicht? Paß auf – wenn wir erst einige Zeit zusammen gewohnt und gelebt haben, werden wir die besten Freundinnen geworden sein! Wir wollen uns beide rechte Mühe geben. Meine Hand darauf!«

Das Kind weicht zurück und sagt ernst: »Sie dürfen Vati nicht heiraten!«

Die Kleine geht entschieden ziemlich weit. »Und warum nicht?«

»Weil Sie es nicht dürfen!«

»Keine sehr befriedigende Erklärung«, meint das Fräulein scharf. Mit Güte kommt man hier nicht weiter. »Du willst mir verbieten, die Frau deines Vaters zu werden?«

»Ja!«

»Das ist wirklich allerhand!« Die junge Dame ist aufgebracht. »Ich muß dich bitten, jetzt nach Hause zu gehen. Ob ich deinem Vater von diesem merkwürdigen Besuch erzähle, werde ich mir noch überlegen. Wenn ich nichts erzählen sollte, dann nur, um unserer späteren Freundschaft, an die ich noch immer glauben möchte, nichts Ernstliches in den Weg zu legen. Auf Wiedersehen!«

An der Tür wendet sich das Kind noch einmal um und sagt: »Lassen Sie uns so, wie wir sind! Bitte, bitte . . .« Dann ist Fräulein Gerlach allein.

Hier gibt es nur eins. Die Heirat muß beschleunigt werden. Und dann ist dafür zu sorgen, daß das Kind in ein Internat gesteckt wird. Umgehend! Hier kann nur strengste Erziehung durch fremde Hand noch helfen.

»Was wollen Sie denn?« Das Stubenmädchen steht mit einem Tablett da. »Ich bringe die Schokolade und die gefüllten Waffeln. Wo ist denn das kleine Mädchen?«

»Scheren Sie sich zum Teufel!«

Der Herr Kapellmeister kommt, da er in der Oper dirigieren muß, nicht zum Abendbrot. Resi leistet dem Kind, wie in solchen Fällen immer, beim Essen Gesellschaft.

»Du ißt ja heut gar nix«, bemerkt die Resi vorwurfsvoll. »Und ausschauen tust wie ein Geist, reinweg zum Fürchten. Was hast denn?«

Lotte schüttelt den Kopf und schweigt.

Die Haushälterin ergreift die Kinderhand und läßt sie erschrocken fallen. »Du hast ja Fieber! Gleich gehst ins Bett!« Dann trägt sie, ächzend und schnaufend, das völlig apathische Geschöpf ins Kinderzimmer, zieht ihm die Kleider vom Leib und legt es ins Bett.

»Nichts dem Vati erzählen!« murmelt die Kleine. Ihre Zähne klappern. Resi türmt Kissen und Betten übereinander. Dann rennt sie zum Telefon und ruft den Herrn Hofrat Strobl an.

Der alte Herr verspricht, sofort zu kommen. Er ist genauso aufgeregt wie die Resi.

Sie ruft in der Staatsoper an. »Gut ist's!« antwortet man ihr. »In der Pause werden wir's dem Herrn Kapellmeister ausrichten.«

Resi rast wieder ins Schlafzimmer. Das Kind schlägt um sich und stammelt wirres, unverständliches Zeug. Die Decken, Kissen und Betten liegen am Boden.

Wenn bloß der Herr Hofrat käme! Was soll man machen? Umschläge? Aber was für welche? Kalte? Heiße? Nasse? Trockene?

In der Pause sitzt der befrackte Kapellmeister Palfy in der Garderobe der Sopranistin. Sie trinken einen Schluck Wein und fachsimpeln. Die Leute vom Theater reden immer vom Theater. Das ist nun einmal so. Da klopft es. »Herein!«

Der Inspizient tritt ein. »Endlich find ich Sie, Herr Professor!« ruft der alte zapplige Mann. »Man hat aus der Rotenturmstraße angeläutet. Das Fräulein Tochter ist urplötzlich krank geworden. Der Herr Hofrat Strobl wurde sofort benachrichtigt und dürfte bereits am Krankenlager eingetroffen sein.«

Der Herr Kapellmeister sieht blaß aus. »Dank dir schön, Herlitschka«, sagt er leise. Der Inspizient geht.

»Hoffentlich ist es nichts Schlimmes«, meint die Sängerin. »Hat die Kleine schon die Masern gehabt?«

»Nein«, sagt er und steht auf. »Entschuldige, Mizzi!« Als die Tür hinter ihm zugefallen ist, kommt er ins Rennen.

Er telefoniert. »Hallo, Irene?«

»Ja, Liebling? Ist denn schon Schluß? Ich bin noch lange nicht ausgehfertig!«

Er berichtet hastig, was er eben gehört hat. Dann sagt er: »Ich fürchte, wir können uns heute nicht sehen!«

»Natürlich nicht. Hoffentlich ist es nichts Schlimmes. Hat die Kleine schon die Masern gehabt?«

»Nein«, antwortet er ungeduldig. »Ich rufe dich morgen früh wieder an.« Dann hängt er ein.

Ein Signal ertönt. Die Pause ist zu Ende. Die Oper und das Leben gehen weiter.

Endlich ist die Oper aus! Der Kapellmeister rast in der Rotenturmstraße die Stufen hoch. Resi öffnet ihm. Sie hat noch den Hut auf, weil sie in der Nachtapotheke war.

Der Hofrat sitzt am Bett.

»Wie geht's ihr denn?« fragt der Vater flüsternd.

»Nicht gut«, antwortet der Hofrat. »Aber Sie können ruhig laut sprechen. Ich hab ihr eine Spritze gegeben.«

Lottchen liegt hochrot und schwer atmend in den Kissen. Sie hat das Gesicht schmerzlich verzogen, als tue ihr der künstliche Schlaf, zu dem sie der alte Arzt gezwungen hat, sehr weh.

»Masern?«

»Keine Spur«, brummt der Hofrat.

Die Resi kommt ins Zimmer und schnüffelt Tränen hinunter.

»Nun nehmen Sie schon endlich den Hut ab!« sagt der Kapellmeister nervös.

»Ach ja, gewiß! Entschuldigen S'!« Sie setzt den Hut ab und behält ihn in der Hand.

Der Hofrat schaut die beiden fragend an. »Das Kind macht offenbar eine schwere seelische Krise durch«, meint er. »Wissen Sie davon? Nein? Haben Sie wenigstens eine Vermutung?«

Resi sagt: »Ich weiß freilich nicht, ob's damit etwas zu schaffen hat, aber ... Heut nachmittag ist sie ausgegangen. Weil sie wen sprechen müßt'! Und eh sie ging, hat sie g'fragt, wie sie am besten zur Kobenzlallee käme.«

»Zur Kobenzlallee?« fragt der Hofrat und schaut zu dem Kapellmeister hin.

Palfy geht rasch nach nebenan und telefoniert. »War Luise heute nachmittag bei dir?«

»Ja«, sagt eine weibliche Stimme. »Aber wieso erzählt sie dir das?«

Er gibt darauf keine Antwort, sondern fragt weiter: »Und was wollte sie?«

Fräulein Gerlach lacht ärgerlich. »Das laß dir nur auch von ihr erzählen!«

»Antworte bitte!«

Ein Glück, daß sie sein Gesicht nicht sehen kann!

»Wenn man's genau nimmt, kam sie, um mir zu verbieten, deine Frau zu werden!« erwidert sie gereizt.

Er murmelt etwas und legt den Hörer auf.

»Was fehlt ihr denn?« fragt Fräulein Gerlach. Dann merkt sie, daß das Gespräch getrennt ist. »So ein kleines Biest«, sagt sie halblaut. »Kämpft mit allen Mitteln! Legt sich hin und spielt krank!«

Der Hofrat verabschiedet sich und gibt noch einige Anweisungen. Der Kapellmeister hält ihn an der Tür zurück. »Was fehlt dem Kind?«

»Nervenfieber. – Ich komme morgen in der Früh wieder vorbei. Gute Nacht wünsch ich.«

Der Kapellmeister geht ins Kinderzimmer, setzt sich neben das Bett und sagt zu Resi: »Ich brauche Sie nicht mehr. Schlafen Sie gut!«

»Aber es ist doch besser...«

Er schaut sie an.

Sie geht. Sie hat den Hut noch immer in der Hand.

Er streichelt das kleine heiße Gesicht. Das Kind erschrickt im Fieberschlaf und wirft sich wild zur Seite.

Der Vater sieht sich im Zimmer um. Der Schulranzen liegt fertig gepackt auf dem Pultsitz. Daneben hockt Christl, die Puppe.

Er steht leise auf, holt die Puppe, löscht das Licht aus und setzt sich wieder ans Bett.

Nun sitzt er im Dunkeln und streichelt die Puppe, als wäre sie das Kind. Ein Kind, das vor seiner Hand nicht erschrickt.

Neuntes Kapitel

*Herrn Eipeldauers Fotos stiften Verwirrung
Ja, ist es denn überhaupt Lotte?
Fräulein Linnekogel wird ins Vertrauen gezogen
Verbrannte Schweinsripperl und zerbrochenes Geschirr
Luise beichtet fast alles
Warum antwortet Lotte nicht mehr?*

Der Chefredakteur der Münchner Illustrierten, Doktor Bernau, stöhnt auf. »Sauregurkenzeit, meine Liebe! Wo sollen wir ein aktuelles Titelbild hernehmen und nicht stehlen?«

Frau Körner, die an seinem Schreibtisch steht, sagt: »Neopreß hat Fotos von der neuen Meisterin im Brustschwimmen geschickt.«

»Ist sie hübsch?«

Die junge Frau lächelt. »Fürs Schwimmen reicht es.«

Doktor Bernau winkt entmutigt ab. Dann kramt er auf dem Tisch. »Ich habe doch da neulich von irgend so 'nem ulkigen Dorflichtbildkünstler Fotos geschickt gekriegt! Zwillinge waren darauf!« Er wühlt zwischen Aktendeckeln und Zeitungen. »Paar reizende kleine Mädels! Zum Schießen ähnlich! He, wo seid ihr denn, ihr kleinen Frauenzimmer? So etwas gefällt dem Publikum immer. Eine gefällige Unterschrift dazu. Wenn schon nichts Aktuelles, dann eben ein Paar hübsche Zwillinge! Na endlich!« Er hat das Kuvert mit den Fotos entdeckt, schaut die Bilder an und nickt beifällig. »Wird gemacht, Frau Körner!« Er reicht ihr die Fotos.

Nach einiger Zeit blickt er schließlich hoch, weil seine Mitarbeiterin nichts sagt. »Nanu!« ruft er. »Körner! Sie stehen ja da wie Lots Weib als Salzsäule! Aufwachen! Oder ist Ihnen schlecht geworden?«

»Ein bißchen, Herr Doktor!« Ihre Stimme schwankt. »Es geht schon wieder.« Sie starrt auf die Fotos. Sie liest den Absender. »Josef Eipeldauer, Fotograf, Seebühl am Bühlsee.«

In ihrem Kopf dreht sich alles.

»Suchen Sie das geeignetste Bild aus, und dichten Sie eine Unterschrift, daß unseren Lesern das Herz im Leibe lacht! Sie können das ja erstklassig!«

»Vielleicht sollten wir sie doch nicht bringen«, hört sie sich sagen.

»Und warum nicht, hochgeschätzte Kollegin?«
»Ich halte die Aufnahmen nicht für echt.«
»Zusammenkopiert, was?« Doktor Bernau lacht. »Da tun Sie dem Herrn Eipeldauer entschieden zu viel Ehre an. So raffiniert ist der nicht! Also, rasch ans Werk, liebwerte Dame! Die Unterschrift hat bis morgen Zeit. Ich kriege den Text noch zu Gesicht, bevor Sie ihn in Satz geben.« Er nickt und beugt sich über neue Arbeit.

Sie tastet sich hinüber in ihr Zimmer, sinkt in ihren Sessel, legt die Fotos vor sich hin und preßt die Hände an die Schläfen.

Die Gedanken fahren in ihrem Kopfe Karussell. Ihre beiden Kinder! Das Kinderheim! Die Ferien! Natürlich! Aber, warum hat Lottchen nichts davon erzählt? Warum hat Lottchen die Bilder nicht mitgebracht? Denn als sich die zwei fotografieren ließen, taten sie's doch nicht ohne Absicht. Sie werden entdeckt haben, daß sie Geschwister sind! Und dann haben sie sich vorgenommen, nichts darüber zu sagen. Es läßt sich verstehen, ja, freilich. Mein Gott, wie sie einander gleichen! Nicht einmal das vielgepriesene Mutterauge ... Oh, ihr meine beiden, beiden, beiden Lieblinge!

Wenn jetzt Doktor Bernau den Kopf durch die Tür steckte, sähe er in ein von Glück und Schmerz überwältigtes Gesicht, über das Tränen strömen, Tränen, die das Herz ermatten, als flösse das Leben selber aus den Augen.

Glücklicherweise steckt Doktor Bernau den Kopf nicht durch die Tür.

Frau Körner ist bemüht, sich zusammenzureißen. Gerade jetzt heißt es, den Kopf oben zu behalten! Was soll geschehen? Was wird, was muß geschehen? Ich werde mit Lottchen reden!

Eiskalt durchfährt es die Mutter! Ein Gedanke schüttelt wie eine unsichtbare Hand ihren Körper hin und her!

Ist es denn Lotte, mit der sie sprechen will?

Frau Körner hat Fräulein Linnekogel, die Lehrerin, in der Wohnung aufgesucht.

»Das ist eine mehr als merkwürdige Frage, die Sie an mich richten«, sagt Fräulein Linnekogel. »Ob ich für möglich halte, daß Ihre Tochter nicht Ihre Tochter, sondern ein anderes Mädchen ist? Erlauben Sie, aber ...«

»Nein, ich bin nicht verrückt«, versichert Frau Körner und legt eine Fotografie auf den Tisch.

Fräulein Linnekogel schaut das Bild an. Dann die Besucherin. Dann wieder das Bild.

»Ich habe zwei Töchter«, sagt die Besucherin leise. »Die zweite lebt bei meinem geschiedenen Mann in Wien. Das Bild kam mir vor etlichen Stunden durch Zufall in die Hände. Ich wußte nicht, daß sich die Kinder in den Ferien begegnet sind.«

Fräulein Linnekogel macht den Mund auf und zu wie ein Karpfen auf dem Ladentisch. Kopfschüttelnd schiebt sie die Fotografie von sich weg, als hätte sie Angst, gebissen zu werden. Endlich fragt sie: »Und die beiden haben bis dahin nichts voneinander gewußt?«

Die junge Frau schüttelt den Kopf. »Nein. Mein Mann und ich haben's damals so vereinbart, weil wir es für das beste hielten.«

»Und auch Sie haben von dem Mann und Ihrem anderen Kind nie wieder gehört?«

»Nie.«

»Ob er wieder geheiratet hat?«

»Ich weiß es nicht. Ich glaube kaum. Er meinte, er eigne sich nicht fürs Familienleben.«

»Eine höchst abenteuerliche Geschichte«, sagt die Lehrerin. »Sollten die Kinder wirklich auf die absurde Idee verfallen sein, einander auszutauschen? Wenn ich mir Lottchens charakteristische Wandlung vor Augen halte, und dann die Schrift, Frau Körner, die Schrift! Ich kann es kaum fassen! – Aber es würde manches erklären.«

Die Mutter nickt und schaut starr vor sich hin.

»Nehmen Sie mir meine Offenheit nicht übel«, meint Fräulein Linnekogel, »ich war nie verheiratet, ich bin Erzieherin und habe keine Kinder – aber ich meine immer: Die Frauen, die wirklichen, verheirateten, nehmen ihre Männer zu wichtig! Dabei ist nur eines wesentlich: das Glück der Kinder!«

Frau Körner lächelt schmerzlich. »Glauben Sie, daß meine Kinder in einer langen, unglücklichen Ehe glücklicher geworden wären?«

Fräulein Linnekogel sagt nachdenklich: »Ich mache Ihnen keinen Vorwurf. Sie sind noch heute sehr jung. Sie waren, als Sie heirateten, ein halbes Kind. Sie werden Ihr Leben lang jünger sein, als ich jemals gewesen bin. Was für den einen richtig wäre, kann für den anderen falsch sein.«

Der Besuch steht auf.

»Und was werden Sie tun?«

»Wenn ich das wüßte!« sagt die junge Frau.

Luise steht vor einem Münchner Postschalter. »Nein«, sagt der Beamte für die postlagernden Sendungen bedauernd. »Nein, Fräulein Vergißmeinnicht, heut hätten wir wieder nix.«

Luise blickt ihn unschlüssig an. »Was kann das nur bedeuten?« murmelt sie bedrückt.

Der Beamte versucht zu scherzen. »Vielleicht ist aus dem Vergißmeinnicht ein ›Vergißmich‹ geworden?«

»Das ganz gewiß nicht«, sagt sie in sich gekehrt. »Ich frag morgen wieder nach.«

»Wenn ich darum bitten darf«, erwidert er lächelnd.

Frau Körner kommt heim. Brennende Neugier und kalte Angst streiten in ihrem Herzen, daß es ihr fast den Atem nimmt.

Das Kind hantiert eifrig in der Küche. Topfdeckel klappern. Im Tiegel schmort es.

»Heute riecht's aber gut!« sagt die Mutter. »Was gibt's denn, hm?«

»Schweinsripperl mit Sauerkraut und Salzkartoffeln«, ruft die Tochter stolz.

»Wie schnell du das Kochen gelernt hast!« sagt die Mutter, scheinbar ganz harmlos.

»Nicht wahr?« antwortet die Kleine fröhlich. »Ich hätt nie gedacht, daß ich . . .« Sie bricht entsetzt ab und beißt sich auf die Lippen. Jetzt nur die Mutter nicht ansehen!

Diese lehnt an der Tür und ist bleich. Bleich wie die Wand.

Das Kind steht am offenen Küchenspind und hebt Geschirr heraus. Die Teller klappern wie bei einem Erdbeben.

Da öffnet die Mutter mühsam den Mund und sagt: »Luise!«

Krach!

Die Teller liegen in Scherben auf dem Boden. Luise hat's herumgerissen. Ihre Augen sind vor Schreck geweitet.

»Luise!« wiederholt die Frau sanft und öffnet die Arme weit.

»Mutti!« Das Kind hängt der Mutter wie eine Ertrinkende am Hals und schluchzt leidenschaftlich.

Die Mutter sinkt in die Knie und streichelt Luise mit zitternden Händen. »Mein Kind, mein liebes Kind!«

Sie knien zwischen zerbrochenen Tellern. Auf dem Herd verschmoren die Schweinsripperl. Es riecht nach angebranntem Fleisch. Wasser zischt aus den Töpfen in die Gasflammen.

Die Frau und das kleine Mädchen merken von alledem nichts. Sie sind, wie es manchmal heißt und ganz selten vorkommt, nicht ›von dieser Welt‹.

Stunden sind vergangen. Luise hat gebeichtet. Und die Mutter hat die Absolution erteilt. Es war eine lange, wortreiche Beichte, und es war eine kurze, wortlose Freisprechung von allen begangenen Sünden – ein Blick, ein Kuß, mehr war nicht nötig.

Jetzt sitzen sie auf dem Sofa. Das Kind hat sich eng, ganz eng an die Mutter gekuschelt. Ach, ist das schön, endlich die Wahrheit gesagt zu haben! So leicht ist einem zumute, so federleicht! Man muß sich an der Mutter festklammern, damit man nicht plötzlich davonfliegt!

»Ihr seid mir schon zwei raffinierte Frauenzimmer!« meint die Mutter.

Luise kichert vor lauter Stolz. (*Ein* Geheimnis hat sie allerdings immer noch nicht preisgegeben: daß es da in Wien, wie Lotte ängstlich geschrieben hat, neuerdings ein gewisses Fräulein Gerlach gibt!)

Die Mutter seufzt.

Luise schaut sie besorgt an.

»Nun ja«, sagt die Mutter. »Ich denke darüber nach, was jetzt werden soll! Können wir tun, als sei nichts geschehen?«

Luise schüttelt entschieden den Kopf. »Lottchen hat sicher großes Heimweh nach dir. Und du doch auch nach ihr, nicht wahr, Mutti?«

Die Mutter nickt.

»Und ich ja auch«, gesteht das Kind. »Nach Lottchen und ...«

»Und deinem Vater, gelt?«

Luise nickt. Eifrig und schüchtern zugleich. »Und wenn ich bloß wüßte, warum Lottchen nicht mehr schreibt?«

»Ja«, murmelt die Mutter. »Ich bin recht in Sorge.«

Zehntes Kapitel

Ein Ferngespräch aus München
Das erlösende Wort
Nun kennt sich auch die Resi nicht mehr aus
Zwei Flugzeugplätze nach Wien
Peperl ist wie vom Donner gerührt
Wer an Türen horcht, kriegt Beulen
Der Herr Kapellmeister schläft außer Haus
und bekommt unerwünschten Besuch

Lottchen liegt apathisch im Bett. Sie schläft. Sie schläft viel. »Schwäche«, hat Hofrat Strobl heute mittag gesagt. Der Herr Kapellmeister sitzt am Kinderbett und blickt ernst auf das kleine, schmale Gesicht hinunter. Er kommt seit Tagen nicht mehr aus dem Zimmer. Beim Dirigieren läßt er sich vertreten. Eine Bettstatt ist für ihn vom Boden heruntergeholt worden.

Nebenan läutet das Telefon.

Resi kommt auf Zehenspitzen ins Zimmer. »Ein Ferngespräch aus München!« flüstert sie. »Ob Sie sprechbereit sind!«

Er steht leise auf und bedeutet ihr, beim Kind zu bleiben, bis er zurück ist. Dann schleicht er ins Nebenzimmer. München? Wer kann das sein? Wahrscheinlich die Konzertdirektion Keller & Co. Ach, sie sollen ihn gefälligst in Ruhe lassen!

Er nimmt den Hörer und meldet sich. Die Verbindung wird hergestellt.

»Hier Palfy!«

»Hier Körner!« ruft eine weibliche Stimme aus München herüber.

»Was?« fragt er verblüfft. »Wer? Luiselotte?«

»Ja!« sagt die ferne Stimme. »Entschuldige, daß ich dich anrufe. Doch ich bin wegen des Kindes in Sorge. Es ist hoffentlich nicht krank?«

»Doch.« Er spricht leise. »Es *ist* krank!«

»Oh!« Die ferne Stimme klingt sehr erschrocken.

Herr Palfy fragt stirnrunzelnd: »Aber ich verstehe nicht, wieso du...«

»Wir hatten so eine Ahnung, ich und - Luise!«

»Luise?« Er lacht nervös. Dann lauscht er verwirrt. Lauscht immer verwirrter. Schüttelt den Kopf. Fährt sich aufgeregt durchs Haar.

Die ferne Frauenstimme berichtet hastig, was sich nun eben in solch fliegender Hast berichten läßt.

»Sprechen Sie noch?« erkundigt sich das Fräulein vom Amt.

»Ja, zum Donnerwetter!« Der Kapellmeister schreit es. Man kann sich ja das Durcheinander, das in ihm herrscht, einigermaßen vorstellen.

»Was fehlt denn dem Kind?« fragt die besorgte Stimme seiner geschiedenen Frau.

»Nervenfieber«, antwortet er. »Die Krisis sei überstanden, sagt der Arzt. Aber die körperliche und seelische Erschöpfung ist sehr groß.«

»Ein tüchtiger Arzt?«

»Aber gewiß! Hofrat Strobl. Er kennt Luise schon von klein auf.« Der Mann lacht irritiert. »Entschuldige, es ist ja Lotte! Er kennt sie also nicht!« Er seufzt.

Drüben in München seufzt eine Frau. – Zwei Erwachsene sind ratlos. Ihre Herzen und Zungen sind gelähmt. Und ihre Gehirne, scheint es, ihre Gehirne auch.

In dieses beklemmende, gefährliche Schweigen hinein klingt eine wilde Kinderstimme. »Vati! Lieber, lieber Vati!« hallt es aus der Ferne. »Hier ist Luise! Grüß dich Gott, Vati! Sollen wir nach Wien kommen? Ganz geschwind?«

Das erlösende Wort ist gesprochen. Die eisige Beklemmung der beiden Großen schmilzt wie unter einem Tauwind. »Grüß Gott, Luiserl!« ruft der Vater sehnsüchtig. »Das ist ein guter Gedanke!«

»Nicht wahr?« Das Kind lacht selig.

»Wann könnt ihr denn hier sein?« ruft er.

Nun ertönt wieder die Stimme der jungen Frau. »Ich werde mich gleich erkundigen, wann morgens der erste Zug fährt.«

»Nehmt doch ein Flugzeug!« schreit er. »Dann seid ihr schneller hier!« – ›Wie kann ich nur so schreien!‹ denkt er. ›Das Kind soll doch schlafen!‹

Als er ins Kinderzimmer zurückkommt, räumt ihm die Resi seinen angestammten Platz am Bett wieder ein und will auf Zehenspitzen davon.

»Resi!« flüstert er.

Sie bleiben beide stehen.

»Morgen kommt meine Frau.«

»Ihre Frau?«

»Pst! Nicht so laut! Meine geschiedene Frau! Lottchens Mutter!«

»*Lottchens?*«

Er winkt lächelnd ab. Woher soll sie's denn wissen? »Das Luiserl kommt auch mit!«
»Das – wieso? Da liegt's doch, das Luiserl!«
Er schüttelt den Kopf. »Nein, das ist der Zwilling.«
»Zwilling?« Die Familienverhältnisse des Herrn Kapellmeister wachsen der armen Person über den Kopf.
»Sorgen Sie dafür, daß wir zu essen haben! Über die Schlafgelegenheiten sprechen wir noch.«
»O du mei!« murmelt sie, während sie aus der Tür schleicht.
Der Vater betrachtet das erschöpft schlummernde Kind, dessen Stirn feucht glänzt. Mit einem Tuch tupft er sie behutsam trocken.
Das ist nun also die andere kleine Tochter! Sein Lottchen! Welche Tapferkeit und welche Willenskraft erfüllten dieses Kind, bevor es von Krankheit und Verzweiflung überwältigt wurde! Vom Vater hat es diesen Heldenmut wohl nicht. Von wem?
Von der Mutter?
Wieder läutet das Telefon.
Resi steckt den Kopf ins Zimmer. »Fräulein Gerlach!«
Herr Palfy schüttelt, ohne sich umzuwenden, ablehnend den Kopf.

Frau Körner läßt sich von Doktor Bernau wegen ›dringender Familienangelegenheiten‹ Urlaub geben. Sie telefoniert mit dem Flugplatz und bekommt für morgen früh auch richtig zwei Flugplätze. Dann wird ein Koffer mit dem Notwendigsten gepackt.
Die Nacht scheint endlos, so kurz sie ist. Aber auch endlos scheinende Nächte vergehen.

Als am nächsten Morgen der Herr Hofrat Strobl, von Peperl begleitet, vor dem Haus in der Rotenturmstraße ankommt, fährt gerade ein Taxi vor.
Ein kleines Mädchen steigt aus dem Auto – und schon springt Peperl wie besessen an dem Kind hoch! Er bellt, er dreht sich wie ein Kreisel, er wimmert vor Wonne, er springt wieder hoch!
»Grüß Gott, Peperl! Grüß Gott, Herr Hofrat!«
Der Herr Hofrat vergißt vor Verblüffung, den Gruß zu erwidern. Plötzlich springt er, wenn auch nicht ganz so graziös wie sein Peperl, auf das Kind zu und schreit: »Bist du denn völlig überg'schnappt? Scher dich ins Bett!«
Luise und der Hund sausen ins Haustor.
Eine junge Dame entsteigt dem Auto.

»Den Tod wird sich's holen, das Kind!« schreit der Herr Hofrat empört.
»Es ist nicht das Kind, das Sie meinen«, sagt die junge Dame freundlich. »Es ist die Schwester.«

Resi öffnet die Korridortür. Draußen steht der japsende Peperl mit einem Kind.
»Grüß Gott, Resi!« ruft das Kind und stürzt mit dem Hund ins Kinderzimmer.
Die Haushälterin schaut entgeistert hinterdrein und schlägt ein Kreuz.
Dann ächzt der alte Hofrat die Stufen empor. Er kommt mit einer bildhübschen Frau, die einen Reisekoffer trägt.
»Wie geht's Lottchen?« fragt die junge Frau hastig.
»Etwas besser, glaub ich«, meint die Resi. »Darf ich Ihnen den Weg zeigen?«
»Danke, ich weiß Bescheid!« Und schon ist die Fremde im Kinderzimmer verschwunden.
»Wenn S' wieder einigermaßen zu sich gekommen sein werden«, sagt der Hofrat amüsiert, »helfen S' mir vielleicht aus dem Mantel. Aber lassen S' sich nur Zeit!«
Resi zuckt zusammen. »Bitte tausendmal um Vergebung«, stammelt sie.
»'s hat ja heute keine solche Eile mit meiner Visite«, erklärt er geduldig.
»Mutti!« flüstert Lotte. Ihre Augen hängen groß und glänzend an der Mutter, wie an einem Bild aus Traum und Zauber. Die junge Frau streichelt wortlos die heiße Kinderhand. Sie kniet am Bett nieder und nimmt das zitternde Geschöpf sanft in die Arme.
Luise schaut blitzschnell zum Vater hinüber, der am Fenster steht. Dann macht sie sich an Lottchens Kissen zu schaffen, klopft sie, wendet sie um, zupft ordnend am Bettuch. Jetzt ist *sie* das Hausmütterchen. Sie hat's ja inzwischen gelernt!
Der Herr Kapellmeister mustert die drei mit einem verstohlenen Seitenblick. Die Mutter mit ihren Kindern. *Seine* Kinder sind es ja natürlich auch! Und die junge Mutter war vor Jahren sogar einmal seine junge Frau! Versunkene Tage, vergessene Stunden tauchen vor ihm auf. Lang, lang ist's her . . .
Peperl liegt wie vom Donner gerührt am Fußende des Bettes und blickt immer wieder von dem einen kleinen Mädchen zum anderen. Sogar die kleine schwarze gelackte Nasenspitze ruckt unschlüssig zwischen den beiden hin und her, als schwanke sie

zweifelnd, was zu tun sei. Einen netten, kinderlieben Hund in solche Verlegenheit zu bringen! – Da klopft es.

Die vier Menschen im Zimmer erwachen wie aus einem seltsamen Wachschlaf. Der Herr Hofrat tritt ein. Jovial und ein bißchen laut wie immer. Am Bett macht er halt. »Wie geht's dem Patienten?«

»Guut«, sagt Lottchen und lächelt ermattet.

»Haben wir heute endlich Appetit?« brummt er.

»Wenn Mutti kocht!« flüstert Lottchen.

Mutti nickt und geht ans Fenster. »Entschuldige, Ludwig, daß ich dir erst jetzt guten Tag sage!«

Der Kapellmeister drückt ihr die Hand. »Ich dank dir vielmals, daß du gekommen bist.«

»Aber ich bitte dich! Das war doch selbstverständlich! Das Kind...«

»Freilich, das Kind«, erwidert er. »Trotzdem!«

»Du siehst aus, als hättest du seit Tagen nicht geschlafen«, meint sie zögernd.

»Ich werd's nachholen. Ich hatte Angst um... um das Kind!«

»Es wird bald wieder gesund sein«, sagt die junge Frau zuversichtlich. »Ich fühl's.«

Am Bett wird gewispert. Luise beugt sich dicht an Lottchens Ohr. »Mutti weiß nichts von Fräulein Gerlach. Wir dürfen's ihr auch nie sagen!«

Lottchen nickt ängstlich.

Der Herr Hofrat kann es nicht gehört haben, weil er das Fieberthermometer prüft. Obwohl er natürlich das Thermometer nicht gerade mit den Ohren inspiziert! Sollte er aber doch etwas gehört haben, so versteht er es jedenfalls vorbildlich, sich nicht das mindeste anmerken zu lassen. »Die Temperatur ist fast normal«, sagt er. »Du bist übern Berg! Herzlichen Glückwunsch, Luiserl!«

»Dank schön, Herr Hofrat«, antwortet die richtige Luise kichernd.

»Oder meinen Sie mich?« fragt Lottchen, vorsichtig lachend. Der Kopf tut dabei noch weh.

»Ihr seids mir ein paar Intriganten«, knurrt er, »ein paar ganz gefährliche! Sogar meinen Peperl habt ihr an der Nase herumgeführt!« Er streckt beide Hände aus, und mit jeder seiner Pranken fährt er zärtlich über einen Mädchenkopf.

Dann hustet er energisch, steht auf und sagt: »Komm, Peperl, reiß dich von den zwei trügerischen Weibsbildern los!«

Peperl wedelt abschiednehmend mit dem Schwanz. Dann schmiegt er sich an die gewaltigen Hosenröhren des Hofrats, der soeben dem Herrn Kapellmeister Palfy erklärt: »Eine Mutter, das ist eine Medizin, die kann man nicht in der Apotheke holen!« Er wendet sich an die junge Frau. »Werden S' so lang bleiben können, bis das Luiserl – ein' Schmarrn –, bis das Lottchen, mein ich, wieder völlig beisamm' ist?«

»Ich werd wohl können, Herr Hofrat, und ich möcht schon!«

»Na also«, meint der alte Herr. »Der Herr Exgemahl wird sich halt drein fügen müssen.«

Palfy öffnet den Mund.

»Lassen S' nur«, sagt der Hofrat spöttisch. »Das Künstlerherz wird Ihnen natürlich bluten. Soviel Leut' in der Wohnung! Aber nur Geduld – bald werden S' wieder hübsch allein sein.«

Er hat's heut in sich, der Hofrat! Die Tür drückt er so rasch auf, daß die Resi, die draußen horcht, am Kopf eine Beule kriegt. Sie hält sich den brummenden Schädel.

»Mit einem sauberen Messer drücken!« empfiehlt er, jeder Zoll ein Arzt. »Ist schon gut. Der wertvolle Ratschlag kostet nix!«

Der Abend hat sich auf die Erde herabgesenkt. In Wien wie anderswo auch. Im Kinderzimmer ist es still. Luise schläft. Lotte schläft. Sie schlummert der Gesundung entgegen.

Frau Körner und der Kapellmeister haben bis vor wenigen Minuten im Nebenzimmer gesessen. Sie haben manches besprochen, und sie haben noch mehr beschwiegen. Dann ist er aufgestanden und hat gesagt: »So! Nun muß ich gehen!« Dabei ist er sich – übrigens mit Recht – etwas komisch erschienen. Wenn man bedenkt, daß im Nebenzimmer zwei neunjährige Mädchen schlafen, die man von der hübschen Frau hat, die vor einem steht – und man selber muß wie ein abgeblitzter Tanzstundenherr davonschleichen! Aus der eigenen Wohnung! Wenn es noch, wie in den guten alten Zeiten, unsichtbare Hausgeister gäbe – wie müßten die jetzt kichern!

Sie bringt ihn bis zur Korridortür.

Er zögert. »Falls es wieder schlimmer werden sollte – ich bin drüben im Atelier.«

»Mach dir keine Sorgen!« sagt sie zuversichtlich. »Vergiß lieber nicht, daß du viel Schlaf nachzuholen hast.«

Er nickt. »Gute Nacht.«

»Gute Nacht.«

Während er langsam die Treppe hinabsteigt, ruft sie leise: »Ludwig!« Er dreht sich fragend um.
»Kommst du morgen zum Frühstück?«
»Ich komme!«
Als sie die Tür verschlossen und die Kette vorgehängt hat, bleibt sie noch eine Weile sinnend stehen. Er ist wirklich älter geworden. Fast sieht er schon wie ein richtiger Mann aus, ihr ehemaliger Mann!
Dann wirft sie den Kopf zurück und geht, den Schlaf ihrer und seiner Kinder mütterlich zu bewachen.

Eine Stunde später steigt vor einem Haus am Kärntner Ring eine junge, elegante Dame aus einem Auto und verhandelt mit dem mürrischen Portier.
»Der Herr Kapellmeister?« brummt er. »I woaß net, ob er droben ist!«
»Im Atelier ist Licht«, sagt sie. »Also ist er da! Hier!« Sie drückt ihm Geld in die Hand und eilt an ihm vorbei zur Stiege.
Er betrachtet den Geldschein und schlurft in seine Wohnung zurück.
»Du?« fragt Ludwig Palfy oben an der Tür.
»Erraten!« bemerkt Irene Gerlach bissig und tritt ins Atelier. Sie setzt sich, zündet sich eine Zigarette an und mustert den Mann abwartend.
Er sagt nichts.
»Warum läßt du dich am Telefon verleugnen?« fragt sie. »Findest du das sehr geschmackvoll?«
»Ich hab mich nicht verleugnen lassen.«
»Sondern?«
»Ich war nicht fähig, mit dir zu sprechen. Mir war nicht danach zumute. Das Kind war schwer krank.«
»Aber jetzt geht es ihm wohl besser. Sonst wärst du doch in der Rotenturmstraße.«
Er nickt. »Ja, es geht ihm besser. Außerdem ist meine Frau drüben.«
»Wer?«
»Meine Frau. Meine geschiedene Frau. Sie kam heute morgen mit dem anderen Kind.«
»Mit dem *anderen* Kind?« echot die junge, elegante Frau.
»Ja, es sind Zwillinge. Erst war das Luiserl bei mir. Seit Ferienschluß dann das andere. Doch das hab ich gar nicht gemerkt. Ich weiß es erst seit gestern.«

Die Dame lacht böse. »Raffiniert eingefädelt von deiner Geschiedenen!«

»Sie weiß es auch erst seit gestern«, meint er ungeduldig.

Irene Gerlach verzieht ironisch die schön gemalten Lippen. »Die Situation ist nicht unpikant, gelt? In der einen Wohnung sitzt eine Frau, mit der du nicht mehr, und in der anderen eine, mit der du noch nicht verheiratet bist!«

Ihn packt der Ärger. »Es gibt noch viel mehr Wohnungen, wo Frauen sitzen, mit denen ich noch nicht verheiratet bin!«

»Oh!« Sie erhebt sich. »Witzig kannst du auch sein?«

»Entschuldige, Irene, ich bin nervös!«

»Entschuldige, Ludwig, ich auch!«

Bums! Die Tür ist zu, und Fräulein Gerlach ist gegangen!

Nachdem Herr Palfy einige Zeit auf die Tür gestarrt hat, wandert er zum Bösendorfer Flügel hinüber, blättert in den Noten zu seiner Kinderoper und setzt sich, ein Notenblatt herausgreifend, vor die Tasten.

Eine Zeitlang spielt er vom Blatt. Einen strengen, schlichten Kanon, in einer der alten Kirchentonarten. Dann moduliert er. Von Dorisch nach c-Moll. Von c-Moll nach Es-Dur. Und langsam, ganz langsam schält sich aus der Paraphrase eine neue Melodie heraus. Eine Melodie, so einfach und herzgewinnend, als ob zwei kleine Mädchen mit ihren hellen, reinen Kinderstimmen sie sängen. Auf einer Sommerwiese. An einem kühlen Gebirgssee, in dem sich der blaue Himmel spiegelt. Jener Himmel, der höher ist als aller Verstand und dessen Sonne die Kreaturen wärmt und bescheint, ohne zwischen den Guten, den Bösen und den Lauen einen Unterschied zu machen.

Elftes Kapitel

*Ein doppelter Geburtstag und ein einziger Geburtstagswunsch
Die Eltern ziehen sich zur Beratung zurück
Daumen halten!
Gedränge am Schlüsselloch
Mißverständnisse und Einverständnis*

Die Zeit, die, wie man weiß, Wunden heilt, heilt auch Krankheiten. Lottchen ist wieder gesund. Sie trägt auch wieder ihre Zöpfe und Zopfschleifen. Und Luise hat wie einst ihre Locken und schüttelt sie nach Herzenslust.

Sie helfen der Mutti und der Resi beim Einkaufen und in der Küche. Sie spielen gemeinsam im Kinderzimmer. Sie singen zusammen, während Lottchen oder gar Vati am Klavier sitzt. Sie besuchen Herrn Gabele in der Nachbarwohnung. Oder sie führen Peperl aus, wenn der Herr Hofrat Sprechstunde hat. Der Hund hat sich mit dem zwiefachen Luiserl abgefunden, indem er seine Fähigkeit, kleine Mädchen gern zu haben, zunächst verdoppelt und dann diese Zuneigung halbiert hat. Man muß sich zu helfen wissen.

Und manchmal, ja, da schauen sich die Schwestern ängstlich in die Augen. Was wird werden?

Am 14. Oktober haben die beiden Mädchen Geburtstag. Sie sitzen mit den Eltern im Kinderzimmer. Zwei Kerzenbäume brennen, jeder mit zehn Lichtern. Selbstgebackenes und dampfende Schokolade hat's gegeben. Vati hat einen wunderschönen ›Geburtstagsmarsch für Zwillinge‹ gespielt. Nun dreht er sich auf dem Klavierschemel herum und fragt: »Warum haben wir euch eigentlich nichts schenken dürfen?«

Lottchen holt tief Atem und sagt: »Weil wir uns etwas wünschen wollen, was man nicht kaufen kann!«

»Was wünscht ihr euch denn?« fragt die Mutti.

Nun ist Luise an der Reihe, tief Luft zu holen. Dann erklärt sie, zapplig vor Aufregung: »Lotte und ich wünschen uns von euch zum Geburtstag, daß wir von jetzt ab immer zusammenbleiben dürfen!« Endlich ist es heraus!

Die Eltern schweigen.

Lotte sagt ganz leise: »Dann braucht ihr uns auch nie im Leben wieder etwas zu schenken! Zu keinem Geburtstag mehr. Und zu keinem Weihnachtsfest auf der ganzen Welt!«

Die Eltern schweigen noch immer.

»Ihr könnt es doch wenigstens versuchen!« Luise hat Tränen in den Augen. »Wir werden bestimmt gut folgen. Noch viel mehr als jetzt. Und es wird überhaupt alles viel, viel schöner werden!«

Lotte nickt. »Das versprechen wir euch!«

»Mit großem Ehrenwort und allem«, fügt Luise hastig hinzu.

Der Vater steht vom Klaviersessel auf. »Ist es dir recht, Luiselotte, wenn wir nebenan ein paar Worte miteinander sprechen?«

»Ja, Ludwig«, erwidert seine geschiedene Frau. Und nun gehen die zwei ins Nebenzimmer. Die Tür schließt sich hinter ihnen.

»Daumen halten!« flüstert Luise aufgeregt. Vier kleine Daumen werden von vier kleinen Händen umklammert und gedrückt. Lotte bewegt tonlos die Lippen.
»Betest du?« fragt Luise.
Lotte nickt.
Da fängt auch Luise an, die Lippen zu bewegen. »Komm, Herr Jesus, sei unser Gast, und segne, was du uns bescheret hast!« murmelt sie, halblaut.
Lotte schüttelt unwillig die Zöpfe.
»Es paßt nicht«, flüstert Luise entmutigt. »Aber mir fällt nichts anderes ein. – Komm, Herr Jesus, sei unser Gast, und segne ...«

»Wenn wir einmal von uns beiden gänzlich absehen«, sagt gerade Herr Palfy nebenan und schaut unentwegt auf den Fußboden, »so wäre es zweifellos das beste, die Kinder würden nicht wieder getrennt.«

»Bestimmt«, meint die junge Frau. »Wir hätten sie nie auseinanderreißen sollen.«

Er schaut noch immer auf den Fußboden. »Wir haben vieles gutzumachen.« Er räuspert sich. »Ich bin also damit einverstanden, daß du – daß du beide Kinder zu dir nach München nimmst.«

Sie greift sich ans Herz.

»Vielleicht«, fährt er fort, »erlaubst du, daß sie mich im Jahr vier Wochen besuchen?« Als sie nichts erwidert, meint er: »Oder drei Wochen? Oder vierzehn Tage wenigstens? Denn, obwohl du es am Ende nicht glauben wirst, ich hab die beiden sehr lieb.«

»Warum soll ich dir das denn nicht glauben?« hört er sie erwidern.

Er zuckt die Achseln. »Ich hab es zu wenig bewiesen!«

»Doch! An Lottchens Krankenbett!« sagt sie. »Und woher willst du wissen, daß die beiden so glücklich würden, wie wir's ihnen wünschen, wenn sie ohne Vater aufwachsen?«

»Ohne dich ginge es doch erst recht nicht!«

»Ach, Ludwig, hast du wirklich nicht gemerkt, wonach sich die Kinder sehnen und was sie nur nicht auszusprechen gewagt haben?«

»Natürlich hab ich's gemerkt!« Er tritt ans Fenster. »Natürlich weiß ich, was sie wollen!« Ungeduldig zerrt er an dem Fensterwirbel. »Sie wollen, daß auch du und ich zusammenbleiben.«

»Vater *und* Mutter wollen sie haben, unsere Kinder! Ist das unbescheiden?« fragt die junge Frau forschend.

»Nein! Aber es gibt auch bescheidene Wünsche, die nicht erfüllbar sind!«

Er steht am Fenster wie ein Junge, der in die Ecke gestellt wurde und der aus Trotz nicht wieder hervorkommen will.

»Warum nicht erfüllbar?«

Überrascht wendet er sich um! »Das fragst du *mich*? Nach allem, was war?«

Sie schaut ihn ernst an und nickt, kaum merklich. Dann sagt sie: »Ja! Nach allem, was gewesen ist!«

Luise steht an der Tür und preßt ein Auge ans Schlüsselloch. Lotte steht daneben und hält beide kleinen Fäuste, die Daumen kneifend, weit von sich.

»Oh, oh, oh!« murmelt Luise. »Vati gibt Mutti einen Kuß!«

Lottchen schiebt, ganz gegen ihre Gewohnheit, die Schwester unsanft beiseite und starrt nun ihrerseits durchs Schlüsselloch.

»Nun?« fragt Luise. »Noch immer?«

»Nein«, flüstert Lottchen und richtet sich strahlend hoch. »Jetzt gibt Mutti Vati einen Kuß!«

Da fallen sich die Zwillinge jauchzend in die Arme.

Zwölftes Kapitel

*Herr Grawunder wundert sich
Direktor Kilians komische Erzählung
Luises und Lottchens Heiratspläne
Die Titelseite der »Münchner Illustrierten«
Ein neues Schild an einer alten Tür
»Auf gute Nachbarschaft, Herr Kapellmeister!«
Man kann verlorenes Glück nachholen
Kinderlachen und ein Kinderlied
»Und lauter Zwillinge!«*

Herr Benno Grawunder, ein alter erfahrener Beamter im Standesamt des Ersten Wiener Bezirks, nimmt eine Trauung vor, die ihn, bei aller Routine, ab und zu ein bißchen aus der Fassung bringt. Die Braut ist die geschiedene Frau des Bräutigams. Die beiden einander entsetzlich ähnlichen zehnjährigen Mädchen sind die Kinder des Brautpaars. Der eine Trauzeuge, ein Kunstmaler namens Anton Gabele, hat keinen Schlips um. Dafür hat der andere Zeuge, ein Hofrat Professor Doktor Strobl, einen Hund! Und der Hund hat im Vorzimmer, wo er eigentlich bleiben sollte, einen solchen Lärm gemacht, daß man ihn hereinholen und an der standesamtlichen Trauung teilnehmen lassen mußte! Ein Hund als Trauzeuge! Nein, so was!

Lottchen und Luise sitzen andächtig auf ihren Stühlen und sind glücklich wie die Schneekönige. Und sie sind nicht nur glücklich, sondern auch stolz, mächtig stolz! Denn sie selber sind ja an dem herrlichen, unfaßbaren Glück schuld! Was wäre denn aus den armen Eltern geworden, wenn die Kinder nicht gewesen wären, wie? Na also! Und leicht war's auch nicht gerade gewesen, in aller Heimlichkeit Schicksal zu spielen! Abenteuer, Tränen, Angst, Lügen, Verzweiflung, Krankheit, nichts war ihnen erspart geblieben, rein gar nichts!

Nach der Zeremonie flüstert Herr Gabele mit Herrn Palfy. Dabei zwinkern die beiden Künstlernaturen einander geheimnisvoll zu. Aber *warum* sie flüstern und zwinkern, weiß außer ihnen niemand.

Frau Körner, geschiedene Palfy, verehelichte Palfy, hat ihren alten und neuen Herrn und Gebieter nur murmeln hören: »Noch zu früh?« Dann fährt er, zu ihr gewandt, leichthin fort: »Ich hab eine gute Idee! Weißt du was? Wir fahren zunächst in die Schule und melden Lotte an!«

»Lotte? Aber Lotte war doch seit Wochen ... Entschuldige, du hast natürlich recht!«

Der Herr Kapellmeister schaut die Frau Kapellmeister zärtlich an. »Das will ich meinen!«

Herr Kilian, der Direktor der Mädchenschule, ist ehrlich verblüfft, als Kapellmeister Palfy und Frau eine zweite Tochter anmelden, die der ersten aufs Haar gleicht. Aber er hat als alter Schulmann manches erlebt, was nicht weniger merkwürdig war, und so gewinnt er schließlich die Fassung wieder.

Nachdem die neue Schülerin ordnungsgemäß in ein großes Buch eingetragen worden ist, lehnt er sich gemütlich im Schreibtischsessel zurück und sagt: »Als jungem Hilfslehrer ist mir einmal etwas passiert, das muß ich Ihnen und den beiden Mäderln erzählen! Da kam zu Ostern ein neuer Bub in meine Klasse. Ein Bub aus ärmlichen Verhältnissen, aber blitzsauber und, wie ich bald merkte, sehr ums Lernen bemüht. Er kam gut voran. Im Rechnen war er sogar in kurzer Zeit der beste von allen. Das heißt: nicht immer! Erst dachte ich bei mir: ›Wer weiß, woran's liegen mag!‹ Dann dachte ich: ›Das ist doch seltsam! Manchmal rechnet er wie am Schnürchen und macht keinen einzigen Fehler, andere Male geht es viel langsamer bei ihm, und Schnitzer macht er außerdem!‹«

Der Herr Schuldirektor macht eine Kunstpause und zwinkert Luise und Lotte wohlwollend zu. »Endlich verfiel ich auf eine seltsame Methode. Ich merkte mir in einem Notizbücherl an, wann er miserabel gerechnet hatte. Und da stellte sich ja nun etwas ganz Verrücktes heraus. Montags, mittwochs und freitags rechnete er gut – dienstags, donnerstags und samstags rechnete er schlecht.«

»Nein, so was!« sagt Herr Palfy. Und die zwei kleinen Mädchen rutschen neugierig auf den Stühlen.

»Sechs Wochen sah ich mir das an«, fährt der alte Herr fort. »Es änderte sich nie! Montags, mittwochs, freitags – gut! Dienstags, donnerstags, samstags – schlecht! Eines schönen Abends begab ich mich in die Wohnung der Eltern und teilte ihnen meine rätselhafte Beobachtung mit. Sie schauten einander halb verlegen, halb belustigt an, und dann meinte der Mann: ›Mit dem, was der Herr Lehrer bemerkt hat, hat's schon seine Richtigkeit!‹ Dann pfiff er auf zwei Fingern. Und schon kamen aus dem Nebenzimmer zwei Jungen herübergesprungen. *Zwei, gleich groß und auch sonst vollkommen ähnlich!* ›Es sind Zwillinge‹, meinte die Frau. ›Der Sepp ist der gute Rechner, der Toni ist – der andere!‹ Nachdem ich mich einigermaßen erholt hatte, fragte ich: ›Ja, liebe Leute, warum schickt ihr denn nicht alle beide in die Schule?‹ Und der Vater gab mir zur Antwort: ›Wir sind arm, Herr Lehrer. Die zwei Buben haben zusammen nur *einen* guten Anzug!‹«

Das Ehepaar Palfy lacht. Herr Kilian schmunzelt. Das Luiserl ruft:

»Das ist eine Idee! Das machen wir auch!«

Herr Kilian droht mit dem Finger. »Untersteht euch! Fräulein Gstettner und Fräulein Bruckbaur werden ohnedies Mühe genug haben, euch immer richtig auseinanderzuhalten!«

»Vor allem«, meint Luise begeistert, »wenn wir uns ganz gleich frisieren und die Sitzplätze tauschen!«

Der Herr Direktor schlägt die Hände überm Kopf zusammen und tut überhaupt, als sei er der Verzweiflung nahe. »Entsetzlich!« sagt er. »Und wie soll das erst einmal später werden, wenn ihr junge Damen seid und euch jemand heiraten will?«

»Weil wir gleich aussehen«, meint Lottchen nachdenklich, »gefallen wir sicher einem und demselben Mann!«

»Und uns gefällt bestimmt auch nur derselbe!« ruft Luise. »Dann heiraten wir ihn ganz einfach beide! Das ist das beste. Montags, mittwochs und freitags bin *ich* seine Frau! Und dienstags, donnerstags und samstags ist Lottchen an der Reihe!«

»Und wenn er euch nicht zufällig einmal rechnen läßt, wird er überhaupt nicht merken, daß er zwei Frauen hat«, sagt der Herr Kapellmeister lachend.

Der Herr Direktor Kilian erhebt sich. »Der Ärmste!« meint er mitleidig.

Frau Palfy lächelt. »Ein Gutes hat die Einteilung aber doch! Sonntags hat er frei!«

Als das neugebackene, genauer, das wieder aufgebackene Ehepaar mit den Zwillingen über den Schulhof geht, ist gerade Frühstückspause. Hunderte kleiner Mädchen drängen sich und werden gedrängt. Luise und Lotte werden ungläubig bestaunt.

Endlich gelingt es Trude, sich bis zu den Zwillingen durchzuboxen. Schwer atmend blickt sie von einer zur anderen. »Nanu!« sagt sie erst einmal. Dann wendet sie sich gekränkt an Luise: »Erst verbietest du mir, hier in der Schule drüber zu reden, und nun kommt ihr so einfach daher?«

»*Ich* hab's dir verboten«, berichtigt Lotte.

»Jetzt kannst du's ruhig allen erzählen«, erklärt Luise huldvoll. »Von morgen an kommen wir nämlich beide!«

Dann schiebt sich Herr Palfy wie ein Eisbrecher durch die Menge und lotst seine Familie durchs Schultor. Trude wird inzwischen das Opfer der allgemeinen Neugierde. Man bugsiert sie auf den Ast einer Eberesche. Von hier oben aus teilt sie der lauschenden Mädchenmenge alles mit, was sie weiß.

Es läutet. Die Pause ist zu Ende. So sollte man wenigstens denken.

Die Lehrerinnen betreten die Klassenzimmer. Die Klassenzimmer sind leer. Die Lehrerinnen treten an die Fenster und starren empört auf den Schulhof hinunter. Der Schulhof ist überfüllt. Die Lehrerinnen dringen ins Zimmer des Direktors, um im Chor Beschwerde zu führen.

»Nehmen Sie Platz, meine Damen!« sagt er. »Der Schuldiener hat mir soeben die neue Nummer der Münchner Illustrierten gebracht. Die Titelseite ist für unsere Schule recht interessant. Darf ich bitten, Fräulein Bruckbaur?« Er reicht ihr die Zeitschrift.

Und nun vergessen auch die Lehrerinnen, genau wie im Schulhof die kleinen Mädchen, daß die Pause längst vorüber ist.

Fräulein Irene Gerlach steht, elegant wie immer, in der Nähe der Oper und starrt betroffen auf das Titelblatt der Münchner Illustrierten, wo zwei kleine bezopfte Mädchen abgebildet sind. Als sie hochblickt, starrt sie noch mehr. Denn an der Verkehrskreuzung hält ein Taxi, und in dem Taxi sitzen zwei kleine Mädchen mit einem Herrn, den sie gut gekannt hat, und einer Dame, die sie nie kennenlernen möchte!

Lotte zwickt die Schwester. »Du, dort drüben!«

»Aua! Was denn?«

Lotte flüstert, daß es kaum zu hören ist: »Fräulein Gerlach!«

»Wo?«

»Rechts! Die mit dem großen Hut! Und mit der Zeitung in der Hand!« Luise schielt zu der eleganten Dame hinüber. Am liebsten möchte sie ihr triumphierend die Zunge herausstrecken.

»Was habt ihr denn, ihr zwei?«

Verflixt, nun hat die Mutti wohl doch etwas gemerkt?

Da beugt sich, zum Glück, aus dem Auto, das neben dem Taxi wartet, eine vornehme alte Dame herüber. Sie hält der Mutti eine illustrierte Zeitung hin und sagt lächelnd: »Darf ich Ihnen ein passendes Präsent machen?«

Frau Palfy nimmt die Illustrierte, sieht das Titelbild, dankt lächelnd und gibt die Zeitung ihrem Mann.

Die Autos setzen sich in Bewegung. Die alte Dame nickt zum Abschied.

Die Kinder klettern neben Vati auf den Wagensitz und bestaunen das Titelbild.

»Dieser Herr Eipeldauer!« sagt Luise. »Uns so hineinzulegen!«

»Wir dachten doch, wir hätten *alle* Fotos zerrissen!« meint Lotte.

»Er hat ja die Platten!« erklärt die Mutti. »Da kann er noch Hunderte von Bildern abziehen!«

»Wie gut, daß er euch angeschmiert hat«, stellt der Vater fest. »Ohne ihn wäre Mutti nicht hinter euer Geheimnis gekommen. Und ohne ihn wäre heute keine Hochzeit gewesen.«

Luise dreht sich plötzlich um und schaut zur Oper zurück. Aber von Fräulein Gerlach ist weit und breit nichts mehr zu sehen.

Lotte sagt zur Mutti: »Wir werden dem Herrn Eipeldauer einen Brief schreiben und uns bei ihm bedanken!«

Das ›aufgebackene‹ Ehepaar klettert in der Rotenturmstraße mit den Zwillingen die Stiegen hinauf. In der offenen Tür wartet schon die Resi in ihrem sonntäglichen Trachtenstaat, grinst über das ganze breite Bäuerinnengesicht und überreicht der jungen Frau einen großmächtigen Blumenstrauß.

»Ich dank Ihnen schön, Resi«, sagt die junge Frau. »Und ich freu mich, daß Sie bei uns bleiben wollen!«

Resi nickt wie eine Puppe aus dem Kasperltheater, so energisch und so ruckartig. Dann stottert sie: »Ich hätte ja auf den Hof z'rucksollen. Zum Herrn Vater. Aber ich hab doch das Fräul'n Lottchen so arg gern!«

Der Herr Kapellmeister lacht: »Zu uns drei anderen sind S' nicht eben höflich, Resi!«

Resi zuckt ratlos mit den Schultern.

Frau Palfy greift rettend ein. »Wir können doch nicht ewig auf dem Treppenflur stehenbleiben!«

»Bitt' schön!« Resi reißt die Tür auf.

»Momenterl!« sagt der Herr Kapellmeister gemächlich. »Ich muß erst einmal in die andere Wohnung!«

Alle außer ihm erstarren. Schon am Hochzeitstag will er wieder ins Atelier am Ring? (Nein, die Resi erstarrt ganz und gar nicht! Sie lacht vielmehr lautlos in sich hinein!)

Herr Palfy geht zu Herrn Gabeles Wohnungstür, zückt einen Schlüssel und schließt in aller Seelenruhe auf!

Lottchen rennt zu ihm. An der Tür ist ein neues Schild angebracht, und auf dem neuen Schild steht deutlich zu lesen: »Palfy«!

»O Vati!« ruft sie überglücklich.

Da steht auch schon Luise neben ihr, liest das Schild, kriegt die Schwester am Kragen und beginnt, mit ihr eine Art Veitstanz aufzuführen. Das alte Stiegenhaus wackelt in allen Fugen.

»Nun ist's genug!« ruft schließlich der Herr Kapellmeister. »Ihr schert euch jetzt mit der Resi in die Küche und helft ihr!« Er schaut auf die Uhr. »Ich zeig der Mutti inzwischen meine Wohnung. Und in einer halben Stunde wird gegessen. Wenn's soweit ist, klingelt ihr!« Er nimmt die junge Frau an der Hand.

An der gegenüberliegenden Tür macht Luise einen Knicks und sagt: »Auf gute Nachbarschaft, Herr Kapellmeister!«

Die junge Frau legt Hut und Mantel ab. »Was für eine Überraschung!« meint sie leise.

»Eine angenehme Überraschung?« fragt er.

Sie nickt.

»Es war schon lange Lottchens Wunsch, bevor's auch der meinige wurde«, erzählt er zögernd. »Gabele hat den Feldzugsplan bis ins kleinste ausgearbeitet und die Schlacht der Möbelwagen eingeleitet.«

»Deswegen also mußten wir erst noch in die Schule?«

»Ja. Der Transport des Flügels hielt den Kampf der Möbeltitanen etwas auf.«

Sie treten ins Arbeitszimmer. Auf dem Flügel steht die aus dem Schreibtischschubfach auferstandene Fotografie einer jungen Frau aus einer vergangenen, unvergessenen Zeit. Er legt den Arm um sie. »Im dritten Stock links werden wir zu viert glücklich sein, und im dritten Stockwerk rechts ich allein, aber mit euch Wand an Wand.«

»Soviel Glück!« Sie schmiegt sich an ihn.

»Jedenfalls mehr, als wir verdienen«, sagt er ernst. »Aber nicht mehr, als wir ertragen können.«

»Ich hätte nie geglaubt, daß es das gibt!«

»Was?«

»Daß man verlorenes Glück nachholen kann wie eine versäumte Schulstunde.«

Er deutet auf ein Bild an der Wand. Aus dem Rahmen schaut, von Gabele gezeichnet, ein kleines, ernstes Kindergesicht auf die Eltern herab. »Jede Sekunde unseres neuen Glücks«, sagt er, »verdanken wir unseren Kindern.«

Luise steht, mit einer Küchenschürze geschmückt, auf einem Stuhl und heftet mit Reißzwecken die Titelseite der Münchner Illustrierten an die Wand.

»Schön«, sagt Resi andächtig.

Lottchen, gleichfalls in einer Küchenschürze, werkelt eifrig am Herd.

Resi tupft sich eine Träne aus dem Augenwinkel, schnüffelt leise und fragt dann, noch immer vor der Fotografie stehend: »Welche von euch beiden ist denn nun eigentlich welche?«

Die kleinen Mädchen schauen einander betroffen an. Dann starren sie auf die angezweckte Fotografie. Dann blicken sie erneut einander an.

»Also...« sagt Lottchen unschlüssig.

»Ich saß, als uns der Herr Eipeldauer knipste, glaube ich, links«, meint Luise nachdenklich.

Lotte schüttelt zaudernd den Kopf. »Nein, ich saß links. Oder?«

Die zwei recken die Hälse zu ihrem Konterfei empor.

»Ja, wenn ihr's selber nicht wißt, welche welche ist!« schreit die Resi außer sich und beginnt zu lachen.

»Nein, wir wissen's wirklich selber nicht!« ruft Luise begeistert. Und nun lachen alle drei, daß ihr Gelächter bis in die Nebenwohnung hinüberdringt.

Dort drüben fragt die Frau, fast erschrocken: »Wirst du denn bei solchem Lärm arbeiten können?«

Er geht an den Flügel und sagt, während er den Deckel öffnet: »Nur bei solchem Lärm!« Und indes nebenan das Gelächter einschläft, spielt er seiner Frau aus der Kinderoper das Duett in Es-Dur vor, das bis in die Küche der Nachbarwohnung dringt. Die drei hantieren so leise wie möglich, um sich auch ja keinen Ton entgehen zu lassen.

Als das Lied verklungen ist, fragt Lottchen verlegen: »Wie ist das eigentlich, Resi? Wo nun Vati und Mutti wieder mit uns zusammen sind, können Luise und ich doch noch Geschwister bekommen?«

»Ja, freilich!« erklärt Resi zuversichtlich. »Wollt ihr denn welche haben?«

»Natürlich«, meint Luise energisch.

»Buben oder Mädel?« erkundigt sich Resi angelegentlich.

»Buben *und* Mädel!« sagt Lotte.

Luise aber ruft aus Herzensgrund: »Und lauter Zwillinge!«

Der 35. Mai

Es war am 35. Mai

Es war am 35. Mai. Und da ist es natürlich kein Wunder, daß sich Onkel Ringelhuth über nichts wunderte. Wäre ihm, was ihm heute zustoßen sollte, auch nur eine Woche früher passiert, er hätte bestimmt gedacht, bei ihm oder am Globus seien zwei bis drei Schrauben locker. Aber am 35. Mai muß der Mensch auf das Äußerste gefaßt sein.

Außerdem war Donnerstag. Onkel Ringelhuth hatte seinen Neffen Konrad von der Schule abgeholt, und jetzt liefen beide die Glacisstraße entlang. Konrad sah bekümmert aus. Der Onkel merkte nichts davon, sondern freute sich aufs Mittagessen.

Ehe ich aber mit dem Erzählen fortfahre, muß ich eine familiengeschichtliche Erklärung abgeben. Also: Onkel Ringelhuth war der Bruder von Konrads Vater. Und weil der Onkel noch nicht verheiratet war und ganz allein wohnte, durfte er an jedem Donnerstag seinen Neffen von der Schule abholen. Da aßen sie dann gemeinsam zu Mittag, unterhielten sich und tranken miteinander Kaffee, und erst gegen Abend wurde der Junge wieder bei den Eltern abgeliefert. Diese Donnerstage waren sehr komisch. Denn Onkel Ringelhuth hatte doch keine Frau, die das

Mittagessen hätte kochen können! Und so was Ähnliches wie ein Dienstmädchen hatte er auch nicht. Deshalb aßen er und Konrad donnerstags immer lauter verrücktes Zeug. Manchmal gekochten Schinken mit Schlagsahne. Oder Salzbrezeln mit Preiselbeeren. Oder Kirschkuchen mit englischem Senf. Englischen Senf mochten sie lieber als deutschen, weil englischer Senf besonders scharf ist und so beißt, als ob er Zähne hätte.

Und wenn ihnen dann so richtig übel war, guckten sie zum Fenster hinaus und lachten derartig, daß die Nachbarn dachten: Apotheker Ringelhuth und sein Neffe sind leider wahnsinnig geworden.

Na ja, sie liefen also die Glacisstraße lang, und der Onkel sagte gerade: »Was ist denn mit dir los?« Da zupfte ihn jemand am Jackett. Und als sich beide umdrehten, stand ein großes schwarzes Pferd vor ihnen und fragte höflich: »Haben Sie vielleicht zufällig ein Stück Zucker bei sich?«

Konrad und der Onkel schüttelten die Köpfe.

»Dann entschuldigen Sie bitte die Störung«, meinte das große schwarze Pferd, zog seinen Strohhut und wollte gehen.

Onkel Ringelhuth griff in die Tasche und fragte: »Kann ich Ihnen mit einer Zigarette dienen?«

»Danke, nein«, sagte das Pferd traurig, »ich bin Nichtraucher.« Es verbeugte sich förmlich, trabte dem Albertplatz zu, blieb vor einem Delikatessengeschäft stehen und ließ die Zunge aus dem Maul hängen.

»Wir hätten den Gaul zum Essen einladen sollen«, meinte der Onkel. »Sicher hat er Hunger.« Dann sah er den Neffen von der Seite an und sprach: »Konrad, wo brennt's? Du hörst ja gar nicht zu!«

»Ach, ich hab einen Aufsatz über die Südsee auf.«

»Über die Südsee?« rief der Onkel. »Das ist aber peinlich.«

»Entsetzlich ist es«, sagte Konrad. »Alle, die gut rechnen können, haben die Südsee auf. Weil wir keine Phantasie hätten! Die andern sollen den Bau eines vierstöckigen Hauses beschreiben. So was ist natürlich eine Kinderei gegen die Südsee. Aber das hat man davon, daß man gut rechnen kann.«

»Du hast zwar keine Phantasie, mein Lieber«, erklärte Onkel Ringelhuth, »doch du hast mich zum Onkel, und das ist genauso gut. Wir werden deinem Herrn Lehrer eine Südsee hinlegen, die sich gewaschen hat.« Dann trat er mit dem einen Fuß auf die Fahrstraße, mit dem andern blieb er oben auf dem Bürgersteig, und so humpelte er neben seinem Neffen her. Konrad war auch nur ein Mensch. Er wurde vergnügt. Und als der humpelnde Onkel einen der Vorübergehenden grüßte und, kaum war der Mann vorbei, sagte: »Pfui Teufel, das war mein Gerichtsvollzieher«, da mußte der Junge kichern, als würde er gekitzelt.

Als sie beim Onkel angekommen waren, setzten sie sich gleich zu Tisch. Es gab gehackten Speckkuchen und ein bißchen später Fleischsalat mit Himbeersaft. »Die ollen Spartaner aßen sogar Blutsuppe, ohne mit der Wimper zu zucken«, meinte der Onkel. »Wie schmeckt's, junger Freund?«

»Scheußlich schön«, gab Konrad zur Antwort.

»Tja, man muß sich abhärten«, bemerkte der Onkel. »Als Soldaten bekamen wir Nudeln mit Hering und als Studenten Reis in Sacharin gekocht. Wer weiß, was man euch, wenn ihr groß seid, zumuten wird. Drum iß, mein Junge, bis dein Magen Hornhaut kriegt!« Und damit goß er ihm noch einen Löffel Himbeersaft über den Fleischsalat. Nach dem Essen guckten sie erst eine gute Viertelstunde aus dem Fenster und warteten, daß ihnen schlecht würde. Aber es wurde nichts daraus. Und dann turnten sie. Der Onkel bugsierte den Neffen auf den großen Bücherschrank, und Konrad machte dort oben den Handstand.

»Moment«, sagte Ringelhuth, »bleib mal 'ne Weile verkehrt

herum stehen.« Er ging ins Schlafzimmer, brachte sein Federbett angeschleppt und legte es vor den Bücherschrank. Dann kommandierte er: »Hoppla!«, und Konrad sprang in der Hocke vom Schrank herunter aufs Federbett, das am Boden lag.

»Großartig!« rief der Onkel, nahm ein wenig Anlauf und sauste in der Grätsche längs über den Tisch. Unmittelbar danach hörten sie unter sich einen dumpfen Knall und anschließend viel Geklirr. Und der Onkel sagte ergriffen: »Das war Mühlbergs Kronleuchter.« Sie warteten ein paar Minuten, aber es klopfte niemand, und es klingelte auch nicht. »Wahrscheinlich sind Mühlbergs nicht zu Hause«, meinte Konrad.

Und dann klingelte es doch! Der Junge rannte hinaus, öffnete und kam blaß zurück. »Das große schwarze Pferd steht draußen«, flüsterte er.

»Herein damit!« befahl Onkel Ringelhuth. Und der Neffe ließ das Tier eintreten. Es zog den Strohhut und fragte: »Stör ich?«

»Kein Gedanke!« rief der Onkel. »Bitte nehmen Sie Platz.«

»Ich stehe lieber«, sagte das Pferd. »Fassen Sie das nicht als Unhöflichkeit auf, aber wir Pferde sind zum Sitzen nicht eingerichtet.«

»Ganz, wie Sie wünschen«, meinte der Onkel. »Darf ich fragen, was uns die Ehre Ihres Besuches verschafft?«

Das Pferd blickte die beiden mit seinen großen ernsten Augen verlegen an. »Sie waren mir von allem Anfang an so sympathisch«, sagte es.

»Ganz unsererseits«, erwiderte Konrad und verbeugte sich. »Haben Sie übrigens immer noch Appetit auf Würfelzucker?« Er wartete keine Antwort ab, sondern sprang in die Küche, holte die Zuckerdose ins Zimmer, legte ein Stück Zucker nach dem anderen auf die Handfläche, und das Pferd fraß, ohne abzusetzen, zirka ein halbes Pfund. Dann atmete es erleichtert auf und sagte: »Donnerwetter noch mal, das wurde aber höchste Zeit! Besten Dank, meine Herren. Gestatten Sie, daß ich mich vorstelle, ich heiße Negro Kaballo! Ich trat bis Ende April im Zirkus Sarrasani als Rollschuhnummer auf. Dann wurde ich aber entlassen und habe seitdem nichts mehr verdient.«

»Ja, ja«, sagte Onkel Ringelhuth, »es geht den Pferden wie den Menschen.«

»Diese verflixten Autos!« fuhr Negro Kaballo fort. »Die Maschinen richten uns Pferde völlig zugrunde. Denken Sie nur, ich wollte mich sogar als Droschkengaul vermieten, obwohl ich ja

eigentlich ein Pferd mit Gymnasialbildung bin. Aber nicht einmal der Generalsekretär vom Fachverband der Droschkenpferde konnte mich unterbringen. Und das ist bestimmt ein einflußreiches Pferd. Im übrigen fährt dieses Rhinozeros von einem Gaul selber Auto!«

»Unter solchen Umständen braucht man sich freilich über gar nichts mehr zu wundern«, erklärte Onkel Ringelhuth kopfschüttelnd.

»Sie sind ein netter Mensch«, sagte das Pferd gerührt und schlug ihm mit dem linken Vorderhuf auf die Schulter, daß es nur so krachte.

»Aua!« brüllte Ringelhuth.

Konrad drohte dem Rappen mit dem Finger. »Wenn Sie mir meinen Onkel kaputtmachen«, rief er, »kriegen Sie's mit mir zu tun.«

Das Pferd schob die Oberlippe zurück, daß man das weiße Gebiß sehen konnte, und lachte lautlos in sich hinein. Dann entschuldigte es sich vielmals. Es sei nicht so gemeint gewesen.

»Schon gut«, sagte Onkel Ringelhuth und rieb sich das Schlüsselbein. »Aber das nächste Mal müssen Sie etwas vorsichtiger sein, geschätzter Negro Kaballo. Ich bin keine Pferdenatur.«

»Ich werde aufpassen«, versprach der Rappe, »so wahr ich der beste internationale Rollschuhakt unter den Säugetieren bin!«

Und dann guckten sie alle drei zum Fenster hinaus. Das Pferd bekam, als es auf die Straße hinuntersah, plötzlich einen Schwindelanfall, wurde vor Schreck blaß und klappte die Augendeckel zu. Erst als Konrad meinte, es solle sich was schämen, machte es die Augen langsam wieder auf.

»Kippen Sie bloß nicht aus dem Fenster«, warnte Ringelhuth. »Das fehlte gerade noch, daß ein Pferd aus meiner Wohnung auf die Johann-Mayer-Straße runterfällt!«

Negro Kaballo sagte: »Wissen Sie, unsereins hat so selten Gelegenheit, aus dem dritten Stockwerk zu sehen. Aber jetzt geht es schon. Trotzdem wäre ich Ihnen dankbar, wenn Sie mich in die Mitte nehmen wollten. Besser ist besser.«

Das Pferd postierte sich nun also zwischen Onkel und Konrad, steckte den Kopf weit aus dem Fenster und fraß vom Balkon des Nachbarn zwei Fuchsien und eine Begonie mit Stumpf und Stiel. Nur die Blumentöpfe ließ es freundlicherweise übrig.

Plötzlich gab es auf der Straße einen Heidenlärm. Da stand nämlich ein kleiner kugelrunder Mann, wedelte mit Armen und

Händen, strampelte mit den fetten Beinchen und schrie wie am Spieß. »Das geht entschieden zu weit!« kreischte er aufgebracht. »Augenblicklich nehmen Sie das Pferd aus dem Fenster! Kennen Sie die Hausordnung noch immer nicht? Wissen Sie nicht, daß es verboten ist, Pferde mit in die Wohnung zu bringen? Was?«

»Wer ist denn der Knirps?« fragte Konrad.

»Ach, das ist bloß mein Hauswirt«, antwortete Onkel Ringelhuth, »Clemens Waffelbruch heißt er.«

»So eine Unverschämtheit Ihrerseits«, schrie der kleine dicke Herr Waffelbruch. »Die Blumen, die diese Schindmähre von Lehmanns Balkon widerrechtlich entfernt und gefressen hat, werden Sie gefälligst ersetzen. Kapiert?«

Da lief dem Pferd ein Schauder übers schwarze Fell. Hoho, beleidigen ließ es sich nicht! Es kriegte einen der leergefressenen Blumentöpfe zu fassen und ließ ihn senkrecht aus dem Fenster fallen. Der Blumentopf sauste, als habe er's außerordentlich eilig, abwärts und bumste dem schreienden Hauswirt mitten auf den steifen Hut. Herr Clemens Waffelbruch knickte in die Knie, schwieg verdutzt, blickte wieder nach oben, zog seinen demolierten Hut und sagte zitternd: »Nichts für ungut.«

Dann stolperte er rasch ins Haus.

»Wenn der Kerl nicht gegangen wäre«, sagte das Pferd, »hätte ich ihm nach und nach den ganzen Balkon auf den Hut geschmissen.«

»Das wäre mir entschieden zu teuer geworden«, meinte Onkel Ringelhuth. »Gehen wir lieber wieder ins Zimmer!«

Negro Kaballo wieherte belustigt. Und dann spazierten sie ins Zimmer zurück und spielten zu dritt Dichterquartett. Das Pferd gewann, wie es wollte. Es kannte alle klassischen Namen und Werke auswendig. Onkel Ringelhuth hingegen versagte völlig. Als Apotheker, der er war, wußte er zwar, was für Krankheiten die Dichter gehabt hatten und womit sie kuriert worden und woran sie gestorben waren. Aber ihre Romane und Dramen hatte er samt und sonders verschwitzt. Es ist kaum zu glauben: doch er behauptete tatsächlich, Schillers »Lied von der Glocke« sei von Goethe!

Mit einemmal sprang Konrad hoch, warf seine Quartettkarten auf den Tisch, rannte zum Bücherschrank, riß die Tür auf, holte ein dickes Buch aus der obersten Reihe, setzte sich auf den Teppich und blätterte aufgeregt.

»Wir möchten nicht aufdringlich sein«, sagte der Onkel, »aber vielleicht erklärst du uns, warum du einfach vom Tisch fortrennst und uns im Stich läßt? Übrigens fehlt mir noch ein Lustspiel von Gotthold Ephraim Lessing. Ich weiß nur, daß Lessings Frau, eine gewisse Eva König, kurz nach der Geburt eines Kindes starb, und das Kind starb ein paar Tage später, und Lessing selbst lebte dann auch nicht mehr lange.«

»Ein Lustspiel ist das grade nicht, was Sie uns da mitteilen«, bemerkte das Pferd spöttisch. Dann preßte es sein Maul an Onkel Ringelhuths Ohr und wisperte: »Minna von Barnhelm.«

Der Onkel schlug ärgerlich auf den Tisch. »Nein! Eva König hieß die Frau, nicht Minna von Bornholm.«

»Kruzitürken!« brummte der Gaul. »Minna von Barnhelm war doch nicht Lessings Frau, sondern sein Lustspiel hieß so.«

»Aha!« rief Ringelhuth. »Warum haben Sie das nicht gleich gesagt? Konrad, rück mal die Minna von Bornholm raus!«

Konrad saß auf dem Teppich, blätterte in dem Buch und schwieg.

»Möchten Sie meinen Herrn Neffen mal mit einem wohlgezielten Hufschlag aus seinem Anzug stoßen?« fragte Ringelhuth seinen vierbeinigen Gast. Da trottete das Pferd zu Konrad hin-

über, packte ihn mit den Zähnen an seinem Kragen und hob ihn hoch in die Luft. Aber Konrad merkte gar nicht, daß er nicht mehr auf dem Teppich saß. Sondern er blätterte, obwohl ihn das Pferd in die Luft hielt, nach wie vor in dem Buch und zog Sorgenfalten.

»Ich kann sie nicht finden, Onkel«, sagte er plötzlich.

»Wen?« fragte Ringelhuth. »Die Minna von Bornholm?«

»Die Südsee«, sagte Konrad.

»Die Südsee?« fragte das Pferd erstaunt. Weil es aber beim Reden das Maul aufmachen mußte, fiel Konrad mit Getöse aufs Parkett.

»Ein Glück, daß Mühlbergs Kronleuchter schon runtergefallen ist«, meinte der Onkel und rieb sich befriedigt die Hände. »Aber was machen wir bloß mit dieser Südsee?« Er wandte sich zu dem Pferd: »Mein Neffe muß nämlich bis morgen einen Aufsatz über die Südsee schreiben.«

»Weil ich gut rechnen kann«, erklärte Konrad mißvergnügt.

Das Pferd überlegte einen Augenblick. Dann fragte es den Onkel, ob er am Nachmittag Zeit habe.

»Klar«, sagte Ringelhuth, »donnerstags habe ich in meiner Apotheke Nachtdienst.«

»Ausgezeichnet«, rief Negro Kaballo, »da gehen wir rasch mal hin!«

»In die Apotheke?« fragten Konrad und der Onkel wie aus einem Munde.

»Ach wo«, sagte das Pferd, »in die Südsee natürlich.« Und dann fragte es: »Darf ich mal telefonieren?« Onkel Ringelhuth nickte, und das Pferd trabte ans Telefon, nahm den Hörer von der Gabel, wählte eine Nummer und sagte: »Hallo! Ist dort das Reisebüro für Zirkuspferde? Ich möchte das Riesenroß persönlich sprechen. Selbst am Apparat? Wie geht's denn? Die Mähne wird grau? Ja, wir sind nicht mehr die Jüngsten. Also hören Sie, wie komm ich auf dem kürzesten Weg nach der Südsee? Ich will am Abend schon wieder hier sein. Schwierig? Riesenroß, machen Sie keine Geschichten! Wo ich bin? Johann-Mayer-Straße 13. Bei einem guten Bekannten, einem gewissen Ringelhuth. Was? Na, das ist ja großartig! Heißen Dank, mein Lieber!«

Das Pferd wieherte zum Abschied dreimal ins Telefon, legte den Hörer auf, drehte sich um und fragte: »Herr Ringelhuth, befindet sich auf Ihrem Korridor ein großer geschnitzter Schrank? Es soll ein Schrank aus dem 15. Jahrhundert sein.«

»Und wenn dem so wäre«, sagte Ringelhuth, »was, um alles in der Welt, hat so ein alter Schrank mit der Südsee und Ihrem Riesenroß zu tun?«

»Wir sollen in diesen Schrank hineingehen und dann immer geradeaus. In knapp zwei Stunden wären wir an der Südsee«, erklärte das Pferd.

»Machen Sie keine faulen Witze!« bat Onkel Ringelhuth.

Konrad aber raste wie angestochen in den Korridor hinaus, öffnete die knarrenden Türen des alten großen Schrankes, der dort stand, kletterte hinein und kam nicht wieder zum Vorschein.

»Konrad!« rief der Onkel. »Konrad, du Lausejunge!« Aber der Neffe gab keinen Laut von sich. »Ich werde verrückt«, versicherte der Onkel. »Warum antwortet der Bengel nicht?«

»Er ist schon unterwegs«, sagte das Pferd.

Da kannte Ringelhuth kein Halten mehr. Er rannte hinaus zum Schrank, blickte hinein und rief: »Wahrhaftig, der Schrank hat keine Rückwand!«

Das Pferd, das ihm gefolgt war, meinte vorwurfsvoll: »Wie konnten Sie daran zweifeln? Klettern Sie nur auch hinein!«

»Bitte nach Ihnen«, sagte Onkel Ringelhuth, »ich bin hier zu Hause.«

Das Pferd setzte also die Vorderhufe in den Schrank. Ringelhuth schob aus Leibeskräften, bis der Gaul im Schrank verschwunden war. Dann kletterte der Onkel ächzend hinterher und sagte verzweifelt: »Das kann ja gut werden.«

Eintritt frei! Kinder die Hälfte!

Onkel Ringelhuth stieß in dem Schrank gegen einen harten Gegenstand. Das war ein alter Spazierstock, und den nahm er mit. Die Südsee ist weit, dachte er. Und dann raste er wie ein studierter Langstreckenläufer in das Dunkel hinein und immer geradeaus. Zunächst begleiteten hohe bröcklige Mauern den gespenstigen Weg. Aber plötzlich hörten die Mauern auf, und der Onkel befand sich in einem Wald.

Doch in diesem Wald standen nicht etwa Bäume, sondern Blumen! Gewaltige Glockenblumen zum Beispiel, hoch wie Tannen. Und wenn der Wind wehte, schlugen die Staubgefäße gegen die Blütenwände, und das klang, als würde geläutet. Und neben den Glockenblumen standen Schwertlilien. Und Kamillen. Und Akelei. Und Rosen in herrlichen Farben. Und alle Blumen in diesem Wald waren groß wie jahrhundertealte Bäume. Und die Sonne ließ die mächtigen Blüten leuchten. Und die Glockenblumen läuteten verzaubert, denn es wehte eine leichte Brise. Und Onkel Ringelhuth rannte zwischen den vergrößerten Blumen hin und her und rief dauernd: »Konrad, wo bist du?«

Fast zehn Minuten rannte er so, ehe er die Ausreißer erwischte. Negro Kaballo, das Rollschuhpferd, stand vor einem gigantischen Veilchen und knabberte an dessen Blättern, die wie schwebende grüne Teppiche aussahen. Und der Neffe saß auf dem Rücken des Gauls, blickte in die Blumenwipfel hinauf und hatte, obwohl er für so etwas eigentlich viel zu erwachsen war, den Daumen in den Mund gesteckt.

»Ich werde verrückt!« rief der Onkel und trocknete sich mit dem Taschentuch die Stirn. »Ich werde verrückt!« wiederholte er hartnäckig. »Erstens lauft ihr davon, und zweitens schleppt ihr mich in einen Wald – also, so ein Wald ist mir in meinem ganzen Leben noch nicht begegnet.«

»Sind wir eigentlich schon in der Südsee?« fragte Konrad.

»Nimm den Finger aus dem Mund, wenn du mit uns sprichst!« befahl der Onkel.

Konrad erschrak, gehorchte blindlings, betrachtete seinen Daumen, als hätte er ihn noch nie gesehen, und schämte sich in Grund und Boden.

Das Pferd rief: »Sitzen Sie auf!« Der Onkel ging in die Kniebeuge, sprang hoch, schwang sich auf den Pferderücken, klammerte sich an seinem Neffen fest, gab dem Tier einen Klaps mit dem Spazierstock, und fort ging's! Der Rappe war vorzüglicher Laune und deklamierte: »Wer reitet so spät durch Nacht und Wind? Es ist der Vater mit seinem Kind.«

Aber Konrad sagte: »Wir sind doch nur Onkel und Neffe.«

Und Ringelhuth meinte: »Wieso Nacht? Sie übertreiben. Galoppieren Sie lieber!«

»Gemacht!« rief das Pferd und schaukelte die zwei durch den Blumenwald, daß ihnen Hören und Sehen verging. Konrad hielt sich an der flatternden Mähne fest und der Onkel an Konrad; und der Fleischsalat und der Himbeersaft gerieten sich mächtig in die Haare. Die Rosen schimmerten bunt. Die Glockenblumen läuteten leise. Und Onkel Ringelhuth meinte zu sich selbst: »Wenn wir nur schon da wären.«

Und dann stand das Pferd mit einem Ruck still. »Was gibt's denn?« fragte Konrad, der die Augen während des Galopps geschlossen hatte und sie nun wieder vorsichtig öffnete.

Sie hielten dicht vor einem hohen Bretterzaun. Und an dem Bretterzaun hing ein Schild. Und auf dem Schild war zu lesen:

> *Hier beginnt das Schlaraffenland*
> *Eintritt frei!*
> *Kinder die Hälfte*

Onkel Ringelhuth rutschte vorsichtig vom Gaul, musterte das Schild und den Zaun und rief schließlich: »Da stimmt doch was nicht.«

»Wieso?« fragte das Pferd.

»Der Zaun hat keinen Eingang«, sagte der Onkel, und nun sahen die anderen auch, daß sie keine Tür sahen. Konrad stellte sich auf Negro Kaballos Rücken, hielt sich am Zaun fest und wollte sich hochziehen. Aber Ringelhuth packte den Jungen an den Füßen. »Du bist ein maßloses Schaf, mein Sohn«, flüsterte er. »Glaubst du wirklich, daß man klettend ins Schlaraffenland gelangt? Da drüben leben bekanntlich die faulsten Menschen,

die es auf der ganzen Welt gibt. Die werden doch nicht klettern!«

Aber der Junge gab nicht nach. Er klammerte sich an dem Zaun fest und zog den Körper langsam hinauf. »Gleich kann ich hinübersehen«, ächzte er begeistert. Da aber tauchte von drüben unvermittelt eine gewaltige Hand auf und verabreichte Konrad eine solche Ohrfeige, daß er den Zaun losließ, neben dem Pferd ins Gras fiel und sich die Backe hielt.

»Da hast du's«, sagte der Onkel. »Man muß nicht immer klettern wollen, bloß weil man's kann.« Er gab ihnen ein Zeichen, daß sie schweigen sollten, lehnte sich an den Baum und rief: »Wenn sich diese Kerle einbilden sollten, daß wir klettern, dann haben sie sich geschnitten. Lieber bleiben wir draußen.« Dann gähnte er herzzerreißend und sagte verdrießlich: »Das beste wird sein, wir schlafen 'n paar Runden.«

Kaum hatte er ausgeredet, da ging in dem Zaun eine Tür auf, obwohl vorher gar keine Tür dringewesen war. Und eine Stimme rief: »Bitte näher zu treten!«

Sie schritten durch die Tür. Und das erste, was sie sahen, war ein riesiges Bett. Und in dem Bett lag ein dicker Mann und knurrte: »Ich bin der Portier. Was wünschen Sie?«

»Wir wollen nach der Südsee«, erwiderte der Onkel.

»Immer geradeaus«, sagte der Portier, drehte den Besuchern den Rücken und schnarchte, was das Zeug hielt.

»Hoffentlich strengt Sie das Schnarchen nicht zu sehr an«, meinte der Onkel. Aber der Dicke war schon hinüber, oder er war zu faul zum Antworten.

Konrad betrachtete sich die Gegend. Es handelte sich offenbar um einen Obstgarten.

»Sieh nur, Onkel!« brüllte der Junge. »Hier wachsen Kirschen und Äpfel und Birnen und Pflaumen auf ein und demselben Baum!«

»Es ist bequemer so«, meinte der Onkel.

Aber das Pferd war mit dem Schlaraffenland noch nicht einverstanden. »Solange man das Obst noch pflücken muß«, sagte es, »solange kann man mir hier nicht imponieren.«

Konrad, der einen der Vierfruchtbäume genau betrachtet hatte, winkte den Onkel und das Pferd herbei. Und was sie da feststellten, war wirklich außerordentlich praktisch. Auf dem Baumstamm befand sich ein Automat mit Griffen und Inschriften. »Am linken Griff einmal ziehen: 1 geschälter, zerteilter Apfel«, stand zu lesen. »Am linken Griff zweimal ziehen: 1 gemischtes Kompott.« »Am rechten Griff einmal ziehen: 1 Stück Pflaumenkuchen mit Schlagsahne.«

»Das ist ja enorm«, sagte der Onkel und zog rechts zweimal. Darauf klingelte es, und schon rutschte ein Teller mit Kirschenmarmelade aus dem Baum.

Nun fingen alle drei an, die Bäume zu bearbeiten, und ließen sich's schmecken. Den größten Appetit entwickelte das Roß. Es

fraß zwei Bäume leer und konnte kein Ende finden. Onkel Ringelhuth trieb zum Aufbruch. Doch das Pferd sagte: »Gehen Sie nur voraus, ich komme nach.«

Und so marschierten Konrad und der Onkel immer geradeaus ins Schlaraffenland hinein. Manchmal liefen Hühner gakkernd über den Weg. Sie zogen kleine blanke Bratpfannen hinter sich her. Und wenn sie Leute kommen sahen, blieben sie stehen und legten geschwind Spiegelei mit Schinken oder Omeletten mit Spargelspitzen. Konrad winkte ab. Denn er war satt. Da verschwanden die Hühner, ihre Pfannen hinter sich herziehend, im Gebüsch. »Menschen scheint es hier überhaupt nicht zu geben«, sagte der Junge.

»Sicher gibt es welche«, meinte Ringelhuth. »Sonst hätten ja die Automatenbäume nicht den geringsten Sinn.« Der Onkel hatte recht. Nach einer Wegbiegung trafen sie auf Häuser. Die Häuser standen auf Rädern und hatten Pferde vorgespannt. Dadurch war es den Bewohnern möglich, im Bett zu bleiben und trotzdem überallhin zu gelangen. Außerdem waren an den Schlafzimmerfenstern Lautsprecher befestigt. Und wenn sich zwei Schlaraffen unterhalten wollten, ließen sie ihre Häuser mit Hilfe der Gespanne nebeneinanderbugsieren und verständigten sich per Lautsprecher. Ohne daß sie einander zu Gesicht bekamen.

Konrad deutete auf zwei solche Häuser. Onkel und Neffe schlichen auf Zehenspitzen näher und hörten eine verschlafene Stimme aus dem einen der Lautsprecher reden.

»Lieber Präsident«, sagte der eine Lautsprecher, »was haben wir eigentlich heute für Wetter?«

»Keine Ahnung«, antwortete der andere Lautsprecher. »Ich bin seit zehn Tagen nicht aus dem Bett gekommen.«

»Na«, brummte der eine, »zum Fenster könnten Sie doch wenigstens mal hinausschauen, wenn Sie uns regieren!«

»Warum schauen denn Sie nicht hinaus, lieber Hannemann?«

»Ich liege seit vorgestern mit dem Gesicht zur Wand und bin zu faul, mich umzudrehen.«

»Genauso geht es mir, lieber Hannemann!«

»Tja, Herr Präsident, dann werden wir wohl auf den Wetterbericht verzichten müssen.«

»Das scheint mir auch so, Hannemännchen. Wiedersehn. Schlafen Sie gut!«

»Gleichfalls, Herr Präsident. Winkewinke!« Die beiden Lautsprecher gähnten. Und dann rollten die Häuser wieder voneinander fort.

»Diesen Präsidenten wollen wir uns mal beschnuppern«, schlug Ringelhuth vor.

Und sie folgten dem langsam dahinrollenden Präsidentenpalais. Als es in einem Park von Automatenbäumen gelandet war und stillstand, blickten sie neugierig durchs Kammerfenster.

»So ein fetter Kerl«, flüsterte der Onkel.

»Meine Herren!« rief Konrad. »Das ist doch der dicke Seidelbast!«

»Woher kennst du denn den Präsidenten des Schlaraffenlandes?«

»Der dicke Seidelbast ist doch in unsrer Schule elfmal sitzengeblieben, weil er so faul war!« berichtete der Junge. »In der dritten Klasse hat er dann geheiratet und ist aus der Stadt fortgezogen. Es hieß, er wolle Landwirt werden. Daß er Präsident im Schlaraffenland geworden ist, davon hatten wir keine Ahnung.« Konrad klopfte ans Fenster und rief: »Seidelbast!« Der Präsident, dick wie ein Fesselballon, wälzte sich ärgerlich im Bett herum und knurrte unwillig: »Was'n los?«

»Kennst du mich nicht mehr?« fragte der Junge.

Seidelbast öffnete die kleinen Augen, die in dem dicken Gesicht kaum noch zu erkennen waren, lächelte mühsam und fragte: »Was machst du denn hier, Konrad?«

Onkel Ringelhuth lüftete den Hut und sagte, er sei der Onkel, und sie befänden sich nur auf der Durchreise hier und wollten nach der Südsee.

»Ich bring euch bis an die Grenze«, meinte Präsident Seidelbast. »Ich will nur erst einen Happen essen. Moment, Herrschaften!« Er griff in den Nachttisch und holte eine Tablettenschachtel heraus. »Zunächst paar pikante Vorspeisen«, seufzte er, nahm eine weiße Pille in den Mund und drückte auf einen Knopf. Daraufhin erschien an der gegenüberliegenden Zimmerwand ein farbiges Lichtbild, das Ölsardinen und russische Eier und Ochsenmaulsalat zeigte.

»Nun einen hübschen knusprigen Gänsebraten«, sagte der Präsident, nahm eine rosa Pille und drückte wieder auf einen Knopf. Jetzt erschien auf der weißen Wand ein pompöser Gänsebraten mit Bratäpfeln und Gurkensalat. »Und zum Schluß Eis mit Früchten«, sagte Seidelbast, nahm eine gelbe Pille und drückte ein drittes Mal auf einen der Knöpfe. Auf der Zimmerwand erschien ein herrlicher Eisbecher mit halben Pfirsichen.

Konrad lief das Wasser im Mund zusammen.

»Warum essen Sie denn Pillen?« fragte der Onkel. Als Apotheker interessierte ihn das natürlich ganz besonders.

»Das Essen strengt sonst zu sehr an«, behauptete der Präsident. »In Tablettenform, durch Lichtbilder unterstützt, schmeckt es ebensogut und macht viel weniger Mühe.«

Während die zwei Fremdlinge mit Staunen beschäftigt waren, rollte sich Seidelbast aus dem Bett. Er trug eine Badehose; die anderen Kleidungsstücke waren ihm auf die Haut gemalt: der Kragen, der Schlips, das Jackett, die Hosen, das Hemd, die Strümpfe und die Schuhe. »Fein, was?« fragte er. »Meine Erfindung! Indanthren! Das ewige An- und Ausziehen kostet unnötige Zeit und Arbeit.« Er ächzte und stöhnte und watschelte aus dem Zimmer. Es dauerte hübsch lange, bis er aus dem Haus gekugelt kam. Er begrüßte seinen ehemaligen Schulkameraden verhältnismäßig herzlich, und auch dem Onkel Ringelhuth gab er die Hand.

»Ehe ihr nach der Südsee eilt, müßt ihr unbedingt unsre Versuchsstation sehen«, sagte er. Und dann gingen sie langsam über eine blaugraue Wiese. Aber plötzlich begann es zu regnen.

»Ich hätte den Spazierstock zu Hause lassen sollen«, meinte Ringelhuth. »Der Schirm wäre angebrachter gewesen.«

»Zerbrechen Sie sich deswegen nicht den Kopf!« erwiderte der Präsident Seidelbast. »Passen Sie mal auf, welche Annehmlichkeiten unser Land zu bieten hat!« Er sollte recht behalten. Kaum waren die ersten Tropfen gefallen, so wuchsen Dutzende von Regenschirmen auf der Wiese hoch. Man konnte, falls man das wollte, unter so einem Schirm stehenbleiben. Man konnte ihn aber auch aus dem Boden ziehen und unter seinem Schutz weitergehen.

Die drei pflückten sich je einen Schirm und wanderten weiter.

»Wenn der Regen aufhört, verwelken die Schirme wieder«, tröstete Seidelbast. Und das imponierte den Besuchern außerordentlich.

Der Regen hörte wieder auf, und richtig, die Schirme fielen zusammen wie welkende Blüten. Der Präsident warf seinen verwelkten Schirm in den Straßengraben, und die Gäste folgten seinem Beispiel. »Die Versuchsstation, die ich eingerichtet habe«, berichtete Seidelbast, »hat den Zweck, Einwohner von regem Temperament und lebhafter Phantasie angemessen zu beschäftigen, ohne daß sie sich anstrengen.«

»Erzählen Sie mehr davon«, bat der Onkel.

»Einem normalen Schlaraffen genügen die vierundzwanzig Stunden des Tages gerade zum Essen und zum Schlafen«, sagte Seidelbast. »Sie dürfen nicht vergessen, daß Einwohner, die weniger als zweiundeinhalb Zentner wiegen, des Landes verwiesen werden. Nun gibt es aber auch unter denen, die das Nationalgewicht mühelos aufbringen, ausgesprochen lebhafte Naturen. Was soll man tun? Langeweile zehrt. Die Zahl der Ausgewiesenen könnte wachsen. Die Bevölkerungsdichte könnte sinken. Es galt, einen Ausweg zu suchen. Ich schmeichle mir, ihn gefunden zu haben. Hier ist die Station! Passen Sie gut auf!«

Sie befanden sich auf einer Art Liegewiese. Ringsum standen Betten, und in den Betten lagen viele dicke Herrschaften und blinzelten vor sich hin.

»Was man sich hier denkt, entsteht in Wirklichkeit!« sagte Seidelbast verheißungsvoll. »Das ist, wie Sie einsehen werden, ein hervorragender Zeitvertreib. Wenn man endlich von dem Gebilde seiner Phantasie genug hat, ruft man bloß: ›Zurück, marschmarsch!‹, und fort ist der Zauber.«

»Das glaub ich dir nicht«, erklärte Konrad. »Seidelbast, du verkohlst uns.«

»Donnerschlag!« rief da der Onkel. »Seht ihr das Kalb mit zwei Köpfen?«

Tatsächlich! Vor einem der Betten stand ein zweiköpfiges gescheckes Kalb und glotzte aus vier Augen auf den dicken Mann, der es sich gewünscht hatte und nun, als er das seltsame Tier erblickte, albern in die Kissen kicherte.

Schließlich winkte er ab und rief prustend: »Zurück, marschmarsch!«, und das Kalb war verschwunden.

Die drei spazierten weiter und kamen zu einer dicken Dame. Die lag auch im Bett und hatte vor lauter Nachdenken tausend Falten auf der Stirn. Plötzlich stand ein alter Mann mit einer Botanisiertrommel vor ihr.

»Zurück, marschmarsch!« brummte sie, und da war er weg.

Und dann zog sie noch mehr Falten, und wieder stand ein alter Mann mit einer Botanisiertrommel vor ihrem Bett. Er ähnelte dem ersten. Er hatte nur noch weniger Zähne, dafür aber lange weiße Locken.

»Zurück, marschmarsch!« kommandierte die Frau, und da verschwand auch er. Und dann stand ein dritter alter Mann vor ihr, der ähnelte den andern beiden. Aber er hatte eine größere Nase und eine Glatze. »Zurück, marschmarsch!« schrie die Frau wütend und schloß erschöpft die Augen.

»Was machen Sie denn da, Frau Brückner?« fragte Seidelbast.

»Ach, Herr Präsident«, antwortete die Frau, »ich stelle mir meinen Großvater vor. Aber ich krieg ihn nicht mehr zusammen. Ich habe vergessen, wie er aussah.«

»Ärgern Sie sich nicht!« warnte Seidelbast. »Sie wiegen seit der vorigen Woche nur noch zweihundertfünfundfünfzig Pfund. Es täte mir leid, Sie aus dem Schlaraffenland ausweisen lassen zu müssen.«

»Seit acht Tagen probier ich das nun«, sagte Frau Brückner weinend, »und immer wieder mißlingt mir der olle Mann. Gute Nacht, Seidelbästchen!« Und schon schlief sie. So sehr hatte sie ihr Gehirn strapaziert.

»Dort!« schrie Konrad. »Dort! Seht nur! Ein Löwe!«

Vor einem der Betten stand ein gewaltiger blonder Löwe, riß das Maul sperrangelweit auf und zeigte sein Gebiß.

»Natürlich der dicke Borgmeier«, schimpfte Seidelbast. »Dauernd stellt er sich wilde Tiere vor. Das ist eine fixe Idee von ihm. Wenn das nur nicht mal schiefgeht!«

Der blonde Löwe schlich näher an das Bett, machte einen Buckel und fauchte gräßlich. Der dicke Borgmeier wurde blaß. »Zurück!« rief er. »Marsch zurück, du Mistvieh!« Doch der Löwe kroch näher. Er knabberte schon am Federbett. »Mach, daß du wegkommst!« brüllte Borgmeier.

»Er hat vor lauter Angst vergessen, daß es ›Zurück, marschmarsch‹ heißt«, sagte Seidelbast. »Wenn es ihm nicht noch rechtzeitig einfällt, wird er leider gefressen werden.«

»Da werd ich mal hinrennen und es dem Löwen ins Ohr schreien«, meinte Konrad und wollte zu Borgmeier hinüber.

Aber Onkel Ringelhuth hielt ihn fest und sagte: »Willst du gleich hierbleiben? Deine Eltern drehten mir den Hals um, wenn ich erzählte, daß du von einem gedachten Löwen gefressen worden wärst.« Und auch Seidelbast riet zum Dableiben. »Es hätte keinen Zweck«, erklärte er. »Borgmeier muß selbst rufen.«

Inzwischen war der Löwe aufs Bett gesprungen, trat mit den Vordertatzen Herrn Borgmeier auf den Bauch und betrachtete den Dicken gerührt. So ein fettes Frühstück war ihm lange nicht beschert gewesen. Er riß das Maul auf...

»Zurück, marschmarsch!« schrie Borgmeier, und der Löwe war weg.

»Sie sind wohl nicht ganz bei Troste?« fragte Seidelbast den schlotternden Mann. »Wenn es nicht so anstrengend wäre, würde ich mich über Sie ärgern.«

»Ich will's bestimmt nicht wiedertun«, jammerte Borgmeier.

»Ich entziehe Ihnen für vierzehn Tage die Erlaubnis, die Versuchsstation zu betreten«, sprach der Präsident streng und ging mit den Besuchern weiter.

Plötzlich wurde Onkel Ringelhuth immer kleiner und kleiner.

»Ich werde verrückt!« rief er. »Was soll denn das bedeuten?«

Konrad lachte und rieb sich die Hände. Seidelbast lachte auch und sagte zu ihm: »Du bist eine tolle Rübe.«

Und der Onkel schrumpfte immer mehr zusammen. Jetzt war er nur noch so groß wie Konrad. Dann nur noch so hoch wie ein Spazierstock. Und schließlich war er nicht größer als ein Bleistift.

Konrad bückte sich, nahm den winzigen Onkel in die Hand und sagte: »Ich hab mir nämlich ausgemalt, du wärest so klein wie auf der Fotografie, die wir zu Hause haben.«

»Mach keine Witze«, sagte der Miniaturonkel. »Rufe sofort: ›Zurück, marschmarsch!‹« Er hob das Händchen, als wolle er dem Neffen eine Ohrfeige geben. Dabei war er nicht größer als Konrads Handfläche, auf der er stand. »Ich befehle es dir!« rief er.

Seidelbast lachte Tränen. Der Junge sagte aber zu seinem Onkel: »Du häßlicher Zwerg!« und steckte ihn in die Brusttasche. Dort guckte Ringelhuth nun heraus, fuchtelte mit den Ärmchen und schrie so lange, bis er heiser war. Dann kam das Pferd angetrabt, und Konrad stellte es dem Präsidenten vor.

»Sehr angenehm«, sagten beide. Das Pferd lobte das Schlaraffenland über den grünen Klee. Es sei der ideale Aufenthalt für erwerbslose Zirkusgäule. Und dann fragte es: »Wo ist denn eigentlich unser Apotheker?«

Konrad wies stumm auf seine Brusttasche, und dem Pferd fiel vor Staunen fast der Strohhut vom Kopf. Nun teilte der Junge mit, wodurch der Onkel so klein geworden sei und was sie mit dem Löwen und Frau Brückners Großvater erlebt hätten. »Oh«, sagte das Pferd, »das Rezept versuch ich auch noch. Ich möcht

auf der Stelle meine vier Kugellagerrollschuhe hierhaben!« Und bums, hatte es die vier Rollschuhe an den Hufen, fix und fertig angeschnallt, weil es sich das so vorgestellt hatte.

Es freute sich sehr und fuhr gleich zwei meisterhafte Rückwärtsbogen, dann eine große Acht und zum Schluß auf der rechten Hinterhand eine Pirouette. Der Anblick war ein Genuß für Kenner und Laien. Seidelbast sagte, wenn er nicht so unbändig faul wäre, würde er klatschen. Das Pferd knickste und dankte für die seiner Leistung gezollte Anerkennung.

»Mein lieber, guter Neffe«, sagte Onkel Ringelhuth, »laß mich bitte wieder aus deiner Brusttasche heraus.«

»Mein lieber, guter Onkel«, erwiderte Konrad, »ich denke ja gar nicht dran.«

»Nein?«

»Nein!«

»Also, wie du willst«, sagte der Onkel, »dafür sollst du zur Strafe ganz geschwind einen einzigartigen Wasserkopf kriegen. Und grüne Haare. Und statt der Finger zehn Frankfurter Würstchen.«

Und so geschah's. Konrad bekam einen scheußlichen Wasserkopf mit giftgrünen Haaren obendrauf. Und an den Händen baumelten ihm zehn Frankfurter Würstchen. Das Pferd lachte und sagte: »Die reinste Schießbudenfigur!« Und Seidelbast hielt dem Jungen einen Spiegel vor, damit er sehen konnte, wie schön er geworden war. Da mußte Konrad weinen. Und Onkel Ringelhuth mußte über die zehn Frankfurter Würstchen so lachen, daß Konrads Brusttasche einen großen Riß erhielt.

Und Seidelbast meinte, sie hätten sich eher was Hübsches vorstellen und dem andern was Gutes wünschen sollen. »Aber so sind die Menschen«, knurrte er weise. »Nun entzaubert euch gefälligst!«

Der Onkel rief also: »Zurück, marschmarsch.« Und so nahm der Neffe sein früheres Aussehen wieder an. Nun holte Konrad den Onkel aus der Brusttasche raus, setzte ihn ins Gras, rief ebenfalls: »Zurück, marschmarsch!«, und im Handumdrehen war Onkel Ringelhuth so groß wie früher.

»Fotografieren hätte man euch sollen«, sagte Seidelbast, »ihr saht reichlich belemmert aus.«

»Jetzt aber fort!« meinte das Pferd und scharrte ungeduldig mit den Rollschuhen. Sie verließen also die Liegewiese, und Seidelbast brachte sie bis zur Landesgrenze.

»Haben Sie noch viel Platz im Schlaraffenland?« fragte Ringelhuth zum Abschied.

»Warum?« fragte der Präsident.

»Wir haben viele Leute bei uns, die nichts zu tun und nichts zu essen haben«, antwortete der Onkel.

»Verschonen Sie uns mit denen«, rief Seidelbast. »Die Kerle wollen ja arbeiten! So was können wir hier nicht brauchen.«

»Schade«, sagte das Pferd. Und dann reichten sie einander die Hände.

Der Onkel und Konrad setzten sich auf ihren Rollschuhgaul und fuhren unter Hallo über die Grenze. Seidelbast winkte mit dem kleinen Finger, um sich nicht zu ermüden, und rief: »Immer geradeaus!«

Hannibal beniest es

Kurz danach langten sie vor einer riesigen mittelalterlichen Burg an. Zwischen ihnen und der Burg befand sich ein mindestens zehn Meter breiter, mit Wasser gefüllter Graben. Die Festung selbst bestand aus unzähligen bewimpelten Türmen, Zinnen, Wällen und Erkern, und am Burgtor war eine Zugbrücke hochgekettet.

»So'n Ding hatte ich als Junge zum Spielen«, sagte Onkel Ringelhuth. »Bloß, daß meine Burg nicht so groß war. Dafür hatte sie aber rotes Glanzpapier vor den Fenstern. So, und wie kommen wir nun dort hinüber?«

»Wir müssen klingeln«, meinte Konrad.

Da lachte das Pferd überlegen und behauptete, Burgen mit Klingeln gebe es nicht. Und so war es denn auch. Aber nach einigem Suchen fanden sie am Burggraben ein kleines Schild. Und auf dem Schild stand:

»Wo sollen wir vor lauter Angst drei Trompetenstöße hernehmen?« fragte der Onkel verärgert. »Daß einem die Leute beim Grenzübertritt immer solche Schwierigkeiten machen!«

»Soll ich dreimal auf dem Kamm blasen?« erkundigte sich Konrad eifrig und brachte seinen Kamm aus der Tasche.

»Untersteh dich!« rief Ringelhuth, rundete die Hände vorm Mund, holte tief Atem und machte »Täterätäta! Täterätäta! Täterätä!« Dafür, daß er ein Apotheker ohne Trompete war, trompetete er gar nicht übel.

Nun rasselte die Zugbrücke herunter, legte sich über den Graben, und das Pferd rollte mit seinen beiden Reitern geschwind durchs Burgtor in den Hof. Dort stand ein alter Ritter in einer goldenen Rüstung, stützte sich auf ein verrostetes Schwert und fragte quer durch seinen weißen Bart hindurch: »Von wannen, o Fremdlinge, kommt ihr des Weges?«

Ringelhuth salutierte mit seinem Spazierstock und sagte, sie kämen aus dem Schlaraffenland.

»Und wohin«, fragte der Ritter, »wohin führt euch eure Straße?«

»Nach der Südsee«, erklärte Konrad.

»Die Durchreise sei euch verstattet«, sagte der vergoldete Großvater. »Zuvor jedoch vermeldet mir eure Namen.«

Onkel Ringelhuth stellte sich und seine Begleiter vor.

»Ich hinwiederum«, behauptete der Torwächter, »bin der aus den Geschichtsbüchern bekannte Kaiser Karl der Große.«

»Meine Verehrung«, sagte der Onkel. »Nun reden Sie mal bißchen weniger geschwollen, lieber Karl der Große, und verraten Sie uns, in welche Richtung wir reiten müssen.«

Karl der Große strich sich den Bart und brummte: »Immer geradeaus. Doch das Glück ist euch hold. Auf dem zweiten Blachfeld links finden heute die Olympischen Spiele statt.«

»Darauf haben wir grade gewartet«, sprach das Pferd, zog flüchtig den Strohhut und rollte von dannen. Karl der Große stieg klirrend und gekränkt auf seinen Söller zurück.

Konrad bat den Onkel, das Pferd am Sportplatz halten zu lassen. Schon hörten sie schmetternde Fanfaren. Und dann sahen sie das Stadion. Auf den Tribünen saßen knorrige Ritter und Ritterfräulein mit Operngläsern und Kavaliere mit großen Allongeperücken und Damen mit bestickten Reifröcken.

»Also schön«, meinte Ringelhuth. »Brrr, mein Pferdchen!« Negro Kaballo hielt an. Onkel und Neffe kletterten herunter. Dann lösten sie bei Kaiser Barbarossa, der an einem steinernen Tisch die Kasse innehatte, drei Karten, 1. Tribüne, 1. Reihe, Schattenseite. Barbarossa drückte ihnen, außer den Billetts, ein Programm in die Hand.

Konrad stieß den Onkel heimlich an und machte ihn auf Barbarossas Vollbart aufmerksam, der durch den steinernen Tisch gewachsen war.

»Eine ausgesprochen bärtige Gegend«, sagte Ringelhuth. »Aber seht nur, dort findet das Kugelstoßen statt!« Er blickte in das Programm und las vor: »Ausscheidungskämpfe im Kugelstoßen. Teilnehmer: Karl XII. von Schweden, Götz von Berlichingen, Peter der Große, August der Starke.«

Erst warf Götz von Berlichingen. Er warf übrigens mit der linken Hand, wegen seiner eisernen Rechten. Dann kam August der Starke an die Reihe und erreichte 18,17 Meter. Konrad sagte, das sei ein neuer Weltrekord. Karl XII. von Schweden zog zurück, weil er sich für die Konkurrenz im Speerwerfen schonen wollte. Da erhielt Onkel Ringelhuth einen Stoß ins Kreuz und hätte ums Haar den Zaren Peter über den Haufen gerannt. Der Onkel drehte sich wütend um. Vor ihm stand ein junger Mann mit einem Filmaufnahmeapparat. »'tschuldigung«, sagte der junge Mann, »ich bin Vertreter der Universal. Muß 'n paar Tonwochenbilder runterdrehen. Hat's weh getan?«

August der Starke nahm den Filmfritzen beiseite und wisperte mit ihm. Dann packte er die Kugel und warf sie, während der junge Mann kurbelte, hoch im Bogen in den Sand. Etwas später stellte er sich vor den Apparat in Heldenpositur, lächelte königlich vor sich hin und fragte, ob er ein paar passende Worte sprechen solle.

»Wie Sie wollen«, erwiderte der junge Mann. »Ich drehe aber stumm.«

Ringelhuth und Konrad suchten lachend das Weite. Das Pferd rollte grinsend hinterdrein. Sie betraten die Tribüne und konnten ihre Plätze nicht finden. Bis es sich herausstellte, daß zwei der Sitze schon besetzt waren.

»Wollen Sie mir Ihre Billetts zeigen!« sagte der Onkel.

Da blickten die beiden Männer auf. Es waren Julius Cäsar und Napoleon I. Napoleon musterte den Apotheker unwirsch und legte das gelbe Gesicht in majestätische Falten. Als das keinen Eindruck zu machen schien, rückte er beiseite, und auch Cäsar machte Platz.

»Wenn ich jetzt meine Alte Garde hier hätte, würde ich nicht wanken und nicht weichen«, bemerkte Napoleon hoheitsvoll.

Onkel Ringelhuth setzte sich neben Napoleon und meinte: »Wenn Sie noch ein paar derartig vorwitzige Sachen sagen, nehme ich Ihnen Ihren Dreispitz vom Kopf und werf ihn meinem Lieblingspferd zum Fraße vor, verstanden?«

»Sie sollten sich überhaupt mal wieder einen neuen Zylinder kaufen, Herr Napoleon«, gab Negro Kaballo zu bedenken.

Julius Cäsar hüllte sich eng in seine Toga und sagte zu dem französischen Kaiser: »Ich will nicht hetzen, aber ich an Ihrer Stelle ließe mir das nicht bieten.«

»Ohne Armee können Sie da gar nichts machen, Kollege«, erwiderte Napoleon verdrießlich. »Sehen Sie nur, Theodor Körner ist schwach auf der Rückhand.« Vor der Tribüne wurde nämlich Tennis gespielt. Turnvater Jahn saß auf einem hohen Stuhl und schiedsrichterte das Herrendoppel. Ajax I und Ajax II kämpften gegen Theodor Körner und den Fürsten Hardenberg. Der Ball sauste hin und her. Die zwei Griechen waren, weil sie Brüder waren, vorzüglich aufeinander eingespielt. Das deutsche Paar ließ zu wünschen übrig.

»Welch alberne Beschäftigung, so einen kleinen leichten Ball hinüber und herüber zu schlagen«, sagte Julius Cäsar. »Wenn es wenigstens eine Kanonenkugel wäre!« Plötzlich schrie er gellend auf. Theodor Körner, der bekanntlich schwach auf der Rückhand war, hatte den Ball ausgeschlagen und ihn, natürlich ohne jede niedrige Absicht, Julius Cäsar mitten ins Gesicht gefeuert. Nun saß der römische Diktator da, hielt sich die Römernase und hatte Tränen in den Augen.

»Wenn es wenigstens eine Kanonenkugel gewesen wäre!« sagte Ringelhuth anzüglich, und Konrad fiel vor Lachen vom Stuhl.

»Ihr seid mir schöne Helden«, knurrte der Onkel, blickte Napoleon und Cäsar von oben bis unten an, und dann verließ er die Tribüne. Konrad und das Rollschuhpferd folgten ihm.

Bevor sie das Stadion verließen, hörten sie noch den Lärm der Menge, welche die Aschenbahn umsäumte, auf der gerade Alexander der Große und Achilles den Endspurt um die 100 Meter ausfochten. Alexander gewann, obwohl er beim Start schlecht abgekommen war, das Rennen und brauchte 10,1 Sekunden.

»Das ist schon wieder ein neuer Weltrekord«, rief Konrad.

Negro Kaballo bemerkte, er sei zwar nur ein Pferd, doch er brauche bloß fünf Sekunden.

»Sie haben aber vier Beine«, entgegnete Konrad.

»Laßt doch den Quatsch«, sagte Ringelhuth aufgebracht. »Die Elektrizität hat überhaupt keine Beine und läuft noch viel rascher als ein Pferd. Im übrigen, wenn jemand läuft, um gesund zu bleiben, kann ich das verstehen. Wenn er aber wie angesto-

chen durch die Gegend rast, um eine Zehntelsekunde weniger zu brauchen als wer anders, so ist das kompletter Blödsinn. Denn davon bleibt er nicht gesund, sondern davon wird er krank.«

Sie gingen die Straßen entlang, an kleinen burgähnlichen Villen vorbei, und grüßten die Könige, Ritter und Generäle, die in Hemdsärmeln zu den Fenstern herausschauten und Pfeife rauchten oder in den hübschen gepflegten Vorgärten standen, goldene Gießkannen hielten und ihre Blumenbeete begossen.

Aus einem der Gärten hörten sie Streit, konnten aber niemanden entdecken. Deshalb traten sie näher und guckten über den Zaun. Da lagen zwei ernste, mit Rüstungen versehene Herren im Gras und spielten mit Zinnsoldaten.

»Das könnte Ihnen passen, mein lieber Hannibal!« rief der eine. »Nein, nein! Der Rosenstrauch ist, wie Sie endlich anerkennen sollten, von meinen Landsknechten einwandfrei erstürmt worden.«

»Lieber Herr Wallenstein«, sagte der andere, vor Ärger blaß, »ich denke ja gar nicht dran! Ich werde ganz einfach mit meiner Reiterei Ihren linken Flügel umgehen und Ihnen in den Rücken fallen.«

»Versuchen Sie's nur!« Wallenstein, Herzog von Friedland, lächelte höhnisch. »Die Attacke wird Ihrer Kavallerie nicht gut bekommen. Ich ziehe die Reserven, die dort neben dem Resedabeet stehen, nach links und beschieße sie aus der Flanke!«

Nun hoben und schoben sie ihre buntbemalten Zinnsoldaten hin und her. Der Kampf um den Rosenstrauch war in vollem Gange. Hannibal führte seine Reiterei in den Rücken der Kaiserlichen und bedrängte sie arg. Aber Wallenstein bombardierte die Reiterregimenter aus einer niedlichen Kanone mit Erbsen, und da fielen die Reiter scharenweise um.

Hannibal war wütend. Er holte aus einer Schachtel, die neben ihm stand, neue Reserven hervor und verstärkte die durch Verluste gefährdete Vorhut.

Doch Wallenstein knallte eine Erbse nach der anderen gegen die afrikanischen Truppen. Hannibals Soldaten starben en gros, sogar die gefürchteten Elefantenreiter sanken ins Gras, und die Schlacht um den Rosenstrauch war so gut wie entschieden.

»He, Sie!« brüllte Konrad über den Zaun. »Verlegen Sie doch gefälligst Ihre Front nach rückwärts! Greifen Sie später wieder an! Durchstoßen Sie dann die feindliche Mitte, denn die ist besonders schwach!«

Hannibal und Wallenstein unterbrachen den Kampf vorübergehend und blickten zu den Zaungästen hinüber. Der karthagische Feldherr schüttelte das kühne Haupt und sprach gemessen: »Ich gehe nicht zurück. Ich weiche nicht. Und wenn es mich die letzten Soldaten kosten sollte!«

»Na, hören Sie mal«, entgegnete Konrad. »Dafür ist Ihre Armee doch zu schade!«

Jetzt mischte sich Wallenstein ein. »Du bist ein dummer Junge«, erklärte er. »Es kommt nicht darauf an, wieviel Soldaten fallen, sondern darauf, daß man Reserven hat.«

»Ihr seid mir ja zwei Herzchen«, sagte Ringelhuth zu den Feldherren. »Euch und euresgleichen sollte man überhaupt nur mit Zinnsoldaten Krieg führen lassen!«

»Scheren Sie sich zum Kuckuck!« rief Hannibal aufgebracht. »Wer keinen Ehrgeiz hat, kann hier gar nicht mitreden! Was sind Sie denn von Beruf?«

»Apotheker«, sagte der Onkel.

»Da haben wir's«, meinte Hannibal und lachte geringschätzig. »Natürlich ein Sanitäter!« Dann wandte er sich wieder Wallenstein zu. »Herzog«, erklärte er, »die Schlacht geht weiter!«

Und sie fuhren fort, den Rosenstrauch heiß zu umkämpfen. »Bis aufs Messer!« knirschte Hannibal.

»Ergeben Sie sich!« rief Wallenstein. Er hatte mittlerweile die feindlichen Truppen umzingelt und kartätschte sie mit Hilfe von Erbsen in Grund und Boden.

»Erst wenn mein letzter Soldat tot im Gras liegt, früher nicht!« schwor Hannibal. Aber da mußte er niesen. Er blickte besorgt hoch und meinte: »Na schön, hören wir auf. Das Gras ist noch zu feucht. Ich möchte mich nicht erkälten. Wann geben Sie mir Gelegenheit zum Revanchekrieg?«

»Sobald Ihr Schnupfen vorüber ist, lieber Freund«, sagte Wallenstein. »Mit Erkältungen ist nicht zu spaßen.«

Die Feldherren erhoben sich aus dem Gras, vertraten sich ächzend die steifen Beine, ließen ihre erschossenen Truppen am Rosenstrauch liegen und stelzten der Villa zu. »Ein Jahr vor meiner Ermordung in Eger«, berichtete Wallenstein, »hatte ich einen abscheulichen Schnupfen. Lieber will ich drei Schlachten verlieren als noch einmal so niesen wie damals!«

Damit verschwanden sie im Haus.

»Nehmen Sie eine Aspirintablette!« rief der Onkel. »Und trinken Sie eine Tasse Lindenblütentee! Dann können Sie schon morgen wieder in den Krieg ziehen!« Aber Hannibal hörte es nicht mehr.

»Na, hauen wir ab«, sagte das Pferd. »Ich habe die Nüstern voll von diesen Helden.«

Der Onkel und Konrad kletterten wieder auf ihr Roß und rollten der Grenze entgegen. »Ein wahrer Jammer«, meinte Ringelhuth. »Denken Sie nur, Negro Kaballo, mein Neffe spielt zu Hause auch mit Zinnsoldaten!«

»Wieso?« fragte das Pferd. »Willst du später einmal General werden?«

»Nein«, erwiderte der Junge.

»Oder einer von den Zinnsoldaten, die sich morgen unter dem Rosenstrauch totschießen lassen?«

»Ich denke gar nicht daran«, erklärte Konrad energisch. »Ich werde Chauffeur.«

»Und warum spielst du trotzdem mit Soldaten?« fragte das Pferd.

Konrad schwieg. Onkel Ringelhuth aber sagte: »Warum? Weil ihm sein Vater welche geschenkt hat.«

Da waren sie aber an der Grenze. Eine Zugbrücke rasselte herunter. Sie sausten drüber hin und hatten die Große Vergangenheit im Rücken.

Die Verkehrte Welt
ist noch nicht die verkehrteste

Hinter der Burg, die sie verlassen hatten, lag ein Spielzeugwald. Der war nach den kriegerischen Erlebnissen mit Hannibal und Wallenstein geradezu eine Erholung. Auf einer von der Sonne beschienenen Lichtung weidete ein Rudel Schaukelpferde. Und in einem blauen Bach schwammen niedliche Segelboote vor sich hin. Die Bäume hingen voller Luftballons. Das Gestrüpp am Bach war aus Stielbonbons. Auf einem Ast saßen zwei Papageien, blätterten in einem Bilderbuch und lachten plötzlich derartig, daß ihnen das Bilderbuch vom Baum fiel.

Konrad wollte vom Pferd, um das Buch aufzuheben. Aber Onkel Ringelhuth hielt ihn fest und gab ihm einen Klaps. »Hiergeblieben!« befahl er. »Wir müssen nach der Südsee!« Und so galoppierten sie unaufhaltsam weiter. Das Pferd behauptete, seine Kugellager seien heißgelaufen. Das war aber übertrieben.

Den Straßengraben entlang ratterten Kindereisenbahnen. Manchmal schnappte eine Weiche. Dann pfiffen die Lokomotiven, und die Züge fuhren in den Wald hinein, über dem die Luftballons wogten. Vor einem Haus aus Stanniolpapier saßen fünf schottische Terrier, schwiegen und rauchten dicke Schokoladenzigarren.

»Laß mich runter!« schrie Konrad. »Ich muß die Hunde streicheln!« Aber Ringelhuth sagte: »Nimm mal den Stock!« Und als der Junge das tat, hielt der Onkel ihm mit beiden Händen die Augen zu, damit er nichts mehr sehen konnte. »Los, Kaballo!« rief Ringelhuth, und nun fegten sie wie die Wilde Jagd über die Spielzeugheide.

»So«, sagte der Onkel endlich, »nun darfst du wieder gucken.« Das Pferd lief Trab. Konrad sah sich um. Die Spielzeugheide war zu Ende. Die Luftballonwipfel leuchteten von ferne. Große bunte Papierdrachen flogen darüber hin.

»Schade«, murmelte Konrad.

Da bremste das Pferd, stand still und sagte: »Alles aussteigen!« Ringelhuth und Konrad kletterten herunter und betrachteten sich die Gegend. Sie hielten vor einem umfangreichen Gebäude, das mit Märchenfiguren bemalt war. Und aus den Fenstern schauten viele Kinder und winkten.

»Offenbar ein Ferienheim«, meinte der Onkel.

»Von wegen!« sagte Konrad. »Da steht was ganz andres dran!«, und er las laut vor, was über dem Portal stand:

> DiE veRkehRtE WeLt
> ZutRiTt
> nUR KiNDeRN GeStaTTet

»Ha!« rief Konrad. »Da seht ihr's wieder mal, wie gut es ist, daß ihr mich mithabt!« Er warf sich in die Brust, daß es knackte, wandelte stolz vor den beiden her und trat als erster ins Haus. Sie kamen in eine Art Büro. Hinter der Barriere stand ein netter Junge, gab Konrad die Hand und fragte, wen er da mitbrächte.

»Ein Pferd, das vorzüglich Rollschuh fährt«, erklärte Konrad, »und meinen Onkel. Er ist Apotheker und heißt Ringelhuth.«

»Ist er sehr unausstehlich?« fragte der fremde Junge.

»Danke, nein«, sagte Konrad. »Es geht.«

»Na, wir werden ihn schon kleinkriegen«, meinte der Junge. »Wir haben hier noch ganz andere Herrschaften auf die Rolle genommen«, und dann drückte er auf einen Knopf.

»Wieso?« fragte Konrad verwundert.

Aber da kam schon eine Schar Kinder angestürzt und schob den Onkel durch eine Tür, über der »*Nur für Erwachsene*« stand.

»Was soll denn das heißen?« fragte Konrad. »Wir wollen doch nach der Südsee!«

»Später, später«, sagte der Junge. Er nahm die Personalien auf. Dann wurden Konrad und das Pferd durch eine andere Tür geschickt. »Fragt nach der Schule!« rief ihnen der Junge nach. »Dort findet ihr den Onkel wieder. Er wird nur erst umgezogen.«

»Verstehen Sie das?« fragte Konrad das Pferd, als sie auf der Straße standen. »Umziehen soll sich der Onkel Ringelhuth?«

»Abwarten und Tee trinken«, gab das Pferd zur Antwort.

Die Straße war sehr belebt. Man sah Jungen, die Aktenmappen unterm Arm und Zylinderhüte auf den Köpfen trugen. Man sah kleine Mädchen, die in modernen Kostümen einherspazierten und Einkäufe erledigten. Man sah überhaupt nur Kinder.

»Verzeihung!« sagte Konrad und hielt einen Jungen fest, der gerade in ein Auto steigen wollte. »Hör einmal, gibt es denn bei euch keine Erwachsenen?«

»Doch«, antwortete der Junge. »Aber die Erwachsenen sind noch in der Schule.«

Dann stieg er in sein Auto, nickte Konrad zu und rief: »Ich muß rasch zur Börse.« Und schon brauste er um die Ecke.

»Mir bleibt die Spucke weg«, sagte Konrad.

»Es geht auch ohne«, erwiderte das Pferd.

»Was haben denn die Erwachsenen in der Schule zu suchen und die Kinder auf der Börse?« fragte Konrad.

Das Pferd zuckte die Achseln und rollte weiter. Der Junge konnte kaum folgen. Glücklicherweise war die Schule in der Nähe. »*Den schwererziehbaren Eltern gewidmet*« stand darüber.

»Na, gehen wir rasch hinein«, sagte das Pferd.

Sie gingen hinein. Hinter einem Schalter saß ein kleines Mädchen und wollte wissen, wen sie suchten.

»Einen gewissen Herrn Ringelhuth«, antwortete das Pferd.

Das kleine Mädchen blätterte in einem Oktavheft und sagte schließlich: »Ringelhuth? Der ist im Anfängerkurs.«

»Was macht er denn dort?« fragte Konrad.

»Dort wird er erzogen«, gab das Schaltermädchen zur Antwort.

»Ich werde verrückt!« rief Konrad. »Ich will sofort meinen Onkel wiederhaben!«

»Zimmer 28«, sagte das Mädchen streng und schloß den Schalter.

Nun stiegen das Pferd und der Junge eilig die Treppe hinauf, dann liefen sie durch einen kahlen Gang und suchten Zimmer 28.

Plötzlich rief eine Kinderstimme: »Konrad, Konrad!« Der Junge wandte sich um und sah ein rothaariges Mädchen näher kommen. Die Kleine hatte Zöpfe, und diese Zöpfe standen schräg vom Kopf weg, als seien sie auf Blumendraht geflochten.

»Babette!« rief er.

Und dann rannten beide aufeinander los und schüttelten sich die Hände.

»Wie kommst du in die Verkehrte Welt?« fragte Babette erstaunt.

»Wir sind nur auf der Durchreise hier«, erzählte Konrad. »Wir wollen nämlich nach der Südsee, weil ich darüber einen Aufsatz schreiben muß. Und nun suchen wir meinen Onkel. Den haben sie am Eingang weggeschleppt. Er sitzt im Anfängerkurs. Hast du einen Schimmer, was er dort soll?«

»Ach, du mein Schreck!« rief das Mädchen. »Das ist gewiß ein Mißverständnis. Dein Onkel ist doch ein netter Kerl?«

»Und ob!« erwiderte der Junge.

»Im Empfangsbüro haben sie bestimmt gedacht, du wolltest ihn zur Erziehung herbringen.« Babette war richtig ärgerlich. »Kommt, wir wollen ihn rausholen. Das geht ganz leicht. Ich bin nämlich Ministerialrätin für Erziehung und Unterricht.«

Sie nahm Konrad bei der Hand.

»Moment mal«, meinte das Pferd. »Was hat eure Verkehrte Welt eigentlich zu bedeuten? Ich bin zwar nicht auf den Kopf gefallen, aber klar ist mir das noch nicht.«

Babette blieb stehen. »Das ist so«, sagte sie. »Es gibt bekanntlich nicht nur nette Eltern, sondern auch sehr böse. Ganz genauso, wie es nicht nur gute Kinder gibt, sondern auch furchtbar ungezogene.«

»Stimmt«, bemerkte Konrad und nickte.

»Wenn sich nun diese bösen Eltern gar nicht ändern wollen und wenn sie ihre Kinder zu Unrecht strafen oder gar quälen – denn das gibt's auch –, so werden sie hier eingeliefert und erzogen. Das hilft in den meisten Fällen.«

Das Pferd kratzte sich mit dem Huf am Kopf und fragte, wie denn solche Eltern erzogen würden.

Babette holte tief Atem und sagte: »Wir vergelten ihnen Gleiches mit Gleichem. Das ist zwar nicht hübsch, aber notwendig ist es. Da haben wir zum Beispiel Herrn Clemens Waffelbruch hier.«

»Das ist ja Onkel Ringelhuths Hauswirt!« rief Konrad. »Aber der war doch eben noch zu Hause. Das Pferd hat ihm vor höchstens einer Stunde einen Blumentopf auf den Kopf geworfen!«

Das Pferd zog die Oberlippe zurück und lachte lautlos.

»Wir sind alle zu gleicher Zeit hier und zu Hause«, sagte Babette. »Dieser Waffelbruch nun hat einen Jungen, der heißt Arthur Waffelbruch. Und der wird von seinem Vater abends stundenlang auf den Balkon gesperrt, besonders dann, wenn es regnet. Und wißt ihr, warum? Bloß weil er schlecht rechnet. Und er gibt sich solche Mühe! Da steht Arthur dann auf dem Balkon und fürchtet sich und weint und friert und wurde immer blässer und kränker. Und rechnen konnte er vor lauter Angst überhaupt nicht mehr.«

»Der Alte hat mir gleich nicht gefallen«, knurrte das Pferd. »Ich hätte ihm ruhig noch ein paar Blumentöpfe auf den Hut schmeißen sollen.«

»Und nun stellen wir hier den Vater auf den Balkon«, erzählte Babette. »Und der Wind muß heulen. Und das machen wir so lange, bis der Mann merkt, wie er den Jungen quält. Seid mal still!«

Sie schwiegen.

»Hört ihr nichts?« flüsterte Babette.

»Da weint und schimpft jemand. Es ist aber weit weg«, sagte Konrad.

»Das ist der alte Waffelbruch«, flüsterte Babette. »In zirka drei Tagen, denk ich, ist er reif. Dann verspricht er von selbst, daß er den kleinen Arthur nicht mehr schinden will. Dann werden wir ihn als geheilt entlassen.«

»Aha, so ist das«, sagte das Pferd. »Und weswegen bist du denn hier?«

Babette wurde verlegen. Schließlich sagte sie: »Wegen meiner Mutter. Sie hat sich gar nicht mehr um mich gekümmert. Früh bekam ich, weil sie noch schlief, kein Frühstück. Mittags kriegte ich auch nichts zu essen, weil sie unterwegs war. Und abends, wenn ich schlafen ging, war sie noch nicht wieder zu Hause. Da schrieb ihr der Schularzt einen Brief. Aber den warf sie in den Ofen.«

»Und nun?«

»Nun wird sie hier in die Schule geschickt, und ich darf mich gar nicht um sie kümmern. Nur manchmal, da muß ich zu ihr ins Zimmer gehen und so tun, als ob ich sie gar nicht bemerke. Und wenn sie sagt, daß sie Hunger hat, muß ich tun, als ob ich's nicht höre, und wieder fortgehen und auf dem Korridor singen.« Babette hatte Tränen in den Augen. »Sie dauert mich so«, flüsterte das Kind. »Sie hat schon zehn Pfund abgenommen. Und manchmal leg ich ihr, obwohl es verboten ist, ein belegtes Brot auf den Nachttisch.« Babette schluchzte auf und putzte sich die Nase.

»Heule nicht!« sagte Konrad. »Als du hungrig warst, hat sie auch nicht geheult.«

Babette schneuzte sich laut. »Das ist schon richtig«, meinte sie. »Aber sie tut mir trotzdem sehr leid. Hoffentlich ist die Kur wenigstens nicht vergeblich.« Dann versuchte sie zu lächeln. »Im allgemeinen haben wir Erfolg über Erfolg.«

»Das freut mich aufrichtig«, sagte das Pferd. »Nun wollen wir aber endlich Onkel Ringelhuth aus eurer Heilanstalt rausholen. Sonst wird er womöglich noch netter, als er schon ist.«

»Das wäre gar nicht zum Aushalten«, meinte Konrad. Dann liefen sie geschwind ins Zimmer 28. Dort ging es reichlich seltsam zu. Auf den Schulbänken saßen lauter Erwachsene. Sie hatten Kinderkleider an, und manche Leute sahen direkt feuergefährlich aus, besonders die dicken. Vorn, hinter dem Katheder, saß ein ernster blasser Junge. Das war der Lehrer, und als Babette mit Konrad und dem Pferd ins Zimmer kam, rief er: »Aufstehen!«

Die Erwachsenen standen auf. Nur ein furchtbar dicker Mann blieb in der Bank stecken. Der Junge, welcher der Lehrer war, gab Babette und ihren Begleitern die Hand und sagte: »Guten Tag, Fräulein Ministerialrat.«

»Tag, Jakob, ist vorhin ein Neuer gebracht worden?«

»Ja«, sagte der Lehrer, »für böse halte ich ihn nicht, aber er scheint ein bißchen dämlich zu sein. Er lacht dauernd. Kommen Sie her, Ringelhuth!«

Da kam nun also der Onkel Ringelhuth aus der hintersten

Bank spaziert. Und das Pferd brüllte vor Lachen, als es ihn erblickte. Denn er trug kurze Hosen und eine Matrosenjacke und Wadenstrümpfe. Und auf dem Kopf saß ihm eine Matrosenmütze mit langen Bändern. Und auf der Mütze stand: »*Torpedobootzerstörer Niederbayern*«.

»Du gerechter Strohsack«, rief Konrad und hielt sich an Babette fest.

»Ich gefalle euch wohl nicht?« fragte der Onkel gekränkt.

Babette klärte den Lehrer über das Mißverständnis auf, und dann wurde ein Schüler, ein gewisser Justizrat Bollensänger, weggeschickt, um Ringelhuths Anzug und den Spazierstock im Büro zu holen. Inzwischen nahm der Unterricht seinen Fortgang. Babette, Konrad, der Onkel und das Pferd standen an der Tür und hörten zu.

»Fleischermeister Sauertopf!« rief Jakob. »Stehen Sie auf! Sie schlagen Ihre Kinder dauernd auf den Hinterkopf, stimmt das?«

»Jawohl«, sagte der Fleischermeister Sauertopf. »Das sind nämlich meine höchstpersönlichen Kinder, und es geht kein Aas was an, wohin und wieso ich sie dresche. Verstanden?«

»Der eine Junge ist krank geworden. Und unser Schularzt behauptet, Willi würde zeitlebens unter den Folgen der Prügel zu leiden haben, die er bekam, weil er einen Groschen verloren hatte.«

»Euer Arzt soll herkommen und sich bei mir 'n paar Backpfeifen abholen!« brüllte der Fleischermeister. »Ich härte die Kinder ab!«

»Ja«, sagte Jakob, »da werden wir Sie leider auch abhärten müssen. Wir tun es nicht gern. Aber wir werden Ihnen die un-

menschlichen Prügel so lange heimzahlen, bis Sie merken, was Sie angerichtet haben.« Er drückte auf eine Klingel. Da kamen vier große starke Burschen ins Klassenzimmer, packten den Fleischer und schleppten ihn zur Tür. »Auf den Hinterkopf!« erklärte Jakob, und die vier nickten im Chor.

»Davon wird er doch nicht vernünftig«, meinte der Onkel.

»Leider nur davon«, sagte Babette. »Ich kenne diese Kerle. Glücklicherweise sind sie nicht allzu zahlreich.«

Der Fleischermeister Sauertopf wurde abgeführt. Er wirkte in seinem Konfirmandenanzug, der ihm knapp war, recht kläglich und schien sich zu wundern.

»Frau Ottilie Überbein!« rief Jakob.

Und es erhob sich eine dünne Dame. Sie trug ein kurzes Hängerkleidchen und fingerte dauernd an ihrer Frisur herum.

Jakob sagte: »Sie zwingen Ihre Tochter Paula zum Lügen. Das Kind muß auf Ihren Befehl den Vater und die Großeltern beschwindeln, weil niemand wissen darf, was Sie mit dem Wirtschaftsgeld machen und daß Sie gar nicht mit Paula spazierengehen, sondern das Kind stundenlang allein in der Konditorei Ritter sitzen lassen und inzwischen im Bridgeklub Geld verspielen.«

»Das geht euch doch gar nichts an! Ich kann doch tun, was ich will«, behauptete Frau Überbein schnippisch.

»Daß Sie selbst lügen, ist Ihre Sache«, sagte Jakob. »Daß Sie aber die kleine Paula zum Lügen anhalten, geht uns sogar sehr viel an. Wir dulden das nicht länger. Paula schläft keine Nacht mehr, macht sich Gewissensbisse und kriegt Weinkrämpfe, wenn sie den Vater wieder hat anlügen müssen.«

»Du übertreibst, mein Kleiner«, sagte Frau Ottilie Überbein.

»Ich übertreibe ganz und gar nicht«, rief Jakob aufgebracht. »Das Kind weiß nicht mehr aus und ein. Wer weiß, was da noch passieren kann! Lassen Sie gefälligst Ihre blöde Frisur in Ruhe, wenn ich mit Ihnen rede! Sie bleiben noch eine Woche hier. Sollten Sie bis dahin noch immer nicht wissen, wie Sie sich Ihrer Tochter gegenüber zu benehmen haben, werden wir Gegenmaßnahmen ergreifen!«

»Da bin ich aber äußerst gespannt«, sagte Frau Überbein spitz.

»Wenn Sie künftig Paula zu einer Lüge zwingen, wird Ihr Mann durch uns die Wahrheit erfahren!« rief Jakob.

»Bloß nicht«, sagte die Überbein und sank vor Schreck auf ihren Sitz.

»Morgen mehr davon«, meinte Jakob. »Und jetzt Herr Direktor Hobohm!«

Aber da kam Justizrat Bollensänger zurück und brachte Onkel Ringelhuths Anzug. Und auch den Spazierstock. Der Onkel kleidete sich rasch um, wirbelte den Stock unternehmungslustig durch die Luft und rief: »Auf nach der Südsee!«

»Das hätte ich ja beinahe vergessen«, erklärte Konrad erschrocken und gab Babette die Hand. »Es war außerordentlich lehrreich«, sagte er. »Ich wünsche dir alles Gute. Ich meine, wegen deiner Mutter.«

»Auf Wiedersehen, Fräulein Ministerialrat«, sagte das Pferd.

Der Onkel war schon auf dem Korridor.

»Immer geradeaus!« rief Babette.

»Gleichfalls!« meinte Konrad zerstreut. Und dann rannte er hinter den andern her.

Vorsicht, Hochspannung!

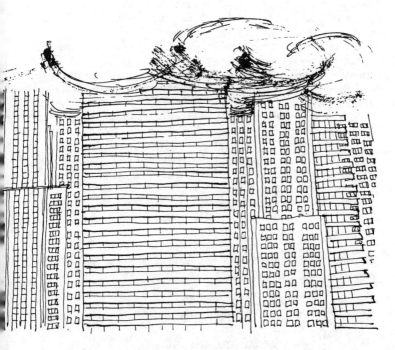

Am Ausgang der Verkehrten Welt trafen sie auf eine Untergrundbahnstation. Sie stiegen treppab, sahen einen Zug stehen und setzten sich hinein.

»Eine komische Untergrundbahn«, sagte Konrad. »Hier gibt's keine Schaffner, hier gibt's keinen Zugführer. Ich bin neugierig, wo die Fuhre hingeht.«

»Wir werden's ja erleben«, entgegnete der Onkel. Da aber ruckte der Zug an, setzte sich in Bewegung und sauste, eine Sekunde später, wie ein geölter Blitz in einen betonierten Stollen hinein. Ringelhuth fiel von der Bank und sagte: »Vielleicht werden wir's auch nicht erleben. Lieber Neffe, falls mir etwas Menschliches zustößt, vergiß über deinem Schmerz um mich nicht, daß du meine Apotheke erbst.«

»Und falls du mich überlebst, lieber Onkel«, sagte der Junge, »so gehören dir meine Schulbücher und der Zirkelkasten.«

»Heißen Dank«, erwiderte der Onkel. Und dann schüttelten sich die beiden ergriffen die Hände.

»Wir wollen nicht weich werden«, meinte das Pferd und blickte aus dem Fenster. Die Untergrundbahn schoß wie eine Rakete durch den Tunnel. Die Schienen jammerten. Und der Zug zitterte, als hätte er vor sich selbst Angst.

Onkel Ringelhuth setzte sich wieder auf die Bank und sagte verzweifelt: »Wenn mir jetzt was passiert, ist's mit dem Nachtdienst in der Apotheke Essig.« Doch da fiel er schon wieder von der Bank. Denn die Bahn hielt, als hätte man einen Eisberg gerammt.

»Nun aber raus!« schrie der Onkel, krabbelte hoch, riß die Tür auf und stolperte auf den Bahnsteig.

Das Pferd und Konrad stürzten hinter Ringelhuth her.

Als sie die Treppe hinaufgeklettert waren und sehen konnten, wo sie sich befanden, waren sie zunächst einmal starr. Sie standen zwischen lauter Wolkenkratzern!

»Meine Fresse«, sagte schließlich das Pferd.

Und Konrad begann, die Stockwerke des nächstliegenden Gebäudes zu zählen. Er brachte es auf sechsundvierzig. Dann mußte er aufhören, weil der Rest des Hauses von Wolken umschwebt war. Auf einer dieser Wolken stand in Projektionsschrift:

Elektropolis –

die automatische Stadt!

Vorsicht, Hochspannung!

Das Pferd wollte auf der Stelle umkehren und meinte, man solle doch die verflixte Südsee schwimmen lassen. Aber Onkel und Neffe dachten nicht im Traum dran, sondern überquerten den großen Platz, der vor ihnen lag und von Hunderten von Autos befahren war. Und da mußte Negro Kaballo wohl oder übel hinterhertrotten.

»Zu arbeiten scheint hier überhaupt niemand«, meinte Ringelhuth. »Alles fährt im Auto spazieren. Versteht ihr das?«

Konrad, der neugierig neben einem der Wagen hergerannt war, kam zurück und schüttelte den Kopf. »Denkt euch bloß«, sagte er, »die Autos fahren von ganz allein, ohne Chauffeur und ohne Steuerung. Mir ist das völlig schleierhaft.« Da bremste ein

Wagen und hielt neben ihnen. Eine nette alte Dame saß hinten drin. Sie häkelte an einem Filetdeckchen und fragte freundlich: »Sie sind wohl von auswärts?«

»Es reicht«, erwiderte der Onkel. »Können Sie uns erklären, wieso hier die Autos von selbst fahren?«

Die alte Dame lächelte. »Unsre Wagen werden ferngelenkt«, erzählte sie. »Das Lenkverfahren beruht auf der sinnreichen Koppelung eines elektromagnetischen Feldes mit einer Radiozentrale. Ganz einfach, was?«

»Blödsinnig einfach«, meinte der Onkel.

»Einfach blödsinnig«, knurrte das Pferd.

Und Konrad rief ärgerlich: »Wo ich doch Chauffeur werden wollte!«

Die alte Dame tat ihr Filetdeckchen beiseite und fragte: »Wozu willst du denn Chauffeur werden?«

»Na, um Geld zu verdienen«, antwortete der Junge.

»Wozu willst du denn Geld verdienen?« fragte die alte Dame.

»Sie sind aber komisch«, rief Konrad. »Wer nicht arbeitet, verdient kein Geld. Und wer kein Geld verdient, muß verhungern.«

»Das sind ja reichlich verwitterte Anschauungen«, äußerte die alte Dame. »Mein liebes Kind, hier in Elektropolis arbeitet man nur zu seinem Vergnügen oder um schlank zu bleiben oder um wem ein Geschenk zu machen oder um was zu lernen. Denn das, was wir zum Leben brauchen, wird samt und sonders maschinell hergestellt, und die Bewohner kriegen es gratis.«

Onkel Ringelhuth dachte nach und sagte: »Aber die Lebensmittel muß man doch, ehe sie in Fabriken verarbeitet werden, erst mal pflanzen? Und das Vieh wächst doch auch nicht wie Unkraut in der Gegend!«

»Das erledigen unsre Bauern vor der Stadt«, entgegnete die alte Dame. »Aber auch die haben wenig Pflichtarbeit. Denn auch die Landwirtschaft ist restlos durchmechanisiert; das meiste besorgen die Maschinen.«

»Und die Bauern schenken Ihnen ihr Vieh und ihr Getreide?« fragte das Pferd.

»Die Bauern kriegen für ihre Erzeugnisse alles andre, was sie zum Leben brauchen«, erzählte die alte Dame. »Alle Menschen können alles kriegen. Denn der Boden und die Maschinen produzieren bekanntlich mehr, als wir benötigen. Wußten Sie das noch nicht?«

Onkel Ringelhuth schämte sich ein bißchen. »Natürlich wissen wir das«, meinte er. »Aber bei uns leiden trotzdem die meisten Menschen Not.«

»Das ist doch der Gipfel!« rief die alte Dame streng. Dann lächelte sie aber wieder und sagte: »So, jetzt fahr ich in unsre künstlichen Gärten. Dort duften die Bäume und Blumen nach Ozon. Das ist sehr gesund. Wiederschaun.«

Sie drückte auf einen Knopf, beugte sich über ein Sprachrohr und rief hinein: »In den künstlichen Park! Ich will in der Gastwirtschaft am Kohlensäurebassin Kaffee trinken!«

Da setzte sich das geheimnisvolle Auto gehorsam in Bewegung und fuhr davon. Die alte Dame lehnte sich bequem zurück und häkelte weiter.

Die drei gafften wie die Ölgötzen hinterher. Und der Onkel sagte: »Das ist ja allerhand. Und so schön wird's später auf der ganzen Welt sein! Hoffentlich erlebst du's noch, mein Junge.«

»Wie im Schlaraffenland«, meinte das Pferd.

»Mit einem Unterschied«, warf Ringelhuth ein.

»Der wäre?« fragte das Pferd.

»Hier arbeiten die Menschen. Hier sind sie nicht faul. Sie arbeiten allerdings nur zu ihrem Vergnügen. Doch das wollen wir ihnen nicht nachtragen. Na, gehn wir weiter!«

Sie bogen in eine belebte Straße ein, um sich die Schaufenster von Elektropolis zu betrachten. Aber kaum hatten sie den Bürgersteig betreten, so fielen sie alle drei der Länge lang um und rutschten, obwohl sie das gar nicht vorhatten, auf dem Trottoir hin. »Hilfe!« schrie Konrad. »Der Fußsteig ist lebendig!«

Der Fußsteig war nämlich, damit man nicht zu gehen brauchte, mit einem laufenden Band versehen. Darauf stellte man sich und fuhr, ohne eine Zehe krumm zu machen, durch die Straßen. Wenn man in ein Geschäft wollte, trat man von dem laufenden Band herunter und hatte nun Pflaster unter den Schuhen.

»Das hätte uns das häkelnde Großmütterchen ruhig sagen können«, knirschte das Pferd. Es fuhr auf seinem Allerwertesten die Hauptstraße von Elektropolis lang und konnte, wegen der Rollschuhe, nicht aufstehen. Erst als Ringelhuth und Konrad nachhalfen, kam es auf die Beine. Und nun machte ihnen der lebendige Bürgersteig geradezu Spaß.

Dann wollte der Onkel in das Schaufenster einer Konditorei gucken und trat von dem laufenden Band herunter. Er hatte aber noch keine Übung und stieß mit dem Schädel gegen eine Hauswand. Daraufhin hörten sie ein merkwürdiges Singen und Klingen, und sie wußten zunächst nicht, woher das kam. Kon-

rad klopfte gegen das Haus, und das Summen wurde noch stärker. Er kratzte an der Wand und rief: »Was sagt ihr dazu? Die Wolkenkratzer sind aus Aluminium!«

»Kinder, ist das eine praktische Stadt!« meinte der Onkel. »Da sollten wir einmal unsern Bürgermeister studienhalber herschicken!«

Am meisten imponierte ihnen aber folgendes: Ein Herr, der vor ihnen auf dem Trottoir langfuhr, trat plötzlich aufs Pflaster, zog einen Telefonhörer aus der Manteltasche, sprach eine Nummer hinein und rief: »Gertrud, hör mal, ich komme heute eine Stunde später zum Mittagessen. Ich will vorher noch ins Laboratorium. Wiedersehen, Schatz!« Dann steckte er sein Taschentelefon wieder weg, trat aufs laufende Band, las in einem Buch und fuhr seiner Wege.

Konrad und dem Pferd standen die Haare zu Berge. Ein paar Leute, die in entgegengesetzter Richtung an ihnen vorbeifuhren, sagten: »Die mit dem Pferd, das sind bestimmt Provinzler.«

Ringelhuth zuckte die Achseln und versuchte, möglichst einheimisch zu wirken. Dabei fiel er aber wieder um. Doch er sagte, als Konrad ihm hochhelfen wollte: »Laß gut sein, ich fahre im Sitzen weiter.« Sie rollten aus einer Straße in die andre. Und die Wolkenkratzer aus Aluminium begannen leise zu singen, weil ein Wind aufkam.

Nach einer Viertelstunde war das laufende Band zu Ende. Auch Wolkenkratzer gab es keine mehr.

Sie mußten wieder zu Fuß gehen, marschierten fleißig und standen wenig später vor einer gewaltigen Fabrik. »Viehverwertungsstelle Elektropolis«, so hieß sie. Konrad rannte als erster durchs Tor.

Unabsehbare Viehherden warteten darauf, nutzbringend verarbeitet zu werden. Sie drängten sich muhend und stampfend vor einem ungeheuer großen Saugtrichter, der gut seine zwanzig Meter Durchmesser hatte. Sie drängten einander in den Trichter hinein. Ochsen, Kühe, Kälber – alle verschwanden sie zu Hunderten, geheimnisvoll angezogen, in der metallisch glänzenden Öffnung. »Wozu ermordet der Mensch die armen Tiere?« fragte das Pferd.

»Ja, es ist ein Jammer«, erwiderte der Onkel. »Aber wenn Sie mal ein Schnitzel gegessen hätten, wären Sie nachsichtiger!«

Konrad lief an der Längsseite der Maschinenhalle entlang. Man hörte das Geräusch von Motoren und Kolben. Ringelhuth und das Pferd hatten Mühe, dem Jungen zu folgen.

Endlich erreichten sie die Rückseite der Fabrikanlage.

Dort standen in langer Reihe elektrische Güterzüge. Und aus der Hinterfront des Gebäudes fielen die Fertigfabrikate der Viehverwertungsstelle in die Eisenbahnwaggons. Aus einer der Wunderluken fielen Lederkoffer, aus einer anderen Fässer mit Butter, aus einer dritten purzelten Kalblederschuhe, aus einer vierten Büchsen mit Ochsenmaulsalat, aus einer fünften große Schweizer Käse, aus einer sechsten rollten Tonnen mit Gefrierfleisch; aus wieder anderen Luken fielen Hornkämme, Dauerwürste, gegerbte Häute, Kannen voll Milch, Violinsaiten, Kisten mit Schlagsahne und vieles noch.

Waren die Waggons gefüllt, so läutete eine Glocke. Dann rückten die Züge weiter vor, und leere Waggons fuhren unter die Luken, um beladen zu werden.

»Und nirgends eine Menschenseele! Nichts als Ochsen!« rief Onkel Ringelhuth. »Alles elektrisch! Alles automatisch!«

Aber gerade als er das rief, kam ein Mann über den Fabrikhof geschlendert. Er grüßte und sagte: »Ich habe heute Dienst. Jeden Monat einmal. Zwölf Tage im Jahr. Ich beaufsichtige die Maschinerie.«

»Eine Frage, Herr Nachbar«, sagte das Pferd. »Was machen Sie eigentlich an den übrigen dreihundertdreiundfünfzig Tagen des Jahres?«

»Da seien Sie ganz ohne Sorge«, meinte der Mann vergnügt. »Ich habe einen Gemüsegarten. Außerdem spiele ich gerne Fußball. Und malen lerne ich auch. Und manchmal lese ich Geschichtsbücher. Ist ja hochinteressant, wie umständlich die Leute früher waren!«

»Zugegeben«, sagte der Onkel. »Aber woher kriegen Sie die Unmenge Elektrizität, die Sie in Ihrer Stadt verbrauchen?«

»Von den Niagarafällen«, erzählte der Mann. »Leider hat es dort seit Wochen so geregnet, daß wir sehr in Sorge sind. Die Spannung und die Stromstärke haben derartig zugenommen, daß wir fürchten, in der Zentrale könnten die Sicherungen durchbrennen. Ach, da erscheint gerade die 4-Uhr-Zeitung.«

»Wo denn, Herr Nachbar?« fragte Konrad.

Der Aufseher starrte zum Himmel empor. Die andern folgten seinem Beispiel. Und tatsächlich, am Himmel erschienen, in weißer Schrift auf blauem Grunde, Zeitungsnachrichten. »*Keine Gefahr für Elektropolis!*« stand da. Und dann folgte ein Gutachten der Sicherheitskommission.

Außerdem erschienen Notizen über die Wirtschaftsverhandlungen mit dem Mars, über die letzten Forschungsergebnisse

der verschiedenen wissenschaftlichen Institute, über die morgigen Rundfunk- und Heimkinodarbietungen, und zum Schluß wurde die Romanfortsetzung ans Himmelsgewölbe projiziert.

Konrad wollte gerade den Roman zu lesen anfangen, da entstand plötzlich ein Höllenlärm. Aus den Luken der Fabrikwand fielen die Produkte der Viehverwertung in immer raschem Tempo. Es regnete förmlich Koffer und Fleischsalat, Butter, Stiefel, Schweizer Käse und Schlagsahne. Die Waggons liefen über. Jetzt flogen schon Backsteine, Fensterrahmen und Maschinenteile aus den Luken.

»O weh!« schrie der Aufseher. »Die Fabrik frißt sich selbst auf!« Und er rannte davon.

Die Katastrophe begann damit, daß die Elektrizitätswerke der Stadt infolge der Überschwemmungen am Niagara von der hundertfachen Kraft getrieben wurden. Die Maschinen der Viehverwertungsstelle liefen, als sämtliche Herden verarbeitet worden waren, leer. Schließlich liefen sie rückwärts, saugten die Butterfässer, den Käse, die Koffer, die Stiefel, das Gefrierfleisch, die Dauerwurst und alles übrige aus den Waggons heraus und spien am Fabriktor das ursprüngliche Vieh wieder aus dem Trichter. Die Ochsen, Kälber und Kühe rannten brüllend und nervös auf die Straße und in die Stadt hinein.

Der Onkel und Konrad waren auf ihr Pferd geklettert und wurden von den wild gewordenen Viehherden fortgerissen. Auf den Straßen rasten die Rolltrottoirs wie irrsinnig dahin. Die automatischen Autos schossen wie Blitze vorbei, prallten gegeneinander oder sausten in Häuser hinein und rasten treppauf. Die elektrischen Lampen schmolzen. Die künstlichen Gärten welkten und blühten in einem fort. Am Himmel erschien schon die Zeitung von übermorgen.

Das Pferd war dem nicht länger gewachsen. Es blieb auf der Fahrbahn stehen und schlotterte mit den Knien.

»Entschuldigen Sie, Kaballo!« rief der Onkel und gab dem Pferd mit dem Spazierstock einen solchen Schlag auf die Kehrseite der Medaille, daß das Tier vor Schreck alle Angst vergaß und wie besessen durch die Katastrophe jagte. Nach etlichen Minuten waren sie bereits aus der Stadt hinaus und gerettet.

»Eine verdammt kitzlige Sache, die Technik«, sagte das Pferd. Sie sahen zurück und konnten beobachten, wie die Fahrstühle aus den Dächern flogen. Der Lärm der schwankenden Aluminiumwolkenkratzer klang nach Krieg.

Onkel Ringelhuth klopfte dem Pferd den Hals, trocknete sich die Stirn und sagte: »Das Paradies geht in die Luft.«

Konrad packte den Onkel am Arm und rief: »Mach dir nichts draus! Wenn ich groß bin, bauen wir ein neues!«

Und dann ritten sie weiter. Immer geradeaus. Der Südsee entgegen.

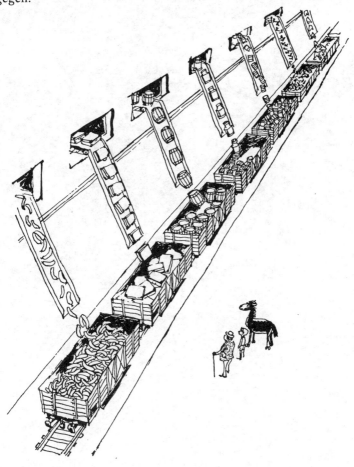

Die Begegnung mit Petersilie

Sie ritten durch weißes Dünengebirge. Dem Pferd kam Sand in die Kugellager. Es knirschte und quietschte ganz abscheulich. Und der Onkel hielt sich die Ohren zu.

»Ich werde verrückt!« rief Konrad, weil er Ringelhuth aufziehen wollte. Aber der Onkel konnte es, weil er sich die Ohren zuhielt, natürlich gar nicht verstehen. Schließlich hörten die Dünen auf, und das Meer begann. Es war marineblau und schien kein Ende zu nehmen. Da standen nun die drei Freunde vorm Indischen Ozean und guckten, obwohl die Sonne brannte, in den Mond. Das Pferd sagte, es habe es ja gleich gesagt, und wollte wieder einmal umkehren. Doch da kam es bei den andern schief an. Und so knirschte es unentwegt den Strand entlang, weil Ringelhuth gemeint hatte, vielleicht träfen sie irgendwo einen Kutter.

Einen Kutter trafen sie zwar nicht, aber sie entdeckten etwas noch viel Merkwürdigeres: Sie sahen ein zwei Meter breites Stahlband, das weit ins Meer hinausreichte und ebenso endlos zu sein schien wie der Ozean selbst. Es glich fast einer schmalen Gasse, die übers Meer führte, oder einem Bündel Mondstrahlen, das sich nachts im Wasser spiegelt.

Auf diesem Stahlband, nicht weit vom Strand entfernt, stand eine einsame Frau, hielt einen Borstenbesen und schrubbte.

»Was machen Sie denn da?« fragte der Onkel.

»Ich scheuere den Äquator«, gab die Frau zur Antwort.

»Was? Das ist der Äquator?« rief Konrad und zeigte ungläubig auf das stählerne Band.

»Und wozu scheuern Sie denn das Ding?« fragte das Pferd.

»Wir hatten drei Tage Monsun«, sagte die Scheuerfrau. »Es gab haushohe Wellen, und heute morgen war der Äquator rostig. Und nun schrubbe ich den Rost weg. Denn wenn er sich festfrißt, könnte der Äquator platzen, und dann ginge der Globus in die Brüche.«

»Das beste ist, Sie pinseln Ihren blöden Äquator mit Mennige an«, sagte das Pferd. »Dann kann er gar nicht erst rosten.«

»Er muß doch aber ein bißchen rosten«, antwortete die Frau. »Sonst verlier ich meine Anstellung.«

»Dann entschuldigen Sie gütigst«, meinte das Pferd. »Ich wollte Ihnen nicht zu nahe treten.«

»Oh, das macht fast gar nichts«, sagte die Frau bescheiden und scheuerte ihres Wegs.

Onkel Ringelhuth zog den Hut, um ihre Aufmerksamkeit zu erregen. »Ehe Sie sich völlig in Ihre Lebensaufgabe verlieren, noch eine Frage. Wie kommen wir am schnellsten zur Südsee?«

»Rauf auf den Äquator und dann immer geradeaus!« rief die Frau.

»Ganz wie Sie wünschen«, sagte der Onkel und setzte sich zögernd den Hut wieder auf.

»Also los, du oller Mustang!« schrie Konrad außer sich vor Freude. Dem Pferd lief eine Gänsehaut übers Fell. »Ich soll auf das Wellblech?« fragte es ängstlich. »Wenn uns dort ein Sturm erwischt, mit Wasserhosen und solchen Sachen, gehen wir glatt übern Harz. Ihr reitet mich auf eigene Gefahr. Seit ich stellungslos bin, bin ich nicht mehr versichert.«

»Hau ab, du schwarzer Schimmel!« rief der Onkel.

Da sprang das Pferd geräuschvoll auf den Äquator, schmiegte sich an der schrubbenden Scheuerfrau vorbei und zockelte südseewärts. Der Äquator schaukelte. Es war zum Seekrankwerden.

Das Festland war verschwunden. Sie sahen nur noch marineblaues Meer ringsum und die stählerne Schiene vor sich. Manchmal plätscherte eine kleine Welle über den Äquator hin. Dann wurde er naß, und das Pferd kam so ins Rutschen, daß sie im Chor losbrüllten und bei sich dachten: Guten Morgen, Feierabend!

Und als sie gar einem Schild begegneten, auf dem zu lesen stand: »*Es wird gebeten, die Haifische nicht zu necken!*«, da fiel ihnen das Herz senkrecht in die Hosen. Auch dem Pferd, das gar keine Hosen anhatte.

An allen Ecken und Enden tauchten Herden von Menschenhaien auf. Die Viecher waren groß wie Unterseeboote, steckten die gefährlichen Mäuler aus dem Wasser und sperrten sie auf, als ob sie gähnten. Sie hatten aber Hunger.

»Das könnte denen so passen«, murmelte der Onkel.

»Herr Apotheker«, sagte das Pferd, »die Tierchen haben sich in Ihren Bauch verliebt. Die wissen, was gut schmeckt.«

»Werden Sie ja nicht frech«, rief Konrad. »Mein Onkel hat keinen Bauch! Merken Sie sich das!«

Ringelhuth war gerührt. »Du bist ein braver Junge«, sagte er. »Und wenn Sie«, jetzt meinte er das Pferd, »wenn Sie ein Roß mit Gymnasialbildung sein wollen, dann könnte ich das ganze Zutrauen...«

In diesem Moment schnellte einer der Haifische aus dem Wasser hoch in die Luft und schnappte gierig nach Ringelhuth. Aber Konrad traf, als gelte es einen Elfmeter, das bedauernswerte Tier mit der Stiefelspitze klar am Unterkiefer, und der Haifisch kehrte reumütig und mit einem komplizierten Kieferbruch in die salzigen Fluten zurück.

Daraufhin wandten auch die anderen Haie dem Äquator den Rücken, und die drei Reisenden hatten Ruhe.

»Wenn du nicht schon mein Neffe wärst, würde ich dich umgehend dazu ernennen«, erklärte der Onkel mit zitternder Stimme.

Das Pferd hustete ironisch. Dann sagte es: »Sie werden sich mit Ihrer Freigebigkeit noch ruinieren.«

»Spotten Sie nur!« rief der Onkel. »Mein Neffe ist ideal veranlagt und weiß meine Bemerkung voll zu würdigen!«

»Wenn ich offen sein soll«, meinte Konrad, »'ne Mark wäre mir lieber gewesen. Ich spar nämlich für 'ne Dampfmaschine.«

»So ein geldgieriger Knabe«, knurrte Ringelhuth. »Nach meinem Tode erbst du ja doch alles.«

»Dann spielt er aber nicht mehr mit Dampfmaschinen«, sagte das Pferd und kicherte. Was blieb dem Onkel weiter übrig? Er holte sein Portemonnaie aus der Tasche und drückte dem Jungen eine Mark in die Hand.

»Hoffentlich will dich noch so 'n Haifisch fressen«, meinte Konrad. »Dann verdien ich mir noch 'ne Mark.« Es kam aber keiner mehr.

»Du hast keinen feinen Charakter«, sagte Ringelhuth. »Aber das ist nicht zu ändern. Es liegt bei uns in der Familie.«

Es konnte gar nicht mehr weit bis zur Südsee sein. Zu beiden Seiten des Äquators sah man schon Palmeninseln mit vorgelagerten Korallenriffen. Und vor den Reisenden tauchte eine mit tropischen Urwäldern versehene Küste auf. Das Pferd fuhr wie ein Schnellzug drauflos. Es hatte den schaukelnden Äquator und das Wasser satt.

Endlich standen sie auf dem Festland. Zwischen zwei riesigen Eukalyptusbäumen hingen aus Lianen geflochtene Girlanden. Und an einer der Girlanden baumelte ein Schild mit folgendem Text:

> Südsee, Westportal!
> Eintritt auf eigene Gefahr!
> Reklamationen können nicht berücksichtigt werden!

Ein bißchen eingeschüchtert ritten sie unter den Girlanden hin und kamen auf eine herrliche Orchideenwiese, die von Palmen umgeben war. Über diese Wiese rannte ein Gorilla auf sie zu, gab ihnen die Hand, drehte sich dann nach den Palmen um und winkte. Im gleichen Augenblick brach ein wüstes Geschrei los. Affenherden, die in den Palmen hockten, kreischten auf. Papageien, die Notenblätter zwischen den Zehen hielten, plärrten dazwischen. Ein Elefant hatte den Rüssel um einen Palmenstamm geschlungen und schüttelte den Baum, daß die Kokosnüsse klapperten. Der Gorilla schwang seine langen Affenarme im Takt, als sei er der Kapellmeister und dirigiere den Heidenlärm. Ebenso plötzlich, wie er begonnen hatte, hörte der Krach auf. Der Gorilla wandte sich den drei Reisenden zu und fletschte die Zähne.

»Vielen Dank, Sie Affe«, sagte der Onkel. »Es war ergreifend.« Konrad sprang zu Boden, lief zu dem Gorilla hin und klopfte ihm auf die bärtige Schulter. »Wenn ich das dem Oberländer erzähle«, rief er, »zerspringt er. Unter Garantie!«

»Woher soll denn so ein Affe wissen, wer Oberländer ist?« meinte der Onkel.

»Oberländer ist unser Klassenerster«, sagte Konrad. Aber der Gorilla interessierte sich nicht für Konrads Primus, sondern raste eine Palme hinauf. Weg war er! Die andern Affen folgten ihm.

Der Elefant verneigte sich dreimal feierlich vor den Reisenden. Dann trollte er sich. Er trabte in den Urwald, und man konnte noch sehr lange hören, wie die Bäume unter seinen Füßen zersplitterten.

»Fort mit Schaden!« sagte Ringelhuth. Und dann ritten sie weiter. Sie folgten einem schillernden Schwarm kleiner bunter Kolibris, der vor ihnen herflatterte, als wollte er den Weg zeigen.

»Schau dich gründlich um, mein Junge«, riet das Pferd. »Damit sich dein Aufsatz sehen lassen kann.«

Der Onkel meinte sogar, Konrad solle Notizen machen. Aber Konrad antwortete nicht einmal. Er betrachtete die Gegend. Es gab prächtige Paradiesvögel zu sehen und kleine komische Tapire, schneeweiße Eichhörnchen und faustgroße Schmetterlinge in allen Farben, Nashornkäfer und fliegende Hunde, goldne Pfauen und Schlangen, die wie zusammengerollte Gartenschläuche am Wege lagen. Am sehenswertesten war aber eine Herde Känguruhs, die unter einem schattigen Bananenbaum saß. Die Känguruhmännchen spielten Skat. Die Weibchen strickten Socken. Die Wollknäuel hatten sie in ihren Beuteln. Auch Lebensmittel hatten sie drin. Und die Milchflaschen für die kleinen Känguruhs, die im Gras saßen, Bananen schälten und über eine aufgespannte Leine sprangen. Plötzlich griffen die Känguruhweibchen hastig nach ihren Kindern, stopften sie in ihre Beutel und hüpften davon. Die Männchen ließen sogar die Skatkarten liegen.

»Nanu!« rief der Onkel. »Könnt ihr mir vielleicht erklären, warum . . .«

Aber da schwieg er schon. Denn dicht vor ihnen kauerten drei Königstiger. Die drei Tiger strichen sich den Schnurrbart, machten je einen Buckel und wollten gerade losspringen, da riß Onkel Ringelhuth seinen Spazierstock an die Backe, als sei er ein geladenes Gewehr, kniff das linke Auge zu und zielte.

Die Tiger erschraken. Der größte von ihnen zog ein weißes Tuch aus der Tasche und hielt es hoch.

»Ergebt ihr euch?« schrie Konrad.
Die drei Königstiger nickten.
»Dann macht gefälligst, daß ihr fortkommt!« rief der Onkel energisch. »Sonst knall ich euch mit meinem Spazierstock über den Haufen!«
»Zurück, marschmarsch!« wieherte das Pferd. Und da rissen die Raubtiere aus. Gleichzeitig ging ein Ruck durch Negro Kaballo. Er stolperte und starrte verwundert auf seine Hufe. Die Rollschuhe waren verschwunden. »Meine Fresse«, rief das Pferd. »Wo sind denn meine Fahrzeuge hin?«
Der Onkel wußte es auch nicht. Aber Konrad sagte: »Habt ihr denn total verschwitzt, was wir im Schlaraffenland erlebt haben?«
»Richtig!« rief das Pferd. »Na, mir soll's recht sein. Wozu braucht ein Roß Rollschuhe? Ist ja unnatürlich.« Und von nun an galoppierte es wieder, statt zu rollen.

Kurz darauf begegneten sie der kleinen Petersilie. Das kam so: Sie hörten jemanden weinen. Es klang wie ein Kind. Aber sie konnten absolut nichts finden, sosehr sie sich plagten. Schließlich stiegen Onkel und Neffe vom Pferd und gingen vorsichtig in den Urwald hinein. Ringelhuth kam allerdings nicht weit. Er stolperte über eine Luftwurzel, schrie: »Mein Hühnerauge!«, setzte sich auf den Erdboden und streichelte seinen Fuß. Dadurch, daß er in einem Ameisenhaufen Platz genommen hatte, wurde die Sache auch nicht gerade besser. Denn die polynesischen Ameisen sind so groß wie unsere Maikäfer. Und die Flüssigkeit, die sie absondern, ist die reinste Salzsäure.

Konrad kletterte indessen über umgestürzte Baumstämme, strampelte zwischen Schlingpflanzen hindurch und folgte dem Kinderweinen, bis er unter einen Gummibaum geriet. Das Schluchzen kam aus dem Gipfel des Gummibaumes.

Der Junge sah empor. Hoch oben auf einem Zweig saß ein kleines Mädchen, kaute an einer Ananas und jammerte vor sich hin.

»Was'n los?« rief Konrad.
»Ist er weg?« fragte das kleine Mädchen.
»Wer soll'n weg sein?« erkundigte sich der Junge.
»Der Walfisch!« schrie sie herunter.
»Bei dir piept's ja«, sagte er.
Da kletterte sie wie ein Wiesel von ihrem Gummibaum herab, stellte sich vor Konrad auf und rief empört: »Was fällt dir ei-

gentlich ein, du Lausejunge? Ich bin eine Prinzessin und heiße Petersilie!«

Konrad war nicht fähig, etwas zu erwidern. Denn das Mädchen, das Petersilie hieß, war schwarz und weiß kariert!

»Mensch«, sagte er schließlich. »Auf dir kann man ja Schach spielen!«

Sie gab ihm ein Stück von ihrer Ananas und sagte: »Mein Papa ist ein berühmter schwarzer Südseehäuptling. Und Mutti ist Holländerin. Sie war, bevor sie meinen Papa heiratete, Tippfräulein in einer hiesigen Kokosflockenfarm. Und deshalb bin ich schwarz und weiß gekästelt. Sieht es sehr scheußlich aus?«

»Das kann ich nicht beurteilen«, entgegnete der Junge. »Mir gefällt's! Übrigens heiße ich Konrad.«

Die kleine Petersilie machte einen Knicks.

Konrad gab ihr die Hand. Anschließend erkundigte er sich, wieso sie vor einem Walfisch ausgerissen sei. Walfische lebten doch im Wasser.

»Hast du 'ne Ahnung!« rief sie. »Walfische sind doch Säugetiere. Im Wasser leben sie nur aus Versehen.«

Plötzlich krachte es im Urwald.

»Das ist er!« schrie Petersilie, packte den Jungen am Arm und zerrte ihn vorwärts. Sie rannten wie wild der Straße zu.

Onkel Ringelhuth saß noch immer in dem Ameisenhaufen und schimpfte wie ein Chauffeur.

»Los!« brüllte Konrad. »Der Walfisch kommt! Die Kleine hier heißt Petersilie!«

Der Onkel traute seinen Augen nicht. Er starrte entgeistert auf das karierte Kind.

»Nun mach schon!« rief Konrad.

»Nur weil ihr's seid«, sagte der Onkel, bürstete sich die Ameisen vom Anzug und rannte mit.

Das Pferd, das auf der Straße stand und, um sich die Zeit zu vertreiben, gerade paar Kniebeugen machte, wunderte sich, als die drei atemlos angestolpert kamen.

»Man kann euch nicht allein in den Wald lassen«, knurrte es. »Wen bringt ihr denn da mit?«

»Das kleine Mädchen wird von einem Walfisch verfolgt«, erzählte Konrad. »Er wird gleich eintreffen.«

»Das hat mir noch gefehlt«, sagte das Pferd. »Fische gehören ins Wasser und karierte Kinder auf den Jahrmarkt.«

»Walfische sind doch keine Fische!« rief Konrad. Dann gab er Petersilie eins hintendrauf. Denn sie heulte schon wieder. »Warum verfolgt er dich denn?« fragte er.

»Ach«, schluchzte sie, »ich hab ihm die Zunge herausgestreckt. Und nun ist er beleidigt. Hilfe! Da kommt er!«

Es knackte in den Palmen. Sie zerbrachen wie Streichhölzer. Ein graues Ungetüm schob sich aus dem Urwald. Es sah aus wie ein zerbeultes Luftschiff und riß sein zahnloses Maul auf. Onkel Ringelhuth legte für alle Fälle seinen Spazierstock an die Backe und brüllte: »Hände hoch, oder ich schieße!« Aber der Walfisch fiel nicht drauf rein. Er wälzte sich immer näher und näher. Konrad stellte sich schützend vor Petersilie und den Onkel und hob drohend die Faust.

»Marsch ins Grab mit uns«, murmelte das Pferd.

In diesem Augenblick knallten ein paar Schüsse. Der Walfisch stutzte, nieste laut, machte kehrt und wälzte sich in den Urwald zurück.

Ringelhuth wischte sich die Stirn, betrachtete den Neffen ungehalten und rief: »Alles wegen eines freien Aufsatzes! Ich werde deinem Lehrer einen groben Brief schreiben.«

Das Pferd holte erlöst Atem. Dann fragte es: »Wer von uns hat denn nun eigentlich geschossen? Apotheker, hören Sie, vielleicht war Ihr Spazierstock doch geladen, was?«

»Ich habe geschossen!« rief eine Stimme. Alle fuhren herum. Vor ihnen stand ein bronzebrauner Mann. Er trug einen Lendenschurz aus Palmenblättern, andernorts war er bunt tätowiert. »Ich bin der Häuptling Rabenaas, auch ›Die Schnelle Post‹ genannt. Hallo, Petersilie!« Er gab dem Mädchen die Hand, dann auch den übrigen.

»Nicht daß ich neugierig wäre«, meinte der Onkel. »Aber womit haben Sie eigentlich geschossen, Herr Rohrspatz?«

»Rabenaas, nicht Rohrspatz«, sagte der Häuptling zurechtweisend.

»Ganz wie Sie wollen«, rief der Onkel. »Von mir aus können Sie Hasenpfeffer heißen. Also, Herr Rabenspatz, womit haben Sie geschossen? Es klang so seltsam.«

»Mit heißen Bratäpfeln«, sagte Häuptling Rabenaas. »Ich wollte den Walfisch nur abschrecken. Ich freue mich, daß ich Ihnen eine kleine Gefälligkeit erweisen durfte.«

»Mit heißen Bratäpfeln?« fragte Konrad. »Und wo haben Sie denn Ihre Flinte?«

»Ich habe kein Gewehr«, erwiderte »Die Schnelle Post«. »Ich pflege mein Taschenmesser mit Bratäpfeln zu laden.«

»Dann natürlich!« sagte Ringelhuth. »Womit Sie aber auch geschossen haben mögen, wir danken Ihnen von Herzen!«

Rabenaas winkte ab. »Nicht der Rede wert«, bemerkte er, nickte gnädig, ging in den Wald zurück und war verschwunden.

Petersilie brachte die Reisenden zu einem befreundeten Völkerstamm, der an einem reizenden Süßwassersee in hohen Pfahlbauten wohnte. Die Eingeborenen waren tätowiert, trugen Lendenschurze und zentnerschwere Korallenketten. Das Pferd sagte, es interessiere sich nicht für dergleichen. Es trabe statt dessen zu einem wogenden Zuckerrohrfeld und fraß sich wieder mal gründlich satt. Überdies traf es dort ein anderes Pferd, einen kleinen Schimmel, und mit dem schien es sich ausgezeichnet zu verstehen.

Die Eingeborenen zeigten Ringelhuth und seinem Neffen unglaubliche Schwimm- und Taucherkunststücke. Dann erhielt der Onkel einen Lendenschurz aus Palmenblättern als Gastgeschenk und mußte ihn wohl oder übel sofort umschnallen. Da er aber den Anzug anbehielt, sah er nicht eben vorteilhaft aus. Die Frauen der Eingeborenen lachten sich einen Ast und liefen davon.

Die Jünglinge zeigten ihren Gästen, wie man mit Speeren Forellen fängt und Vögel mit Lassos. Dann fuhren sie in ihren Auslegerbooten ein Achterrennen, daß Konrad zu atmen vergaß. Anschließend wurde ein Festessen serviert. Die Menükarte lautete folgendermaßen:

Moskito-Ragout
Haifischflossen in gegorenem Reiswein
Geräucherte Schlangenzungen mit Rohrzuckersalat
und Pampelmusengelee
Koteletts vom Emu, Schneckenpüree
Kokosnußcreme in Walfischtran

»Da siehst du mal wieder, wie nützlich es ist, daß wir donnerstags unseren Magen abhärten!« sagte der Onkel zu Konrad und schluckte alles mit Todesverachtung hinunter.

Bei dem Schneckenpüree wäre ihm allerdings fast schlecht geworden.

Konrad unterhielt sich mit Petersilie. Er war traurig. Das Mädchen hatte ihm nämlich erzählt, sie habe keine Zeit mehr. Sie müsse zu der Diamantenwaschfrau Lehmann nach Bali. Denn Papa sei eine Perle aus der Krone gefallen, und die solle durch einen Diamanten ersetzt werden. Konrad sagte, sie möge doch noch ein Weilchen bleiben. Aber Petersilie schüttelte den

Kopf, stand auf, gab dem Jungen die Hand, nickte dem Onkel und dem alten Häuptling zu und hüpfte davon.

»Heul nicht, mein Sohn«, sprach Ringelhuth. »Iß lieber.« Aber Konrad war der Appetit vergangen. Er schluckte die Tränen hinunter und meinte, sie müßten nun auch gehen. Ohne Petersilie mache ihm die ganze Südsee keine Freude. Außerdem würde sonst der Aufsatz nicht mehr fertig.

Dem Onkel war's recht. Sie verabschiedeten sich von dem Häuptling, bedankten sich für die herzliche Aufnahme und liefen zu dem Zuckerrohrfeld, um Negro Kaballo abzuholen. Der stand neben dem kleinen Schimmel und sagte: »Herrschaften, nichts für ungut, aber ich bleibe hier. Das Zuckerrohr schmeckt fabelhaft. Außerdem will ich das Schimmelfräulein heiraten. Ist sie nicht süß? Ich will endlich meine eigne Häuslichkeit haben. Ich will die Rollschuhe und den Zirkus und alles vergessen, was mich an Europa erinnert. Auch werde ich nie mehr ein Wort sprechen. Ich schwör's. Sprechen schickt sich nicht für Pferde. Zurück zur Natur!«

»Machen Sie keine Geschichten!« rief der Onkel. »Das ist doch nicht Ihr Ernst?«

Negro Kaballo schwieg.

»Sie können uns doch nicht zu Fuß nach Hause strampeln lassen«, meinte Ringelhuth. »Nun machen Sie doch das Maul auf, Sie vierbeiniger Dickschädel!«

»Er hat ja eben geschworen, nicht mehr zu sprechen«, sagte Konrad. »Und wenn er das Pferdefräulein heiraten will, wollen wir ihn nicht stören. Wir wollen seinem Glück nicht im Wege stehen!«

Das Pferd nickte.

Ringelhuth war aber noch immer wütend. »Ich werde verrückt!« rief er. »Wozu muß dieses Riesenroß heiraten? Ich bin doch auch Junggeselle.«

»Du hast mich zum Neffen, lieber Oheim«, erwiderte Konrad. »Deswegen brauchst du keine eignen Kinder.«

»Passen Sie auf«, sagte der Onkel zu Negro Kaballo. »Sie werden mit Ihrem Schimmelfräulein lauter karierte Fohlen kriegen. Eine Petersilie nach der andern. Wollen Sie wirklich nicht mitkommen?«

Das Pferd schüttelte den Kopf.

»Na, dann Hals- und Beinbruch«, rief Ringelhuth. »Aber machen Sie mir nicht weis, daß Sie ein Pferd wären! Ein Rindvieh sind Sie. Verstanden?«

Negro Kaballo nickte.

»In Gruppen links schwenkt, marsch!« kommandierte der Onkel, faßte den kleinen Konrad an der Hand und zog mit ihm von dannen.

»Vielen Dank für alles!« rief der Junge.

Negro Kaballo und seine weiße Braut warfen die Köpfe hoch und wieherten zweistimmig.

»Du hast falschen Tritt«, sagte Onkel Ringelhuth zu seinem Neffen. Es war aber gar nicht wahr. Der Onkel wollte nur nicht zeigen, daß ihm der Abschied von dem Rollschuhpferd sehr, sehr leid tat.

Sie marschierten durch den Urwald. Er nahm kein Ende. Wilde Tiere brüllten in der Ferne. Paviane warfen Kokosnüsse auf den Weg. Es war ziemlich lebensgefährlich. Konrad sagte, es sei ein Jammer, daß es in dieser Gegend keine Straßenbahnen gäbe. Schließlich sangen sie: »Das Wandern ist des Müllers Lust.« Als sie mit dem Lied fertig waren, meinte der Onkel, er fände das Wandern gar nicht lustig.

»Du bist ja auch kein Müller«, erwiderte Konrad, »sondern ein Apotheker.«

»Stimmt auffallend«, sagte der Onkel, sah auf die Armbanduhr und erschrak. »Menschenskind!« rief er. »Es ist zehn Minuten vor sieben. Wenn wir nicht bald meinem Schrank begegnen, kommst du zu spät zum Abendbrot!«

»Wann ich meinen Aufsatz schreiben soll, weiß ich auch nicht«, erklärte der Junge.

»Na, singen wir noch eins«, schlug der Onkel vor. Und jetzt sangen sie: »Horch, was kommt von draußen rein, hollahi, hollaho.«

Dann schaute der Onkel wieder auf die Uhr. »Wenn jetzt nicht sofort ein Wunder geschieht«, sagte er, »können wir getrost hierbleiben und uns einem der benachbarten Stämme als Sonntagsbraten anbieten.«
»Warum soll denn kein Wunder geschehen?« fragte jemand hinter ihrem Rücken.
Sie drehten sich um. Da stand Rabenaas, auch »Die Schnelle Post« genannt, und lächelte.
»Sie waren schon mal so freundlich, uns aus der Patsche zu helfen«, sagte der Onkel. »Könnten Sie wohl meinen ollen Schrank herzaubern, lieber Herr Rabenpost?«
»Rabenaas«, korrigierte der Häuptling. Dann murmelte er:

»Vier mal sechs ist drei mal acht,
und null ist null mal hundert.
Die Wunder werden nur vollbracht
von dem, der sich nicht wundert.«

Daraufhin klatschte er in die Hände, und schon stand der Schrank da. Mitten im Urwald. Zwischen Palmen und Kakteen.
»Vielen Dank!« rief Konrad.
Aber Rabenaas, auch »Die Schnelle Post« genannt, war bereits verschwunden!
»Ein unheimlicher Kerl«, sagte der Onkel. »Aber sehr liebenswürdig. Das muß ihm der Neid lassen.« Dann schob er den Jungen in die offene Rückseite des Schranks und kletterte hinterher. Und als sie vorn zum Schrank heraustiegen, landeten sie wahrhaftig in Ringelhuths Korridor! Auf der Johann-Mayer-Straße!

Konrad machte Licht, weil es schon ein bißchen dunkel war und weil er hoffte, er könne in der Nähe des Schranks noch ein paar Zentimeter echten Urwald entdecken.
Er sah aber nur Wände und Tapeten.
Der Onkel band sich den Lendenschurz ab und hängte ihn und den Spazierstock in den alten Schrank. Dann sagte er: »So, du Strolch, nun scher dich nach Hause! Grüß die Eltern. Und richte aus, ich käme nach dem Abendbrot auf 'nen Sprung vorbei. Dein Vater soll ein paar Flaschen Bier kalt stellen.«
Der Junge griff nach der Schulmappe, sagte, es sei wunderbar gewesen, gab dem Onkel blitzartig einen Kuß auf die Backe und rannte davon.
»Na, na«, knurrte der Onkel. »Gibt mir der Flegel einen Kuß!

Das schickt sich doch gar nicht für Männer.« Dann sah er zum Fenster hinaus. Konrad schoß gerade aus der Haustür und blickte hoch. Sie winkten einander zu.

Anschließend brachte Ringelhuth die Wohnung in Ordnung. Denn das Federbett lag noch vorm Bücherschrank. Und die leer gegessenen Teller standen noch auf dem Tisch.

Als er aufgeräumt hatte, ging er auf den Korridor hinaus, öffnete noch einmal den Schrank und blickte neugierig hinein. Er schüttelte den Kopf. Die Rückseite war nicht mehr offen! Eine richtige Schrankwand war davor. Und der Lendenschurz war verschwunden.

»So, und jetzt raucht der weitgereiste Apotheker Ringelhuth eine dicke Zigarre«, sprach der Onkel zu sich selbst und spazierte pfeifend in die Stube.

Der Onkel liest, was er erlebt hat

Als Ringelhuth zu Konrads Eltern kam, hatten sie den Jungen schon zu Bett geschickt.

»Was habt ihr denn heute wieder angestellt?« fragte Konrads Mutter (also die Frau von Onkel Ringelhuths Bruder).

»Hat er nichts erzählt?« fragte der Onkel obenhin.

»Keinen Ton«, sagte Konrads Vater. »Der Junge tut, als seien eure Donnerstage das Geheimnisvollste, was es gibt.«

»Sind sie auch«, entgegnete Ringelhuth. »Übrigens, krieg ich nun ein Glas Bier, oder krieg ich keins?«

Konrads Mutter schenkte ihm ein und fragte, während er das Glas auf einen Hieb leer trank: »Was für Dummheiten habt ihr heute gemacht?«

»Ach«, sagte der Onkel, »heute ging's sehr lebhaft zu. Auf der Glacisstraße fragte ein Pferd, ob wir Zucker bei uns hätten. Wir hatten aber keinen. Wer denkt denn auch an so was? Na, und dann kam es in meine Wohnung. Anschließend waren wir beim dicken Seidelbast. Der ging früher in Konrads Klasse. Kennt ihr ihn? Nein? Jetzt ist er Präsident im Schlaraffenland. Besonders nett sind dort die Hühner. Sie legen Spiegeleier mit Schinken. Ja, und dann hatte ich mit Napoleon und Julius Cäsar Krach. Sie saßen nämlich auf unsern Plätzen. Auf bezahlten Plätzen! Später trafen wir die kleine rothaarige Babette. Die ist in der Verkehrten Welt Ministerialrat für Erziehung und Unterricht. Weil ihre Frau Mutter dort ausgebessert wird. Mein Hauswirt, der Clemens Waffelbruch, ist übrigens auch dort. Na, der kann's brauchen. Dann waren wir in der automatischen Stadt. Dort lenken sich die Autos von selbst. Und dann ritten wir auf dem Äquator zur Südsee. Ein Glück, daß ich meinen Spazierstock mithatte. Konrad befreundete sich mit einem schwarz und weiß karierten Mädchen. Petersilie hieß das reizende Geschöpf. Also, ich wundre mich immer noch, daß wir rechtzeitig wieder zu Hause waren!«

Konrads Eltern, die auf dem Sofa saßen, blickten einander entsetzt an. Der Vater sagte ernst: »Komm, zeig mal deine Zunge!« Und die Mutter fragte: »Willst du einen Prießnitzumschlag auf die Stirn?«

»Noch 'n Glas Bier will ich«, meinte Ringelhuth. »Aber rasch, sonst trink ich aus der Flasche!«

»Auf keinen Fall«, rief sein Bruder. »Keinen Tropfen Alkohol kriegst du mehr!«

»Lieber Julius«, sagte Konrads Mutter streng zu ihrem Mann, »warum hast du mir bis heute verschwiegen, daß es in eurer Familie Geisteskranke gibt?«

»Hast du Schmerzen im Hinterkopf?« fragte Konrads Vater den Apotheker. »War der Junge am Nachmittag zu lebhaft? Du mußt strenger mit ihm sein.«

Ringelhuth schenkte sich sein Glas voll, trank und sagte: »Mit euch ist heute wieder mal nicht zu reden. Ihr seid viel zu ernst für euer Alter.«

»Das hat uns noch gefehlt«, rief Konrads Vater. »Jetzt machst du uns noch Vorwürfe. Wir wären zu alt! Du bist zu jung! Daß du's nur weißt!«

»Das gibt's?« fragte der Onkel. »Na, denn prost! Gehabt euch wohl! Ich guck noch zum Jungen rauf. Mal schaun, wie er schläft.«

»Und gute Besserung«, sagte Konrads Vater.

»Wenn ihr noch mal davon anfangt«, rief Ringelhuth, »renn ich in meine Apotheke, hole Niespulver und spreng euch damit in die Luft. Servus, ihr Trauerklöße!« Er kreuzte die Arme vor der Brust, verneigte sich wie ein vornehmer Türke und verließ die beiden, die ihm bewegt nachblickten.

Ganz behutsam knipste er in Konrads Zimmer das Licht an. Dann schlich er auf Zehenspitzen zu dem Bett hin. Der Junge schlief fest. Aber plötzlich bewegte er sich, lächelte im Traum und sagte: »'ne Mark wär mir lieber.«

Ringelhuth beugte sich über den Schlafenden und flüsterte: »Am nächsten Donnerstag kriegst du 'ne Dampfmaschine, du Lümmel.« Dann sah er sich im Zimmer um. Auf dem Schreibpult lag ein Heft. Er schlich hinüber. »Deutsche Aufsätze« stand auf dem Heft.

Er schlug es auf und blätterte, bis er, was er suchte, gefunden hatte. Er las die Überschrift, und dann las er den ganzen Aufsatz:

Was ich in der Südsee erlebte

An den Donnerstagen ists immer sehr fidel. Wegen mein Onkel Der ist Schoteker und heißt Ringelhuth, genau wie ich. Weil er mein Onkel ist. Heute war wieder Donnerstag. Und als ich ihm sagte ich mus ein Aufsatz über die Südsee machen weil ich gut rechne und keine Fantersie hab sagte er da gehn wir so rasch mal rüber. In die Südsee nämlich. Deinen Lehrer woln wirs schon zeigen. Tut mir leid, das hat er gesagt.

Na, und ich wir los Es war eine vorige Tuhr. Erst in den Schrank im Korridor dann ins Schlaraffenland. Dann in ne Burg mit verflossnen Fürsten. Dann wohen schlechte Eltern erzogen werden Es war lehreich, dann in eine völlich elektrische Stadt

Es gab viels durcheinander. Es gab
Überschwemmung. Der Elektrische
Strom kohte über. Die Fahrstühle
flogen zum Dach hinaus. Wir rauf aufs
Pferd und fand wir alles eins. Wir
hatten es auf der Glaciststrasse getroffen.
Und mit Zucker gefüttert. Und es
konnte Rollschuh fahren. Das führt
aber zu weit. Mit Hilfe des Ekvators
den ich mir anders dachte ritten
wir kreuz durchs Ozean auf eine
Südseeinsel. Links und rechts lagen
Inseln. Mit Korallenriffen aus
denen man die berühmten Ketten
macht. Und mit Heufischen. Von
denen wollte einer mein Onkel fressen.
Wegen dem Bauch aber er hat gar
keinen. Ich nicht faul gab ihm ein
Ding auf die Schnauze und der
Onkel mir ne Mark. Wegen der Dampf
maschiene. Vier Mark 80 ist zuwenig
hab ich schon denn dirigirte ein
Affe ein Cor. Auch ein Elefant war
dabei, und klapperte mit Koko-
nussen. Wir dankten doch sie rissen
aus. Besonders kitzlich war die
Sache mit den drei Tiegergern. Der
Onkel wollte mit dem Spazierstock
schiessen. Da zogen sie ein weisses
Tuch raus und liefen in Urwald

Ringelnatzens trafen wir auch. die
strickten Strümpfe und die Wolle
haben sie in ihren Beuteln den sie
haben. Am schönsten war daß
wir Petersilie trafen. Das ist ein
kleines Kind und schwarz und
weiss gekästelt. Denn ihr Vater
ist Häuptling und die Mama
blos Tippfräulein. Sie heulte wegen
dem Wallfisch der hinter ihr her
war. Denn die Wallfische sind Säu
getiere. Und im Wasser leben sie nur
ausversehentlich. Sie hatte ihm die
Zunge rausgestreckt, und nun war
er tükisch Rabenaas war ein
Häuptling mit heissen Bratäp
feln und schoss und vertrieb das
Ungeheuer Leider mußte sie dann
weiter Weil ihrem Vater eine Perle
aus der Krone gefallen war. Der
Stamm wo wir zu mittag aßen
und tauchen konnten. die Jungens,
toll. wollte uns gebratenes Menschen
fleisch vorsetzen. Gottseidank sie
hatten keins. In der Speisekammer.
Es gab auch ohnedas verrücktes Zeuh.
Elefantenstek. Und Kotlets von einen
Vogel, wie der Strauß einer ist. Und
Schnecken muss Onkel Ringelnuth

hätte, fast, aber er hat dann
nicht. Er weis fast stez, was sich
gehört. Leider blieb das Pferd dort.
Um eine Schimmelin zu heiraten.
Als wir uns von Petersilie verabschiedet hatten, sagte der Onkel es ist
gleich und wenn wir nicht gleich
der Schrank begegnen bleiben wir
da und lassen uns braten. Aber da
kam Rabenaas wieder und hechste
den Schrank hin und wär wir durch
waren stonden wir wieder in dem
Onkel seine Wohnung und der
sprach nun mach daß du Hein
komst, sonst kräuchts. Meine Eltern
haben nichts gemerkt denn ich kam
zum Abendbrot zu recht und das
is bei uns die Hauptsache. Und
dann hab ich mich hingesetzt
und den Aufsatz geschrißen trotz
dem ich in der Südsee war und
zurück und einen freien Aufsatz ja
rüber das soll mir mal
einer nachmachen
Ohne meinem Onkel wäre es
nicht zumachen gewesen. Aber
ist ja aus derselben Vormilje.
Mein Onkel hats auch gesagt.
Das ist wohl alles was ich in der

Südsee erlebt habe, kann sein, auch nicht, aber es war so sehr vieles, wenn mans aufschreibt vergißt man die Hälfte. Und wärs nicht glaubt lässt es eben bleiben Oder er kann ja mein Onkel fragen der heißt wie ich und is Apotheker und da kann er was erleben.

Onkel Ringelhuth legte das Heft behutsam aufs Schreibpult zurück, ging noch einmal zum Bett hinüber, nickte dem schlafenden Jungen zu, schlich auf den Zehenspitzen zur Tür, drehte sich dort noch einmal um und sagte, während er das Licht ausknipste: »Gute Nacht, mein Sohn.«

Und dabei war es doch nur sein Neffe.

Als ich
ein kleiner Junge war

Kein Buch ohne Vorwort

Liebe Kinder und Nichtkinder!

Meine Freunde machen sich schon seit langem darüber lustig, daß keines meiner Bücher ohne ein Vorwort erscheint. Ja, ich hab auch schon Bücher mit zwei und sogar mit drei Vorworten zustande gebracht! In dieser Hinsicht bin ich unermüdlich. Und auch wenn es eine Unart sein sollte – ich werde mir's nicht abgewöhnen können. Erstens gewöhnt man sich Unarten am schwersten ab, und zweitens halte ich es für gar keine Unart.

Ein Vorwort ist für ein Buch so wichtig und so hübsch wie der Vorgarten für ein Haus. Natürlich gibt es auch Häuser ohne Vorgärtchen und Bücher ohne Vorwörtchen, Verzeihung, ohne Vorwort. Aber mit einem Vorgarten, nein, mit einem Vorwort sind mir die Bücher lieber. Ich bin nicht dafür, daß die Besucher gleich mit der Tür ins Haus fallen. Es ist weder für die Besucher gut noch fürs Haus. Und für die Tür auch nicht.

So ein Vorgarten mit Blumenrabatten, beispielsweise mit bunten, kunterbunten Stiefmütterchen, und einem kleinen, kurzen Weg aufs Haus zu, mit drei, vier Stufen bis zur Tür und zur Klingel, das soll eine Unart sein? Mietskasernen, ja siebzigstöckige Wolkenkratzer, sie sind im Laufe der Zeit notwendig geworden. Und dicke Bücher, schwer wie Ziegelsteine, natürlich auch. Trotzdem gehört meine ganze Liebe nach wie vor den kleinen gemütlichen Häusern mit den Stiefmütterchen und Dahlien im Vorgarten. Und den schmalen, handlichen Büchern mit ihrem Vorwort.

Vielleicht liegt es daran, daß ich in Mietskasernen aufgewachsen bin. Ganz und gar ohne Vorgärtchen. Mein Vorgarten war der Hinterhof, und die Teppichstange war mein Lindenbaum. Das ist kein Grund zum Weinen, und es war kein Grund zum Weinen. Höfe und Teppichstangen sind etwas sehr Schönes. Und ich habe wenig geweint und viel gelacht. Nur, Fliederbüsche und Holundersträucher sind auf andere und noch schönere Weise schön. Das wußte ich schon, als ich ein kleiner Junge war. Und heute weiß ich's fast noch besser. Denn heute hab ich endlich ein Vorgärtchen und hinterm Haus eine Wiese. Und Rosen und Veilchen und Tulpen und Schneeglöckchen und Narzissen und Hahnenfuß und Männertreu und Glockenblumen und Vergißmeinnicht und meterhohe blühende Gräser, die der Sommerwind streichelt. Und Faulbaumsträucher und Fliederbüsche und zwei hohe Eschen und eine alte, morsche Erle hab ich außerdem. Sogar Blaumeisen, Kohlmeisen, Hänflinge, Kleiber, Dompfaffen, Amseln, Buntspechte und Elstern hab ich. Manchmal könnte ich mich fast beneiden!

In diesem Buch will ich Kindern einiges aus meiner Kindheit erzählen. Nur einiges, nicht alles. Sonst würde es eines der dicken Bücher, die ich nicht mag, schwer wie ein Ziegelstein, und mein Schreibtisch ist ja schließlich keine Ziegelei, und überdies: Nicht alles, was Kinder erleben, eignet sich dafür, daß Kinder es lesen! Das klingt ein bißchen merkwürdig. Doch es stimmt. Ihr dürft mir's glauben.

Daß ich ein kleiner Junge war, ist nun fünfzig Jahre her, und fünfzig Jahre sind immerhin ein halbes Jahrhundert. (Hoffentlich hab ich mich nicht verrechnet!) Und ich dachte mir eines schönen Tages, es könne euch interessieren, wie ein kleiner Junge vor einem halben Jahrhundert gelebt hat. (Auch darin habe ich mich hoffentlich nicht verrechnet.)

Damals war ja so vieles anders als heute! Ich bin noch mit der Pferdebahn gefahren. Der Wagen lief schon auf Schienen, aber er wurde von einem Pferd gezogen, und der Schaffner war zugleich der Kutscher und knallte mit der Peitsche. Als sich die Leute an die ›Elektrische‹ gewöhnt hatten, wurden die Humpelröcke Mode. Die Damen trugen ganz lange, ganz enge Röcke.

Sie konnten nur winzige Schrittchen machen, und in die Straßenbahn klettern konnten sie schon gar nicht. Sie wurden von den Schaffnern und anderen kräftigen Männern unter Gelächter auf die Plattform hinaufgeschoben, und dabei mußten sie auch noch den Kopf schräghalten, weil sie Hüte trugen, so groß wie Wagenräder, mit gewaltigen Federn und mit ellenlangen Hutnadeln und polizeilich verordneten Hutnadelschützern!

Damals gab es noch einen deutschen Kaiser. Er hatte einen hochgezwirbelten Schnurrbart im Gesicht, und sein Berliner Hoffriseur machte in den Zeitungen und Zeitschriften für die vom Kaiser bevorzugte Schnurrbartbinde Reklame. Deshalb banden sich die deutschen Männer morgens nach dem Rasieren eine breite Schnurrbartbinde über den Mund, sahen albern aus und konnten eine halbe Stunde lang nicht reden.

Einen König von Sachsen hatten wir übrigens auch. Des Kaisers wegen fand jedes Jahr ein Kaisermanöver statt, und dem König zuliebe, anläßlich seines Geburtstags, eine Königsparade. Die Uniformen der Grenadiere und Schützen, vor allem aber der Kavallerieregimenter waren herrlich bunt. Und wenn auf dem Alaunplatz in Dresden die Gardereiter mit ihren Kürassierhelmen, die Großenhainer und Bautzener Husaren mit verschnürter Attila und brauner Pelzmütze, die Oschatzer und Rochlitzer Ulanen mit Ulanka und Tschapka und die Reitenden Jäger, allesamt hoch zu Roß, mit gezogenem Säbel und erhobener Lanze an der königlichen Tribüne vorübertrabten, dann war die Begeisterung groß, und alles schrie Hurra. Die Trompeten schmetterten. Die Schellenbäume klingelten. Und die Pauker schlugen auf ihre Kesselpauken, daß es nur so dröhnte. Diese Paraden waren die prächtigsten und teuersten Revuen und Operetten, die ich in meinem Leben gesehen habe.

Der Monarch, dessen Geburtstag so bunt und laut gefeiert wurde, hieß Friedrich August. Und er war der letzte sächsische König. Doch das wußte er damals noch nicht. Manchmal fuhr er mit seinen Kindern durch die Residenzstadt. Neben dem Kutscher saß mit verschränkten Armen und einem schillernden Federhut der Leibjäger. Und aus dem offenen Wagen winkten die kleinen Prinzen und Prinzessinnen uns anderen Kindern zu. Der König winkte auch. Und er lächelte freundlich. Wir winkten zurück und bedauerten ihn ein bißchen. Denn wir und alle Welt wußten ja, daß ihm seine Frau, die Königin von Sachsen, davongelaufen war. Mit Signore Toselli, einem italienischen Geiger! So war der König eine lächerliche Figur geworden, und die Prinzessinnen und Prinzen hatten keine Mutter mehr.

Um die Weihnachtszeit spazierte er manchmal ganz allein und mit hochgestelltem Mantelkragen, wie andere Offiziere auch, durch die abendlich funkelnde Prager Straße und blieb nachdenklich vor den schimmernden Schaufenstern stehen. Für Kinderkleider und Spielwaren interessierte er sich am meisten. Es schneite. In den Läden glitzerten die Christbäume. Die Passanten stießen sich an, flüsterten: »Der König!« und gingen eilig weiter, um ihn nicht zu stören. Er war einsam. Er liebte seine Kinder. Und deshalb liebte ihn die Bevölkerung. Wenn er in die Fleischerei Rarisch hineingegangen wäre und zu einer der Verkäuferinnen gesagt hätte: »Ein Paar heiße Altdeutsche mit viel Senf zum Gleichessen!« wäre sie bestimmt nicht in die Knie gesunken, und sie hätte sicher nicht geantwortet: »Es ist uns eine hohe Ehre, Majestät!« Sie hätte nur gefragt: »Mit oder ohne Semmel?« Und wir anderen, auch meine Mutter und ich, hätten beiseite geschaut, um ihm den Appetit nicht zu verderben. Aber er traute sich wohl nicht recht. Er ging nicht zu Rarisch, sondern die Seestraße entlang, blieb vor Lehmann & Leichsenring, einem schönen Delikatessengeschäft, stehen, passierte den Altmarkt, schlenderte die Schloßstraße hinunter, musterte bei Zeuner in der Auslage die in Schlachtformation aufgestellten Nürnberger Zinnsoldaten, und dann war es mit seinem Weihnachtsbummel auch schon vorbei! Denn auf der anderen Straßenseite

stand das Schloß. Man hatte ihn bemerkt. Die Wache sprang heraus. Kommandoworte ertönten. Das Gewehr wurde präsentiert. Und der letzte König von Sachsen verschwand unter Anlegen der Hand an die Mütze in seiner viel zu großen Wohnung.

Ja, ein halbes Jahrhundert ist eine lange Zeit. Aber manchmal denk ich: Es war gestern. Was gab es seitdem nicht alles! Kriege und elektrisches Licht, Revolutionen und Inflationen, lenkbare Luftschiffe und den Völkerbund, die Entzifferung der Keilschrift und Flugzeuge, die schneller sind als der Schall! Doch die Jahreszeiten und die Schularbeiten, die gab es immer schon, und es gibt sie auch heute noch. Meine Mutter mußte zu ihren Eltern noch ›Sie‹ sagen. Aber die Liebe zwischen Eltern und Kindern hat sich nicht geändert. Mein Vater schrieb in der Schule noch ›Brod‹ und ›Thür‹. Aber ob nun Brod oder Brot, man aß und ißt es gerne. Und ob nun Thür oder Tür, ohne sie kam und käme man nicht ins Haus. Fast alles hat sich geändert, und fast alles ist sich gleich geblieben.

War es erst gestern, oder ist es wirklich schon ein halbes Jahrhundert her, daß ich meine Rechenaufgaben unter der blakenden Petroleumlampe machte? Daß plötzlich mit einem dünnen ›Klick‹ der gläserne Zylinder zersprang? Und daß er vorsichtig mit dem Topflappen ausgewechselt werden mußte? Heutzutage brennt die Sicherung durch, und man muß mit dem Streichholz eine neue suchen und einschrauben. Ist der Unterschied so groß? Nun ja, das Licht schimmert heute heller als damals, und man braucht den elektrischen Strom nicht in der Petroleumkanne einzukaufen. Manches ist bequemer geworden. Wurde es dadurch schöner? Ich weiß nicht recht. Vielleicht. Vielleicht auch nicht.

Als ich ein kleiner Junge war, trabte ich morgens vor der Schule zum Konsumverein in die Grenadierstraße. »Anderthalb Liter Petroleum und ein frisches Vierpfundbrot, zweite Sorte«, sagte ich zur Verkäuferin. Dann rannte ich – mit dem Wechselgeld, den Rabattmarken, dem Brot und der schwappenden Kanne – weiter. Vor den zwinkernden Gaslaternen tanzten die Schneeflocken. Der Frost nähte mit feinen Nadelstichen die Nasenlöcher zu. Jetzt ging's zu Fleischermeister Kießling. »Bitte, ein Viertelpfund hausschlachtene Blut- und Leberwurst, halb und halb!« Und nun in den Grünkramladen zu Frau Kletsch. »Ein Stück Butter und sechs Pfund Kartoffeln. Einen schönen Gruß, und die letzten waren erfroren!« Und dann nach Hause! Mit Brot, Petroleum, Wurst, Butter und Kartoffeln! Der Atem quoll weiß aus dem Mund wie der Rauch eines Elbdampfers. Das warme Vierpfundbrot unterm Arm kam ins Rutschen. In der Tasche klimperte das Geld. In der Kanne schaukelte das Petroleum. Das Netz mit den Kartoffeln schlug gegen die Knie. Die quietschende Haustür. Die Treppe, drei Stufen auf einmal. Die Klingel im dritten Stock, und zum Klingeln keine Hand frei. Mit dem Schuh gegen die Tür. Sie öffnete sich. »Kannst du denn nicht klingeln?« – »Nein, Muttchen, womit denn?« Sie lacht. »Hast du auch nichts vergessen?« – »Na, erlaube mal!« – »Treten Sie näher, junger Mann!« Und dann gab's am Küchentisch eine Tasse Malzkaffee mit Karlsbader Feigenzusatz und den warmen Brotkanten, das ›Ränftchen‹, mit frischer Butter. Und der gepackte Schulranzen stand im Flur und trat ungeduldig von einem Bein aufs andere.

»Seitdem sind mehr als fünfzig Jahre vergangen«, erklärt nüchtern der Kalender, dieser hornalte, kahle Buchhalter im Büro der Geschichte, der die Zeitrechnung kontrolliert und mit Tinte und Lineal die Schaltjahre blau und jeden Jahrhundertbeginn rot unterstreicht. »Nein!« ruft die Erinnerung und schüttelt die Locken. »Es war gestern!« und lächelnd fügt sie leise hinzu: »Oder allerhöchstens vorgestern.« Wer hat unrecht?
 Beide haben recht. Es gibt zweierlei Zeit. Die eine kann man mit der Elle messen, mit der Bussole und dem Sextanten, wie man Straßen und Grundstücke ausmißt. Unsere Erinnerung aber, die andere Zeitrechnung, hat mit Meter und Monat, mit Jahrzehnt und Hektar nichts zu schaffen. Alt ist, was man vergessen hat. Und das Unvergeßliche war gestern. Der Maßstab ist nicht die Uhr, sondern der Wert. Und das Wertvollste, ob lustig oder traurig, ist die Kindheit. Vergeßt das Unvergeßliche nicht! Diesen Rat kann man, glaub ich, nicht früh genug geben.

Damit ist die Einleitung zu Ende. Und auf der nächsten Seite beginnt das erste Kapitel. Das gehört sich so. Denn auch wenn der Satz ›Kein Buch ohne Vorwort‹ eine gewisse Berechtigung haben sollte – seine Umkehrung stimmt erst recht. Sie lautet:

Kein Vorwort ohne Buch

Die Kästners und die Augustins

Wer von sich selber zu erzählen beginnt, beginnt meist mit ganz anderen Leuten. Mit Menschen, die er nie gesehen hat und nie gesehen haben kann. Mit Menschen, die er nie getroffen hat und niemals treffen wird. Mit Menschen, die längst tot sind und von denen er fast gar nichts weiß. Wer von sich selber zu erzählen beginnt, beginnt meist mit seinen Vorfahren.

Das ist begreiflich. Denn ohne die Vorfahren wäre man im Ozean der Zeit, wie ein Schiffbrüchiger auf einer winzigen und unbewohnten Insel, ganz allein. Mutterseelenallein. Großmutterseelenallein. Urgroßmutterseelenallein. Durch unsere Vorfahren sind wir mit der Vergangenheit verwandt und seit Jahrhunderten verschwistert und verschwägert. Und eines Tages werden wir selber Vorfahren geworden sein. Für Menschen, die heute noch nicht geboren und trotzdem schon mit uns verwandt sind.

Die Chinesen errichteten in früheren Zeiten ihren Ahnen Hausaltäre, knieten davor nieder und besannen sich auf ihre Zusammenhänge. Der Kaiser und der Mandarin, der Kaufmann und der Kuli, jeder besann sich darauf, daß er nicht nur der Kaiser oder ein Kuli, sondern das einzelne Glied einer unzerreißbaren Kette war und sogar nach seinem Tode bleiben würde. Mochte die Kette nun aus Gold, aus Perlen oder nur aus Glas, mochten die Ahnen Söhne des Himmels, Ritter oder nur Torhüter sein – allein war keiner. So stolz oder so arm war niemand.

Doch wir wollen nicht feierlich werden. Wir sind, ob es uns gefällt oder nicht, keine Chinesen. Drum will ich meinen Vorfahren auch keinen Hausaltar bauen, sondern nur ein klein wenig von ihnen erzählen.

Von den Vorfahren meines Vaters ›nur ein klein wenig‹ zu erzählen, macht nicht die geringsten Schwierigkeiten. Denn ich weiß nichts über sie. Fast nichts. Ihr Hochzeitstag und ihr Sterbejahr, ihre Namen und Geburtsdaten wurden von protestantischen Pfarrern gewissenhaft in sächsischen Kirchenbüchern eingetragen. Die Männer waren Handwerker, hatten viele Kinder und überlebten ihre Frauen, die meist bei der Geburt eines Kindes starben. Und viele der Neugeborenen starben mit ihren

Müttern. Das war nicht nur bei den Kästners so, sondern in ganz Europa und Amerika. Und es besserte sich erst, als Doktor Ignaz Philipp Semmelweis das Kindbettfieber ausrottete. Das geschah vor etwa hundert Jahren. Man hat Doktor Semmelweis den ›Retter der Mütter‹ genannt und vor lauter Bewunderung vergessen, ihm Denkmäler zu errichten. Doch das gehört nicht hierher.

Meines Vaters Vater, Christian Gottlieb Kästner, lebte als Tischlermeister in Penig, einer sächsischen Kleinstadt an einem Flüßchen, das die Mulde heißt, und hatte mit seiner Frau Laura, einer geborenen Eidam, elf Kinder, von denen fünf starben, ehe sie laufen gelernt hatten. Zwei seiner Söhne wurden wie der Vater Tischler. Ein anderer, mein Onkel Karl, wurde Hufschmied. Und Emil Kästner, mein Vater, erlernte das Sattler- und Tapeziererhandwerk.

Vielleicht haben sie und ihre Vorväter mir die handwerkliche Sorgfalt vererbt, mit der ich meinem Beruf nachgehe. Vielleicht verdanke ich mein – im Laufe der Zeit freilich eingerostetes – turnerisches Talent dem Onkel Hermann, der noch mit fünfundsiebzig Jahren im Peniger Turnverein die Altherrenriege anführte.

Ganz sicher aber haben mir die Kästners eine Familieneigenschaft in die Wiege gelegt, die alle meine Freunde immer wieder verwundert und oft genug ärgert: die echte und unbelehrbare Abneigung vorm Reisen.

Wir Kästners sind auf die weite Welt nicht sonderlich neugierig. Wir leiden nicht am Fernweh, sondern am Heimweh. Warum sollten wir in den Schwarzwald oder auf den Gaurisankar oder zum Trafalgar Square? Die Kastanie vorm Haus, der Dresdner Wolfshügel und der Altmarkt tun es auch. Wenn wir unser Bett und die Fenster in der Wohnstube mitnehmen könnten, dann ließe sich vielleicht darüber reden! Aber in die Fremde ziehen und das Zuhause daheimlassen? Nein, so hoch kann kein Berg und so geheimnisvoll kann keine Oase sein, so abenteuerlich kein Hafen und so laut kein Niagarafall, daß wir meinen, wir müßten sie kennenlernen! Es ginge noch, wenn wir daheim einschliefen und in Buenos Aires aufwachten! Das Dortsein wäre vorübergehend zu ertragen, aber das Hinkommen? Niemals! Wir sind, fürchte ich, Hausfreunde der Gewohnheit und der Bequemlichkeit. Und wir haben neben diesen zweifelhaften Eigenschaften eine Tugend: Wir sind unfähig, uns zu langweilen. Ein Marienkäfer an der Fensterscheibe beschäftigt uns vollauf. Es muß kein Löwe in der Wüste sein.

Trotzdem sind meine Herren Vorväter und noch mein Vater wenigstens einmal im Leben gereist. Auf Schusters Rappen. Als Handwerksburschen. Mit dem Gesellenbrief in der Tasche. Doch sie taten's nicht freiwillig. Die Zünfte und Innungen verlangten es. Wer nicht in anderen Städten und bei fremden Meistern gearbeitet hatte, durfte selber nicht Meister werden. Man mußte in der Fremde Geselle gewesen sein, wenn man daheim Meister werden wollte. Und das wollten die Kästners unbedingt, ob sie nun Tischler, Schmied, Schneider, Ofensetzer oder Sattler waren! Diese Wanderschaft blieb zumeist ihre erste und letzte Reise. Wenn sie Meister geworden waren, reisten sie nicht mehr.

Als mein Vater im verflossenen August vor meiner Münchner Wohnung aus einem Dresdner Auto kletterte – ein bißchen ächzend und müde, denn er ist immerhin neunzig Jahre alt –, war er nur gekommen, um festzustellen, wie ich wohne, und um aus meinem Fenster ins Grüne zu sehen. Ohne die Sorge um mich hätten ihn nicht zehn Pferde von seinem Dresdner Fenster fortgebracht. Auch dort blickt er ins Grüne. Auch dort gibt es Kohlmeisen, Buchfinken, Amseln und Elstern. Und viel mehr Sperlinge als in Bayern! Wozu also, wenn nicht meinetwegen, hätte er reisen sollen?

Ich selber bin ein bißchen mehr in der Welt herumgekommen als er und unsere Vorfahren. Ich war schon in Kopenhagen und Stockholm, in Moskau und Petersburg, in Paris und London, in Wien und Genf, in Edinburgh und Nizza, in Prag und Venedig, in Dublin und Amsterdam, in Radebeul und Lugano, in Belfast und in Garmisch-Partenkirchen. Aber ich reise nicht gern. Nur, man muß wohl auch in meinem Beruf unterwegs gewesen sein, wenn man daheim eines schönen Tages vielleicht Meister werden will. Und Meister werden, das möchte ich schon sehr gerne. Doch das gehört nicht hierher.

Ida Amalia Kästner, meine Mutter, stammt aus einer sächsischen Familie namens Augustin. Im 16. Jahrhundert hießen diese meine Vorfahren noch Augsten und Augstin und Augusten. Und erst um 1650 taucht der Name Augustin in den Kirchenbüchern und den Jahresrechnungen der Stadtkämmerei Döbeln auf.

Woher ich das weiß? Es gibt eine ›Chronik der Familie Augustin‹. Sie reicht bis ins Jahr 1568 zurück. Das war ein interessantes Jahr! Damals sperrte Elisabeth von England die Schottenkönigin Maria Stuart ins Gefängnis, und König Philipp von Spa-

nien tat dasselbe mit seinem Sohn Don Carlos. Herzog Alba ließ in Brüssel die Grafen Egmont und Horn hinrichten. Pieter Brueghel malte sein Bild ›Die Bauernhochzeit‹. Und mein Vorfahre Hans Augustin wurde vom Stadtkämmerer in Döbeln mit einer Geldstrafe belegt, weil er zu kleine Brote gebacken hatte. Nur wegen dieser Geldstrafe geriet er in die Jahresrechnungen der Stadt und mithin neben Maria Stuart, Don Carlos, Graf Egmont und Pieter Brueghel ins Buch der Geschichte. Wäre er damals nicht erwischt worden, wüßten wir nichts von ihm. Mindestens bis zum Jahre 1577. Denn da wurde er wieder wegen zu kleingeratener Brote und Semmeln erwischt, bestraft und eingetragen! Desgleichen 1578, 1580, 1587 und zum letzten Mal im Jahre 1605. Man muß also zu kleine Brötchen backen und sich dabei erwischen lassen, wenn man berühmt werden will! Oder, im Gegenteil, zu große! Doch das hat noch keiner getan. Jedenfalls habe ich nichts dergleichen gehört oder gelesen.

Sein Sohn, Caspar Augustin, heißt in meiner Chronik Caspar I. Auch er war Bäcker und wird in den Annalen Döbelns dreimal erwähnt: 1613, 1621 und 1629. Und warum? Ihr ahnt es schon. Auch Caspar I. buk zu kleine Brötchen! Ja, die Augustins waren ein verwegenes Geschlecht! Aber es half ihnen nicht recht weiter. Obwohl sie Scheunen, Gärten und Wiesen kauften, Hopfen bauten und nicht nur Brot buken, sondern auch Bier brauten. Erst fiel die Pest über die Stadt her und raffte die halbe Familie hin. 1636 plünderten die Kroaten und 1645 die Schweden die kleine sächsische Stadt. Denn es herrschte ja der Dreißigjährige Krieg, und die Soldaten schlachteten das Vieh, verfütterten die Ernte, luden die Betten und das Kupfergeschirr auf Caspar Augustins Pferdewagen, verbrannten, was sie nicht mitnehmen konnten, fuhren mit der Beute davon und freuten sich diebisch auf das nächste Städtchen.

Der Sohn Caspar Augustins hieß gleichfalls Caspar. Die Chronik nennt ihn deshalb Caspar II. Auch er war Bäcker, regierte die Familie bis zum Jahre 1652 und ärgerte sich zu Tode. Denn sein Bruder Johann, der in Danzig lebte, kam nach Kriegsende angereist und verlangte sein Erbteil, das ja doch die Schweden mitgenommen hatten! Er forderte, weil er während des Krieges nicht hatte reisen wollen, sogar beträchtliche Zinsen! Es kam zu einem Prozeß, der mit einem Vergleich endete. Der Vergleich wurde vom Stadtkämmerer fein säuberlich aufgeschrieben, und damit gerieten meine Vorfahren wieder ins Buch der Geschichte. Diesmal nicht mit zu kleinen Brötchen, sondern mit einem Familienstreit. Nun, auch ein Bruderzwist kann sich sehen lassen!

Allmählich merke ich, daß ich mich werde kürzer fassen müssen, wenn ich beizeiten zum eigentlichen Gegenstand dieses Buches gelangen will: zu mir selber. Ich fasse mich also kurz. Was gäbe es auch groß zu berichten. Die Augustins rappelten sich wieder hoch, und jeder – ob nun Wolfgang Augustin oder Johann Georg I., Johann Georg II. oder Johann Georg III. –, ein jeder von ihnen wurde Bäckermeister. 1730 brannte die Stadt ab. Im Siebenjährigen Krieg, als es Döbeln wieder besser erging, kamen die Preußen. Die Stadt wurde eines ihrer Winterquartiere. Denn damals hatte der Krieg im Winter Große Ferien. Das konnte selbst Friedrich der Große nicht ändern. Die Regimenter machten es sich also bequem und vernichteten die feindlichen Städte und Dörfer statt mit Pulver und Blei mit ihrem Appetit. Als man sich wieder erholt hatte, kam Napoleon mit seiner Großen Armee, und als er in der Völkerschlacht bei Leipzig geschlagen wurde, waren auch die Augustins wieder einmal am Ende. Denn erstens liegt Döbeln in Leipzigs Nähe. Und zweitens war der König von Sachsen mit Napoleon verbündet gewesen. Er gehörte zu den Verlierern. Und das spürten seine Untertanen, auch die in Döbeln, mehr als er selber.

Doch die Augustins ließen nicht locker. Wieder brachten sie es zu einigem Wohlstand. Wieder als Bäcker und wieder mit der

Genehmigung, Bier zu brauen und zu verkaufen. Dreihundert Jahre waren sie nun schon Bäcker. Trotz Pest und Brand und Kriegen. Da vollzog sich, im Jahre 1847, die große, entscheidende Wendung: Der Bäckermeister Johann Carl Friedrich Augustin eröffnete ein Fuhrgeschäft! Seit diesem historischen Datum haben die Vorfahren meiner Mutter mit Pferden zu tun. Und es ist nicht ihre Schuld, daß das Pferd, dieses herrliche Tier, im Aussterben begriffen ist, und mit dem Pferd der Beruf des Fuhrwerksbesitzers und des Pferdehändlers.

Das dritte Kind Johann Friedrich Augustins wurde Carl Friedrich Louis getauft. Er wurde später in Kleinpelsen bei Döbeln Schmied und Pferdehändler. Und Pferdehändler wurden sieben seiner Söhne. Zwei davon brachten es zum Millionär. Mit dem Pferdehandel läßt sich mehr verdienen als mit Brot und Semmeln, selbst wenn sie zu klein geraten. Dazu kommt, daß man Pferde, auch wenn man sie kauft und verkauft und an ihnen verdient, lieben kann. Bei Brötchen ist das viel, viel schwieriger. Endlich hatten die Augustins ihren wahren Beruf entdeckt!

Der Schmied aus Kleinpelsen wurde mein Großvater. Seine mit Pferden handelnden Söhne wurden meine Onkels. Und seine Tochter Ida Amalia ist meine Mutter. Doch sie gehört nicht hierher. Denn meine Mutter ist ein ganz, ganz andres Kapitel.

Die kleine Ida und und ihre Brüder

Meine Mutter kam am 9. April 1871 im Dorf Kleinpelsen zur Welt. Und auch damals gab es, wie so oft im Leben, gerade Krieg. Deshalb wurde ihr Geburtsort auch nicht halb so berühmt wie im gleichen Jahr Wilhelmshöhe bei Kassel, wo Napoleon III., der Kaiser der Franzosen, interniert, oder wie Versailles bei Paris, wo König Wilhelm von Preußen zum deutschen Kaiser ernannt wurde.

Der französische Kaiser wurde in einem deutschen Schloß eingesperrt, und der deutsche Kaiser wurde in einem französischen Schloß proklamiert. Umgekehrt wär's eigentlich viel einfacher und wesentlich billiger gewesen! Aber die Weltgeschichte kann ja nicht genug kosten! Wenn ein Kolonialwarenhändler in seinem kleinen Laden so viele Dummheiten und Fehler machte wie die Staatsmänner und Generäle in ihren großen Ländern, wäre er in spätestens vier Wochen bankrott. Und er käme ganz und gar nicht ins goldne Buch der Geschichte, sondern ins Kittchen. Doch das gehört, schon wieder einmal, nicht hierher.

Die kleine Ida Augustin, meine zukünftige Mama, verbrachte ihre Kindheit in einem Bauernhaus. Zu diesem Haus gehörte mancherlei: eine Scheune, ein Vorgärtchen mit Stiefmütterchen und Astern, ein Dutzend Geschwister, ein Hof mit Hühnern, ein alter Obstgarten mit Kirsch- und Pflaumenbäumen, ein Pferdestall, viel Arbeit und ein langer Schulweg. Denn die Schule lag in einem Nachbardorf. Und sehr viel gab's in der Schule im Nachbardorf nicht zu lernen. Denn sie hatte nur einen einzigen Lehrer und nur zwei Klassen. In der einen Klasse saßen die Kinder vom siebenten bis zum zehnten, in der andern vom elften Lebensjahr bis zur Konfirmation. Da war außer Lesen, Schreiben und Rechnen nichts zu holen, und für die gescheiten Kinder war es schrecklich langweilig! Vier Jahre in ein und derselben Klasse – es war zum Auswachsen!

Im Sommer war es damals heißer als heutzutage und im Winter kälter. Woran das gelegen hat, weiß ich nicht. Es gibt Leute, die behaupten, sie wüßten es. Aber ich habe sie im Verdacht, daß sie renommieren.

Im Winter lag der Schnee mitunter so hoch, daß die Haustür nicht aufging! Dann mußten die Kinder durchs Fenster klettern, wenn sie in die Schule wollten! Wenn sich die Tür, trotz des Schnees, öffnen ließ, mußte man mit Schaufeln erst einen Tunnel graben, durch den die Kinder dann ins Freie krochen! Das war zwar ganz lustig, aber die Lustigkeit dauerte nicht lange. Denn der Wind pfiff eisig über die Felder. Man versank im Schnee bis zu den Hüften. Man fror an den Fingern und Zehen und Ohren, daß einem die Tränen in die Augen schossen. Und wenn man schließlich pitschnaß, halb erfroren und zu spät in der Schule ankam, gab es nicht einmal etwas Rechtes und Interessantes zu lernen!

Das alles verdroß die kleine Ida nicht. Sie kletterte aus dem Fenster. Sie kroch durch den Schneetunnel. Sie fror und weinte auf dem Schulweg vor sich hin. Es machte ihr wenig aus. Denn sie war wissensdurstig und wissenshungrig. Sie wollte alles lernen, was der alte Lehrer selber wußte. Und wußte er auch nicht sehr viel, so wußte er doch immer noch etwas mehr als die kleine Ida!

Ihre älteren Brüder – vor allem der Franz, der Robert und der Paul – hatten von der Schule und vom Lernen eine durchaus andre Auffassung. Sie hielten das Herumsitzen im Klassenzimmer für verlorene Zeit. Das bißchen Lesen und Schreiben, das sie später brauchen würden, war rasch gelernt. Und Rechnen? Ich glaube, rechnen konnten die drei Jungen schon in der Wiege

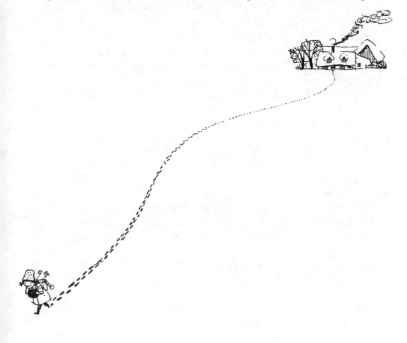

und bevor sie die Worte ›Mutter‹ und ›Vater‹ aussprechen konnten. Das Rechnenkönnen war ihnen angeboren. Wie das Atmen und Hören und Sehen.

Aus diesen Gründen diente ihnen der Schulweg zwar dazu, um von zu Hause wegzukommen, aber sie kamen oft genug sonstwo an, nur nicht in der Schule! Wo trieben sich die Bürschchen herum, und was stellten sie an? Spielten sie auf einer abgelegenen Wiese Ball? Warfen sie Fensterscheiben ein? Ärgerten sie einen bissigen Hofhund, der an der Kette zerrte? Dergleichen ließ sich natürlich nicht immer vermeiden. Aber in der Hauptsache taten sie, statt in der Dorfschule zu hocken, eines: Sie handelten mit Kaninchen!

Selbstverständlich hätten sie schon damals lieber mit Pferden gehandelt! Aber Pferde sind anspruchsvolle Tiere und viel zu groß, als daß man sie in Holzkisten verstecken könnte! Außerdem: Kaninchen vermehren sich bekanntlich ›wie die Kaninchen‹. In einem fort kriegen sie Junge. Man braucht nur ein paar Rüben, Möhren und Salatköpfe zu finden, damit die lieben Tierchen satt werden und für prächtigen Nachwuchs sorgen.

Nun, die drei Brüder fanden das nötige Futter. Ich vermute, daß sie es nicht einmal bezahlten. Wer billig einkauft, kann billig verkaufen. Das Geschäft blühte. Die Gebrüder Augustin versorgten Kleinpelsen und Umgebung so lange und so reichlich mit Kaninchen, bis der Ruhm der Firma das Ohr meines Großvaters erreichte. Er war nicht entfernt so stolz auf seine Söhne, wie man hätte glauben sollen. Da sie, als er sie zur Rede stellte, stumm blieben, auch nachdem er sie verprügelt hatte, bis ihm beide Arme weh taten, knöpfte er sich die kleine Ida vor. Sie erzählte ihm, was sie wußte. Und sie wußte allerlei.

Dem Robert, dem Franz und dem Paul gefiel das ganz und gar nicht. Deshalb unterhielten sie sich anschließend in aller Stille mit der Schwester, und sie hatte nach dieser Unterhaltung noch sehr lange blaue Flecke, die erst grün und dann gelb wurden, bevor sie schließlich wieder verschwanden.

Im Grunde war, abgesehen von den blauen Flecken, die Unterhaltung ergebnislos verlaufen. Fast wie eine internationale Konferenz. Die Schwester hatte erklärt, der Vater habe die Wahrheit wissen wollen, und die Wahrheit müsse man unter allen Umständen sagen. Das lerne man daheim und in der Schule. Doch die drei Brüder waren viel zu selten daheim und in der Schule gewesen, um diese Ansicht zu teilen. Sie sagten, Ida habe geklatscht. Sie sei kein guter Kamerad und keine ordentliche Schwester. Und sie solle sich schämen.

Wer recht hatte, ist schwer zu entscheiden, und der Streit darüber ist älter als sämtliche Augustins. Er ist so alt wie die Welt! Darf man, den Brüdern zuliebe, die Eltern belügen? Oder muß man, den Eltern zuliebe, die Geschwister anschwärzen?

Hätte mein Großvater auf seine Lausejungen besser aufgepaßt, so hätte er die kleine Ida nicht ausfragen müssen. Aber er war oft unterwegs, um ein Pferd zu kaufen oder zu verkaufen. War das sein Fehler?

Wären die drei Lausejungen brave, musterhafte Knaben gewesen, so hätte die kleine Ida sie nicht verklatschen müssen. Aber der Geschäftsgeist steckte ihnen im Blut. Der Vater handelte mit Pferden. Sie handelten, statt in die Schule zu gehen, mit Kaninchen. War das ihr Fehler? Der einzige Mensch, der sich Gewissensbisse machte, war die kleine Ida! Und warum? Sie ging brav zur Schule. Sie half wie ein Heinzelmännchen im Haushalt, kümmerte sich um ihre kleineren Geschwister und sagte, als man danach fragte, die Wahrheit.

War das ein Fehler?

Liebe Kinder, lest über diese Zeilen nicht hinweg! Worum es sich dreht, ist vielleicht nicht so interessant wie der deutsch-französische Krieg 1870/71 oder wie unerlaubter Kaninchenhandel, aber es ist wichtiger als beides zusammen! Deshalb wiederhole ich die drei Punkte noch einmal!

Erstens: Ein Vater hat für seine Familie, um genug Geld für sie zu verdienen, zu wenig Zeit, erwischt und verprügelt drei seiner zwölf Kinder, und damit ist für ihn alles wieder in bester Ordnung. Zweitens: Drei Jungens schwänzen die Schule, werden vom Vater verprügelt, verhauen eine Schwester, und damit ist für sie alles in Ordnung. Und drittens: Ein kleines kreuzbraves Mädchen, das die Eltern und die Geschwister gern hat, soll die Wahrheit sagen und sagt sie. Und damit gerät für sie alles in Unordnung!

Das war so, und das ist schlimm. Meine Mutter hat ihr Leben lang – und sie ist achtzig Jahre alt geworden – darunter gelitten, daß sie, damals als kleine Ida, die Wahrheit gesagt hatte! War es nicht Verrat gewesen? Hätte sie lügen sollen? Warum hatte sich der Vater gerade an sie gewendet? Fragen über Fragen! Und keine gescheite Antwort drauf!

Sehr, sehr viel später, als aus dem kleinen Kaninchenzüchter Franz längst der steinreiche Pferdehändler Augustin samt Villa, Auto und Chauffeur geworden war, sollte sich zeigen, daß er das Damals keineswegs vergessen hatte. Ebensowenig wie meine Mutter. Und wenn wir ihn zu Weihnachten besuchten und friedlich unterm Christbaum saßen, bei Glühwein und Dresdner Rosinenstollen ... Doch das gehört noch nicht hierher.

Das Leben in Kleinpelsen ging seinen Gang. Die Mutter meiner Mutter starb. Eine Stiefmutter kam ins Haus, schenkte dem Schmied und Pferdehändler Carl Friedrich Louis Augustin drei Kinder und liebte die Kinder aus der ersten Ehe genauso innig wie die eignen. Sie war eine gütige noble Frau. Ich habe sie noch gekannt. Ihre Tochter Alma, die Stiefschwester meiner Mutter, hatte, als ich ein kleiner Junge war, in Döbeln, in der Bahnhofstraße, ein Zigarrengeschäft.

Sooft die Klingel an der Ladentür schepperte, stand die alte, weißhaarige Frau aus ihrem Lehnstuhl auf, ging hochaufgerichtet in den Laden und bediente die Kundschaft. Ein Päckchen Rauchtabak, Bremer Krüllschnitt. Fünf Zigarren à zehn. Eine Rolle Kautabak. Zehn Zigaretten, eine zum Sofortrauchen. Der Laden duftete herrlich. Und die alte Frau, neben der ich hinterm Ladentisch stand, war eine Dame. So hätte es ausgesehen, wenn die Kaiserin Maria Theresia in Döbeln Kautabak verkauft hätte! Doch das gehört nicht hierher.

Wir sind ja noch in Kleinpelsen! Die älteren Schwestern und Brüder der kleinen Ida, die mittlerweile auch älter wurde, waren aus der Schule gekommen. Und aus dem Elternhaus. Lina und Emma gingen, wie man das nannte, ›in Stellung‹. Sie wurden Dienstmädchen. Sie wurden sehr tüchtige Dienstmädchen. Denn das Arbeiten hatten sie ja daheim gründlich studiert.

Und die Brüder, der entlarvte Geheimbund der Kaninchenhändler? Was lernten denn diese Brüder? Den Pferdehandel? Dazu hätte zweierlei gehört: der sogenannte Pferdeverstand und das sogenannte Kapital. Nun, den Pferdeverstand, den hatten sie! Sie waren im Pferdestall aufgewachsen wie andre Kinder im Kindergarten oder im Kirchenchor. Aber das Geld, das sie gebraucht hätten, das hatte ihr Vater, mein Großvater, nicht. Wenn er ein Pferd kaufte oder verkaufte, war das für ihn und seine Familie eine große Sache. Und wenn ein Pferd im Stall die Druse hatte oder an Kolik einging, war es eine Katastrophe!

Wenn man meinem Großvater damals erzählt hätte, daß seine Söhne Robert und Franz eines Tages auf einer einzigen Reise zu den großen europäischen Pferdemärkten in Holstein, Däne-

mark, Holland und Belgien hundert, ja zweihundert Pferde kaufen würden! Daß ganze Güterzüge voller stampfender Pferde nach Dresden und Döbeln rollen würden in die Stallungen der berühmten Firmen Augustin! Daß sich die Kommandeure der Kavallerieregimenter und die Generaldirektoren der Brauereien gegenseitig auf die Zehen treten würden, wenn der Robert in Döbeln und der Franz in Dresden ihre frischen Pferde mustern ließen!

Wenn man das meinem Großvater damals erzählt hätte, dann hätte er, trotz seinem beginnenden Asthma, laut gelacht. Er hätte kein Wort geglaubt. Er hätte allerdings auch nicht geglaubt, daß ihn diese selben Söhne, als sie schon wohlhabend waren und er selber arm und sterbenskrank, nahezu vergessen würden. Doch das gehört nicht hierher. Noch nicht.

Er ließ sie das Fleischerhandwerk erlernen, und ihnen war es recht. Die Ahnen waren dreihundert Jahre lang Bäcker gewesen. Die Enkel wurden Fleischer. Warum auch nicht? Ochsen und Schweine sind zwar keine Pferde, aber vierbeinige Tiere sind es immerhin. Und wenn man lange genug Schweine, Hammel und Ochsen totgeschlagen und daraus Koteletts und Leberwurst gemacht hat, kann man sich eines Tages vielleicht doch ein Pferd kaufen! Ein richtiges, großes, lebendiges Pferd, und das Stroh und den Hafer dazu!

Und wenn man erst das erste Pferd billig gekauft, gut gefüttert, gestriegelt, gepflegt und günstig weiterverkauft hatte, war es schon leichter, zwei Pferde zu kaufen und nach sorgfältiger Wartung mit Gewinn loszuschlagen. Glück, Geschicklichkeit und Fleiß halfen weiter. Drei Pferde. Vier Pferde. Fünf Pferde. Bei fremden Leuten im Stall. Dann in irgendeinem Hinterhof der erste eigne Stall! Eigene Boxen, eigne Futterkisten, eignes Zaumzeug!

Und noch immer die Fleischerei! Morgens um fünf Uhr auf den Schlachthof, in die Kühlhalle, dann ins Schlachthaus, frische Wurst und Würstchen machen, Schweinefleisch ins Pökelfaß legen, dann mit blütenweißer Schürze und gezogenem Pomadescheitel in den Laden, den Kundinnen zulächeln und beim Fleischwiegen den Daumen heimlich auf die Waage legen, dann zu den Pferden in den Stall, mit dem Pächter einer Fabrikskantine in die Kneipe, damit man den Lieferungsauftrag kriegt, dann einen Posten Hafer billig einhandeln und ein sechsjähriges Pferd als dreijähriges verkaufen, dann zehn Spieße Knoblauchwurst abfassen, wieder hinter die Ladentafel, an den Hackklotz und nach Geschäftsschluß die Tageskasse abrechnen, dann in den Pferdestall, wieder in eine Kneipe, wo man den Fuhrhalter einer Möbeltransportfirma einseifen muß, schließlich ins Bett, noch im Traum rechnend und Pferde kaufend, und morgens um fünf Uhr auf den Schlachthof und in die Kühlhalle. Und so weiter. Jahrelang. Man schuftete sich halbtot. Und der jungen Frau Augustin ging's nicht besser. Mit den Pferden hatte sie nichts zu tun. Dafür stand und lächelte sie von früh bis spät im Fleischerladen und bekam außerdem zwei, drei Kinder.

Eines Tages wurde dann die Fleischerei verkauft oder verpachtet. Und nun ging der Pferdehandel erst richtig los!

Drei Brüder meiner Mutter schafften es auf diese Weise. Die drei Kaninchenhändler! Der Robert, der Franz und auch der Paul. Aber der Paul spezialisierte sich auf Kutsch- und Reitpferde und fuhr selber, vornehm wie ein Graf, im Dogcart einspännig durch die Dresdner Straßen. Robert und Franz waren robuster und brachten es noch viel weiter als er.

Die anderen Brüder – der Bruno, der Reinhold, der Arno und der Hugo – versuchten dasselbe. Auch sie begannen als Fleischer und brachten es bis zu zwei, drei Pferden. Doch dann verließ sie das Glück. Oder die Kraft. Oder der Mut. Sie schafften es nicht.

Reinhold starb in den besten Jahren. Arno wurde Gastwirt. Bruno half seinem Bruder Franz als Geschäftsführer. Ein Pferd zerschlug ihm den Unterkiefer, ein anderes ein Bein. So hinkte er durch die Ställe, ließ sich vom Bruder und Chef anbrüllen und brüllte seinerseits die Knechte an. Und Hugo, mein Lieblingsonkel, blieb nach mehreren verlustreichen Ausflügen ins Land der Pferde bis ans Lebensende Fleischermeister.

Seine Söhne sind Fleischermeister. Seine Töchter haben Fleischer geheiratet. Seine Enkel sind Fleischermeister. Alle lieben sie die Pferde. Aber die Pferde sind im Aussterben begriffen, und so nützt den Augustins ihr Pferdeverstand nichts mehr. Mit dem Nachfolger des Pferdes, dem Automobil, möchten sie keinen Handel treiben. Denn Autos sind nichts Lebendiges. Sie tun nur so.

Mein Neffe Manfred versuchte als ganz junger Bursche etwas Neues. Er wurde Berufsringer! Auch als Ringkämpfer hat man es schließlich mit Lebendigem zu tun. Wenn auch weder mit Ochsen noch gar mit Pferden, doch immerhin mit Lebewesen. Aber das Geschäft gefiel ihm auf die Dauer nicht recht. Dabei war er gar kein übler Ringer! Ich habe ihm mehrere Male im Münchner Zirkus Krone zugesehen. Den Zuschauern, besonders den Zuschauerinnen, sagte er sehr zu. Auch wenn er, durch Würgegriff oder Beinschere, den einen oder anderen Kampf aufgeben mußte.

Es ist doch wohl leichter, ein halbes Kalb aus dem Schlachthaus über den Hof in den Laden zu tragen, als den ›Stier der Pampas‹ mit seinen drei Zentnern auf die Matte zu legen, wenn man selber knapp zweihundert Pfund wiegt!

Jedenfalls, nun ist auch Manfred diplomierter Fleischermeister geworden. Auch er! Wenn ich einmal sehr viel Zeit haben sollte, werde ich nachzählen, wie viele Fleischer ich in der Familie habe. Es sind Dutzende! Und ob nun Schmied, Pferdehändler oder Fleischer – ein einziger von ihnen allen ist Schriftsteller geworden: der kleine Erich, das einzige Kind der kleinen Ida ...

Und sie wundern sich alle ein wenig und immer wieder von neuem, wenn wir einander treffen und beisammensitzen. Und ich wundre mich auch ein bißchen. Nicht über sie. Eher über mich. Denn wenn ich auch von grober Mettwurst und Kalbsnierenbraten etwas mehr verstehe als die durchschnittlichen Nichtfleischermeister und sogar einigen Pferdeverstand besitze, so komme ich mir doch immer wie ein Stief-Augustin vor.

Andrerseits, hat nicht auch das Bücherschreiben mit dem Lebendigen zu tun? Und sogar damit, daß man aus dem Leben einen Beruf macht und es zu Gulasch und Rollschinken verarbeitet? Doch das, geschätzte Leser, gehört nun wirklich nicht hierher!

Meine zukünftigen Eltern
lernen sich endlich kennen

Als die kleine Ida ein junges hübsches Mädchen von sechzehn Jahren geworden war, ging auch sie ›in Stellung‹. Ihre jüngeren Schwestern, Martha und Alma, waren jetzt groß genug, um der Mutter zur Hand zu gehen. Das Haus wirkte, mit früheren Zeiten verglichen, fast leer. Ida ließ die Eltern und nur fünf Geschwister zurück. Und neue Kindtaufen gab es nicht mehr.

Sie wurde Stubenmädchen. Auf einem Rittergut bei Leisnig. Sie bediente bei Tisch. Sie bügelte die feine Wäsche. Sie half in der Küche. Sie stickte Monogramme in Tisch- und Taschentücher. Es gefiel ihr gut. Und sie gefiel der Herrschaft gut. Bis sie eines Abends dem Rittergutsbesitzer, einem flotten Kavallerieoffizier, allzu gut gefiel! Er wollte zärtlich werden, und da stürzte sie vor Schreck aus dem Haus. Rannte im Finstern durch den unheimlichen Wald und über die Stoppelfelder. Bis sie tief in der Nacht weinend bei den Eltern anlangte. Tags darauf holte mein Großvater mit Pferd und Wagen den Spankorb der Tochter auf dem Rittergut ab. Der schneidige Offizier ließ sich zu seinem Glück nicht blicken.

Nach einiger Zeit fand Ida eine neue Stellung. Diesmal in Döbeln. Bei einer alten gelähmten Dame. Sie diente als Vorleserin, Gesellschafterin und Krankenpflegerin. Kavallerieoffiziere, denen sie zu gut hätte gefallen können, waren nicht in der Nähe.

Dafür aber die älteren Schwestern Lina und Emma! Sie hatten inzwischen geheiratet und wohnten in Döbeln. Beide im gleichen Haus: in der Niedermühle. Das war eine richtige Mühle mit einem großen Wasserrad und hölzernen Wehrgängen. Und der Müller mahlte aus dem Weizen und Roggen, den ihm die Bauern brachten, weißes Mehl, das sie dann in Zentnersäcken abholten und den Bäckern und Krämern der Gegend verkauften.

Meine Tante Lina hatte einen Vetter geheiratet, der ein Fuhrgeschäft betrieb, und so hieß sie auch nach der Hochzeit, genau wie vorher, Augustin. Tante Emma, die ein Stockwerk höher wohnte, hieß jetzt Emma Hanns, und ihr Mann handelte mit Obst. Er hatte die endlosen Pflaumen- und Kirschalleen gepachtet, die rings um die Stadt die Dörfer miteinander verbanden. Und wenn sich die Bäume unter der Last der reifen Kirschen und Pflaumen bogen, mietete er viele Männer und Frauen zum Pflücken. Das Obst kam in große Weidenkörbe und wurde auf dem Döbelner Wochenmarkt verkauft.

In manchen Jahren war die Ernte gut. In anderen Jahren war sie schlecht. Die Hitze, der Regen und der Hagelschlag waren des Onkels Feinde. Und oft genug war der Verkaufserlös kleiner als die Pachtsumme. Dann mußte Onkel Hanns Geld borgen, und einen Teil davon vertrank er vor Kummer in den Wirtshäusern.

In solchen Stunden stieg Tante Emma zu Tante Lina hinunter, um ihren Kummer zu klagen. Weil auch das Fuhrgeschäft nicht sonderlich florierte, klagte Tante Lina ihr eignes Leid. So klagten sie zu zweit. Die kleinen Kinder, die in der Stube herumkrochen, ließen sich das nicht zweimal sagen. Sie weinten im Chor, was das Zeug hielt. Und wenn die Schwester Ida, meine zukünftige Mutter, grad zu Besuch war und das traurige Konzert anhörte, machte sie sich ihre eignen Gedanken. Auch noch auf dem Weg zurück ins Haus der alten gelähmten Dame, der sie bis spät in die Nacht blöde Romane vorlesen mußte. Manchmal schlief sie vor lauter Müdigkeit überm Vorlesen ein und wachte erst wieder zu Tode erschrocken auf, wenn die alte Dame wütend mit dem Stock auf den Boden stampfte und die pflichtvergessene Person auszankte!

Was war wohl für ein hübsches, aber armes Mädchen besser? Vor Offizieren davonzulaufen? Gelähmten Damen dumme Bücher vorzulesen und darüber einzuschlafen? Oder sich zu verheiraten und alte Sorgen gegen neue einzutauschen? Hagelwetter gab es überall. Nicht nur dort, wo die Kirschalleen übers Land liefen.

Heutzutage wird ein junges fleißiges Mädchen, wenn das Geld fürs Studieren nicht reicht, Sekretärin, Empfangsdame, Heilgehilfin, Vertreterin für Eisschränke oder Babykleidung, Bankangestellte, Dolmetscherin, Mannequin, Fotomodell, vielleicht sogar nach Jahren Leiterin einer Schuhfiliale oder zeichnungsberechtigte Prokuristin einer Zweigstelle der Commerzbank – das alles gab es damals noch nicht. Schon gar nicht in einer Kleinstadt. Heute gibt es einhundertfünfundachtzig Frauenberufe, hab ich in der Zeitung gelesen. Damals blieb man ein alterndes Dienstmädchen, oder man heiratete. War es nicht besser, in der eignen Wohnung für den eignen Mann als in einem fremden Haushalt für fremde Leute zu waschen, zu nähen und zu kochen?

Die Schwestern in der Niedermühle berieten hin und her. Sie meinten schließlich, eigne Sorgen seien eben doch ein bißchen weniger schlimm als fremde Sorgen. Und so suchten sie, trotz all ihrem Kummer und Ärger, trotz der Arbeit und des Kindergeschreis, in der freien Zeit, die ihnen übrigblieb, für die Schwester Ida einen Bräutigam!

Und da sie zu zweit und sehr energisch suchten, fanden sie auch bald einen Kandidaten, der ihnen geeignet erschien. Er war vierundzwanzig Jahre alt, arbeitete bei einem Döbelner Sattlermeister, wohnte in der Nachbarschaft zur Untermiete, war fleißig und tüchtig, trank nicht über den Durst, sparte jeden Groschen, weil er sich selbständig machen wollte, stammte aus Penig an der Mulde, suchte eine Werkstatt, einen Laden und eine junge Frau und hieß Emil Kästner.

Tante Lina lud den jungen Mann an einigen Sonntagen zu Kaffee und selbstgebacknem Kuchen in die Niedermühle ein. So lernte er die Schwester Ida kennen, und sie gefiel ihm ausnehmend gut. Ein paar Male führte er sie auch zum Tanz aus.

Aber er war kein guter Tänzer, und so ließen sie es bald wieder bleiben. Ihm machte das nichts aus. Er suchte ja keine Tänzerin, sondern eine tüchtige Frau fürs Leben und fürs künftige Geschäft! Und dafür schien ihm die zwanzigjährige Ida Augustin die Richtige zu sein. Für Ida lag die Sache nicht ganz so einfach. »Ich liebe ihn doch gar nicht!« sagte sie zu den älteren Schwestern. Lina und Emma hielten von der Liebe, wie sie in Romanen stattfindet, sehr wenig. Ein junges Mädchen verstehe sowieso von der Liebe nichts. Außerdem komme die Liebe mit der Ehe. Und wenn nicht, so sei das auch kein Beinbruch, denn die Ehe bestehe aus Arbeit, Sparen, Kochen und Kinderkriegen. Die Liebe sei höchstens so wichtig wie ein Sonntagshut. Und ohne einen Extrahut für sonntags komme man auch ganz gut durchs Leben!

So wurden Ida Augustin und Emil Kästner am 31. Juli 1892 in der protestantischen Dorfkirche zu Börtewitz getraut. Und im Vaterhaus in Kleinpelsen fand die Hochzeitsfeier statt. Die Eltern und alle Geschwister der Braut und die Eltern und sämtliche Geschwister des Bräutigams waren anwesend. Es ging hoch her. Der Brautvater ließ sich nicht lumpen. Es gab Schweinebraten und Klöße und Wein und selbstgebackenen Streuselkuchen und Quarkkuchen und echten Bohnenkaffee! Und auf das Glück des jungen Paares wurden mehrere Reden gehalten. Man wünschte den beiden viel Erfolg, viel Geld und gesunde Kinder.

Man stieß mit den Weingläsern an und war gerührt. Wie das bei solchen Festen üblich ist.

Wenn man sich überlegt, von welchen Zufällen es abhängt, daß man eines Tages in der Wiege liegt, brüllt und ›man selber‹ geworden ist! Wenn der junge Sattler von Penig nicht nach Döbeln gezogen wäre, sondern beispielsweise nach Leipzig oder Chemnitz, oder wenn das Stubenmädchen Ida nicht ihn genommen hätte, sondern, zum Beispiel, einen Klempnermeister Schanze oder einen Buchhalter Pietsch, wäre ich nie auf die Welt gekommen! Dann hätte es nie einen gewissen Erich Kästner gegeben, der jetzt vor seinem Schreibblock sitzt und euch von seiner Kindheit erzählen will! Niemals!

Das täte mir, bei Licht betrachtet, sehr leid. Andrerseits: Wenn es mich nicht gäbe, könnte es mir eigentlich gar nicht leid tun, daß ich nicht auf der Welt wäre! Nun gibt es mich aber, und ich bin im Grunde ganz froh darüber. Man hat viel Freude davon, daß man lebt. Freilich auch viel Ärger. Aber wenn man nicht lebte, was hätte man dann? Keine Freude. Nicht einmal Ärger. Sondern gar nichts! Überhaupt nichts! Also, dann hab ich schon lieber Ärger.

Das junge Ehepaar eröffnete in der Ritterstraße in Döbeln eine Sattlerei. Ida Kästner, geborene Augustin, ging, wenn es klingelte, in den Laden und verkaufte Portemonnaies, Brieftaschen, Schulranzen, Aktenmappen und Hundeleinen. Emil Kästner saß in der Werkstatt und arbeitete. Am liebsten verfertigte er Sättel, Zaumzeuge, Kumte, Satteltaschen, Reitstiefel, Peitschen und überhaupt alles, was aus Leder für Reit-, Kutsch- und Zugpferde gebraucht wurde.

Er war ein vorzüglicher Handwerker. Er war in seinem Fach ein Künstler! Und die neunziger Jahre des vorigen Jahrhunderts waren zudem für einen jungen Sattlermeister außerordentlich günstig. Es herrschte wachsender Wohlstand, und viele reiche Leute hielten sich Pferd und Equipage oder Reitpferde. Die Brauereien, die Fabriken, die Baufirmen, die Möbeltransporteure, die Bauern, die Großkaufleute und die Rittergutsbesitzer, sie alle brauchten Pferde, und alle Pferde brauchten Lederzeug! Und in den kleinen Städten ringsum lagen Kavallerieregimenter in Garnison, in Borna, in Grimma, in Oschatz. Husaren, Ulanen, berittene Artillerie, reitende Jäger! Alle hoch zu Roß, und die Leutnants, die Eskadron- und Schwadronchefs auf Eigentumspferden mit besonders elegantem Sattelzeug! Und überall gab es Pferderennen, Reitturniere und Pferdeausstellungen!

Heute gibt es Lastautos, Sportwagen, Panzer, damals gab es Pferde, Pferde, Pferde!

Mein zukünftiger Vater war zwar ein erstklassiger Handwerker, ja ein Lederkünstler, aber ein schlechter Geschäftsmann. Und eines hing mit dem andern eng zusammen. Der Schulranzen, den er mir 1906 machte, war, als ich 1913 konfirmiert wurde, noch genauso neu wie an meinem ersten Schultage. Er wurde dann an irgendein Kind in der Verwandtschaft verschenkt und immer wieder weitervererbt, sobald das jeweilige Kind aus der Schule kam. Ich weiß nicht, wo mein guter alter brauner Ranzen heute steckt. Doch ich würde mich nicht wundern, wenn er nach wie vor auf dem Rücken eines kleinen Kästners oder Augustins zur Schule ginge! Doch das gehört noch nicht hierher. Wir befinden uns ja erst im Jahre 1892. (Und müssen noch sieben Jahre warten, bis ich auf die Welt komme!)

Jedenfalls, wer Schulranzen macht, die nie kaputtgehen, verdient zwar höchstes Lob, aber es ist für ihn und seine Zunft ein schlechtes Geschäft. Wenn ein Kind drei Ranzen braucht, so ist der Umsatz wesentlich höher, als wenn drei Kinder einen Ranzen brauchen. In dem einen Fall würden drei Kinder neun Ranzen brauchen, im andern Fall einen einzigen. Das ist ein kleiner Unterschied.

Der Sattlermeister Kästner stellte also unverwüstliche Ranzen her, unzerreißbare Mappen und ewige Herren- und Damensättel. Natürlich waren seine Erzeugnisse etwas teurer als anderswo. Denn er verwendete das beste Leder, den besten Filz, den besten Faden und sein bestes Können. Den Kunden gefielen seine Arbeiten weit besser als seine Preise, und mancher ging wieder aus dem Laden hinaus, ohne gekauft zu haben.

Es soll sogar einmal vorgekommen sein, daß ein Husarenrittmeister einen besonders schönen Sattel trotz des hohen Preises kaufen wollte. Aber plötzlich gab mein Vater den Sattel nicht her! Er gefiel ihm selber zu gut! Dabei konnte er nicht reiten und hatte kein Pferd – ihm war nur eben zumute wie einem Maler, der sein bestes Bild verkaufen soll und lieber hungert, als es fremden Menschen für Geld auszuliefern! Handwerker und Künstler scheinen miteinander verwandt zu sein.

Die Geschichte mit dem Rittmeister hat mir meine Mutter erzählt. Und mein Vater, den ich im vorigen Sommer danach fragte, sagte, es sei kein wahres Wort daran. Aber ich möchte trotzdem wetten, daß die Geschichte stimmt.

Jedenfalls stimmt es, daß er ein zu guter Sattler und ein zu schlechter Geschäftsmann war, um den nötigen Erfolg zu haben. Der Laden ging mäßig. Der Umsatz blieb niedrig. Die Unkosten blieben hoch. Aus kleinen Schulden wurden größere Schulden. Meine Mutter holte ihr Geld von der Sparkasse. Doch auch das half nicht lange.

Im Jahre 1895 verkaufte der achtundzwanzigjährige Sattler Emil Kästner den Laden und die Werkstatt mit Verlust, und die jungen Eheleute überlegten, was sie nun beginnen sollten. Da kam ein Brief aus Dresden! Von einem Verwandten meines Vaters. Alle nannten ihn Onkel Riedel. Er war Zimmermann gewesen, hatte selber lange auf dem Bau gearbeitet und schließlich einen guten Einfall gehabt. Er hatte zwar nicht den Flaschenzug erfunden, wohl aber die nützliche Verwendung des Flaschenzuges beim Häuserbau. Onkel Riedel erfand gewissermaßen den ›Großeinsatz‹ des Flaschenzugs. Er vermietete Flaschenzüge und alle anderen einschlägigen Geräte dutzendweise an kleinere Baufirmen und Bauherren und brachte es damit zu einigem Vermögen.

Was ein Flaschenzug ist, laßt ihr euch am besten von eurem Vater oder einem Lehrer erklären. Zur Not könnte ich's zwar auch, aber es würde mich eine Menge Papier und Nachdenken kosten. Im Grunde handelt es sich darum, daß die Maurer und Zimmerleute nun nicht mehr jeden Ziegelstein und Balken auf Leitern hochschleppen mußten, sondern am Neubau über ein Rollensystem an Seilen hochkurbeln und in der gewünschten Etagenhöhe einschwenken und abladen konnten.

Damit verdiente also mein Onkel Riedel ganz schönes Geld, und er hat mir später manches goldne Zehn- und Zwanzigmarkstück zu Weihnachten und zu meinem Geburtstag geschenkt! Ach ja, der Onkel Riedel mit seinen Flaschenzügen, das war ein netter, würdiger Mann! Und die Tante Riedel auch. Das heißt, die Tante Riedel war kein netter Mann, sondern eine nette Frau. In ihrem Wohnzimmer stand ein großer Porzellanpudel am Ofen. Und einen Schaukelstuhl hatten sie außerdem.

Onkel Riedel schrieb also seinem Neffen Emil, er möge doch nach Dresden, der sächsischen Residenzstadt, ziehen. Mit dem eignen Geschäft und größeren Plänen sei es ja nun wohl für längere Zeit Essig. Es gäbe aber andere Möglichkeiten für tüchtige Sattlermeister. So hätten sich beispielsweise die großen bestickten Reisetaschen und die unförmigen Spankörbe völlig überlebt. Die Zukunft, vielleicht auch die des tüchtigen Neffen Emil, gehöre den Lederkoffern! Es gäbe in Dresden bereits Kofferfabriken!

Und so zogen meine zukünftigen Eltern mit Sack und Pack in die königlich sächsische Haupt- und Residenzstadt Dresden. In die Stadt, wo ich geboren werden sollte. Aber damit ließ ich mir noch vier Jahre Zeit.

Koffer, Leibbinden und blonde Locken

Dresden war eine wunderbare Stadt, voller Kunst und Geschichte und trotzdem kein von sechshundertfünfzigtausend Dresdnern zufällig bewohntes Museum. Die Vergangenheit und die Gegenwart lebten miteinander im Einklang. Eigentlich müßte es heißen: im Zweiklang. Und mit der Landschaft zusammen, mit der Elbe, den Brücken, den Hügelhängen, den Wäldern und mit den Gebirgen am Horizont, ergab sich sogar ein Dreiklang. Geschichte, Kunst und Natur schwebten über Stadt und Tal, vom Meißner Dom bis zum Großsedlitzer Schloßpark, wie ein von seiner eignen Harmonie bezauberter Akkord.

Als ich ein kleiner Junge war und mein Vater an einem hellen Sommerabend mit mir zum Waldschlößchen spazierte, weil es dort ein Kasperletheater gab, das ich innig liebte, machte er plötzlich halt und sagte: »Hier stand früher ein Gasthaus. Das hatte einen seltsamen Namen. Es hieß ›Zur stillen Musik‹!« Ich blickte ihn verwundert an. ›Zur stillen Musik‹? Das war wirklich und wahrhaftig ein seltsamer Name! Er klang so merkwürdig und so heiter verwunschen, daß ich ihn nicht mehr vergessen konnte. Ich dachte damals: ›Entweder macht man in einem Gasthaus Musik, oder es ist still. Aber eine stille Musik, die gibt es nicht.‹

Wenn ich später an der gleichen Stelle stehenblieb und auf die Stadt hinabschaute, zum Wielisch und zur Babisnauer Pappel hinüber und elbaufwärts bis zur Festung Königstein, dann verstand ich, von Jahr zu Jahr, den Gastwirt, der ja längst tot und dessen Gasthaus längst verschwunden war, immer besser. Ein Philosoph, das wußte ich damals schon, hatte die Architektur, die Dome und Paläste, ›gefrorene Musik‹ genannt. Dieser sächsische Philosoph war eigentlich ein Dichter. Und ein Gastwirt hatte, auf den silbernen Fluß und das goldne Dresden blickend, sein Gasthaus ›Zur stillen Musik‹ getauft. Nun, auch mein sächsischer Gastwirt war wohl eigentlich ein Dichter gewesen.

Wenn es zutreffen sollte, daß ich nicht nur weiß, was schlimm und häßlich, sondern auch, was schön ist, so verdanke ich diese Gabe dem Glück, in Dresden aufgewachsen zu sein. Ich mußte, was schön ist, nicht erst aus Büchern lernen. Nicht in der Schule und nicht auf der Universität. Ich durfte die Schönheit einatmen

wie Försterkinder die Waldluft. Die katholische Hofkirche, George Bährs Frauenkirche, der Zwinger, das Pillnitzer Schloß, das Japanische Palais, der Jüdenhof und das Dinglingerhaus, die Rampische Straße mit ihren Barockfassaden, die Renaissance-Erker in der Schloßstraße, das Coselpalais, das Palais im Großen Garten mit den kleinen Kavaliershäusern und gar, von der Loschwitzhöhe aus, der Blick auf die Silhouette der Stadt mit ihren edlen, ehrwürdigen Türmen – doch es hat ja keinen Sinn, die Schönheit wie das Einmaleins herunterzubeten!

Mit Worten kann man nicht einmal einen Stuhl so genau beschreiben, daß ihn der Tischlermeister Kunze in seiner Werkstatt nachbauen könnte! Wieviel weniger das Schloß Moritzburg mit seinen vier Rundtürmen, die sich im Wasser spiegeln! Oder die Vase des Italieners Corradine am Palaisteich, schräg gegenüber vom Café Pollender! Oder das Kronentor im Zwinger! Ich sehe schon: Ich werde den Herrn Illustrator bitten müssen, für dieses Kapitel eine Reihe Zeichnungen zu machen. Damit ihr bei deren Anblick wenigstens ein wenig ahnt und spürt, wie schön meine Heimatstadt gewesen ist.

Vielleicht frage ich ihn sogar, ob er Zeit hat, eines der Kavaliershäuschen zu zeichnen, die das Palais im Großen Garten flankierten! In einem davon, dachte ich als junger Mann, würdest du fürs Leben gerne wohnen! Womöglich wirst du eines Tages berühmt, und dann kommt der Bürgermeister mit seiner goldenen Kette um den Hals und schenkt es dir im Namen der Stadt. Da wäre ich dann also mit meiner Bibliothek eingezogen. Morgens hätte ich im Palaiscafé gefrühstückt und die Schwäne

gefüttert. Anschließend wäre ich durch die alten Alleen, den blühenden Rhododendronhain und rund um den Carolasee spaziert. Mittags hätte sich der Kavalier zwei Spiegeleier gebraten und anschließend bei offenem Fenster ein Schläfchen geleistet. Später wäre ich nur eben um die Ecke in den Zoo gegangen. Oder in die Große Blumenausstellung. Oder ins Hygienemuseum. Oder zum Pferderennen nach Reick. Und nachts hätte ich, wieder bei offenem Fenster, herrlich geschlafen. Als einziger Mensch in dem großen, alten Park. Ich hätte von August dem Starken geträumt, von Aurora von Königsmarck und der ebenso schönen wie unglücklichen Gräfin Cosel.

Wann ich dann wohl gearbeitet hätte, wollt ihr wissen? Wie kann man nur so neugierig sein! Das hätten doch die Heinzelmännchen besorgt! Die Nachkommen der königlich polnischen, kursächsischen Hofzwerge! Sehr kleine, sehr tüchtige Leute! Sie hätten nach knappen Angaben von mir auf winzigen Schreibmaschinen meine Gedichte und Romane geschrieben, und ich wäre inzwischen auf dem Apfelschimmel Almansor, meinem Lieblingspferd, über die breiten dunkelbraunen Reitwege galoppiert. Bis zur ›Pikardie‹. Dort hätten ich und Almansor Kaffee getrunken und Streuselkuchen verzehrt! Doch Hofzwerge, die Gedichte schreiben, und Pferde, die Kuchen fressen, gehören nicht hierher.

Ja, Dresden war eine wunderbare Stadt. Ihr könnt es mir glauben. Und ihr müßt es mir glauben! Keiner von euch, und wenn sein Vater noch so reich wäre, kann mit der Eisenbahn hinfahren, um nachzusehen, ob ich recht habe. Denn die Stadt Dresden gibt es nicht mehr. Sie ist bis auf einige Reste vom Erdboden verschwunden. Der Zweite Weltkrieg hat sie in einer einzigen Nacht und mit einer einzigen Handbewegung weggewischt. Jahrhunderte hatten ihre unvergleichliche Schönheit geschaffen. Ein paar Stunden genügten, um sie vom Erdboden fortzuhexen. Das geschah am 13. Februar 1945. Achthundert Flugzeuge warfen Spreng- und Brandbomben. Und was übrigblieb, war eine Wüste. Mit ein paar riesigen Trümmern, die aussahen wie gekenterte Ozeandampfer.

Ich habe zwei Jahre später mitten in dieser endlosen Wüste gestanden und wußte nicht, wo ich war. Zwischen zerbrochenen, verstaubten Ziegelsteinen lag ein Straßenschild. ›Prager Straße‹ entzifferte ich mühsam. Ich stand auf der Prager Straße? Auf der weltberühmten Prager Straße? Auf der prächtigsten Straße meiner Kindheit? Auf der Straße mit den schönsten Schaufenstern? Auf der herrlichsten Straße der Weihnachtszeit? Ich stand in einer kilometerlangen, kilometerbreiten Leere. In einer Ziegelsteppe. Im Garnichts.

Noch heute streiten sich die Regierungen der Großmächte, wer Dresden ermordet hat. Noch heute streitet man sich, ob unter dem Garnichts fünfzigtausend, hunderttausend oder zweihunderttausend Tote liegen. Und niemand will es gewesen sein. Jeder sagt, die anderen seien dran schuld. Ach, was soll der Streit? Damit macht ihr Dresden nicht wieder lebendig! Nicht die Schönheit und nicht die Toten! Bestraft künftig die Regierungen und nicht die Völker! Und bestraft sie nicht erst hinterher, sondern sofort! Das klingt einfacher, als es ist? Nein. Das ist einfacher, als es klingt.

Im Jahr 1895 zogen also meine Eltern mit Sack und Pack nach Dresden. Emil Kästner, der so gerne selbständiger Meister geblieben wäre, wurde Facharbeiter. Das Maschinenzeitalter rollte wie ein Panzer über das Handwerk und die Selbständigkeit hinweg. Die Schuhfabriken besiegten die Schuhmacher, die Möbelfabriken die Tischler, die Textilfabriken die Weber, die Porzellanfabriken die Töpfer und die Kofferfabriken die Sattler. Die Maschinen arbeiteten schneller und billiger. Schon gab es Brotfabriken und Wurstfabriken und Hutfabriken und Marmeladefabriken und Papierfabriken und Essigfabriken und Knopffabriken und saure Gurkenfabriken und tote Blumenfabriken. Handwerker lieferten ein zähes Rückzugsgefecht, und sie wehren sich heute noch. Es ist ein bewundernswerter, aber aussichtsloser Kampf.

In Amerika ist er schon entschieden. Zum Herrenschneider, der gründlich Maß nimmt und zwei bis drei Anproben braucht, gehen dort nur noch ein paar Millionäre. Die anderen Männer gehen rasch in ein Geschäft hinein, ziehen den alten Anzug aus und einen nagelneuen an, legen Geld auf den Tisch und stehen schon wieder auf der Straße. Es geht wie das Brezelbacken. Aber nicht wie das Brezelbacken beim Bäcker, sondern in der Brezelfabrik.

Der Fortschritt hat seine Vorteile. Man spart Zeit, und man spart Geld. Ich gehe lieber zum Maßschneider. Er kennt meinen Geschmack, ich kenne seinen Geschmack, und Herr Schmitz, der Zuschneider, kennt unsern Geschmack. Das ist umständlich, teuer und altmodisch. Aber uns drei Männern ist es recht. Und während der Anproben wird viel gelacht. Erst vorgestern war ich wieder einmal dort. Es wird ein hellblauer Sommeranzug, federleicht, das Material heißt ›Fresko‹, lockerer Jackensitz, zweireihig, nur ein Paar Knöpfe, der zweite Knopf innen zum Gegenknöpfen, Hosenweite über den Schuhen vierundvierzig Zentimeter – oje! Da fällt mir ja ein, daß ich zur Anprobe muß! Statt dessen sitze ich an der Schreibmaschine! Dabei gehöre ich gar nicht hierher!

So. Da bin ich wieder. Es wird ein schöner Anzug. Wir drei sind sehr zufrieden. Und wo war ich stehengeblieben? Richtig, bei meinem zukünftigen Vater. Bei Emil Kästners ausgeträumtem Traum. Der alte Spruch ›Handwerk hat goldnen Boden‹ war nicht mehr wahr. Die eigne Werkstatt dicht neben der Wohnung existierte nicht mehr. Die Lehr- und Hungerjahre, die Hunger- und Wanderjahre, die drei Meister- und Kummerjahre waren vergeblich gewesen. Der Traum war aus. Das Geld war fort. Schulden mußten abgezahlt werden. Die Maschinen hatten gesiegt.

Morgens um sechs Uhr rasselte der Wecker. Eine halbe Stunde lief der junge Mann über die Albertbrücke quer durch Dresden bis in die Trinitatisstraße. Bis zur Kofferfabrik Lippold. Hier arbeitete er mit anderen ehemaligen Handwerkern an Lederteilen, die zu Koffern zusammengenäht und -genietet wurden, bis sie einander glichen wie ein Ei dem andern. Abends kam er müde zu seiner Frau nach Hause. Samstags brachte er die Lohntüte heim. Neue Anschaffungen, alte Schulden, das Geld reichte nicht.

Da sah sich auch Ida Kästner, geborene Augustin, nach Arbeit um. Nach einer Arbeit, die sie zu Hause tun konnte. Denn sie haßte die Fabriken, als wären es Gefängnisse. Sie fand es schon schlimm genug, daß ihr Mann in die Fabrik ging. Es war nicht zu ändern. Er hatte sich unters Joch der Maschinen beugen müssen. Aber sie? Niemals! Und wenn sie sechzehn Stunden hätte daheim schuften müssen statt acht Stunden in der Fabrik, ihr wäre es recht gewesen! Und es war ihr recht.

Sie begann, für eine Firma im Stücklohn Leibbinden zu nähen. Derbe, breite, korsettähnliche Leinenbinden für dicke Frauen. Sie schleppte schwere, unförmige Pakete mit vorfabrizierten Teilen dieser Binden nach Hause. Bis spät in die Nacht hockte sie an der Nähmaschine mit Fußantrieb. Manchmal sprang der Treibriemen aus den Rädern. Oft zerbrachen die Nadeln. Es war eine Schinderei für ein paar Pfennige. Aber hundert Leibbinden brachten eben doch ein paar Mark ein. Das half ein wenig. Es war besser als nichts.

Im Spätherbst des Jahres 1898 unterbrach Ida Kästner diese Heimarbeit und nähte statt dessen Babywäsche. Immer schon hatte sie sich ein Kind gewünscht. Nie hatte sie daran gezweifelt, daß es ein kleiner Junge sein werde. Und da sie es ihr Leben lang liebte, recht zu behalten, sollte sie auch diesmal recht haben.

Am 23. Februar 1899, morgens gegen vier Uhr, nach fast siebenjähriger Ehe, brachte sie in der Königsbrücker Straße 66 einen kleinen Jungen zur Welt, der den Kopf voller goldblonder Locken hatte. Und Frau Schröder, die resolute Hebamme, meinte anerkennend: »Das ist aber ein hübsches Kind!«

Nun ja, die blonden Locken hielten nicht sehr lange vor. Aber ich besitze noch heute eine angegilbte Fotografie aus meinen ersten Lebenstagen, die den künftigen Verfasser bekannter und beliebter Bücher im kurzen Hemd auf einem Eisbärenfell zeigt, und auf dem Kinderkopf ringeln sich tatsächlich seidenfeine hellblonde Locken! Da nun Fotografien nicht lügen können, dürfte der Beweis einwandfrei erbracht sein. Andrerseits – ist euch schon aufgefallen, daß alle Leute, samt und sonders und ohne jede Ausnahme, auf ihren Fotos viel zu große Ohren haben? Viel, viel größere Ohren als in Wirklichkeit? So groß, daß man glauben möchte, sie könnten sich nachts damit zudecken? Sollten Fotografien also doch gelegentlich schwindeln?

Jedenfalls, ob nun blond oder braun, wurde ich bald darauf in der schönen alten Dreikönigskirche an der Hauptstraße protestantisch getauft und erhielt die Vornamen EMIL ERICH. In der gleichen Kirche wurde ich vom gleichen Pfarrer Winter am Palmsonntag des Jahres 1913 konfirmiert. Und noch einige Jahre später betätigte ich mich hier an den Sonntagvormittagen als Helfer beim Kindergottesdienst. Doch das gehört nicht hierher.

Die Königsbrücker Straße und ich

Die Königsbrücker Straße begann als Verlängerung der Achse Prager Straße, Schloßstraße, Augustusbrücke, Hauptstraße und Albertplatz freundlich und harmlos. Mit ›Hollacks Festsälen‹, einer alten Gastwirtschaft nebst Vorgarten auf der einen und mit der von Nolden'schen Privatschule ›für höhere Töchter‹ auf der anderen Seite.

Damals gab es noch ›höhere‹ Töchter! So nannte man Mädchen, deren Väter adlig waren oder vielleicht eine Menge Geld verdienten. Höhere Töchter hießen sie vielleicht, weil sie die Nase höher trugen als die anderen. Es gab daher auch ›höhere Schulen‹, und noch höher als die höheren waren die Hochschulen.

Und auch sonst war man nicht gerade bescheiden. An vornehmen Haustüren stand ›Eingang nur für Herrschaften‹ und an den Hintertüren ›Für Lieferanten und Dienstboten‹. Die Herrschaften hatten ihre eignen Treppen mit weichen Teppichläufern. Die Dienstboten und Lieferanten mußten die Hintertreppe benutzen. Sonst wurden sie vom Hausmeister ausgeschimpft und zurückgeschickt. An den hochherrschaftlichen Türen erklärten hochherrschaftliche Porzellanschilder streng und energisch: ›Betteln und Hausieren verboten!‹ Wieder andre Schilder benahmen sich höflicher und bemerkten: ›Es wird gebeten, die Füße abzustreichen‹. Habt ihr es einmal versucht? Ich weiß bis heute noch nicht, was man tun muß, um sich ›die Füße abzustreichen‹.

Ich wüßte zur Not, was man anstellen müßte, um sie sich anzustreichen! Andrerseits, so hochherrschaftlich kann keine Villa sein, daß ich mir an der höchstherrschaftlichen Haustür die Füße lackierte!

In solchen Fällen pflegt mein Vater zu sagen:»Sachen gibt's, die gibt's gar nicht!« Nun ja, fast alle diese Schilder sind mittlerweile verschwunden. Sie sind ausgestorben. Auch die Göttinnen und Nymphen aus Bronze und Marmor, die nackt und ratlos am Treppenaufgang herumstanden, wie bestellt und nicht abgeholt. Höhere Töchter und bessere Herrschaften gibt es allerdings auch heute noch. Sie heißen nur nicht mehr so. Es steht nicht mehr auf Schildern.

In den drei Häusern meiner Kindheit gab es keine Marmorgöttinnen, keine Nymphen aus Bronze und keine höheren Töchter. Je mehr sich die Königsbrücker Straße von der Elbe entfernte, um so unfeierlicher und unherrschaftlicher geriet sie. Die Vorgärten wurden seltener und schmäler. Die Häuser waren höher, meistens vierstöckig, und die Mieten waren billiger. Es kam das ›Volkswohl‹, ein gemeinnütziges Unternehmen, mit der Volksküche, der Volksbücherei und einem Spielplatz, der im Winter in eine Eisbahn verwandelt wurde. Es kamen der Konsumverein, Bäckereien, Fleischereien, Gemüseläden, kleine Kneipen, eine Fahrradhandlung, zwei Papierläden, ein Uhrengeschäft, ein Schuhgeschäft und der Görlitzer Wareneinkaufsverein. In diesem Viertel lagen die drei Häuser meiner Kindheit. Mit den Hausnummern 66, 48 und 38. Geboren wurde ich in einer vierten Etage. In der 48 wohnten wir im dritten und in der 38 im zweiten Stock. Wir zogen tiefer, weil es mit uns bergauf ging. Wir näherten uns den Häusern mit den Vorgärten, ohne sie zu erreichen.

Je weiter unsere Straße aus der Stadt hinausführte, um so mehr veränderte sie sich. Sie durchquerte das Kasernenviertel. In ihrer Nähe auf leichten Anhöhen lagen die Schützenkaserne, die beiden Grenadierkasernen, die Trainkaserne und die zwei Artilleriekasernen. Und an der Königsbrücker Straße selber lagen die Pionierkaserne, die Militärbäckerei, das Militärgefängnis und das Arsenal, dessen Munitionsdepot eines Tages in die Luft fliegen würde.

»Das Arsenal brennt!« Ich höre die Schreie heute noch. Flammen und Rauch bedeckten den Himmel. Die Feuerwehr, die Polizei und die Sanitätswagen der Stadt und der Umgegend jagten in Kolonnen den Flammen und dem Rauch entgegen, und hinter ihnen, außer Atem, meine Mutter und ich. Es war Krieg, und mein Vater arbeitete dort draußen in den Militärwerkstätten. Die Flammen fraßen sich weiter, und immer neue Munitionslager und -züge explodierten. Die Gegend wurde abgesperrt. Wir durften nicht weiter. Nun, am Abend kam mein Vater verrußt, aber heil nach Hause.

Und das brennende und explodierende Arsenal gehört eigentlich gar nicht in dieses Buch. Denn ich war damals schon konfirmiert und kein kleiner Junge mehr. Ja, und noch etwas später stand ich als Soldat mit umgehängtem Karabiner vor der Pionierkaserne Wache. Natürlich wieder auf der Königsbrücker Straße! Diese Straße und ich kamen voneinander nicht los!

Wir trennten uns erst, als ich nach Leipzig zog. Dabei hätte ich mich gar nicht gewundert, wenn sie mir nachgereist wäre! So anhänglich war sie. Und ich selber bin, was sonst ich auch wurde, eines immer geblieben: ein Kind der Königsbrücker Straße. Dieser merkwürdigen dreigeteilten Straße mit ihren Vorgärten am Anfang, ihren Mietshäusern in der Mitte und ihren Kasernen, dem Arsenal und dem Heller, dem sandigen Exerzierplatz, am Ende der Stadt. Hier, auf dem Heller, durfte ich als Junge spielen und als Soldat strafexerzieren. Habt ihr schon einmal mit vorgehaltenem Karabiner, Modell 98, zweihundertfünfzig Kniebeugen gemacht? Nein? Seid froh! Man kriegt für den Rest seines Lebens nicht wieder richtig Luft. Einige Kameraden fielen schon nach fünfzig Kniebeugen um. Sie waren gescheiter als ich.

An die vierte Etage, Königsbrücker Straße 66, kann ich mich nicht mehr erinnern. Jedesmal wenn ich an dem Haus vorüberging, dachte ich: Hier bist du also zur Welt gekommen. Manchmal trat ich in den Hausflur hinein und blickte mich neugierig um. Doch er gab mir keine Antwort. Es war ein wildfremdes Haus. Dabei hatte mich meine Mutter mitsamt dem Kinderwagen hundert- und aberhundertmal die vier Treppen herunter- und hinaufgeschleppt! Ich wußte es ja. Aber das half nichts. Es blieb ein fremdes Gebäude. Eine Mietskaserne wie tausend andre auch.

Um so besser erinnere ich mich an das Haus mit der Nummer 48. An den Hausflur. An das Fensterbrett, wo ich saß und in die Hinterhöfe blickte. An die Treppenstufen, auf denen ich spielte. Denn die Treppe war mein Spielplatz. Hier stellte ich meine Ritterburg auf. Die Burg mit den Schießscharten, den Spitztürmen und der beweglichen Zugbrücke. Hier fanden heiße Schlachten statt. Hier fielen französische Kürassiere nach kühnen Umgehungsmanövern über zwei Treppenstufen den Holkschen Jägern und Wallensteins Arkebusieren in den Rücken. Sanitätssoldaten mit dem Roten Kreuz am Ärmel standen bereit, um auf ihren Tragbahren die Verwundeten zu bergen. Sie wollten allen helfen, den Schweden und den Kaiserlichen aus dem siebzehnten Jahrhundert genauso gut wie der französischen Kavallerie aus dem neunzehnten. Meinen Sanitätern war jede Nation und jedes Jahrhundert recht. Doch zuvor mußte der verbissene Kampf um die Zugbrücke aus dem Mittelalter entschieden sein.

Es waren verlustreiche Gefechte. Eine einzige Handbewegung von mir erledigte ganze Regimenter. Und Napoleons Alte

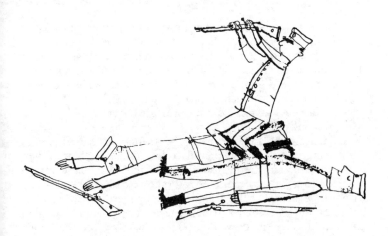

Garde starb, aber sie ergab sich nicht. Noch im inneren Burghof, nachdem die Zugbrücke erstürmt worden war, focht man weiter. Die Nürnberger Zinnsoldaten waren harte Burschen. Und der Briefträger und die kleine Frau Wilke aus der vierten Etage mußten Riesenschritte machen, wie die Störche im Salat, um Sieg und Niederlage nicht zu gefährden. Sie stiegen vorsichtig über Freund und Feind hinweg, und ich merkte es gar nicht. Denn ich war der Frontgeneral und der Generalstabschef für beide Armeen. Von mir hing das Schicksal aller beteiligten Jahrhunderte und Völker ab. Da hätte mich ein Postbote aus Dresden-Neustadt stören sollen? Stören können? Oder die kleine Frau Wilke, nur weil sie ein paar Kohlrabis und ein bißchen Salz und Zucker einkaufen wollte?

Sobald die Schlacht entschieden war, legte ich die toten, verwundeten und gesunden Zinnsoldaten in die Nürnberger Spanschachteln zurück zwischen die Schichten aus feiner Holzwolle, demontierte die stolze Ritterburg und schleppte die Spielzeugwelt und Spielzeugweltgeschichte in unsere winzige Wohnung zurück.

Königsbrücker Straße 48, das zweite Haus meiner Kindheit. Wenn ich in diesem Augenblick in München und als, wie man so sagt, älterer Herr die Augen schließe, spüre ich die Treppenstufen unter meinen Füßen und die Treppenkante, auf der ich hockte, am Hosenboden, obwohl es mehr als fünfzig Jahre später wahrhaftig ein ganz andrer Hosenboden ist als der von damals. Wenn ich mir die vollgepackte Einkaufstasche aus braunem Leder vorstelle, die ich treppauf trug, zieht es zunächst in meinem linken Arm und dann erst im rechten. Denn bis zur zweiten Etage hielt ich die Tasche mit der linken Hand, um an der Wand nicht anzustoßen. Dann nahm ich die Tasche in die rechte Hand und hielt mich mit der linken am Geländer fest. Und schließlich seufze ich, genau wie damals, erleichtert auf, als ich die Tasche vor der Wohnungstür niedersetzte und auf den Klingelknopf drückte.

Gedächtnis und Erinnerung sind geheimnisvolle Kräfte. Und die Erinnerung ist die geheimnisvollere und rätselhaftere von beiden. Denn das Gedächtnis hat nur mit unserem Kopf zu schaffen. Wieviel ist 7 mal 15? Und schon ruft Paulchen: »105!« Er hat es gelernt. Der Kopf hat es behalten. Oder er hat es vergessen. Oder Paulchen ruft begeistert: »115!« Ob wir dergleichen falsch oder richtig wissen oder ob wir es vergessen haben und von neuem ausrechnen müssen – das gute Gedächtnis und das schlechte wohnen im Kopf. Hier sind die Fächer für alles, was wir gelernt haben. Sie ähneln, glaub ich, Schrank- oder Kommodenfächern. Manchmal klemmen sie beim Aufziehen. Manchmal liegt nichts drin und manchmal etwas Verkehrtes. Und manchmal gehen sie überhaupt nicht auf. Dann sind sie und wir ›wie vernagelt‹. Es gibt große und kleine Gedächtniskommoden. Die Kommode in meinem eignen Kopf ist zum Beispiel ziemlich klein. Die Fächer sind nur halbvoll, aber einigermaßen aufgeräumt. Als ich ein kleiner Junge war, sah das ganz anders aus. Damals war mein Oberstübchen das reinste Schrankzimmer!

Die Erinnerungen liegen nicht in Fächern, nicht in Möbeln und nicht im Kopf. Sie wohnen mitten in uns. Meistens schlummern sie, aber sie leben und atmen, und zuweilen schlagen sie die Augen auf. Sie wohnen, leben, atmen und schlummern überall. In den Handflächen, in den Fußsohlen, in der Nase, im Herzen und im Hosenboden. Was wir früher einmal erlebt haben, kehrt nach Jahren und Jahrzehnten plötzlich zurück und blickt uns an. Und wir fühlen: Es war ja gar nicht fort. Es hat nur geschlafen. Und wenn die eine Erinnerung aufwacht und sich den Schlaf aus den Augen reibt, kann es geschehen, daß dadurch auch andere Erinnerungen geweckt werden. Dann geht es zu wie morgens im Schlafsaal!

Eine besondere Sache sind die frühesten Erinnerungen. Warum erinnere ich mich an einige Erlebnisse aus meinem dritten Lebensjahr, aber an gar nichts aus dem vierten oder fünften?

Wieso erinnere ich mich noch an Geheimrat Haenel und die betulichen Krankenschwestern und an den kleinen Garten der Privatklinik? Ich war am Bein geschnitten worden. Die bandagierte Wunde brannte wie Feuer. Und meine Mutter trug mich, obwohl ich damals schon laufen konnte, auf beiden Armen nach Hause. Ich schluchzte. Sie tröstete mich. Und ich spüre jetzt noch, wie schwer ich war und wie müde ihre Arme wurden. Schmerz und Angst haben ein gutes Gedächtnis.

Warum erinnere ich mich dann aber an Herrn Patitz und an sein ›Atelier für künstlerische Portrait-Photographie‹ in der Bautzener Straße? Ich trug ein Matrosenkleidchen mit weißem Pikeekragen, schwarze Strümpfe, die mich juckten, und Schnürschuhe. (Heute tragen die kleinen Mädchen Hosen. Damals trugen die kleinen Jungen Röckchen!) Ich stand an einem niedrigen Schnörkeltisch, und auf dem Tisch stand ein buntes Segelschiff. Herr Patitz steckte hinter dem hochbeinigen Fotokasten den Künstlerkopf unter ein schwarzes Tuch und befahl mir zu lächeln. Weil der Befehl nichts nützte, holte er einen Hampelmann aus der Tasche, wedelte damit in der Luft herum und rief wildvergnügt: »Huhu! Guckguck! Huhu! Guckguck!« Ich fand Herrn Patitz schrecklich albern, tat ihm aber trotzdem den Gefallen und quälte mir der Mama zuliebe, die danebenstand, ein verlegenes Lächeln ins Gesicht. Dann drückte der Bildkünstler auf einen Gummiballon, zählte langsam vor sich hin und in sich hinein, schloß die Kassette und notierte den Auftrag. »Zwölf Abzüge, Visitformat.«

Einen dieser zwölf Abzüge besitze ich heute noch. Auf der Rückseite steht in verblaßter Tinte: ›Mein Erich, 3 Jahre alt‹. Das hat meine Mutter 1902 hingeschrieben. Und wenn ich mir den kleinen Jungen im Röckchen betrachte, das rundliche und verlegen lächelnde Kindergesicht mit der sauber geschnittnen Ponyfrisur und die unentschlossene, in Gürtelhöhe verhaltene linke Patschhand, dann jucken meine Kniekehlen heute noch.

 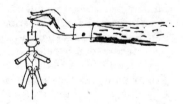

Sie erinnern sich an die wollenen Strümpfe von damals. Warum? Wieso haben sie das nicht vergessen? War denn der Besuch bei dem ›künstlerischen Portrait-Photographen‹ Albert Patitz wirklich so wichtig? War er für den Dreijährigen eine solche Sensation? Ich glaube es nicht, und ich weiß es nicht. Und die Erinnerungen selber? Sie leben, und sie sterben, und sie und wir wissen dafür keine Gründe.

Manchmal raten und rätseln wir an dieser Frage herum. Wir versuchen, den Vorhang ein bißchen hochzuheben und die Gründe zu erblicken. Die Gelehrten und die Ungelehrten versuchen's, und meist bleibt es Rätselraten und Nüsseknacken. Und auch meine Mutter und ich versuchten es einmal. Bei einem Jungen aus der Nachbarschaft, der mit mir im gleichen Alter war und Naumanns Richard hieß. Er war einen Kopf größer als ich, ein ganz netter Kerl, und konnte mich nicht leiden. Daß es so war, hätte ich zur Not hingenommen. Aber ich wußte nicht, warum. Und das verwirrte mich.

Unsere Mütter hatten schon nebeneinander auf den grünen Bänken im Garten des Japanischen Palais an der Elbe gesessen, als wir noch im Kinderwagen lagen. Später hockten wir zusammen auf dem Spielplatz im Sandkasten und buken Sandkuchen. Wir gingen gemeinsam in den Turnverein Neu- und Antonstadt in der Alaunstraße und in die Vierte Bürgerschule. Und bei jeder Gelegenheit suchte er mir eins auszuwischen.

Er warf mit Steinen nach mir. Er stellte mir ein Bein. Er stieß mich hinterrücks, daß ich hinfiel. Er lauerte mir, der ahnungslos des Weges kam, in Haustoren auf, schlug mich und lief kreischend davon. Ich rannte ihm nach, und wenn ich ihn einholen konnte, hatte er nichts zu lachen. Ich war nicht ängstlich. Aber ich verstand ihn nicht. Warum überfiel er mich? Warum ließ er mich nicht in Frieden? Ich tat ihm doch nichts. Ich hatte ihn ganz gern. Warum griff er mich an?

Eines Tages sagte meine Mutter, der ich davon erzählt hatte: »Er kratzte dich schon, als ihr noch im Kinderwagen saßt.« »Aber warum denn?« fragte ich ratlos. Sie dachte eine Weile nach. Dann antwortete sie: »Vielleicht weil dich alle so hübsch fanden! Die alten Frauen, die Gärtner und die Kinderfräuleins, die an unsrer Bank vorüberkamen, schauten in eure Kinderwagen hinein und fanden dich viel reizender als ihn. Sie lobten dich über den grünen Klee!« – »Und du meinst, das hat er verstanden? Als Baby?« – »Nicht die Worte. Aber den Sinn. Und den Ton, womit sie es sagten.« – »Und daran erinnert er sich noch? Obwohl er es gar nicht verstand?« – »Vielleicht«, meinte meine

Mutter. »Und nun mach deine Schularbeiten.« – »Ich habe sie längst gemacht«, antwortete ich. »Ich gehe spielen.«

Und als ich aus dem Haus trat, stolperte ich über Naumanns Richards Bein. Ich sauste hinter ihm her, holte ihn ein und gab ihm eins hinter die Ohren. Es konnte schon sein, daß er mich seit unsrer Kinderwagenzeit haßte. Daß er sich daran erinnerte. Daß er mich gar nicht angriff, wie ich geglaubt hatte. Sondern daß er sich nur verteidigte. Doch ein Bein stellen ließ ich mir deshalb noch lange nicht.

Lehrer, Lehrer, nichts als Lehrer

Ich lag in der Wiege und wuchs. Ich saß im Kinderwagen und wuchs. Ich lernte laufen und wuchs. Der Kinderwagen wurde verkauft. Die Wiege erhielt eine neue Aufgabe: Sie wurde zum Wäschekorb ernannt. Mein Vater arbeitete noch immer in Lippolds Kofferfabrik. Und meine Mutter nähte noch immer Leibbinden. Von meinem Kinderbett aus, das vorsorglicherweise mit einem Holzgitter versehen war, schaute ich ihr zu.

Sie nähte bis tief in die Nacht hinein. Und von dem singenden Geräusch der Nähmaschine wachte ich natürlich auf. Mir gefiel das soweit ganz gut. Doch meiner Mutter gefiel es gar nicht. Denn die Lebensaufgabe kleiner Kinder besteht nach der Meinung der Eltern darin, möglichst lange zu schlafen. Und weil der Hausarzt, Sanitätsrat Dr. med. Zimmermann aus der Radeberger Straße, derselben Ansicht war, hängte sie die Leibbinden an den Nagel. Sie stülpte den polierten Deckel über Singers Nähmaschine und beschloß kurzerhand, ein Zimmer zu vermieten.

Die Wohnung war schon klein genug, aber das Portemonnaie war noch kleiner. Ohne Nebenverdienst, erklärte sie meinem Vater, gehe es nicht. Der Papa war, wie fast immer, einverstanden. Die Möbel wurden zusammengerückt. Das leer gewordene Zimmer wurde ausstaffiert. Und an die Haustür wurde ein in Winters Papiergeschäft erworbenes Pappschild gehängt. ›Schönes, sonniges Zimmer mit Frühstück ab sofort zu vermieten. Näheres bei Kästner, 3. Etage.‹

Der erste Untermieter hieß Franke und war Volksschullehrer. Daß er Franke hieß, hat sich für meinen ferneren Lebensweg nicht als sonderlich wichtig erwiesen. Daß er Lehrer war, wurde für mich von großer Bedeutung. Das konnten meine Eltern damals freilich noch nicht wissen. Es war ein Zufall. Das schöne, sonnige Zimmer hätte ja auch ein Buchhalter mieten können. Oder eine Verkäuferin. Aber es zog ein Lehrer ein. Und dieser Zufall hatte es, wie sich später zeigen sollte, hinter den Ohren.

Der Lehrer Franke war ein junger, lustiger Mann. Das Zimmer gefiel ihm. Das Frühstück schmeckte ihm. Er lachte viel. Der kleine Erich machte ihm Spaß. Abends saß er bei uns in der

Küche. Er erzählte aus seiner Schule. Er korrigierte Hefte. Andre junge Lehrer besuchten ihn. Es ging lebhaft zu. Mein Vater stand schmunzelnd am warmen Herd. Meine Mutter sagte: »Emil hält den Ofen.« Alle fühlten sich pudelwohl. Und Herr Franke erklärte: Nie im Leben werde er ausziehen. Und nachdem er das ein paar Jahre lang erklärt hatte, zog er aus.

Er heiratete und brauchte eine eigne Wohnung. Das war zwar ein ziemlich hübscher Kündigungsgrund. Doch wir waren trotzdem alle miteinander traurig. Er zog in einen Vorort namens Trachenberge und nahm nicht nur seine Koffer mit, sondern auch sein übermütiges Lachen. Manchmal kam er noch mit Frau Franke und seinem Lachen zu Besuch. Wir hörten ihn schon lachen, wenn er ins Haus trat. Und wir hörten ihn noch lachen, wenn wir ihm und seiner Frau vom Fenster aus nachwinkten.

Als er gekündigt hatte, wollte meine Mutter das Pappschild ›Schönes, sonniges Zimmer zu vermieten‹ wieder an die Haustür hängen. Aber er meinte, das sei höchst überflüssig. Er werde schon für einen Nachfolger sorgen. Und er sorgte dafür. Der Nachfolger war allerdings eine Nachfolgerin. Eine Französischlehrerin aus Genf. Sie lachte viel, viel weniger als er und bekam eines Tages ein Kind. Das gab einige Aufregung. Und Ärger und Verdruß gab es außerdem. Doch das gehört nicht hierher.

Mademoiselle T., die Französischlehrerin, zog bald danach mit ihrem kleinen Jungen von uns fort. Meine Mutter fuhr nach Trachenberge und erzählte Herrn Franke, daß unser schönes, sonniges Zimmer wieder leer stünde. Da lachte er und versprach ihr, diesmal besser aufzupassen. Und so schickte er uns als nächsten Mieter keine Nachfolgerin, sondern einen Nachfolger. Einen Lehrer? Selbstverständlich einen Lehrer! Einen Kollegen aus seiner Schule in der Schanzenstraße. Einen sehr großen, sehr blonden, sehr jungen Mann, der Paul Schurig hieß und noch bei uns wohnte, als ich das Abitur machte. Er zog mit uns um. Er bewohnte lange Zeit sogar zwei Zimmer unserer Dreizimmerwohnung, so daß für die drei Kästners nicht viel Platz übrigblieb. Doch ich durfte in seinem Wohnzimmer lesen und schreiben und klavierüben, wenn er nicht zu Hause war.

Im Laufe der Zeit wurde er für mich eine Art Onkel. Ich machte meine erste größere Reise mit ihm. In meinen ersten Schulferien. In sein Heimatdorf Falkenhain bei Wurzen bei Leipzig. Hier hatten seine Eltern ein Kurzwarengeschäft und den herrlichsten Obstgarten, den ich bis dahin gesehen hatte.

Ich durfte die Leitern hochklettern und miternten. Die Gute Luise, den Schönen von Boskop, den Grafensteiner, die Goldparmäne, die Alexander, und wie die edlen Birnen und Äpfel sonst hießen.

Es waren Herbstferien, und wir sammelten im Wald Pilze, bis uns der Rücken weh tat. Wir wanderten bis nach Schilda, wo bekanntlich die Schildbürger herstammen. Und in der Dachkammer weinte ich meine ersten Heimwehtränen. Hier schrieb ich die erste Postkarte meines Lebens und tröstete meine Mutter. Sie brauche beileibe keine Angst um mich zu haben. In Falkenhain gäbe es keine Straßenbahnen, sondern ab und zu höchstens einen Mistwagen, und vor dem nähme ich mich schon in acht.

Der Lehrer Paul Schurig wurde also im Lauf der Jahre für mich eine Art Onkel. Und beinahe wäre er auch eine Art Vetter geworden! Denn beinahe hätte er meine Kusine Dora geheiratet. Sie wollte es gern. Er wollte es gern. Aber Doras Vater, der wollte es gar nicht gern. Doras Vater war nämlich der ehemalige Kaninchenhändler Franz Augustin und hielt von Volksschullehrern und anderen ›Hungerleidern‹ nicht das mindeste. Als sich während der Großen Pferdeausstellung in Reick im Segen der Goldenen und Silbernen Medaillen unser Untermieter dem ersehnten Schwiegervater mit den Worten: »Mein Name ist Schurig!« vorstellte, schob mein Onkel Franz die braune Melone aus der Stirn, musterte den großen, hübschen und blonden Heiratskandidaten von oben bis unten, sprach die denkwürdigen Worte: »Von mir aus können Sie Hase heißen!«, drehte ihm und uns den Rücken und ging zu seinen prämiierten Pferden.

Damit fiel der Plan ins Wasser. Gegen meinen Onkel Franz war kein Kraut gewachsen. Und da er meine Mutter im Verdacht hatte, an dem Heiratsprojekt nicht ganz unbeteiligt zu sein, bekam sie von ihm künftig mancherlei zu hören. Onkel Franz war ein Despot, ein Tyrann, ein Pferde-Napoleon. Und im Grunde ein prächtiger Kerl. Daß sich niemand traute, ihm

energisch zu widersprechen, war nicht seine Schuld. Vielleicht wäre er selig gewesen, wenn ihm jemand endlich einmal richtig die Meinung gegeigt hätte! Vielleicht wartete er sein Leben lang darauf! Aber keiner tat ihm den Gefallen. Er brüllte, und die anderen zitterten. Sie zitterten noch, wenn er Späße machte. Sie zitterten sogar, wenn er unterm Christbaum »O du fröhliche« schmetterte!

Er genoß es, und er bedauerte es. Ich wiederhole, falls ihr es überlesen haben solltet: Daß ihm niemand widersprach, war nicht seine Schuld. Und damit verlasse ich meinen Onkel Franz und wende mich erneut dem eigentlichen Gegenstand des sechsten Kapitels zu: den Lehrern. Dem Onkel Franz werden wir noch einmal begegnen. Und etwas ausführlicher. Er eignet sich nicht zur Nebenfigur. Das hat er mit anderen großen Männern gemeinsam. Zum Beispiel mit Bismarck, dem Gründer des Deutschen Reiches.

Als Bismarck eine internationale Konferenz einberufen hatte und sich mit den übrigen Staatsmännern an den Verhandlungstisch setzen wollte, erschraken alle Teilnehmer. Denn der Tisch, so groß er war, war rund! Und an einem runden Tisch ist beim besten Willen keine Sitz- und Rangordnung möglich! Doch Bismarck lächelte, nahm Platz und sagte: »Wo ich sitze, ist immer oben.« Das hätte auch mein Onkel Franz sagen können. Es hätte ihn auch nicht gestört, wenn am Tisch nur ein einziger Stuhl gestanden hätte. Er hätte schon Platz gefunden, mein Onkel.

Ich wuchs also mit Lehrern auf. Ich lernte sie nicht erst in der Schule kennen. Ich hatte sie zu Hause. Ich sah die blauen Schulhefte und die rote Korrekturtinte, lange bevor ich selber schreiben und Fehler machen konnte. Blaue Berge von Diktatheften, Rechenheften und Aufsatzheften. Vor Michaelis und Ostern braune Berge von Zensurheften. Und immer und überall Lesebücher, Lehrbücher, Lehrerzeitschriften, Zeitschriften für Pädagogik, Psychologie, Heimatkunde und sächsische Geschichte. Wenn Herr Schurig nicht daheim war, schlich ich mich in sein Zimmer, setzte mich aufs grüne Sofa und starrte ängstlich und hingerissen zugleich auf die Landschaft aus bedrucktem und beschriebenem Papier. Da lag ein fremder Erdteil vor mir zum Greifen nahe, doch ich hatte ihn noch nicht entdeckt. Und wenn mich die Leute, wie sie es ja bei Kindern gerne tun, fragten: »Was willst du denn später einmal werden?«, antwortete ich aus Herzensgrunde: »Lehrer!«

Ich konnte noch nicht lesen und schreiben, und schon wollte ich Lehrer werden. Nichts anderes. Und trotzdem war es ein Mißverständnis. Ja, es war der größte Irrtum meines Lebens. Und er klärte sich erst auf, als es fast zu spät war. Als ich mit siebzehn Jahren vor einer Schulklasse stand und, da die älteren Seminaristen im Felde standen, Unterricht erteilen mußte. Die Professoren, die als pädagogische Beobachter dabeisaßen, merkten nichts von meinem Irrtum und nichts davon, daß ich selber in dieser Stunde ihn endlich begriff und daß mir fast das Herz stehenblieb. Doch die Kinder in den Bänken, die spürten es wie ich. Sie blickten mich verwundert an. Sie antworteten brav. Sie hoben die Hand. Sie standen auf. Sie setzten sich. Es ging wie am Schnürchen. Die Professoren nickten wohlwollend. Und trotzdem war alles grundverkehrt. Und die Kinder wußten es. Der Jüngling auf dem Katheder, dachten sie, das ist kein Lehrer, und er wird nie ein richtiger Lehrer werden. Und sie hatten recht.

Ich war kein Lehrer, sondern ein Lerner. Ich wollte nicht lehren, sondern lernen. Ich hatte Lehrer werden wollen, um möglichst lange ein Schüler bleiben zu können. Ich wollte Neues, immer wieder Neues aufnehmen und um keinen Preis Altes, immer wieder Altes weitergeben. Ich war hungrig, ich war kein Bäcker. Ich war wissensdurstig, ich war kein Schankwirt. Ich war ungeduldig und unruhig, ich war kein künftiger Erzieher. Denn Lehrer und Erzieher müssen ruhig und geduldig sein. Sie dürfen nicht an sich denken, sondern an die Kinder. Und sie dürfen Geduld nicht mit Bequemlichkeit verwechseln. Lehrer aus Bequemlichkeit gibt es genug. Echte, berufene, geborene Lehrer sind fast so selten wie Helden und Heilige.

Vor einigen Jahren unterhielt ich mich mit einem Basler Universitätsprofessor, einem berühmten Fachgelehrten. Er befand sich seit kurzem im Ruhestand, und ich fragte ihn, was er jetzt tue. Da blitzten seine Augen vor lauter Wonne, und er rief: »Ich studiere! Endlich habe ich dafür Zeit!« Er saß, siebzigjährig, Tag für Tag in den Hörsälen und lernte Neues. Er hätte der Vater der Dozenten sein können, denen er lauschte, und der Großvater der Studenten, zwischen denen er saß. Er war Mitglied vieler Akademien. Sein Name wurde in der ganzen Welt mit Respekt genannt. Er hatte sein Leben lang gelehrt, was er wußte. Nun endlich konnte er, was er nicht wußte, lernen. Er war im siebenten Himmel. Mochten andere über ihn lächeln und ihn für etwas wunderlich halten – ich verstand ihn, als wär's mein großer Bruder.

Ich verstand den alten Herrn, wie dreißig Jahre früher meine Mutter mich verstand, als ich, noch in Feldgrau, vor sie hintrat und bedrückt und schuldbewußt sagte: »Ich kann nicht Lehrer werden!« Sie war eine einfache Frau, und sie war eine herrliche Mutter. Sie war bald fünfzig Jahre alt und hatte geschuftet und gespart, damit ich Lehrer werden könnte. Nun war es soweit. Nun fehlte nur noch ein Examen, das ich in ein paar Wochen spielend und mit Glanz bestanden haben würde. Dann konnte sie endlich aufatmen. Dann konnte sie die Hände in den Schoß legen. Dann konnte ich für mich selber sorgen. Und da sagte ich: »Ich kann nicht Lehrer werden!«

Es war in unserem großen Zimmer. Also in einer der zwei Stuben, die der Lehrer Schurig bewohnte. Paul Schurig saß schweigend auf dem grünen Sofa. Mein Vater lehnte schweigend am Kachelofen. Meine Mutter stand unter der Lampe mit dem grünen Seidenschirm und den Perlfransen und fragte: »Was möchtest du denn tun?«

»Auf einem Gymnasium das Abitur machen und dann studieren«, sagte ich. Meine Mutter dachte einen Augenblick nach. Dann lächelte sie, nickte und sagte: »Gut, mein Junge! Studiere!«

Doch da hab ich schon wieder ins Rad der Zeit gegriffen. In die Speichen der Zukunft. Wieder bin ich dem Kalender voraus. Wieder hätte ich schreiben müssen: Das gehört noch gar nicht hierher! Aber es wäre falsch. Manches, was man als Kind erlebt hat, erhält seinen Sinn erst nach vielen Jahren. Und vieles, was uns später geschieht, bliebe ohne die Erinnerung an unsre Kindheit so gut wie unverständlich. Unsere Jahre und Jahrzehnte greifen ineinander wie die Finger beim Händefalten. Alles hängt mit allem zusammen.

Der Versuch, die Geschichte einer Kindheit zu erzählen, wird zur Springprozession. Man springt voraus und zurück und voraus und zurück. Und die Leser, die Ärmsten, müssen mitspringen. Ich kann's nicht ändern. Auch kleine Seitensprünge sind unvermeidlich. So. Und nun springen wir wieder zwei Schritte zurück. In jene Zeit, da ich noch nicht in die Schule ging und trotzdem schon Lehrer werden wollte.

Wenn damals ein Junge aufgeweckt war und nicht der Sohn eines Arztes, Anwalts, Pfarrers, Offiziers, Kaufmanns oder Fabrikdirektors, sondern eines Handwerkers, Arbeiters oder Angestellten, dann schickten ihn die Eltern nicht aufs Gymnasium oder in die Oberrealschule und anschließend auf die Universität, denn das war zu teuer. Sondern sie schickten ihn ins Lehrerseminar. Das war wesentlich billiger. Der Junge ging bis zur Konfirmation in die Volksschule, und dann erst machte er seine Aufnahmeprüfung. Fiel er durch, wurde er Angestellter oder Buchhalter wie sein Vater. Bestand er die Prüfung, so war er sechs Jahre später Hilfslehrer, bekam Gehalt, konnte damit beginnen, die Eltern zu unterstützen, und hatte eine ›Lebensstellung mit Pensionsberechtigung‹.

Auch Tante Martha, die nächstjüngere Schwester meiner Mutter, meine Lieblingstante, war dafür. Sie hatte den Zigarrenvorarbeiter Richter geheiratet, ihn und die zwei Töchter aus erster Ehe, bekam ein eignes Kind, besaß einen Schrebergarten und sechs Hühner und war eine von Herzen heitere Frau. Sie hatte immer Sorgen und war immer lustig. Zwei der drei Töchter starben im ersten Jahr nach dem Ersten Weltkrieg am Hungertyphus. Obwohl wir doch so viele Fleischer in der Verwandtschaft hatten! Ihr starben eine der zwei Stieftöchter und die eigne Tochter, die blonde Helene. Doch da bin ich schon wieder zwei Schritte voraus!

Auch Tante Martha sagte also: »Laßt den Erich Lehrer werden. Die Lehrer haben es gut. Ihr seht es ja selbst. Schaut euch doch eure Mieter an. Den Franke und den Schurig. Und seine Freunde, die Tischendorfs!« Die Tischendorfs waren Paul Schurigs Freunde, und sie waren Lehrer wie er. Sie kamen oft zu Besuch. Sie saßen bei uns in der Küche. Oder sie beugten sich im Vorderzimmer über Landkarten und besprachen zu dritt ihre Pläne für die Sommerferien. Sie wurden vier Wochen im Jahr zu gewaltigen Bergsteigern. In Nagelschuhen, mit Eispickeln, Steigeisen, zusammengerollten Kletterseilen, Verbandzeug und überlebensgroßen Rucksäcken fuhren sie alljährlich in die Alpen, bestiegen den Mont Cenis, den Monte Rosa, die Marmolatagruppe oder den Wilden Kaiser. Sie schickten prächtigbunte Ansichtskarten in die Königsbrücker Straße. Und wenn sie am Ferienende heimkehrten, sahen sie aus wie blonde Neger. Tiefbraun gebrannt, gewaltig, übermütig, hungrig wie die Wölfe. Die Dielen bogen sich unter ihren Nagelschuhen. Der Tisch bog sich unter den Tellern mit Wurst und Obst und Käse. Und die Balken bogen sich, wenn sie von ihren Gratwanderungen, Kamintouren und Gletscherspalten erzählten.

»Außerdem«, sagte Tante Martha, »haben sie Weihnachtsferien, Osterferien und Kartoffelferien. In der Zwischenzeit geben sie ein paar Stunden Unterricht, immer dasselbe, immer fürs gleiche Alter, korrigieren dreißig Hefte mit roter Tinte, gehen mit der Klasse in den zoologischen Garten, erzählen den Kindern, daß die Giraffen lange Hälse haben, holen am Monatsersten ihr Gehalt ab und bereiten sich in aller Ruhe auf den Ruhestand vor.« Nun, so bequem und so gemütlich ist der Lehrerberuf ganz bestimmt nicht. So fidel war er auch damals nicht. Aber meine Tante Martha war nicht die einzige, die so dachte. So dachten viele. Und auch manche Lehrer dachten so. Nicht jeder war ein Pestalozzi.

Ich wollte also Lehrer werden. Nicht nur aus Bildungshunger. Auch sonst hatte ich einen gesunden Appetit. Und wenn ich meiner Mutter dabei half, für Herrn Schurig abends den Tisch zu decken, wenn ich den Teller mit drei Spiegeleiern auf Wurst und Schinken ins Vorderzimmer balancierte, dachte ich: So ein Lehrer hat es gar nicht schlecht.

Und der blonde Riese Schurig merkte überhaupt nicht, wie gern ich mein Abendbrot gegen seines eingetauscht hätte.

Riesenwellen und Zuckertüten

Mit mir und unserem Buch geht es voran. Zur Welt gekommen bin ich schon. Das ist die Hauptsache. Ich bin bereits fotografiert worden, mit meinen Eltern in eine andre Wohnung gezogen und seitdem von Lehrern umgeben. Zur Schule gehe ich noch nicht. Ich habe die Lehrer im Haus. Aber es sind keine Hauslehrer. Sie bringen mir nicht das Einmaleins bei, nicht einmal das Kleinmaleins. Sondern ich bringe ihnen auf vorgewärmten Tellern brutzelnde Spiegeleier in unsere gute Stube, die gar nicht unsere, sondern ihre gute Stube ist. Wenn ich groß bin, denk ich, werd ich Lehrer. Dann les ich alle Bücher und eß alle Spiegeleier, die es gibt!

Ein Jahr bevor ich zur Schule kam, wurde ich mit knapp sechs Jahren das jüngste Mitglied des Turnvereins zu ›Neu- und Antonstadt‹. Ich hatte meiner Mutter keine Ruhe gelassen. Sie war strikt dagegen gewesen. Ich sei noch zu klein. Ich hatte sie gequält, bestürmt, belästigt und umgaukelt. »Du mußt warten, bis du sieben Jahre alt bist«, hatte sie immer wieder geantwortet.

Und eines Tages standen wir in der kleineren der zwei Turnhallen vor Herrn Zacharias. Die Knabenriege machte gerade Freiübungen. Er fragte: »Wie alt ist denn der Junge?« – »Sechs«, gab sie zur Antwort. Er sagte: »Du mußt warten, bis du sieben Jahre alt bist.« Da nahm ich die Hände, ordnungsgemäß zu Fäusten geballt, vor die Brust, sprang in die Grätsche und turnte ihm ein gymnastisches Solo vor! Er lachte. Die Knabenriege lachte. Die Halle hallte vor fröhlichem Gelächter. Und Herr Zacharias sagte zu meiner verdatterten Mama: »Also gut, kaufen Sie ihm ein Paar Turnschuhe! Am Mittwoch um drei ist die erste Stunde!« Ich war selig. Wir gingen ins nächste Schuhgeschäft. Abends wollte ich mit den Turnschuhen ins Bett. Am Mittwoch war ich eine Stunde zu früh in der Halle. Und was, glaubt ihr, war der Herr Zacharias von Beruf? Lehrer war er, natürlich. Seminarlehrer. Als Seminarist wurde ich sein Schüler. Und er lachte noch manches Mal, wenn er von unserer ersten Begegnung sprach.

Ich war ein begeisterter Turner, und ich wurde ein ziemlich guter Turner. Mit eisernen Hanteln, mit hölzernen Keulen, an

Kletterstangen, an den Ringen, am Barren, am Reck, am Pferd, am Kasten und schließlich am Hochreck. Das Hochreck wurde mein Lieblingsgerät. Später, viel später. Ich genoß die Schwünge, Kippen, Stemmen, Hocken, Grätschen, Kniewellen, Flanken und aus dem schwungvollen Kniehang das Fliegen durch die Luft mit der in Kniebeuge und Stand abschließenden Landung auf der Kokosmatte. Es ist herrlich, wenn der Körper im rhythmischen Schwung leichter und leichter wird, bis er fast nichts mehr zu wiegen scheint und, nur von den Händen schmiegsam festgehalten, in eleganten und phantasievollen Kurven eine biegsam feste Eisenstange umtanzt!

Ich wurde ein ziemlich guter Turner. Ich glänzte beim Schauturnen. Ich wurde Vorturner. Aber ein sehr guter Turner wurde ich nicht. Denn ich hatte Angst vor der Riesenwelle! Ich wußte auch, warum. Ich war einmal dabeigewesen, als ein anderer während einer Riesenwelle in vollem Schwung den Halt verlor und kopfüber vom Hochreck stürzte. Die Kameraden, die zur Hilfestellung bereitstanden, konnten ihn nicht auffangen. Er wurde ins Krankenhaus gebracht. Und die Riesenwelle und ich gingen einander zeitlebens aus dem Wege. Das war eigentlich eine rechte Blamage, und wer blamiert sich schon gern? Doch es

half nichts. Ich bekam die Angst vor der Riesenwelle nicht aus den Kleidern. Und so war mir die Blamage immer noch ein bißchen lieber als ein Schädelbruch. Hatte ich recht? Ich hatte recht. Ich wollte turnen und turnte, weil es mich freute. Ich wollte kein Held sein oder werden. Und ich bin auch keiner geworden. Kein falscher Held und kein echter Held. Wißt ihr den Unterschied? Falsche Helden haben keine Angst, weil sie keine Phantasie haben. Sie sind dumm und haben keine Nerven. Echte Helden haben Angst und überwinden sie. Ich habe manches liebe Mal im Leben Angst gehabt und sie, weiß Gott, nicht jedesmal überwunden. Sonst wäre ich heute vielleicht ein echter und sicherlich ein toter Held. Nun will ich mich allerdings auch nicht schlechter machen, als ich bin. Zuweilen hielt ich mich ganz wacker, und das war mitunter gar nicht so einfach. Doch die Heldenlaufbahn als Hauptberuf, das wäre nichts für mich gewesen.

Ich turnte, weil meine Muskeln, meine Füße und Hände, meine Arme und Beine und der Brustkorb spielen und sich bilden wollten. Der Körper wollte sich bilden wie der Verstand. Beide verlangten gleichzeitig und gemeinsam ungeduldig danach, geschmeidig zu wachsen und wie gesunde Zwillinge gleich groß und kräftig zu werden. Mir taten alle Kinder leid, die gern lernten und ungern turnten. Ich bedauerte alle Kinder, die gern turnten und nicht gern lernten. Es gab sogar welche, die weder lernen noch turnen wollten! Sie bedauerte ich am meisten. Ich wollte beides brennend gern. Und ich freute mich schon auf den Tag, an dem ich zur Schule kommen sollte. Der Tag kam, und ich weinte.

Die 4. Bürgerschule in der Tieckstraße, unweit der Elbe, war ein vornehm düsteres Gebäude mit einem Portal für die Mädchen und einem für die Knaben. In jener Zeit sahen alle Schulen düster aus, dunkelrot oder schwärzlich grau, steif und unheimlich. Wahrscheinlich waren sie von denselben Baumeistern gebaut worden, die auch die Kasernen gebaut hatten. Die Schulen sahen aus wie Kinderkasernen. Warum den Baumeistern keine fröhlicheren Schulen eingefallen waren, weiß ich nicht. Vielleicht sollten uns die Fassaden, Treppen und Korridore denselben Respekt einflößen wie der Rohrstock auf dem Katheder. Man wollte wohl schon die Kinder durch Furcht zu folgsamen Staatsbürgern erziehen. Durch Furcht und Angst, und das war freilich ganz verkehrt.

Mich erschreckte die Schule nicht. Ich kannte keine heiteren Schulhäuser. Sie mußten wohl so sein. Und der gemütlich dicke

Lehrer Bremser, der die Mütter, Väter und die Abc-Schützen willkommen hieß, erschreckte mich schon gar nicht. Ich wußte von daheim, daß auch die Lehrer lachen konnten, Spiegeleier aßen, an die großen Ferien dachten und ihr Nachmittagsschläfchen hielten. Da war kein Grund zum Zittern.

Herr Bremser setzte uns der Größe nach in die Bankreihen und notierte sich die Namen. Die Eltern standen dichtgedrängt an den Wänden und in den Gängen, nickten ihren Söhnen ermutigend zu und bewachten die Zuckertüten. Das war ihre Hauptaufgabe. Sie hielten kleine, mittelgroße und riesige Zuckertüten in den Händen, verglichen die Tütengrößen und waren, je nachdem, neidisch oder stolz. Meine Zuckertüte hättet ihr sehen müssen! Sie war bunt wie hundert Ansichtskarten, schwer wie ein Kohleneimer und reichte mir bis zur Nasenspitze! Ich saß vergnügt auf meinem Platz, zwinkerte meiner Mutter zu und kam mir vor wie ein Zuckertütenfürst. Ein paar Jungen weinten herzzerbrechend und rannten zu ihren aufgeregten Mamas.

Doch das ging bald vorüber. Herr Bremser verabschiedete uns; und die Eltern, die Kinder und die Zuckertüten stiefelten gesprächig nach Hause. Ich trug meine Tüte wie eine Fahnenstange vor mir her. Manchmal setzte ich sie ächzend aufs Pflaster. Manchmal griff meine Mutter zu. Wir schwitzten wie die Möbelträger. Auch eine süße Last bleibt eine Last.

So wanderten wir mit vereinten Kräften durch die Glacisstraße, die Bautzener Straße, über den Albertplatz und in die

Königsbrücker Straße hinein. Von der Luisenstraße an ließ ich die Tüte nicht mehr aus den Händen. Es war ein Triumphzug. Die Passanten und Nachbarn staunten. Die Kinder blieben stehen und liefen hinter uns her. Sie umschwärmten uns wie die Bienen, die Honig wittern. »Und nun zu Fräulein Haubold!« sagte ich hinter meiner Tüte.

Fräulein Haubold führte die in unserm Hause befindliche Filiale der stadtbekannten Färberei Märksch, und ich verbrachte manche Stunde in dem stillen, sauberen Laden. Es roch nach frischer Wäsche, nach chemisch gereinigten Glacéhandschuhen und nach gestärkten Blusen. Fräulein Haubold war ein älteres Fräulein, und wir mochten einander sehr gern. Sie sollte mich bewundern. Ihr wie keinem sonst gebührte der herrliche Anblick. Das war selbstverständlich.

Meine Mutter öffnete die Tür. Ich stieg, die Zuckertüte mit der seidnen Schleife vorm Gesicht, die Ladenstufe hinauf, stolperte, da ich vor lauter Schleife und Tüte nichts sehen konnte, und dabei brach die Tütenspitze ab! Ich erstarrte zur Salzsäule. Zu einer Salzsäule, die eine Zuckertüte umklammert. Es rieselte und purzelte und raschelte über meine Schnürstiefel. Ich hob die Tüte so hoch, wie ich irgend konnte. Das war nicht schwer, denn sie wurde immer leichter. Schließlich hielt ich nur noch einen bunten Kegelstumpf aus Pappe in den Händen, ließ ihn sinken und blickte zu Boden. Ich stand bis an die Knöchel in Bonbons, Pralinen, Datteln, Osterhasen, Feigen, Apfelsinen, Törtchen, Waffeln und goldenen Maikäfern. Die Kinder kreischten. Meine Mutter hielt die Hände vors Gesicht. Fräulein Haubold hielt sich an der Ladentafel fest. Welch ein Überfluß! Und ich stand mittendrin.

Auch über Schokolade kann man weinen. Auch wenn sie einem selber gehört. – Wir stopften das süße Strandgut und Fallobst in den schönen, neuen braunen Schulranzen und wankten durch den Laden und die Hintertür ins Treppenhaus und treppauf in die Wohnung. Tränen verdunkelten den Kinderhimmel. Die Fracht der Zuckertüte klebte im Schulranzen. Aus zwei Geschenken war eins geworden. Die Zuckertüte hatte meine Mutter gekauft und gefüllt. Den Ranzen hatte mein Vater gemacht. Als er abends heimkam, wusch er ihn sauber. Dann nahm er sein blitzscharfes Sattlermesser zur Hand und schnitt für mich ein Täschchen zu. Aus dem gleichen unverwüstlichen Leder, woraus der Ranzen gemacht worden war. Ein Täschchen mit einem langen verstellbaren Riemen. Zum Umhängen. Fürs Frühstück. Für die Schule.

Der Schulweg war eine schwierigere Angelegenheit als die Schule selber. Denn im Klassenzimmer gab es nur einen einzigen Erwachsenen, den Lehrer Bremser. Er durfte dort sein, weil er dort sein mußte. Ohne ihn hätte man die Buchstaben und die Ziffern, das Abc und das Kleinmaleins ja gar nicht lernen können. Aber daß einen die Mutter bei der Hand nahm und bis zum Schulportal transportierte, das war ausgesprochen lästig. Man war doch mit seinen sieben Jahren kein kleines Kind mehr! Oder wagte dies etwa irgend jemand zu behaupten? Frau Kästner wagte es. Sie war eine tapfere Frau. Doch sie wagte es nur acht Tage lang. Denn sie war eine gescheite Mutter. Sie gab nach. Und ich spazierte mit Ranzen und Frühstückstasche bewaffnet, stolz und allein, jeder Zoll ein Mann, morgens in die Tieckstraße und mittags wieder nach Hause. Ich hatte gesiegt, hurra!

Viele Jahre später hat mir meine Mutter erzählt, was damals in Wirklichkeit geschah. Sie wartete, bis ich aus dem Hause war. Dann setzte sie sich rasch den Hut auf und lief heimlich hinter mir her. Sie hatte schreckliche Angst, mir könne unterwegs etwas zustoßen, und sie wollte meinen Drang zur Selbständigkeit nicht behindern. So verfiel sie darauf, mich auf dem Schulweg zu begleiten, ohne daß ich es wußte. Wenn sie befürchtete, ich könne mich umdrehen, sprang sie rasch in eine Haustür oder hinter eine Plakatsäule. Sie versteckte sich hinter großen, dicken Leuten, die den gleichen Weg hatten, lugte an ihnen vorbei und ließ mich nicht aus den Augen. Der Albertplatz mit seinen Stra-

ßenbahnen und Lastfuhrwerken war ihre größte Sorge. Doch völlig beruhigt war sie erst, wenn sie von der Ecke Kurfürstenstraße aus mich in der Schule verschwinden sah. Dann atmete sie auf, schob sich den Hut zurecht und ging, diesmal hübsch gesittet und ohne Indianermethoden, nach Hause. Nach einigen Tagen gab sie ihr Morgenmanöver auf. Die Angst, ich könne unvorsichtig sein, war verflogen.

Dafür verblieb ihr ein anderer kleiner Kummer: mich früh und beizeiten aus dem Bett zu bringen. Das war keine leichte Aufgabe, besonders im Winter, wenn es draußen noch dunkel war. Sie hatte sich einen melodischen Weckruf ausgedacht. Sie sang: »Eeerich – auaufstehn – in die Schuuule gehn!« Und sie sang es so lange, bis ich, knurrend und augenreibend, nachgab. Wenn ich die Augen schließe, hör ich den zunächst vergnügten, dann immer bedrohlicher werdenden Singsang heute noch. Übrigens, geholfen hat das Liedchen nichts. Noch heute finde ich nicht aus den Federn.

Ich überlege mir eben, was ich wohl dächte, wenn ich morgen früh in der Stadt spazierenginge, und plötzlich spränge vor mir eine hübsche junge Frau hinter eine Plakatsäule! Wenn ich ihr neugierig folgte und sähe, wie sie, bald langsam, bald schnell, hinter dicken Leuten hergeht, in Haustore hüpft und hinter Straßenecken hervorlugt! Und was dächte ich, wenn ich merkte, sie verfolgte einen kleinen Jungen, der, brav nach links und rechts blickend, Straßen und Plätze überquert? Dächt ich: Die Ärmste ist übergeschnappt? Oder: Beobachte ich eine Tragödie? Oder: Wird hier ein Film gedreht?

Nun, ich wüßte ja Bescheid. Aber kommt dergleichen heute noch vor? Ich habe keine Ahnung. Denn ich bin ja kein Frühaufsteher.

In der Schule selber gab es keine Schwierigkeiten. Außer einer einzigen. Ich war sträflich unaufmerksam. Es ging mir zu langsam voran. Ich langweilte mich. Deshalb knüpfte ich mit den Nachbarn neben, vor und hinter mir launige Unterhaltungen an. Junge Männer im Alter von sieben Jahren haben einander begreiflicherweise viel zu erzählen. Herr Bremser, so gemütlich er im Grunde war, empfand meine Plauderlust als durchaus störend. Sein Versuch, aus etwa dreißig kleinen Dresdnern brauchbare Alphabeten zu machen, litt empfindlich darunter, daß ein Drittel der Klasse außerdienstliche Gespräche führte, und ich war der Anstifter. Eines Tages riß ihm der Geduldsfaden, und er erklärte ärgerlich, er werde, wenn ich mich nicht bessere, meinen Eltern einen Brief schreiben.

Als ich mittags heimkam, berichtete ich die interessante Neuigkeit. »Wenn das nicht endlich anders wird«, sagte ich, noch im Korridor und während ich den Ranzen vom Rücken nahm, »wird er einen Brief schreiben. Seine Geduld ist am Ende.« Die Mama fand meinen Lagebericht und die Gelassenheit, womit ich ihn vortrug, erschreckend. Sie redete mir gewaltig ins Gewissen. Ich versprach ihr, mich zu bessern. Daß ich nun mit einem Schlag und immerzu aufmerksam sein werde, dafür könne ich nicht garantieren, aber die anderen Schüler wolle ich künftig nicht mehr stören. Das war ein faires Angebot.

Und am kommenden Tag ging meine Mutter heimlich zu Herrn Bremser. Als sie ihm alles erzählt hatte, lachte er. »Nein, so etwas!« rief er. »Ein komischer Junge! Jeder andre würde hübsch abwarten, bis der Brief bei den Eltern einträfe!« – »Mein Erich verschweigt mir nichts«, gab Frau Kästner stolz zur Antwort. Herr Bremser wiegte den Kopf hin und her und sagte nur: »Soso.« Und dann fragte er: »Weiß er schon, was er später einmal werden will?« – »O ja«, meinte sie, »Lehrer!« Da nickte er und sagte: »Gescheit genug ist er.«

Nun, von dieser Unterhaltung im Lehrerzimmer erfuhr ich damals nichts. Ich hielt mein Wort. Ich störte den Unterricht nicht mehr. Ich versuchte sogar, möglichst aufmerksam zu sein, obwohl ich diesbezüglich keine bindenden Zusagen abgegeben hatte. Dabei fällt mir ein, daß ich auch heute noch so handle. Ich verspreche lieber zuwenig als zuviel. Und ich halte lieber mehr, als ich versprochen habe. Meine Mutter pflegte zu sagen: »Jeder Mensch ist anders albern.«

Wenn ein Kind lesen gelernt hat und gerne liest, entdeckt und erobert es eine zweite Welt, das Reich der Buchstaben. Das Land des Lesens ist ein geheimnisvoller, unendlicher Erdteil. Aus Druckerschwärze entstehen Dinge, Menschen, Geister und Götter, die man sonst nicht sehen könnte. Wer noch nicht lesen kann, sieht nur, was greifbar vor seiner Nase liegt oder steht: den Vater, die Türklingel, den Laternenanzünder, das Fahrrad, den Blumenstrauß und vom Fenster aus vielleicht den Kirchturm. Wer lesen kann, sitzt über einem Buch und erblickt mit einem Mal den Kilimandscharo oder Karl den Großen oder Huckleberry Finn im Gebüsch oder Zeus als Stier, und auf seinem Rücken reitet die schöne Europa. Wer lesen kann, hat ein zweites Paar Augen, und er muß nur aufpassen, daß er sich dabei das erste Paar nicht verdirbt.

Ich las und las und las. Kein Buchstabe war vor mir sicher. Ich las Bücher und Hefte, Plakate, Firmenschilder, Namensschilder, Prospekte, Gebrauchsanweisungen und Grabinschriften, Tierschutzkalender, Speisekarten, Mamas Kochbuch, Ansichtskartengrüße, Paul Schurigs Lehrerzeitschriften, die ›Bunten Bilder aus dem Sachsenlande‹ und die klitschnassen Zeitungsfetzen, worin ich drei Stauden Kopfsalat nach Hause trug. Ich las, als wär es Atemholen. Als wär ich sonst erstickt. Es war eine fast gefährliche Leidenschaft. Ich las, was ich verstand und was ich nicht verstand. »Das ist nichts für dich«, sagte meine Mutter, »das verstehst du nicht!« Ich las es trotzdem. Und ich dachte: ›Verstehen denn die Erwachsenen alles, was sie lesen?‹ Heute bin ich selber erwachsen und kann die Frage sachverständig beantworten: Auch die Erwachsenen verstehen nicht alles. Und wenn sie nur läsen, was sie verstünden, hätten die Buchdrucker und die Setzer in den Zeitungsgebäuden Kurzarbeit.

Der ungefähre Tageslauf
eines ungefähr Achtjährigen

Auch vor fünfzig Jahren hatte der Tag nur vierundzwanzig Stunden, und zehn davon mußte ich schlafen. Die restliche Zeit war ausgefüllt wie der Terminkalender eines Generaldirektors. Ich lief in die Tieckstraße und lernte. Ich ging in die Alaunstraße und turnte. Ich saß in der Küche und machte meine Schularbeiten, wobei ich achtgab, daß die Kartoffeln nicht überkochten. Ich aß mittags mit meiner Mutter, abends mit beiden Eltern und mußte lernen, die Gabel in die linke und das Messer in die rechte Hand zu nehmen. Das hatte seine Schwierigkeiten, denn ich war und bin ein Linkshänder. Ich holte ein und mußte lange warten, bis ich an die Reihe kam, weil ich ein kleiner Junge war und mich nicht vordrängte. Ich begleitete die Mama in die Stadt und mußte neben ihr an vielen Schaufenstern stehenbleiben, deren Auslagen mich ganz und gar nicht interessierten. Ich spielte mit Försters Fritz und Großhennigs Erna in diesem oder jenem Hinterhof. Ich spielte mit ihnen und Kießlings Gustav am Rande des Hellers zwischen Kiefern, Sand und Heidekraut Räuber und Gendarm oder Trapper und Indianer. Ich unterstützte am Bischofsplatz die Königsbrücker Bande gegen die gefürchtete Hechtbande, eine Horde kampflustiger Flegel aus der Hechtstraße. Und ich las. Und las. Und las.

Erwachsene brächten so viel nicht zustande. Während ich an einem Buch schreibe, finde ich keine Zeit, Bücher zu lesen. Versuch ich es trotzdem, kommt der Schlaf zu kurz. Schlaf ich mich aber aus, so verspäte ich mich bei der Verabredung im Hotel ›Vier Jahreszeiten‹. Dadurch gerät der übrige Tagesplan ins Rutschen. Die Sekretärin muß eine halbe Stunde warten, bis ich endlich in meinem Stammcafé anlange, um dringende Briefe zu diktieren. Und wenn ich das oder wenigstens die Hälfte erledigt habe, verspät ich mich im Kino. Oder ich gehe gar nicht erst hin. Die Zeit und ich kommen miteinander nicht mehr zurecht. Sie ist zu knapp und zu kurz geworden, wie eine Bettdecke, die beim Waschen eingelaufen ist.

Kinder bringen viel mehr zuwege. Und ganz nebenbei wachsen sie auch noch! Manche schießen wie die Spargel in die Höhe. Das tat ich allerdings nicht. Meine Leistungen im Lernen, Lesen, Turnen, Einkaufen und Kartoffelschälen übertrafen meine Fähigkeiten im Wachsen bei weitem. Als ich zum vorläufig letzten Mal an der Meßlatte stand, sagte der Sanitätsfeldwebel zu dem Sanitätsgefreiten, der das Maß in meinem Wehrpaß eintrug: »1,68 m!« Das ist kaum der Rede wert. Aber auch Cäsar, Napoleon und Goethe waren klein. Und Adolf Menzel, der große Maler und Zeichner, war noch viel kleiner! Wenn er saß, glaubte man, er stehe. Und wenn er vom Stuhl aufstand, dachte man, er setze sich. Unter den großen Männern gibt es viele kleine Leute, man muß nicht verzweifeln.

Ich ging sehr gern zur Schule und habe in meiner gesamten Schulzeit keinen Tag gefehlt. Es grenzte an Rekordhascherei. Ich marschierte morgens mit dem Ranzen los, ob ich gesund oder stockheiser war, ob mir die Mandeln weh taten oder die Zähne, ob ich Bauchschmerzen hatte oder einen Furunkel auf der Sitzfläche.

Ich wollte lernen und nicht einen Tag versäumen. Bedenklichere Krankheiten verlegte ich in die Ferien. Ein einziges Mal hätte ich beinahe kapituliert. Daran war ein Unfall schuld, und der kam so zustande:

Ich war an einem Sonnabend im Turnverein gewesen, hatte auf dem Heimweg bei der klitzekleinen Frau Stamnitz ein paar Sonntagsblumen besorgt und hörte, als ich den Hausflur betrat, wie ein paar Stockwerke höher die Treppen mit der Wurzelbürste gescheuert wurden. Da ich wußte, daß meine Mutter laut Hausordnung am Scheuern war, sprang ich, drei Stufen auf einmal nehmend, treppauf, rief laut und fröhlich: »Mama!«, rutschte aus und fiel, noch im Rufen und deshalb mit offenem Mund, aufs Kinn. Die Treppenstufen waren aus Granit. Meine Zunge nicht.

Es war eine gräßliche Geschichte. Ich hatte mir die Zungenbänder durchgebissen. Näheres konnte Sanitätsrat Zimmermann, der freundliche Hausarzt mit dem Knebelbart, zunächst nicht sagen, denn die Zunge war dick geschwollen und füllte die Mundhöhle wie ein Kloß. Wie ein teuflisch schmerzender und keineswegs schmackhafter Kloß! Womöglich, sagte Doktor Zimmermann, werde man die Wunden nähen müssen, denn die Zunge sei ein fürs Sprechen, Essen und Trinken unentbehrlicher Muskel. Die Zunge nähen! Meine Eltern und ich fielen fast in Ohnmacht. Und auch der Doktor Zimmermann fühlte sich nicht zum besten. Er kannte mich, seit ich auf der Welt war, und hätte sich die Zunge lieber selber mit Nadel und Faden zusammenflicken lassen als mir. Zunächst verordnete er Bettruhe und

Kamillentee. Es wurde keine erfreuliche Nacht. Kaum zehn Tropfen Kamillentee hatten im Munde Platz. Schluckbewegungen waren unmöglich. Von Schlaf konnte nicht die Rede sein. Daran änderte sich auch am Sonntag nichts.

Aber am Montagmorgen ging ich mit wackligen Knien und gegen den Willen der Eltern und des Arztes in die Schule! Niemand hätte mich aufhalten können. Meine Mutter lief besorgt und erschöpft neben mir her, erzählte dem Lehrer, was geschehen sei, bat ihn, auf mich ein Auge zu haben, und verließ nach einem letzten Blick auf mein verquollenes Gesicht das völlig verblüffte Klassenzimmer.

Die Heilung dauerte sechs Wochen. Drei Wochen lang lebte ich von Milch, die ich mühsam mit einem Glasröhrchen trank. Drei Wochen ernährte ich mich von Milch mit eingebrocktem Zwieback. In den Frühstückspausen saß ich allein im Klassenzimmer, verzog beim Schlucken das Gesicht und lauschte dem Lärm und dem Lachen vom Schulhof. Während des Unterrichts blieb ich stumm. Manchmal, wenn niemand sonst die Antwort wußte, schrieb ich sie auf einen Zettel und brachte ihn zum Katheder.

Die Zunge mußte nicht genäht werden. Sie schwoll langsam ab. Nach anderthalb Monaten konnte ich wieder essen und sprechen. Zwei Narben blieben links und rechts zurück, und ich habe sie heute noch. Sie sind im Laufe der Jahrzehnte kleiner geworden und der Zungenwurzel nähergerückt. Aber verlangt nur nicht, daß ich euch die Narben zeige! Ich strecke meinen Lesern nicht die Zunge heraus.

Der Weg zum Heller, wo wir im Sommer spielten, war nicht weit, und doch war es aus dem Wirrwarr der Straßen heraus der Weg in eine andere Welt. Wir pflückten Blaubeeren. Das Heidekraut duftete. Die Wipfel der Kiefern bewegten sich lautlos. Der müde Wind trug aus der Militärbäckerei den Geruch von frischem, noch warmem Kommißbrot zu uns herüber. Manchmal ratterte der Bummelzug nach Klotzsche über die Gleise. Oder zwei bewaffnete Soldaten brachten einen Trupp verdrossener Häftlinge vom Arbeitskommando ins Militärgefängnis zurück. Sie trugen Drillich, hatten an der Mütze keine Kokarden, und unter ihren Knobelbechern knirschte der Sand.

Wir sahen, wie sie die Bahnüberführung kreuzten und im Gefängnis verschwanden. Manche Zellenfenster waren vergittert, andre mit dunkelbraunem Bretterholz so vernagelt, daß nur von oben ein bißchen Tageslicht in die Zellen sickern konnte. Hinter

den verschalten Fenstern, hatten wir gehört, hockten die Schwerverbrecher. Sie sahen die Sonne nicht, die Kiefern nicht und auch uns nicht, die vom Indianerspiel ermüdeten Kinder im blühenden Heidekraut. Aber sie hörten es wie wir, wenn am Bahnwärterhäuschen das Zugsignal läutete. Was mochten sie verbrochen haben? Wir wußten es nicht.

Die Glöckchen der Erikablüten und das Kommißbrot dufteten. Das Zugsignal läutete. Der Bahnwärter, der seine Blumen gegossen hatte, setzte die Dienstmütze auf und erwartete in strammer Haltung den nächsten Zug. Der Zug schnaufte vorbei. Wir winkten, bis er in der Kurve verschwand. Dann gingen wir nach Hause. Zurück in unsere Mietskasernen. Die Eltern, die Königsbrücker Straße und das Abendbrot warteten schon.

Sonst spielten wir in den Hinterhöfen, turnten an den Teppichstangen und ließen uns aus den Küchenfenstern die Vesperbrote herunterwerfen. Es war wie im Märchen, wenn sie, in Papier gewickelt, durch die Luft trudelten und auf dem Hofpflaster aufklatschten. Es war, als fiele Manna vom Himmel, obwohl es Brote mit Leberwurst und Schweineschmalz waren. Ach, wie sie schmeckten! Nie im Leben hab ich etwas Besseres gegessen, nicht im Baur au Lac in Zürich und nicht im Hotel Ritz in London. Und es hülfe wohl auch nichts, wenn ich künftig den Chefkoch bäte, mir die getrüffelte Gänseleberpastete aus dem Fenster auf die Hotelterrasse zu werfen. Denn sogar wenn er es gegen ein beträchtliches Trinkgeld täte – Brote mit Schweineschmalz wären es deshalb noch lange nicht.

Bei Regen spielten wir im Hausflur oder über Fleischer Kießlings Pferdestall auf dem Futterboden, wo es nach Häcksel, Heu und Kleie roch. Oder wir enterten den Lieferwagen, knallten mit der Peitsche und jagten ratternd und rumpelnd über die Prärie. Oder wir plauderten mit dem stampfenden Pferd im Stall. Manchmal besuchten wir auch Gustavs Vater, den Herrn Fleischermeister, im Schlachthaus, wo er mit dem Gesellen zwischen hölzernen Mulden, Schweinsdärmen und Wurstkesseln hantierte. Wir bevorzugten die Freitage. Da wurde frische Blut- und Leberwurst gekocht, gerührt und abgefaßt, und wir durften sachverständig kosten. Unser Sachverständnis war über jeden Zweifel erhaben. Auch auf dem Spezialgebiet ›Warme Knoblauchwurst‹.

Noch jetzt an meiner Schreibmaschine läuft mir das Wasser im Munde zusammen. Aber das hilft mir nichts. Es gibt keine warme Knoblauchwurst mehr. Sie ist ausgestorben. Auch in Sachsen. Vielleicht haben sich die Fleischermeister meiner Kindheit mit dem Rezept im Bratenrock begraben lassen? Das wäre ein schwerer Verlust für die Kulturwelt.

Eine Zeitlang frönte ich dem Billardspiel. Der Vater eines Schulkameraden hatte in der Nähe des Johannstädter Ufers eine Gastwirtschaft. Nachmittags war sie leer, der Vater machte oben in der Wohnung sein Schläfchen, und nur die Kellnerin paßte auf, ob womöglich doch ein verirrter und durstiger Wanderer einträte. Sie spülte hinter der Theke Gläser, machte uns Zuckerbier oder einfaches Bier mit Himbeersaft zurecht, stiftete jedem von uns beiden einen langen Holzlöffel zum Umrühren, und dann zogen wir uns dezent ins Vereinszimmer zurück! Hier stand ein Billard!

Wir hängten unsere Jacken über Stühle, denn die Haken am Garderobenständer waren für uns zu hoch. Wir suchten uns an der Wand die kleinsten Billardstöcke aus und stellten uns beim Einkreiden auf die Zehenspitzen. Denn die Queues waren zu lang, und zu dick und zu schwer waren sie außerdem. Es war ein mühsames Geschäft. Das Billard war zu hoch und zu breit. Die Elfenbeinkugeln kamen nicht richtig in Fahrt. Bei raffinierten Effetstößen lagen wir mit dem Bauch auf dem Brett, und unsre Beine zappelten in der Luft. Wer das Resultat auf die Schiefertafel schreiben wollte, mußte auf einen Stuhl steigen. Wir quälten uns wie Gulliver im Lande der Riesen ab, und eigentlich hätten wir über uns lachen sollen. Doch wir lachten keineswegs, sondern benahmen und bewegten uns ernst und gemessen, wie erwachsene Männer beim Turnier um die Mitteldeutsche Billardmeisterschaft. Dieser Ernst machte uns sehr viel Spaß.

Bis wir eines Tages ein Loch in das grüne Tuch stießen! Ich weiß nicht mehr, wer der Pechvogel war, ob er oder ich, doch daß ein großer dreieckiger Riß in dem kostbaren Tuche klaffte, das weiß ich noch. Ich schlich zerknirscht von dannen. Der Schulfreund erhielt noch am gleichen Abend von kundiger Vaterhand die erwarteten Prügel. Und mit unseren Billardturnieren samt Zuckerbier war es für alle Zeit vorbei. Den Namen der Gastwirtschaft und der Straße, sogar den des Schulfreundes habe ich vergessen. Er ist durch das große, grobe Sieb gefallen. Wohin? Ins Leere, das leer bleibt, so viel auch hineinfällt? Das Gedächtnis ist ungerecht.

Kinder spielen unbändig gerne Theater. Kleine Mädchen legen ihre Puppen trocken und zanken sie aus. Kleine Jungen stülpen sich Aluminiumtöpfe aufs Haupt, senken die Stimme und sind mit einem Schlage kühne Ritter und allmächtige Kaiser. Und auch die Erwachsenen verkleiden und verstellen sich gern. Besonders im Februar. Dann kaufen, leihen oder nähen sie sich Kostüme, tanzen als Odalisken, Marsmenschen, Neger, Apachen und Zigeunerinnen durch die Ballsäle und benehmen sich ganz, ganz anders, als sie in Wirklichkeit sind.

Dieses heitere Talent war und ist mir fremd. Ich kann, wie es heißt, nicht aus meiner Haut heraus. Ich kann Figuren erfinden, doch ich mag sie nicht darstellen. Ich liebe das Theaterspielen von Herzen, aber als Zuschauer. Und wenn ich mir zum Karneval, um nur ja niemandem den Spaß zu verderben, einen Bart klebe und als Kaiser Wilhelm mitgehe, stehe und sitze ich wie ein Ölgötze im Saal herum und spiele nicht mit, sondern schaue zu. Bin ich zu schüchtern? Bin ich zu nüchtern? Ich weiß es nicht genau.

Nun, es muß auch Zuschauer geben! Wenn niemand im Parkett säße, brauchten die Schauspieler ihre Perücken und Kronen gar nicht erst aufsetzen. Sie müßten ihre Schminkschatullen ins Leihhaus tragen und einen Beruf ergreifen, der ohne Zuschauer auskommt. Ein wahres Glück also, daß es mich und meinesgleichen gibt!

Meine Laufbahn als Zuschauer begann sehr früh, und der Zeitpunkt war ein Zufall. Ich war sieben oder acht Jahre alt, als meine Mutter bei Frau Wähner, ihrer Putzmacherin, eine gewisse Frau Gans kennenlernte und sich mit ihr anfreundete. Frau Gans war eine imposante Dame. Sie wirkte, ihrem Namen zum Trotz, eher wie ein Schwan oder ein Pfau, war mit einem Theatermann befreundet und hatte zwei kleine Töchter. Die ältere war sanft und bildschön, lag meist krank im Bett und starb, sanft und schön, schon als Kind. Die andere Tochter hieß Hilde und war weder schön noch sanft, sondern hatte statt dessen ein Temperament wie ein Gala-Riesenfeuerwerk. Dieses wilde Temperament platzte ihr aus allen Nähten, war unbezähmbar und stürmte wie zwischen zwei hohen Mauern auf ein einziges Ziel los: aufs Theaterspielen.

Die kleine Hilde Gans spielte Theater, wo sie ging und stand. Sie spielte ohne Publikum. Sie spielte mit Publikum. Und das Publikum bestand, wenn wir in der Kurfürstenstraße zu Besuch waren, aus vier Personen: aus ihrer und meiner Mutter, aus mir und ihrer bettlägerigen Schwester. Die Vorstellung begann damit, daß sie zunächst die Kassiererin spielte und uns Eintrittskarten verkaufte. Sie hockte im Kopftuch zwischen dem Schlaf- und Wohnzimmer in der offenen Tür und händigte uns gegen angemessene Bezahlung bekritzelte Papierschnitzel aus. Der erste Platz kostete zwei Pfennige, der zweite Platz einen Pfennig.

Der Preisunterschied wäre eigentlich gar nicht nötig gewesen. Denn die Schwester blieb sowieso im Bett, und die restlichen drei Zuschauer hätten es sehr ungeschickt anstellen müssen, wenn sie einander die Aussicht hätten verderben wollen. Aber Ordnung mußte sein, und Hilde schickte als Platzanweiserin jeden, der nur einen Pfennig gezahlt hatte, unnachsichtig in die zweite Stuhlreihe. Als Platzanweiserin trug sie übrigens kein Kopftuch, sondern eine weiße Haarschleife.

Sobald wir saßen, begann die Vorstellung. Das Ensemble bestand nur aus der Künstlerin Hilde Gans. Doch das machte nichts. Sie spielte alle Rollenfächer. Sie spielte Greise, Kinder, Helden, Hexen, Feen, Mörder und holde Jungfrauen. Sie verkleidete und verwandelte sich auf offener Bühne. Sie sang, sprang, tanzte, lachte, schrie und weinte, daß das Wohnzimmer zitterte. Die Eintrittspreise waren nicht zu hoch! Wir bekamen für unser teures Geld wahrhaftig allerlei geboten! Und aus dem Schlafzimmer hörten wir ab und zu das hüstelnde, dünne Lachen der sanften, kranken Schwester.

Der mit Frau Gans, der Mutter der jungen Künstlerin, befreundete Theaterfachmann, selber ein Künstler von ehemals hohen Graden, hatte mit der Verwaltung der beiden Bühnen des Dresdner ›Volkswohls‹ zu tun. Die eine Bühne hieß das ›Naturtheater‹ und lag, von einem hohen gebeizten Bretterzaun umschlossen, unter freiem Himmel mitten im Wald. Hier wurde an drei Nachmittagen der Woche gespielt. Man saß im Halbrund auf primitiven Holzbänken und erfreute sich an Märchen, handfesten Volksstücken, Lustspielen und Schwänken. Es roch nach Kiefernadeln. Ameisen krabbelten strumpfauf. Zaungäste steckten die Nase über die Palisaden. Der Sommer schnurrte in der Sonne wie eine Katze.

Manchmal zogen schwarze Wolken herauf, und wir blickten besorgt nach oben. Manchmal grollte der Donner, und die Schauspieler erhoben ihre Stimmen gegen die unlautere, immer lauter werdende Konkurrenz. Und manchmal zerplatzten die Wolken, die Blitze züngelten, und der Regen prasselte in den letzten Akt. Dann flohen wir, und auch die Schauspieler brachten sich und die Kostüme in Sicherheit. Die Natur hatte über die Kunst gesiegt.

Wir standen mit den Mänteln überm Kopf unter mächtigen Bäumen. Sie bogen sich im Sturm. Ich drängte mich an meine Mutter, suchte den Schluß des Theaterstücks zu erraten, um den uns der Himmel boshafterweise betrogen hatte, und wurde naß und nässer.

Die andere Bühne des Volkswohls, ein vom Himmel unabhängiger Saal, befand sich in der Trabantengasse. Auch hier waren wir Stammgäste. Auch hier wurde ordentlich Theater gespielt. Und hier stand die kleine Hilde Gans zum ersten Male selber droben auf den Brettern! Sie spielte in einer Bearbeitung des wundervollen Hauffschen Märchens ›Zwerg Nase‹ die Titelrolle! Sie spielte sie mit einem Buckel, einer roten Perücke, einer enormen Klebnase, einer Fistelstimme und einem Temperament, das die Zuschauer umwarf! Auch meine Mutter und ich, erfahrene Hilde-Gans-Kenner, waren hingerissen! Von der Muttergans, nein der Mutter Gans, ganz zu schweigen!

Mit diesem Erfolg war das Schicksal meiner Freundin Hilde besiegelt. Sie wurde, als Kind schon, Berufsschauspielerin, nahm Gesangsunterricht und wurde Soubrette. Da gerade für eine Sängerin der Name Gans nicht sehr vorteilhaft klingt, nannte sie sich seitdem Inge van der Straaten. Warum sie nicht berühmt geworden ist, weiß ich nicht. Das Leben hat seinen eigenen Kopf.

Bald wurden die Dresdner Theater mein zweites Zuhause. Und oft mußte mein Vater allein zu Abend essen, weil Mama und ich, meist auf Stehplätzen, der Muse Thalia huldigten. Unser Abendbrot fand in der Großen Pause statt. In Treppenwinkeln. Dort wurden die Wurstsemmeln ausgewickelt. Und das Butterbrotpapier verschwand, säuberlich gefaltet, wieder in Mutters brauner Handtasche.

Wir bevölkerten das Alberttheater, das Schauspielhaus und die Oper. Stundenlang warteten wir auf der Straße, um, wenn die Kasse geöffnet wurde, die billigsten Plätze zu ergattern. Mißlang uns das, so gingen wir niedergeschlagen heim, als hätten wir eine Schlacht verloren. Doch wir verloren nicht viele Schlachten. Wir eroberten uns unsre Stehplätze mit Geschick und Geduld. Und wir harrten tapfer aus. Wer jemals den ›Faust‹ oder eine Oper von Richard Wagner buchstäblich durchgestanden hat, wird uns seine Anerkennung nicht versagen. Ein einziges Mal nur sank meine Mutter ohnmächtig zusammen, während der ›Meistersinger‹, an einem heißen Sommerabend. So kamen wir auf den Stufen im letzten Rang sogar zu zwei Sitzplätzen und konnten die Feier auf der Festwiese wenigstens hören.

Meine Liebe zum Theater war die Liebe auf den ersten Blick, und sie wird meine Liebe bis zum letzten Blick bleiben. Mitunter hab ich Theaterkritiken geschrieben, zuweilen ein Stück, und die Ansichten über diese Versuche mögen auseinandergehen. Doch eines lasse ich mir nicht abstreiten: Als Zuschauer bin ich nicht zu übertreffen.

Vom Kleinmaleins des Lebens

Die ersten Schuljahre flossen friedlich und freundlich dahin. Lehrer Bremser mußte sich nicht allzusehr über uns ärgern, und auch wir waren mit ihm recht zufrieden. Vor den Osterferien wurden feierlich die Zensuren verteilt. Die Eltern durften dabeisein, und um sie zu erfreuen, sangen wir Kinderlieder und deklamierten Lesebuchgedichte. Da ich damals für besondere Gelegenheiten einen Samtanzug trug und als Vortragskünstler unentbehrlich zu sein schien, nickten die Erwachsenen, wenn ich aufstand und zur Saalmitte schritt, einander lächelnd zu und murmelten: »Die kleine Samthose macht auch wieder mit!« Die kleine Samthose, das war ich. Und Frau Kästner setzte sich, stolzgeschwellt, kerzengerade. Sie hatte, im Gegensatz zu mir, keinerlei Lampenfieber und nicht die mindeste Sorge, ich könne steckenbleiben. Sie behielt, wie immer, recht. Ich blieb nicht stecken. Die Zensuren waren, wie immer, vorzüglich. Und auf dem Nachhauseweg gingen wir in die Konditorei ›Parseval‹, wo ich mit Bienenstich, Prasselkuchen und heißer Schokolade traktiert wurde. (Wißt ihr, was Prasselkuchen ist? Nein? Ach, ihr Ärmsten!)

Da ich Lehrer werden wollte und sollte, gab es beizeiten mancherlei zu bedenken. Und es wurde beizeiten bedacht. Die Ausbildung würde Geld kosten. Die Jahre im Internat würden Geld kosten. Das Schulgeld würde Geld kosten. Der Klavierunterricht würde Geld kosten. Und das Klavier selber würde auch Geld kosten. Es kostete dann, ich weiß es noch genau, ›gebraucht und aus privater Hand‹, achthundert Mark. Das war ein Vermögen!

Mein Vater hatte längst begonnen, nach Feierabend daheim für Nachbarn und Verwandte Taschen und Mappen instand zu setzen, Schuhe zu besohlen, Ranzen und Koffer nachzunähen und unzerreißbare Portemonnaies und Brieftaschen herzustellen, die das Entzücken der Kundschaft wachriefen. Er saß mit der Zigarre im Mund neben dem Küchenfenster auf seinem Schusterschemel und hantierte unermüdlich mit Nägeln, Stiften, Sandpapier, Pechfaden, Wachs und Nadeln, mit Hammer, Messer, Knieriemen, Schmiege und Falzbein, und auf dem Herd, neben der Nudelsuppe, kochte der Leim im Topf. Wißt ihr, wie kochender und brutzelnder Leim riecht? Noch dazu in der Küche? Für einen Sattler und Tapezierer mag er ja wie Rosenwasser duften. Doch für eine Frau, die am Herd steht und abends das Mittagessen vorkocht, stinkt er wie tausend ungewaschene Teufel! Die Nudelsuppe, das Rindfleisch, die weißen Bohnen und die Linsen, alles, was sie koche, erklärte meine Mutter, rieche und schmecke nach Leim, und nun sei damit Schluß!

So wurde mein Vater aus dem Küchenparadies vertrieben. Er ging in die Verbannung. Von nun an saß er abends hinter dem Lattenverschlag zwischen unseren Kohlen, Briketts und Kartoffeln, mit der Strickjacke und dicken Filzpantoffeln, drunten im Keller. Hier war jetzt seine Werkstatt. Hier kräuselte sich jetzt der Rauch seiner Zigarre. Hier unten schmorte nun auf einem Spirituskocher der Blasen werfende Leim. Dem Leim und meinem Vater war seitdem viel wohler zumute.

Hier unten baute er noch mit siebzig Jahren und manchem Topf Leim ein lebensgroßes Pferd! Ein Pferd mit Glasaugen, aber mit echter Mähne und echtem Schweif; und Sattel und Zaumzeug wurden von den Hausbewohnern ehrfürchtig angestaunt. Auf diesem Pferd, vom Widerrist aus lenkbar, weil das edle Tier unter der Schabracke statt der Hufe gekoppelte Gummiräder hatte – auf diesem stolzen Renner wollte mein Vater am Faschingsumzug teilnehmen. Daraus wurde leider nichts. Denn der Motor des Pferdes, ein gleichfalls siebzigjähriger Bekannter, der, unter der Schabracke verborgen, Pferd und Reiter hätte schieben müssen, bekam die Grippe. So fiel der schöne Plan ins Wasser. Doch mein Vater trug auch diese Enttäuschung mit der ihm eigenen Geduld. Der Geduldsfaden riß ihm in seinem geduldigen Leben nur ganz, ganz selten. Er war stets ein Meister des Handwerks und fast immer ein Meister im Lächeln. Er ist es auch heute noch.

Als ich ein kleiner Junge war, baute mein Vater noch keine lebensgroßen Pferde. Er wollte soviel Geld wie möglich verdienen, damit ich Lehrer werden konnte. Und er arbeitete und verdiente, soviel er vermochte, und das war zuwenig.

Deshalb beschloß meine Mutter, einen Beruf zu erlernen. Und wenn meine Mutter etwas beschlossen hatte, gab es niemanden, der es gewagt hätte, sich ihr in den Weg zu stellen. Kein Zufall und kein Schicksal wären so vorlaut gewesen! Ida Kästner, schon über fünfunddreißig Jahre alt, beschloß, einen Beruf zu ergreifen, und sie ergriff ihn. Weder sie noch das Schicksal zuckten mit der Wimper. Die Größe eines Menschen hängt nicht von der Größe seines Wirkungsfeldes ab. Das ist ein Lehrsatz und ein Grundsatz aus dem Kleinmaleins des Lebens. In den Schulen wird er nur selten erwähnt.

Meine Mutter wollte trotz ihres Alters wie ein Lehrling das Frisieren erlernen und eine selbständige Friseuse werden. Nicht mit einem Ladengeschäft, das wäre zu teuer geworden. Sondern mit der Erlaubnis, das Gewerbe des Frisierens, des Ondulierens, der Kopfwäsche und der schwedischen Kopfmassage in der Wohnung auszuüben. Der Innungsmeister, den sie aufsuchte, machte viele Einwände. Sie ließ keinen Einwand gelten, und so galt keiner. Sie wurde an Herrn Schubert, einen renommierten Damenfriseur in der Strehlener Straße, verwiesen. Hier lernte sie mit Talent und Feuereifer alles, was es zu lernen gab, und kam wochenlang erst abends nach Ladenschluß heim. Müde und glücklich.

Damals war ich viel allein. Mittags aß ich für fünfzig Pfennig im Volkswohl. Hier herrschte Selbstbedienung, und das Eßbesteck, das man mitbringen mußte, holte ich aus dem Ranzen. Zu Hause spielte ich mit Mamas Schlüsselbund Wohnungsinhaber, machte Schularbeiten und Besorgungen, holte Holz und Kohlen aus dem Keller, schob Briketts in den Ofen, kochte und trank mit dem Lehrer Schurig, wenn er heimgekommen war, Kaffee und ging, während er sein Nachmittagsschläfchen auf dem grünen Sofa erledigte, in den Hof. Wenn er wieder fort war, wusch und schälte ich Kartoffeln, schnitt mich ein bißchen in den Finger und las, bis es dämmerte.

Oder ich marschierte quer durch die Stadt und holte meine Mutter bei Schuberts ab. Wenn ich aus Angst, zu spät zu kommen, zu früh kam, sah ich zu, wie sie die Brenneisen schwang, erst an einem Stück Seidenpapier ausprobierte und dann an den meterlangen Haaren der Kundinnen. Die Frauen hatten ja damals noch lange Haare, und bei manchen reichten sie bis in die

Kniekehlen! Es roch nach Parfum und Birkenwasser. Die Kundinnen blickten unverwandt in den Spiegel und begutachteten die Frisur, die unter Mamas flinken Händen und unter Zuhilfenahme von Haarwolle, Brillantine und Lockennadeln hervorwuchs. Zuweilen blieb Meister Schubert im weißen Kittel neben seiner Schülerin und deren Opfer stehen, lobte oder griff kurz ein und zeigte sich von Woche zu Woche zufriedener.

Schließlich teilte er der Innung mit, daß die Hospitantin bei ihm alles Erforderliche gelernt habe, für ihr Handwerk viel Geschick und Geschmack besitze und daß er, als Meister und Inhaber Goldener und Silberner Medaillen, die Zulassung der Antragsstellerin entschieden befürworte. Daraufhin erhielt Frau Ida Kästner, geb. Augustin, eine Urkunde, worauf der ›Vorgenannten‹ erlaubt wurde, sich als selbständige Friseuse zu bezeichnen und zu betätigen. Daraufhin holte ich am selben Abend in der Restauration ›Sibyllenort‹, Ecke Jordanstraße, zwei Liter einfaches Bier, und der Sieg wurde gewaltig gefeiert.

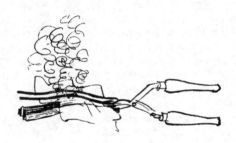

Als Friseurladen wurde, da kein anderer Platz übrigblieb, das linke Vorderviertel des Schlafzimmers hergerichtet. Mit einem Wandspiegel, einer Lampe, einem Wasserbecken, einem Anschluß für den Trockenapparat und mit Wandarmen für die Erhitzung der Brenn- und Ondulierscheren. Auf eine Warmwasseranlage wurde großzügig verzichtet. Sie wäre zu teuer geworden. Die Herstellung heißen Wassers für die Kopfwäsche auf den Gasflammen in der Küche wurde mir übertragen, und ich habe in den folgenden Jahren ganz gewiß Tausende von Krügen aus der Küche ins Schlafzimmer transportiert.

Kämme und Bürsten, Frottier- und Handtücher, flüssige Seife, Haarwasser, Brillantine, Nadeln, Lockennadeln, Haarnetze, Haareinlagen und Fette für die Kopfmassage mußten angeschafft werden. Geschäftskarten wurden verteilt. An der Haustür wurde ein Porzellanschild angeschraubt. Abonnementkarten für Frisuren und für Kopfmassagen wurden gedruckt. Oh, es gab vielerlei zu bedenken!

Schließlich mußte Tante Martha noch ein paar Tage ihren Kopf hinhalten. Die ältere Schwester ondulierte, massierte und frisierte die jüngere, bis beiden vor Eifer und Gelächter die Puste ausging. Der einen taten die Finger und der anderen der Kopf weh. Doch die Generalprobe war nötig gewesen. Premieren ohne Generalprobe gibt es nicht. Erst dann darf das Publikum kommen. Und das Publikum kam.

Die Frau Bäckermeisterin Wirth und die Frau Bäckermeisterin Ziesche, die Frau Fleischermeisterin Kießling und die Frau Gemüsehändlerin Kletsch, die Frauen des Klempnermeisters, des Fahrradhändlers, des Tischlermeisters, des Blumenhändlers, des Drogisten und des Papierwarengeschäftsinhabers, die Frau des Schneidermeisters Großhennig, des Weiß- und Kurzwarenhändlers Kühne, des Restaurateurs, des Fotografen, des Apothekers, des Spirituosenhändlers, des Kohlenhändlers, des Wäschereibesitzers Bauer, die Inhaberin des Milchgeschäfts, die Töchter dieser Frauen, die Leiterinnen von Filialen und die Verkäuferinnen – alle strömten herbei. Erstens mußten sie hinterm Ladentisch adrett aussehen. Zweitens gab es in unserer Gegend wenig Damenfriseure. Drittens kamen sie, weil wir bei ihnen einkauften, und viertens, weil meine Mutter tüchtig und preiswert war.

Sie hatte alle Hände voll zu tun. Das Geschäft florierte. Und oft genug mußte ich aufpassen, daß das Mittagessen auf dem

Herd nicht völlig verbrutzelte. »Erich, iß schon immer!« rief sie von nebenan. Aber ich wartete, drehte die Gasflamme klein, löffelte Wasser in die dampfenden Kochtöpfe, präparierte die Bratpfanne, deckte den Küchentisch und las, bis nach längeren Unterhaltungen zwischen der Kundschaft und der geschätzten Friseuse im Korridor endlich die Wohnungstür zuschlug.

Die geschätzte Friseuse wirkte auch außer Haus. Dann packte sie ihr Handwerkszeug samt dem Spiritusbrenner in die Mappe und eilte im Geschwindschritt bis, wenn es sein mußte, in die entferntesten Stadtviertel. Diese beruflichen Gewaltmärsche galten vor allem den Kundinnen ›im festen Abonnement‹. Auf sie mußte besondere Rücksicht genommen werden, denn sie waren schließlich das Rückgrat des Geschäfts. Sie zahlten ja zehn oder zwanzig Frisuren oder Massagen auf einmal! Unter den Abonnentinnen befand sich die Gattin eines reichen Juweliers, aber auch eine ärmliche Hausiererin, und gerade an sie erinnere ich mich gut.

Sie hieß Fräulein Jaenichen, wohnte am Turnerweg, über einer Kneipe in einem trostlosen Zimmer und konnte sich nicht selbst frisieren, weil sie ein Krüppel war. Ihre Hände, aber auch die Füße, ja, der ganze Körper, alles war krumm und schief und verbogen. Niemand kümmerte sich um die unglückliche Person. Und so humpelte sie, auf eine kurze und eine längere Krücke gestützt, mit einer schweren Kiepe auf dem Buckel über Land. Sie klingelte bei den Bauern und verkaufte allerlei kleinen Hausrat: Knöpfe, Bänder, Sicherheitsnadeln, Borten, Schnürsenkel, Schürzen, Wetzsteine, Gasanzünder, Nähseide, Strickwolle, Häkeldeckchen, Taschenmesser, Bleistifte und vieles andre. Und gerade weil sie so abschreckend aussah, die Arme, legte sie besonderen Wert darauf, schön frisiert zu sein.

Morgens gegen sechs Uhr mußte meine Mutter aus dem Haus. Ich begleitete sie sehr oft, als würde es ihr dadurch leichter, das muffige Zimmer und den Anblick der unglückseligen Person zu ertragen. Eine halbe Stunde später halfen wir ihr, den schweren Korb mit den breiten Ledergurten zu schultern. Und dann kroch und watschelte sie, auf die ungleichen Krücken gestützt, zum Neustädter Bahnhof, von wo aus sie in Vorortzügen auf die Dörfer fuhr. Sie wankte, gebückt und nach beiden Seiten pendelnd, den Bahndamm entlang, hinein in die kühle Frühe und brauchte zehnmal mehr Zeit als die anderen Leute, die sie überholten. Es sah aus, als humple und trete sie auf der Stelle.

Sehr wichtig waren auch, geschäftlich betrachtet, die Hochzeiten. Da galt es, in der Wohnung der Brauteltern zehn, zwölf, wenn nicht gar fünfzehn weibliche Wesen herzurichten: die Brautjungfern, die Mutter, die Schwiegermutter, die Schwestern, Tanten, Freundinnen, Großmütter und Schwägerinnen und vor allem die glückliche Braut höchstselbst. Die Wohnungen waren klein. Die Aufregung war groß. Man trank süßen Südwein. In der Küche brannte der Quarkkuchen an. Die Schneiderin brachte das Hochzeitskleid zu spät. Die Braut heulte. Der Bräutigam kam zu früh. Die Braut heulte noch mehr. Der Brautvater schimpfte, weil er die Schachtel mit den Kragenknöpfen nicht fand. Die Frauen in Taft und Seide schnatterten. »Frau Kästner!« rief es hier. »Frau Kästner!« rief es dort. Frau Kästner steckte inzwischen den Brautschleier und schnitt, weil er zu lang war, mit der Schere einen halben Meter weißen Tüll ab.

Vorm Haus bremsten die Hochzeitskutschen. Der Bräutigam und ein Brautführer polterten mit Flaschenbieren treppab, um den Kutschern das Warten zu erleichtern. Doch auch das war kein rechter Ausweg. Denn der Herr Pastor am Traualtar, der wartete nicht! Es wurde ja nicht nur bei Müllers geheiratet, sondern auch bei Schulzes, Meiers und Grundmanns. Wo waren die Buketts und die Körbchen für die Blumenstreukinder, und wo steckten die Blumenstreukinder selber? Natürlich in der Küche, voller Kakaoflecken! Wo war die Flasche mit dem Fleckenwasser? Wo die Zylinderschachtel? Wo das Myrtensträußchen fürs Knopfloch? Wo waren die Gesangbücher?

Endlich knallte die Wohnungstür zu. Endlich rollten die Kutschen zur Kirche. Endlich war die Wohnung leer. Fast leer! Die Nachbarin, die versprochen hatte, auf den Braten aufzupassen, begann die Tische und Stühle zusammenzustellen und die Hochzeitstafel zu decken. Mit den schönen Damasttüchern. Mit dem Meißner Zwiebelmusterporzellan (›Protzellan‹ nannte ich das.) Mit dem Alpakasilber. Mit den bunten Kristallgläsern, die ›Römer‹ heißen. Mit kunstvoll über den Damast verstreuten Blumen.

Meine Mutter saß inzwischen mit müden Füßen und schmerzenden Händen am Küchentisch, trank eine Tasse Bohnenkaffee, probierte den Kuchen, wickelte für mich ein Stück ein, stopfte es in ihre große Tasche und zählte den Verdienst und das Trinkgeld. Alle Knochen taten ihr weh. Im Kopf sauste und brauste es. Doch die Hochzeit hatte sich gelohnt. Die nächste Rate fürs Klavier konnte bezahlt werden. Und die nächste Klavierstunde bei Fräulein Kurzhals auch.

Fräulein Kurzhals wohnte bei ihren Eltern im gleichen Haus wie wir, nur zwei Stock höher, und war mit mir leider sehr unzufrieden. Und leider mit Recht. Das teure, goldverzierte Klangmöbel stand ja in Lehrer Schurigs Wohnzimmer! Wenn er in seiner Schule war, war ich in meiner Schule. Wenn ich zu Hause war, war meist auch er zu Hause. Wann hätte ich gründlich üben sollen? Andrerseits, ich mußte doch die geheimnisvolle schwarzweiße Tastenkunst erlernen, denn ich wollte ja Lehrer werden!

Mir blieb ein schwacher Trost in dunklen Stunden. Auch Paul Schurig spielte miserabel Klavier. Und er war trotzdem Lehrer geworden, na also!

Zwei folgenschwere Hochzeiten

Die seltsamste Hochzeit, an die ich mich erinnere, hat sich mir deswegen eingeprägt, weil sie überhaupt nicht stattfand. Und das lag nicht daran, daß der Bräutigam vorm Altar nein gesagt hätte oder aus der Kirche geflüchtet wäre. Es lag daran, daß es gar keinen Bräutigam gab! Das beste wird sein, wenn ich die Geschichte der Reihe nach erzähle.

Eines Tages erschien bei uns ein älteres Fräulein namens Strempel, erzählte, daß sie am kommenden Sonnabend in der St.-Pauli-Kirche getraut werden würde, und bestellte meine Mutter für acht Uhr morgens. In die Oppelstraße 27, zwei Treppen links. Zehn Köpfe müßten festlich hergerichtet werden. Die Brautkutsche und fünf Droschken seien bestellt. Das Essen liefere das Hotel Bellevue, mit einer Eisbombe zum Nachtisch und einem Servierkellner im Frack. Fräulein Strempel machte verklärte Augen und schwärmte wie ein Backfisch. Wir gratulierten ihr zu ihrem Glück, und als sie gegangen war, gratulierten wir uns.

Doch wir gratulierten zu früh.

Denn als ich am Sonnabendmittag aus der Schule kam, saß meine Mutter niedergeschlagen in der Küche und hatte verweinte Augen. Sie hatte Punkt acht Uhr im Hause Oppelstraße 27, zwei Treppen links, geläutet, war verblüfft angegafft und ärgerlich abgewiesen worden. Hier wohne kein Fräulein Strempel, und niemand denke daran, mittags in der St.-Pauli-Kirche zu heiraten!

Hatte sich meine Mutter eine falsche Hausnummer gemerkt? Sie fragte in den umliegenden Läden. Sie erkundigte sich in den Nachbarhäusern. Sie klingelte an allen Türen. Sie stellte die Oppelstraße auf den Kopf. Keiner kannte Fräulein Strempel. Und niemand hatte die Absicht, sich frisieren oder gar um Mittag trauen zu lassen. Unter den Leuten, die Auskunft gaben, waren auch nette Menschen, aber so gefällig war nicht einer.

Nun saßen wir also in der Küche und wunderten uns. Daß wir angeführt worden waren, hatten wir begriffen. Doch warum hatte uns die Person beschwindelt? Warum denn nur? Sie hatte meine Mutter geschädigt. Aber wo war ihr eigner Nutzen?

Ein paar Wochen später sah ich sie wieder! Ich kam mit Kießlings Gustav aus der Schule, und sie ging an uns vorüber, ohne mich zu erkennen. Sie schien es eilig zu haben. Da war nicht viel Zeit zu verlieren! Jetzt oder nie! Rasch nahm ich den Ranzen vom Rücken, gab ihn dem Freund, flüsterte: »Bring ihn zu meiner Mutter, und sag ihr, ich käme heute später!« Und schon lief ich der Person nach. Gustav starrte hinter mir drein, zuckte die Achseln und brachte brav den Schulranzen zu Kästners. »Der Erich kommt heute später«, richtete er aus. »Warum?« fragte meine Mutter. »Keine Ahnung«, sagte Gustav.

Inzwischen spielte ich Detektiv. Da mich Fräulein Strempel, die wahrscheinlich gar nicht Strempel hieß, nicht wiedererkannt hatte, war die Sache einfach. Ich brauchte mich nicht zu verstecken. Ich brauchte mir keinen Vollbart umzuhängen. Wo hätte ich den auch so schnell hernehmen sollen? Ich mußte nur aufpassen, daß ich ihr auf den Fersen blieb. Nicht einmal das war ganz leicht, denn Fräulein Strempel oder Nichtstrempel hatte große Eile und lange Beine. Wir kamen gut vorwärts.

Albertplatz, Hauptstraße, Neustädter Markt, Augustusbrücke, Schloßplatz, Georgentor, Schloßstraße, es wollte kein Ende nehmen. Und ganz plötzlich nahm es doch ein Ende. Die Person bog links in den Altmarkt ein und verschwand hinter den gläsernen Flügeltüren von Schlesinger & Co., feinste Damenkonfektion. Ich faßte mir ein Herz und folgte ihr. Was werden sollte, wußte ich nicht. Daß mich der Geschäftsführer, die Direktricen und die Verkäuferinnen musterten, war peinlich. Aber was half's? Die Person durchquerte das Erdgeschoß, Abteilung Damenmäntel. Ich auch. Sie stieg die Treppe hoch und passierte den ersten Stock, Abteilung Kostüme, und stieg die nächste Treppe hoch. Ich auch. Sie betrat den zweiten Stock, Abteilung Sommer- und Backfischkleider, ging auf einen Wandspiegel zu, schob ihn zur Seite – und verschwand! Der Spiegel schob sich hinter ihr wieder an den alten Fleck. Es war wie in ›Tausendundeine Nacht‹.

Da stand ich nun zwischen Ladentischen, Spiegeln, fahrbaren Garderoben und unbeschäftigten Verkäuferinnen und rührte mich vor Schreck und Pflichtgefühl nicht von der Stelle. Wenn wenigstens Kundinnen dagewesen wären und anprobiert und gekauft hätten! Aber es war ja Mittagszeit, da war man daheim und nicht bei Schlesingers! Die Verkäuferinnen begannen zu kichern. Eine von ihnen kam auf mich zu und fragte mutwillig: »Wie wär's mit einem flotten Sommerkleidchen für den jungen Herrn? Wir haben entzückende Dessins auf Lager. Darf ich Sie zum Anprobieren in die Kabine bitten?« Die anderen Mädchen lachten und hielten sich die Hand vor den Mund. Solche Gänse! Wieso war Fräulein Nichtstrempel hinter dem Spiegel verschwunden? Und wo war sie jetzt? Ich stand wie auf Kohlen. Eine Minute kann sehr lang sein.

Und schon wieder näherte sich eines dieser niederträchtigen Frauenzimmer! Sie hatte ein buntes Kleid vom Bügel genommen, hielt es mir unters Kinn, kniff prüfend die Augen zusammen und sagte: »Der Ausschnitt bringt Ihre wundervolle Figur vorzüglich zur Geltung!« Die Mädchen wollten sich vor Lachen ausschütten. Ich wurde rot und wütend. Da erschien eine ältere Dame auf der Bildfläche, und die Etage wurde mäuschenstill. »Was machst du denn hier?« fragte sie streng. Weil mir nichts Besseres einfiel, antwortete ich: »Ich suche meine Mutter.« Eines der Mädchen rief: »Von uns ist es keine!«, und das Gelächter brach von neuem los. Sogar die ältere Dame verzog das Gesicht.

In diesem Moment glitt der Wandspiegel lautlos zur Seite, und Fräulein Nichtstrempel trat heraus. Ohne Hut und Mantel. Sie strich sich übers Haar, sagte zu den anderen: »Mahlzeit allerseits!« und begab sich hinter einen der Ladentische – sie war bei Schlesinger im zweiten Stock Verkäuferin! Und schon war ich auf der Treppe. Ich suchte den Geschäftsführer. Hier war ein Gespräch zwischen Männern am Platze!

Nachdem sich der Geschäftsführer meine Geschichte angehört hatte, hieß er mich warten, stieg in den zweiten Stock und kehrte nach fünf Minuten mit Fräulein Nichtstrempel zurück. Sie war wieder in Hut und Mantel. Und sie sah durch mich hindurch, als sei ich aus Glas. »Hör gut zu!« sagte er zu mir. »Fräulein Nitzsche geht jetzt mit dir nach Hause. Sie wird sich mit deiner Mutter einigen und deren Schaden ratenweise gutmachen. Hier ist ein Zettel mit Fräulein Nitzsches Adresse, steck ihn ein und gib ihn deiner Mutter! Sie kann mich, falls es notwendig sein sollte, jederzeit aufsuchen. Adieu!«

Die Glastüren schwangen auf und zu. Fräulein Strempel, die Nitzsche hieß, und ich standen auf dem Altmarkt. Sie bog, ohne mich eines Blickes zu würdigen, in die Schloßstraße ein, und ich folgte ihr. Es war ein schrecklicher Marsch. Ich hatte gesiegt und fühlte mich recht elend. Ich kam mir vor wie einer jener bewaffneten Soldaten, die auf dem Heller hinter den Militärgefangenen herliefen. Ich war stolz und schämte mich. Beides zu gleicher Zeit. Das gibt es.

Schloßstraße, Schloßplatz, Augustusbrücke, Neustädter Markt, Hauptstraße, Albertplatz, Königsbrücker Straße – immer ging sie, kerzengerade, vor mir her. Immer folgte ich ihr mit fünf Schritten Abstand. Noch auf der Treppe. Vor unsrer Wohnungstür drehte sie sich zur Wand. Ich klingelte dreimal. Meine Mutter stürmte zur Tür, riß sie auf und rief: »Nun möcht ich endlich wissen, warum du ...« Dann merkte sie, daß ich nicht allein war und wen ich mitbrachte. »Treten Sie näher, Fräulein Strempel«, sagte sie. »Fräulein Nitzsche«, verbesserte ich.

Sie wurden sich einig. Man vereinbarte drei Monatsraten, und Fräulein Nitzsche kehrte mit einer Bescheinigung meiner Mutter in der Handtasche zu Schlesinger & Co. zurück. Sie verzog keine Miene. Der Schaden ließ sich verschmerzen. Und trotzdem war es eine Katastrophe. Wir erfuhren es mit der Zeit. Die Gläubiger kamen von allen Seiten. Das Hotel, die Weinhandlung, der Fuhrhalter mit der Hochzeitskutsche, der Blumenladen, ein Wäschegeschäft, alle fühlten sich geschädigt, und alle wollten einen Teil des Schadens ratenweise ersetzt haben. Und Fräulein Nitzsche zahlte ihn ab. Monatelang.

Zum Glück behielt sie ihren Posten bei Schlesinger. Denn sie war eine tüchtige Verkäuferin. Und der Geschäftsführer hatte begriffen, was ich noch nicht begreifen konnte. Ein alterndes Fräulein, das keinen Mann fand, hatte heiraten wollen, und weil sich ihr Wunsch nicht erfüllte, log sie sich die Hochzeit zusammen. Es war ein teurer Traum. Ein vergeblicher Traum. Und als sie erwacht war, bezahlte sie ihn ratenweise und wurde mit jeder Monatsrate ein Jahr älter. Manchmal begegneten wir uns auf der Straße. Wir sahen einander nicht an. Wir hatten beide recht und unrecht. Doch ich war besser dran. Denn sie bezahlte einen ausgeträumten Traum, ich aber war ein kleiner Junge.

Eine andere Hochzeit, an die ich mich erinnere, brachte uns noch viel mehr Kummer, obwohl sie kein mißratener Traum war, sondern stattfand, wie sich's gehört. Diesmal war der Bräutigam keine Erfindung. Es gab ihn, und er machte keine Fluchtversuche. Doch das Elternhaus der Braut und die Kirche lagen in Niederpoyritz, weit draußen im Elbtal, und der Wintertag zwischen Weihnachten und Neujahr war hart, eiskalt und unerbittlich.

Ich wartete im Gasthof. Ich saß und aß und las, und die Stunden ließen sich viel Zeit. Sie schlichen müde um den glühenden Kanonenofen herum. Die Welt vorm Fenster war grauweiß und kahl, und der Wind fegte die Felder wie ein betrunkener Hausknecht. Er kehrte den alten, verharschten Schnee aus einer Ecke in die andre. Er wirbelte ihn wie Staub in die Luft und heulte und johlte, daß die Fenster klirrten. Manchmal blickte ich hinaus und dachte: So muß es in Sibirien sein! Und es war doch nur in Niederpoyritz bei Dresden an der Elbe.

Als mich meine Mutter nach fünf Stunden abholte, war sie von der Arbeit so erschöpft, daß sie sich nicht auszuruhen traute. Sie drängte zum Aufbruch. Sie wollte heim. Und so machten wir uns auf den Weg. Es war ein Weg ohne Wege. Es war ein Tag ohne Licht. Wir versanken in Schneewehen. Der Sturm sprang uns von allen Seiten an, daß wir taumelten. Wir hielten uns aneinander fest. Wir froren bis unter die Haut. Die Hände starben ab. Die Füße waren wie aus Holz. Die Nase und die Ohren wurden kalkweiß.

Kurz bevor wir die Haltestelle erreichten, fuhr die Straßenbahn davon, sosehr wir auch riefen und winkten. Die nächste kam zwanzig Minuten später. Sie war ungeheizt und von Schnee verklebt. Wir saßen während der langen Fahrt stumm und steif nebeneinander und klapperten mit den Zähnen. Daheim legte sich meine Mutter ins Bett und blieb zwei Monate liegen. Sie hatte große Schmerzen in den Kniegelenken. Sanitätsrat Zimmermann sprach von einer Schleimbeutelentzündung und verordnete Umschläge mit fast kochendem Wasser.

In diesen Wochen war ich Krankenschwester, verbrühte mir die Hände und panierte sie mit Kartoffelmehl. Ich war Koch und fabrizierte mittags, wenn ich aus der Schule kam, Rühreier, deutsche Beefsteaks, Bratkartoffeln, Reis- und Nudelsuppen mit Rindfleisch, Niere und Wurzelwerk, Linsen mit Würstchen, sogar Rindfleisch mit Senf- und Rosinensauce. Ich war Kellner und servierte meine versalzenen, zerkochten und angebrannten Meisterwerke stolz und ungeschickt auf Mutters Bett. Ich deckte abends Lehrer Schurigs Tisch mit kalter Küche und schnitt mir manchmal heimlich eine Scheibe Wurst ab. Ich holte für unser eignes Abendbrot die Mahlzeiten in großen Töpfen aus dem Volkswohl, und wenn mein Vater aus der Kofferfabrik heimkam, wärmten wir das Essen auf. Nach dem Essen wuschen wir das Geschirr ab, und Paul Schurig half beim Abtrocknen. Die Teller und Tassen klapperten und klirrten, daß die Mama im Schlafzimmer zusammenzuckte.

Manchmal wuschen wir sogar die Wäsche und hängten sie auf die Leine, die wir quer durch die Küche gezogen hatten. Dann krochen wir, geduckt wie Indianer auf dem Kriegspfad, unter und zwischen den klatschnassen Taschentüchern, Hemden, Bett- und Handtüchern und Unterhosen umher und probierten alle Viertelstunden, ob die Wäsche endlich trocken sei. Doch sie ließ sich nicht drängen, und wir mußten mit dem Scheuerhader manche Pfütze aufwischen, damit das Linoleum keine Flecken bekam.

Es war eine rechte Junggesellenwirtschaft. Und meine Mutter litt nicht nur wegen ihrer Knie, sondern auch unsertwegen. Sie hatte Angst ums Geschirr. Sie hatte Angst, ich könne verhungern. Sie hatte Angst, die Kundinnen würden ihr untreu werden und zur Konkurrenz gehen. Diese dritte Sorge war nicht unberechtigt. In der Eschenstraße hatte sich ein Damenfriseur etabliert und machte in den umliegenden Geschäften seine Antrittsbesuche. Da tat Eile not.

Sanitätsrat Zimmermann erklärte, die Patientin sei noch krank. Die Patientin behauptete, sie sei gesund. Und so blieb kein Zweifel, wer von beiden recht behielt. Sie stand auf, biß die Zähne zusammen, hielt sich beim Gehen unauffällig an den Möbeln fest und war gesund. Ich trabte, die frohe Botschaft verkündend, von Geschäft zu Geschäft. Die Konkurrenz war abgeschlagen. Der Haushalt kam wieder ins Lot. Das Leben nahm seinen alten Gang.

Ein Kind hat Kummer

Es gibt viele gescheite Leute auf der Welt, und manchmal haben sie recht. Ob sie recht haben, wenn sie behaupten, Kinder sollten unbedingt Geschwister haben, nur weil sie sonst zu allein aufwüchsen, verzärtelt würden und fürs ganze Leben Eigenbrötler blieben, weiß ich nicht. Auch gescheite Leute sollten sich vor Verallgemeinerungen hüten. Zweimal zwei ist immer und überall vier, in Djakarta, auf der Insel Rügen, sogar am Nordpol; und es stimmte auch schon unter Kaiser Barbarossa. Doch bei manchen anderen Behauptungen liegen die Dinge anders. Der Mensch ist kein Rechenexempel. Was auf den kleinen Fritz zutrifft, muß bei dem kleinen Karl nicht stimmen.

Ich blieb das einzige Kind meiner Eltern und war damit völlig einverstanden. Ich wurde nicht verzärtelt und fühlte mich nicht einsam. Ich besaß ja Freunde! Hätte ich einen Bruder mehr lieben können als Kießlings Gustav und eine Schwester herzlicher als meine Kusine Dora? Freunde kann man sich aussuchen, Geschwister nicht. Freunde wählt man aus freien Stücken, und wenn man spürt, daß man sich ineinander geirrt hat, kann man sich trennen. Solch ein Schnitt tut weh, denn dafür gibt es keine Narkose. Doch die Operation ist möglich, und die Heilung der Wunde im Herzen auch. Mit Geschwistern ist das anders. Man kann sie sich nicht aussuchen. Sie werden ins Haus geliefert. Sie treffen per Nachnahme ein, und man darf sie nicht zurückschicken. Geschwister sendet das Schicksal nicht auf Probe. Zu unserm Glück können aus Geschwistern Freunde werden. Häufig bleiben sie nur Geschwister. Manchmal werden sie zu Feinden. Das Leben und die Romane erzählen über das Thema schöne und rührende, aber auch traurige und schreckliche Geschichten. Ich habe manche gehört und gelesen. Aber mitreden, das kann ich nicht. Denn ich blieb, wie gesagt, das einzige Kind und war damit einverstanden.

Nur einmal in jedem Jahr hätte ich sehnlich gewünscht, Geschwister zu besitzen: am Heiligabend! Am ersten Feiertag hätten sie ja gut und gerne wieder fortfliegen können, meinetwegen erst nach dem Gänsebraten mit den rohen Klößen, dem Rotkraut und dem Selleriesalat. Ich hätte sogar auf meine eigene

Portion verzichtet und statt dessen Gänseklein gegessen, wenn ich nur am 24. Dezember abends nicht allein gewesen wäre! Die Hälfte der Geschenke hätten sie haben können, und es waren wahrhaftig herrliche Geschenke!

Und warum wollte ich gerade an diesem Abend, am schönsten Abend eines Kinderjahres, nicht allein und nicht das einzige Kind sein? Ich hatte Angst. Ich fürchtete mich vor der Bescherung! Ich hatte Furcht davor und durfte sie nicht zeigen. Es ist kein Wunder, daß ihr das nicht gleich versteht. Ich habe mir lange überlegt, ob ich darüber sprechen soll oder nicht. Ich will darüber sprechen! Also muß ich es euch erklären.

Meine Eltern waren aus Liebe zu mir aufeinander eifersüchtig. Sie suchten es zu verbergen, und oft gelang es ihnen. Doch am schönsten Tag im Jahr gelang es ihnen nicht. Sie nahmen sich sonst meinetwegen so gut zusammen, wie sie konnten, doch am Heiligabend konnten sie es nicht sehr gut. Es ging über ihre Kraft. Ich wußte das alles und mußte uns dreien zuliebe so tun, als wisse ich's nicht.

Wochenlang, halbe Nächte hindurch, hatte mein Vater im Keller gesessen und zum Beispiel einen wundervollen Pferdestall gebaut. Er hatte geschnitzt und genagelt, geleimt und gemalt, Schriften gepinselt, winziges Zaumzeug zugeschnitten und genäht, die Pferdemähnen mit Bändern durchflochten, die Raufen mit Heu gefüllt, und immer noch war ihm beim Blaken der Petroleumlampe etwas eingefallen, noch ein Scharnier, noch ein Beschlag, noch ein Haken, noch ein Stallbesen, noch eine Haferkiste, bis er endlich zufrieden schmunzelte und wußte: Das macht mir keiner nach!

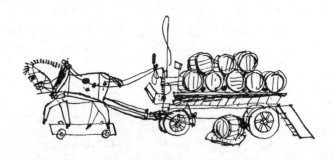

Ein andermal baute er einen Rollwagen mit Bierfässern, Klappleitern, Rädern mit Naben und Eisenbändern, ein solides Fahrzeug mit Radachsen und auswechselbaren Deichseln, je nachdem, ob ich zwei Pferde oder nur eins einspannen wollte, mit Lederkissen fürs Abladen der Fässer, mit Peitschen und Bremsen am Kutschbock, und auch dieses Spielzeug war ein fehlerloses Meisterstück und Kunstwerk!

Es waren Geschenke, bei deren Anblick sogar Prinzen die Hände überm Kopf zusammengeschlagen hätten, aber Prinzen hätte mein Vater sie nicht geschenkt.

Wochenlang, halbe Tage hindurch, hatte meine Mutter die Stadt durchstreift und die Geschäfte durchwühlt. Sie kaufte jedes Jahr Geschenke, bis sich deren Versteck, die Kommode, krummbog. Sie kaufte Rollschuhe, Ankersteinbaukästen, Buntstifte, Farbtuben, Malbücher, Hanteln und Keulen für den Turnverein, einen Faustball für den Hof, Schlittschuhe, musikalische Wunderkreisel, Wanderstiefel, einen Norwegerschlitten, ein Kästchen mit Präzisionszirkeln auf blauem Samt, einen Kaufmannsladen, einen Zauberkasten, Kaleidoskope, Zinnsoldaten, eine kleine Druckerei mit Setzbuchstaben und, von Paul Schurig und den Empfehlungen des Sächsischen Lehrervereins angeleitet, viele, viele gute Kinderbücher. Von Taschentüchern, Strümpfen, Turnhosen, Rodelmützen, Wollhandschuhen, Sweatern, Matrosenblusen, Badehosen, Hemden und ähnlich nützlichen Dingen ganz zu schweigen.

Es war ein Konkurrenzkampf aus Liebe zu mir, und es war ein verbissener Kampf. Es war ein Drama mit drei Personen, und der letzte Akt fand alljährlich am Heiligabend statt. Die Hauptrolle spielte ein kleiner Junge. Von seinem Talent aus dem Stegreif hing es ab, ob das Stück eine Komödie oder ein Trauerspiel wurde. Noch heute klopft mir, wenn ich daran denke, das Herz bis in den Hals.

Ich saß in der Küche und wartete, daß man mich in die Gute Stube riefe, unter den schimmernden Christbaum, zur Bescherung. Meine Geschenke hatte ich parat: für den Papa ein Kistchen mit zehn oder gar fünfundzwanzig Zigarren, für die Mama einen Schal, ein selbstgemaltes Aquarell oder – als ich einmal nur noch fünfundsechzig Pfennige besaß – in einem Karton aus Kühnes Schnittwarengeschäft, hübsch verpackt, die sieben Sachen. Die sieben Sachen? Ein Röllchen weißer und ein Röllchen schwarzer Seide, ein Heft Stecknadeln und ein Heft Nähnadeln, eine Rolle weißen Zwirn, eine Rolle schwarzen Zwirn und ein Dutzend mittelgroßer schwarzer Druckknöpfe, siebenerlei Sachen für fünfundsechzig Pfennige. Das war, fand ich, eine Rekordleistung! Und ich wäre stolz darauf gewesen, wenn ich mich nicht so gefürchtet hätte.

Ich stand also am Küchenfenster und blickte in die Fenster gegenüber. Hier und dort zündete man schon die Kerzen an. Der Schnee auf der Straße glänzte im Laternenlicht. Weihnachtslieder erklangen. Im Ofen prasselte das Feuer, aber ich fror. Es duftete nach Rosinenstollen, Vanillezucker und Zitronat. Doch mir war elend zumute. Gleich würde ich lächeln müssen, statt weinen zu dürfen.

Und dann hörte ich meine Mutter rufen: »Jetzt kannst du kommen!« Ich ergriff die hübsch eingewickelten Geschenke für die beiden und trat in den Flur. Die Zimmertür stand offen. Der Christbaum strahlte. Vater und Mutter hatten sich links und rechts vom Tisch postiert, jeder neben seine Gaben, als sei das Zimmer samt dem Fest halbiert. »Oh«, sagte ich, »wie schön!« und meinte beide Hälften. Ich hielt mich noch in der Nähe der Tür, so daß mein Versuch, glücklich zu lächeln, unmißverständlich beiden galt. Der Papa, mit der erloschnen Zigarre im Munde, beschmunzelte den firnisblanken Pferdestall. Die Mama blickte triumphierend auf das Gabengebirge zu ihrer Rechten. Wir lächelten zu dritt und überlächelten unsre dreifache Unruhe. Doch ich konnte nicht an der Tür stehenbleiben!

Zögernd ging ich auf den herrlichen Tisch zu, auf den halbierten Tisch, und mit jedem Schritt wuchsen meine Verantwortung, meine Angst und der Wille, die nächste Viertelstunde zu retten. Ach, wenn ich allein gewesen wäre, allein mit den Geschenken und dem himmlischen Gefühl, doppelt und aus zweifacher Liebe beschenkt zu werden! Wie selig wär ich gewesen und was für ein glückliches Kind! Doch ich mußte meine Rolle spielen, damit das Weihnachtsstück gut ausgehe. Ich war ein Diplomat, erwachsener als meine Eltern, und hatte dafür Sorge zu tragen, daß unsre feierliche Dreierkonferenz unterm Christbaum ohne Mißklang verlief. Ich war schon mit fünf und sechs Jahren und später erst recht der Zeremonienmeister des Heiligen Abends und entledigte mich der schweren Aufgabe mit großem Geschick. Und mit zitterndem Herzen.

Ich stand am Tisch und freute mich im Pendelverkehr. Ich freute mich rechts, zur Freude meiner Mutter. Ich freute mich an der linken Tischhälfte über den Pferdestall im allgemeinen. Dann freue ich mich wieder rechts, diesmal über den Rodelschlitten, und dann wieder links, besonders über das Lederzeug. Und noch einmal rechts, und noch einmal links, und nirgends zu lange, und nirgends zu flüchtig. Ich freute mich ehrlich und mußte meine Freude zerlegen und zerlügen. Ich gab beiden je einen Kuß auf die Backe. Meiner Mutter zuerst. Ich verteilte meine Geschenke und begann mit den Zigarren. So konnte ich, während der Papa das Kistchen mit seinem Taschenmesser öffnete und die Zigarren beschnupperte, bei ihr ein wenig länger stehenbleiben als bei ihm. Sie bewunderte ihr Geschenk, und ich drückte sie heimlich an mich, so heimlich, als sei es eine Sünde. Hatte er es trotzdem bemerkt? Machte es ihn traurig?

Nebenan bei Grüttners sangen sie »O du fröhliche, o du selige, gnadenbringende Weihnachtszeit!« Mein Vater holte ein Portemonnaie aus der Tasche, das er im Keller zugeschnitten und genäht hatte, hielt es meiner Mutter hin und sagte: »Das hätt ich ja beinahe vergessen!« Sie zeigte auf ihre Tischhälfte, wo für ihn Socken, warme lange Unterhosen und ein Schlips lagen. Manchmal fiel ihnen erst, wenn wir bei Würstchen und Kartoffelsalat saßen, ein, daß sie vergessen hatten, einander ihre Geschenke zu geben. Und meine Mutter meinte: »Das hat ja Zeit bis nach dem Essen.«

Anschließend gingen wir zu Onkel Franz. Es gab Kaffee und Stollen. Dora zeigte mir ihre Geschenke. Tante Lina klagte ein bißchen über ihre Aderbeine. Der Onkel griff nach einer Havannakiste, hielt sie meinem Vater unter die Nase und sagte: »Da, Emil! Nun rauch mal 'ne anständige Zigarre!« Der Papa erklärte leicht gekränkt: »Ich hab selber welche!« Onkel Franz meinte ärgerlich: »Nun nimm schon eine! So was kriegst du nicht alle Tage!« Und mein Vater sagte: »Ich bin so frei.«

Frieda, die Wirtschafterin und treue Seele, schleppte Stollen, Pfefferkuchen, Rheinwein oder, wenn der Winter kalt geraten war, dampfenden Punsch herbei und setzte sich mit an den Tisch. Dora und ich versuchten uns auf dem Klavier an Weihnachtsliedern, der ›Petersburger Schlittenfahrt‹ und dem ›Schlittschuhwalzer‹. Und Onkel Franz begann meine Mutter zu hänseln, indem er aus der Kaninchenhändlerzeit erzählte. Er machte uns vor, wie die Schwester damals ihre Brüder verklatscht hätte. Meine Mutter wehrte sich, so gut sie konnte. Aber gegen Onkel Franz und seine Stimme war kein Kraut gewachsen. »Eine alte Klatschbase warst du!« rief er laut, und zu meinem Vater sagte er übermütig: »Emil, deine Frau war schon als Kind zu fein für uns!« Mein Vater blinzelte stillvergnügt über den Brillenrand, trank einen Schluck Wein, wischte sich den Schnurrbart und genoß es von ganzem Herzen, daß meine Mutter endlich einmal nicht das letzte Wort haben sollte. Das war für ihn das schönste Weihnachtsgeschenk! Sie hatte vom Weintrinken rote Bäckchen bekommen. »Ihr wart ganz gemeine, niederträchtige und faule Lausejungen!« rief sie giftig. Onkel Franz freute sich, daß sie sich ärgerte. »Na und, Frau Gräfin?« gab er zur Antwort. »Aus uns ist trotzdem was geworden!« Und er lachte, daß die Christbaumkugeln schepperten.

Das Quadrat ist kein Kreis, und der Mensch ist kein Engel. Die Quadrate scheinen sich damit abgefunden zu haben, daß sie nicht rund sind. Jedenfalls hat man bis heute nichts Gegenteiliges gehört. Sie sind, läßt sich vermuten, mit ihren vier rechten Winkeln und mit ihren vier gleich langen Seiten einverstanden. Sie sind die vollkommensten Vierecke, die man sich denken kann. Damit ist ihr Ehrgeiz befriedigt.

Bei den Menschen ist das anders, zumindest bei denen, die über sich hinausstreben. Sie wollen nicht etwa vollkommene Menschen werden, was ein schönes und angemessenes Ziel wäre, sondern Engel. Sie streben, soweit sie das überhaupt tun, nach dem falschen Ideal. Die unvollkommene Frau Lehmann möchte nicht die vollkommene Frau Lehmann werden, sondern eine Art heilige Cäcilie. Glücklicherweise erreicht sie das falsche Ziel nicht, sonst hätten Herr Lehmann und die Kinder nichts zu lachen. Mit einer Heiligen, mit einem Engel wäre ihnen nicht gedient. Sondern mit der vollkommenen Frau Lehmann. Doch gerade diese kriegen sie nicht. Denn gerade das will Frau Lehmann nicht werden. So sieht sie zum Schluß aus wie ein schiefes, krummgezogenes Viereck, das ein Kreis werden wollte. Das ist kein schöner Anblick.

Meine Mutter war kein Engel und wollte auch keiner werden. Ihr Ideal war handgreiflicher. Ihr Ziel lag in der Ferne, doch nicht in den Wolken. Es war erreichbar. Und weil sie energisch war wie niemand sonst und sich von niemandem dreinreden ließ, erreichte sie es. Ida Kästner wollte die vollkommene Mutter ihres Jungen werden. Und weil sie das werden wollte, nahm sie auf niemanden Rücksicht, auch auf sich selber nicht, und wurde die vollkommene Mutter. All ihre Liebe und Phantasie, ihren ganzen Fleiß, jede Minute und jeden Gedanken, ihre gesamte Existenz setzte sie, fanatisch wie ein besessener Spieler, auf eine einzige Karte, auf mich. Ihr Einsatz hieß: ihr Leben, mit Haut und Haar!

Die Spielkarte war ich. Deshalb mußte ich gewinnen. Deshalb durfte ich sie nicht enttäuschen. Deshalb wurde ich der beste Schüler und der bravste Sohn. Ich hätte es nicht ertragen, wenn sie ihr großes Spiel verloren hätte. Da sie die vollkommene Mutter sein wollte und war, gab es für mich, die Spielkarte, keinen Zweifel: Ich mußte der vollkommene Sohn werden. Wurde ich's? Jedenfalls versuchte ich es. Ich hatte ihre Talente geerbt: ihre Tatkraft, ihren Ehrgeiz und ihre Intelligenz. Damit war schon etwas anzufangen. Und wenn ich, ihr Kapital und Spieleinsatz, wirklich einmal müde wurde, nur und immer wieder zu gewinnen, half mir als letzte Reserve eines weiter: Ich hatte die vollkommene Mutter ja lieb. Ich hatte sie sehr lieb.

Erreichbare Ziele sind besonders deshalb und deshalb besonders anstrengend, weil wir sie erreichen möchten. Sie fordern uns heraus, und wir machen uns, ohne nach links oder rechts zu blicken, auf den Weg. Meine Mutter blickte weder nach links noch nach rechts. Sie liebte mich und niemanden sonst. Sie war gut zu mir, und darin erschöpfte sich ihre Güte. Sie schenkte mir ihren Frohsinn, und für andere blieb nichts übrig. Sie dachte nur an mich, weitere Gedanken hatte sie keine. Ihr Leben galt mit jedem Atemzuge mir, nur mir.

Darum erschien sie allen anderen kalt, streng, hochmütig, selbstherrlich, unduldsam und egoistisch. Sie gab mir alles, was sie war und was sie hatte, und stand vor allen anderen mit leeren Händen da, stolz und aufrecht und doch eine arme Seele. Das erfüllte sie mit Trauer. Das machte sie unglücklich. Das trieb sie manchmal zur Verzweiflung. Ich sage das nicht obenhin und nicht als Redensart. Ich weiß, was sich sage. Ich war ja dabei, wenn sich ihre Augen verdunkelten. Damals, als ich ein kleiner Junge war. Ich fand sie ja, die hastig bekritzelten Zettel, wenn ich aus der Schule kam! Auf dem Küchentisch lagen sie. »Ich kann nicht mehr!« stand darauf. »Sucht mich nicht!« stand darauf. »Leb wohl, mein lieber Junge!« stand darauf. Und die Wohnung war leer und tot.

Dann jagte ich, von wilder Angst gehetzt und gepeitscht, laut weinend und fast blind vor Tränen, durch die Straßen, elbwärts und den steinernen Brücken entgegen. Die Schläfen hämmerten. Der Kopf dröhnte. Das Herz raste. Ich lief in Passanten hinein, sie schimpften, und ich jagte weiter. Ich taumelte vor Atemlosigkeit, schwitzte und fror, fiel hin, rappelte mich hoch, merkte nicht, daß ich blutete, und jagte weiter. Wo konnte sie sein! Würde ich sie finden? Hatte sie sich etwas angetan? War sie gerettet worden? War es noch Zeit, oder war es zu spät? »Mutti, Mutti, Mutti!« stammelte ich in einem fort und rannte um ihr Leben. »Mutti, Mutti, Mutti, Mutti!« Mir fiel nichts weiter ein. Es war bei diesem Wettlauf mit dem Tod mein einziges endloses Gebet.

Ich fand sie fast jedesmal. Und fast jedesmal auf einer der Brücken. Dort stand sie bewegungslos, blickte auf den Strom hinunter und sah aus wie eine Wachsfigur. »Mutti, Mutti, Mutti!« Nun schrie ich es laut und immer lauter. Mit letzter Kraft schleppte ich mich zu ihr hin. Ich packte sie, zerrte an ihr, umarmte sie, schrie und weinte und schüttelte sie, als sei sie eine große bleiche Puppe – und dann erwachte sie wie aus einem Schlaf mit offnen Augen. Jetzt erst erkannte sie mich. Jetzt erst merkte sie, wo wir waren. Jetzt erst erschrak sie. Jetzt erst konnte sie weinen und mich fest an sich drücken und mühsam und heiser sagen: »Komm, mein Junge, bring mich nach Hause!« Und nach den ersten zaghaften Schritten flüsterte sie: »Es ist schon wieder gut.«

Manchmal fand ich sie nicht. Dann irrte ich ratlos von einer Brücke zur andern, lief heim, um nachzusehen, ob sie inzwischen zurückgekommen sei, rannte wieder zum Fluß, die Brückentreppen hinunter, das Neustädter Ufer entlang, schluchzte und bebte vor Angst, ich könne Boote entdecken, von denen aus man mit langen Stangen nach jemandem fischte, der von der Brücke gesprungen war. Dann schleppte ich mich wieder nach Hause und warf mich, von Hoffnung und Verzweiflung geschüttelt, über ihr Bett. Halb ohnmächtig vor Erschöpfung schlief ich ein. Und wenn ich erwachte, saß sie neben mir und drückte mich fest an sich. »Wo bist du gewesen?« fragte ich, glücklich und ratlos. Sie wußte es nicht. Sie schüttelte über sich selber den Kopf. Dann versuchte sie zu lächeln und flüsterte auch diesmal: »Es ist schon wieder gut.«

Eines Nachmittags ging ich statt zu spielen heimlich zu Sanitätsrat Zimmermann in die Sprechstunde und schüttete ihm mein Herz aus. Er drehte seinen Knebelbart zwischen den nikotinbraunen Fingern, betrachtete mich freundlich und sagte: »Deine Mutter arbeitet zuviel. Ihre Nerven sind nicht gesund. Es sind Krisen, schwer und kurz wie Gewitter im Sommer. Sie müssen sein, damit sich die Natur wieder einrenkt. Hinterher ist die Luft doppelt frisch und rein.« Ich sah ihn zweifelnd an. »Auch die Menschen«, meinte er, »gehören zur Natur.« – »Aber nicht alle Menschen wollen von Brücken springen«, wandte ich ein. »Nein«, sagte er, »glücklicherweise nicht.«
Er fuhr mir übers Haar. »Deine Mutter müßte ein paar Monate ausspannen. Irgendwo in der Nähe. In Tharandt, in Weixdorf, in Langebrück. Du könntest mittags von der Schule aus

hinausfahren und bis zum Abend bei ihr bleiben. Schularbeiten kann man auch in Weixdorf machen.« – »Sie wird es nicht tun«, erwiderte ich, »wegen der Kundschaft. Ein paar Monate, das ist zu lange.« – »Weniger wäre zu wenig«, gab er zur Antwort, »aber du hast recht: Sie wird es nicht tun.« Ich sagte schuldbewußt: »Sie wird es meinetwegen nicht tun. Sie plagt sich meinetwegen ab. Meinetwegen braucht sie das Geld.« Während er mich zur Tür brachte, klopfte er mir auf die Schulter. »Mach dir keine Vorwürfe! Wenn sie dich nicht hätte, wär es viel schlimmer.« – »Sie erzählen ihr nicht, daß ich hier war?« – »Na erlaube mal! Natürlich nicht!« – »Und Sie glauben nicht, daß sie wirklich von der Brücke... vielleicht... eines Tages...?« – »Nein«, sagte er, »das glaub ich nicht. Auch wenn sie alles um sich her vergißt, wird ihr Herz an dich denken.« Er lächelte. »Du bist ihr Schutzengel.«

An diese letzten Sätze dachte ich oft im Leben. Sie haben mich zugleich getröstet und bedrückt. Ich erinnerte mich ihrer auch noch, als ich ein Mann von etwa fünfzig Jahren war und meine Mutter im Sanatorium besuchte. Es war viel geschehen. Dresden lag in Trümmern. Die Eltern hatten es überlebt. Wir waren lange getrennt gewesen. Die Post und die Eisenbahn hatten lange Zeit lahmgelegen. Nun endlich sahen wir einander wieder. In einem Sanatorium. Denn meine Mutter litt, fast achtzigjährig und erschöpft von einem Leben, das Mühe und Arbeit gewesen war, am Dahinschwinden ihres Gedächtnisses und bedurfte der Aufsicht und Pflege.

Sie hielt ein Taschentuch auf den Knien, breitete es auseinander und faltete es zusammen, in einem fort und ruhelos, schaute mich verwirrt lächelnd an, schien mich zu erkennen, nickte mir zu und fragte mich dann: »Wo ist denn der Erich?« Sie fragte mich nach ihrem Sohn! Und mir krampfte sich das Herz zusammen. Wie damals, wenn sie geistesabwesend auf einer der Brücken stand.

»Auch wenn sie alles um sich her vergißt«, hatte Sanitätsrat Zimmermann gesagt, »wird ihr Herz an dich denken.« Jetzt hatten ihre Augen sogar mich vergessen, ihr einziges Ziel und Glück! Doch nur die Augen. Ihr Herz nicht.

Onkel Franz wird Millionär

Das vorige Kapitel klang nicht sehr heiter. Ein Kind hatte Kummer, und das Kind war ich selber. Hätte ich's euch nicht erzählen sollen? Das wäre falsch gewesen. Kummer gibt es, glaub ich, wie es Hagelschlag und Waldbrände gibt. Man kann sich eine glücklichere Welt als die unsrige ausmalen. Eine Welt, worin keiner hungert und niemand in den Krieg muß. Doch auch dann bliebe noch Kummer genug zurück, der sich durch vernünftigere Regierungen und beherztere Maßnahmen nicht ausrotten ließe. Und wer diesen Kummer verschwiege, wäre ein Lügner.

Durch rosarote Brillen sieht die Welt rosarot aus. Das mag ein hübscher Anblick sein, aber es handelt sich um eine optische Täuschung. Es liegt an der Brille und nicht an der Welt. Wer beides miteinander verwechselt, wird sich wundern, wenn ihm das Leben die Brille von der Nase nimmt.

Es gibt auch Optiker – ich meine eigentlich Dichter und Philosophen –, die den Leuten Brillen mit schwarzen Gläsern verkaufen, und schon ist die Erde ein Jammertal und ein hoffnungslos verfinsterter Stern. Wer uns dunkle Brillen empfiehlt, damit uns die Sonne nicht zu sehr in die Augen sticht, ist ein braver Kaufmann. Wer sie uns aufsetzt, damit wir glauben sollen, die Sonne scheine nicht, ist ein Gauner.

Das Leben ist nicht nur rosafarben und nicht nur schwarz, sondern bunt. Es gibt gute Menschen und böse Menschen, und die guten sind mitunter böse und die bösen manchmal gut. Wir können lachen und weinen, und zuweilen weinen wir, als könnten wir nie wieder lachen, oder wir lachen so herzlich, als hätten wir nie vorher geweint. Wir haben Glück und haben Unglück, und Glück im Unglück gibt es auch. Wer es besser weiß, ist ein Besserwisser. Wer sich hinstellt und behauptet, zweimal zwei sei fünf, steht einzig da, doch das ist auch alles. Er kann sich mit seiner Originalität einpacken lassen. Alte Wahrheiten sind und klingen nicht originell, doch es sind und bleiben Wahrheiten, und das ist die Hauptsache.

Ich hatte geweint, als könne ich nie wieder lachen. Und ich konnte wieder lachen, als hätte ich nie geweint. »Es ist schon wieder gut«, hatte meine Mutter gesagt, und so war es wieder gut. Fast wieder gut.

Die Hechtstraße war eine schmale graue und übervölkerte Straße. Hier hatten, weil die Läden billig waren, Onkel Franz und Onkel Paul als junge Fleischermeister begonnen, ihr Leben zu meistern. Und obwohl die beiden einfenstrigen Geschäfte, nur durch die Fahrstraße getrennt, einander gegenüberlagen und die zwei Inhaber gleicherweise Augustin hießen, geriet man sich nicht in die Haare. Beide Brüder waren geschickt, fleißig, munter und beliebt, ihre Jacken und Schürzen blütenweiß und ihre Wurst, ihr Fleischsalat und ihre Sülze vorzüglich. Tante Lina und Tante Marie standen von früh bis spät hinter ihren Ladentischen, und manchmal winkten sie einander über die Straße hinweg fröhlich zu.

Tante Marie hatte vier Kinder, darunter den von Geburt an blinden Hans. Er war immer fidel, aß und lachte gern und kam, als Tante Marie, seine Mutter, starb, in die Blindenanstalt. Dort wurde er im Korbflechten und als Klavierstimmer ausgebildet und, noch sehr jung, von Onkel Paul mit einem armen Mädchen verheiratet, damit er jemanden hatte, der sich um ihn kümmere. Denn der Vater selber hatte für den Sohn mit den blinden, pupillenlosen Augen keine Zeit.

Die drei ehemaligen Kaninchenhändler – auch der älteste, der Robert Augustin in Döbeln – waren robuste Leute. Sie dachten nicht an sich, und an andre dachten sie schon gar nicht. Sie dachten nur ans Geschäft. Wenn der Tag achtundvierzig Stunden gehabt hätte, hätten sie vielleicht mit sich reden lassen. Dann wäre womöglich ein bißchen Zeit für Nebensachen und Kleinigkeiten übriggeblieben, wie für ihre Frauen, Kinder, Brüder und Schwestern oder für ihre eigene Gesundheit.

Doch der Tag hatte nur vierundzwanzig Stunden, und so waren sie rücksichtslos. Sogar gegen ihren Vater. Er litt an Asthma, besaß kein Geld und wußte, daß er bald sterben würde. Doch er war zu stolz, um seine drei ältesten Söhne um Hilfe zu bitten. Er entsann sich wohl auch des Sprichworts, ein Vater könne leichter zwölf Kinder ernähren als zwölf Kinder einen Vater.

Die Döbelner Schwestern, arm wie die Kirchenmäuse, schrieben meiner Mutter, wie schlimm es um meinen Großvater stehe. Meine Mutter lief in die Hechtstraße und beschwor ihren Bruder Franz, etwas zu tun. Er versprach es ihr und hielt sein Wort. Er schickte ein paar Mark per Postanweisung und eine Ansichtskarte mit herzlichen Grüßen und besten Wünschen für die väterliche Gesundheit. Das heißt: Er schrieb die Karte nicht etwa selbst! Das erledigte seine Frau. Der Sohn hatte für den Gruß an seinen Vater keine Zeit. Zum Begräbnis des alten Mannes kurz darauf reiste er allerdings persönlich. Da ließ er sich nicht lumpen.

Denn Hochzeiten und Silberhochzeiten in der Familie, vor allem aber Begräbnisse, bildeten eine Ausnahme. Dafür fand man Zeit. Auf den Friedhöfen, an den Särgen, da traf man sich. Mit Gehrock und Zylinder. Mit Taschentüchern zum Tränenwischen. Die Augen und die Nasenspitzen wurden rot. Und die Tränen waren sogar echt!
Auch noch beim Leichenschmaus saß man zusammen. Während des Mittagessens ging es angemessen traurig zu. Beim Kaffee und Kuchen wurde gelacht. Und beim Kognak zogen die Kaninchenhändler a. D. heimlich die goldenen Taschenuhren aus der schwarzen Weste. Sie hatten es wieder eilig. »Adieu!« »Laßt euch mal wieder blicken!« – »Schade, es ist gerade so gemütlich!«
Nur bei ihrem eigenen Begräbnis blieben sie länger.

Franz Augustin und Paul Augustin residierten in der Hechtstraße auch noch, nachdem sie ihre Fleischerläden mit Gewinn verkauft hatten und endgültig Pferdehändler geworden waren. In den Hinterhöfen war für Pferdeställe Platz genug, für Onkel Paul schon gar, weil er nur Warm- und Vollblüter kaufte und verkaufte, nur Kutsch- und Reitpferde, nur das Feinste vom Feinen. Schon nach wenigen Jahren durfte er sich ›Königlicher Hoflieferant‹ nennen. Er ließ den Titel auf das Firmenschild überm Haustor malen und war nun etwas ähnlich Nobles wie der Hofjuwelier. Dieser handelte nur mit den schönsten Brillanten und Perlen, und Onkel Paul bot nur die edelsten Pferde an. Dafür genügten ihm zehn Ställe. Manchmal kam der König selber! Stellt euch das vor! In die schmale, mickrige Hechtstraße! Mit den Prinzen und dem Hofmarschall und dem Leibjäger! Zu meinem Onkel Paul!
Trotzdem trieb ich mich tausendmal lieber und hundertmal häufiger im Hof und in den Stallungen auf der anderen Straßenseite herum. Onkel Franz war zwar saugrob, und zum Hoflieferanten hätte er bestimmt kein Talent gehabt. Wer weiß, was er Friedrich August III. von Sachsen alles gesagt und wie mächtig er ihm auf die Schulter geklopft hätte! Mindestens der Hofmarschall und der Adjutant à la suite wären in Ohnmacht gefallen. Aber der saugrobe Onkel Franz gefiel mir besser als der hoch-

noble Onkel Paul, den die Geschwister aus Jux »Herr Baron« nannten. Und zwischen seinen Knechten und Pferden fühlte ich mich wie zu Hause.

In den braunen Holzställen, die sich an den Längsseiten des schmalen Hofs hinzogen, war für etwa dreißig Pferde Raum, für die Dänen und Ostpreußen, für die Oldenburger und Holsteiner und für die flämischen Kaltblüter, die gewaltigen Brabanter mit den breiten Kruppen und ihren hellen Riesenmähnen. Zentnerweise schleppten die Knechte Heu, Hafer und Häcksel heran und hektoliterweise, Eimer für Eimer, frisches Wasser. Die Gäule futterten und soffen, daß man nur staunen konnte. Sie stampften mit den klobigen Hufen, peitschten mit den Schweifen die Fliegenschwärme vom Rücken und wieherten einander von Stall zu Stall herzliche Grüße zu. Wenn ich näher trat, wandten sie den Kopf und schauten mich fremd und geduldig aus ihren unerforschlichen Augen an. Manchmal nickten sie dann, und manchmal schüttelten sie die riesigen Häupter. Aber ich wußte nicht, was sie meinten. Rasmus, der hagere Großknecht aus Dänemark, der kein S sprechen konnte, ging prüfend

von Stall zu Stall. Und Onkel Bruno hinkte neben dem dicken Tierarzt geschäftig übers Kopfsteinpflaster. Der dicke Tierarzt kam oft.

Pferde haben ähnliche Krankheiten wie wir. Manche, wie Influenza und Darmkolik, haben den gleichen Namen, andre heißen Druse, Mauke, Rotz und Spat, und alle miteinander sind sehr gefährlich. Wir sterben nicht an Husten, Schnupfen, Halsschmerzen, Mumps oder Bauchgrimmen. Bei den Pferden, diesen vorgeschichtlichen Vegetariern, ist das gar nicht so sicher. Sie fressen zu nasses Heu, und schon blähen sich ihre Bäuche wie Ballons, schon wühlen Schmerzen wie Messer im Leib, schon können sich die Därme verschlingen, und der Tod klopft an die Stalltür. Sie sind erhitzt und saufen zu kaltes Wasser, und bald beginnen sie zu husten, die Drüsen schwellen, die Nüstern triefen, das Fieber steigt, die Bronchien rasseln, die Augen werden stumpf, und schon wieder hebt der Tod den Knöchel. Manchmal kam der dicke Tierarzt beizeiten. Manchmal kam er zu spät. Dann rumpelte der Wagen des Abdeckers in den Hof und holte den Kadaver fort. Die Haut, die Hufe und das Roßhaar waren noch zu gebrauchen.

Das Ärgste an solch einem Pferdetod war der Geldverlust. Im übrigen hielt sich der Schmerz in Grenzen, und das war kein Wunder. Die Pferde gehörten ja nicht zur Familie. Eher glichen sie vierbeinigen Hotelgästen, die ein paar Tage und mit voller Verpflegung in Dresden übernachteten. Dann ging die Reise weiter, auf ein Rittergut, zu einer Brauerei, in eine Kaserne, je nachdem. Oder, mitunter, zur Abdeckerei. Hoteliers weinen nicht, wenn ein Gast stirbt. Man trägt ihn heimlich über die Hintertreppe.

Die ungemütliche, kleinbürgerlich möblierte Wohnung lag über dem Fleischerladen, worin längst ein anderer Meister Koteletts hackte und mit der Breitseite des Beils flachklopfte. In der Wohnung regierte Frieda, das schmale Mädchen aus dem Erzgebirge, das stille und energische Dienstmädchen. Frieda kochte, wusch, putzte und vertrat an meiner Kusine Dora Mutterstelle. Denn die Mutter selber, Tante Lina, hatte keine Zeit für ihr Kind.

Sie war, ohne jede kaufmännische Vorbildung, Geschäftsführerin geworden und saß von früh bis spät im Büro. Mit Schecks, Lieferantenrechnungen, Steuern, Löhnen, Wechselprolongationen, Krankenkassenbeiträgen, Bankkonten und ähnlichen Kleinigkeiten gab sich Onkel Franz nicht ab. Er hatte gesagt: »Das erledigst du!«, und so erledigte sie es. Hätte er gesagt: »Spring heute abend um sechs von der Kreuzkirche!«, wäre sie gesprungen. Womöglich hätte sie droben auf dem Turm einen Zettel hinterlassen. »Lieber Franz! Entschuldige, daß ich acht Minuten zu spät springe, aber der Bücherrevisor hielt mich auf. Deine Dich liebende Gattin Lina.« Glücklicherweise kam er nicht auf die Idee, sie springen zu lassen. Sonst hätte er ja seine Prokuristin verloren! Das wäre dumm von ihm gewesen, und dumm war er nicht, mein Onkel Franz.

Das Büro, es hieß noch Comptoir, befand sich am Ende des Hofs, zwischen den Stallzeilen, im Erdgeschoß eines kleinen Hintergebäudes. Hier diente und herrschte Tante Lina. Hier am Schreibtisch handelte sie mit Lieferanten. Hier holten die Knechte ihren Wochenlohn. Hier stellte sie Schecks aus. Hier führte sie Buch. Hier prüfte der Revisor ihre Eintragungen. An der Rückwand stand der Panzerschrank, und nur die Tante hatte die Schlüssel dazu. Schlüsselbund und Geldtasche baumelten an ihrer Schürze. Den Bleistift steckte sie schräg in die Frisur. Sie war resolut und ließ sich nichts vormachen. Ein einziger Mensch auf der Welt verursachte ihr Herzklopfen, der ›Herr‹. So nannte sie ihn, wenn er nicht dabei war. War er im Zimmer oder am Telefon, sagte sie »Franz« zu ihm. »Ja, Franz.« – »Natürlich, Franz.« – »Gewiß, Franz.« – »Selbstverständlich, Franz.« Dann klang ihre sonst recht energische Stimme wie die eines Schulmädchens.

Wenn er sie brauchte, brüllte er, wo er ging oder stand, nur das Wort »Frau!« Und schon rief sie »Ja, Franz?« und rannte, als gelte es ihr Leben. Dann brauchte er nur noch zu sagen: »Heute nacht fahr ich mit Rasmus nach Flensburg zum Markt. Gib mir zwanzigtausend Mark mit! In Hundertmarkscheinen!« Noch im Weglaufen band sie die Schürze ab. Und eine Stunde später war sie von der Bank zurück. Mit zweihundert Hundertmarkscheinen. Später, als sie in der ›Villa‹ wohnten, rannte ich statt ihrer. Doch meine Bankbotenzeit gehört noch nicht hierher.

Wenn Onkel Franz von den Märkten und Auktionen zurückkam, wenn die Pferde an der Rampe des Neustädter Güterbahnhofs ausgeladen und von den unterwegs gemieteten Knechten den Dammweg entlang und über den Bischofsplatz in die Hechtstraße geführt worden waren, begann des Onkels große Zeit. Erst mußten sich die Gäule herausfuttern, denn die Reise in den Güterwagen und der Klimawechsel hatten die lebende Ware strapaziert.

Doch schon ein paar Tage später drängten sich die Kunden im Hof wie auf einem Jahrmarkt. Lauter imposante Leute mit beträchtlichem Pferdeverstand und dicken Brieftaschen. Offiziere mit ihren Wachtmeistern, Rittergutsbesitzer, Großbauern, Brauereidirektoren, Spediteure, Herren von der städtischen Müllabfuhr und der Pfundschen Molkerei – man hatte den Eindruck, hier würden keine Pferde, sondern dicke Männer verkauft! Onkel Bruno hinkte mit einer Kiste Zigarren von einem zum andern und bot Havannas an. In den Fenstern der umliegenden Hinterhäuser lehnten neugierige Frauen und Kinder, genossen das Schauspiel und warteten auf den Hauptdarsteller, auf Franz Augustin, den Herrn der Pferde. Und wenn er dann auftrat, wenn er lächelnd durch die Toreinfahrt kam, die Zigarre im Mund, den dicken Stock aus Bambus schwingend, die braune Melone flott und etwas schief auf dem Kopf, wußten auch die, die ihn noch nie gesehen hatten, sofort: Das ist er! Der wird mich hineinlegen, und ich werde mir noch einbilden, er hätte mir den Fuchswallach geschenkt! Gegen diesen Mann, gegen so viel selbstgewisse Kraft und heitere Selbstverständlichkeit war kein Kraut gewachsen. Wo er sich nach einigem Händeschütteln und Schulterklopfen gelassen und vierschrötig aufpflanzte, dort war die Mitte, und alles hörte auf sein Kommando: die Knechte, die Pferde und die Kunden.

Die Tiere wurden eines nach dem andern in allen Gangarten gemustert. Die Knechte hatten die Pferde kurz am Halfter und rannten mit ihnen hin und her und wieder hin und her über den Hof. Besonders eigenwillige Gäule wurden von Rasmus vorgeführt. An seiner Hand trabten auch die hartmäuligsten Krippensetzer fromm wie die Lämmer. Manchmal knallte Onkel Franz mit der Peitsche. Meistens wedelte er nur mit seinem großen weißen Taschentuch. Er konnte das wie ein Varietékünstler. Das Taschentuch knatterte wie eine Fahne im Wind und brachte die faulsten Rösser in Fahrt.

War ein Pferd gemustert worden, traten die Interessenten näher und begutachteten das Gebiß und die Fesseln. Der Onkel nannte den Preis und ließ nicht lange mit sich handeln. Dann wurde der Kauf durch Handschlag besiegelt, daß es nur so klatschte. Mir taten vom bloßen Zuhören die Handflächen weh. Tante Lina zog den Bleistift aus der Frisur und notierte den Käufer. Es war kaum nötig, denn der Handschlag galt wie ein Eid. Wer eine solche Abrede nicht eingehalten hätte, wäre als Geschäftsmann erledigt gewesen. Das konnte sich keiner leisten.

Manchmal hatte der Onkel so viele Pferde mitgebracht, daß er über die Hälfte in fremden Ställen unterbringen mußte: bei seinem Bruder Paul und bei seinem Freund, dem Kommissionsrat Gäbler. Dann dauerte die Musterung tagelang, und in der Kneipe im Vorderhaus ging es hoch her. Den Zigarrenqualm hätte man nicht einmal mit der Gartenschere zerschneiden können. Der Lärm und das wilde Gelächter quollen bis auf die Straße. Onkel Franz trank wie ein Bürstenbinder und behielt einen klaren Kopf. Onkel Bruno war schon nach dem vierten Schnaps blau wie ein Veilchen. Und Tante Lina trank gar nichts, sondern kassierte still und beharrlich Hundert-, Fünfhundert- und Tausendmarkscheine. Die dicken Brieftaschen ringsum magerten zusehends ab. Die Tante schrieb Quittungen, steckte den Kopierstift wieder in die Frisur und brachte die Geldbündel in den Panzerschrank. Ins Comptoir hinten im Hof.

»Der Franz Augustin«, sagten die Leute, »verdient sich noch dumm und dämlich!« Dumm und dämlich. Da kannten sie ihn schlecht. Aber sie meinten es wohl auch nicht ganz wörtlich. Insgeheim waren sie sogar recht stolz auf ihn. Hier bewies einer der Welt, daß man es auch in der Hechtstraße zum Millionär bringen konnte! Das rechneten sie ihm hoch an. Sein Erfolg war ihr Märchen. Und sie dichteten es weiter. »Wer so reich geworden ist«, sagten sie, »der muß seinen Reichtum zeigen! Er braucht einen Palast. Er muß aus der Hechtstraße fort, das ist er der Hechtstraße schuldig.« – »So ein Quatsch!« knurrte Onkel Franz. »Mir genügt unsre Wohnung über dem Fleischerladen. Ich bin ja sowieso fast nie zu Hause.«

Doch das Hechtviertel war stärker als er. Und schließlich gab er nach.

Er kaufte das Haus Antonstraße 1. Haus ist nicht ganz das richtige Wort. Es handelte sich um eine zweistöckige, geräumige Villa mit einem schattigen Garten, der fast ein Park war und mit der Schmalseite an den Albertplatz grenzte. An den Albertplatz, der zu meinem Schulweg gehörte. An diesen geschäftigen und trotzdem feierlichen Platz mit dem Theater und seinen zwei großen Springbrunnen, die ›Stilles Wasser‹ und ›Stürmische Wogen‹ hießen.

Zu der großen Villa und dem kleinen Park gehörten, außer den hohen, alten Bäumen, ein Treibhaus, zwei Pavillons und ein Seitengebäude mit einem Pferdestall, einer Wagenremise und einer Kutscherwohnung. In die Kutscherwohnung zog Frieda, die Perle, und wurde zur Wirtschafterin ernannt. Sie erhielt ein Dienstmädchen und einen Gärtner als Hilfe und übernahm die Regierung. Sie beherrschte vom ersten Tag an ihre neuen Pflichten, als sei sie in zweistöckigen Villen aufgewachsen. Tante Lina tat sich schwerer. Sie wollte keine Gnädige Frau werden, und sie wurde keine. Sie und Frieda stammten aus dem Erzgebirge, und ihre Väter waren im gleichen Steinkohlenbergwerk Häuer gewesen.

Die Villa am Albertplatz

Von der Königsbrücker Straße 48 bis zur Antonstraße 1 war es ein Katzensprung. Und da sich Tante Lina in ihrer Villa recht fremd fühlte, war sie froh, wenn wir sie besuchten. Bei schönem Wetter kam ich schon nachmittags. Der Onkel saß in irgendeinem Schnellzug. Die Tante schrieb hinter ihrem Schreibtisch in der Hechtstraße Rechnungen und Quittungen. Dora, die Kusine, war bei einer Schulfreundin eingeladen. Und so gehörten Haus und Garten mir.

Am liebsten hockte ich dann auf der Gartenmauer und schaute dem Leben und Treiben auf dem Albertplatz zu. Die Straßenbahnen, die nach der Altstadt, nach dem Weißen Hirsch, nach dem Neustädter Bahnhof und nach Klotzsche und Hellerau fuhren, hielten dicht vor meinen Augen, als täten sie's mir zuliebe. Hunderte von Menschen stiegen ein und aus und um, damit ich etwas zu sehen hätte. Lastwagen, Kutschen, Autos und Fußgänger taten für mich, was sie konnten. Die zwei Springbrunnen zeigten ihre Wasserkünste. Die Feuerwehr ratterte mit ihrem Hornsignal und glockenläutend vorbei. Schwitzende Grenadiere kehrten singend und im Gleichschritt von einer Übung in die Kaserne zurück. Eine königliche Equipage rollte vornehm übers Pflaster. Eisverkäufer in weißer Uniform verkauften an der Ecke Waffeln für fünf und für zehn Pfennige. Ein Bierwagen verlor ein Hektoliterfaß, und die Neugierigen kamen gelaufen. Der Albertplatz war die Bühne. Ich saß zwischen Jasmin und Bäumen in der Loge und konnte mich nicht satt sehen.

Irgendwann tippte mir Frieda auf die Schulter und sagte: »Ich hab dir Kaffee hingestellt!« Dann setzte ich mich in die schattige, luftige, gußeiserne Laube und vesperte wie ein Prinz. Anschließend kontrollierte ich die Johannisbeeren und die Sauerkirschen oder schlug im Herbst mit einer langen Wäschestange Nüsse vom Nußbaum. Oder ich holte für Frieda rasch etwas aus dem Grünkramladen gegenüber. Dill, Würfelzucker, Zwiebeln, Schnittlauch, Pumpernickel, je nachdem. Neben dem Laden stand, in einem Garten halb verborgen, ein kleines Haus, und an dem Gartentor war ein Schild angebracht. ›Hier lebte und starb Gustav Nieritz‹. Er war Lehrer und Schulinspektor gewesen, hatte viele, viele Kinderbücher geschrieben, und ich hatte sie alle gelesen. Im Jahre 1876 war er in dem kleinen Haus in der Antonstraße gestorben, nicht weniger berühmt als sein Dresdner Zeitgenosse Ludwig Richter, der Zeichner und Maler. Den Ludwig Richter liebt und bewundert man heute noch. Den Gustav Nieritz kennt niemand mehr. Die Zeit wählt aus, was bleiben und dauern soll. Und meistens hat sie recht, die Zeit.

Auch abends spazierten wir oft in die ›Villa‹. Vor allem, wenn Onkel Franz verreist war. Dann kam sich Tante Lina, trotz der Dora, so verlassen vor, daß sie selig war, wenn wir ihnen beim Abendbrot im Wohnzimmer Gesellschaft leisteten. Frieda beherrschte die Kunst, belegte Brote herzustellen, in souveräner Manier, und wir hätten sie tief gekränkt, wenn auch nur eine Brotscheibe mit Landleberwurst oder rohem Schinken übriggeblieben wäre. Da keiner sie verletzen wollte, taten wir unser möglichstes.

Es waren gemütliche Abende. Überm Sofa hing die genaue Kopie eines Bildes aus der Gemäldegalerie. Es zeigte einen alten Fuhrmann, der neben seinem Pferd steht und eben die Kumtlampe angezündet hat. Der Herr Kunstmaler Hofmann aus Trachau, der eigentlich Impressionist war, hatte, um Geld zu verdienen, das Bild im Zwinger kopiert, und Tante Lina hatte es Onkel Franz zum Einzug geschenkt. »Ein Bild?« hatte der Onkel naserümpfend bemerkt. »Na meinetwegen, es ist ja ein Pferd drauf!«

Ungemütlicher verliefen die Abende, wenn der Onkel nicht auf Reisen war. Nicht etwa, daß er daheim gewesen wäre, behüte! Er saß in Kneipen und Weinlokalen, trank mit anderen Männern über den Durst, scharmutzierte mit den Kellnerinnen und verkaufte Pferde. Aber – er hätte wider alles Erwarten plötzlich ins Haus treten können! Denn nichts auf der Welt ist unmöglich! Deshalb mußten wir in die Küche.

Es war eine schöne und geräumige Küche. Warum also nicht? Bei uns zu Hause hielten wir es ja auch nicht anders. Und Friedas belegte Brote waren und schmeckten genauso gut wie im Wohnzimmer. Und trotzdem stimmte die Sache nicht. Da hockten wir nun, von Tante Linas Angst angesteckt, alle miteinander am Küchentisch, das ganze große Haus war leer, und die Tante sah aus, als sei sie bei sich selber zu Besuch. Da saßen und aßen wir nun und legten dabei die Ohren an wie die Kaninchen. Würde er kommen oder nicht? Es war ungewiß. Es war unwahrscheinlich. Doch manchmal kam er.

Zunächst hörten wir, wie jemand das Gartentor heftig zuschlug, und Frieda sagte: »Der Herr kommt.« Anschließend sprang die Haustür auf, daß die bunten bleigefaßten Glasscheiben klirrten, und die Tante rief, von Furcht und Freude übermannt: »Der Herr kommt!« Dann brüllte im Korridor ein Löwe das Wort »Frau!« Und mit dem Ruf »Ja, Franz!« stürzte die Tante, von Frieda und Dora umgeben, aus der Küche ins Treppenhaus, wo ihnen der Herr der Pferde bereits ungeduldig Hut und Spazierstock entgegenstreckte. Sie rissen ihm die Utensilien beflissen aus den Händen, halfen ihm zu dritt aus dem Mantel, verstauten Stock und Hut und Mantel an der Garderobe und rannten, ihn überholend, durch den Korridor, um die Wohnzimmertür zu öffnen und das Licht anzuknipsen.

Er setzte sich ächzend aufs Sofa und streckte ein Bein von sich. Tante Lina kniete vor ihm nieder und zog ihm den Schuh aus. Frieda kniete neben ihr und angelte die Pantoffeln unterm Sofa hervor. Während ihm die Tante den zweiten Schuh auszog und Frieda den ersten Pantoffel über den Fuß schob, knurrte er das Wort »Zigarre!« Dora rannte ins Arbeitszimmer, kehrte eilends mit Zigarrenkiste und Streichhölzern zurück, klappte die Kiste auf, stellte sie, nachdem er eine Zigarre gegriffen hatte, auf den Tisch und hielt ein Streichholz parat. Nachdem er die Zigarrenspitze abgebissen und auf den Teppich gespuckt hatte, gab sie ihm Feuer.

Die drei umstanden und umknieten ihn wie die Sklavinnen ihren Großmogul, hingen an seinen Lippen und warteten auf weitere Befehle. Fürs erste sagte er nichts, und so standen und knieten sie eifrig weiter. Er paffte seine Zigarre, strich sich den blonden Schnurrbart, worin schon graue Haare schimmerten, und sah aus wie ein Räuber, wenn er satt ist. Dann fragte er: »War was los?« Tante Lina erstattete Bericht. Er brummte. »Wollen Sie was essen?« fragte Frieda. »Hab ich schon«, knurrte er. »Mit Gäbler in der ›Traube‹.« – »Ein Glas Wein?« fragte die Tochter. »Meinetwegen«, sagte er gnädig, »aber rasch! Ich muß noch einmal weg.« Und schon sprangen sie auf und davon, zur Kredenz und in den Keller.

Wir saßen mittlerweile in der Küche und waren leise. Meine Mutter lächelte ironisch, mein Vater ärgerte sich, und ich aß von Zeit zu Zeit ein belegtes Brot. Was sich in der Wohnstube abspielte, wußten wir auswendig. Es mußte sich nur noch herausstellen, welchen der drei möglichen Schlüsse die Komödie gerade heute haben würde.

Entweder ging Onkel Franz wirklich wieder fort, die drei

Sklavinnen kamen in die Küche zurück, womöglich mit der angebrochenen Flasche Wein, und wir blieben noch ein Stündchen. Oder der Onkel blieb daheim. In diesem zweiten Fall erschien Frieda allein auf dem Plan und entließ uns leicht verlegen durch die Hintertür. Wir schlichen über den Kiesweg, als seien wir Einbrecher, und zuckten zusammen, wenn das Gartentor quietschte. Am dramatischsten war der dritte Komödienschluß, und auch er ereignete sich gar nicht selten.

Es konnte nämlich geschehen, daß der Onkel die Tante mißtrauisch und von der Seite ansah und betont gleichgültig fragte: »Ist sonst noch jemand im Haus?« Dann wurde Tante Linas Nase blaß und spitz. Das Schweigen, das darauf folgte, war auch eine Antwort, und er fragte weiter: »Wer? Heraus mit der Sprache!« – »Ach«, sagte sie, bläßlich lächelnd, »es sind nur Kästners.« – »Wo sind sie denn?« fragte er drohend und beugte sich vor. »Wo sie sind, hab ich gefragt!« – »In der Küche, Franz.« Und jetzt brach das Gewitter los. Er geriet außer Rand und Band. »In der Küche?« brüllte er. »Es sind nur Kästners? Du versteckst unsre Verwandten in der Küche? Ihr seid wohl alle miteinander blödsinnig geworden, wie?« Er stand auf, schmiß die Zigarre auf den Tisch, stöhnte vor Wut und stapfte mit großen Schritten in den Korridor. Leider hatte er Pantoffeln an. Mit Stiefeln hätte sich die Szene noch viel effektvoller ausgenommen.

Er riß die Küchentür auf, musterte uns von oben bis unten, stemmte die Hände in die Seiten, holte tief Luft und rief empört: »Das laßt ihr euch gefallen?« Meine Mutter sagte kühl und leise: »Wir wollten dich nicht stören, Franz.« Mit einer einzigen Handbewegung wischte er ihre Bemerkung fort. »Wer«, rief er, »erzählt in diesem Hause, daß mich meine Verwandten stören? Das ist ja unglaublich!« Dann streckte er herrisch den Arm aus, ähnlich wie ein Heerführer, der die Reserven ins Feuer schickt. »Ihr kommt auf der Stelle ins Wohnzimmer! Nun? Wird's bald? Oder soll ich euch erst eine schriftliche Einladung schicken? Ida! Emil! Erich! Los! Aber ein bißchen plötzlich!«

Er stapfte voraus. Wir folgten ihm zögernd. Wie die armen Sünder, die der Holzstoß erwartet. »Frau!« rief er. »Frieda, Dora!« rief er. »Zwei Flaschen Wein! Zigarre! Und etwas zu essen!« Die drei Sklavinnen stoben auf und davon. »Wir haben schon in der Küche gegessen«, sagte meine Mutter. »Dann eßt ihr eben noch einmal!« schrie er ärgerlich. »Und nun setzt euch schon endlich hin! Da, Emil, 'ne Zigarre!« – »Ich dank dir schön«, sagte mein Vater, »aber ich hab selber welche.« Es war ihr altes Spiel. »Nimm!« befahl der Onkel. »So was Gutes rauchst du nicht alle Tage!« – »Ich bin so frei«, meinte mein Vater und griff vorsichtig in die Kiste.

Wenn alle unter der Lampe saßen und mit Essen und Trinken versorgt waren, rieb sich Onkel Franz die Hände. »So«, sagte er befriedigt, »nun wollen wir's uns mal recht gemütlich machen! Greif zu, mein Junge! Du ißt ja gar nichts!« Glücklicherweise konnte ich damals viel mehr essen als heute. Ich kaute also um des lieben Friedens willen ein belegtes Brot nach dem anderen. Dora kniff, wenn sie mich anschaute, amüsiert ein Auge zu. Frieda goß Wein nach. Der Onkel kam auf Kleinpelsen, den Kaninchenhandel und wie stets darauf zu sprechen, daß meine Mutter eine Klatschbase gewesen sei, und je mehr sie sich ärgerte, um so vergnügter wurde er. Wenn er sie auf den Siedepunkt gebracht hatte, begann er das Interesse am Thema zu verlieren und erörterte mit der Tante geschäftliche Dinge. Bis er dann plötzlich aufstand, laut gähnte und erklärte, er gehe jetzt ins Bett. »Laßt euch nicht stören«, knurrte er, und schon war er weg. Manchmal wurde er noch deutlicher und sagte in aller Gemütsruhe: »So. Und jetzt könnt ihr gehen.« Ja, mein Onkel Franz war eine Nummer für sich. Und er hatte Nerven wie Stricke.

Da ich mich auch tagsüber in der Villa und im Garten herumtrieb, konnte es nicht ausbleiben, daß ich gelegentlich zu Botengängen herangezogen wurde. Ich entledigte mich der verschiedensten Aufträge mit gleicher und gleichbleibender Pünktlichkeit und Zuverlässigkeit. So wurde ich etwa mit dem zehnten Lebensjahr Tante Linas linke Hand, man könnte auch sagen, ihr linker Fuß. Denn durch das jahrelange Herumstehen im Fleischerladen und später in den Pferdeställen und im Hof waren ihre Beine schwer und müde geworden. So saß sie lieber, als daß sie ging, und ich übernahm Aufgaben, die man sonst einem kleinen Jungen nicht anvertraut. Ich brachte Verträge zum Notar, daß sie beglaubigt würden, und Wechsel, die zu Protest gehen sollten. Und ich trug nach den großen Pferdeverkäufen das Geld zur Bank.

Ich werde die erstaunten Augen der übrigen Kunden nicht vergessen, wenn ich in der Filiale der Dresdner Bank an den Kassenschalter trat, die dicke Aktenmappe öffnete und die Geldbündel auspackte, die ich vorher mit der Tante durchgezählt hatte. Nun war der Kassierer an der Reihe. Er zählte und zählte und zählte. Er klebte bedruckte Streifen um die Bündel und machte sich Notizen, die ich sorgfältig mit den meinigen verglich. Fünftausend Mark, zehntausend Mark, fünfzehntausend, zwanzigtausend, fünfundzwanzigtausend, dreißigtausend, ja, manchmal vierzigtausend Mark und noch mehr! Die Kunden, die hinter und neben mir standen und auf ihre Abfertigung warteten, vergaßen vor Staunen, ungeduldig zu werden.

Hatte der Kassierer am Ende eine andere Schlußsumme auf seinem Zettel als ich auf meinem, dann wußte er schon, wer sich verrechnet hatte. Natürlich er. Meine Additionen stimmten immer. Und so fing er noch einmal von vorne an. Schließlich zog ich stolz mit der Quittung und der leeren Aktenmappe ab.

Die Tante lobte mich, schloß die Quittung im Schreibtisch ein und schenkte mir fünf Mark. Oder sogar zehn Mark. Und auch sonst griff sie gelegentlich ins Portemonnaie. Sie war eine liebe, gute Frau. Nicht nur, wenn sie mir Geld schenkte.

Eines schönen Tages fehlten ihr, wie oft sie auch nachrechnete, zweihundert Mark. Ihre Rechnung stimmte. Das Geld fehlte. Es war nirgends. Nirgends? Das gab es nicht. Wo war es? Und schon bog die nächste Frage unaufhaltsam um die Ecke: Wer hatte die zweihundert Mark gestohlen? Wer war der Dieb? Wer kam überhaupt in Frage? Onkel Franz und Tante Lina besprachen die Sache unter vier Augen und stellten zunächst einmal fest, wer im Haus es nicht gewesen sein konnte. Dieses Verfahren hat sich seit alters bewährt. Wenn man Glück hat, bleibt der Verbrecher übrig.

In Frage kamen nach kurzem Nachdenken nur zwei Personen: Meta, das Dienstmädchen, und ich selber. Meta, die zuerst vernommen wurde, schwor bei allem, was ihr teuer war, sie sei es nicht gewesen, und da man ihr Glauben schenken mußte, blieb der Tante nichts andres übrig, als nunmehr mich zur Rede zu stellen. Die Unterhaltung war sehr kurz. Noch ehe die Tante zu Ende gesprochen hatte, war ich auf und davon. Meine Mutter hörte sich meinen Bericht an und sagte: »Schade. Es waren eigentlich ganz nette Leute.« Damit war der Fall für uns erledigt.

Ein paar Tage später fand die Tante das Geld zufällig in einer Schublade. Sie hatte es wohl selber hineingelegt und über wichtigeren Geschäften vergessen gehabt. Als erste Abgesandte klingelte meine Kusine Dora bei uns. Sie erzählte, was sich zugetragen habe, und überbrachte herzliche Grüße. »Du kannst nichts dafür«, sagte meine Mutter zu ihr, »aber es wird das beste sein, wenn du machst, daß du fortkommst.« Tags darauf erschien Frieda, die Perle, doch auch sie stand sehr bald wieder auf der Straße. Am nächsten Tag kam Tante Lina trotz ihrer Krampfadern die Treppen heraufgeächzt. »Es ist schon gut, Lina«, sagte meine Mutter. »Ich hab dich gern, das weißt du ja. Doch wer meinem Jungen zutraut, er sei ein Dieb, den kenn ich nicht mehr.« Damit schlug sie der Tante die Tür vor der Nase zu.

Als wieder ein Tag vergangen war, fuhr vorm Haus eine Kutsche vor, und Onkel Franz kletterte heraus! Er vergewisserte sich, ob die Hausnummer stimmte, verschwand im Tor und stand kurz darauf zum ersten Mal in seinem Leben vor unsrer Tür. »Nanu!« meinte meine Mutter. »Was willst du denn hier?« »Sehen, wie ihr wohnt!« knurrte er. »Willst du mich nicht hineinlassen?« – »Nein!« sagte meine Mutter. Doch er schob sie beiseite und trat ein. Wieder wollte sie ihm den Weg versperren. »Sei nicht albern, Ida!« brummte er verlegen und schob sie vor sich her, als sei er eine Dampfwalze.

Die Unterhaltung, die Bruder und Schwester miteinander in Paul Schurigs Zimmer führten, verlief ziemlich laut. Ich saß in der Küche und hörte sie schreien. Es war ein leidenschaftliches Zankduett, und die aufgebrachte Stimme meiner Mutter übernahm mehr und mehr die Führung. Als der Onkel ging, trocknete er sich mit seinem großen Taschentuch die Stirn. Trotzdem schien er erleichtert zu sein. In der Wohnungstür blieb er noch einmal stehen und meinte: »Schön habt ihr's hier!« Dann ging er.

»Er hat sich entschuldigt«, sagte meine Mutter. »Er hat uns gebeten, die Sache zu vergessen und bald wiederzukommen.« Sie trat ans Küchenfenster und beugte sich hinaus. Drunten kletterte der Onkel gerade wieder auf den Kutschbock, lockerte die Bremse, hob die Zügel, schnalzte mit der Zunge und fuhr davon. »Was meinst du?« fragte meine Mutter. »Wollen wir's vergessen?« – »Ich denke schon«, gab ich zur Antwort. »Also gut«, sagte sie. »Es wird das beste sein. Schließlich ist er ja mein Bruder.«

Und so wurde es wieder, wie es gewesen war. Ich blickte wieder von der Gartenmauer auf den Albertplatz, trank wieder im kleinen Pavillon Kaffee und trug wieder viel Geld auf die Bank. Die Aktenmappe, worin ich die Scheine und Schecks transportierte, wurde von Mal zu Mal dicker, und der alte Gärtner sagte zu mir: »Ich möchte nur wissen, was er davon hat! Mehr als ein Schnitzel kann er nicht essen. Mehr als einen Hut kann er sich nicht auf den Kopf setzen. Und im Sarg kann er kein Geld ausgeben. Die Würmer fressen ihn gratis und franko.« – »Es ist der Ehrgeiz«, meinte ich. Der Gärtner verzog das Gesicht und sagte: »Der Ehrgeiz! Wenn ich das schon höre! Der Mann lebt in seiner eignen Villa als Schlafbursche. Er weiß gar nicht, daß zu dem Haus ein Garten gehört. Er hat in seinem ganzen Leben noch nicht einen Tag Urlaub gemacht. Er wird nicht eher Ruhe geben, als bis er in der Erde liegt und sich die Radieschen von unten ansieht.« – »Sie reden ziemlich viel vom Sterben«, stellte ich fest. Er warf seinen Zigarrenstummel ins Beet, zerhackte ihn mit dem Spaten und sagte: »Das ist kein Wunder. Ich bin von Haus aus Friedhofsgärtner.«

Natürlich hatte er recht. Das Leben, das Onkel Franz und Tante Lina führten, war unsinnig. Sie kamen kaum zum Atemholen. Sie fanden keine Zeit, die Blumen im eignen Garten zu betrachten. Sie wurden immer reicher. Doch wozu eigentlich? Einmal wurde die Tante vom Arzt nach Bad Elster zur Kur geschickt. Nach zehn Tagen war sie wieder da. Sie hatte keine Ruhe gehabt und von kranken Pferden und geplatzten Wechseln geträumt. Wenn Dora Ferien hatte, reiste und wanderte sie mit meiner Mutter und mir, und auch das fand der Onkel höchst überflüssig. »Sind denn wir als Kinder an der Ostsee gewesen?« fragte er ärgerlich. »Was soll dieser neumodische Quatsch?« Und als sie mit fünfzehn Jahren in ein Pensionat gegeben werden sollte, schickte er sie nicht etwa nach Lausanne, Genf oder Grenoble, sondern nach Herrnhut in Sachsen, ins Töchterschulheim der Brüdergemeinde, wo es so streng und fromm zuging, daß die Ärmste ganz blaß, verhärmt und verschüchtert zurückkehrte.

Sie heiratete mit zwanzig Jahren einen Geschäftsmann, der dem Onkel zusagte, und sie starb bei der Geburt des ersten Kindes. Es war ein Junge. Er wurde Franz getauft und bei den Großeltern aufgezogen. Die Inflation brachte sie um ihr Vermögen. Aber Onkel Franz ließ nicht locker. Noch einmal brachte er es zu ansehnlichem Wohlstand. Dann war es mit ihm aus! Er fiel um wie ein Baum und war tot. Geld hinterließ er genug, so daß Tante Lina in der Villa wohnen bleiben und den Enkel, von Frieda unterstützt, aufs sorgfältigste erziehen konnte. Den Enkel, der sie mit seinen blonden Haaren und blauen Augen bis ans Lebensende an ihre Dora erinnerte.

Nicht bis an ihr, sondern bis an sein Lebensende. Er fiel als Medizinstudent und Unterarzt im Jahre 1945 kurz vorm Zusammenbruch beim Rückzug aus Ungarn und hinterließ eine junge Frau und einen kleinen blonden und blauäugigen Jungen, der die Tante nun an zwei Paar blaue Augen erinnerte, die für immer geschlossen waren. Da starb auch meine Tante Lina.

Hätte es etwas genützt, wenn etwa im Jahre 1910 nachts im Schnellzug nach Holland ein Mitreisender zu Onkel Franz gesagt hätte: »Entschuldigen Sie, daß ich Sie störe, Herr Augustin! Aber ich bin der Erzengel Michael, und ich soll Ihnen ausrichten, daß Sie alles falsch machen!«, hätte es denn wirklich etwas genützt? »Lassen Sie mich gefälligst in Ruhe!« hätte mein Onkel geknurrt. Und wenn mein Gegenüber energisch wiederholt hätte, daß sein Auftrag wichtig und daß er tatsächlich der Erzengel Michael sei, hätte Onkel Franz bloß den steifen Hut über die Augen geschoben und gesagt: »Von mir aus können Sie Hase heißen!«

Der zwiefache Herr Lehmann

Nach den ersten vier Schuljahren verabschiedete sich etwa die Hälfte meiner Mitschüler, verließ die Tieckstraße und tauchte nach Ostern stolz und mit bunten Mützen in den Sexten der Gymnasien, Realgymnasien, Reformgymnasien, Oberrealschulen und Realschulen wieder auf. Es war nicht die bessere Hälfte, doch die Dümmsten darunter bildeten es sich ein. Und wir anderen waren zwar in der Tieckstraße, nicht aber geistig zurückgeblieben. Alle miteinander wußten wir, daß die Frage ›Höhere Schule oder nicht?‹ nicht allein von uns selber, sondern vom väterlichen Geldbeutel beantwortet worden war. Es war eine Antwort aus der falschen Ecke. Und ohne einen Rest Bitterkeit in manchem Kinderherzen ging das nicht ab. Das Leben war ungerecht und wartete damit nicht bis zur Konfirmation.

Weil auch aus der Parallelklasse viele Jungen ins Land der bunten Schülermützen ausgewandert waren, wurden die zwei Klassenreste zu einer einzigen Klasse zusammengefaßt, und unser Klassenlehrer, dem ein schrecklicher Ruf vorausging, hieß Lehmann. Man hatte uns berichtet, daß man bei ihm in einem Jahr mehr lernen müsse als anderswo in zwei Jahren, und diese Berichte waren, wie wir bald merken sollten, nicht übertrieben. Außerdem hatte man uns erzählt, daß er pro Woche einen Rohrstock verbrauche, und auch diese Erzählungen trafen ungefähr zu. Wir zitterten vor ihm, bevor wir ihn kannten, und wir zitterten noch mehr, als wir ihn kennengelernt hatten und immer besser kennenlernten. Er regierte, daß uns die Köpfe und die Hosenböden rauchten!

Lehrer Lehmann machte keine Späße und verstand keinen Spaß. Er malträtierte uns mit Hausaufgaben, bis wir umsanken. Er traktierte uns mit Lernstoff, Diktaten und anderen Prüfungen, daß sogar die flinksten und besten Schüler nervös wurden. Wenn er ins Klassenzimmer trat und kühl bis ans Herz hinan sagte: »Nehmt die Hefte heraus!«, wären wir am liebsten ins nächste Mauseloch gekrochen. Es war nur keines da, schon gar nicht eines für dreißig Knaben. Und daß er pro Woche einen Rohrstock verbrauchte, stimmte nur zur Hälfte. Er verbrauchte zwei.

Unser Herr Lehmann war auf tägliche Zornesausbrüche fest abonniert. Ihn übermannte der Zorn angesichts fauler Schüler, frecher Schüler, dummer Schüler, stummer Schüler, feiger Schüler, bockiger Schüler, wispernder Schüler, heulender Schüler und verzweifelter Schüler. Und wer von uns wäre nicht das ein oder andere Mal dies oder das gewesen? Lehrer Lehmanns Zorn hatte die Auswahl.

Er gab uns Ohrfeigen, daß die Backen schwollen. Er nahm den Rohrstock, ließ uns die Hand ausstrecken und hieb uns fünfmal oder zehnmal über die geöffnete Handfläche, bis sie brandrot anlief, wie Hefeteig schwoll und niederträchtig schmerzte. Dann kam, da der Mensch auch schon als Kind zwei Hände hat, die andre Hand an die Reihe. Wer die Hände vor Schreck schloß, dem schlug er auf die Faust und die Finger. Er befahl einem halben Dutzend von uns, sich nebeneinander über die vorderste Bankreihe zu legen, und vermöbelte sechs strammgezogene Hosenböden in gerechtem Wechsel und rascher Folge, bis ein sechsstimmig schauerlicher Knabenchor die Luft erschütterte und wir übrigen uns die Ohren zuhielten. Wer an der Wandtafel nicht weiter wußte, dem schlug er auf die Waden und Kniekehlen, und wer sich dann umdrehte, war noch übler dran. Manchmal spaltete sich der Rohrstock der Länge nach. Manchmal zersprang er in der Quere. Die Stücke pfiffen durch die Luft und um unsere Köpfe. Dann setzte es bis zur Pause Backpfeifen. Lehmanns Hände gingen nicht in Stücke! Und zu Beginn der nächsten Stunde brachte er den nächsten Rohrstock mit.

Es gab damals Lehrer, die sich beim Pedell ihre Rohrstöcke genießerisch auswählten, wie das verwöhnte Raucher mit Zigarren tun. Es gab welche, die den Stock vor der Exekution ins Waschbecken legten, weil es dann doppelt weh tat. Das waren Halunken, denen das Prügeln ein delikates Vergnügen bedeutete. Zu dieser hundsgemeinen Sorte gehörte der Lehrer Lehmann nicht. Er war weniger ordinär, aber viel gefährlicher als sie. Er schlug nicht, weil er unseren Schmerz genießen wollte. Er schlug aus Verzweiflung. Er verstand nicht, daß wir nicht verstanden, was er verstand. Er begriff nicht, daß wir ihn nicht begriffen. Darüber geriet er außer sich. Darüber verlor er den Kopf und die Nerven und schlug wie ein Tobsüchtiger um sich. Es war zuweilen wie im Irrenhaus.

Immer wieder liefen die Eltern zum Direktor und beschwerten sich unter Drohungen und Tränen. Sie brachten ärztliche Zeugnisse mit, worin von körperlichen und seelischen Schäden die Rede war, die der oder jener Junge davongetragen hatte. Schadensersatzforderungen wurden in Aussicht gestellt. Der Direktor rang die Hände. Er wußte das ja alles, und er wußte es länger als wir und unsre Eltern. Er versprach, sich den Herr Kollegen vorzuknöpfen. Und jedesmal endete er mit dem Satz: »Es ist schrecklich, denn im Grunde ist er mein bester Lehrer.« Das war natürlich falsch.

Dieser Herr Lehmann war ein tüchtiger Mann, ein fleißiger Mann, ein gescheiter Mann, der aus uns tüchtige, fleißige und gescheite Schüler machen wollte. Sein Ziel war vortrefflich. Der Weg dahin war abscheulich. Der tüchtige, fleißige und gescheite Mann war kein guter, sondern er war überhaupt kein Lehrer. Denn ihm fehlte die wichtigste Tugend des Erziehers, die Geduld. Ich meine nicht jene Geduld, die an Gleichgültigkeit grenzt und zum Schlendrian führt, sondern die andere, die wahre Geduld, die sich aus Verständnis, Humor und Beharrlichkeit zusammensetzt. Er war kein Lehrer, sondern ein Dompteur mit Pistole und Peitsche. Er machte das Klassenzimmer zum Raubtierkäfig.

Wenn er nicht im Käfig stand, nicht vor dreißig jungen und faulen, verschlagnen und aufsässigen Raubtieren, war er ein anderer Mensch. Dann kam der eigentliche Herr Lehmann zum Vorschein, und eines Tages lernte ich ihn kennen. Eines Tages und einen ganzen Tag lang. Damals stand schon fest, daß drei seiner Schüler dem unheimlichen Rohrstock ein ganzes Jahr vor der Konfirmation entrinnen würden: Johannes Müller, mein Freund Hans Ludewig und ich selber.

Wir hatten die Aufnahmeprüfung für die Präparanda, so nannte sich die dem Seminar angegliederte Vorbereitungsklasse, mit Glanz und Ehre bestanden. Die Herren Professoren hatten unsre Kenntnisse offenkundig bestaunt. Sie wußten ja nicht, welchem Tierbändiger wir unsere Künste verdankten, und so war ihr Lob an die falsche Adresse geraten, an die Zöglinge, statt an den Zuchtmeister. Immerhin, auch er schien auf das Resultat stolz zu sein, und sein Rohrstock machte seitdem um uns drei einen großen Bogen.

Während einer Frühstückspause trat er im Schulhof zu mir und fragte obenhin: »Willst du am Sonntag mit mir in die Sächsische Schweiz fahren?« Ich war verdutzt. »Am Abend sind wir wieder zurück«, meinte er. »Grüß deine Eltern und frag sie um Erlaubnis! Wir treffen uns Punkt acht Uhr in der Kuppelhalle des Hauptbahnhofs!« – »Gern«, sagte ich verlegen. »Und bring deine Turnschuhe mit!« – »Die Turnschuhe?« – »Wir werden ein bißchen klettern.« – »Klettern?« – »Ja, in den Schrammsteinen. Es ist nicht gefährlich.« Er nickte mir zu, biß in sein Frühstücksbrot und ging davon. Die Kinder wichen vor ihm zurück, als sei er ein Eisbrecher. »Was wollte er denn?« fragte mein Freund Ludewig.

Und als ich es ihm erzählt hatte, schüttelte er den Kopf. Dann sagte er: »Das kann ja gut werden! In deinem Rucksack die Turnschuhe und in seinem der Rohrstock!«

Seid ihr schon einmal an einem mehr oder weniger senkrechten Sandsteinfelsen hochgeklettert? Wie eine Fliege an der Tapete? Dicht an die Wand gepreßt? Mit den Fingern und Fußspitzen in schmalen Fugen und Rillen? Nach den nächsten schmalen Simsen und Vorsprüngen über euch tastend? Sobald die linke Hand einen neuen Halt gefunden hat, den linken Fuß nachziehend, bis auch die Zehen neuen Widerstand spüren? Dann, nach der Linksverlagerung des Körpergewichts, das Manöver mit der rechten Hand und dem rechten Fuß wiederholend? Viertelmeter für Viertelmeter, immer höher hinauf, zehn oder fünfzehn Meter empor, bis endlich ein Felsvorsprung Platz und Zeit zum Verschnaufen bietet? Und dann, mit der gleichen Ruhe und Vorsicht, die nächste senkrechte Felswand hoch? Ihr habt so etwas noch nicht versucht? Ich warne Neugierige.

Droben auf dem Gipfelchen, wo sich eine kleine krumme Kiefer festgekrallt hatte, ruhten wir uns aus. Das Elbtal schimmerte in sonnigem Dunst. Geisterhaft bizarre Felsen, Zyklopen mit Riesenköpfen, standen wie Wächter vorm Horizont. Es roch nach Hitze. Irgendwo im Tal lagen unsere Stiefel, Jacken und Rucksäcke. Dorthin mußten wir zurück, und ich tat mir aufrichtig leid.

Lehrer Lehmann war zwar, was ich vorher nicht gewußt hatte, ein Meister der Kletterkunst und kannte die Felsen ringsum in- und auswendig und wie seine Westentasche. Außerdem hatte er mich durch taktische Zurufe gelenkt und ein paarmal angeseilt. Doch bis auf eine gemütliche Kaminstrecke hatte ich seiner Fassadenkletterei in Gottes freier Natur nichts abgewinnen können. Meine Angst hatte mir nicht den geringsten Spaß gemacht. Und auch der Gipfelblick bereitete mir, so reizvoll er sein mochte, keine ungetrübte Freude. Denn ich dachte insgeheim an den Rückweg und befürchtete, daß er noch schwieriger sein werde als der Aufstieg. Ich hatte recht.

Stubenfliegen sind, mindestens an senkrechten Wänden, besser dran als wir, insbesondere beim Abstieg. Sie klettern mit dem Kopf voran zu Tale. Das kann der Mensch nicht. Er behält an senkrechten Wänden auch beim Hinunterklettern den Kopf oben. Seine gesamte Aufmerksamkeit verlagert sich in die Füße, die, blind und zentimeterweise, nach unten tasten und den nächsten Halt suchen. Wenn dann dieser nächste schmale Sims aus porösem und verwittertem Sandstein unter dem Schuh wegbröckelt und der Fuß in der Luft hängt, bleibt, glücklicherweise nur für kurze Zeit, das Herz stehen. In solchen Momenten liegt die Gefahr nahe, daß man den Kopf senkt, weil die Augen den Zehen beim Suchen helfen wollen. Diese Gefahr ist nicht zu empfehlen.

Ich erinnere mich noch heute, wie mir zumute wurde, als ich die Wand hinunterblickte. Tief und senkrecht unter mir sah ich, klein wie Puppenspielzeug, unsre Jacken und Rucksäcke an einem zwirndünnen Wege liegen, und ich preßte vor Schreck die Augen zu. Mir wurde schwindlig. Es brauste in den Ohren. Mein Herz stand still. Endlich besann es sich auf sein altes Geschäft. Es begann wieder zu schlagen. Daß ich schließlich drunten neben unseren Rucksäcken lebend eintraf, ist unter anderem daraus ersichtlich, daß ich jetzt, im Jahre 1957, davon berichte. Zu behaupten, mein Leben habe damals an einem Faden gehangen, träfe nicht ganz zu. Denn es war kein Faden da.

Als wir am Fuß des Felsens unsere Stiefel und Jacken angezogen hatten, zeigte mir Herr Lehmann auf einer Landkarte, welche Gipfel er noch nicht erklettert hatte. Ihre Zahl war nicht der Rede wert. Bei ihnen sei das Risiko zu groß, meinte er, und man dürfe nicht mit seinem Leben spielen. Wir schulterten unsere Rucksäcke. »Und sonst«, fragte ich, »wandern Sie immer allein?« Er versuchte zu lächeln. Das war gar nicht so einfach, denn er hatte darin keine rechte Übung. »Ja«, sagte er. »Ich bin ein einsamer Wandersmann.«

Der Nachmittag verlief gemütlicher. Die Turnschuhe blieben im Rucksack. Die Felsen waren nun keine Turngeräte mehr, sondern vorsintflutliche Sedimente aus der Kreidezeit, bizarre Zeugen dafür, daß wir über uralten Meeresboden wanderten, der sich vor zahllosen Jahrtausenden ans Licht gehoben hatte. Muschelabdrücke im Sandstein erzählten davon. Die Felsen wußten spannende Geschichten vom Wasser, vom Eis und vom Feuer, und Herr Lehmann verstand, den Steinen zuzuhören. Er begriff die Dialekte der Vögel. Er studierte die Spuren des Wildes. Er zeigte mir die Sporenlaternen im Moos mit den kleinen Zipfelmützen, die später herunterpurzelten. Er kannte die Gräser beim Vornamen, und wir bewunderten beim Vesperbrot in der Wiese ihr grünes Vielerlei und ihr zärtliches Blühen. Die Natur war vor ihm aufgeschlagen wie ein Buch, und er las mir daraus vor.

Auf dem Deck des Raddampfers, der von Bodenbach-Tetschen heruntergeschwommen kam und mit dem wir gemächlich heimfuhren, blätterte er dann im Buch der Geschichte. Er erzählte vom Lande Böhmen, wo unser Dampfer noch vor einer Stunde geankert hatte, von König Ottokar und Karl IV., von den Hussiten, den unseligen Kirchenkriegen, der unheilvollen und unheilbaren Rivalität zwischen Preußen und Österreich, von den Jungtschechen und dem drohenden Zerfall der Donaumonarchie. Immer und immer wieder, sagte er traurig, begehe Europa Selbstmordversuche. Die Besseres wüßten, schimpfe man Besserwisser. Und so werde Europas krankhafter Plan, sich selber umzubringen, eines Tages endlich glücken. Er zeigte auf Dresden, dessen Türme in der Abendsonne golden vor uns auftauchten. »Dort liegt Europa!« sagte er leise.

Als ich mich an der Augustusbrücke für den schönen Tag bedankte, versuchte er wieder zu lächeln, und diesmal gelang es ihm fast. »Ich wäre ein ganz brauchbarer Hofmeister geworden«, meinte er, »ein Hauslehrer und Reisemarschall für drei, vier Kinder. Das brächte ich zuwege. Doch dreißig Schüler, das sind für mich fünfundzwanzig zuviel.« Damit ging er. Ich sah hinter ihm drein.

Plötzlich blieb er stehen und kam zurück. »Die Kletterpartie war ein großer Fehler«, sagte er. »Ich habe um dich mehr Angst gehabt als du selber.« – »Es war trotzdem ein schöner Tag, Herr Lehmann.« – »Dann ist es ja gut, mein Junge.« Und nun ging er wirklich, der einsame Wandersmann. Er ging allein. Er wohnte allein. Er lebte allein. Und er hatte fünfundzwanzig Schüler zuviel.

Meine Mutter, zu Wasser und zu Lande

Und noch einmal – weil eben von Fels und Fluß und Wiesen die Rede war – will ich die Fanfare an die Lippen setzen und das Lob meiner Mutter in die Lüfte schmettern, daß es von den Bergen widerhallt. Aus allen Himmelsrichtungen antwortet das Echo, bis es klingt, als stimmten hundert Waldhörner und Trompeten Frau Kästner zu Ehren in mein Preislied ein. Und schon mischen sich die Bäche und Wasserfälle ins Konzert, die Gänse auf den Dorfstraßen, die Hämmer von der Schmiede, die Bienen im Klee, die Kühe am Hang, die Mühlräder und Sägewerke, der Donner überm Tal, die Hähne auf dem Mist und auf den Kirchtürmen und die Bierhähne in den abendlichen Gasthöfen. Die Enten im Tümpel schnattern Beifall, die Frösche quaken Bravo, und der Kuckuck ruft von weit her seinen Namen. Sogar die Pferde vorm Pflug blicken von der Feldarbeit hoch und wünschen dem ungleichen Paar auf der Landstraße wiehernd gute Reise.

Wer sind die beiden, die singend und braun gebrannt das Land durchstreifen? Die wie zwei Handwerksburschen aus der gluckernden Feldflasche trinken? Die hoch über Hügeln und Tälern rasten, hartgekochte Eier frühstücken und zum Nachtisch das liebliche Panorama mit den Augen verzehren? Die bei Sturm und Regen mit Pelerinen und Kapuzen trotzig und unverdrossen durch die Wälder ziehen? Die abends am Wirtshaustisch eine warme Suppe löffeln und kurz darauf herrlich müde ins buntkarierte Bauernbett sinken?

Das Wandern wurde mir zuliebe Frau Kästners Lust, und sie betrieb dieses dem Gemüt und der Gesundheit dienliche Vergnügen höchst systematisch. So ließ sie sich zunächst einmal, etwa als ich acht Jahre zählte, zum Erstaunen der Schneiderin ein wetterfestes Kostüm aus grünem Loden anfertigen. Im Geschäft wäre es billiger gewesen, doch in Geschäften gab es dergleichen nicht. Frauen wanderten damals nicht, es war ganz und gar nicht Mode. Der Rock reichte der Zeit gemäß fast bis zu den Knöcheln! Frau Wähner, die Putzmacherin, fabrizierte nach Mutters Angaben einen breitkrempigen grünen Lodenhut, der mit zwei gabelförmigen Patenthutnadeln in der Frisur verankert und vertäut wurde, und auch Frau Wähner staunte. Zwei grüne Regenpelerinen wurden eingekauft. Mein Vater, der das Staunen längst verlernt hatte, schuf in der Kellerwerkstatt mit wahrem Feuereifer zwei unzerreißbare grüne Rucksäcke, den kleineren für mich. Und so waren wir bald aufs beste und aufs grünste ausgerüstet.

Nicht das geringste fehlte. Alles Notwendige war beschafft worden: zwei eisenbewehrte Bergstöcke, eine Feldflasche, Büchsen für Butter, Wurst, Eier, Salz, Zucker und Pfeffer, ein Kochgeschirr für Knorrs Erbswurst- und Maggi-Suppen, ein Spirituskocher und zwei leichte Eßbestecke. Zu den kernigen Stiefeln gehörte eine Büchse mit Lederfett, und nur einmal wurde sie bei einem Picknick irgendwo in der Lausitz mit der Butterbüchse verwechselt. Schon nach dem ersten Bissen war uns klar, daß es sich nicht empfiehlt, Lederfett aufs Brot zu streichen. Es heißt zwar, über den Geschmack ließe sich streiten. Doch auf die Frage, ob Lederfett ein Genußmittel sei, dürfte es wirklich nur eine einzige Antwort geben. Jedenfalls ist dies seitdem meine fundierte Meinung. Gegenteilige Belehrungen müßte ich rundweg ablehnen.

Wir waren aufs Wandern lückenlos vorbereitet und brauchten nur noch das Wandern selber zu erlernen. Unsre Wanderjahre waren Lehrjahre. Anfangs glaubten wir zum Beispiel, der Mensch wisse auch an Kreuzwegen den richtigen Weg, der zum richtigen Ziel führt. Als wir aber zu wiederholten Malen nach vier, ja fünf Stunden verblüfft dort anlangten, wo wir morgens aufgebrochen waren, begannen wir am Instinkt des Europäers zu zweifeln. Wir waren keine Indianer. Und es half nichts, sich nach dem Stand der Sonne zu richten. Vor allem dann nicht, wenn man sie vor lauter Wald und Wolken gar nicht sah!

Deshalb gingen wir dazu über, anhand von Landkarten und Meßtischblättern das Weite zu suchen, und brachten es mit der Zeit zu nahezu fehlerlosen Ergebnissen. Auch Blasen an den Füßen, Atemnot und Kreuzschmerzen überwanden wir bald. Wir gaben nicht nach. Wir schritten fort und wurden Fortgeschrittene. Schließlich kannten wir alle Schliche des Wanderns. Wir legten am Tag vierzig, sogar fünfzig Kilometer zurück, ohne

daß uns dies sonderlich angestrengt hätte, und wir durchstreiften auf diese Weise Thüringen, Sachsen, Böhmen und Teile Schlesiens. Wir erstiegen langsamen Schritts zwölfhundert Meter hohe Berge, und wir hätten auch noch höhere Gipfel erklommen, wenn es nur welche gegeben hätte. Wo es uns besonders gefiel, spendierten wir uns einen Ruhetag und faulenzten wie schnurrende Katzen. Dann ging es weiter im Text, eine Woche und manchmal vierzehn Tage lang, zuweilen mit Dora, der Kusine, meist und fast noch lieber ohne sie. Die Märsche wurden für unsere gelehrigen Füße zu Spaziergängen. Zwischen uns und der Natur stand keine Mühe mehr. Die Flüsse, der Wind, die Wolken und wir blieben im Takt. Es war herrlich. Und gesund war es außerdem. Vom Fuß bis zum Kopf, und vom Kopf bis zu den Füßen. Mens sana in corpore sano, wie wir Lateiner sagen.

So eroberten wir uns den Thüringer Wald und die Lausitzer Berge, die Sächsische Schweiz und das böhmische Mittelgebirge, das Erzgebirge und das Isergebirge, und dazu sangen wir: »O Täler weit, o Höhen, o schöner grüner Wald!« Vom Jeschken bis zum Fichtelberg, von der Roßtrappe bis zum Milleschauer erstiegen wir alle Gipfel und Gipfelchen. Ruinen und Klöster, Burgen und Museen, Dome und Schlösser, Wallfahrtskirchen und Rokokogärten lagen am Weg, und wir hielten feierlich Umschau. Dann zogen wir weiter, kreuz und quer durchs Land, die Friseuse in grünem Loden und ihr Junge. Manchmal hatte ich sogar meine buntbebänderte Laute dabei, da sang es sich noch besser. »Da draußen, stets betrogen, saust die geschäft'ge Welt« sangen wir, und der Herr von Eichendorff, der Dichter des Liedes, hätte seine helle Freude an uns beiden gehabt, wenn er nicht schon tot gewesen wäre. Zwei glücklichere Enkel der Romantik hätte er so bald nicht gefunden.
    Dieser oder doch einer ähnlichen Meinung schien eines Tages ein Herr zu sein, der noch lebte. Meine Mutter und ich waren nach einer mehrtägigen Wanderung durch die Sächsische Schweiz im Linckeschen Bad eingekehrt, einem Gartenlokal an der Elbe, das durch den Kammergerichtsrat E. T. A. Hoffmann, einem romantischen Kollegen Eichendorffs, berühmt geworden ist. Die Königsbrücker Straße lag nur um die Ecke, aber wir hatten Durst und noch keine rechte Lust aufs Daheimsein. So ließen wir uns Zeit, tranken kühle Limonade und brachen, nachdem die Kellnerin kassiert hatte, in schallendes Gelächter aus. Denn jetzt besaßen wir, wie wir das Portemonnaie auch drehten

und wendeten, nur noch ein einziges Geldstück, einen Kupferpfennig! Mitten im ›Goldenen Topf‹! (Diese Bemerkung gilt bloß für belesene Leute.)

Der Herr am Nebentisch wollte wissen, warum wir so fröhlich waren. Und als wir es ihm gesagt hatten, machte er meiner Mutter einen Heiratsantrag. Er sei, erzählte er, ein in den Vereinigten Staaten reich gewordener Deutscher, der sich für drüben eine Frau suche. Meine Mutter sei, das habe er sofort gemerkt, die Richtige, und daß er bei dieser einmaligen Gelegenheit auch noch einen so aufgeweckten und lustigen Sohn als Zuwaage erhalte, sei ein Glücksfall ohnegleichen. Unsere unverdrossen wachsende Heiterkeit steigerte seinen Eifer, statt ihn zu dämpfen. Daß wir einen Ehemann und Vater bereits besäßen, focht ihn nicht an. Dergleichen lasse sich, meinte er selbstsicher, mit genügend Geld und bei einigem guten Willen bequem regeln. Er war von seinem Vorsatz, uns beide zu heiraten und nach Amerika mitzunehmen, durch nichts abzubringen. Und so blieb uns schließlich nichts übrig als die Flucht. Wir waren als geübte Wanderer besser zu Fuß als er. Er verlor uns aus den Augen, und so konnten wir uns gerade noch retten und dem Deutschen Reich erhalten.

Hätten wir nicht so schnell laufen können, meine Mutter und ich, dann wär ich heute womöglich ein amerikanischer Schriftsteller oder, in Anbetracht meiner deutschen Sprachkenntnisse von Kind auf, Generalvertreter für Coca-Cola, Chrysler oder die Paramount in Nordrhein-Westfalen oder Bayern! Und im Jahre 1917 hätte ich dann vor dem soeben erwähnten Linckeschen Bad nicht im Schilderhaus stehen und Wache schieben müssen! Aber statt dessen wär ich vielleicht amerikanischer Soldat gewesen! Denn so schnell und so weit weg, daß man auf dieser verrückten Welt nicht doch irgendwo Soldat wird, kann man gar nicht laufen! Nun ja, das gehört nicht hierher.

Mein Vater war eine beinahe noch peniblere Hausfrau als meine Mutter. Bevor sie und ich aus der Wildnis heimkehrten, begann er in Kernseife, Sidol und Bohnerwachs förmlich zu schwelgen. Wie ein Berserker fiel er mit Schrubbern, Scheuerhadern, Wurzelbürsten, Putzlappen und Fensterledern über die Wohnung her.

Auf jedes Stäubchen machte er Jagd. Er rumorte bis tief in die Nacht. Tagsüber war er ja in der Kofferfabrik und hatte für Zimmerkosmetik keine Zeit. Grützners und Stefans, die nebenan wohnten, konnten dann nicht einschlafen und sagten: »Aha, die zwei Wanderburschen kommen morgen zurück!«

Es war jedesmal dasselbe. Wir traten in den Korridor und fühlten uns plötzlich noch viel staubiger und dreckiger, als wir schon waren. Die Klinken, der Herd und die Ofentüren blitzten. Die Fenster schimmerten lupenrein. Im Linoleum hätten wir uns, wenn wir gewollt hätten, spiegeln können. Aber wir wollten nicht. Wir wußten ohnehin, daß wir wie Landstreicher aussahen. Da half nur eins: der Sprung in die Badewanne.

Kaum daß wir wieder gesitteten Stadtbewohnern einigermaßen ähnlich sahen, trabte ich als Herold durch die Straßen und brachte den Kunden die Kunde, daß die Friseuse Ida Kästner aus den Ferien zurück sei und nach Weiberköpfen lechze. So wurde denn in den nächsten Tagen frisiert, onduliert, kopfmassiert und kopfgewaschen, bis alle Geschäftsfrauen und Verkäuferinnen hinter ihren Ladentischen wieder wie neu aussahen. Sie blieben ihrer Friseuse treu. Einmal wurde, weil wir auf Wanderschaft waren, sogar eine Hochzeit verschoben. Die Braut, ein Ladenfräulein aus dem Konsum, hatte darauf bestanden.

Am Abend nach unserer Rückkunft trat dann mein Vater, nachdem er sein Fahrrad im Keller verstaut hatte, in die Küche und sagte befriedigt: »Da seid ihr ja wieder!« Mehr sagte er nicht, und mehr war ja auch nicht nötig. Das Reden besorgten wir.

Länger als zwei Wochen pflegten aus notwendiger Rücksicht auf Mutters Kundinnen unsere Landstreichereien nicht zu dauern. Doch meine Sommerferien dauerten länger. Und so verbrachten wir halbe, manchmal sogar ganze Tage der restlichen Ferienzeit an den Waldteichen in Dresdens Nähe oder im König-Friedrich-August-Bad in Klotzsche-Königswald. Obwohl mir weder der Schwimmunterricht an der Angel mit den stupiden Kommandos des Bademeisters noch das Herumkrebsen mit einem Korkgürtel um den Bauch auch nur das mindeste genützt hatte, war ich heimlich im Selbstlehrgang ein leidlicher Schwimmer geworden.

Da meine Mutter es nur schwer ertragen konnte, wenn sie hilflos vom Ufer oder vom Bassin für Nichtschwimmer aus nichts als meinen Haarschopf erblickte, beschloß sie, Schwimmerin zu werden. Wißt ihr, wie damals Badeanzüge für Frauen aussahen? Nein? Seid froh! Sie glichen Kartoffelsäcken aus Leinen, nur daß sie bunt waren und lange Hosenbeine hatten. Und statt anliegender Badehauben trug die Damenwelt aufgeplusterte Kochmützen aus rotem Gummi. Es war ein Anblick zum Steinerweichen.

In diesem närrischen und unbequemen Kostüm stieg meine Mutter in die Fluten des Weixdorfer Teiches, legte sich waagrecht auf den Wasserspiegel, machte einige energiegeladene Bewegungen, öffnete den Mund, um etwas zu sagen, und versank! Was sie hatte sagen wollen, weiß ich nicht. Ganz bestimmt war es nicht das, was sie, als sie einige Sekunden später zornig wieder auftauchte, tatsächlich äußerte. Die Sohnespflicht und die Schicklichkeit verbieten es mir, die Bemerkung zu wiederholen. Die Nachwelt wird sich näherungsweise denken können, was gesagt wurde. Und die Nachwelt hat bekanntlich immer recht. Festgestellt sei jedenfalls, daß die hier unwiederholbare Erklärung erst abgegeben wurde, nachdem meine Mutter einen nicht unbeträchtlichen Teil des idyllisch gelegenen Waldteichs ausgespuckt hatte und von mir gestützt zum Ufer wankte.

Weitere Schwimmversuche unternahm sie nicht. Das Element, das keine Balken hat, hatte ihr den Gehorsam verweigert. Die Folgen hatte es sich selber zuzuschreiben. Das leuchtete allen, die meine Mutter kannten, ohne weiteres ein. Sie war in ihrem Leben schon mit ganz anderen Elementen fertig geworden! Das Wasser wollte nicht? Ida Kästner grüßte es nicht mehr.

Im König-Friedrich-August-Bad gab es, außer einer mit der sächsischen Krone verzierten Umkleidekabine für den Monarchen, die von diesem freilich nur selten benutzt und bei starkem Publikumsandrang gegen ein minimales Aufgeld auch an Nichtkönige vergeben wurde, jahrelang eine weitere, keineswegs geringere Sensation. Der Herr hieß Müller. Er stammte dessenungeachtet aus Schweden und war Erfinder einer Freiluftgymnastik, die er sich zu Ehren das ›Müllern‹ getauft hatte. Herr Müller trug einen kleinen schwarzen Bart und eine kleine weiße Badehose, war athletisch gewachsen, am ganzen Körper bronzebraun und würde heute, wenn es ihn in seiner damaligen Verfassung noch gäbe, unweigerlich zum Mister Universum gewählt werden.

Herr Müller war ohne Frage der schönste Mann des neuen Jahrhunderts. Das fand, bei aller skandinavischen Bescheidenheit, sogar er selber. Das Herrenbad – die Bäder waren streng voneinander getrennt, und man konnte sich mit seiner Mama nur im ›Restaurant‹ treffen (oh, die Thüringer Bratwürste mit Kartoffelsalat!) –, das Herrenbad also schloß sich Herrn Müllers Ansichten über Herrn Müller vorbehaltlos an, und da das

Turnen im Grünen ein Schönheitsmittel zu sein schien, müllerten wir Männer begeistert und voller Hoffnungen. Es gibt eine Fotografie, worauf wir, in Badehosen und hübsch hintereinander, zu sehen sind. Herr Müller beschließt die Reihe. Ich bin der erste. Fast schon so schön wie der Schwede. Nur ohne Bart und wesentlich kleiner.

Daß das Damenbad hinter unserer Bewunderung nicht zurückstehen wollte und konnte, versteht sich am Rande. Dank seiner Eigenschaft als Erfinder und Vorturner war Herr Müller der einzige Mann, der das Paradies der Damen betreten durfte, und die Dresdner Frauenwelt müllerte, in sogenannte Lufthemden gehüllt, daß die Wiese zitterte. Trotzdem blieb der Schwede schön, und wenn es ihm gelungen war, sich von den Evastöchtern und -müttern loszureißen, turnte er zur Erholung wieder mit uns Männern.

Mit dem Schwimmen war meine Mutter böse. Mit dem Radfahren fand sie sich ab. Tante Lina hatte Dora ein Fahrrad geschenkt. Ich hatte die Fahrkunst auf meines Vaters Rad gelernt. Und weil der Gedanke auftauchte, man könne durch gelegentliche Radtouren das Ferienprogramm noch bunter als bisher gestalten, kaufte sich meine Mutter bei Seidel & Naumann ein fabrikneues Damenrad und nahm neugierig darauf Platz. Mein Vater hielt das Rad am Sattel fest, lief eifrig neben seiner kur-

venden Gattin her und erteilte atemlose Ratschläge. Diese Versuche waren nicht nur von ihm, sondern auch von Erfolg begleitet, und so stand einem Ausflug per Rad nichts Sonderliches im Wege. Er lieh mir sein Fahrrad, schraubte den Sattel so niedrig wie möglich und wünschte uns viel Glück.

Glück kann man immer gebrauchen. Ebene Wegstrecken und leichte Steigungen boten keine nennenswerten Schwierigkeiten, und von der Mordgrundbrücke bis zum Weißen Hirsch wurden die Räder, weil es steil bergauf ging, geschoben. Dann saßen wir wieder auf, strampelten nach Bühlau und bogen in die Heide ein. Denn wir wollten in der Ullersdorfer Mühle Kaffee trinken und Quarkkuchen essen. Oder Eierschecke? (Eierschecke heißt eine sächsische Kuchensorte, die zum Schaden der Menschheit auf dem restlichen Globus unbekannt geblieben ist.) Vielleicht wollten wir auch beides essen, Eierschecke und Quarkkuchen, und schließlich taten wir es ja auch – nur meine Mutter, die freute sich nicht, sondern trank Kamillentee. Sie war kurz zuvor und gegenüber der Mühle in einen dörflichen Gartenzaun gesaust. Dabei waren der Zaun und die tollkühne Radlerin leicht beschädigt worden. Der Schreck war größer gewesen als das Malheur, aber die Kaffeelust und Kuchenlaune waren ihr vergangen. Sie hatte beim Bergab vergessen gehabt, auf die Rücktrittbremse zu treten, und das nahm sie sich und der Bremse übel.

Was Zufall, Pech und Anfängerei gewesen zu sein schien, entpuppte sich mit der Zeit als Gesetz. Meine Mutter vergaß die Rücktrittbremse jedesmal und immer wieder! Kaum senkte sich ein Weg, so raste sie auch schon davon, etwa wie ein Rennfahrer der Tour de France, wenn sie von den Pyrenäen herunterkommen.

Dora und ich jagten hinterdrein, und wenn wir sie am Ende des Berges endlich eingeholt hatten, stand sie neben ihrem Rad, war blaß und sagte: »Wieder vergessen!« Es war lebensgefährlich.

Von der Augustusburg sauste sie die steile Straße nach Erdmannsdorf hinunter, daß uns Kindern das Herz stehenblieb. Wieder war ihr nichts zugestoßen. Vielleicht war ein Schutzengel mit ihr Tandem gefahren. Doch unsere Radtouren wurden mehr und mehr zu Angstpartien. Man konnte davon träumen. Manchmal sprang sie mitten auf dem Berg ab und ließ das Rad fallen. Manchmal lenkte sie es in den Straßengraben und fiel selber. Es ging immer glimpflich ab. Aber ihre und unsere Nerven wurden dünner und dünner. Das konnte nicht der Sinn solcher Ferientage sein. Und so stiegen wir für immer von den Pedalen herab und auf Schusters Rappen um. Das Damenrad wanderte in den Keller, und wir wanderten wie ehedem zu Fuß. Da gab es keine Rücktrittbremse, die man vergessen konnte.

Wenn ich ein moderner Seelenprofessor wäre, würde ich mir tiefe Gedanken machen und in einer Fachzeitschrift unter dem Titel ›Die Rücktrittbremse als Komplex, Versuch einer Deutung‹ einen Aufsatz veröffentlichen, worin es etwa hieße: »Für Frau Ida K., die vorerwähnte Patientin, konnte es, wie im Leben überhaupt, so auch beim Radfahren im besonderen, nur ein Bergauf geben. Dem unverwüstlichen Ehrgeiz, der diese Frau nach eigenen Enttäuschungen und im Hinblick auf ihren hoffnungsvollen Sohn pausenlos erfüllte, war der gegenteilige Begriff, das Bergab, ziel- und wesensfremd. Da Ida K. das Bergab kategorisch ablehnte und dessen Konsequenzen deshalb gar nicht bedenken konnte, fehlte ihr naturnotwendig jeder Sinn für Vorsichtsmaßregeln. Befand sie sich, wie beispielsweise bei Radtouren, dennoch einem Bergab gegenüber, so weigerte sich ihr Bewußtsein, eingelernte Regeln anzuwenden. Sie wurden automatisch über die Bewußtseinsschwelle ins Unterbewußtsein abgedrängt. Dort fristete die Rücktrittbremse, obwohl gerade die Firma Seidel & Naumann vorzügliche Bremsen fabrizierte, ein für Frau Ida K. im Moment der Gefahr unbekanntes, weil von ihr radikal abgestrittenes Dasein. Sie konnte weder das Phäno-

men des Bergab noch wie auch immer geartete Techniken anerkennen, die den Niedergang bremsen sollen. Damit hätte sie implizite ihren magischen Willen zum Bergauf kritisiert und angezweifelt. Das kam für sie nicht in Betracht. Lieber bezweifelte sie grundsätzlich, daß Berge nicht nur empor, sondern auch abwärts führen. Lieber bezweifelte sie auf jedes Risiko hin die Realität.«

Glücklicherweise bin ich kein beruflicher Tiefseelentaucher und kann mir derartig hintersinnige Abhandlungen und Deutungen ersparen. Menschen zu beschreiben, interessiert mich mehr, als sie zu erklären. Beschreibung ist Erklärung genug. Doch vielleicht ist in dem vorigen Absatz, den ich zum Spaß schrieb, ein Fünkchen Wahrheit enthalten? Es würde mich gar nicht wundern.

Jedenfalls steht fest, daß wir allesamt heilfroh waren, als die Angstpartien ihr Ende gefunden hatten, und noch dazu ein glückliches Ende. Am frohesten war mein Vater. Denn nun hatte er sein Rad wieder und brauchte während der Schulferien nicht mehr mit der Straßenbahn in die Fabrik zu fahren.

Das Jahr 1914

Ich wurde älter, und meine Mutter wurde nicht jünger. Die Kusine Dora kam aus der Schule, und ich kam in die Flegeljahre. Sie begann die Haare hochzustecken, und ich begann die Weiber zu verachten, dieses kurzbeinige Geschlecht. Dora behielt ihre neue Frisur bei, ich gab meine neue Weltanschauung später wieder auf. Aber für ein paar Jahre wurden wir uns fremd.

Erst später, als ich kein kleiner Junge mehr war, erneuerte sich unsere Freundschaft, damals, als sie mir lachend half, mich als Mädchen zu verkleiden. Ich wollte während einer Seminarfeier die Professoren und die Mitschüler zum besten haben, und der Spaß gelang vorzüglich. Niemals wieder bin ich so umschwärmt worden wie als angeblicher Backfisch in der festlich geschmückten Turnhalle des Freiherrlich von Fletcherschen Lehrerseminars! Erst als ich, blondbezopft und in wattierter Bluse, zum Hochreck lief und eine Kür turnte, daß der Rock flog, ließ die Anbetung nach. Doch das gehört nicht hierher.

Nachdem Dora konfirmiert worden war und weil Tante Lina keine Zeit hatte, wurde meine Mutter als Reisemarschall und Anstandsdame engagiert und fuhr mit der Nichte wiederholt an die Ostsee. Der Ort hieß Müritz, und sie schickten fleißig Ansichtskarten und Gruppenbilder, die der Strandfotograf geknipst hatte.

Während solcher mutterlosen Wochen verbrachte ich die schulfreien Stunden in der Villa am Albertplatz. Abends kam mein Vater von der Fabrik her angeradelt. Wir aßen mit Frieda und der Tante in der Küche und gingen nicht nach Hause, bevor man uns hinauskomplimentierte. Onkel Franz meinte lakonisch, daß seine Tochter und seine Schwester sich an der Ostsee herumtrieben, sei ein ausgemachter Blödsinn. Doch die Tante gab nicht klein bei. Für sich selber hätte sie so viel Mut nicht aufgebracht. Für Dora war sie in Grenzen tapfer.

Paul Schurig, der Lehrer und Untermieter, spürte, daß daheim die Hausfrau fehlte, nicht weniger als mein Vater und ich. Es fehlte die Frau im Haus. Und mir fehlte die Mutter. Doch in den Flegeljahren gibt ein Junge so etwas nicht zu. Eher beißt er sich die Zunge ab.

Die Schulferien blieben für mich reserviert, daran änderte sich nichts. Manchmal schloß sich uns das hochfrisierte Fräulein Dora an. Doch die großen Zeiten der Wanderungen ins Böhmerland und der wilden Bettenschlachten abends in irgendeinem Landgasthof, die waren vorbei und kamen niemals wieder. Das Goldene wich dem Silbernen Zeitalter, doch auch dieses hatte seinen Glanz.

Meine Mutter war jetzt vierzig Jahre alt, und mit vierzig war man damals ein gutes Stück älter als heutzutage. Man bleibt heute länger jung. Man lebt länger. Und man wird länger. Der Fortschritt der Menschheit findet anscheinend der Länge nach statt. Das ist ein recht einseitiges Wachstum, wie man zugeben muß und täglich feststellen kann. Der längste Staudamm, die längste Flugstrecke, die längste Lebensdauer, der längste Weihnachtsstollen, die längste Landstraße, die längste Kunstfaser, der längste Film und die längste Konferenz, das überdehnt mit der Zeit auch die längste Geduld.

Meine Mutter wurde älter, und die Wanderungen wurden kürzer. Wir beschränkten uns auf Tagesausflüge, und auch sie boten Schönheit genug und Freude im Überfluß. In welche Himmelsrichtung man mit der Straßenbahn auch fuhr und an welcher Endstation man auch aus dem Wagen kletterte, in Pillnitz oder in Weinböhla, in Hainsberg oder Weißig, in Klotzsche oder im Plauenschen Grund, überall stand man tief in der Landschaft und mitten im Glück. Mit jedem Bummelzug war man nach der ersten halben Stunde so weit von der Großstadt fort, als sei man seit Tagen unterwegs. Wehlen, Königstein, Kipsdorf, Langebrücke, Roßwein, Gottleuba, Tharandt, Freiberg, Meißen, wo man auch ausstieg, war Feiertag. Die Siebenmeilenstiefel waren kein Märchen.

Sobald wir dann aus einem der kleinen Bahnhöfe traten, mußten wir freilich die eigenen Stiefel benützen. Aber wir hatten ja das Wandern an der Quelle studiert. Wir wußten die Füße zu setzen. Wo andere Ausflügler ächzten und schwitzten, machten wir Spaziergänge. Den größeren der zwei Rucksäcke trug jetzt ich! Es hatte sich so ergeben. Und meiner Mutter war es recht.

In den Sommerferien des Jahres 1914 griff Tante Lina tief und energisch in den Geldbeutel. Sie schickte uns beide mit Dora an die Ostsee. Das war meine erste große Reise, und statt des Rucksacks trug ich zum ersten Mal zwei Koffer. Ich kann nicht sagen, daß mir der Tausch sonderlich gefallen hätte. Ich kann Koffertragen nicht ausstehen. Ich habe dabei das fatale Gefühl,

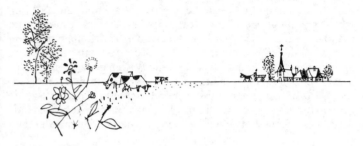

daß die Arme länger werden, und wozu brauch ich längere Arme? Sie sind lang genug, und auch als Junge wünschte ich mir keine längeren.

Vom Anhalter zum Stettiner Bahnhof spendierten wir uns eine Pferdedroschke ›zweiter Güte‹, und so sah ich, zwischen Koffern hindurchlugend, zum ersten Mal ein Eckchen der Reichshauptstadt Berlin. Und zum ersten Mal sah ich auf der Fahrt durch Mecklenburgs Kornfelder und Kleewiesen ein Land ohne Hügel und Berge. Der Horizont war wie mit dem Lineal gezogen. Die Welt war flach wie ein Brett mit Kühen drauf. Hier hätte ich nicht wandern mögen.

Besser gefiel mir schon Rostock mit seinem Hafen, den Dampfern, Booten, Masten, Docks und Kränen. Und als wir gar von einer Bahnstation aus, die Rövershagen hieß, durch einen dunkelgrünen Forst laufen mußten, wo Hirsche und Rehe über den Weg wechselten und einmal sogar ein Wildschweinehepaar mit flinken, gestreiften Frischlingen, da war ich mit der norddeutschen Tiefebene ausgesöhnt. Zum ersten Mal sah ich Wacholder im Wald, und an meinen Händen hingen keine Koffer. Ein Fuhrmann hatte sie übernommen. Er wollte sie abends beim Fischer Hoff in Müritz-Ost abliefern. Der Wind, der die Baumwipfel wiegte, roch und schmeckte schon nach der See. Die Welt war anders als daheim und genauso schön.

Eine Stunde später stand ich, vom Strandhafer zerkratzt, zwischen den Dünen und sah aufs Meer hinaus. Auf diesen atemraubend grenzenlosen Spiegel aus Flaschengrün und Mancherleiblau und Silberglanz. Die Augen erschraken, doch es war ein heiliger Schrecken, und Tränen trübten den ersten Blick ins Unendliche, das selber keine Augen hat. Das Meer war groß und blind, unheimlich und voller Geheimnisse. Gekenterte Schiffe lagen auf seinem Grund und tote Matrosen mit Algen im Haar. Auch die versunkene Stadt Vineta lag drunten, durch deren Straßen Nixen schwammen und in die Hutläden und Schuhgeschäfte starrten, obwohl sie keine Hüte brauchten und Schuhe schon gar nicht. Fern am Horizont tauchte eine Rauchfahne auf, dann ein Schornstein und nun erst das Schiff, denn die Erde war ja rund, sogar das Wasser. Monoton und naß, mit weißen Spitzenborten gesäumt, klatschten die Wellen gegen den Strand. Schillernde Quallen spuckten sie aus, die im Sande zu blassem Aspik wurden. Raunende Muscheln brachten sie mit und goldgelben Bernstein, worin wie in gläsernen Särgen zehntausendjahralte Fliegen und Mücken lagen, winzige Zeugen der Urzeit.

Sie wurden im Kiosk neben der Mole als Andenken verkauft, zwischen Zwetschgen und Kinderschaufeln, Gummibällen, Basthüten und Zeitungen von gestern. Am Rande des Erhabenen fand das Lächerliche statt. Man war den Städten entflohen und hockte jetzt angesichts der Unendlichkeit noch viel enger nebeneinander als in Hamburg, Dresden und Berlin. Man quetschte sich auf einem Eckchen Strand laut und schwitzend zusammen wie in einem Viehwagen. Links und rechts davon war der Strand leer. Die Dünen waren leer. Die Wälder und die Heide waren leer. Während der Ferien lagen die Mietskasernen am Ozean. Sie hatten keine Dächer, das war gut. Sie hatten keine Türen, das war peinlich. Und die Nachbarn waren funkelnagelneu, das war für die Funkelnagelneugierde ein gefundenes Fressen. Der Mensch glich dem Schaf und trat in Herden auf.

Wir gingen an den Strand, ins Wasser und auf die Mole nur hinaus, während die Herde in den Pensionen zu Mittag und zu Abend aß. Sonst machten wir Spaziergänge und Ausflüge wie daheim. Die Küste entlang nach Graal und Arendsee. In die Wälder, an schwelenden Kohlenmeilern vorbei, zu einsamen Forsthäusern, wo es frische Milch und Blaubeeren gab. Wir borgten uns Räder und fuhren durch die Rostocker Heide nach Warnemünde, wo die Menschenherde auf der Ferienweide noch viel, viel größer war als in Müritz. Sie schmorten zu Tausenden in der Sonne, als sei die Herde schon geschlachtet und läge in

einer riesigen Bratpfanne. Manchmal drehten sie sich um. Wie freiwillige Koteletts. Es roch, zwei Kilometer lang, nach Menschenbraten. Da wendeten wir die Räder um und fuhren in die einsame Heide zurück. (Hier oben in Mecklenburg hatte sich meine Mutter endlich wieder aufs Rad gewagt. Denn an der Ostsee gab es keine Berge. Hier war die vertrackte Rücktrittbremse ein überflüssiges Möbel.)

Am schönsten war die Welt am Meer in sternklaren Nächten. Über unseren Köpfen funkelten und zwinkerten viel mehr Sterne als daheim, und sie leuchteten königlicher. Der Mondschein lag wie ein Silberteppich auf dem Wasser. Die Wellen schlugen am Strand ihren ewigen Takt. Von Gjedser zuckte das Blinkfeuer herüber. Es war ein Gruß aus Dänemark, das ich noch nicht kannte. Wir saßen auf der Mole. Uns war so vieles unbekannt, und wir schwiegen. Plötzlich erscholl Operettenmusik in der Ferne und kam langsam näher. Ein Küstendampfer kehrte, mit Lampions geschmückt, von einer der beliebten und preiswerten ›Mondscheinfahrten in See‹ zurück. Er legte schaukelnd am Molenkopf an. Ein paar Dutzend Feriengäste stiegen aus. Lachend und lärmend trabten sie an unserer Bank vorüber. Kurz darauf versank das Gelächter hinter den Dünen, und wir waren wieder mit der See, dem Mond und den Sternen allein.

Am 1. August 1914, mitten im Ferienglück, befahl der deutsche Kaiser die Mobilmachung. Der Tod setzte den Helm auf. Der Krieg griff zur Fackel. Die apokalyptischen Reiter holten ihre Pferde aus dem Stall. Und das Schicksal trat mit dem Stiefel in den Ameisenhaufen Europa. Jetzt gab es keine Mondscheinfahrten mehr, und niemand blieb in seinem Strandkorb sitzen.

Alle packten die Koffer. Alle wollten nach Hause. Es gab kein Halten.

Im Handumdrehen waren bis zum letzten Karren alle Fuhrwerke vermietet. Und so schleppten wir unsere Koffer zu Fuß durch den Wald. Diesmal wechselten keine Rehe und keine Wildschweine über die sandigen Wege. Sie hatten sich versteckt. Mit Sack und Pack und Kind und Kegel wälzte sich der Menschenstrom dahin. Wir flohen, als habe hinter uns ein Erdbeben stattgefunden. Und der Wald sah aus wie ein grüner Bahnsteig, auf dem sich Tausende stießen und drängten. Nur fort!

Der Zug war überfüllt. Alle Züge waren überfüllt. Berlin glich einem Hexenkessel. Die ersten Reservisten marschierten mit Blumen und Pappkartons in die Kasernen. Sie winkten, und sie sangen: »Siegreich woll'n wir Frankreich schlagen, sterben als ein tapfrer Held!« Extrablätter wurden ausgerufen. Der Mobilmachungsbefehl und die neuesten Meldungen klebten an jeder Hausecke, und jeder sprach mit jedem. Der Ameisenhaufen war in wildem Aufruhr, und die Polizei regelte ihn.

Am Anhalter Bahnhof standen Sonderzüge unter Dampf. Wir schoben meine Mutter und die Koffer durch ein Abteilfenster und kletterten hinterdrein. Unterwegs begegneten uns Transportzüge mit Truppen, die nach dem Westen gebracht wurden. Sie schwenkten Transparente und sangen: »Fest steht und treu die Wacht, die Wacht am Rhein!« Die Ferienflüchtlinge winkten den Soldaten zu. Und Dora sagte: »Jetzt wird mein Vater noch viel mehr Pferde verkaufen.« Als wir verschwitzt und todmüde in Dresden eintrafen, kamen wir gerade zurecht, um uns von Paul Schurig zu verabschieden. Auch er mußte in die Kaserne.

Der Weltkrieg hatte begonnen, und meine Kindheit war zu Ende.

Und zum Schluß ein Nachwort

Die Arbeit ist getan, das Buch ist fertig. Ob mir gelungen ist, was ich vorhatte, weiß ich nicht. Keiner, der eben das Wort ›Ende‹ hingeschrieben hat, kann wissen, ob sein Plan gelang. Er steht noch zu dicht an dem Haus, das er gebaut hat. Ihm fehlt der Abstand. Und ob sich's in seinem Wortgebäude gut wird wohnen lassen, weiß er schon gar nicht. Ich wollte erzählen, wie ein kleiner Junge vor einem halben Jahrhundert gelebt hat, und hab es erzählt. Ich wollte meine Kindheit aus dem Reich der Erinnerung ans Licht holen. Als Orpheus seine Eurydike im Hades bei der Hand nahm, hatte er den Auftrag, sie nicht anzublicken. Hatte ich den umgekehrten Auftrag? Hätte ich nur zurückschauen dürfen und keinen Augenblick voraus?

Das hätte ich nicht vermocht, und ich hab es gar nicht erst gewollt.

Während ich am Fenster saß und an meinem Buch schrieb, gingen die Jahreszeiten und die Monate durch den Garten. Manchmal klopften sie an die Scheibe, dann trat ich hinaus und unterhielt mich mit ihnen. Wir sprachen übers Wetter. Die Jahreszeiten lieben das Thema. Wir sprachen über die Schneeglöckchen und den späten Frost, über die erfrorenen Stachelbeeren und den dürftig blühenden Flieder, über die Rosen und den Regen. Gesprächsstoff gab es immer.

Gestern klopfte der August ans Fenster. Er war vergnügt, schimpfte ein bißchen über den Juli, das tut er fast jedes Jahr, und hatte es eilig. Während er ein Radieschen aus dem Beet zog, bemäkelte er meine Bohnenblüten, seine Schuld sei es nicht, und lobte die Dahlien und die Tomaten. Dann biß er herzhaft in sein Radieschen und spuckte es wieder aus. Es war holzig. »Probieren Sie ein andres!« sagte ich. Doch da sprang er schon über den Zaun, und ich hörte nur noch, wie er rief: »Grüßen Sie den September! Er soll mich nicht blamieren!« – »Ich werd's ausrichten!« rief ich zurück. Die Monate haben es eilig. Die Jahre haben es noch eiliger. Und die Jahrzehnte haben es am eiligsten. Nur die Erinnerungen haben Geduld mit uns. Besonders dann, wenn wir mit ihnen Geduld haben.

Es gibt Erinnerungen, die man wie einen Schatz in Kriegszeiten so gut vergräbt, daß man selber sie nicht wiederfindet. Und es gibt andere Erinnerungen, die man wie Glückspfennige immer bei sich trägt. Sie haben ihren Wert nur für uns. Und wem wir sie, stolz und verstohlen, zeigen, der sagt womöglich: »Herrje, ein Pfennig! So was heben Sie sich auf? Warum sammeln Sie Grünspan?«

Zwischen unseren Erinnerungen und fremden Ohren sind mancherlei Mißverständnisse möglich. Das merkte ich neulich, als ich abends auf der Terrasse meinen vier Katzen ein paar Kapitel vorlas.

Das heißt, Anna, die jüngste, schwarzer Frack mit weißem Hemd, hörte nicht lange zu. Sie versteht Vorgelesenes noch nicht. Sie kletterte auf eine der Eschen, blieb in der Baumgabel sitzen und sah wie ein kleiner Oberkellner aus, der eine alberne Wette gewinnen möchte.

Pola, Butschi und Lollo hörten sich die Vorlesung geduldiger an. Manchmal schnurrten sie. Manchmal gähnten sie, leider ohne die Pfote vorzuhalten. Pola kratzte sich ein paarmal hinterm Ohr. Und als ich, leicht nervös, das Manuskript zugeklappt und auf den Tisch gelegt hatte, sagte sie: »Den Abschnitt über das Waschhaus, das Wäschelegen und die Wäschemangel beim Bäcker Ziesche sollten Sie weglassen.«

»Warum?« fragte ich. Meine Stimme klang etwas ungehalten. Denn mein Herz hängt an all den Zeremonien, die schmutzige Wäsche in frische, glatte, duftende Stücke zurückverwandeln. Wie oft hatte ich meiner Mutter bei fast jedem Handgriff geholfen! Die Wäscheleinen, die Wäscheklammern, der Wäschekorb, die Sonne und der Wind auf dem Trockenplatz beim Kohlenhändler Wendt in der Scheunhofstraße, das Besprengen der Bettücher, bevor sie auf die Docke gerollt wurden, das Quietschen und Kippen der elefantenhaften Mangel, das Zurückschlagen und Abfangen der Kurbel, die ganze weiße Wäschewelt sollte ich vernichten? Wegen einer schwarzen Angorakatze?

»Pola hat vollkommen recht«, sagte Butschi, der vierzehn Pfund schwere grauhaarige Kater. »Lassen Sie die weiße Wäsche weg! Sonst legen wir uns drauf, und dann schimpfen Sie.«

»Oder Sie hauen uns wieder, bis Ihnen der Arm weh tut«, meinte Lollo, die persische Dame, pikiert. »Ich haue euch, bis mir der Arm weh tut?« fragte ich empört. »Nein«, gab Pola zur Antwort, »aber Sie drohen uns immer damit, und das ist genauso schlimm.« – »Lassen Sie die blütenweiße Wäsche fort!« sagte Butschi und klopfte energisch mit dem Schweif auf die Terrassenziegel. »Sonst gibt es wieder Ärger«, erklärte Lollo, »wie neulich wegen Ihrer schönen weißen Hemden. Daß die Schranktür offenstand und daß es vorm Haus geregnet hatte, war ja schließlich nicht unsre Schuld!«

»Um alles in der Welt!« rief ich. »Zwischen wirklicher und geschriebener Wäsche ist doch ein Unterschied! Wirkliche Katzen, so dreckig sie aus dem Regen kommen, können sich doch nicht auf geschriebene Wäsche legen!« – »Das sind Haarspaltereien«, meinte Pola und begann sich zu putzen. Lollo starrte mich aus ihren goldgelben Augen an und sagte gelangweilt: »Typisch Mensch! Wäsche ist Wäsche. Und Schläge sind Schläge. Uns Katzen können Sie nichts vormachen.«

Dann dehnten sich alle drei und spazierten in die Wiese. Butschi drehte sich noch einmal um und meinte: »Wenn wenigstens Mäuse in Ihrem Buch vorkämen! Ich fresse auch geschriebene! Aber die Menschen sind nett und rücksichtslos. Das ist für Katzen nichts Neues.« Auf halbem Wege machte er wieder kehrt. »Ich komme heute nacht etwas später«, teilte er mit. »Es ist Vollmond. Machen Sie sich meinetwegen keine unnötigen Sorgen!« Nun war auch er verschwunden. Nur die Grashalme, die sich über ihm bewegten, verrieten, wohin er ging. Drei Häuser weiter wohnt sein zur Zeit bester Freund.

Nun, das Wäschekapitel hab ich gestrichen. Nicht mit ihren Gründen, doch in der Sache mochten die Katzen recht haben. Ich hatte ihnen einen meiner Glückspfennige gezeigt, und nun steckte ich ihn wieder in die Tasche. Es tat mir ein bißchen leid, und ich war ein wenig gekränkt, aber Verdruß gibt es schließlich in jedem Beruf. Anstelle der Wäsche hätte ich jetzt, dem Kater zu Gefallen, mühelos zwei, drei Mäuse anbringen können, doch so weit geht die Liebe nicht. Denn fürs Aufschreiben von Erinnerungen gelten zwei Gesetze. Das erste heißt: Man kann, ja man muß vieles weglassen. Und das zweite lautet: Man darf nichts hinzufügen, nicht einmal eine Maus.

Vorhin spazierte ich gemächlich durch meine Wiese und blieb am Zaun stehen. Draußen trieben der Hirt und sein schwarzer Spitz ihre blökende Schafherde vorüber. Aus den winzigen Osterlämmern sind in nur ein paar Monaten ziemlich große Schafe geworden. Bei uns Menschen dauert das länger. Am Weg stand ein kleiner Junge, betrachtete die Herde und ihr Hinken und Hoppeln und zog dabei seine Strümpfe hoch. Dann trabte er vergnügt neben den Schafen her.

Nach zwanzig Schritten blieb er kurz stehen. Denn die Strümpfe waren wieder gerutscht, und er mußte sie wieder hochziehen. Ich beugte mich neugierig über den Zaun und schaute hinter ihm her. Die Schafe waren ihm voraus, und er wollte sie einholen. Sie liefern zwar Strümpfe, doch sie selber tragen keine. Womöglich sind sie klüger, als sie aussehen. Wer keine Strümpfe trägt, dem können sie nicht rutschen.

Bei den Treibhäusern der Gärtnerei machte der kleine Junge wieder halt. Er zerrte die Strümpfe hoch, und diesmal war er wütend. Dann lief er hastig um die Ecke. Er dürfte, nach meiner Schätzung, bis zur Gellertstraße gekommen sein, bevor es wieder soweit war. Auf diesem Gebiet kenn ich mich aus. O diese Strümpfe, o diese Erinnerungen! Als ich ein kleiner Junge war, da schenkte mir meine Mutter zu den Strümpfen runde Gummibänder, die aber ...

Keine Angst, liebe Leser, ich bin schon still. Es folgt kein Strumpfkapitel, und es folgt kein Gummibandkapitel. Die Arbeit ist getan. Das Buch ist fertig. Schluß, Punkt, Streusand!

Das verhexte Telefon

Das verhexte Telefon

Neulich waren bei Pauline
sieben Kinder zum Kaffee.
Und der Mutter taten schließlich
von dem Krach die Ohren weh.

Deshalb sagte sie: »Ich gehe.
Aber treibt es nicht zu toll.
Denn der Doktor hat verordnet,
daß ich mich nicht ärgern soll.«

Doch kaum war sie aus dem Hause,
schrie die rote Grete schon:
»Kennt ihr meine neuste Mode?
Kommt mal mit ans Telefon.«

Und sie rannten wie die Wilden
an den Schreibtisch des Papas.
Grete nahm das Telefonbuch,
blätterte darin und las.

Dann hob sie den Hörer runter,
gab die Nummer an und sprach:
»Ist dort der Herr Bürgermeister?
Ja? Das freut mich. Guten Tag!

Hier ist Störungsstelle Westen.
Ihre Leitung scheint gestört.
Und da wäre es am besten,
wenn man Sie mal sprechen hört.

Klingt ganz gut. Vor allen Dingen
bittet unsere Stelle Sie,
prüfungshalber was zu singen.
Irgendeine Melodie.«

Und die Grete hielt den Hörer
allen sieben an das Ohr.
Denn der brave Bürgermeister
sang »Am Brunnen vor dem Tor«.

Weil sie schrecklich lachen mußten,
hängten sie den Hörer ein.
Dann trat Grete in Verbindung
mit Finanzminister Stein.

»Exzellenz, hier Störungsstelle.
Sagen Sie doch dreimal ›Schrank‹.
Etwas lauter, Herr Minister!
'Tschuldigung und besten Dank.«

Wieder mußten alle lachen.
Hertha schrie »Hurra!« und dann
riefen sie von neuem lauter
sehr berühmte Männer an.

Von der Stadtbank der Direktor
sang zwei Strophen »Hänschen klein«.
Und der Intendant der Oper
knödelte die »Wacht am Rhein«.

Ach, sogar den Klassenlehrer
rief man an. Doch sagte der:
»Was für Unsinn! Störungsstelle?
Grete, Grete! Morgen mehr.«

Das fuhr allen in die Glieder.
Was geschah am Tage drauf!
Grete rief: »Wir tuns nicht wieder.«
Doch er sagte: »Setzt euch nieder.
Was habt ihr im Rechnen auf?«

Der Preisboxer

Vermutlich kennt Ihr solche Knaben,
die (wenn sie kleine Kinder sehn)
die gräßliche Gewohnheit haben,
mit Fäusten auf sie loszugehn.

Dann boxen sie wie Titelhalter
die kleinen Kerls zu Kuchenteig.
Doch zeigt sich wer in ihrem Alter,
so kneifen sie. Denn sie sind feig.

Der Adolf war ein solcher Kunde.
Und trat er tückisch aus dem Haus,
so rissen in der ganzen Runde
die kleinen Kinder alle aus.

Er stieß. Er zog sie an den Haaren.
Es war ihm gleich, wohin er traf.
Zu denen, welche größer waren,
benahm er sich hingegen brav.

Da zogen Leute namens Bock
im Haus von Adolfs Eltern ein.
Sie zogen in den dritten Stock.
Ihr Sohn hieß Fritz und war noch klein.

Bereits am nächsten Tag erhielt
der Fritz von Adolf seine Schläge.
Er hatte still für sich gespielt.
Doch Adolf rief: »Geh aus dem Wege!«

Nun kamen, von dem Krach beflügelt,
die Kinder aus der Gegend an.
Sie wollten sehn, wie Adolf prügelt
und was der Fritz vertragen kann.

Er schlug, so sehr es ihm behagte,
und fand an diesem Sport Genuß,
bis Fritz den Rock auszog und sagte:
»Nun aber Schluß!«

Er gab dem Adolf eins vors Kinn
und rief: »Das war ein Uppercut!«
Der Adolf fiel beinahe hin
und wünschte sich nach Haus ins Bett.

Dann schlug Fritz Haken rechts und links
und gab ihm einen Magenstoß.
Die kleinen Kinder staunten rings.
Und schließlich brach der Jubel los.

Was half dem Adolf seine Länge?
Er sank fast um und weinte laut.
Zum Schluß erklärte Fritz der Menge:
»Paßt auf! Jetzt schlag ich ihn knock out.«

Er drehte sich herum, als ging er.
Doch plötzlich, scheinbar ohne Ziel,
gab er dem Großen einen Schwinger,
daß Adolf steif zu Boden fiel!

Da lag er wie vom Blitz getroffen
und hielt die Augen zugepreßt.
Und Fritzchen sprach: »Es steht zu hoffen,
daß er euch jetzt in Ruhe läßt.«

Ferdinand saugt Staub

Wenn Ferdinand Maschinen sah,
dann war er meistens hingerissen,
ob Radio, ob Kamera –
er schraubte hier – er schraubte da,
er wollte alles wissen.

Sein Vater sparte und erstand
den größten Staubsaugapparat,
den er im Kaufhaus Ury fand.
Er ahnte nicht, was Ferdinand,
als er allein war, tat.

Es ließ dem Jungen keine Ruh,
ob denn der Apparat was taugte.
Er drehte an und ab und zu.
Er hielt den Sauger an die Schuh.
Es stob der Staub. Er saugte.

Es stob der Staub aus jeder Ecke.
Der Apparat war wie verrückt.
Er schob den Bücherschrank vom Flecke.
Er schluckte die geblümte Decke.
Ein Fenster ward zerdrückt.

Es stob der Staub. Der Schrank schlug Wellen.
Dem Ferdinand mißlang vor Schreck,
die Mordmaschine abzustellen.
Er hörte seinen Dackel bellen –
schwupp, war das Tierchen weg.

Durchs Zimmer flog ein Blumenstrauß.
Am Boden häuften sich die Reste.
Der Vater kam verstört nach Haus.
Er zog ihm gleich die Stiefel aus.
Sein Bauch quoll aus der Weste.

Die Wände wurden krumm und krümmer.
Die Lampe sauste aufs Parkett.
Der Zustand wurde immer schlimmer.
Schon schwebte aus dem Nebenzimmer
das Mahagonibett.

Es drehte sich. Es stürzte dann.
Die Stühle hüpften wie Gespenster.
Da packte der empörte Mann
den Apparat energisch an
und schmiß ihn aus dem Fenster.

Die Straßenbahn sprang aus den Schienen
und überfuhr den Apparat.
Der Vater sah mit strengen Mienen
auf Ferdinand und die Ruinen
und sprach: »Da hast du den Salat.«

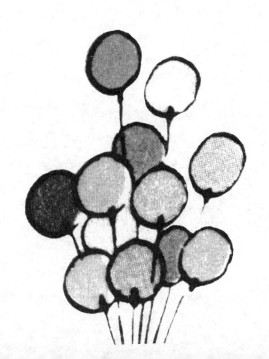

Ursula hängt in der Luft

Luftballons sind sehr beliebt
und das Schönste, was es gibt.
Erstens sind sie immer rund.
Zweitens sind sie meistens bunt.

Drittens fliegen sie so fein!
Hierbei fällt mir wieder ein,
was damals mit Ursula
und dem alten Knoll geschah.

Knoll war ein bekannter Säufer
und ein Luftballonverkäufer.
Denkt, an diesen alten Mann
schlich sie sich von hinten ran.

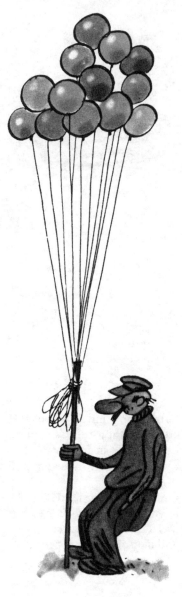

Einen langen Stab benutzend,
hielt er Luftballons, vier Dutzend!
Doch er wackelte bedenklich,
denn er war vom Trinken kränklich.

Ursel gab ihm einen Stoß!
Da ließ Knoll die Stange los.
Hastig griff sie zu und flog
in die Luft, so sehr sie zog.

Langsam ward sie klein und kleiner.
Und allmählich konnte keiner
ihr noch mit den Augen folgen.
So verschwand sie hinter Wolken.

Immer weiter trieb der Wind
die Ballons mitsamt dem Kind.
Als sie wieder runtersah,
hing sie über Afrika.

Überm Tanganjikasee
taten ihr die Finger weh.
Aber mit dem letzten Rest
ihrer Kraft hielt sie sich fest.

Schließlich kam ein Negerheer
und beschoß sie mit dem Speer.
Die Ballons zerplatzten laut,
übrig blieb nur ihre Haut.

Ursula, die langsam sank,
fühlte sich vor Schreck ganz krank.
Und dann fiel sie unter Schreien
mitten in die Negerreihen.

Anfangs wollten sie sie braten.
Welches Glück, daß sie's nicht taten.
König Wum nahm sie zur Frau.
(Doch das weiß man nicht genau.)

Fest steht, daß sie leben blieb,
weil sie eine Karte schrieb.
Darauf stand in ihrer Schrift:
»Seht, wie mich das Schicksal trifft.
Holt mich heim aus Afrika.
Herzlichst Eure Ursula.«

Das zersägte Motorrad

Der Max hat täglich einen Tanz
mit seinem großen Bruder Franz,
weil dieser lange Goliath
ein herrliches Motorrad hat.

Das wäre schön und wäre gut
und wäre noch kein Grund zur Wut.
Doch Franz hat auch ein Fräulein Braut.
Und nächstens werden sie getraut.

Max sagt zu Franz auf Schritt und Tritt:
»Nimm mich doch, bitte, einmal mit!«
Franz nickt in solchen Fällen prompt,
bis dann die Braut dazwischenkommt.

Da fahren sie dann fort, und der
empörte Max schaut hinterher.
Er kann vor Ärger kaum noch sprechen
und denkt bei sich: Ich muß mich rächen.

Er will nicht stets der Dumme sein,
und endlich fällt ihm etwas ein.
Am nächsten Abend führt er's aus.
Der Bruder Franz ist noch im Haus.

Max schraubt und sägt, mit Ruck und Stoß,
den Beiwagen vom Rade los.
Doch macht er's so, daß jeder denkt,
daß beides noch zusammenhängt.

Dann stellt er, um was zu erleben,
sich sanft und unschuldsvoll daneben.
Er ist vergnügt, sein Herz schlägt laut.
Er freut sich so auf Franzens Braut.

Er malt sich aus, was kommen muß,
den Anfang und nachher den Schluß:
Wenn Franzens Braut zur Abfahrt treibt
und trotz der Abfahrt sitzen bleibt.

Da tritt Franz aus dem Haus und spricht:
»Max, meine Braut kommt heute nicht,
weil sie . . ., ich weiß nicht, was sie vorhat.
Deshalb fährst du mit mir Motorrad!«

Max hat natürlich keine Lust.
Doch denkt er: Menschenskind, du mußt!
Und setzt sich, ohne viel zu sagen,
in Franzens abgesägten Wagen.

Der Franz gibt Gas. Der Krach ist groß.
Der Franz springt auf. Die Fahrt geht los.
Schon gibt es aber einen Knacks.
Der Franz fährt ab, doch ohne Max.

Dem ist es eine harte Lehre.
Was lernt er denn? Die Lehre wäre?
Wer andern schadet, sich zu nützen,
bleibt oft, auch wenn er recht hat, sitzen.

Die Sache mit den Klößen

Der Peter war ein Renommist.
Ihr wißt vielleicht nicht, was das ist?
Ein Renommist, das ist ein Mann,
der viel verspricht und wenig kann.

Wer fragte: »Wie weit springst du, Peter?«
bekam zur Antwort: »Sieben Meter.«
In Wirklichkeit – Kurt hat's gesehn –
sprang Peter bloß drei Meter zehn.

So war es immer: Peter log,
daß sich der stärkste Balken bog.
Und was das Schlimmste daran war:
Er glaubte seine Lügen gar!

Als man einmal vom Essen sprach,
da dachte Peter lange nach.
Dann sagte er mit stiller Größe:
»Ich esse manchmal dreißig Klöße.«

Die andern Kinder lachten sehr.
Doch Peter sprach: »Wenn nicht noch mehr!«
»Nun gut«, rief Kurt, »wir wollen wetten.«
(Wenn sie das bloß gelassen hätten.)

Der Preis bestand, besprachen sie,
in einer Taschenbatterie.
Die Köchin von Kurts Eltern kochte
die Klöße, wenn sie's auch nicht mochte.

Kurts Eltern waren ausgegangen.
So wurde schließlich angefangen.
Vom ersten bis zum fünften Kloß,
da war noch nichts Besondres los.

Die andern Kinder saßen stumm
um Peter und die Klöße rum.
Beim siebenten und achten Stück
bemerkte Kurt: »Er wird schon dick.«

Beim zehnten Kloß ward Peter weiß
und dachte: Kurt erhält den Preis.
Ihm war ganz schlecht, doch tat er heiter
und aß, als ob's ihm schmeckte, weiter.

Er schob die Klöße in den Mund
und wurde langsam kugelrund.
Der Anzug wurde furchtbar knapp.
Die Knöpfe sprangen alle ab.

Die Augen quollen aus dem Kopf.
Doch griff er tapfer in den Topf.
Nach fünfzehn Klößen endlich sank
er stöhnend von der Küchenbank.

Die Köchin Hildegard erschrak,
als er so still am Boden lag.
Dann fing er gräßlich an zu husten,
daß sie den Doktor holen mußten.

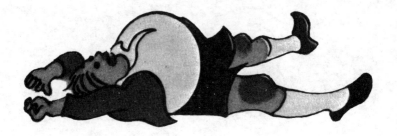

»Um Gottes willen«, rief er aus,
»der Junge muß ins Krankenhaus.«
Vier Klöße steckten noch im Schlund.
Das war natürlich ungesund.

Mit Schmerzen und für teures Geld
ward Peter wieder hergestellt.
Das Renommieren hat zuzeiten
auch seine großen Schattenseiten.

Übermut tut selten gut

Klaus und Kläre gehn im Zoo spazieren.
Und sie bleiben immer wieder stehn,
um den Garten mit den tausend Tieren
sich so recht ausführlich anzusehn.

Denn da gibt es ganz verrückte Biester,
mit Geweih und Bart und Pinselohr.
Klaus tut sich gern wichtig, und so liest er
Kläre alle Namensschilder vor.

Ganz besonders stehen sie und gaffen
durch das eine hohe Gitter dort.
Denn dahinter stehen zwei Giraffen.
Kläre möchte gar nicht wieder fort.

Klaus sucht unterdessen spitze Steine.
Diese wirft er dann (und holt weit aus)
den Giraffen an die langen Beine.
Seine Schwester sagt nur: »Aber Klaus!«

Er sucht Steine von enormer Größe,
und er knallt sie auf das gelbe Fell.
»Warum werden sie«, brüllt er, »nicht böse?«
Kläre sagt nur: »Das geht manchmal schnell.«

Wieder bückt er sich und sucht und sieht
nicht, daß die Giraffen näher kommen.
Und bevor er es bemerkt und flieht,
haben ihn die beiden festgenommen.

Jede der Giraffen schnappt ein Ohr.
Und dann ziehen sie ihn erst mal breit.
Und dann ziehn sie ihn zu sich empor.
Kläre steckt vor Schreck den Kopf ins Kleid.

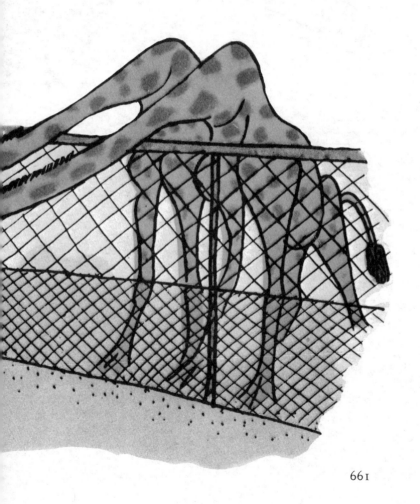

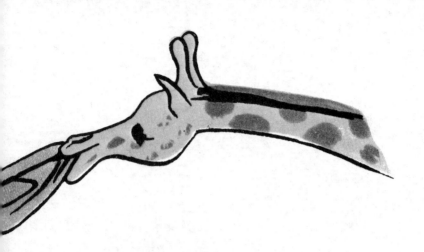

Klaus brüllt so, als stecke er am Spieße.
Doch sie hören gar nicht auf sein Weinen.
Wenn man ihn, schreit er, jetzt gehen ließe,
würfe er nie mehr mit spitzen Steinen.

Die Giraffen machen sich nichts draus,
sondern ziehn und zerren wutentbrannt.
Kläre holt die Wärter, aber Klaus
hat schon Ohren wie ein Elefant.

Auch die Wärter können hier nichts machen,
wenn der Anblick sie auch sehr erregt.
Alle Tiere schauen zu und lachen.
Und die Ohren wachsen unentwegt.

Bis die Wärter mit Pistolen knallen.
Dann erst lassen die Giraffen den
ganz und gar verzerrten Knaben fallen.
Kläre wagt es kaum, ihn anzusehn.

Seine Ohren schlenkern ihm wie Schleppen
um die Füße bei dem kleinsten Schritt.
Er hat Mühe, daß er auf den Treppen
sich nicht auf die eignen Ohren tritt.

Armer Klaus, was wird mit dir geschehen,
wenn die Eltern deine Ohren sehen?
Ach, was wird dir noch damit passieren!
Und im Winter wirst du sie erfrieren.

Brauchen wir dir jetzt noch einzuschärfen:
Du sollst nicht mit spitzen Steinen werfen?
Nein, du weißt es endlich, Tiere quälen
ist so gut wie gar nicht zu empfehlen.

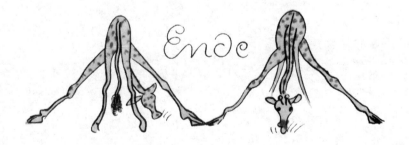